로스쿨

형법총론

신동운 한인섭 이용식 조 국 이상원

傳 英 社

제 2 판 머리말

2009년 3월 법학전문대학원의 출범에 맞추어 본서를 출간한 지 어느덧 2년이 경과하였다. 초판에 이어 본 개정판이 나올 수 있도록 성원해 주신 독자 여러분들께 감사를 드리는 바이다.

그동안 본서를 이용한 로스쿨 강의경험이 축적되면서 수정·보완을 요하는 사항들이 발견되었다. 아울러 형법의 일부개정을 위시한 법령의 변화와 새로운 판례의 소개도 필요하게 되었다. 이에 집필 참여자들은 다음의 몇 가지 점에 유념하여 개정판 작업에 임하기로 하였다.

우선, 지나치게 장황한 판례의 소개를 지양하고 되도록 최신의 판례로서 간결한 내용의 것으로 교체하였다. 다음으로, 법령의 변화에 맞추어 설명과 해설에 정확성을 기하였다. 끝으로, 로스쿨 강의교재에 적합하도록 쟁점연구 문항의 간결화를 도모하였다. 이상의 점 이외에 본서의 집필의도 및 집필 담당부분에 관한 사항은 초판 머리말에 적은 바와 같으므로 참고하시기를 바란다.

본서가 처음 출간될 때 서울대학교 법학전문대학원 김건식 초대 원장님의 전폭적인 격려와 지원이 있었다. 초판 머리말에 이 점을 밝혀 적지 못한 불찰이 있었다. 늦었지만 이 자리를 빌려 깊은 감사의 인사를 전하고자 한다. 본 개정판이 로스쿨 형법강의의 새로운 지평을 가일층 발전시키는 데에 일조가 되기를 기대하며 머리말에 갈음하고자 한다.

2011년 2월

집필자를 대표하여 신동운 씀

머 리 말

2009년 3월 마침내 법학전문대학원(일명 로스쿨)이 출범하였다. '법률가의 선발'로부터 '법률가의 양성'으로 패러다임이 전환된 것이다. 새로운 제도가 성공적으로 뿌리를 내리려면 무엇보다도 로스쿨의 교육과정이 충실해져야 한다. 객관식 시험의 관문을 통과하기 위하여 지엽말단에 집착하던 종래의 수업방식을 벗어버려야 한다. 실제생활에서 문제되고 있는 법적 쟁점을 정확하게 포착하고 정의로운 해결책을 제시할 수 있는 법적 능력의 함양이 새로운 로스쿨의 교육목표가 되어야 할 것이다.

성공적인 로스쿨의 정착에는 여러 가지 조건들이 필요하다. 그 가운데에서도 로스쿨의 교육목표를 정확히 의식하면서 내용이 알차게 꾸며진 교재개발은 필수적이라고 하지 않을 수 없다. 이러한 시대적 요청에 부응하기 위하여 이번에 서울대학교 법학전문대학원에서 형사법을 담당하고 있는 5명의 전임교수가 힘을 모아 로스쿨 강의를 위한 형법총론 교재를 개발하게 되었다. 이론형법학의 정밀성을 견지하면서도 형사정책적 시각과 실무의 경험 등을 다각도로 반영하여 우리 사회에 적합한 형법총론 교재를 개발해 보자는 데에 참여자들의 의견이 일치되었다.

참여자들은 각자의 관심분야에 따라 다음과 같이 집필부분을 분담하였다.

- 한인섭 : 형법 및 형벌의 기초, 죄형법정주의, 형벌론
- 이용식 : 구성요건의 기초, 행위주체, 부작위, 인과관계와 객관적 귀속
- 이상원 : 고의, 과실, 결과적 가중범, 죄수
- 조　국 : 위법성, 책임
- 신동운 : 미수, 공범

집필자들은 준비과정에서 상의를 거듭한 결과 다음의 사항을 공통의 집필기준으로 확인하였다.

- 교재의 내용은 가능한 한 최근의 대법원판례와 헌법재판소판례를 중심으로 구성한다.
- 대립되는 법적 시각이 부각될 수 있도록 관련문헌을 선별하여 제시한다.
- 문답식으로 진행될 로스쿨 수업을 염두에 두고 학생들의 토론을 유도할 수 있는 문항을 개발한다.
- 법적 논증은 법률개념의 정확한 구사를 전제로 한다는 인식하에 주요개념을 제시한다.

이상의 공통인식하에 참여자들은 집필에 임하였으나 로스쿨 출범이 임박한 상황에서 충분한 시간을 확보하지 못하였다. 그 결과 여러 가지 부족함이 예상되지만 그럼에도 불구하고 우선 강의에 사용할 수 있도록 서둘러 본서를 출간하게 되었다. 집필참여자들의 교수경험과 독자 여러분들의 질정을 토대로 본서를 계속 보완·발전시킬 것을 약속드린다.

본서의 출간에는 박영사 안종만 회장님과 조성호 부장님, 이경희 편집위원님이 많은 도움을 주셨다. 아울러 원고의 편집과 교정에는 김현숙 법학박사와 서울대학교 박사과정의 송진경 법학석사가 열성적으로 도와주었다. 본서가 이와 같이 빨리 출간될 수 있었던 데에는 이 분들의 도움이 컸다. 이 자리를 빌어서 감사를 전하는 바이다. 본서가 새로운 로스쿨의 정착에 조금이라도 기여할 수 있게 되기를 기대하면서 머리말에 갈음하고자 한다.

2009년 3월

집필자를 대표하여 신동운 씀

목 차

제13장 공범

제1장 형법 및 형벌의 기초

Ⅰ. 형벌 및 형법에 관한 기본질문

(1) 체사레 벡카리아는 그의 저서 「범죄와 형벌」에서 다음과 같이 묻는다. "형벌의 기원은 무엇인가? 형벌권의 기초는 어디에서 구해져야 하는가? 각 범죄에 대한 정당한 형벌은 무엇인가?" 법학도는 실정규범 및 형법이론에 대한 세세한 탐구를 하면서도, 이러한 근본질문을 늘 염두에 두어야 할 필요가 있다. 형벌은 어떤 미사여구를 동원하여 포장하더라도, 수형사에게는 하나의 고통이다. 형벌은 어떻게 보면 고통부과법(pain law)이라고 부를 수도 있을 것이다. 여러 개인들이 공동체를 구성하고 국가를 만들어, 시민들에게 고통부과를 하는 것은 당연히 정당화되어질 수 있는 것은 아니다.

— 형벌권은 어떤 행위에 대하여 부과되어지는 것이 정당한가?
— 형벌권을 국가가 독점하는 근거는 무엇인가?
— 국가독점에 따른 폐해를 방지하는 제도적 방안은 무엇인가?

(2) 형벌권의 적정한 행사 여부는 예나 지금이나 커다란 논쟁의 지대로 되어 있다. "사람을 죽인 자는 그 즉시 죽임으로 갚는다."(相殺以當時償殺, 고조선의 8조법금), "눈에는 눈, 이에는 이"와 같은 동해보복(lex talionis) 등 형벌의 밑바닥에는 복수/보복의 관념이 스며 있고, 오늘까지 일상적 법감각에도 영향을 미치고 있다. 순수한 의미의 복수는 오늘날 영화나 무협지의 세계에서나 가능한 일이다. 그보다 완화되고, 응당한 복수로서의 응보의 사상은 형벌론의 한 축을 이룬다. 다른 한편 국가의 형벌은 단지 응보의 수단으로 기능해서는 안 되며, 다른 목적을 위한 수단이어야 한다는 예방의 사상이 대두

하여 오늘날의 형법에 지대한 영향을 미치게 되었다. 응보 대 예방의 논쟁 가운데, 형법상의 많은 제도들이 정립되었다. 그러나 현대에 와서는 예방을 목적으로 한 권력남용의 폐해들이 적나라하게 드러나면서, 오히려 제한적 책임의 원리에서 형벌을 정당화하고자 하기도 한다. 다른 한편 범죄를 "반사회적·반국가적 행위"로 추상화하는 것을 비판하면서, 범죄가 바로 동료 시민들에 대해 구체적 피해를 안겨주는 것이고, 공동체와 국가는 그 개인과 공동체에 초래한 구체적 피해를 치유하는 것이라는 회복적 사법의 관점이 대두하고 있다. 오늘날의 각 형벌제도는 응보, 예방, 회복의 여러 차원이 결합되어 설계되고 운용될 수 있다.

— 형벌이 겨냥하는 것은 특정인의 '범죄'인가, 아니면 '범죄자'인가? '범죄'에 초점을 맞추는 견해는 범죄자에 대한 어떠한 인간상을 전제하고 있는가? '범죄자'에 초점을 맞추는 견해는 그 범죄자에 대하여 어떠한 인간상을 전제하고 있는가? 아래 벡카리아와 리스트의 글을 통해 추출해보자.

— 우리는 최고형으로써 사형제도를 존속시키고 있다. 다른 한편 2010년 현재 전세계 국가 중 2/3 이상의 나라가 법률로써 사형을 폐지했거나, 지난 10년 이상 사형을 미집행한 사실상의 폐지를 이룩하고 있다. 사형이라는 형벌은 복수, 응보, 예방, 회복의 견지에서 어떻게 파악될 수 있는가? 사형존치국과 사형폐지국은 사형의 정당성 여부에 대해 어떠한 점에서 가장 차이를 보이는가?

— 아래 벡카리아, 리스트, 엄상섭은 형벌의 기능 중에서 특히 어떤 점을 강조하고 있는가? 또한 형벌의 어떤 점을 특히 우려하고 있는가?

— 복수, 응보, 예방, 회복의 사상들은 자유형의 선고를 받고 교도소에서 복역하는 수형자의 처우에 어떠한 영향을 미칠 것인가?

참고문헌

□ 체사레 벡카리아/한인섭 역, 범죄와 형벌(1764), 2006, 16~18, 22~23, 191~192면

앞장의 원리로부터 다음의 결론이 도출된다.

첫째, 범죄에 대한 형벌은 오직 법률을 통해서만 가능하다. 이 권한은 사회계약으로 결합된 사회 전체를 대표하는 입법자에게만 속한다. 사회의 일원에 지나지 않는 어떤 재판관도 같은 사회의 다른 성원에게 법률로 규정하고 있지 않은 어떤 형벌도 과할 수 없다. 재판관이 법률에 규정된 한도를 넘어선 형벌을 과할 경우 그 형벌은 부정한 것이다. 왜냐하면 그러한 형벌은 미리 정해진 정당한 형벌에다 새로운 형벌을 덧붙여 과한 것이기 때문이다. 따라서 어떤 재판관도 공공복리를 열망하거나 공공복리를 우려한답시고 범죄를 저지른 시민들에 대해 법률로 이미 정해진 형벌보다 더한 처벌을 해서는 안 된다.

둘째, 사회계약에 의하여 각 개인은 사회에 속박되지만, 사회도 개인에 대하여 똑같이 그 계약준수의 의무에 속박된다. 계약의 속성은 쌍방에 동시에 구속력을 갖기 때문이다. 계약상의 의무는 왕좌로부터 오두막에 두루 미치며, 지체 높은 자와 미천한 자를 똑같이 속박한다. 최대다수에게 유익한 계약을 준수하는 것은 모든 사람에게 이롭기 때문이다. 심지어 어느 한 사람이 이러한 사회계약을 위반하게 되면 무정부의 세계로 들어가게 되는 것이다.

사회를 대표하는 주권자는 모든 성원들에게 적용될 일반적 법률을 제정할 수 있을 뿐이다. 그는 누가 그 사회계약을 위반했는가의 여부를 재판할 권한은 없다. 범죄에 대해서는 두 당사자가 있기 마련이다. 즉 사회계약이 위반되었다고 주장하는 주권자 측과 위반사실을 부인하는 피고인 측이 그것이다. 이 양 측 사이에는 대립이 있으며, 따라서 사건의 진상을 판정할 제3자가 요구되어진다. 이 제3의 법관이 바로 정식판사나 치안판사인 것이다. 법관은 특정한 범죄사실을 단순히 확인 혹은 부인을 할 권한을 갖는 것이며, 그의 판정에 대한 불복은 허용되지 않는다.

셋째, 잔혹한 형벌이 공공복리나 범죄예방의 목적에 직접적으로 저촉되

지 않는다고 여겨지는 경우라 할지라도, 그것이 별 쓸모없음을 증명할 수 있기만 하다면, 그 경우에 잔혹한 형벌을 과해서는 안 된다. 필요 이상의 잔혹한 형벌은 박애의 덕—노예를 지배하는 것보다 행복한 자유인을 다스리기에 적합한 계몽된 이성으로부터 생겨나는 덕—에 비추어 비난받아야 할 뿐 아니라 정의에도 반하고 사회계약의 본질과도 상반되는 것이다.

* * *

형법 자구의 엄격한 준수로부터 생겨날 무질서는 법의 해석으로부터 생겨나는 무질서와 비교해 볼 때 사소한 것이다. 법률의 문리해석에 따라 일시적인 불편이 생겨날 경우, 입법자가 그러한 불확실한 법률조문에 대해 수정을 하는 것은 불가피하며 그리 어려운 일도 아니다. 하지만 법률의 자구를 그대로 따를 때는 법적 논쟁이 자의적이고 돈으로 좌우될 여지는 없다. 법률이 성문으로 확실히 규정되어 있는 경우 법관의 임무는 특정한 시민의 행위를 심사하여 그 행위가 위법인가 적법인가를 법조문에 따라 판단하기만 하면 된다. 정의와 부정의 기준은 무지한 자든 철학적 소양을 갖춘 시민이든 똑같이 규율되어야 한다. 만일 모든 행위를 판단하는 정의와 부정의 기준이 사실의 문제가 아니라 논쟁의 영역에 남겨진다면, 시민들은 법관, 다시 말해 다수의 소압제자에게 예속된다. [···] 문자 그대로 시행되는 형법이 있다면, 시민들은 자신의 범법행위로부터 생겨날 불이익과 불편을 정확히 계산할 수 있다. 이것은 시민을 범죄로부터 멀어지게 하는 유용한 방법이다. 또한 시민들은 인신과 재산의 안전을 향유한다. 인류가 사회로 결합한 목적이 바로 이것에 있기 때문에, 이런 방법은 정당한 것이기도 한 것이다.

* * *

형벌의 가혹성은 그 국가의 상태와 비례한다. 야만성을 거의 탈피하지 못한 국민들에게는 훨씬 강력한 인상이 요청되어지는 까닭에 그 형벌은 가장 가혹하게 될 것이다. 총소리 정도에는 오히려 자극을 받는 흉포한 사자를 쓰러뜨리기 위해서는 뇌성벽력이 필요하다. 그러나 사회상태의 변화에 따라 인간정신이 보다 순화될수록, 감수성이 증대된다. 대상과 감각 사이의 관계가 일정하게 유지되려면, 감수성이 증대됨에 따라 형벌의 가혹성은 축소되어지지 않으면 안 된다.

여태껏 살펴본 바로부터 우리는 매우 유용한 공리를 추출할 수 있다. 다만 이 공리는 여러 나라의 통상적 입법자라 할 수 있는 관습과는 거의 어울리지 않는다. 그 정리는 다음과 같다.[1)]

형벌은
— 어떤 경우에도 일개 시민에 대하여 일인 혹은 다수가 저지르는 폭력 행위로 되어서는 안 된다.
— 공개적이고, 신속하며, 필요한 것이어야 한다.
— 주어진 사정 하에서 가능한 최소한의 것이어야 한다.
— 범죄에 비례해야 한다.
— 성문의 법률에 의해 규정되어야 한다.

□ **프란츠 폰 리스트/심재우 역, "刑法에 있어서의 目的思想"(1905), 법학행정논집 제15집, 고려대학교 법학연구원, 1977, 172~183면**

V. 목적의식적 법익보호로서의 형벌

* * *

형벌은 강제이다. 형벌은 범죄자의 의지가 그 속에 구체화되어 있는 법익들을 침해 내지 절멸(絶滅)시키는 작용으로서 범죄자의 의지에로 대향되어진다. 형벌은 강제로서 이중의 성질을 가질 수 있다.

a) 간접적·심리적 강제 또는 동기지움(Motivation)이 그 하나이다. 형벌은 범죄자의 범행을 억제하기에 적합한, 그러나 그에게 현실로 결(缺)하여 있는 동기를 부여하고, 그리고 그와 같이 부여된 동기의 힘을 높이고 강화시켜 준다. 여기에서는 형벌은 범죄자를 사회에 인위적으로 적응시키는 작용으로 나타난다. 특히 그 방법으로는 두 가지가 있는데,

α) 개선(Besserung), 즉 애타적·사회적 동기를 심어 넣어주고 강화시키

---

1) 프랑스 혁명 직후 국민의회에서 공포되었고, 근대법질서의 초석이 된 '프랑스 인권선언'(인간과 시민의 권리선언, 1789. 8. 26) 제8조는 다음과 같이 규정한다. "절대적이고 명백하게 필요한 경우를 제외하고는 법으로 형을 과하여서는 안 된다. 행위 이전에 공포되었고, 합법적으로 적용되는 법률에 의하지 않고는 누구도 처벌되어서는 안 된다."

는 것과,

β) 위하(Abschreckung), 즉 그 작용에 있어서 애타적인 것과 맞먹는 이기적 동기를 심어 넣어주고 강화시키는 것이 그것이다. 그 중의 어느 하나로써 형벌은 범죄자의 사회적응을 시도해야 한다.

b) 직접적 · 물질적 강제 또는 폭력(Gewalt)이 그 다른 하나이다. 여기서는 형벌은 범죄자의 강제관리(Sequestrierung)이다. 즉 일시적 또는 계속적으로 사회에 해를 끼치지 못하도록 만드는 무해화(Unschädlichmachung), 즉 사회로부터의 배제 또는 사회 내에서의 격리수용이 그것이다. 이러한 형벌은 사회적으로 유해한 개인을 인위적으로 도태시키는 작용으로서 나타난다. "자연은 자연에 반하는 행위를 하는 자를 침실로 던져버리지만, 국가는 그러한 자를 감옥으로 던져버린다."

이와 같이 개선, 위하, 무해화가 형벌의 직접적 작용으로 되어 있다. 이것이 형벌에 내재되어 있는 추진력들이며, 이 힘을 통하여 형벌은 법익보호를 실현하는 것이다. (…)

개개의 경우에 있어서 이 세 가지 형벌목적이 각각 다르다는 것을 특히 강조할 필요가 있겠는가? 다시 말하면, 개개의 경우에 있어서 바로 그 도달이 확실하고 가능한 형벌목적에 형벌의 종류와 범위가 적합하여야 한다는 것을 특히 강조할 필요가 있겠는가? 내가 굳이 사형으로써는 범죄자를 개선할 수도 없고 위하할 수도 없을 것이라는 점, 또 25대의 태형(笞刑)으로써는 범죄자에게 아무런 애타적 동기도 일깨워 줄 수 없을 것이라는 점을 특히 강조하여야만 하겠는가? 내가 A라는 자를 동일한 형벌로써(예컨대 30마르크의 벌금) 개선하고 위하하고 무해화하고자 한다면 그것은 분명히 모순이겠지만, A는 벌금형으로써 위하하고, B는 독방에 구치함으로써 개선하고, C는 종신자유형으로써 강제관리를 한다면 그것은 결코 모순이 아니라는 것을 특히 강조할 필요가 있겠는가?

2) 그런데 개선, 위하, 무해화가 정말로 형벌의 가능한 본질적 작용들이고, 따라서 또한 동시에 형벌에 의한 법익보호의 가능한 형식들이라고 한다면 이 세 가지 형벌형식은 또한 범죄자의 세 가지 범주에 상응하지 않으면 안 된다. 왜냐하면 형벌은 범죄개념에 대향되어 있는 것이 아니고 범죄자에

대향되어 있기 때문이다. 범죄자도 법익의 주체이며, 그 범죄자의 법익을 침해 또는 절멸(絶滅)시키는 것이 형벌의 본질을 이루고 있는 것이다. 세 개의 형벌유형에 세 개의 범죄자유형을 상응시키는 이러한 논리적 요구는 지금까지의 형사인류학의 성과에 의하여 정당하다는 것이 확인되어진다. 물론 지금까지 얻어진 성과들은 아직도 불확실한 점이 있고 완전무결한 것이 아니기 때문에 완결된 자세한 결론을 가져다주는 것은 아니다. 그러나 일반적으로 다음과 같은 분류가 앞으로의 고찰의 출발점으로 받아들여질 수 있을 것이다. 즉

① 개선이 가능하고 개선을 필요로 하는 범죄자에 대해서는 개선

② 개선을 필요로 하지 않는 범죄자에 대해서는 위하

③ 개선이 불가능한 범죄자에 대해서는 무해화

나는 이하에서 이러한 분류의 실제적 적용을 간단히 검토해 보고자 한다. 그런데 여기에서 나는 순수한 형식적 이유로부터 방금 말한 순서를 약간 바꾸어 살펴볼 것이다.

제1의 그루우프로서 개선불가능한 자이다. 상습범에 대한 단호한 투쟁은 현재의 가장 절박한 과제 중의 하나이다. 병든 지체(肢體)가 전조직(全組織)을 중독시키는 것과 같이 증가일로(增加一路)에 있는 상습범의 폐해는 우리의 사회생활에 점점 깊이 잠식하여 들어가고 있다. 형법학의 분야에서 지배적인 이론주의(理論主義)가 이 점에 대해 커다란 책임이 있다. 왜냐하면 그것은 순수한 개념적 구성에만 열중하고 이러한 사실에 대해서는 오늘에 이르기까지 —얼마간의 예외를 제외하고는— 전혀 관여하고 있지 않기 때문이다.

상습범에 대한 투쟁은 그에 대한 정확한 인식을 전제한다. 이 인식이 오늘날까지도 아직 우리에게 결(缺)하여 있다. 그러나 우리가 일반적으로 프롤라타리아의 전체 이름 아래에서 총괄하고 있는 일련의 사회적 병리현상 가운데서 가장 중요하고 가장 위험한 한 부분이 문제되어 있다. 걸인, 부랑자, 여성 및 남성의 매음행위자, 알코올 중독자, 악한, 광의의 화류계인, 정신적 및 육체적 퇴폐자, —이러한 자들은 모두 사회질서의 숙적(宿敵)의 군단(軍團)을 이루고 있으며, 그 군단의 참모부분에 해당하는 것이 바로 상습범인들이다. (…)

상습범은 누범통계의 숫자에서 그 법률적 표현을 발견한다. 우리는 이 누범통계로부터 —물론 그것이 완전무결한 것은 아니지만— 몇 개의 가치 있는 사실을 이끌어 낼 수 있다. …

* * *

이러한 통계숫자가 우리의 주장근거를 잘 대변해 주고 있다. 그것은 현재의 우리의 누범자에 대한 취급이 완전히 잘못되어 있다는 것과, 전혀 취할 바 못된다는 것을 입증해 주고 있다. 즉 그 숫자는 적어도 해마다 형무소를 들락날락하며 그곳을 만원상태로 만드는 사람들의 반이 개선불가능한 상습범이라는 것을 알려주고 있다. 그러한 사람들을 독방제감옥(獨房制監獄)에 가두어 놓고 비싼 돈을 써가며 개선시키고자 시도하는 것은 넌센스이다. 그러한 자들을 몇 년의 형기가 지나고 난 다음에 야수와 같이 다시 사회에 다 풀어놓는 것은 넌센스 이상이라 할 것이며, 아니 오히려 넌센스와는 다른 어떤 것이리라. 왜냐하면 그들은 결국 다시 서너 번의 새로운 범죄를 저지르게 되고 풀려난 지 1, 2년이 지나면 다시 수감되어 또 "개선"되어야 할 사람들이기 때문이다.

사회는 개선불가능한 자들로부터 스스로를 지키지 않으면 안 된다. 그런데 우리는 사형을 원하지도 않고 또 유형(流刑)도 할 수 없는 처지이므로 종신구금(또는 부정기구금)만이 남겨져 있을 따름이다.

내가 이러한 사상을 더 전개해 나갈 것을 생각하기에 앞서서 하나의 다른 사실이 아직도 확인되어져야 할 것이다. 범죄통계학의 과제는 일반적으로 어떠한 범죄가 상습적으로 범해지는가를 입증해 줄 것이다. 그리고 범죄인류학은 이 경우 그 과제에 상당한 공적을 할 수 있을 것이다. 그러나 이미 오늘날 현재하고 있는 성과만으로써도 우리는 어느 정도 확실성 있게 이러한 범죄의 범위를 확정지을 수 있다. 즉 그 첫째가 재산범이고 그 둘째가 풍속범이다. 이 양 범죄는 가장 강하고 가장 근원적인 인간의 본능에 근거하고 있다. 더 자세히 말하면 다음과 같은 범죄 등이 여기에 속한다. 절도, 장물죄, 강도, 공갈, 사기, 방화, 손괴, 강제추행, 어린이에 대한 추행 등이 그러한 것이다. 물론 더 정확한 관찰에 입각하여 이러한 범죄목록을 보충하고 수정하는 것이 배제되어 있지는 않다.

개선불가능한 자의 "무해화"에 대해 나는 다음과 같이 생각한다. 형법전이 ―현행 형법 제244조, 제245조와 같은 형식으로― 위에서 말한 범죄들 중의 어느 하나로 인하여 세 번째로 유죄선고를 받은 때에는 부정기금고형에 처한다고 규정하는 것이다. 그리고 그 형벌은 특수한 시설에서(형무소 또는 노역장) 공동으로 복역시킨다. 이러한 형벌은 엄격한 노동강제와 노동력의 가능한 착취를 내용으로 하는 "형벌노예"(Strafknechtschaft)를 만든다는 데 있다. 그리고 징계벌로서 태형(笞刑)도 결할 수 없을 것이다. 필요적 및 계속적 자격상실도 이 형벌의 절대적 명예박탈의 성격을 뚜렷하게 특징지어야 할 것이다. 독방감금은 오직 징계벌로서만 행하여지되, 어두운 방에 가두고 엄격한 감식조치(減食措置)가 취하여져야 할 것이다.

그러나 이 경우 사회복귀에로의 희망이 완전히 배제될 필요는 없다. 법관의 오류가능성은 언제나 상존한다. 그러나 그 희망은 극히 어려운 것이어야 할 것이며, 석방은 극히 예외적인 것이어야 할 것이다. 매 5년마다 선고법원에 설치되어 있는 감시위원회가 석방신청을 낼 수 있을 것이다. 형사법원이 이 신청을 받아들이면 개선원(Besserungsanstalt)―이에 관해서는 뒤에서 다시 언급될 것이다―으로 넘겨지고, 거기에서 복역성적이 나쁠 때에는 다시 노역장으로 되돌려 보낼 수밖에 없다.

요점을 말한다면, 결국 누범자에 대한 우리 형법전의 처벌이 상당히 확장되어지고 엄격하게 되어져야 한다는 결론일 것이다. 극히 현대화된 우리의 형량제도를 "역사적으로" 주어진 것이라고 여기면서 그것에 대한 과격한 개혁을 원칙적으로 반대하는 모든 자들의 문제점도 바로 이 점에 놓여 있을 것이다.

제2의 그루우프는 개선을 필요로 하는 자들이다. 우리의 제2 그루우프에 속하는 자들도 일반적으로 상습범의 카테고리에 들어간다. 다만 여기에서의 상습범은 개선을 필요로 하는, 즉 선천적 또는 후천적 색질(索質)에 의하여 범죄를 저지를 경향이 있으나 아직 구제불능의 상태에까지는 이르지 않은 자들로써 이루어진다. 징병모집청들은 경한 금고형을 적용하는데, 그 밖에 타락한 숙박소, 노점술집, 창가(娼家)들도 뒤질세라 그 서열을 다투고 있다. 그러나 범죄경력의 초보자들은 대부분의 경우 아직 구제가 가능하다. 그러나 진지하고 지속적인 교육을 통해서만 가능하다. 그러므로 여기에서 적용되어야 할 자유형은 내 생각으로는 최소한 1년 이하로 내려가서는 안 될 것이다. 범죄경력의 초년생에 대해 우리의 단기자유형을 적용하는 것보다 더 불합리하고 부도덕한 것은 없을 것이다. 어디에서나 그렇지만 여기에서도 사회가 그 책임의 가장 큰 몫을 걸머져야 할 것이다. 이러한 사회의 책임 하에서만 앞으로 있을 상습범을 방지할 수 있다.

제3의 그루우프는 개선불가능한 범죄자와 개선을 필요로 하는 범죄자를 제외한 나머지 자들로써 형성되는데 보통 기회범이라고 칭하여진다. 이 기회범에 있어서는 범행은 일시적 현상에 지나지 않는 것이며, 추로 외부적 영향에 의하여 야기되는 탈선행위 등이 이에 속한다. 이러한 자들에게는 그 탈선된 가벌적 행위의 빈번한 반복의 위험성은 극히 적으며, 따라서 조직적인 개선은 전혀 필요치 않다. 여기에서의 형벌은 반칙행위로 인하여 손상된 법률의 권위를 다시 회복시켜 준다는 데 있다. 그 형벌은 위하일 수밖에 없다. 즉 그것은 어느 정도 알아들을 수 있을 만한 경고 내지 범행자의 이기적 본능에 대한 “경고각서”로서의 구실을 한다. 따라서 위하형의 타당범위는 내용상 위에서 살펴본 두 가지의 범죄유형을 제외한 모든 범죄와 범행을 포괄하게 된다. 즉 범죄통계에 의하여 범행의 상습성이 입증되지 아니한 모든 범죄가 이에 속한다. 우리 형법전의 형벌위협은, 비록 수많은 단계적 차이의 제한을 두고 있기는 하나, 대체로 여기에 해당될 것이다. 그러나 반드시 독방감옥에서 집행될 필요가 없는 단일 자유형은 —그 기간은 너무 짧지 않은 최소한도(6주 이하는 안 된다)와 너무 길지 않은 최대한도(10년 이상은 불필요하다)를 유지하여야 한다— 임의적 자격형과 병과하여 과해지는 것이 대체로 바람직스럽다. 자유형과 병과하여 또는 자유형 대신에 종래보다 광범위하게 벌금형이 적용되어야 할 것이다. 그리고 개선불가능한 자들이 이미 무해화되어 있으면 사형은 필요없다고 생각된다.

3) 이러한 제의(提議)들은 우선 다음과 같은 점을 입증하여 줄 것이다. 즉 여러 문명국가에서 타당한 형법의 기초원칙들을 파괴하지 않고도 목적사상에 의하여 요구되어진 형벌척도의 원칙을 실현하는 것이 전적으로 가능하다는 점이다. 또한 형량의 체계도 물론 변경되고 제한되기는 하나 완전히 뒤

없게 되지는 않는다. 나의 제의의 목표는 형벌척도를 아주 없애버리자는 것도 아니요, 법관의 형벌측정을 배제해 버리자는 것도 아니다. 무조건 그리고 당장 시도되어야 할 것을 두 가지 말로 요약한다면, 개선불가능한 자는 무해화되어야 하고, 개선가능한 자는 개선되어야 한다는 것이다. 기타 나머지의 것은 이 원칙에 따라 자동적으로 해결된다. 나는 v. Bar가 이러한 제의에 대하여 —물론 이 제의는 아직도 불충분한 점이 많지만 법률적으로 파악하기에는 충분하다— "불확정한 장래의 음악의 화음"이라고 빗대어 말하게 될지 어떨지는 잘 모르겠다. 그러나 나 자신으로서는 이러한 표현에 대하여 아무런 이의도 제기하고 싶지 않다. 다만 나는 그 상징적 표현과 함께 남고 싶을 따름이다. 왜냐하면 법의 부정의 부정이라는 끝없는 멜로디로부터 우리를 구출하여 명확성과 단순성에로 이르러가게 하는 주도곡(主導曲), 그것은 바로 목적사상이기 때문이다.

□ 엄상섭, "형법연구의 기본태도"(1956), **효당 엄상섭 형법논집**(신동운 · 허일태 편), 2003, 4~9면

형법강의를 듣기 시작할 때에 우선 네 가지 점을 생각해 볼 필요가 있다고 본다.

첫째, 사람이 만일 자기본위의 이기적인 동물이 아니었던들 형법은 필요치 않았을 것이다. 사람이란 다른 사람을 꺾어 버리고 배신을 하여서라도 자기의 이욕(利慾)을 충족시키려는 본능을 가졌기 때문에 이 본능을 억압하기 위하여는 제재방법이 필요함에서 형법의 존재가치가 있는 것이다.

둘째, 사람이 사회생활을 요건으로 하지 않는 동물이었다면 또 형법은 불필요할 것이다. 사람의 이기적 본능이 사회생활을 저해하는 것이므로 이를 방치할 수 없는 것이지, 사람이 공동생활을 하지 아니한다면 사람의 이기적 본능을 억압할 필요가 없을 것이다.

셋째, 사람이 사회생활을 필요로 하는 것은 그가 살기 위함에서 긍정되는 것이지, 그의 생존권이 부정되어도 좋다는 것이라면 사회생활 자체도 불필요하다는 점에서 형법의 한계성이 자명해진다.

넷째, 사람 이상의 절대전능(絶對全能)한 존재가 있어서 재판관이 되어

줄 수 있다면, 형법학은 치밀하지 않아도 좋을 것이다. 그러나 사람 이외의 재판관을 구할 수 없기 때문에 형법해석의 명확을 기하여 형사책임의 정확화가 요구되는 것이다.

요컨대 형법을 연구함에 있어서는 "실존하는 그대로의 인간, 또 그 인간성"을 떠나서 관념적인 이론체계의 화려함에만 도취될 수는 없다는 것이다.

* * *

법 가운데서도 형법처럼 시대사조와 세계관의 변동에 대하여 예민할 필요성이 강한 부문은 없을 것이다. 전체주의가 지배적인 세력이 될 때에는 형법도 의식적 또는 무의식적으로 이에 순응하게 되는 것이고, 민주주의의 세계관을 구현하려고 할 때에는 형법부터 이에 따라야 할 것이다. 그럼에도 불구하고 형법학자들의 시야의 협소성과 보수성은 부단히 진전(進展)하는 세계변천에 적합하지 않는 이론구성에만 국척(跼蹐)하는 일이 적지 않다.

* * *

세계의 다대수(多大數)의 인류는 전체주의의 해독을 뼈저리게 느끼고서 결국 "개성(個性)의 존엄성과 자유"가 보장되는 사회만이 인류를 행복하게 할 수 있다는 확신을 가지게 된 단계인 것이다. 그런즉 우리가 형법을 연구함에 있어서도 여기에 유념하여야 하며, 따라서 "형법의 보장기능"이 또다시 클로즈·업(close up)되기에 이르렀다. 죄형법정주의라는 방파제는 전체주의의 거센 파도로 인하여 무너지기도 하고 구멍이 뚫어지기도 하였지마는 이를 현대적인 기술로 재수축(再修築)하여야 할 것이다.

형법의 보장기능이 강조되어야 할 이유는 간명한 것이다. 사람이 사회생활을 영위하기 위하여는 각자의 이기적인 욕망을 억제하여야 하겠지마는, 사람이 사회생활을 하는 그 필요는 각자의 생활을 위하는 수단에 불과한 것이지 사회생활 그 자체에 목적이 있는 것이 아니다. 물론 어떠한 개인은 국가나 사회를 위하는 자기희생을 하기도 하고 이를 미덕이라고 하여 찬양하기도 한다. 그러나 이러한 희생도 얼핏 볼 적에는 국가나 사회를 위한 것으로 보이지마는 따져 놓고 보면 그 국가와 사회를 구성하는 동족이나 인류들 하나하나의 행복을 위하여 자기희생을 하는 것이지 인류생활의 하나의 수단에 불과한 국가나 사회만을 위하여 자기의 생명을 바치는 희생까지 하는 것은 아니다. 이 점은 심히 혼동되기 쉬운 것이지마는 우리는 이를 확연하게 밝혀 놓아야만 전체주의에 휩쓸리지 않는 것이다. 국가니 사회니 하는 매력적인 도그마(Dogma)에 현혹될 때에는 많은 민중은 국가니 사회니 하는 것을 내세우고서 자기 욕망만을 만족시키려는 소수의 사람들의 행동을 정당화시키는 이론을 제공할 뿐이지 사람의 참다운 생활의 향상에는 도리어 장애가 되는 것이다. 여기에 동양적 사고방식의 혼미성이 있는 것이고 전체주의의 관념론의 혹세무민화(惑世誣民化)할 가능성이 있는 것이다.

형법은 사회의 안정을 위하여 개인의 자유와 권리를 제한하고 박탈해야 하겠지마는 그를 어느 정도로 하느냐에 그 초점이 있는 것이다. “최소한도의 제한과 박탈”이라는 목표만은 명백히 세워야 할 것이다. 물론 그 한도란 실제에 있어서는 막연한 것이다. 그러나 이러한 근본태도만이라도 견지(堅持)한다는 결의(決意)가 없을 때에는 “공익(公益)”이라는 막연한 것의 내용을 확장하는 방향으로만 줄달음질을 치게 되는 것이다. 사형(死刑)의 존폐문제의 쟁점도 여기에 있는 것이다. “개인[이] 살기 위한 사회생활”에서 탈선을 했다고 해서 그 사람의 생명을 뺏는다는 것은 인류의 천부(天賦)의 권리의 박탈인 것이다.

형법이론을 구성하는 학설들을 검토해 보면 이론체계의 완전만 추구하는 나머지 앞에서 말한 네 가지의 기본점을 망각한 것이 불소(不少)하다. 절대적 부정기형(不定期刑) 같은 것도 이론으로서는 성립되나 일개의 사람에 불과한 집권자가 가지는 이기적 욕망을 염두에 둘 때에는 그 실제 운용 면에 있어서의 가공할 만한 사태의 출현을 염려치 않을 수 없는 것이다.

“집권자에게 대한 신뢰는 독재화의 첫걸음이다”라는 경구(警句)는 형법이론 구성에 있어서의 지침이 되는 것이다. 집권자를 감시하고 견제하는 데에서 형법은 그 최대의 기능을 발휘해야 하는 것이다.

관념적으로 상정한 교육형(教育刑)이니 교화소(教化所)니 하는 개념은 심히 화려하다. 그러나 그를 실제에 운용하는 실태를 전망할 때에는 “인간성의 불완전”이라는 장벽에 부닥치는 것이다. 형사재판의 정치화의 위험성, 행형관(行刑官)의 이기적 본능에서 오는 폐단, 형벌에 대한 개념설정이나 명칭의 여하에 불구하고 형벌에 대한 사회인의 전통적 감정과 자유박탈이라는 본질적인 요소만은 변질시킬 수 없다는 것 등을 치밀하게 검토해 볼 때에는 교육형이란 결국은 "장미화(薔薇花)가 장식되어 있는 정도의 형관(荊冠)"에 불과한 것이다. 형관인 이상 이를 쓰고 있는 사람의 고통에 있어서는 장미화로 장식된 것이라고 하여 가감(加減)이 있는 것은 아니다. 이러한 형관을 무기한(無期限)하고 쓰고 있게 한다는 절대적 부정기(不定期)형의 교육형(敎育刑)이란 "수형자 자신만 잘하면 벗을 수 있다."는 희망만으로는 견딜 수 없는 일일 뿐더러 형관을 벗겨 주는 문제에 대한 정확한 재판이라는 것이 전제되지 않는 한 "자유의 무제한적인 박탈"이라는 공포 속에서 일생을 마치게 되는 일이 있을 것이고, 그가 단순한 파렴치범이 아니고 어떠한 정치범이나 확신범일 때에는 문제는 더욱 심각해지는 것이다.

신기(新奇)를 좋아하고 이념론(理念論)의 매력에만 현혹되지 말고 인간의 생태(生態)를 토대로 하는 학구적(學究的) 태도를 가지는 데서만 "사람을 해치지 않는 형법이론"을 파악하게 될 것이다.

□ **신동운, 형법총론**(제4판), 2009, 11~12**면**(머리말)

형법이란 범죄와 형벌에 관한 규범체계입니다. 범죄는 사회공동체를 유지함에 있어서 해서는 아니 될 행위의 유형입니다. 형벌이란 국가가 강제적으로 부과하는 해악입니다. 우리나라의 경우에는 사형제도가 있어서 국가가 강제적으로 부과하는 해악 가운데에는 생명의 박탈도 들어 있습니다. 형벌은 국가가 가지고 있는 강제적 제재장치 가운데 가장 강력한 것입니다.

사회공동체를 유지함에 있어서 사람들이 해서는 아니 될 행위는 많이 있습니다. 그렇지만 이러한 행위들 가운데에서도 국가가 형벌을 동원해서라도 저지하지 않으면 안 되는 것이 범죄입니다. 예컨대 직장에서 사람들이 동료 여직원에 대하여 성적인 농담을 하는 것이 얼마 전까지는 범죄로 되지 아니하였습니다. 소위 성희롱으로 불리는 일련의 행위는 단순히 손해배상이나 징계처분의 대상이 될 뿐이었습니다. 그러나 이제 정도가 심한 성희롱행위는 성폭력법(약칭입니다)에 의하여 범죄로 되고 있습니다.

범죄는 형벌이라는 법적 효과를 발생시키는 조건이 됩니다. 범죄는 사회적으로도 강력한 윤리적 비난을 수반합니다. 범죄자라는 표찰이 붙게 되는 사람은 형벌에 의한 불이익을 받을 뿐만 아니라 사회적으로도 각종의 법 외적인 불이익을 감내해야 합니다. 이렇게 볼 때 어느 사람에게 "범죄인"이라는 표찰을 붙이고 "형벌"이라는 강제적 제재를 가하는 데에는 신중에 신중을 기하여야 한다는 점을 알 수 있습니다. 형법은 사회공동체의 유지를 위하여 범죄에 강력하게 대처해야 하지만 동시에 범죄인이 양산되지 않도록 신중한 통제장치를 갖추고 있지 않으면 안 됩니다.

국가형벌권의 남용을 방지하고 형벌권을 신중하게 행사하도록 하기 위하여 형법학은 오랜 세월에 걸쳐서 각종의 안전장치를 발전시켜 왔습니다. 그 가운데에서도 대표적인 것이 범죄론체계입니다. 범죄론체계란 어느 행위가 최종적으로 "범죄"라고 판단되기 위하여 거쳐야 하는 검토의 시스템입니다.

범죄론체계는 통조림 공장의 컨베이어 벨트에 비견할 수 있습니다. 이 통조림 공장의 원자재는 사람들의 행위입니다. 이 통조림 공장의 완제품은 "범죄"라는 표찰이 붙은 통조림 캔입니다. 이 통조림 공장에는 3개의 작업조가 편성되어 있습니다. 3개조는 완제품으로 가공되는 과정에서 굳이 "범죄"라는 표찰을 붙일 필요가 없는 원자재를 찾아서 부지런히 건져냅니다. 3개 작업조의 이름은 구성요건해당성, 위법성, 책임입니다. 이 3개조가 포진하고 있는 컨베이어 벨트를 거치면서 걸러진 원자재에는 "범죄"라는 표찰이 붙지 않습니다.

범죄론체계를 통조림 공장의 컨베이어 벨트에 비유하였습니다만, 이 범죄론체계가 정밀하게 잘 구성되어 있으면 억울하게 범죄자로 되는 사람을 구제할 수 있습니다. 또 공통의 범죄론체계를 사용함으로써 다종다양한 인간의 행위들을 통일적으로 균질하게 판단하여 범죄성립 또는 범죄불성립의 결론을 제시할 수 있습니다. 범죄론체계를 사용하면 법적 판단에 있어서 법 앞의 평등, 법적 안정성 및 예측가능성을 도모할 수 있습니다.

주요개념

1. 범죄
2. 형벌
3. 응보
4. 예방
5. 회복
6. 사형존치, 사형폐지
7. 목적의식적 법익보호로서의 형벌
8. 개선, 위하, 무해화
9. 범죄론체계

Ⅱ. 형법의 임무 및 기능

도입판례

대법원 1992. 9. 14. 선고 91도2994 판결 【사기】 (공1992, 2929)

【피 고 인】 갑, 을, 병, 정, 무, 기
【상 고 인】 검사
【변 호 인】 변호사 송창영 외 4인
【원심판결】 서울형사지방법원 1991. 9. 3. 선고 90노3510 판결
【주 문】 원심판결을 파기하고 사건을 서울형사지방법원 합의부에 환송한다.
【이 유】

검사의 상고이유를 본다.

* * *

2. 제2점에 대하여

원심판결 이유에 의하면, 원심은 이 사건 변칙세일은 대형백화점의 난립 및 상호매출경쟁, 각 입점업체들의 난립 및 과당경쟁, 소비자들의 할인판매 제품에 대한 선호심리 등으로 인하여 세일이 그 본래의 취지나 기능을 상실한 채 각 백화점이나 입점업체들이 상품에 대한 판매전략 내지 판매기술의 하나로 채택되어 하이패션 계통의 여성의류를 선두로 하여 제품의 첫 출하 시부터 세일로 들어가는 업체가 생겨나게 되고, 나아가 일 년 내내 세일을 하는 연중세일의 형태로까지 세일이 변칙적으로 이용됨에 따라 판매기법의 하나로 확대되기에 이르렀다고 하면서, 이 사건 변칙세일에 있어서 구체적인 판매방법은, 입점업체에서 당초 신상품을 제조하여 출하함에 있어 당해상품의 가격표에 당해업체에서 일응

정상가격이라고 표시한 가격표를 붙여 매장에 진열하고 매장 안의 광고대에 위 두 가지 가격을 표시한 할인율을 표시해 두어 당해상품이 종전에 높은 가격에 판매된 사실이 없음에도 종전에는 높은 가격으로 판매되던 것을 특정한 할인판매기간에 한하여 특별히 할인된 가격으로 싸게 판매하는 것처럼 광고 등을 통하여 허위선전함으로써 소비자들을 유인한 후 판매고를 높이려 하는 방법이고, 따라서 위와 같은 변칙세일의 유래, 그 확산과정과 내용, 그 밖에 소비자들은 각자 상품의 가치와 판매가격을 사전에 충분히 교량하여 구매 여부를 결정하고 있고 이 사건 변칙세일로 인하여 소비자들이 사회상규상 용인될 수 없는 손해를 입었다고 인정할 수 있는 객관적인 자료가 없는 점 등을 감안하면, 위와 같은 변칙세일이 백화점에 요구되는 거래상의 신의와 성실의 의무에 위배된 것으로서 사기죄의 기망행위에 해당될 정도의 행위라고는 볼 수 없다고 판시하고 있다.

살피건대 사기죄의 요건으로서의 기망은 널리 재산상의 거래관계에 있어서 서로 지켜야 할 신의와 성실의 의무를 저버리는 모든 적극적 및 소극적 행위로서 사람으로 하여금 착오를 일으키게 하는 것을 말하며 사기죄의 본질은 기망에 의한 재물이나 재산상 이익의 취득에 있고, 상대방에게 현실적으로 재산상 손해가 발생함을 그 요건으로 하지 아니하는바(당원 1983. 2. 22. 선고 82도3139 판결; 1985. 11. 26. 선고 85도490 판결; 1988. 6. 28. 선고 88도740 판결 각 참조), 일반적으로 상품의 선전, 광고에 있어 다소의 과장, 허위가 수반되는 것은 그것이 일반상거래의 관행과 신의칙에 비추어 시인될 수 있는 한 기망성이 결여된다고 하겠으나 거래에 있어서 중요한 사항에 관하여 구체적 사실을 거래상의 신의성실의 의무에 비추어 비난받을 정도의 방법으로 허위로 고지한 경우에는 과장, 허위광고의 한계를 넘어 사기죄의 기망행위에 해당한다고 할 것이다.

한편 현대산업화 사회에 있어 소비자가 갖는 상품의 품질, 가격에 대한 정보는 대부분 생산자 및 유통업자의 광고에 의존할 수밖에 없고 이 사건 백화점들과 같은 대형유통업체에 대한 소비자들의 신뢰(정당한 품질,

정당한 가격)는 백화점들 스스로의 대대적인 광고에 의하여 창출된 것으로서 이에 대한 소비자들의 신뢰와 기대는 보호되어야 한다고 할 것인바, 이 사건에 문제가 되고 있는 위와 같은 변칙세일은 진실규명이 가능한 구체적 사실인 가격조건에 관하여 기망이 이루어진 경우로서 그 상술의 정도가 사회적으로 용인될 수 있는 상술의 정도를 넘은 것이어서 사기죄의 기망행위를 구성한다고 하지 않을 수 없으며, 위와 같은 변칙세일이 소비자들의 그릇된 소비심리에 편승한 것이라거나 소비자들도 나름대로 가격을 교량하여 물품을 구매하였을 것이라는 점은 기망행위의 성립에 아무런 영향이 없다.

원심은 또한 피고인들은 각 백화점의 직원들로서 통상적인 업무처리 과정에서 이 사건 변칙세일에 직·간접으로 접하게 된 것뿐이므로, 자신을 위하여서는 물론 백화점을 위한 불법영득의 의사도 없었다라고 판시하고, 나아가 소비자들이 단순히 할인판매라는 이유만으로 상품을 구입한 것은 아니므로 기망에 의한 착오상태에서 재산처분행위를 한 것은 아니다라고 판시하고 있으나, 이 사건 변칙세일이 사기죄의 기망행위에 해당한다고 한다면 통상적인 업무처리라 하여 피고인들에게 백화점을 위한 불법영득의 의사가 없었다고 할 수는 없는 것이며, 또한 이 사건에 있어 소비자들은 백화점 측의 변칙세일에 기망당하여 구매행위를 한 것이라고 보아야 하고, 이와 같이 변칙할인판매와 소비자들의 구매간의 인과관계가 인정되는 이상, 비록 소비자들이 단순히 할인판매라는 이유만으로 상품을 구입한 것은 아니라고 할지라도 사기죄의 성립에 아무런 영향이 없는 것이다.

이와 달리 판단한 원심은 사기죄에 관한 법리를 오해하여 판결에 영향을 미친 위법을 범하였다고 하지 않을 수 없고 이를 지적하는 논지는 이유 있다.

그러므로 원심판결을 파기하고 사건을 원심법원에 환송하기로 관여법관의 의견이 일치되어 주문과 같이 판결한다.

대법관 박만호(재판장) 박우동 김상원 윤영철

참고판례

▷ 서울지법 1990. 2. 19. 선고 89고단1111 판결: 항소 【사기】 (하집1990-1, 439)

* * *

2. 사기죄의 구성요건으로서의 기망행위 해당 여부

우선 우리나라와 같은 자본주의경제와 시장경제원리가 지배하는 자유민주주의국가에 있어서 상품가격에 절대가격이란 존재할 수 없는 것으로 상품가격은 상품공급자가 그의 고유권한에 의하여 일응결정하여 시장에 내놓으면 구매자의 의사에 따른 조정과정을 거쳐 균형점에 도달하였을 때 실제의 거래가격이 형성되는 상품의 공급과 수요의 원리에 따라 결정된다고 할 것이므로 상인이 자기의 상품에 대하여 일정한 판매희망가격을 표시한 후 이를 특히 할인하여 싼 가격에 판다고 선전함으로써 고객을 유인하는 판매방법은 그로 인하여 상대방에게 사회상규상 용인될 수 없는 손해를 입게 하는 등의 특단의 사정이 없는 한 이는 판매기술의 하나로서 시인되어야 할 것이다.

그렇다면 나아가 이 사건에서 문제로 된 변칙세일은 법률적으로 어떤 평가를 받아야 할 것인가? 앞서 인정한 바와 같이 이 사건 변칙세일행위는 상인이 자기가 판매하는 상품에 관하여 고객을 유인하고 매출을 증가시키기 위한 방법의 하나로서 세일 여부 및 가격에 관한 허위표시와 과대광고가 그 내용을 이루고 있는 것이므로 이는 뒤에서 보는 독점규제및공정거래에관한법률(이하 공정거래법이라고 약칭한다) 위반행위에 해당함은 분명하다. 그러나 모든 허위표시나 과대광고가 사기죄에 있어서의 기망행위에 해당되는 것은 아니고, 그와 같은 기망행위가 사회적 상당성을 인정할 수 없는 경우라야 비로소 사기죄의 성립을 인정할 수 있다고 할 것인데, 앞서 인정한 바와 같은 이 사건 변칙세일의 유래, 그 확산과정과 내용, 그 밖에 이 사건 변칙세일로 인하여 소비자들이 사회상규상 용인될 수 없는 손해를 입었다고 인정할 수 있는 객관적 자료가 아무 것도 없다는 점 등을 종합적으로 고려할 때 이 사건 변칙세일행위는 공정거래법위반행위에 불과한 것이고 형법상 사기죄의 구성요건으로서의 기망행위에는 해당하지 않는다고 보는 것이 상당하다.

여기에서 오해의 소지를 불식시키기 위해 특히 언급해 두는바, 당원은 이 사건 변칙세일행위는 법률적으로 사기죄의 구성요건인 기망행위로까지 평가할 수 없다는 것일 뿐 그것이 정당한 상행위로서 시인되고 허용되어야 한다고 인정한 것은 아니다. 뒤에 보는 바와 같이 이는 공정거래법이라는 엄연한 실정법위반행위에 해당하는 것으로서 특히 그와 같은 위법행위가 소비자들로부터 고도의 신뢰를 확보하고 있을 뿐만 아니라 유통업계의 선두자라고 일컬어지고 있는 우리나라 굴지의 유명백화점 내에서 자행되어 왔다는 점에서 그에 대한 사회적 비난가능성은 그만큼 큰 것이고, 처벌의 필요성 또한 큰 것이라는 점은 당원도 이를 공감하고 있다. 그러나 그러한 이유만으로 공정거래법이 제정, 시행되고 있는 우리의 법제 아래에서 같은 법에 규정된 고발이 없었다는 절차상의 이유 때문에 형법상 사기죄의 구성요건을 이 사건의 경우에까지 확대하여 적용할 수는 없다고 본다.

3. 사기죄의 구성요건으로서의 착오 및 하자있는 처분행위에 대하여

형법상 사기죄는 어떤 기망행위가 있고, 그에 따라 상대방이 착오에 빠지고, 나아가 그와 같은 착오상태에서의 재산처분행위 즉 하자있는 처분행위가 있어야만 성립하는 것이므로 여기에서 이 사건 변칙세일행위에 있어서의 상대방인 소비자가 착오에 빠진 것이고, 또한 그러한 착오상태에서 구매행위가 이루어진 것이라고 인정할 수 있는지 여부에 대하여 본다. 이 문제는 우선 이 사건 변칙세일행위가 사기죄의 구성요건으로서의 기망행위에 해당되는 것으로 인정되는지 여부의 문제와 표리의 관계에 있는 것으로서 이 사건 변칙세일행위가 사기죄의 구성요건인 기망행위에 해당된다고 볼 수 없음은 앞에서 설시한 바와 같으므로 이를 별도로 검토할 필요성은 그다지 크지 않다고 하겠으나 가사 그것이 사기죄의 기망행위에 해당된다고 가정하더라도 이 사건 변칙세일과 같이 실제로는 할인판매하는 것이 아닌데 소비자들로 하여금 그것이 특정한 기간에 한하여 특별히 할인판매하는 것으로 오인하도록 유도하여 소비자들의 구매의욕을 자극하고 그에 따라 판매가 이루어진 경우 당해 소비자가 그 상품을 구매함에 있어서 단순히 그것이 할인판매된다는 하나의 사유만으로 이를 구매하게 된다고 단정할 수는 없고 당해 상품에 대한 수

요, 품질, 가격, 구매능력 등 여러 사정들이 종합적으로 고려되어 구매 여부를 결정하는 것이 오히려 일반적이라고 할 것이므로 소비자가 어떤 상품을 구매함에 있어 할인판매 여부에 관한 오인이 있었다 하여 이를 일컬어 기망행위에 의한 착오상태에서 재산처분행위를 한 것이라고 단정할 수는 없다고 본다.

* * *

[결론]

결국 이 사건 공소사실은 위에서 본 바와 같이 범죄가 되지 아니하거나 범죄의 증명이 없는 때에 해당하므로 형사소송법 제325조에 의하여 피고인들에 대하여 무죄의 선고를 하기로 한다.

이상의 이유로 주문과 같이 판결한다.

판사 이태운

참고문헌

□ 김일수, "詐欺罪解釋論에서 몇 가지 문제점", 법학논집 제29집, 고려대학교 법학연구원, 1993, 256면 이하

(4) 欺罔의 程度

경험칙상 일반인이 착오에 빠질 수 있는 정도이면 충분하다. 특히 문제되는 경우를 살펴보기로 하자.

(가) 과장된 광고·선전

상거래상 어느 정도의 과장된 광고·선전은 商慣行으로 일반적으로 시인되어 있는 것이므로, 그것이 사회상당성의 범위에 머물러 있는 한, 상대방이 다소 착오를 일으켰더라도 輕犯罪處罰法이나 藥事法 등에 의해 처벌되는 것은 별론으로 하고 기망행위 자체를 구성하지 않는다고 본다(大判 1960. 7. 6, 4293형상374). 따라서 상거래상 中等品을 上等品이라고 호칭하는 것, 대학의 조교수의 저술을 정교수의 저술인양 광고하는 것, 합격률 또는 취업률을 높

여 학원생 모집광고를 내는 따위는 그것이 사회상당성의 범위에 머무를 뿐 아직 사회적 위험성이 없으므로 기망행위라고 볼 수 없다. 그러나 去來上 중요한 사항에 관한 구체적 사실을 거래상의 信義誠實義務에 비추어 비난받을 정도의 방법으로 虛僞로 고지한 경우에는 과장·허위광고의 한계를 넘어 欺罔行爲가 된다. 예컨대 불량한 약을 특효약인 것처럼 속여 판매한 경우, 僞畵를 진품이라고 속여 판매한 경우, 골동품의 출처나 내력을 속인 경우, 정상가격 119만 원인 여성외투가격을 바겐세일기간에 238만 원으로 거짓기재한 뒤 50% 할인판매한다고 속여 119만 원에 파는 변칙세일행위(大判 1992. 9. 14, 91도2994), 종전에 販賣한 적이 없는 상품의 가격을 터무니없이 높게 책정한 뒤 割引販賣하는 것처럼 값을 깎아 판매하는 허위바겐세일행위 등은 그 詐術의 정도가 사회적으로 용인될 수 있는 商術의 정도를 넘는 것으로 사기죄의 欺罔行爲에 해당한다.

60년대 우리나라 判例는 가격조작행위는 형법상 사기죄에 해당하지 않는다고 보았다. 예컨대 中等品을 上等品이라고 속여 실구입가격의 50%를 높게 하여 원가라고 속여 판매한 행위를 詐欺性이 없다고 하였다. 그러나 거래가 대량화되고 일반인의 거래에 대한 신뢰보호가 중요시되자 80년대 후반부터 백화점거래에서 벌어지는 虛僞 또는 변칙바겐세일이라든가 피라미드식 판매 등에 사기성을 확대적용하는 경향을 보여주고 있다.

쟁점연구

1. 위 판례는 백화점에서의 변칙세일이 형법상 사기죄에 해당하는가에 대해 다투고 있다. 위 판결에서 백화점 입점업체에서 한 행위를 정리하고, 하급심과 대법원의 판시의 차이점을 비교해 보라. 이것이 실질적으로 형사처벌할 가치가 있는 행위인지를 (형법상의 조문과 관계없이) 생각해 보라.
2. 형법 제347조 제1항은 “사람을 기망하여 재물의 교부를 받거나 재산상의 이익을 취득한 자는 10년 이하의 징역 또는 5만 환 이하의 벌금에 처한

다."(행위 당시의 형법조문)이라고 규정하고 있다. 조문상으로는 단지 "기망"으로 간단히 표기하고 있다. "기망"은 쉽게 말해 거짓말이란 뜻이다. 그런데 판례(대법원, 하급심 모두)는 상거래에서 거짓말(가령 허위광고, 과장광고, 유인광고)이 포함된 행위를 모두 형사처벌의 대상으로 하고 있지 않는 것 같다. 판례에서는 어느 정도 이내의 행위는 "기망"임에도 사회적으로 용인되는 것이며, 형법상 사기죄의 "기망"에는 포함되지 않는다고 말한다. 거짓말은 나쁜 짓인데, "기망"이란 말을 명시했음에도 불구하고 판례가 그렇게 보는 이유는 무엇일까? 판례는 어느 수준을 넘어서야 형법상 사기죄의 기망에 해당한다고 보는가, 그 이유는?

3. 판례에서 사기죄의 기망 정도에 이르지 못한 단순한 허위·과장의 정도의 현혹은 그러면 모두 소비자의 부담으로 넘겨버리게 되는가? 그 이유는 무엇인가?
4. 형법은 도덕적·사회적으로 나쁜 행위를 처벌하는 일차적 수단이 아니라, 어느 정도 이상의 나쁜 행위만을 문제삼는 것처럼 보인다. 형법은 최우선의 수단이 아니라 최후의 수단(ultima ratio)이라고 불린다. 형법이 왜 굳이 "최후의 수단"으로 활용되어야 하는가? 그 이유를 음미해 보라.
5. 형법이 "최후수단"으로 사용되고 있는 다른 예를 제시해 보라.

주요개념

1. 형법의 임무
2. 변칙세일
3. 사기죄의 기망행위
4. 형법의 최후수단성
5. ultima ratio

Ⅲ. '범죄자의 마그나 카르타'로서의 형법

도입판례

대법원 1954. 12. 14. 선고 4287형상49 판결【국가보안법위반피고】(집 1-5, 형7)

【상고인, 피상고인】 갑
【변 호 인】 변호사 한세복
【원심판결】 제1심 제주지방법원, 제2심 광주고등법원
【주 문】 원판결을 파훼한다. 본건을 광주고등법원에 환송한다.
【이 유】

변호인 한세복 및 피고인의 상고이유는 제1원심 판결이유는 피고인이 단기 4280년 5월경 북조선교육문화인직업동맹에 가입한 것, 동년 10월 북 조선노동당 단천군당에 가입한 것을 적시하고 차에 대하여 국가보안법 제1조 제3호를 적용하여 피고인에게 징역 6개월 1년간 집행유예를 선고하였습니다.

A. 그런데 아국 국민 3천만이 주지하는 바와 같이 8.15해방과 동시에 국토는 38선으로서 양단되여 이남에는 대한민국이 건설되였사옵고 이북에는 괴뢰집단이나마 역시 소위 북조선인민공화국이란 국가명칭으로 정부를 참칭하고 있습니다.

B. 그리고 북한 괴뢰집단은 역시 법률로서 노동당의 합법적 존재를 인정하고 있습니다. 기외에도 농촌에는 농민동맹, 일반대중에는 소비조합직업동맹, 적십자민청 등 허다한 단체가 유하여 차등 단체 중「하나」우는「둘」씩으로 다 가입하여 북한국민전체가 이상단체에 가입하지 아니할 남자와 여자는 없습니다. 차는 괴뢰집단이 시행하고 있는

법이며 정책이올시다. 마치 일정시대에 황국신민서사를 독송하지 아니한 사람이 없는 것과 같습니다. 남한을 동경하는 북한국민들이 누구나가 부질없이 공산당에 가입하기를 좋아할 것입니까만은 대한민국의 왕화가 이북에는 불급함으로 부득이하여 그곳 법률에 의하여 행한 그것을 대한민국에서 죄로 책한다함은 너무나 가혹한 바가 있습니다. 대한민국법률이 북한에도 시행되여 있음에도 불구하고 그를 도외시할 공산당에 가입한다 하면 기는 죄책을 불면할 것이올시다. 그런고로 국가보안법은 대한민국의 통치가 가능한 지역에 한하여 적용될 것이오 영영통치가 불가능한 북한지역에서 행한 일에까지 적용될 수는 없다고 사료되는 바이올시다.

C. 국토가 양분된 8.15 당시 38선 이남에는 미군정이 북에는 소련군정이 각각 시행된 것은 세계가 주지하는 바이올시다. 대한민국이 건설되어 군정이 폐지된 후 대한민국은 미군정시대에 합리적으로 규정되었던 일을 번복하여 대한민국법률에 위반된다 하여 기를 죄책할 수는 없습니다. 대개 행정한 주체가 다르며 동시에 법률이 다르기 때문이올시다.

제2, 그런고로 본건에는 헌법 제23조를 적용하여 법률불소급의 원칙을 적용함으로써 북한지역에서 행한 사는 이를 불벌하는 것이 가위 법치라고 사료되는 바이올시다. 본건 피고인이 북한에 거주할 기 당시에는 북한에는 국가보안법이 없습니다. 대한민국 헌법 제101조에 친일분자처벌을 위한 규정이 있어서 일시는 친일분자를 처벌하기에 착수하였다가 폐지된 일이 있다고 기억하고 있습니다. 이 헌법 제101조는 헌법 제23조 법률불소급의 원칙에 위반됨으로 친일분자책벌은 당연히 폐지되여야 할 것이올시다. 그와 마찬가지로 북한은 괴뢰정권의 집단이라 할지라도 남한과는 판이한 딴 지역이며 기 지역에 적용되는 법률보다 다른 것으로서 기의 법률의 지배 하에서 행동하게 된 것이오. 한국 국가보안법은 적용되지 못하였으며, 적용할 수 없습니다.

제3, 국가보안법에 규정된 결사집단은 기 결사 집단이 조직된 장소는 불문할 것이올시다. 즉 당연 결사 우는 집단이 대한민국헌법 기타 법률이 불급하는 북한 우는 소련 혹은 일본 등지에서 조직 우는 기에 가입함은 무방할 것이올시다. 그러나 단순히 대한민국 이외의 지역에서 결사 집단의 조직 우는 가입한 것으로만은 국가보안법이 적용되지 못할 것이올시다. 대개 대한민국의 기본규범인 헌법을 위시하여 국가보안법이 외지역에 적용되지 않기 때문이올시다. 다만 외지역에서 결사집단이 조직 우는 기에 가입한 자가 대한민국법률 적용지역에 정부를 참칭 우는 변란을 야기한 불온한 목적으로서 침입하여 왔을 시에 비로소 국가보안법의 적용을 받어 기자는 결사집단을 조직 우는 이에 가입한 자로서 또는 그의 목적을 수행하기 위한 자로서의 죄책을 받어야 할 것이올시다. 따라서 난시 외지에서 공산당에 가입(기실은 진정서와 여히 가입한 사실이 없음)한 피고인이라 하더라도 기의 목적을 수행하기 위한 것으로서 침입하여 온 것이 아닌 한 처벌할 것이 못된다고 사료합니다. 과거 일정시대에 있어서 외국에 방녕하었넌 애국지사가 조신에 귀국하었을 시 일제는 기 지사들을 처벌한 예가 있습니다. 그 처벌한 사실은 외지 즉 만주, 소련 등지에서 유리하다가 공산주의를 국내에 선전하면서 국체변혁의 목적을 달성하기 위하여 침입한 자인 고로 기시에 비로소 치안유지법이 적용된다고 하여 처벌한 것이올시다. 단지 외지에서 공산당 조직 우는 그에 가입한 것을 구실삼는 것이 아니고 반드시 그 목적실현을 위하여 침입하여 온 것으로서 사실을 날조하여 처벌한 것이올시다. 개 중에는 기실 목적실현을 위한 것도 유할 것이나 대부분은 고국이 그리워서 귀국한 지사들은 이상의 구실로 처벌당한 예가 있었다고 기억하고 있습니다.

제4, 만일에 북한지역에 대한민국 헌법이 적용되는 동시에 국가보안법이 적용된다하면 대한민국헌법은 단기 4281년 7월에 시행되였고 국가보안법도 기 후 공포되였습니다. 그리고 기록상 피고인이 노동당에 가입한 것은 4280년 10월경으로 되여 있습니다. 그렇다 하면 헌법 제23조 규정된 행위시 법률불소급의 원칙에 의하여 헌법이나 국가보안법이 시행되기 전인 4280년 10월경 노동당에 가입한 것을 책벌함은 위헌인 감이 있습니다.

제5, 그리고 피고인은 4283년 12월 17일 이남 주문진에 도착하였다가 기익 4284년 1월 20일경 부산에 도착하였습니다. 여차히 피고인이 이북으로부터 도피하여 남하한 것은 기가 즉 북한시대에 노동당으로부터 탈퇴를 명언한 것에 해당할 것이올시다. 괴뢰집단에게 대하여 정식다운 탈당서를 제출한다는 것은 이는 이론에 불과할 것이옵고 여차한 실천은 자기생명을 도살하는 것임으로 도저히 불가능하옵기로 기 지역으로부터 도피 남하한 기 행동자체 그 이후 당적 목적수행을 위한 행동이 없는 그 자체에 의하여 탈당으로 간주하여야 할 것이올시다. 지금 피고인은 귀북할 수는 없습니다. 그는 이북 괴뢰집단에서는 탈당 우는 반당자, 반역자로 규정지었고 단지 사형밖에 남지 않았기 때문이올시다. 그런고로 여차히 귀북하면 사형 우는 학살에 처하도록 되여 있는 것을 남한에서는 입당자로 인정한다 함은 모순된 바이올시다. 피고인은 이북에서 남하 결의를 하는 동시에 탈당된 것이옵고 피난선에 탑승할 시는 벌써 탈당의 의사표명이올시다. 고로 피고인은 헌법시행전에 당에 가입하였다가 남하전 이북에서 이미 탈당한 것이올시다. 따라서 국가보안법을 적용할 대상이 되지 않는다고 사료하는 바이올시다.

제6, 이상 정실을 동찰하시와 집행유예보담 죄를 당한다 함이 전정에 암영을 수여하는 것이옵고 억사한 바오니 이북지사(以北之事)는 불문에 부하심을 바라옵나이다 함에 있다.

심안하니 일건기록에 의하면 피고인에 대한 원판시 범죄사실은 북괴 치하에 있어서의 부득기한 행위이었음을 규지할 수 있고 특히 피고인이 1.4후퇴 당시 북한을 탈출월남한 사실에 의하면 피고인의 전시행위는 형법 제12조의 자기의 생명신체에 대한 위해를 방어할 방법이 없는 협박에 의하여 강요된 행위로서 처벌을 면할 행위로 인정함이 실험칙에 적합한 조치라 할 것임에 불구하고 원심이 전시행위를 소위 강요된 행위로 인정치 아니하고 이에 대하여 국가보안법을 적용처단 하였음은 채증법칙에 위배한 위법이 있다 하겠음으로 원판결은 파기를 면할 수 없다.

자에 다른 상고이유에 대한 판단을 생략하고 형사소송법 제448조의 2에 의하여 본건을 원심에 환송하여 다시 심리케 하기로 한다.

대법관 김병로(재판장) 김세완 김갑수 배정현 대리판사 한환진

참고문헌

□ 유병진, "비상조치령에 있어서의 몇 가지의 과제", 재판관의 고민(신동운 편), 2008, 205면 이하

명령이라는 것은 그것이 실천할 수 있다는 것을 전제로 하는 것이다. 아무리 명령을 하였다 하더라도 그 복종을 강제할 수 없을 때에는 그 명령의 존재가 없을 것이다. 이러한 명령내용의 실현을 기도(企圖)하려면 자연히 국가의 충분한 지배력이 요구된다. 그리하여 이러한[如斯한] 국가의 지배력은 그 영토 내에 있어서만 완전을 기할 수 있을 것이며 이러한 의미에 있어서 법령의 지배력은 원칙으로 실지 지배권(支配權)을 행사할 수 있는 영토에 한한다 할 것이다. 그러므로 아무리 영토라 하더라도 실지에 있어서 지배력이 없는 이상 법령의 효력은 미치지 못한다고 하여야 할 것이다.

이제 우리는 그 비근(卑近)한 예로 38선 이북에 대한 우리 법령의 효력에 관하여 그 법률적 견해를 구명(究明)하여 보기로 하자. 헌법 제4조에 의하면 "대한민국의 영토는 한반도와 그 부속도서로 한다." 하여 남북한(南北韓) 전체를 그 영토로 한 것이다. 그러나 현실에 있어서 38선 이북은 소위 인민공화국(人民共和國)이란 집단이 이를 통치하고 있지 않는가. 따라서 그 지역에는 우리 대한민국의 실지 지배력이 무(無)하다는 것도 사실인 것이다. 그런 이상 본 문제의 해답은 이미 명료한 것이다. 실지 지배할 수 없는 지역에 대하여 명령할 수는 없을 것이요, 명령할 수 없는 이상 법령의 지배력이란 문제도 안 될 것이다.

* * *

물론 법령의 공포·시행이라는 것은 특별한 제한을 붙이지 않은 이상 헌법에 규정된 당시의 영토 전체에 미치는 것이다. 그러한 의미에서 38 이북 지역에도 우리 법령의 공포(公布)는 있었다 할 것이나 사실상의 지배력이 없는 이상 이를 실시할 수 없을 것이며, 따라서 우리 법령의 효력이 자연 정지되었다고 봄이 타당할 것이요, 이러한 의미에서 법령의 효력이 미치지 못한다는 것이다. 그러므로 동(同) 지역에 대한 그 지배력의 회복과 동시에 우리는 법령의 공포라는 새삼스러운 수속(手續)을 취함이 없이 그 법령을 실시할 수가 있을 것이다.

그런데 이러한[如斯한] 법률관계는 이론상 비단 38선 이북이라는 지역에 한정될 것이 아니다. 역도(逆徒)들 6·25침략 후의 서울시 등 기타 지역으로 보더라도 3개월 동안이나 유린(蹂躪) 하에 있었지 않았던가. 동(同) 기간 내의 동(同) 지역에 있어서의 그 법률관계도 38선 이북의 그것과 동일하다 할 것이다. 이상에서 우리는 사실상의 지배력이 없는 지역에는 법령의 효력이 미치지 못한다는 원칙을 지적하여 왔다.

* * *

(228면 이하)

물론 악질적인 부역자는 차라리 이 세상에서 도태(淘汰)할 것이라는 점에 대하여서는 빨갱이 아닌 국민으로서 어느 누구도 이를 부정하지 않을 것이다. 그러나 멀리 남쪽을 그리면서도 폭압에 견디지 못하여 한 불가피한 행위까지 범죄시한다 함은 입법가(立法家)로서 다시 한 번 자성(自省)하여 볼 필요가 있을 것이다. 아니 역도 침입 당시의 정부의 조치에 대하여 다시 한 번 비판할 필요는 없는가. 그 후퇴 당시 전국(戰局)을 비관하고 해외에 도주할 생각을 하여본 자칭 애국자는 없는가. 서울시는 문제없다고 호언(豪言)한 자는 누구였던가. 아니 다수 국민에게 부역(附逆)의 환경을 만들어 준 자는 누구였던가. 우리는 자기의 생명을 중시함과 같이 타인의 그것도 중시하여야 할 것이다. 타인을 책(責)하기 전에 자기반성을 하여 보아야 할 것이다. 나는 그러한 의미에서 이 본령(本令)에 소위 부역범(附逆犯)에 대한 처사(處事)를 비난하되 동시에 국가의 일대 반성을 촉구하는 바이다.

□ 한인섭, "한국전쟁과 형사법 -부역자 처벌 및 민간인학살과 관련된 법적 문제를 중심으로", 서울대학교 법학 제41권 2호, 2000, 156~157면

부역범들 중에는 생존을 위해 어쩔 수 없이 소극적인 부역을 한 자들이 적지 않다. 이들을 그냥 관대히 처벌하는 것만이 능사인가, 아니면 보다 근본적인·이론적인 해결책은 없는 것일까. "강압적인 정치에 피신치 못한 몸, 그러고 보면 역도들에 대한 最小限度의 協力은 불가피한 것이다. 적어도 그러한 범위 내에서는 우리는 그들에게 그 不行爲를 즉 그러한 행위를 하지 않을 것을 기대하지는 못할 것이오, 따라서 그 최소한도의 행위에 대하여 그 犯意를 인정하여 이를 문책할 수 없다는 것"이다. 이러한 기대가능성론은 1950년대 초반까지 '아직 실용적인 단계에까지 이르지 못하고 있던' 것이 법학계의 상황이었다. 그러나 유병진은 자유의 실질적 보장을 위해서는 각 개인에게 不能의 强制란 있어서는 안 될 것이므로, (부역자재판에서 나타나는 모순을 해결하기 위한) '부분적인 역사'로부터 '기대가능성론의 새로운 등장'을 역설하고 있다. 유병진에 따르면 기대가능성론을 받아들일 때 판결문은 "피고인은 …을 하여서 역도에게 협력한" 객관적 행위 자체는 인정하나 "그러나 …에 의하면 동 행위는 당시 역도들의 압력에 의한 불가피한 행위로 인정함이 타당한 것인 즉 피고인에게 그 행위를 기대할 수 없을 것이오."라 하여 그 어마어마한 형벌을 벗어나는 '回避라는 橫路'를 택할 수 있게 되는 것이다.[2)]

그러나 그 '회피라는 횡로'는 1953년 제정형법에서 '立法이란 正路'를 통해 타개책을 얻게 된다. 형법 제12조의 강요된 행위가 그것이다. 형법제정에 앞장선 엄상섭 의원에 따르면, 이 조항이 "행위자의 억울한 사정을 형법의 세계에서도 참작하여 국민에게 원한이 없도록 하려는 것이니, 종전의 형법에 비하여 민주화에 진일보한 것"으로 평가하고 있다. 강요된 행위를 처벌 않는 것은 개개인의 자유를 보장하려는 자유사회의 형법의 한 증거가 되며, 개인의 자유를 경시 내지 부정하려는 처지에서는 이런 조항을 받아들이지 않는다고 본다. 엄상섭은 아울러 이 조항의 필요성을 예시하는 사례로서 "공비출몰지방에서 부득이하게 의식을 제공한 被威脅者"를 처벌해서는 안 될 것으

2) 유병진, 재판관의 고민, 1952, 103~104면.

로 지적하고 있다.[3)]

이 같은 입법취지는 곧이어 일련의 판례들을 통해 그대로 반영된다. 부역자 등의 행위에 대해 약간 뒤늦게 대법원판결로써 형성된 견해는 '강요된 행위'여서 기대가능성이 없다는 논리였다. 대판 1954. 9. 28, 4286형상109 등에서 괴뢰 치하에서 한 국가보안법 위반행위 등은 공산집단의 강요에 의한 부득이한 소치로 자유의사에 의한 소위가 아니라고 본다. 대판 1954. 12. 14, 4287형상49에서는 보다 분명하게 그 같은 행위가 형법 제12조의 강요된 행위로서 처벌을 면할 행위로 인정함이 실험칙에 적합하다고 판시하였다. 이후 강요된 행위의 법리는 북한 치하에서 이루어진 국가보안법 위반행위에 폭넓게 적용되게 되었다. 유병진에 의하여 전개된 기대불가능성론의 적용가능성은 1953년 형법 제정과 함께 형법 제12조를 통해 확실한 입지점을 구축했고, 뒤이은 판결을 통해 정착된 것이다.

쟁점연구

1. 위의 판례에 나타난 사실관계를 정리해 보라. 그리고 하급심판례와 대법원판례는 각기 어떤 근거에 입각하여 유죄판결과 무죄판결을 내렸을까 생각해 보라.
2. 역사적으로 형법(형벌)은 통치의 주요 규범이었다. 당률, 대명률 등에서 '律'이라 함은 형벌법규를 의미했을 정도였다. 그러한 통치규범으로서의 형법과 오늘날 민주입헌국가에서의 형법의 기능상의 차이점은 무엇일까? 자유사회의 형법과 전체주의국가의 형법은 그 내용과 적용에서 어떤 차이점을 보이는지, 위 사건과 유병진 판사가 다룬 예를 들어 설명해 보라.
3. 법은 '주권자의 명령'이라고 한다. 다른 한편으로 '형법은 범죄인의 마그나 카르타'라는 명제도 등장한다. 형법은 '국가'가 국민에게 일방적으로 요구하는 규범으로만 이해해서는 안 될 것이다. 궁극적인 주권자인 국민

3) 엄상섭, "우리 형법전에 나타난 형법 민주화의 조항", 신동운, 형사법령제정자료집(1) 형법, 1990, 546면. 이 논문은 원래 법정, 제10권 11호, 1955. 11에 실린 것이다.

은 그 법을 알아야 하고, 이해할 수 있어야 할 것이다. 가장 중요한 것은 그 법의 규범적 내용을 준수할 수 있는 가능성을 가질 수 있어야 할 것이다. 통치규범, 재판규범, 행위규범으로서의 형법의 차이점을 생각해 보라. 국가적 요구를 강조할 때와 시민적 인권을 강조할 때 법해석에서 어떤 차이점을 보이는가 생각해 보라.

주요개념

1. 재판규범
2. 행위규범
3. 범죄인의 마그나 카르타

제 2 장 죄형법정주의

"법률 없으면 범죄 없고, 법률 없으면 형벌 없다"는 죄형법정주의는 형법의 대원칙이다. 성문의 법률에 의하여 사전에 규정된 경우에 한하여 형벌을 받을 범죄가 될 수 있다는 것이다. 죄형법정주의는 국가의 형벌권의 남용을 억제하고, 국민의 자유와 권리를 보장하기 위해 18세기 후반 이후 근대국가의 기본원칙으로 승인되어 왔다. 죄형법정주의는 법을 해석·적용하는 사법부에 직접 미치며, 법률의 내용에 대하여 입법부를 구속한다. 형법상의 개별 조문들은 모두 죄형법정주의의 원칙 하에 명확하고 제한적으로 규정되어야 하며, 불명확하고 모호할수록 위헌의 가능성이 높아진다. 법의 해석과 적용에 있어서는 죄형법정주의 원칙을 따라 엄격해석을 원칙으로 하고 있다. 죄형법정주의를 도출할 수 있는 실정법적 근거는 형법상의 여러 조문이 있지만, 무엇보다 헌법상의 기본원칙으로 여러 헌법조항에서 그 근거를 찾을 수 있다. 죄형법정주의는 그것을 실현하기 위한 파생원칙으로 구체화되며, 죄형법정주의의 실현 여부를 점검하기 위하여 그 파생원칙의 잣대를 심사기준으로 하고 있다.

다음을 더욱 구체적으로 알아보자.

1. 죄형법정주의의 기본 취지는 무엇이며, 어떤 역사적 배경을 가지고 있는가.
2. 죄형법정주의의 실정법적 근거(헌법, 형법)는 무엇인가.
3. 죄형법정주의의 파생원칙의 종류와 내용은 무엇인가.
4. 근대적인 의미의 죄형법정주의와 다른 현대입헌국가에서 더욱 강조되는 원칙은 무엇인가.

Ⅰ. 성문법률주의, 명확성의 원칙

'성문'의 '법률'의 규정에 따라 '범죄'로 구성된 행위에 대하여만, 성문의 법률에 따라 정해진 '형벌'을 과할 수 있다. 불문법이나 관습법으로 범죄를 구성할 수 없고, 형벌을 과해서도 안 된다. 형벌을 과할 수 있는 범죄는 대통령(명령), 지방자치단체(조례) 등에 의해서 정해질 수 없고 오직 국회가 제정한 법률을 통해서만 정해질 수 있다. 예컨대 겨울에 제설·제빙의 문제가 심각하여 지방자치단체에서 "건축물관리자의 제설·제빙에 관한 조례"를 만들었을 때, 그 제재조항으로는 형벌이 아닌 1천만원 이하의 과태료만 부과할 수 있을 뿐이다(지방자치법 제27조 참조). 국회는 법률을 통해 범죄와 형벌을 규정할 때, 범죄와 형벌은 명확하게 규정되지 않으면 안 된다.

도입판례

헌재 2002. 6. 27. 99헌마480 【전기통신사업법 제53조 등 위헌확인】 (헌집14-1, 616)

【심판대상조문】

전기통신사업법(1991. 8. 10. 법률 제4394호로 전문개정된 것) 제53조(불온통신의 단속) ① 전기통신을 이용하는 자는 공공의 안녕질서 또는 미풍양속을 해하는 내용의 통신을 하여서는 아니 된다.

② 제1항의 규정에 의한 공공의 안녕질서 또는 미풍양속을 해하는 것으로 인정되는 통신의 대상 등은 대통령령으로 정한다.

③ 정보통신부장관은 제2항의 규정에 의한 통신에 대하여는 전기통신사업자로 하여금 그 취급을 거부·정지 또는 제한하도록 명할 수 있다.

전기통신사업법(1996. 12. 30. 법률 제5220호로 개정된 것) 제71조(벌칙) 다음 각호의 1에 해당하는 자는 2년 이하의 징역 또는 2천만원 이하의 벌금에 처한다.

1.~6. 생략

7. 제53조 제3항 또는 제55조의 규정에 의한 명령을 이행하지 아니한 자

8. 생략

전기통신사업법시행령(1991. 12. 31. 대통령령 제13558호로 전문개정된 것) 제16조(불온통신) 법 제53조 제2항의 규정에 의한 공공의 안녕질서 또는 미풍양속을 해하는 것으로 인정되는 전기통신은 다음 각호와 같다.

1. 범죄행위를 목적으로 하거나 범죄행위를 교사하는 내용의 전기통신

2. 반국가적 행위의 수행을 목적으로 하는 내용의 전기통신

3. 선량한 풍속 기타 사회질서를 해하는 내용의 전기통신

【주 문】

1. 전기통신사업법(1991. 8. 10. 법률 제4394호로 전문개정된 것) 제53조, 같은 법 시행령(1991. 12. 31. 대통령령 제13558호로 전문개정된 것) 제16조는 헌법에 위반된다.

【이 유】

1. 사건의 개요 및 심판의 대상

가. 사건의 개요

청구인은 항공대학교 학생으로서, 1998. 9. 14.부터 주식회사 P에서 운영하는 종합컴퓨터 통신망인 'Q'에 '이의제기'라는 이용자명(ID)으로 가입하여 컴퓨터통신을 이용하여 왔다.

청구인은 1999. 6. 15. 위 '[통신망] Q'에 개설되어 있는 'R'이라는 동호회의 '속보란' 게시판에 "서해안 총격전, 어설프다 김대중!"이라는 제목의 글을 게시하였는데, 'Q' 운영자가 같은 달 21. 정보통신부장관의

명령에 따라 위 게시물을 삭제하고 청구인에 대하여 'Q' 이용을 1개월 중지시켰다.

이에 청구인은 정보통신부장관의 위와 같은 명령의 근거조항인 전기통신사업법 제53조, 같은 법 제71조 제7호 중 제53조 제3항 부분 및 같은 법 시행령 제16조가 청구인의 헌법상 보장된 표현의 자유, 학문과 예술의 자유를 침해하고, 적법절차 및 과잉금지원칙에 어긋나는 위헌조항이라고 주장하면서, 1999. 8. 11. 이 사건 헌법소원심판을 청구하였다.

* * *

4. 본안에 관한 판단

가. 전기통신사업법상의 불온통신 규제제도

(1) 불온통신의 개념과 규제

전기통신사업법 제53조 제1항에 의하면, '불온통신'이라 함은 "공공의 안녕질서 또는 미풍양속을 해하는 내용의 통신"을 말한다.

그런데 같은 조 제2항은 공공의 안녕질서 또는 미풍양속을 해하는 것으로 인정되는 통신의 대상을 대통령령에 위임하고 있는바, 같은 법 시행령 제16조는 구체적 내용으로 다음과 같은 세 가지 유형의 불온통신을 규정하고 있다. 즉, "1. 범죄행위를 목적으로 하거나 범죄행위를 교사하는 내용의 전기통신, 2. 반국가적 행위의 수행을 목적으로 하는 내용의 전기통신, 3. 선량한 풍속 기타 사회질서를 해하는 내용의 전기통신"이 바로 그것이다.

나아가 같은 조 제3항은 위 불온통신에 대하여 정보통신부장관이 전기통신사업자로 하여금 그 취급을 거부·정지 또는 제한하도록 명할 수 있다고 규정하고 있으며, 같은 법 제71조 제7호는 전기통신사업자가 위 정보통신부장관의 취급 거부·정지 또는 제한의 명령을 이행하지 아니한 경우 2년 이하의 징역 또는 2천만원 이하의 벌금에 처하도록 규정하여 규제의 실효성을 담보하고 있다.

(2) 불온통신 규제제도의 의미와 구조

종래 전통적인 전신, 전화 등의 통신은 통신의 비밀보장과 관련하여 전달되는 정보의 내용에 대한 개입은 원칙적으로 허용되지 아니하였다. 그러나 통신산업의 기술적 발전으로 전신, 전화 등이 사적인 커뮤니케이션을 담는 데 그치지 않고 불특정다수인에 대한 정보전달매체로서의 기능을 갖게 됨에 따라 그 영향력에 대한 규제가 불가피하게 되었다 하지 아니할 수 없다.

그리하여, 위와 같은 불온통신에 대한 정보통신부장관의 취급거부 · 정지 · 제한명령제도는 전통적인 통신수단인 유선전화 내지 무선전화를 통해 유통되는 정보뿐만 아니라, 이른바 피씨(PC)통신이나 인터넷 등 '온라인매체'를 통해서 유통되는 정보를 규제하는 주요수단으로 기능하고 있다.

이러한 불온통신 규제제도는 다음과 같은 구조와 특성을 지니고 있다.

첫째, 정보통신부장관이라는 행정권력에 의해 표현의 자유에 대한 직접적인 내용규제가 이루어진다.

둘째, 그 규제의 법적 구조가 정보통신부장관 — 전기통신사업자 — 전기통신이용자의 삼각구도로 짜여져 있어, 명령 및 처벌의 대상자는 전기통신사업자이지만, 그로 인하여 실질적으로 표현의 자유를 침해받는 자는 이용자가 된다. 명령 및 처벌의 객체와 표현의 자유를 제한당하는 객체가 분리될 뿐 궁극적으로는 형사처벌의 담보 하에 표현의 자유에 대한 규제가 행하여진다. 한편 전기통신이용자는 규제조치의 상대방이 아닌 제3자로서 행정절차에의 참여, 행정소송의 제기 등 권리구제의 면에서 어려움을 겪게 된다.

셋째, 형식적으로는 표현의 자유에 대한 사후제한이지만, 이용자 — 전기통신사업자 및 전기통신사업자 — 정보통신부장관의 역학관계에 비추어 볼 때 전기통신사업자는 정보통신부장관의 취급거부 등 명령이 없더라도 미리 사용약관 등에 의하여 이용자의 통신내용을 규제하고 이에 따라 이용자는 스스로 조심할 수밖에 없는, 실질적으로는 상시적인, 자체 검열체계로 기능하기 쉽다.

나. 표현의 자유의 제한법리

(1) 표현의 자유와 명확성의 원칙

법률은 명확한 용어로 규정함으로써 적용대상자에게 그 규제내용을 미리 알 수 있도록 공정한 고지를 하여 장래의 행동지침을 제공하고, 동시에 법집행자에게 객관적 판단지침을 주어 차별적이거나 자의적인 법해석을 예방할 수 있다(헌재 1992. 4. 28. 90헌바27등, 판례집 4, 255, 268-269). 법률은 되도록 명확한 용어로 규정하여야 한다는 이러한 명확성의 원칙은 민주주의·법치주의 원리의 표현으로서 모든 기본권제한입법에 요구되는 것이며, 죄형법정주의, 조세법률주의, 포괄위임금지와 같은 원칙들에도 명확성의 요청이 이미 내재되어 있다.

그런데 표현의 자유를 규제하는 입법에 있어서 이러한 명확성의 원칙은 특별히 중요한 의미를 지닌다. 현대 민주사회에서 표현의 자유가 국민주권주의의 이념의 실현에 불가결한 존재인 점에 비추어 볼 때, 불명확한 규범에 의한 표현의 자유의 규제는 헌법상 보호받는 표현에 대한 위축적 효과를 수반하고, 그로 인해 다양한 의견, 견해, 사상의 표출을 가능케 하여 이러한 표현들이 상호 검증을 거치도록 한다는 표현의 자유의 본래의 기능을 상실케 한다. 즉, 무엇이 금지되는 표현인지가 불명확한 경우에, 자신이 행하고자 하는 표현이 규제의 대상이 아니라는 확신이 없는 기본권주체는 대체로 규제를 받을 것을 우려해서 표현행위를 스스로 억제하게 될 가능성이 높은 것이다. 그렇기 때문에 표현의 자유를 규제하는 법률은 규제되는 표현의 개념을 세밀하고 명확하게 규정할 것이 헌법적으로 요구된다(헌재 1998. 4. 30. 95헌가16, 판례집 10-1, 327, 342).

(2) 표현의 자유와 과잉금지원칙

헌법 제37조 제2항에 근거한 과잉금지원칙은 모든 기본권제한입법의 한계원리이므로 표현의 자유를 제한하는 입법도 이 원칙을 준수하여야 함은 물론이나, 표현의 자유의 경우에 과잉금지원칙은 위에서 본 명확성의 원칙과 밀접한 관련성을 지니고 있다. 불명확한 규범에 의하여 표현의 자유를 규제하게 되면 헌법상 보호받아야 할 표현까지 망라하여 필요 이상으로 과도하게 규제하게 되므로 과잉금지원칙과 조화할 수 없게 되는 것이다.

다. 전기통신사업법 제53조 제1항의 위헌 여부

(1) 명확성원칙 위반 여부

(가) 전기통신사업법 제53조 제1항은 "전기통신을 이용하는 자는 공공의 안녕질서 또는 미풍양속을 해하는 내용의 통신을 하여서는 아니된다"고 규정하고 있다. 위에서 본 바와 같이 표현의 자유를 규제하는 경우에 일반적으로 명확성의 요구가 보다 강화된다고 할 것이고, 특히 위 조항과 같이 표현의 내용에 의한 규제인 경우에는 더욱 더 규제되는 표현의 개념을 세밀하고 명확하게 규정할 것이 요구된다고 할 것이다.

(나) 그런데, "공공의 안녕질서 또는 미풍양속을 해하는"이라는 불온통신의 개념은 너무나 불명확하고, 애매하다.

헌법 제37조 제2항은 모든 자유와 권리는 국가의 안전보장·질서유지 또는 공공복리를 위하여 필요한 경우에 한하여 법률로써 제한할 수 있음을 규정하고 있고, 헌법 제21조 제4항은 언론·출판은 공중도덕이나 사회윤리를 침해하여서는 아니 된다고 규정하고 있다. 그런데 위 전기통신사업법 제53조 제1항은 불온통신을 "공공의 안녕질서 또는 미풍양속을 해하는 통신"으로 규정하고 이를 금지하고 있는바, 여기서의 "공공의 안녕질서"는 위 헌법 제37조 제2항의 "국가의 안전보장·질서유지"와, "미풍양속"은 헌법 제21조 제4항의 "공중도덕이나 사회윤리"와 비교하여 볼 때 동어반복이라 해도 좋을 정도로 전혀 구체화되어 있지 아니하다. 즉 "불온통신"의 개념을 정하고 있는 것이 아니라 헌법상 기본권제한에 필요한 최소한의 요건 또는 헌법상 언론·출판자유의 한계를 그대로 법률에 옮겨 놓은 것에 불과할 정도로 그 의미가 불명확하고 추상적이다.

이처럼, "공공의 안녕질서", "미풍양속"이라는 것은 매우 추상적인 개념이어서 어떠한 표현행위가 과연 "공공의 안녕질서"나 "미풍양속"을 해하는 것인지, 아닌지에 관한 판단은 사람마다의 가치관, 윤리관에 따라 크게 달라질 수밖에 없고, 법집행자의 통상적 해석을 통하여 그 의미내용을 객관적으로 확정하기도 어렵다.

위와 같이 불명확한 불온통신의 개념은, 비록 같은 조 제2항에서 그 대상 등을 대통령령으로 정하도록 규정하고 있어 시행령에 의하여 구체화될 것이 예정되어 있다고 하더라도 어떤 내용들이 대통령령에 정하여질지 예상할 수 없어, 수범자인 국민으로 하여금 어떤 내용의 통신이 금지되는 것인지 고지하여 주지 못하고 있다. "공공의 안녕질서"나 "미풍양속"에 관하여 어렴풋한 추측마저 전혀 불가능한 것은 아니라 할지라도, 그것은 각자마다 다른 대단히 주관적인 것일 수밖에 없다.

물론 입법에 있어서 추상적 가치개념의 사용이 필요한 것은 일반적으로 부인할 수 없으며, 또한 "공공의 안녕질서", "미풍양속"이라는 개념을 사용하는 것이 언제나 허용되지 않는다고 단정할 수도 없다. 법률의 입법목적, 규율의 대상이 되는 법률관계의 성격, 관련 법규범의 내용 등에 따라서는 그러한 개념의 사용이 허용되는 경우도 있을 수 있을 것이다. 그러나 적어도 공권력에 의하여 표현의 내용을 규제하는 입법에서 아무런 추가적인 제한요건 없이 막연히 "공공의 안녕질서 또는 미풍양속을 해하는"이라는 잣대로 일체의 표현을 규제하는 것은, 비록 같은 조 제2항에서 그 대상 등을 대통령령으로 정하도록 규정하고 있어 대통령령에 의하여 구체화될 것이 예정되어 있다고 하더라도, 표현의 자유에서 요구하는 명확성의 요청에 현저하게 부응하지 못한 것이라 하지 않을 수 없다.

정보통신부장관은 헌법에 유사한 개념이 사용되고 있다는 점을 들어 명확성원칙에 위배되지 않는다고 주장하나, 직접 국민의 자유와 권리를 제한하는 법률에서 헌법상의 개념이나 그와 같은 정도로 추상적인 개념을 그대로 사용하는 것이 정당화될 수는 없다.

(다) 표현의 자유를 위축시키지 않게 명확하면서도, 진정한 불온통신을 효과적으로 규제할 수 있도록 입법한다는 것은 쉬운 일이 아닐 것이

다. 그러나 규제대상이 다양·다기하다 하더라도, 개별화·유형화를 통한 명확성의 추구를 포기하여서는 아니 되고, 부득이한 경우 국가는 표현규제의 과잉보다는 오히려 규제의 부족을 선택하여야 할 것이다. 해악이 명백히 검증된 것이 아닌 표현을 규제하는 것은 득보다 실이 크다고 보는 것이 표현의 자유의 본질이기 때문이다.

(라) 결론적으로 전기통신사업법 제53조 제1항은 규제되는 표현의 내용이 명확하지 아니하여 명확성의 원칙에 위배된다.

(2) 과잉금지원칙 위반 여부

(가) 온라인매체상의 정보의 신속한 유통을 고려한다면 표현물 삭제와 같은 일정한 규제조치의 필요성 자체를 부인하기는 어렵다고 하더라도, 내용 그 자체로 불법성이 뚜렷하고, 사회적 유해성이 명백한 표현물—예컨대, 아동 포르노, 국가기밀 누설, 명예훼손, 저작권 침해 같은 경우가 여기에 해당할 것이다—이 아닌 한, 청소년보호를 위한 유통관리 차원의 제약을 가하는 것은 별론으로 하고, 함부로 내용을 이유로 표현물을 규제하거나 억압하여서는 아니 된다. 유해성에 대한 막연한 의심이나 유해의 가능성만으로 표현물의 내용을 광범위하게 규제하는 것은 표현의 자유와 조화될 수 없다.

그런데, 전기통신사업법 제53조는 "공공의 안녕질서 또는 미풍양속을 해하는"이라는 불온통신의 개념을 전제로 하여 규제를 가하는 것으로서 불온통신 개념의 모호성·추상성·포괄성으로 말미암아 필연적으로 규제되지 않아야 할 표현까지 다함께 규제하게 되어 과잉금지원칙에 어긋난다.

(나) 먼저, 우리 재판소가 명시적으로 보호받는 표현으로 분류한 바 있는 "저속한" 표현(헌재 1998. 4. 30. 95헌가16, 판례집 10-1, 327)도 "미풍양속"에 반하는 것으로 되어 규제될 수 있다. 우리 재판소는 "음란한" 표현과 달리 "저속한" 표현은 일정한 사회적 가치를 가지고 있어서 이를 전면 금지시키는 것은 표현의 자유에 대한 침해가 된다고 하면서, 외설성이 음란에는 달하지 않는 성적 표현, 한두 번의 폭력적 표현, 다소 상

세한 살인현장의 묘사, 성을 소재로 한 유머, 왜곡된 사회도덕이나 윤리를 풍자하는 다소 품위없는 표현 등이 "저속"에 해당한다고 하였는데(헌재 1998. 4. 30. 95헌가16, 판례집 10-1, 352-353), 이러한 저속한 표현 중에는 "공공의 안녕질서"나 "미풍양속"에 반하는 것이 얼마든지 있을 수 있기 때문이다.

(다) 청소년유해매체물은 청소년보호를 위해 그 유통·관리를 규제하는 매체물이다. 여기에는 성인에게도 금지되는 음란물 같은 불법표현물도 포함될 수 있지만, 성인에게는 접근이 허용될 수 있지만 청소년에게만 금지되는 표현물도 포함되어 있다.

그런데 "공공의 안녕질서 또는 미풍양속" 개념의 포괄성으로 말미암아 청소년에 대한 접근만 금지하여도 족할 표현물도 불온통신에 해당되어 규제받게 된다. 예를 들어 성적인 욕구를 자극하는 선정적인 표현물은 청소년의 접근으로부터는 차단할 필요가 있나 하더라도(청소년보호법 제10조 제1항 제1호 참조), 그것이 음란물에 이르지 않는 한 성인에 의한 표현과 접근까지 금지할 이유는 없는 것이다. 그럼에도 불구하고 그러한 표현물들도 "미풍양속"에 반하는 불온통신이라 하여 규제받을 수 있게 된다.

(라) 다양한 의견간의 자유로운 토론과 비판을 통하여 사회공동체의 문제를 제기하고, 건전하게 해소할 가능성을 봉쇄한다. 성(性), 혼인, 가족제도에 관한 표현들(예컨대, 혼전동거, 계약결혼, 동성애 등에 관한 표현)이 "미풍양속"을 해하는 것으로 규제되고 예민한 정치적, 사회적 이슈에 관한 표현들(예컨대, 징집반대, 양심상의 집총거부, 통일문제 등에 관한 표현)이 "공공의 안녕질서"를 해하는 것으로 규제된다면, 전기통신의 이용자는 표현행위에 있어 위축되지 않을 수 없고, 이로 말미암아 열린 논의의 가능성은 원천적으로 배제되어 표현의 자유의 본질적 기능이 훼손된다.

대저 전체주의 사회와 달리 국가의 무류성(無謬性)을 믿지 않으며, 다원성과 가치상대주의를 이념적 기초로 하는 민주주의 사회에서 "공공의 안녕질서"나 "미풍양속"과 같은 상대적이고 가변적인 개념을 잣대로 표현의 허용 여부를 국가가 재단하게 되면 언론과 사상의 자유시장이 왜곡되고, 정치적·이데올로기적으로 악용될 우려가 있다. 더욱이 집권자에 대한 비판적 표현은 "공공의 안녕질서"를 해하는 것으로 쉽게 규제될 소지도 있다. 우리 재판소는, 민주주의에서 어떤 표현이나 정보의 가치 유무, 해악성 유무를 국가가 1차적으로 재단하여서는 아니 되고 시민사회의 자기교정기능, 사상과 의견의 경쟁메커니즘에 맡겨야 한다고 확인한 바 있음을(헌재 1998. 4. 30. 95헌가16, 판례집 10-1, 327, 339-340) 환기하여 둔다.

(마) 마지막으로 1961년 구 전기통신법 제6조에 의하여 도입될 당시의 모습에서 크게 벗어나지 않은 현재의 불온통신규제제도는 인터넷을 비롯, 온라인매체를 이용한 표현행위의 비중이 점점 커지고 있는 변화된 시대상황에도 어울리지 않는다는 점을 지적하고자 한다.

불온통신규제의 주된 대상이 되는 매체의 하나는 인터넷이다. 인터넷은 공중파방송과 달리 "가장 참여적인 시장", "표현촉진적인 매체"이다. 공중파방송은 전파자원의 희소성, 방송의 침투성, 정보수용자 측의 통제능력의 결여와 같은 특성을 가지고 있어서 그 공적 책임과 공익성이 강조되어, 인쇄매체에서는 볼 수 없는 강한 규제조치가 정당화되기도 한다. 그러나 인터넷은 위와 같은 방송의 특성이 없으며, 오히려 진입장벽이 낮고, 표현의 쌍방향성이 보장되며, 그 이용에 적극적이고 계획적인 행동이 필요하다는 특성을 지닌다. 오늘날 가장 거대하고, 주요한 표현매체의 하나로 자리를 굳힌 인터넷상의 표현에 대하여 질서위주의 사고만으로 규제하려고 할 경우 표현의 자유의 발전에 큰 장애를 초래할 수 있다. 표현매체에 관한 기술의 발달은 표현의 자유의 장을 넓히고 질적 변화를 야기하고 있으므로 계속 변화하는 이 분야에서 규제의 수단 또한 헌법의 틀 내에서 다채롭고 새롭게 강구되어야 할 것이다.

(바) 결론적으로, 전기통신사업법 제53조 제1항은 표현의 자유를 지나치게 광범위하게, 포괄적으로 제한함으로써 과잉금지원칙에 위배된다.

라. 전기통신사업법 제53조 제2항의 위헌 여부

(1) 전기통신사업법 제53조 제2항은 "제1항의 규정에 의한 공공의 안녕질서 또는 미풍양속을 해하는 것으로 인정되는 통신의 대상 등은 대통령령으로 정한다."고 규정하고 있는바 이는 포괄위임입법금지원칙에 위배된다.

(2) 포괄적위임입법금지원칙은 행정부에 입법을 위임하는 수권법률의 명확성원칙으로서 헌법 제75조가 규정하고 있는 "법률에서 구체적으로 범위를 정하여 위임받은 사항"이라 함은 법률에 이미 대통령령으로 규정될 내용 및 범위의 기본사항이 구체적으로 규정되어 있어서 누구라도 당해 법률로부터 대통령령에 규정될 내용의 대강을 예측할 수 있어야 함을 의미한다(헌재 1991. 7. 8. 91헌가4, 판례집 3, 336, 341). 그리고 이 같은 위임의 구체성과 명확성의 요구 정도는 규제 대상의 종류와 성격에 따라 달라지는바, 기본권침해영역에서는 급부영역에서보다 구체성의 요구가 강화되고, 특히 이 사건에서와 같이 표현의 사유를 내용에 의하여 규제하고 이에 불응할 경우에는 형사처벌이 가해지는 경우에는 구체성의 요구가 더욱 강화된다고 할 것이다.

그런데 위에서 본 바와 같이 "공공의 안녕질서"나 "미풍양속"의 개념은 대단히 추상적이고 불명확하여, 수범자인 국민으로 하여금 어떤 내용들이 대통령령에 정하여질지 그 기준과 대강을 예측할 수도 없게 되어 있다.

(3) 또한, 이 개념은 행정입법자에게 적정한 지침을 제공하지 못함으로써 그로 인한 행정입법을 제대로 통제하는 기능을 수행하지 못한다. 이러한 기능은 위임입법에서 위임사항을 명백히 한계지울 수 있을 때 비로소 가능한데, "공공의 안녕질서"나 "미풍양속"의 개념은 행정입법의 범위에 대한 아무런 한계로도 작용하지 못하는 것이다. 그리하여 행정입법자는 다분히 자신이 판단하는 또는 원하는 "안녕질서", "미풍양속"의 관념에 따라 헌법적으로 보호받아야 할 표현까지 얼마든지 규제대상으로 삼을 수 있게 되어 있다.

이는 위 조항의 위임에 의하여 제정된 전기통신사업법시행령 제16조 제2호와 제3호가 "공공의 안녕질서 또는 미풍양속을 해하는 것으로 인정되는 통신"으로서 "반국가적 행위의 수행을 목적으로 하는 내용의 전기통신", "선량한 풍속 기타 사회질서를 해하는 내용의 전기통신"을 각 규정하여 위 전기통신사업법 제53조 제1항에 못지않게 불명확하고 광범위하게 통신을 규제하고 있는 점에서 더욱 명백하게 드러난다고 할 것이다.

(4) 나아가 전기통신사업법 제53조 제2항은 불온통신 즉 "공공의 안녕질서 또는 미풍양속을 해하는 것으로 인정되는 통신"의 대상 등을 전부 대통령령으로 정하도록 위임함으로써, 위 헌법 제37조 제2항에 의하여 "국가의 안전보장, 질서유지 또는 공공복리를 위해 필요한 경우" 또는 "공중도덕이나 사회윤리를 침해하는 것"으로서 "법률"로써 구체화하여야 할 것을 법률에 의하여는 전혀 구체화하지 아니한 채 전적으로 행정입법에 맡겨놓은 결과를 초래하였는바, 이는 국민의 자유나 권리를 제한하는 행정작용의 경우 적어도 그 제한의 본질적인 사항에 관한 한 국회가 제정하는 법률에 근거를 두는 것만으로 충분한 것이 아니라 국회가 직접 결정함으로써 실질에 있어서도 법률에 의한 규율이 되도록 하여야 한다는 요구(헌재 1999. 5. 27. 98헌바70 판례집 11-1, 633, 644)에도 반한다고 보여진다.

(5) 결론적으로 전기통신사업법 제53조 제2항은 대통령령에 규정될 불온통신의 내용 및 범위를 예측할 수 있도록 구체적이고 명확하게 위임하고 있지 않아 포괄위임금지원칙에 위배된다.

마. 전기통신사업법 제53조 제3항의 위헌성

위에서 본 바와 같이 전기통신사업법 제53조 제1항과 제2항이 헌법에 위반되므로 위 조항들을 전제로 하는 전기통신사업법 제53조 제3항 또한 더 나아가 살필 필요 없이 위헌이라 할 것인바, 아울러 위 조항에 의한 정보통신부장관의 취급거부 · 정지 · 제한 명령 제도는 실질적인 피규제자인 전기통신이용자에게 의견진술권이 전혀 보장되어 있지 아니한 점에서 적법절차원칙에도 위배될 소지가 있고, 나아가 위 취급거부 · 정지·제한에 이용자명(ID)의 사용금지 또는 사이트폐쇄까지 포함하는 것으로 해석한다면 이용자가 당해 사이트를 통하여 다른 적법한 정보를 유통하는 것까지 불가능하게 한다는 점에서 과잉금지원칙에 위반될 소지가 많음을 지적하여 둔다.

바. 전기통신사업법시행령 제16조의 위헌성

위에서 본 바와 같이 전기통신사업법 제53조 제2항이 헌법에 위반되므로 이를 근거로 한 전기통신사업법시행령 제16조 또한 더 나아가 살필 것 없이 위헌이라 할 것이다.

5. 결론

따라서, 전기통신사업법 제53조, 같은 법 시행령 제16조는 청구인의 표현의 자유를 침해하는 것으로서 헌법에 위반되고, 같은 법 제71조 제7호 중 제53조 제3항 부분에 대한 심판청구는 부적법하므로 이를 각하하기로 하여 주문과 같이 결정한다. 이 결정은 재판관 하경철, 재판관 김영일, 재판관 송인준의 다음 6.과 같은 반대의견이 있는 외에는 나머지 재판관 전원의 일치된 의견에 의한 것이다.

6. 재판관 하경철, 재판관 김영일, 재판관 송인준의 반대의견

* * *

라. 결론적으로, 우리는 이 사건 심판청구 중 각하되는 부분에 대하여는 다수의견과 견해를 같이하나, 전기통신사업법 제53조 및 같은 법 시행령 제16조 제1호는 헌법에 위반되지 아니하여 그 심판청구를 기각해야 하고, 같은 법 시행령 제16조 제2호, 제3호는 명확성의 원칙을 위반하여 표현의 자유를 침해하는 것으로서 헌법에 위반된다고 보아 다수의견과 견해를 달리하므로, 이에 반대의견을 밝히는 바이다.

재판관 윤영철(재판장) 한대현 하경철 김영일(주심) 권 성
김효종 김경일 송인준 주선회

참고자료

위의 헌법재판소의 위헌결정에 따라 전기통신사업법의 관련 규정은 다음과 같이 개정되었다.

전기통신사업법[일부개정 2002. 12. 26 법률 제7165호]

제53조 (불법통신의 금지 등)

① 전기통신을 이용하는 자는 다음 각호의 행위를 하여서는 아니 된다.

1. 음란한 부호·문언·음향·화상 또는 영상을 배포·판매·임대하거나 공연히 전시하는 내용의 전기통신

2. 사람을 비방할 목적으로 공연히 사실 또는 허위의 사실을 적시하여 타인의 명예를 훼손하는 내용의 전기통신

3. 공포심이나 불안감을 유발하는 부호·문언·음향·화상 또는 영상을 반복적으로 상대방에게 도달하게 하는 내용의 전기통신

4. 정당한 사유 없이 정보통신시스템, 데이터 또는 프로그램 등을 훼손·멸실·변경·위조하거나 그 운용을 방해하는 내용의 전기통신

5. 청소년보호법에 의한 청소년유해매체물로서 상대방의 연령확인, 표시의무 등 법령에 의한 의무를 이행하지 아니하고 영리를 목적으로 제공하는 내용의 전기통신

6. 법령에 의하여 금지되는 사행행위에 해당하는 내용의 전기통신

7. 법령에 의하여 분류된 비밀 등 국가기밀을 누설하는 내용의 전기통신

8. 국가보안법에서 금지하는 행위를 수행하는 내용의 전기통신

9. 범죄를 목적으로 하거나 교사 또는 방조하는 내용의 전기통신

② 정보통신부장관은 제1항의 규정에 의한 전기통신에 대하여는 제53조의2의 규정에 의한 정보통신윤리위원회의 심의를 거쳐 전기통신사업자로 하여금 그 취급을 거부·정지 또는 제한하도록 명할 수 있다. 다만, 제1항 제2호 및 제3호의 규정에 의한 전기통신의 경우에는 그러한 전기통신으로 인하여 피해를 받은 자의 명시한 의사에 반하여 이를 명할 수 없으며, 제1항 제7호 내지 제9호의 규정에 의한 전기통신의 경우에는 관계중앙행정기관의 장의

요청이 있는 경우에 한하여 이를 명할 수 있다.

③ 정보통신부장관은 제2항의 규정에 의한 명령의 대상이 되는 전기통신사업자 및 해당 이용자에게 사전에 의견제출의 기회를 주어야 한다. 다만, 다음 각호의 1에 해당하는 경우에는 그러하지 아니하다.

1. 공공의 안전 또는 복리를 위하여 긴급히 처분을 할 필요가 있는 경우

2. 의견청취가 현저히 곤란하거나 명백히 불필요한 경우로서 대통령령이 정하는 경우

3. 의견제출의 기회를 포기한다는 뜻을 명백히 표시한 경우

참고판례

(가) 헌재 2010. 12. 28. 2008헌바157, 2009헌바88(병합) 【전기통신기본법 제47조 제1항】

* * *

【주　　문】 전기통신기본법(1996. 12. 30. 법률 제5291호로 개정된 것) 제47조 제1항은 헌법에 위반된다.

* * *

[심판대상 법률조항]

전기통신기본법 제47조(벌칙) ① 공익을 해할 목적으로 전기통신설비에 의하여 공연히 허위의 통신을 한 자는 5년 이하의 징역 또는 5천만원 이하의 벌금에 처한다.

* * *

나. 이 사건 법률조항의 명확성 원칙 위반 여부

(1) 표현의 자유 및 죄형법정주의와 명확성의 원칙(생략)

(2) 명확성 원칙 위반 여부

(가) 이 사건 법률조항은 '공익을 해할 목적으로 전기통신설비에 의하여 공연히 허위의 통신을 한 자'를 처벌하도록 하고 있는바, '공익을 해할 목적'이라는 초과주관적 구성요건이 의미하는 바가 무엇인지 우선 문제된다.

(나) 헌법 제37조 제2항은 모든 자유와 권리는 국가의 안전보장 · 질서유지 또는 공공복리를 위하여 필요한 경우에 한하여 법률로써 제한할 수 있음을 규정하고 있고, 헌법 제21조 제4항은 언론 · 출판은 공중도덕이나 사회윤리를 침해하여서는 아니된다고 규정하고 있다.

그런데 이 사건 법률조항은 "공익을 해할 목적"의 허위의 통신을 금지하는바, 여기서의 "공익"은 위 헌법 제37조 제2항의 "국가의 안전보장 · 질서유지"와 헌법 제21조 제4항의 "공중도덕이나 사회윤리"와 비교하여 볼 때 '동어반복'이라고 할 수 있을 정도로 전혀 구체화되어 있지 아니하다. 형벌조항의 구성요건으로서 구체적인 표지를 정하고 있는 것이 아니라, 헌법상 기본권제한에 필요한 최소한의 요건 또는 헌법상 언론 · 출판자유의 한계를 그대로 법률에 옮겨 놓은 것에 불과할 정도로 그 의미가 불명확하고 추상적이다.

"공익"이라는 개념은 이처럼 매우 추상적인 것이어서 어떠한 표현행위가 과연 "공익"을 해하는 것인지, 아닌지에 관한 판단은 사람마다의 가치관, 윤리관에 따라 크게 달라질 수밖에 없다. 건전한 상식과 통상적인 법감정을 가진 일반인들에게 있어 공통적으로 공익으로 인식될 수 있는 이익이 존재함은 의문의 여지가 없으나, 판단주체에 따라 공익인지 여부를 달리 판단할 가능성이 있는 이익이 존재함도 부인할 수 없다. 이는 판단주체가 법전문가라 하여도 마찬가지이고, 법집행자의 통상적 해석을 통하여 그 의미내용이 객관적으로 확정될 수 있다고 보기 어렵다.

나아가 현재의 다원적이고 가치상대적인 사회구조 하에서 구체적으로 어떤 행위상황이 문제되었을 때에 문제되는 공익은 하나로 수렴되지 않는 경우가 대부분이다. 문제되는 행위가 어떤 공익에 대하여는 촉진적이면서 동시에 다른 공익에 대하여는 해가 될 수도 있으며, 전체적으로 보아 공익을 해할 목적이 있는지 여부를 판단하기 위하여는 공익간 형량이 불가피하게 되는바, 그러한 형량의 결과가 언제나 객관적으로 명백한 것은 아니다.

결국, 이 사건 법률조항은 수범자인 국민에 대하여 일반적으로 허용되는 '허위의 통신' 가운데 어떤 목적의 통신이 금지되는 것인지 고지하여 주지 못한다. 어렴풋한 추측마저 불가능하다고는 할 수 없더라도, 그것은 대단히 주관적인 것일 수밖에 없다.

(다) 물론 입법에 있어서 추상적 가치개념의 사용이 필요한 것은 일반적으로 부인할 수 없고, "공익"이라는 개념을 사용하는 것이 언제나 허용되지 않는다고 단정할 수도 없다. 법률의 입법목적, 규율의 대상이 되는 법률관계나 행위의 성격, 관련 법규범의 내용 등에 따라서는 그러한 개념의 사용이 허용되는 경우도 있을 수 있을 것이다. 그러나 '허위의 통신'이라는 행위 자체에 내재된 위험성이나 전기통신의 효율적 관리와 발전을 추구하는 전기통신기본법의 입법목적을 고려하더라도 확정될 수 없는 막연한 "공익" 개념을 구성요건요소로 삼아서 표현행위를 규제하고, 나아가 형벌을 부과하는 이 사건 법률조항은 표현의 자유에서 요구하는 명확성의 요청 및 죄형법정주의의 명확성 원칙에 부응하지 못하는 것이라 할 것이다.

(라) 따라서, 이 사건 법률조항은 명확성의 원칙에 위배하여 헌법에 위반된다.

* * *

6. 재판관 이강국, 재판관 이공현, 재판관 조대현, 재판관 김종대, 재판관 송두환의 과잉금지원칙 위반 여부에 관한 보충의견

우리는 이 사건 법률조항이 불명확하여 헌법에 위반될 뿐만 아니라, 과잉금지원칙에 위배하여 표현의 자유를 침해하는 점에서도 헌법에 위반된다고 생각한다.

가. '허위사실의 표현'과 표현의 자유의 보호영역

(1) 이 사건 법률조항은 "공익을 해할 목적으로 전기통신설비에 의하여 공연히 허위의 통신을 한 자"를 형사처벌하도록 규정하고 있는바, 그 객관적 구성요건 행위인 "허위의 통신"을 당해사건에서 청구인들에게 적용된 바와 같이 '허위사실을 내용으로 하는 통신'으로 한정하여 보는 경우, 과연 그와 같은 "허위의 통신" 행위, 즉 '허위사실의 표현' 행위도 헌법상 표현의 자유에 의하여 보호되는지 의문이 제기될 수 있다.

(2) 그러나 '허위사실'이라는 것은 언제나 명백한 관념은 아니다. 어떠한 표현에서 '의견'과 '사실'을 구별해내는 것은 매우 어렵고, 객관적인 '진실'과 '거짓'을 구별하는 것 역시 어려우며, 현재는 거짓인 것으로 인식되지만 시간이 지난 후에 그 판단이 뒤바뀌는 경우도 있을 수 있다. 이에 따라 '허위사

실의 표현'임을 판단하는 과정에는 여러 가지 난제가 뒤따른다.

나아가 객관적으로 명백한 허위사실의 표현임이 인정되는 때에도, 그와 같은 표현이 언제나 타인의 명예·권리를 침해하는 결과를 가져온다거나, 공중도덕·사회윤리를 침해한다고 볼 수는 없으며, 행위자의 인격의 발현이나, 행복추구, 국민주권의 실현에 전혀 도움이 되지 않는 것이라 단언하기도 어렵다.

또한 다양한 허위사실의 표현 가운데 '일단 표출되면 그 해악이 처음부터 해소될 수 없거나 또는 너무나 심대한 해악을 지닌 표현'이 존재할 수 있다 하더라도, 어떤 표현이 바로 위와 같은 이유에 의하여 '국가의 개입이 1차적인 것으로 용인되고, 헌법상 언론·출판의 자유에 의하여 보호되지 않는 표현'에 해당하는지 여부는 '표현의 자유'라는 헌법상의 중요한 기본권을 떠나서는 규명될 수 없는 것이다. 헌법 제21조 제4항은 '언론·출판은 타인의 명예나 권리 또는 공중도덕이나 사회윤리를 침해하여서는 아니된다'고 규정하고 있으나, 이는 언론·출판의 자유에 따르는 책임과 의무를 강조하는 동시에 언론·출판의 자유에 대한 제한의 요건을 명시한 규정으로 볼 것이고, 헌법상 표현의 자유의 보호영역 한계를 설정한 것이라고는 볼 수 없다(헌재 2009. 5. 28. 2006헌바109, 판례집 21-1 하, 545, 559~560 참조).

즉, 표현이 어떤 내용에 해당한다는 이유만으로 표현의 자유의 보호영역에서 애당초 배제된다고는 볼 수 없고, '허위사실의 표현'이 일정한 경우 사회윤리 등에 반한다고 하여 전체적으로 표현의 자유의 보호영역에서 배제시킬 수는 없다. '허위사실의 표현'도 헌법 제21조가 규정하는 언론·출판의 자유의 보호영역에는 해당하되, 다만 헌법 제37조 제2항에 따라 국가 안전보장·질서유지 또는 공공복리를 위하여 제한할 수 있는 것이라고 해석하여야 할 것이다.

(3) 결국 이 사건 법률조항의 "허위의 통신"은 헌법 제21조가 규정하는 언론·출판의 자유의 보호영역 내에 있다고 볼 것이므로, 표현의 자유에 대한 제한 입법의 헌법상 한계를 지켜야 할 것이다.

나. 과잉금지원칙 위반 여부

(1) 불명확한 규범에 의하여 표현의 자유를 규제하게 되면 헌법상 보호받아야 할 표현까지 망라하여 필요 이상으로 과도하게 규제하게 되므로 과잉

금지원칙과 조화될 수 없고, 유해성에 대한 막연한 의심이나 유해의 가능성만으로 표현물의 내용을 광범위하게 규제하는 것은 표현의 자유와 조화될 수 없다(헌재 2002. 6. 27. 99헌마480, 판례집 14-1, 616, 628~630 참조).

이 사건 법률조항은 '공익을 해할 목적'의 허위의 통신을 규제하는 것으로서, '공익' 개념의 모호성, 추상성, 포괄성으로 말미암아 필연적으로 규제되지 않아야 할 표현까지 다함께 규제하게 되어 과잉금지원칙에 어긋난다.

(2) 허위의 통신을 접한 국민은 그 표현내용의 진위 여부를 의심하고 확인할 수 있으며, '가장 참여적인 시장', '표현촉진적인 매체'로서의 인터넷통신의 발달에 따라 정보수신자는 매우 다양한 경로를 통하여 정보를 수집할 수 있고, 특정한 표현에 대한 반론 내지 반박도 실시간으로 가능하다. '통신'의 특수성, 즉 익명성과 무차별적 전파가능성 등에 의하여 위와 같은 가능성이 전적으로 차단될 것이라고 보기는 어려우며, 허위사실의 표현이 있다는 이유만으로 국민의 올바른 정보획득이 침해된다거나 범죄의 선동, 국가질서의 교란 등이 발생할 구체적 위험이 있다고는 할 수 없다.

한편 허위사실의 표현으로 인한 논쟁이 발생하는 경우, 문제되는 사안에 관한 사회적 관심을 높이고 참여를 촉진할 수도 있으므로 반드시 공익을 해하거나 민주주의의 발전을 저해하는 것이라고는 볼 수 없고, 행위자가 주관적으로 공익을 해할 목적이 있는 경우에도 실제로 표현된 내용이 공익에 영향을 미칠 수 없는 사적인 내용이거나 내용의 진실성 여부가 대중의 관심사가 아닌 때, 내용의 허위성이 공지의 사실인 경우 등에는 그로 인한 사회적 해악이 발생하기 어렵다.

이와 같이 허위의 통신 자체가 일반적으로 사회적 해악의 발생으로 연결되는 것은 아님에도 '공익을 해할 목적'과 같은 모호하고 주관적인 요건을 동원하여 이를 금지하고 처벌하는 국가의 일률적이고 후견적인 개입은 그 필요성에 의심이 있다. 어떤 표현이나 정보의 가치 유무, 해악성 유무가 국가에 의하여 1차적으로 재단되어서는 아니되며, 이는 시민사회의 자기교정기능과 사상과 의견의 경쟁메커니즘에 맡겨져야 한다(헌재 1998. 4. 30. 95헌가16, 판례집 10-1, 327, 339~340; 헌재 2002. 6. 27. 99헌마480, 판례집 14-1, 616, 631~632 참조). 세계적인 입법례를 살펴보아도 허위사실의 유포를 그 자체만으로 처벌하는 민주국가의 사례는 현재 찾아보기 힘들다.

(3) 만약 허위의 통신에 의하여 법익침해의 실질적 위험이 발생할 것이 명백한 경우가 있다면, 그에 관하여는 구체적으로 그 내용을 적시하여 규율하여야 할 것이고, 법익침해의 위험성이 행위 자체로 명백하지 않은 때는 침해의 결과를 발생시키는 것을 금지하여야 할 것이다. 이 사건 법률조항과 같은 포괄적 규제는 기본권 침해의 최소성 원칙에 부합하지 않는다.

(4) 이 사건 법률조항은, 기존의 확립된 사실 또는 관점에 반하는 사실을 밝혀내고자 하는 이들과 같이, 자신이 행하고자 하는 표현이 규제의 대상이 아니라는 확신이 없는 기본권 주체로 하여금 규제를 받을 것을 우려하여 스스로 표현행위를 억제하도록 할 가능성이 높은바, 이는 이 사건 법률조항이 추구하는 공익에 비하여 가벼운 사익의 제한이라고 보기 어렵다. 제재에 대한 두려움으로 인하여 표현이 억제된다면, 표현의 자유의 기능은 훼손될 수밖에 없다.

(5) 결론적으로, 이 사건 법률조항은 과잉금지원칙에 위배하여 표현의 자유를 침해하는 것으로서 헌법에 위반된다.

7. 재판관 이동흡, 재판관 목영준의 반대의견

우리는 이 사건 법률조항이 명확성 원칙에 위배되지 않을 뿐만 아니라, 또한 과잉금지원칙에 위반하여 표현의 자유를 침해하는 것도 아니라고 보므로 아래와 같이 반대의견을 밝힌다.

가. 이 사건 법률조항의 명확성 원칙 위반 여부 (생략)

(2) 이 사건 법률조항에 대한 판단

* * *

2) 학문적으로는 논의되는 '공익' 개념은 개인들의 이익의 양적인 합계라거나 정치적 공동체의 구성원의 공통된 이익이라거나 객관적으로 존재하는 도덕적 최고원리와 가치체계에 비추어 구성되는 것이라는 등의 다양한 정의가 존재하지만, 법률상으로는 개인의 이익과 구별되는 '공공의 이익'으로서 '대한민국에서 공동으로 사회생활을 영위하는 국민 전체 내지 대다수 국민과 그들의 구성체인 국가사회의 이익'을 의미하고, '특정한 사회집단이나 그 구성원의 관심과 이익에 관한 것'은 제외되는 것으로 이해되어 왔으며, 또한

여러 법률에서 그와 같은 의미로 사용되어 왔다. 행정목적이나 지원과 보호의 대상으로서뿐만 아니라 어떠한 행위의 제한의 근거(예컨대 공중위생관리법 제9조의2 등), 심사·판단의 기준이나 인·허가의 기준(예컨대 액화석유가스의 안전관리 및 사업법 제4조 등) 등 당사자에게 불이익한 공권력행사와 관련하여서도 법률상 '공익' 개념의 사용은 쉽게 발견된다.

3) 한편 공익을 '해할 목적'은 오로지 공익을 해할 목적일 것으로 한정되는 것은 아니나, 행위의 주요 목적이 공익을 해하는 것인 때를 의미한다. 이는 구성요건해당성의 범위를 축소하고자 한 입법자의 의사를 합리적으로 해석한 결과이기도 하다. 입법자는 넓은 의미의 공익을 조금이라도 저해할 목적이 있는 모든 허위의 통신을 규제하겠다는 것이 아니라 우리 사회의 핵심적 공익을 해할 목적의 허위의 통신에 대하여 이를 규제하지 않을 수 없다는 의사를 표명한 것이라고 보아야 할 것이다.

나아가 위와 같은 목적이 있었는지 여부는 행위자의 사회적 지위, 인적 관계, 행위의 동기 및 경위와 수단·방법, 행위의 내용과 태양, 상대방의 성격과 범위, 행위 당시의 사회상황 등 여러 사정을 종합하여 사회통념에 비추어 합리적으로 판단될 수 있으며, 이는 법원의 통상적인 법률 해석·적용의 문제이다.

4) 결국 '공익' 개념이 지닌 약간의 추상성은 법관의 통상적인 해석 작용에 의하여 보완될 수 있고, 또한 '공익' 개념이 현재 우리의 입법에서 수없이 많이 발견되는 점을 고려할 때 "공익을 해할 목적"이 의미하는 바를 건전한 상식과 통상적인 법감정을 가진 일반인이 예측하는 것이 현저히 곤란하다고 보기는 어렵다.

* * *

(나) 대법원 2008. 5. 29. 선고 2008도1857 판결 (미간행)

【주 문】 상고를 모두 기각한다. 상고 후의 구금일수 중 93일씩을 본형에 각 산입한다.

【이 유】 상고이유를 본다.

1. 피고인 2의 상고이유에 대하여

가. 폭력행위 등 처벌에 관한 법률 제4조 제1항 중 "활동" 부분의 위헌성 주장에 대하여

(1) 처벌법규의 구성요건을 일일이 세분하여 명확성의 요건을 모든 경우에 요구하는 것은 입법기술상 불가능하거나 현저히 곤란한 것이므로, 어느 정도의 보편적이거나 일반적인 뜻을 지닌 용어를 사용하는 것은 부득이하다고 할 수밖에 없고(헌법재판소 1996. 12. 26. 선고 93헌바65 전원재판부 결정 참조), 따라서 다소 광범위하여 법관의 보충적인 해석을 필요로 하는 개념을 사용하였다고 하더라도 통상의 해석방법에 의하여 당해 처벌법규의 보호법익과 금지된 행위 및 처벌의 종류와 정도를 알 수 있다면 그 적용단계에서 다의적으로 해석될 우려가 없다고 할 것이므로 헌법이 요구하는 명확성의 요구에 배치된다고 보기 어렵다고 할 것이다. 그리고 처벌법규의 구성요건이 어느 정도 명확하여야 하는가를 일률적으로 정할 수 없고, 각 구성요건의 특수성과 그러한 법적 규제의 원인이 된 여건이나 처벌의 정도 등을 고려하여 종합적으로 판단하여야 한다(헌법재판소 1995. 5. 25. 선고 93헌바23 전원재판부 결정, 대법원 2002. 7. 26. 선고 2002도1855 판결 등 참조).

폭력행위 등 처벌에 관한 법률 제4조 제1항(이하 이 사건 법률조항이라고 함)에서 규정하고 있는 범죄단체 구성원으로서의 "활동"의 개념이 다소 추상적이고 포괄적인 측면이 있지만, 폭력행위 등 처벌에 관한 법률이 집단적·상습적인 폭력범죄를 엄히 처벌하기 위하여 제정되었고, 특히 이 사건 법률조항은 범죄단체의 사회적 해악의 중대성에 비추어 범죄의 실행 여부를 불문하고 범죄의 예비·음모의 성격을 갖는 범죄단체의 생성 및 존속 자체를 막으려는 데 그 입법 취지가 있는 점, 범죄단체활동죄는 범죄단체 구성·가입죄가 즉시범으로 공소시효가 완성된 경우에는 이들을 처벌할 수 없다는 불합리한 점을 감안하여 그 처벌의 근거를 마련한 것이라는 점에서 범죄단체의 구성·가입죄와 별도로 범죄단체활동죄를 처벌할 필요성이 있는 점, 어떠한 행위가 위 "활동"에 해당할 수 있는지는 구체적인 사건에 있어서 위 규정의 입법 취지 및 처벌의 정도 등을 고려한 법관의 합리적인 해석과 조리에 의하여 보충될 수 있는 점 등을 종합적으로 판단하면, 이 사건 법률조항 중 "활동" 부분이 죄형법정주의의 명확성의 원칙에 위배된다고 할 수 없다.

(2) 어떤 범죄를 어떻게 처벌할 것인가 하는 문제, 즉 법정형의 종류와 범위의 선택은 그 범죄의 죄질과 보호법익에 대한 고려뿐만 아니라 우리의 역사와 문화, 입법 당시의 시대적 상황, 국민 일반의 가치관 내지 법감정 그리고 범죄예방을 위한 형사정책적 측면 등 여러 가지 요소를 종합적으로 고려하여 입법자가 결정할 사항으로서 광범위한 입법재량 내지 형성의 자유가 인정되어야 할 분야이다. 따라서 어느 범죄에 대한 법정형이 그 범죄의 죄질 및 이에 따른 행위자의 책임에 비하여 지나치게 가혹한 것이어서 현저히 형벌체계상의 균형을 잃고 있다거나 그 범죄에 대한 형벌 본래의 목적과 기능을 달성함에 있어 필요한 정도를 일탈하였다는 등 헌법상의 평등의 원칙 및 비례의 원칙 등에 명백히 위배되는 경우가 아닌 한 쉽사리 헌법에 위반된다고 단정하여서는 아니 된다(헌법재판소 2001. 11. 29. 선고 2001헌가16 전원재판부 결정 등 참조).

이 사건 법률조항의 경우 범죄단체 내에서의 지위·역할에 따라 그 법정형을 정하고 있는바, 입법자는 집단적 폭력범죄가 개인과 사회에 끼치는 해악의 중대성과 비난가능성에 비추어 범죄단체의 존재 자체를 규제함으로써 위와 같은 범죄를 근절하도록 입법적 결단을 내린 것이라 할 것이고, 범죄단체의 수괴나 간부는 조직의 배후에서 범행을 지시·명령함으로써 범죄를 유발하는 핵심기능을 하는 점에서 범죄행위를 직접 실행하는 것보다 그 죄질이 더 무거운 점에 비추어, 입법자의 이러한 결단은 수긍할 만한 합리적인 이유가 있다고 인정되므로 입법재량의 한계를 벗어난 자의적인 것이라거나 비례의 원칙에 위배된다고 보기 어렵다. 또한, 이 사건 법률조항이 범죄단체의 간부에 대하여 법정형의 하한을 높게 규정하여 작량감경 이외의 추가적인 감경사유가 없는 한 집행유예의 선고를 할 수 없도록 한 것만으로는 법관의 양형재량권을 침해한 것이라고 할 수 없다.

(3) 헌법 제13조 제1항이 정한 이중처벌금지의 원칙은 동일한 범죄행위에 대하여 국가가 형벌권을 거듭 행사할 수 없도록 함으로써 국민의 기본권을 보장하기 위한 것인데(헌법재판소 1994. 6. 30. 선고 92헌바38 전원재판부 결정 참조), 이 사건 법률조항의 입법 취지, 규정내용과 함께 범죄단체를 구성하거나 가입한 자가 처벌을 받은 후에도 여전히 범죄단체의 구성원으로 계속 활동하는 경우에는 이를 별도로 형사처벌할 필요성이 있는 점 등을 종합하면,

범죄단체의 구성·가입과 별도로 "활동" 부분을 처벌하는 것이 헌법 제13조 제1항이 정한 이중처벌금지의 원칙에 위배된다고 할 수 없다.

(4) 따라서 폭력행위 등 처벌에 관한 법률 제4조 제1항 중 "활동" 부분이 헌법에 위반된다는 상고이유는 받아들이지 아니한다.

나. 이 사건 범행이 범죄단체 간부로서의 활동인지 여부에 대하여

폭력행위집단은 합법적인 단체와는 달라, 범죄단체의 특성상 단체로서의 계속적인 결집성이 다소 불안정하고 그 통솔체제가 대내외적으로 반드시 명확하지 않은 것처럼 보이더라도 구성원들 간의 관계가 선·후배 혹은 형·아우로 뭉쳐져 그들 특유의 규율에 따른 통솔이 이루어져 단체나 집단으로서의 위력을 발휘하는 경우가 많은 점에 비추어, 폭력행위 등 처벌에 관한 법률 제4조에 정하는 범죄를 목적으로 하는 단체는 위 법률에 정하는 범죄를 한다는 공동의 목적 아래 특정다수인에 의하여 이루어진 계속적인 결합체로서 그 단체를 주도하거나 내부의 질서를 유지하는 최소한의 통솔체계를 갖추면 되는 것이고, 그 범죄단체는 다양한 형태로 성립·존속할 수 있는 것으로서 정형을 요하는 것이 아니다(대법원 1997. 10. 10. 선고 97도1829 판결, 대법원 2007. 11. 29. 선고 2007도7378 판결 등 참조). 원심은, 그 적법하게 조사하여 채택한 증거들에 의하여 그 판시와 같은 사실을 인정한 다음, 국제피제이파가 폭력행위 등 처벌에 관한 법률 제4조 소정의 범죄단체로 동일성을 유지한 채로 존속하고 있고, 피고인 을이 그 간부로서 국제피제이파의 구성원인 공소외인의 지시에 따라 국제피제이파 조직원들을 동원하여 이 사건 범행을 저지른 것이라고 인정하여 피고인 을을 범죄단체활동죄로 처벌하였다.

원심판결 이유를 위와 같은 법리와 기록에 비추어 살펴보면, 원심의 이와 같은 사실인정 및 판단은 정당한 것으로 수긍할 수 있다. 원심판결에는 상고이유에서 주장하는 바와 같이 채증법칙을 위배한 위법 등이 없다.

* * *

(다) 헌재 2002. 11. 28. 2002헌가5【국가보안법 제13조 위헌제청】(헌집 14-2, 600)

* * *

【심판대상조문】

국가보안법(1980. 12. 31. 법률 제3318호로 전문개정된 것) 제13조 중 “이 법, 군형법 제13조·제15조 또는 형법 제2편 제1장 내란의 죄·제2장 외환의 죄를 범하여 금고 이상의 형의 선고를 받고 그 형의 집행을 종료하지 아니한 자 또는 그 집행을 종료하거나 집행을 받지 아니하기로 확정된 후 5년이 경과하지 아니한 자가 … 제7조 제5항, 제1항의 죄를 범한 때에는 그 죄에 대한 법정형의 최고를 사형으로 한다.” 부분

* * *

【이 유】

* * *

다. 명확성 원칙 위반 여부

(1) 우리 헌법 제13조 제1항 전단은 모든 국민은 행위시의 법률에 의하여 범죄를 구성하지 아니하는 행위로 소추되지 아니한다고 규정하고, 제12조 제1항 후문은 누구든지 법률과 적법한 절차에 의하지 아니하고는 처벌·보안처분 또는 강제노역을 받지 아니한다고 규정하고 있다. 이러한 죄형법정주의의 원칙은 법률이 처벌하고자 하는 행위가 무엇이며 그에 대한 형벌이 어떠한 것인지를 누구나 예견할 수 있고, 그에 따라 자신의 행위를 결정할 수 있게끔 명확하게 규정할 것을 요구한다(헌재 2000. 6. 29. 98헌가10, 판례집 12-1, 741, 748 참조).

(2) 그런데 이 사건 법률조항이 “그 죄에 대한 법정형의 최고를 사형으로 한다.”고 규정한 것을, 법정형의 최고가 사형이므로 그 이하의 형벌까지 모두 선고할 수 있다는 의미로 해석할 것인지, 아니면 국가보안법 제7조 제5항, 제1항에 규정되어 있는 법정형 외에 사형이 법정형으로 추가된다는 의미로 해석할 것인지 불명확하다.

즉 법정형이 7년 이하의 징역으로 정하여져 있는 국가보안법 제7조 제5항, 제1항 위반죄에 있어서 이 사건 법률조항에 의한 특수가중을 할 경우 그 법정형을 ‘사형·무기 또는 1월 이상의 징역’으로 할 것인지, 아니면 그 최고형만을 사형으로 하여 ‘사형 또는 7년 이하의 징역’으로 할 것인지 명확하지 않다.

나아가 더 큰 문제는 어느 쪽으로 해석하든지 문제점이 있다는 것이다. 즉 전자로 해석할 때는 이 사건 법률조항이 실질적으로 절대적 부정기형을 정한 것이나 마찬가지여서 그 자체로 형벌법규의 명확성 요청에 반하고, 후자로 해석할 때는 우리 형벌법규 가운데 사형이 법정형으로 규정되어 있는 범죄는 그 법정형이 보통 '사형, 무기 또는 ○년 이상의 징역'이라고 되어 있는 데 반해 이 사건 법률조항은 법정형의 중간에 공백이 생기게 되어 형벌법규 체계상 용인할 수 없는 법정형의 모순이 나타나게 된다.

그렇다면 이 사건 법률조항은 형벌법규의 명확성 원칙에 반한다고 할 것이다.

쟁점연구

1. 도입판례에서 죄형법정주의와 관련되는 쟁점으로 명확성 원칙의 준수 여부, 법률주의 원칙에 위배된 것이 아닌가, 그리고 적법절차 원칙에 위배되는 것이 아닌가 하는 것을 떠올릴 수 있다. 다음을 검토해 보시오.
   (1) 형벌을 수반하는 구성요소로 "공공의 안녕질서", "미풍양속" 등의 용어가 부적절하고 심지어 위헌의 소지까지 띠고 있는 이유는 무엇인가.
   (2) 표현의 자유와 관련되는 경우 죄형법정주의의 심사가 더 엄격해지는 이유는 무엇인가.
   (3) 개정법률의 조문과 대조해 볼 때, 심사대상법령의 문제점을 정리해 보시오.
   (4) 명확성 원칙을 굳이 법률로써 사전에 정해야 할 까닭은 무엇일까. 법률이 아니라 하위법규로 위임할 때, 그 위임의 한계는 무엇인가. 그리고 위임입법은 어떤 형식을 띠어야 하는가.
   (5) 더 검토할 여유가 있다면 다음 쟁점에 대해서도 생각을 해보기 바람. 법률조항에서 '음란' 개념은 명확성 원칙에 반하지 않는다고 하면서, '저속한 표현'이란 용어는 명확성의 원칙에 반하여 허용될 수 없다고 하는 헌법재판소의 결정(헌법재판소 전원재판부 1998. 4. 30. 95헌가16)

을 읽고, 논평해보기 바람.

2. 참고판례 (가)에서 문제된 사건의 사실관계를 우선 알아보자. 전기통신기본법 제47조의 규정 그대로 '공익'을 '해할 목적'으로 '허위'의 통신을 했다면 이는 매우 바람스럽지 못할 것이고 형사처벌도 예상할 만하다. 그런데 헌법재판소가 이를 위헌으로 판시한 이유는 무엇인가? 합헌론과 위헌론의 요지는 어떤 차이를 보이고 있는가?. 위헌의 취지에 따라 법률의 개정을 한다면 어떻게 개정해야 할 것인가?
3. 참고판례 (나)는 폭력행위등처벌에관한법률 제4조 1항의 규정 중에서 "활동"이란 표현에 대해 변호인이 위헌성 주장을 제기하고 있다. 죄형법정주의와 관련된 변호인의 입론은 무엇인가. 그에 대해 대법원 판결은 "법관의 합리적 해석과 조리에 의한 보충"을 내세워 합헌이라고 하는데, 도입판례에서 보이는 기준과 비교해 볼 때 합당하다고 볼 수 있는가. "활동"으로 포괄하는 방안과 "폭행, 협박, 손괴, 위력과시…" 능을 적시하는 방안과는 어떤 장·단점이 있는가를 검토해 보시오.
4. 참고판례 (다)는 형벌 부분의 불명확성이 문제되고 있다. 국가보안법 제13조의 관련 부분은 어떤 측면에서 규정상의 오류를 범하고 있는가. 이를 통해 형벌의 명확성은 어느 수준으로 정해지는 것이 바람직할까를 검토해 보시오.

주요개념

1. 죄형법정주의
2. 성문법률주의
3. 명확성의 원칙
4. 적법절차원칙

Ⅱ. 유추 금지의 원칙

도입판례

대법원 1989. 9. 12. 선고 87도506 전원합의체판결 【위조사문서행사】 (집 37-3, 601)

* * *

【주 문】 원심판결을 파기하고, 사건을 부산지방법원 합의부에 환송한다.

【이 유】

검사의 상고이유를 본다.

이 사건 공소사실 중 위조사문서행사죄의 요지는 피고인들은 공모하여 행사할 목적으로 1983. 3. 25. 공소외 B가 제1심판시 골프장시설공사 도급권을 피고인 을에게 위임하는 내용의 사실증명에 관한 B 명의의 위임장 1매를 위조한 다음 이를 전자복사하여 그 사본을 진정하게 성립된 것처럼 피해자 A에게 제시하여 행사하였다는 것이다.

원심판결 이유에 의하면, 원심은 형법에 규정된 위조문서행사죄에 있어서의 문서라 함은 작성명의인의 의사가 표시된 물체 그 자체를 의미한다 할 것이므로 원본을 기계적인 방법에 의하여 사진 복사한 경우에 그 사본 또는 등본은, 사본 또는 등본의 인증이 없는 한 위 죄의 행위객체인 문서에 해당되지 아니한다고 판시하여 같은 이유로 피고인들에게 무죄를 선고한 제1심판결을 그대로 유지하고 있다.

그러나 문서위조 및 동행사죄의 보호법익은 문서자체의 가치가 아니고 문서에 대한 공공의 신용이므로 문서위조죄의 객체가 되는 문서는 반드시 원본에 한한다고 보아야 할 근거는 없고 문서의 사본이라 하더라도 원본과 동일한 의식내용을 보유하고 증명수단으로서 원본과 같은 사회적 기능과 신용을 가지는 것으로 인정된다면 이를 위 문서의 개념에 포함시키는 것이 상당하다 할 것이다.

그러므로 문서의 사본 중에서도 사진기나 복사기 등을 사용하여 기계적인 방법에 의하여 원본을 복사한 문서 이른바 복사문서는 사본이라 하더라도 필기의 방법 등에 의한 단순한 사본과는 달리 복사자의 의식이 개재할 여지가 없고, 그 내용에서부터 모양, 형태에 이르기까지 원본을 실제 그대로 재현하여 보여주므로 관계자로 하여금 그와 동일한 원본이 존재하고 있는 것으로 믿게 할 뿐만 아니라 그 내용에 있어서도 원본 그 자체를 대하는 것과 같은 감각적 인식을 가지게 하는 것이고, 나아가 오늘날 일상거래에서 복사문서가 원본에 대신하는 증명수단으로서의 기능이 증대되고 있는 실정에 비추어볼 때 이에 대한 사회적 신용을 보호할 필요가 있다 할 것이므로 위아 같이 사진복사한 문서의 사본은 문서위조 및 동행사죄의 객체인 문서에 해당한다고 보아야 할 것이다. 형법에 규정된 문서위조 및 동행사죄에 있어서 문서의 개념에 관하여 이와 상대되는 견해를 표시한 종전의 본원 판례는 이를 폐기하기로 한다. 따라서 이 사건에서 위조된 위임장을 사진복사한 문서의 사본을 제시 행사한 피고인들의 행위는 형법 제234조 소정의 위조사문서행사죄에 해당한다 할 것임에도 불구하고 원심이 위와 같이 판단한 것은 문서의 개념에 관한 법리를 오해하여 법령적용을 잘못한 위법을 저지른 것이라 할 것이므로 이 점을 지적하는 상고논지는 이유 있다.

그러므로 원심판결 중 위조사문서행사에 관한 부분 및 이와 형법 제37조 전단의 경합범 관계에 있는 사문서위조, 사기에 관한 유죄부분을 모두 파기하고 사건을 원심인 부산지방법원 합의부에 환송하기로 하여 대법관 이재성의 반대의견과 대법관 이회창의 별개의견을 제외한 관여법관의 일치된 의견으로 주문과 같이 판결한다.

대법관 이재성의 반대의견은 아래와 같다.

다수의견이 설시하는 바와 같이 사진기나 복사기 등을 사용하여 기계적인 방법에 의하여 원본을 복사한 문서, 이른바 복사문서가 그 문서의 내용에서부터 모양, 형태에 이르기까지 원본을 실제 그대로 재현하여 보여줌으로써 관계자로 하여금 그와 동일한 원본이 존재하고 있는 것으로 믿게 할 염려가 있고 일상거래에서 복사문서가 원본에 대신하는 증명수단으로서의 기능이 증대되고 있는 실정이어서 진정문서에 대한 사회적 신용을 보호할 필요가 있다고 하는 점은 수긍할 수 있다.

그러므로 이 사건의 경우와 같이 위임사실이 없음에도 불구하고 위임이 있었던 것처럼 위임장을 위조하고 그 위조위임장을 전자복사기로 복사한 후 그 복사본을 진정한 위임장의 복사본인 것처럼 제시 행사한 경우 그 행위가 위법하고 심히 부도덕한 것임을 말할 나위가 없다.

그러나 행위자의 어떤 행위가 위법하고 심히 부도덕하다는 사실만으로는 그 행위자를 처벌할 수 없다. 즉 법률에 명시된 처벌규정에 해당하지 아니하면 아무리 위법성이 중대하고 심히 부도덕한 행위라 할지라도 처벌할 수 없는 것이다(헌법 제11조).

이 죄형법정주의의 원칙은 입법자에게는 처벌법규를 제정함에 있어서 그 범죄의 구성요건과 법적 효과(처벌내용)를 일반국민이 잘 이해할 수 있도록 일의적으로 명확하게 규정할 것을 요구하고 법관에게는 처벌법규를 해석하는 데 있어서 가능한 한 엄격한 해석을 할 것을 요구하고 있는 것이다.

그리하여 법조문에 분명하게 표시되지 아니한 사실에 대하여 다른 유사한 사실에 관한 법규정을 유추적용하는 것을 금지하는 것이다. 즉 처벌법규의 해석에 있어서는 유추해석이나 확장해석은 할 수 없는 것이다.

그런데 다수의견은 위조된 위임장을 전자복사한 행위를 형법 제231조 소정의 사문서위조죄로 처단하고 그 복사본의 제시행위를 형법 제34조 소정의 위조사문서행사죄로 처단하여야 한다는 것이다.

우리 형법 제231조는 "행사할 목적으로 권리의무 또는 사실증명에 관한 타인의 문서 또는 도화를 위조 또는 변조한 자는 5년 이하의 징역에 처한다."고 규정하였다. 위 조문에서 "문서를 위조한 자"라는 뜻이 무엇인가 하는 점이 문제가 되는데 그것은 첫째로 "문서"라고 하는 것이 무엇을 말하느냐 하는 점을 해석하고 그 다음에 "위조"라고 하는 것이 어떠한 행위를 가르키는 것이냐를 해석함으로써 문제를 해결할 수 있다고 할 것이다.

그런데 지금까지는 일반적으로 문서는 문서작성명의인의 의사표시가 문자 등으로 지편 등 물체 위에 영속되는 상태로 표현(기재)되어 있는 것을 말하고 그것은 문서의 원본을 의미하는 것이고 그 원본을 사진을 찍어 내거나 전자복사한 복사본 따위는 문서의 개념에 포함되지 아니하는 것으로 여겨왔었다. 그리고 "위조"라는 행위의 개념도 "정당한 작성권한 없는 자가 타인의 명의로 문서를 작성하는 것"으로 풀이하여 왔다. 그러므로 위조한 위임장을 전자복사기로 복사본을 만들어 낸 경우에 그 복사본을 형법 제231조에 규정한 문서라고 보기도 어렵거니와 그 복사본을 만들어 낸 행위를 "타인명의로 문서를 작성하였다"고 할 수도 없을 것이다. 즉 그와 같은 행위는 복사본을 만들어 낸 행위가 형법 제231조 소정의 문서위조행위에 해당한다고 보기 어렵고 만들어 낸 복사본도 그 법조가 정한 문서에 해당한다고 보기는 어렵다고 생각한다.

그러함에도 불구하고 그러한 경우 문서위조와 성립을 인정하는 것은 죄형법정주의의 원칙에 의하여 금지된 유추확장해석을 하는 것이 된다고 믿는다.

전자복사본에 의한 부정서류의 범람으로부터 진정문서에 대한 사회적 신용을 보호할 필요가 있다고 하여도 그러한 행위를 처벌할 수 있는 명확한 규정이 없는 이상 법원으로서는 무죄를 선고하여야 하고 필요성을 강조하여 처벌법규를 적용하는 것은 부당하다. 그러한 사태에 대한 대책은 입법으로 하여야 하고 법원이 형벌법규의 유추확장해석으로 대처할 일이 아니라고 믿는다. 또 다수의견은 복사문서가 필기의 방법 등에 의한 단순한 사본과는 달리 복사자의 의식이 개재할 여지가 없다 하여 필사본을 만들어 그러한 원본이 존재한다고 속인 경우와 전자복사본을 제시하고 그러한 원본이 있다고 속인 경우를 구별하려고 하나 형법 제231

조가 규정한 문서의 개념 속에 전자복사본은 포함되고 필사본은 포함되지 않는다고 해석한다면 그 규정은 다의적으로 해석하는 것이 되어 형법법규의 명확성에 반하는 결과가 될 것이다.

이상과 같은 소견으로 당원 1978. 4. 11. 선고 77도4068호 판결은 유지되어야 하고 이 사건 검사의 상고는 기각하여야 한다고 믿는다.

대법관 이회창의 별개의견은 다음과 같다.

* * *

대법관 이일규(재판장) 김덕주 이회창 박우동 윤관 배석 이재성 김상원 배만운 안우만 김주한 윤영철 김용준

참고판례

▷ 대법원 1978. 4. 11. 선고 77도4068 전원합의체 판결【공문서위조, 공문서위조행사, 사문서위조, 사문서위조행사】(집26-1, 형74)

* * *

【주　　문】 원판결을 파기하고 사건을 서울고등법원에 환송한다.

【이　　유】 변호인의 상고이유를 판단한다.

원심판결에 의하면 원심은 피고인의 진술과 검사가 내세운 여러 증거들에 의하면 피고인에 대하여 1976. 10. 29자로 공소제기된 공소사실인 영업자납세번호증의 사본을 위조행사하고 연합고사문제집에 대한 단일 발행증명서의 사본을 위조행사한 사실 등을 인정할 수 있는바 문서위조죄나 변조죄에 있어서 그 객체인 문서는 원본에 한하는 것이 보통이나 본건에 있어서와 같이 기계적 방법에 의한 사진복사의 경우에는 그 내용과 필적 및 형상 등이 원본과 같이 정확히 재현되어 원본과 동일한 외관을 가지고 있어 거래에 있어서 원본과 같이 신용되고 그와 동일한 사회적 기능을 영위한다는 취지로 판단하여 본건과 같은 경우에는 원본의 사진복사에 대하여도 역시 문서로 인

정함이 타당하다는 취지로 판단하여 이를 각 유죄로 인정하였다.

그러나 형법에 규정된 공문서와 사문서의 위조죄나 위조공, 사문서행사죄에 있어서의 문서라 함은 작성 명의인의 의사가 표시된 물체 그 자체를 의미한다 할 것이고 사본 또는 등본은, 사본 또는 등본의 인증이 없는 한 위 각 죄의 행위객체인 문서에 해당되지 아니한다고 할 것임에도 불구하고 원심이 위와 같이 판단한 조처는 문서위조죄 등의 법리를 오해한 위법이 있어 이 점에 대한 논지는 그 이유 있어 대법원판사 주재황, 민문기, 양병호, 임항준, 이일규, 나길조, 유태흥을 제외한 관여법관의 일치된 의견으로 원판결을 파기환송하기로 하여 주문과 같이 판결한다.

대법원판사 주재황, 민문기, 양병호, 임항준, 이일규, 나길조, 유태흥의 반대의견은 다음과 같다.

문서위조죄에 있어서 그 보호법익은 문서자체의 가치가 아니고 문서에 대한 공공의 신용이므로 문서에 관한 죄의 규정에 의하여 보호되는 문서는 그 위조나 변조로 인하여 공공의 신용이 침해될 위험이 있으면 족하다 할 것이요 반드시 원본에 한한다고 보아야 할 근거는 없다 할 것이다. 즉 복사문서라 할지라도 원본과 동일한 의식내용을 보유하고 증명수단으로서 원본과 동일한 사회적 기능과 공공의 신용성을 가지는 것으로 인정된다면 그 위조로 인하여 공공의 신용은 침해된다 할 것이니 이러한 복사문서는 이를 문서위조죄의, 객체가 된다고 해석함이 상당하다.

즉 사본 중에서도 필기의 방법에 의한 사본은 그 자체로써 원본작성자의 의식 내용을 직접 표시하는 것이 아니라는 것이 분명하게 나타나 있어서 그 자체로써 공공의 신용성이 있을 수 없고 권한 있는 사본작성자의 인증이 없는 이상 원본과 동일한 사회적 기능을 가지지 못하여 이를 문서위조죄의 객체가 된다고 볼 수 없을 것이나 사진기, 복사기 등을 사용하여 원본을 복사한 문서는 그 내용과 필적형상에 있어서 원본과 동일한 외관을 가지고 있어 보는 사람으로 하여금 동일한 내용과 형상의 원본이 존재하고 있는 것으로 믿게 하는 강력한 증명력을 가지고 있기 때문에 오늘날 각계의 거래사회에 있어서는 사무의 간소화, 신속화, 합리화를 기하기 위하여 문서의 원본을 요구하는 대신 이러한 복사문서를 제출시키고 있는 관행이 정착되어 가고 있는 현실에 비추어 볼 때 이러한 복사문서의 작성은 작성명의를 모용하여 문서를 위조한 행위에 해당한다고 보아야 할 것이니 이와 같은 취지로 판단한 원판결은 타당하다 할 것이다.

대법원판사 강안희의 보충의견은 다음과 같다.

* * *

참고자료

(가) 복사문서의 문서성 입법화

1992년 정부가 제안한 형법개정법률안에는 "복사문서도 문서위조·변조죄의 객체로 규정"하는 조항이 포함되어 있었다. 그 논거는 "사회여건 변화에 따른 범죄화 또는 비범죄화 현상의 반영"하자는 것이었다. 1995년 형법중개정법률[1995. 12. 29, 법률제5057호]을 통하여 다음과 같이 규정되었다.

형법 제237조의2(복사문서등) 이 장의 죄에 있어서 전자복사기, 모사전송기 기타 이와 유사한 기기를 사용하여 복사한 문서 또는 도화의 사본도 문서 또는 도화로 본다.

(나) 전기절도의 절도죄 여부: 독일, 일본, 한국의 비교[4)]

19세기 말의 독일 형법은 (현재에도 그러하지만) 절도죄의 객체를 '동산'(動產)이라고 규정하고 있었다. 전기를 동산이라고 볼 수 없었기 때문에 독일제국법원은 권원(權原) 없이 타인의 전기를 사용한 자에 대하여 무죄를 선고할 수밖에 없었다. 이 무죄판결을 계기로 독일의 입법자는 1900년에 특별법을 제정하여 전기절도죄를 처벌하기로 하였고 그것이 오늘날 독일 형법 제248조의c로 자리잡게 되었다.

한편 일본에서도 동일한 전기절도의 문제가 20세기 초에 발생하였다. 그

4) 신동운, 형법총론(제4판), 2009, 30~31면.

런데 일본 대심원은 독일 제국법원과 달리 관리가능한 자연력은 '물건'에 해당한다는 소위 관리가능성설(管理可能性說)을 전개하여 해석으로써 과학기술의 발전에 따른 새로운 유형의 범죄에 대처하려고 하였다.

전기절도의 문제에 대하여 우리 형법은 제346조에서 "본장(절도죄 및 강도죄)의 죄에 있어서 관리할 수 있는 동력은 재물로 간주한다."는 명문의 규정을 두어 문제를 입법적으로 해결하고 있다.

위의 독일 제국법원 판결과 일본 대심원의 판결에서 유추해석의 문제를 잘 살펴볼 수 있다. 독일 제국법원은 전기절도에 대하여 동산절도죄의 조문을 적용하는 것은 동산절도죄의 문언(文言)을 벗어나는 것으로서 유추해석이 된다고 보았다. 이에 대하여 일본 대심원은 절도죄의 객체가 '재물'로 규정되어 있음에 주목하면서 전기를 재물에 포함시켜서 해석하는 것은 허용된 확장해석의 영역에 속하는 것으로 보았다.

기의 동일한 사실관계에서 독일의 법원과 일본의 법원이 상이한 판단을 내리는 것을 보면 유추해석과 확장해석의 경계선이 매우 모호하다는 것을 알 수 있다.

(다) 북한 형법에서 유추조항의 삭제와 그 효과

2004년 북한 형법개정에서 총칙상의 가장 두드러진 변화는 유추해석조항의 삭제이다. 2004년 형법 제6조에는 "국가는 형법에서 범죄로 규정한 행위에 대해서만 형사책임을 지우도록 한다."고 규정하고 있다. 1987년 형법에서 법문의 규정이 없는 경우에는 "그 종류와 위험성으로 보아 가장 비슷한 행위를 규정한 조항에 따라 형사책임을 지운다."는 유추규정이 있었는데, 그 부분이 삭제된 것이다.

주지하다시피 근대적 죄형법정주의는 범죄와 형벌을 사전에 명확히 규정하고 유추적용을 배제하는 것을 주요한 특징으로 한다. 그러나 북한형법은 1950년 제정 이래 지금까지 유추규정을 두고 있었다. 물론 북한형법은 일제하의 의용형법을 비롯한 식민지법제를 '범죄적 문건'으로 규정하고 일체를 철폐했고, 종래의 국가와는 다른 사회주의 국가상을 표방하고 있었던 만큼 완비된 형사법전을 가질 수 없었다. 이러한 법적 공백상태에서 나름대로의 새로운 규범질서를 만들어가는 과정에서 범죄개념은 실질적 범죄개념을 채택했다. 그에 따라 사회적 위험성은 있지만 실정법규가 미비한 공백지대를 처벌하기 위해 유추규정을 두어 해결하고자 했던 것이다. 그러나 법창조의 현실적 배경은 별개로 하고, 법리적으로 볼 때 유추규정의 도입은 권력에 의한 형법의 자의적 활용과 남용가능성에의 문호를 여는 것이며, 그로 인해 형법의 보장적 기능이 유명무실해질 수 있다는 비판을 받아왔으며, 북한 형법의 후진성을 대표하는 조항으로 널리 지칭되었다. 유추규정과 관련하여 북한 형법은 ① 유추규정의 단순규정단계(1950~1986년), ② 유추규정에 대한 제한요건의 부가단계(1987~2003년)를 거쳐 ③ 유추규정의 삭제단계(2004년~)의 발전이 이루어진 것이다.

사회주의 국가의 형법의 전개방향도 대체로 유사하다. 중국(중화인민공화국)은 1979년에 이르러 형법이 제정되었다. 그 때까지는 몇가지 단행 조례가 있었을 뿐 통일된 형법전은 없었다. 1979년 형법을 제정하면서, 범죄현상에 대한 법률적 규제의 경험이 미숙하고 문화적 · 경제적 발전 정도의 현저한 지역적 불균형으로 인하여 통일법제에 의한 일률적 규제가 사실상 불가능하다는 점을 들어, 동법 제79조에는 “이 법 각론에 명문규정이 없는 범죄는 이 법 각론의 가장 유사한 조문에 비추어 범죄를 확정하여 형벌을 언도할 수 있다”고 유추를 규정했다. 하지만 1997년에 이르러 유추규정은 삭제되었다. 1997년 개정된 중화인민공화국 형법 제3조에서는 “법이 명시적으로 범죄행위로 규정한 것은 법에 따라 定罪處刑해야 한다. 법이 명시적으로 범죄행위로 규정하지 않은 것은 定罪處刑해서는 아니 된다.”고 규정하였다. 1979년 중국 형법에서 형법 각칙의 규정은 원래 103조항이었지만, 유추규정의 삭제와 함께 1997년 형법에서 각칙 규정은 350조항으로 되었으며 각 범죄에 대하여 더욱 구체적이고 명확히 규정을 하였다. 중국의 형법주석서에서는 “죄형법정원칙의 명확화는 사법관의 권력남용을 방지하고 공민의 합법적 권리를 보호하는 데 있어서 아주 중요한 의의를 지닌다.”고 언급한다.

쟁점연구

1. 도입판례와 참고판례에서 문서위조죄상의 '문서'의 범위에 대해 어떠한 차이를 보여주고 있는가. 법적으로 허용되는 합당한 '해석'과 허용될 수 없는 '유추(해석)'의 차이점은 무엇인가. 두 판례에서 '유추'의 개념은 각기 어떻게 이해되고 있는가.
2. 1978년에는 복사문서의 문서성을 인정하지 않던 판례의 입장이 1989년에 와서 파기된 배경과 근거는 무엇인가.
3. '문서'의 범위에 대하여 법원의 '법해석'을 통해 정반대의 입장을 취할 수 있는 것인가, 아니면 이러한 정도의 변경은 '입법'의 변화를 통해서만 가능할 것인가. 다수의견과 반대의견의 비교를 통해, 해석론과 입법론의 방향의 장·단점에 대해 검토해 보시오. 참고자료에서 전기절도의 사례도 함께 검토해 보시오.
4. 판례의 변경을 통해 복사문서의 문서성을 인정하게 되었는데도 불구하고, 1995년 형법개정에 굳이 형법 제277조의2 규정을 추가한 까닭은 무엇인가.
5. 사회주의 국가의 형법에서 초기에 유추허용의 규정을 갖고 있다가, 최근에 유추금지의 규정을 도입하고 있음을 볼 수 있다. 이러한 유추규정의 변화는 어떻게 평가할 수 있는 것인가. 유추금지의 규정을 도입함과 함께 나타나는 형법규정의 구체화의 정도, 형법조문의 정밀화의 정도는 어떠한가. 중국과 북한의 경우를 통해 볼 때, 유추의 금지원칙은 형법의 발전에 어떠한 역할을 했는가. 또한 시민의 인권보장에는 어떤 기능을 했는가를 생각해 보시오.

주요개념

1. 유추해석 금지의 원칙
2. 복사문서의 문서성
3. 유추허용

Ⅲ. 소급효 금지의 원칙

도입판례

헌재 1996. 2. 16. 96헌가2,96헌바7,96헌바13【5·18민주화운동등에관한특별법제2조위헌제청등】(헌집8-1, 51)

* * *

라. 특별법과 법치주의의 원칙

공소시효제도가 헌법 제12조 제1항 및 제13조 제1항에 정한 죄형법정주의의 보호범위에 바로 속하지 않는다면, 소급입법의 헌법적 한계는 법적 안정성과 신뢰보호원칙을 포함하는 법치주의의 원칙에 따른 기준으로 판단하여야 한다. 법적 안정성은 객관적 요소로서 법질서의 신뢰성·항구성·법적 투명성과 법적 평화를 의미하고, 이와 내적인 상호연관관계에 있는 법적 안정성의 주관적 측면은 한번 제정된 법규범은 원칙적으로 존속력을 갖고 자신의 행위기준으로 작용하리라는 개인의 신뢰보호원칙이다. 법적 안정성과 신뢰보호원칙에 있어서 특히 중요한 것은 시간적인 요소이다. 특정한 법률에 의하여 발생한 법률관계는 그 법에 따라 파악되고 판단되어야 하고, 개인은 과거의 사실관계가 그 뒤에 생긴 새로운 법률의 기준에 따라 판단되지 않는다는 것을 믿을 수 있어야 한다. 그러므로 법치국가적 요청으로서의 법적 안정성과 신뢰보호원칙은 무엇보다도 바로 소급효력을 갖는 법률에 대하여 민감하게 대립할 수밖에 없고, 구체적으로는 어떤 법률이 이미 종료된 사실관계에 예상치 못했던 불리한 결과를 가져오게 하는 경우인가 아니면 현재 진행 중이나 아직 종료되지 않은 사실관계에 작용하는 경우인가에 따라 헌법적 의미를 달리하게 된다.

그렇다면 이 법률조항에 대한 위헌 여부를 판단하기 위하여는 먼저 이 법률조항이 이미 종료된 사실관계(이른바 진정소급효)에 관련된 것인지, 아니면 현재 진행 중인 사실관계(이른바 부진정소급효)에 관련된 것인지를 밝혀야 할 것이고, 이는 결국 특별법 시행당시 특별법 소정 피의자들에 대한 공소시효가 이미 완성되었는지의 여부에 따라 판가름될 성질의 것이다.

공소시효는 범죄행위가 종료한 때(범죄의 기수시기와 다를 수 있다)로부터 진행하고, 그 정지사유 없이 공소시효기간이 경과함으로써 완성된다(형사소송법 제252조 제1항, 형사소송법 제249조 제1항). 따라서 공소시효의 완성시점을 확정하려면 범죄행위가 언제 종료한 것인지, 종료 후에 공소시효의 정지사유가 있었는지, 있었다면 정지기간은 어느 정도인지를 확정하는 것이 그 선결문제이므로 구체적 범죄행위에 관한 공소시효의 완성 여부 및 그 완성시점 등은 당해 사건을 재판하는 법원이 이를 판단할 성질의 것이지 헌법재판소가 판단할 수 있는 사항이 아니다. 따라서 법원의 판단에 따라 특별법 시행당시 공소시효가 이미 완성되었다면, 특별법은 이미 과거에 완성된 사실 또는 법률관계를 규율대상으로 하여 사후에 그 전과 다른 법적 효과를 생기게 하는(진정소급효) 법률이라 할 것이고, 한편 공소시효가 아직 완성되지 않았다면, 특별법은 과거에 이미 개시되었지만 아직 완결되지 않고 진행과정에 있는 사실 또는 법률관계와 그 법적 효과에 장래적으로 개입하여 법적 지위를 사후에 침해하는(부진정소급효) 법률이라 할 것이다.

그러므로 헌법재판소로서는 당해 사건을 재판하는 법원에 의하여 특별법 시행당시 공소시효가 완성된 것인지의 여부가 아직 확정되지 아니한 터이므로 위 두 가지 경우를 가정하여 판단할 수밖에 없다.

(1) 공소시효가 완성되지 않았다고 보는 경우

만일 법원이 특별법이 처벌하려는 대상범죄의 공소시효가 아직 완성되지 않았다고 판단한다면, 특별법은 단지 진행 중인 공소시효를 연장하는 법률로서 이른바 부진정소급효를 갖게 된다.

헌법 제13조 제1항에서의 가벌성을 결정하는 범죄구성요건과 형벌의 영역(이에 관한 한 절대적 소급효의 금지)을 제외한다면 소급효력을 갖는 법률이 헌법상 절대적으로 허용되지 않는 것은 아니다. 다만 소급입법은 법치주의원칙의 중요한 요소인 법적 안정성의 요청에 따른 제한을 받을 뿐이다. 헌법재판소의 판례도 형벌규정에 관한 법률 이외의 법률은 부진정소급효를 갖는 경우에는 원칙적으로 허용되고, 단지 소급효를 요구하는 공익상의 사유와 신뢰보호의 요청 사이의 교량과정에서 신뢰보호의 관점이 입법자의 형성권에 제한을 가할 뿐이라는 것이다.

즉 공소시효제도에 근거한 개인의 신뢰와 공소시효의 연장을 통하여 달성하려는 공익을 비교형량하여 개인의 신뢰보호이익이 공익에 우선하는 경우에는 소급효를 갖는 법률은 헌법상 정당화될 수 없다. 그러나 특별법의 경우에는 왜곡된 한국 반세기 헌정사의 흐름을 바로잡아야 하는 시대적 당위성과 아울러 집권과정에서의 헌정질서파괴범죄를 범한 자들을 응징하여 정의를 회복하여야 한다는 중대한 공익이 있다. 또한 특별법은 모든 범죄의 공소시효를 일정시간 동안 포괄적으로 정지시키는 일반적인 법률이 아니고, 그 대상범위를 헌정질서파괴범죄에만 한정함으로써 예외적인 성격을 강조하고 있다. 이에 비하면 공소시효는 일정기간이 경과되면 어떠한 경우이거나 시효가 완성되는 것은 아니며, 행위자의 의사와 관계없이 정지될 수도 있는 것이므로 아직 공소시효가 완성되지 않은 이상 예상된 시기에 이르러 반드시 시효가 완성되리라는 것에 대한 보장이 없는 불확실한 기대일 뿐이므로 공소시효에 의하여 보호될 수 있는 신뢰보호이익은 상대적으로 미약하다 할 것이다. 따라서 공소시효가 완성되지 아니하고 아직 진행 중이라고 보는 경우에는 헌법적으로 허용될 수 있다 할 것이므로 위에서 본 여러 사정에 미루어 이 법률조항은 헌법에 위반되지 아니한다.

(2) 공소시효가 완성되었다고 보는 경우

법원이 특별법 소정 헌정질서파괴범죄의 공소시효가 이미 완성되었다고 판단한다면, 특별법은 이미 과거에 완성된 사실 또는 법률관계를 규율대상으로 사후에 이전과 다른 법적 효과를 생기게 하는 이른바 진정소급효를 갖게 되고, 이 부분에 대한 재판관들의 의견은 다음과 같다.

(가) 재판관 김진우, 재판관 이재화, 재판관 조승형, 재판관 정경식의 합헌의견 우리는 특별법이 처벌하려는 범죄의 공소시효가 이미 완성되었다고 법원이 판단하여, 동법이 진정소급효를 갖게 된다고 하더라도 다음과 같은 이유로 합헌이라고 본다.

1) 진정소급효금지의 예외와 법치국가원리

기존의 법에 의하여 형성되어 이미 굳어진 개인의 법적 지위를 사후입법을 통하여 박탈하는 것 등을 내용으로 하는 진정소급입법은 개인의 신뢰보호와 법적 안정성을 내용으로 하는 법치국가원리에 의하여 헌법적으로 허용되지 않는 것이 원칙이지만, 특단의 사정이 있는 경우, 즉 기존의 법을 변경하여야 할 공익적 필요는 심히 중대한 반면에 그 법적 지위에 대한 개인의 신뢰를 보호하여야 할 필요가 상대적으로 정당화될 수 없는 경우에는 예외적으로 허용될 수 있다(헌법재판소 1989. 3. 17. 선고, 88헌마1 결정; 1989. 12. 18. 선고, 89헌마32·33 결정 등 참조). 그러한 진정소급입법이 허용되는 예외적인 경우로는 일반적으로, 국민이 소급입법을 예상할 수 있었거나, 법적 상태가 불확실하고 혼란스러웠거나 하여 보호할 만한 신뢰의 이익이 적은 경우와 소급입법에 의한 당사자의 손실이 없거나 아주 경미한 경우, 그리고 신뢰보호의 요청에 우선하는 심히 중대한 공익상의 사유가 소급입법을 정당화하는 경우를 들 수 있다. 이를 대별하면 진정소급입법이 허용되는 경우는 구법에 의하여 보장된 국민의 법적 지위에 대한 신뢰가 보호할 만한 가치가 없거나 지극히 적은 경우와 소급입법을 통하여 달성하려는 공익이 매우 중대하여 예외적으로 구법에 의한 법적 상태의 존속을 요구하는 국민의 신뢰보호이익에 비하여 현저히 우선하는 경우로 크게 나누어 볼 수 있다.

물론 그러한 "공익"적 필요가 존재하는지 여부의 문제를 심사함에 있어서는, 부진정소급입법의 경우에 있어서의 신뢰보호의 요청과 서로 비교형량되는 단순한 공익상의 사유보다도 훨씬 엄격한 조건이 적용되지 않으면 아니 된다. 즉 매우 중대한 공익이 존재하는 예외적인 경우에만 그러한 진정소급입법은 정당화될 수 있다. 또한 진정소급입법을 헌법적으로 정당화할 수 있는 이러한 예외사유가 존재하는 여부는 특별법과 같이 신체의 자유에 대한 제한과 직결되는 등 중요한 기본권에 대한 침해를 유발하는 입법에 있어서는 더욱 엄격한 기준으로 판단하여야 할 것이다.

이 사건 헌정질서파괴범의 공소시효의 완성으로 인한 법적 지위에 대한 신뢰를 보호하여야 할 필요는 다음과 같은 이유로 매우 미약하다. 즉 이 사건 반란행위 및 내란행위자들이 반란행위 및 내란행위를 통하여 우리 헌법질서의 근간을 이루고 있는 자유민주적 기본질서를 파괴하였고, 그로 인하여 우리의 민주주의가 장기간 후퇴한 것은 말할 것도 없고, 많은 국민의 그 생명과 신체가 침해되었으며, 전국민의 자유가 장기간 억압되는 등 국민에게 끼친 고통과 해악이 너무도 심대하였다. 또한 이 사건 군사반란행위자들 및 내란행위자들 중 주모자인 전두환·노태우 양인이 쿠데타를 통하여 정권을 장악한 뒤에 대를 이어 대통령직에 오름으로써 이 사건 군사반란행위자들 및 내란행위자들에 대한 형사소추가 그들이 정권을 장악하고 있는 동안에는 사실상 불가능하였다. 그러한 기간 동안에도 공소시효의 진행이 정지되지 않는다고 볼 때에는 형사소송법에 규정된 이 사건 군사반란죄와 내란죄에 대한 공소시효의 대부분이 그 기간 동안에 이미 진행되었다고 볼 수밖에 없다. 뿐만 아니라 공소시효완성으로 인한 이익은 단순한 법률적 차원의 이익이고, 헌법상 보장된 기본권적 법익에 속하지는 않는다. 이에 비하여 이 사건 법률조항을 정당화하는 공익적 필요는 매우 중대하다. 즉 집권과정에서 헌정질서파괴범죄를 범한 자들을 응징하여 정의를 회복하여 왜곡된 우리 헌정사의 흐름을 바로잡아야 할 뿐만 아니라, 앞으로는 우리 헌정사에 다시는 그와 같은 불행한 사태가 반복되지 않도록 자유민주적 기본질서의 확립을 위한 헌정사적 이정표를 마련하는 것이 국민의 줄기찬 요구이자 여망이며, 작금의 시대적 과제이다.

그러므로 이 사건 반란행위자들 및 내란행위자들의 군사반란죄나 내란죄의 공소시효완성으로 인한 법적 지위에 대한 신뢰이익이 보호받을 가치가 별로 크지 않음에 비하여 이 법률조항은 위 행위자들의 신뢰이익이나 법적 안정성을 물리치고도 남을 만큼 월등히 중대한 공익을 추구하고 있다고 평가할 수 있다. 그렇다면 이 법률조항이 위 행위자들의 공소시효완성에 따르는 법적 지위를 소급적으로 박탈하고, 그들에 대한 형사소추를 가능하게 하는 결과를 초래하여 그 합헌성 인정에 있어서 위에서 본 바와 같은 심히 엄격한 심사기준이 적용되어야 한다고 하더라도, 이 법률조항이 공소시효의 완성이라는 헌법상의 기본권이 아닌 단순한 법률적 이익에 대한 위와 같은 미약한 신뢰보호의 필요성에 현저히 우선하는 중대한 공익을 추구하고 있으므로 헌법적으로 정당화된다고 할 것이다. 우리 헌정사에 공소시효에 관한 진정소급입법을 단 한 번 예외적으로 허용한다면 바로 이러한 경우에 허용하여야 한다고 할 것이다. 이러한 경우가 진정소급입법의 원칙적 금지의 예외에 해당하지 않는다면, 그 예외는 대체 어디에 해당되고 무엇을 위한 예외인지 진지한 의문을 제기하지 않을 수 없다.

2) 이 법률조항과 평등원칙

특별법의 이 법률조항은 그 적용범위를 1979. 12. 12.과 1980. 5. 18.을 전후하여 발생한 내란죄·외환죄·군사반란죄 및 이적죄에 한정함으로써 이 사건 법률조항이 진정소급입법으로서의 성격을 갖는다고 할 경우 그 조항이 헌법 제11조에 규정된 평등원칙에 반하는 것은 아닌가 하는 의문이 있을 수 있다.

그러나 이 법률조항은 헌법 제11조에 규정된 평등원칙에 반하지 아니한다. 그것은 무엇보다 이 법률조항의 목적이 일반국민과 동 조항에서 확정된 헌정질서파괴범죄행위자들을 차별적으로 취급하는 것이 아니라, 오히려 위 범죄행위자들이 군사반란 및 내란 등의 행위로 헌법질서를 파괴하여 정권을 장악함으로써 일반국민과 위 행위자들 사이에 이미 발생한 형법집행상의 불평등을 제거하고자 하는 데 있기 때문이다. 다시 말해서 법이 일반국민들뿐만 아니라, 통치자에게도 동등하게 적용되고 집행되어야 한다는 법치국가적 요청이 위 범죄행위자들이 국가의 소추기관을 자신의 지배 하에 두게 됨으로써 실현될 수 없음으로 인하여 발생한, 위 범죄행위자들의 이 사건 범죄들에 대한 불처벌로 남은 상태라는 불평등을 제거하고 실질적 정의를 실현하는 데 이 법률조항들의 목적이 있기 때문이다.

법치국가원리의 내용인 법적 안정성 즉, 국민의 신뢰보호와 실질적 정의가 충돌하는 경우 그 어느 쪽을 우선시켜 입법할 것인가는 원칙적으로 입법자가 선택할 문제이고, 그 선택이 자의적이 아닌 한 그 입법을 위헌이라고 할 수는 없다. 이 법률조항이 공소시효의 진행이 정지하는 것으로 보고 있는 기간은 이 사건 헌정질서파괴행위자들이 국가권력을 장악하고 있어 이들에 대한 소추기관의 소추권행사가 원초적으로 불가능하였던 기간이다. 따라서 이 법률조항은 국가의 태만으로 인하여 경과한 시효기간에 대해서까지 시효의 진행을 정지시키는 것은 아니다. 또한 공소시효제도에 관한 외국의 입법례를 보더라도 독일, 프랑스 등 대륙법국가는 물론, 영국과 미국 등 영미법국가도 모두 중대한 범죄에 관하여는 공소시효를 배제하고 있음에 비추어 볼 때(헌법재판소 1995. 1. 20. 선고, 95헌마246 결정 참조) 이 사건 헌정질서파괴범죄와 같이 헌법질서에 근본적인 위협이 되는 중대한 범죄에 한정하여 진정소급효가 있는 입법으로 기본권이 아닌 공소시효의 정지를 규정한다고 하여 그 범위와 기준이 사리에 반하는 자의적인 입법이라고 할 수 없다.

그리고 진정소급효가 있는 공소시효정지를 규정한다 하여도 범행 당시의 구성요건 그대로를 타인과 마찬가지로 적용한다는 것이므로 실질적으로도 새로운 구성요건을 규정하는 것이라고 할 수 없다.

그렇다면 이는 결과적으로 위 범죄행위자들에 대하여 국가가 실효적으로 소추권을 행사할 수 있는 기간을 다른 일반국민들에 대한 시효기간과 동일하게 맞춤으로써, 이 사건 범죄행위로 인하여 초래되었던 불평등을 제거하겠다는 것에 불과하여, 위 범죄행위자들을 자의적으로 차별하는 것이 아닐 뿐만 아니라, 오히려 실질적 정의와 공평의 이념에 부합시키는 조치라고 할 수 있다.

3) 이 법률조항과 적법절차의 원리

* * *

4) 결론

그러므로 특별법이 공소시효가 완성된 뒤에 시행된 사후적 소급입법이라고 하더라도 위에서 살펴본 바와 같이 죄형법정주의에 반하지 않음은 물론, 법치국가의 원리, 평등원칙, 적법절차의 원리에도 반하지 아니하고, 따라서 헌법에 위반되지 아니한다.

(나) 재판관 김용준, 재판관 김문희, 재판관 황도연, 재판관 고중석, 재판관 신창언의 한정위헌의견

헌법은 형사실체법의 영역에서는 형벌은 바로 신체의 자유와 직결되기 때문에 적어도 범죄구성요건과 형벌에 관한 한, 어떠한 공익상의 이유도, 국가적인 이익도 개인의 신뢰보호의 요청과 법적 안정성에 우선할 수 없다 하여 절대적인 소급효의 금지를 밝히고 있다. 그러므로 소급효의 문제는 신뢰보호를 요청하는 법익이 무엇이냐에 따라 구분하여 다르게 판단되어야 하고, 신체의 자유에 대한 소급적 침해에 대한 신뢰보호의 문제는 다른 권리의 사후적 침해에 대한 신뢰보호의 문제와 같은 잣대로 판단할 수는 없다.

우리는 앞에서 비록 공소시효제도가 헌법 제12조 제1항 후단 및 제13조 제1항 전단에 정한 죄형법정주의의 직접적인 적용을 받는 영역으로 볼 수 없다 하여 절대적 소급효금지의 대상인 것은 아니라고 판단한 바 있다. 그러나 개인의 인권보장을 위한 기본장치로서 피의자의 처지를 대변하는 신뢰보호원칙이나 법적 안정성의 측면에서 보면, 형벌을 사후적으로 가능하게 하는 새로운 범죄구성요건의 제정이나, 공소시효가 이미 완성되어 소추할 수 없는 상태에 이른 뒤에 뒤늦게 소추가 가능하도록 하는 새로운 법률을 제정하는 것은 결과적으로 형벌에 미치는 사실적 영향에서는 차이가 없어 실질에 있어서는 마찬가지이다. 일반적으로 절차법의 존속에 대한 신뢰가 실체법의 존속에 대한 신뢰보다 헌법적으로

어느 정도 적게 보호된다 하더라도, 절차법적 지위가 경우에 따라서는 그의 의미와 중요성 때문에 실체법적 지위와 동일한 보호를 요청할 수 있고, 공소시효가 완성된 뒤에 새로이 처벌될 수 있도록 하는 경우가 바로 그러한 예라 할 것이다. 따라서 비록 공소시효에 관한 것이라 하더라도 공소시효가 이미 완성된 경우에 그 뒤 다시 소추할 수 있도록 법률로써 규정하는 것은 헌법 제12조 제1항 후단의 적법절차의 원칙과 제13조 제1항의 형벌불소급의 원칙 정신에 비추어 헌법적으로 받아들일 수 없는 위헌적인 것이라 아니할 수 없다.

법치국가원칙은 그 양대 요소로서, 법적 안정성의 요청뿐 아니라 실질적 정의의 요청도 함께 포함한다. 이러한 이유에서 집권과정에서의 헌정질서의 파괴와 범죄행위에 대한 처벌을 통하여 왜곡된 헌정질서를 민주적으로 바로잡고 정의를 회복한다는 측면에서 당연히 범법자들에 대한 처벌을 요구할 수 있다 하더라도 공소시효제도 또한 입법자가 형사소추에 있어서의 범인필벌의 요청과 법적 안정성의 요청을 함께 고려하여 상충하는 양 법익을 정책적으로 조화시킨 결과이고, 이러한 공소시효규정은 시간의 경과로 인하여 발생하는 새로운 사실관계를 법적으로 존중하는 인권보장을 위한 장치로서 실질적 정의에 기여하고 있다. 법치국가는 법적 안정성과 실질적 정의와의 조화를 생명으로 하는 것이므로 서로 대립하는 법익에 대한 조화를 이루려는 진지한 노력을 하여야 하며, 헌정질서파괴범죄를 범한 자들을 엄벌하여야 할 당위성이 아무리 크다 하더라도 그것 역시 헌법의 테두리 안에서 적법절차의 원리에 따라 이루어져야 마땅하다. 이러한 노력만이 궁극적으로 이 나라 민주법치국가의 기반을 굳건히 다지는 길이기 때문이다.

따라서 이 법률조항이 특별법 시행일 이전에 특별법 소정의 범죄행위에 대한 공소시효가 이미 완성된 경우에도 적용하는 한 헌법에 위반된다.

4. 결론

이러한 이유로 이 법률조항은 특별법 시행당시, 공소시효가 아직 완성되지 않았다고 보는 경우에는 재판관 전원이 헌법에 위반되지 아니한다는 의견이고, 공소시효가 이미 완성된 것으로 보는 경우에는 재판관 김진우, 재판관 이재화, 재판관 조승형, 재판관 정경식 등 4명이 헌법에 위반되지 아니하는 의견이고, 재판관 김용준, 재판관 김문희, 재판관 황도연, 재판관 고중석, 재판관 신창언 등 5명이 한정위헌의견이나 이 경우에도 헌법재판소법 제23조 제2항 제1호에 정한 위헌결정(헌법소원의 경우도 같음)의 정족수에 이르지 못하여 합헌으로 선고할 수밖에 없으므로 이에 주문과 같이 결정한다.

재판관 김용준(재판장) 김진우 황도연 이재화 조승형 정경식 고중석 신창언

참고판례

▷ 대법원 2008. 7. 24. 자 2008어4 결정 【보호처분에대한재항고】 [공2008하, 1489]

원심은, 2006. 7. 말경에 있었던 재항고인의 이 사건 폭행행위에 대하여 현행 가정폭력범죄의 처벌 등에 관한 특례법(이하 '가정폭력처벌법'이라고 한다) 제41조, 제40조 제1항 제5호, 제4호를 적용하여 재항고인에게 6개월간 보호관찰을 받을 것과 200시간의 사회봉사 및 80시간의 수강을 명하고 있는데, 원심이 적용한 보호처분에 관한 위 규정은 이 사건 폭행행위 이후인 2007. 8. 3. 법률 제8580호로 개정된 것으로서 개정 전 가정폭력처벌법(이하 '구 가정폭력처벌법'이라고 한다)에는 사회봉사 및 수강명령의 상한이 각각 100시간으로 되어 있다가 위 개정 당시 각각 200시간으로 그 상한이 확대되었다.

그런데 가정폭력처벌법이 정한 보호처분 중의 하나인 사회봉사명령은 가정폭력범죄를 범한 자에 대하여 환경의 조정과 성행의 교정을 목적으로 하는 것으로서 형벌 그 자체가 아니라 보안처분의 성격을 가지는 것이 사실이나,

한편으로 이는 가정폭력범죄행위에 대하여 형사처벌 대신 부과되는 것으로서, 가정폭력범죄를 범한 자에게 의무적 노동을 부과하고 여가시간을 박탈하여 실질적으로는 신체적 자유를 제한하게 되므로, 이에 대하여는 원칙적으로 형벌불소급의 원칙에 따라 행위시법을 적용함이 상당하다.

그렇다면 이 사건 폭행행위에 대하여는 행위시법인 구 가정폭력처벌법 제41조, 제40조 제1항 제4호, 제3호를 적용하여 100시간의 범위 내에서 사회봉사를 명하여야 함에도 불구하고, 원심은 현행 가정폭력처벌법을 잘못 적용한 나머지 위 상한시간을 초과하여 사회봉사를 명하였으니, 원심결정에는 법률적용을 그르친 위법이 있고, 이 점을 지적하는 재항고인의 주장은 이유 있다.

참고문헌

□ 안정호, “가정보호사건의 사회봉사명령에도 형벌불소급의 원칙이 적용되는지 여부,” 대법원판례해설, 78호, 2009. 7, 673~676

* * *

3. 사회내 처우(보안처분)와 형벌불소급의 원칙

가. 판　　례

(1) 대법원 1997. 6. 13. 선고 97도703 판결

개정 형법 제62조의2 제1항에 의하면 형의 집행을 유예를 하는 경우에는 보호관찰을 받을 것을 명할 수 있고, 같은 조 제2항에 의하면 제1항의 규정에 의한 보호관찰의 기간은 집행을 유예한 기간으로 하고, 다만 법원은 유예기간의 범위 내에서 보호관찰의 기간을 정할 수 있다고 규정되어 있는바, 위 조항에서 말하는 보호관찰은 형벌이 아니라 보안처분의 성격을 갖는 것으로서, 과거의 불법에 대한 책임에 기초하고 있는 제재가 아니라 장래의 위험성으로부터 행위자를 보호하고 사회를 방위하기 위한 합목적적인 조치이므로, 그에 관하여 반드시 행위 이전에 규정되어 있어야 하는 것은 아니며, 재판시의 규정에 의하여 보호관찰을 받을 것을 명할 수 있다고 보아야 할 것이

고, 이와 같은 해석이 형벌불소급의 원칙 내지 죄형법정주의에 위배되는 것이라고 볼 수 없다.[5)]

(2) 대법원 1987. 2. 24. 선고 86감도286 판결 (생략)

(3) 헌법재판소 결정 : 1989. 7. 14.자 88헌가5, 8, 89헌가44 결정

헌법이 제12조 제1항 후문에서 "… 법률과 적법한 절차에 의하지 아니하고는 처벌 · 보안처분 또는 강제노역을 받지 아니한다"라고 규정하여 처벌과 보안처분을 나란히 열거하고 있는 점을 생각해 보면, 상습범 등에 대한 보안처분의 하나로서 신체에 대한 자유의 박탈을 그 내용으로 하는 보호감호처분은 형벌과 같은 차원에서의 적법한 절차와 헌법 제13조 제1항에 정한 죄형법정주의의 원칙에 따라 비로소 과해질 수 있는 것이라 할 수 있고, 따라서 그 요건이 되는 범죄에 관한 한 소급입법에 의한 보호감호처분은 허용될 수 없다고 할 것이다.

나. 입법례(독일) (생략)

다. 국내 학설(형벌불소급원칙 적용 여부)

(1) 적용 부정설[6)]

---

5) 위 판결에 대한 비판적 평석은 다음과 같다.

① 김일수, "보안처분과 형벌불소급의 원칙", 법률신문 제2627호 : 기존의 집행유예 제도에 보호관찰을 조건으로 부가한 것은 행위자에게 불리하게 작용할 법률변경임에 틀림없다. 그렇다면 법관은 개정형법상의 이 조치를 이 법률 시행 이후의 범죄사실에 대하여만 적용해야지 그 이전의 행위에 대해 소급적용해서는 안된다. 보안처분에 대해서는 재판시의 법률에 따르도록 한 독일형법하에서도 '형벌과 그 부수효과는 행위시의 법률에 따른다'는 규정의 해석에서 집행유예의 조건 및 그 밖의 법효과에 대해서는 행위시법에 따른다는 데 해석론이 일치하고 있다. 부담부조건인 보호관찰이 보안처분이라고 해서 집행유예제도 자체를 통째로 보안처분으로 몰고 가 재판시법을 적용한 법원의 처사는 형벌적 성격을 갖는 집행유예가 갖는 형사제재의 성격을 왜곡한 것임은 물론 행위시법 원칙 및 소급적용금지의 원칙을 위반한 것이다.

② 신동운, "보호관찰의 법적 성질과 소급효문제", 고시연구(25권 6호), 169 : 형벌을 규정한 형법전에 규정되어 있는 보호관찰을, 그것도 유죄판결 및 형선고의 절차에서 과해지는 보호관찰을 보안처분이라고 파악하는 대법원의 태도는 형벌과 보안처분의 본질적 성격 차이와 법체계상의 이원성을 간과한 단견이라고 하지 않을 수 없다. 집행유예시에 가해지는 보호관찰을 개정형법 이전의 행위에까지 적용할 수 있도록 한 대법원의 판례는 사법부의 지나친 성급함이 나타난 것이라고 할 수 있다.

6) 박형남, "사회봉사명령제도 등의 적정한 운용방안", 사회봉사 · 보호관찰제도 해설책자. 한

보안처분에는 일반적으로 형벌불소급원칙이 적용되지 않는다는 견해인데, 이는 주로 전형적인 보안처분에 대한 것이라서, 현재 논의되고 있는 사회내 처우에 대하여 그대로 적용되는 것은 아닌 것으로 보인다.

(2) 적용 긍정설(통설)[7)]

보안처분도 범죄에 대한 제재처분이라는 점, 자유의 제한이라는 점에서 형벌과 실질적으로 동일하다는 점, 보안처분에 관하여 소급적용을 허용하면 형벌불소급의 원칙은 실질적 의미를 상실한다는 점 등을 고려할 때 보안처분에 관하여도 소급효금지의 원칙이 적용되어야 한다는 견해이다.[8)] 보안처분에 대하여 재판시법을 적용한다는 명시적인 규정이 없는 우리 형법에서는 행위시법원칙을 극대화 되도록 적용하는 것이 헌법합치적이라고 본다.[9)]

(3) 개별적 적용설

보안처분의 범주가 넓고 그 모습이 다양한 이상, 각개의 경우에 따라 불소급 원칙의 적용이 상당한지 여부를 판단하여야 한다는 견해로서, 전형적인 보안처분의 경우에는 형벌불소급원칙을 적용하지 않되 그 외 사회내 처우에 대하여는 각 처분마다 적용 여부를 달리하여야 한다고 본다. 형벌불소급원칙이 적용되는 범위에 따라 다음과 같이 견해가 나누어진다.

(가) 보호관찰, 수강명령, 사회봉사명령 전부에 적용된다는 견해[10)]: 보호관찰, 수강명령, 사회봉사명령은 형벌도 아니고 보안처분도 아닌 제3의 제재

편, 박일환, "법률의 시적 효력범위", 법조 1989년 11월호, 61면에는 "형벌과 구별되는 보안처분은 원래 책임무능력자에 대한 사회방위처분이므로 죄형법정주의나 소급입법의 금지원칙은 애당초 문제가 되지 않았던 것인데, 보안처분이 책임능력자인 상습범에까지 확대되자 종래의 보안처분 원리가 그대로 적용될 수 없지 않은가 하는 의문이 생기게 되었다"고 기재되어 있음.

7) 적용긍정설은 사회내 처우인지 여부를 가리지 않고, 모든 보안처분에 형벌불소급원칙이 적용되어야 한다는 견해이다.

8) 주석 형법 I, 한국사법행정학회, 60(백형구 저술부분). 그 외에 이재상, 김일수, 정성근, 박상기, 배종대, 손해목, 오영근, 임웅 등.

9) 김일수(앞의 주).

10) 김혜정, "법적 성질의 재고찰을 통한 보호관찰의 형사정책적 지위정립", 형사정책(13권 2호), 한국형사정책학회, 33.

인바, 보안처분은 판결시의 재범위험성에 근거하여 선고되어지기 때문에 형벌불소급원칙의 예외로 인정될 수 있을지라도, 사회봉사명령 및 수강명령을 포함하여 보호관찰은 보안처분의 하나가 아니므로 당연히 형벌불소급원칙이 적용되어야 한다.

(나) 수강명령, 사회봉사명령에 적용된다는 견해[11]: 보호관찰은 다소 행동의 제약을 받는 것에 불과하여 피고인과 사회 모두를 위하여 유익하거나 교육적인 것이어서 형벌적 성격을 가지고 있다고 보기 어려우므로, 형벌불소급원칙이 적용되지 않으나, 사회봉사명령은 의무적 노동의 부과 및 여가시간의 박탈을, 수강명령은 의무적 수강의 부과 및 여가시간의 박탈을 내용으로 하고 있으므로, 사회봉사명령과 수강명령에 대하여는 불소급의 원칙을 적용하여야 한다.

(다) 사회봉사명령에만 적용된다는 견해[12]: 사회봉사명령은 형법상의 유예에 따른 조건으로서 노동을 부과함으로써 행위불법에 대한 보상으로서의 성격도 가지고 있으나, 보호관찰이나 수강명령은 피고인에게 일정한 불이익을 주기보다는 재범의 우려가 높다고 보이는 피고인에게 일정한 기간 동안 국가기관에 의하여 관리를 받게 하거나 소정의 교육을 이행하게 함으로써 재범을 방지한다는 데 그 주된 취지가 있다고 보이므로 과거의 죄에 대한 벌이 아니라 장래의 범행을 예방하는 보안처분의 성격이 강하다. 최근 개정된 소년법 규정도 사회봉사명령을 따로 취급하여야 한다는 입장이 반영된 것으로 보인다.

4. 이 사건에 대한 검토

위에서 본 바와 같이 보안처분과 사회내 처우의 개념 자체가 혼동되어 사용되고 있기 때문에 사회봉사명령이 보안처분에 해당하는지 여부 자체는 그다지 중요한 문제가 아니라고 보인다. 그리고 종래의 보안처분만 아니라 사회내 처우 중에서도 그 형벌 대용적인 성격에 상당한 차이가 있기 때문에

---

11) 이재홍, "보호관찰과 형벌불소급의 원칙", 판례월보 341호, 27.

12) 박미숙, "형사제재로서의 사회봉사명령의 의의와 전망", 형사법연구 17호(2002. 6.); 김경, "사회봉사명령 등 사회내 처우의 실효성 확보방안", 재판실무자료, 양형실무위원회 2003(상); 이경재 · 최석윤, "한국의 사회봉사명령제도, 형사정책연구", 8권 4호(32호).

형벌불소급의 원칙의 적용 여부를 통일적으로 해석·적용할 것은 아니다.

엄연히 형벌과 보안처분은 본질적인 차이가 있기 때문에 모든 보안처분에 대하여 형벌불소급원칙을 적용하는 것은 적절하지 않은 것으로 보이나, 그 중에서 형벌적인 성격이 더 많이 포함되어 있는 사회내 처우의 경우에는 달리 보아야 할 것이다.

특히, 이 사건 가정폭력처벌법상 사회봉사명령은, 집행유예 등에 부가적으로만 부과되는 것이 아니라 가정폭력범죄행위에 대하여 독립적으로도 부과될 수 있는 것이라서 형벌 대용적인 성격이 매우 강하고, 의무적 노동을 부과하고 여가시간을 박탈하여 실질적으로는 신체적 자유를 제한하는 것이라서 최소한 이 사건 사회봉사명령에 대하여는 형벌불소급의 원칙을 적용함이 상당하다.

나아가, 수강명령은 비록 의무적 노동을 부과하는 것은 아니지만 여가시간을 박탈하여 신체적 자유를 제한하는 측면이 있으므로, 이에 대하여도 형벌불소급 원칙의 적용을 긍정적으로 검토함이 옳을 것이다.

쟁점연구

1. 애초에 소급효금지의 원칙은 형법상의 규정이고 형사절차에 관한 부분을 염두에 두고 있는 것 같지 않았다. 그런데 도입판례 (가)에서 공소시효의 변경은 헌법상의 소급효금지의 원칙과 관련하여 일정한 쟁점을 불러일으킨다.
   (가) 공소시효가 완성되기 전에 특별법을 통해 공소시효를 연장하는 방법을 통해 피고인을 처벌하는 것을 부진정소급효라고 부른다. 이러한 부진정소급효를 인정한다면 피고인에게는 어쨌든 불리한 결과를 초래할 수 있다. 그런데도 부진정소급효는 허용될 수 있는가. 허용될 수 있다면 어떤 경우에, 어떤 근거에서 허용될 수 있는가. 이 사안에서 부진정소급효를 인정하는 것이 위헌이 아니라고 하는 데 이견을 보이지 않고 있는데, 그 근거는 무엇인가. 부진정소급효를 일

반적으로 인정하는 것인가, 아니면 이 사건의 두드러진 특성 때문에 부진정소급효가 인정된다고 본 것인가.

(나) 공소시효가 완성되었다고 볼 경우, 소위 진정소급효를 인정할 것인가에 대해 견해 대립이 치열하다. 만약 인정할 경우에도, 그것은 매우 한정된 조건 하에서만 허용될 수 있다고 하는데, 구체적으로 어떤 조건 하에서인가. "우리 헌정사에서 공소시효에 관한 진정소급입법을 단 한 번 예외적으로 허용한다면 바로 이러한 경우"라는 언급도 있는데, 이 사안의 어떤 측면 때문에 이러한 언급이 나오는 것인가.

(다) 헌법재판소는 이 사건의 "구체적 범죄행위에 관한 공소시효의 완성 여부 및 그 완성시점 등은 당해 사건을 재판하는 법원이 이를 판단할 성질의 것이지 헌법재판소가 판단할 수 있는 사항이 아니다."고 말하고 있다. 그러면 이 사건에서 법원은 공소시효의 기산점에 대하여 어떻게 판시하였는가(대법원 1997. 4. 17. 선고 96도3376 전원합의체 판결; 한인섭, 5.18재판과 사회정의, 박영사, 162~167면 참조).

(라) 이 사안을 통해, 소급효금지의 헌법적 원칙의 중요성과 예외가능성에 대해 종합적으로 토의해 보시오.

2. 보안처분을 신설할 때 그 이전의 행위에 대하여 보안처분이 적용될 수 있는가의 여부에 대하여 적용긍정설과 적용부정설이 대립하고 있다. 참고판례와 참고문헌을 읽고 다음을 검토해보자.

(가) 형벌과 보안처분은 어떻게 다른가? 현재 형벌에 속하는 제재는 어떤 것이 있는가? 현행법상 보안처분은 어떤 종류가 있는가? 자유박탈적 보안처분은 자유형과 실질적으로 다른 것인가? 자유제한적 보안처분의 여러 유형을 부가형이 아니라 주형으로 부과하면 그것은 형벌의 범주에 넣을 수는 없는가?

(나) 소위 보안처분에 대하여 소급효금지의 원칙이 적용되는가에 대하여 우리 판례의 기본적 입장은 무엇인가? 그 입장의 논거는 무엇인가? 학설은 판례에 대해 비판하는 견해가 적지 않은데, 그 이유는 무엇인가?

(다) 참고판례에서 가정폭력처벌법상의 사회봉사명령에 대하여 형벌불소급의 원칙이 적용되어야 한다고 본 기본적 이유는 무엇인가? 이 판례는 종전의 판례(대법원 1997. 6. 13. 선고 97도703 판결)상의 보호관찰에 대한 견해와는 저촉되는 측면이 있는가?

3. 대법원 1999. 7. 15. 선고 95도2870 전원합의체 판결【건축법위반】(집 47-2, 303)을 읽고 판례변경과 소급효 금지의 원칙의 관계를 검토해보자. 영미법계 국가에서는 선판례가 이후 동종의 사건에 대하여 구속력을 갖는다는 소위 선례구속성의 원리(doctrine of stare decisis)가 지배해 왔다. 그러나 통상 대륙법계 국가에서는 상급법원의 판례가 하급법원을 구속한다는 원칙은 인정되지 않고 있다. 다만 법원조직법 제8조에는 "상급법원의 재판에 있어서의 판단은 당해 사건에 관하여 하급심을 기속한다."고 하지만, 이는 동종사건이 아니라 당해 사건에 국한됨을 유의해야 할 것이다. 따라서 판례의 변경가능성은 언제나 열려 있다. 다만 대법원에서 "종전에 대법원에서 판시한 헌법 · 법률 · 명령 또는 규칙의 해석적용에 관한 의견을 변경할 필요가 있음을 인정하는 경우"(법원조직법 제7조 제1항 제3호)에는 대법관 전원의 합의체에서 재판한다고 규정하여 판례변경의 요건을 까다롭게 하고 있다. 기존 판례에 대한 국민의 신뢰를 보호하고, 예측가능성과 법적 안정성을 존중하기 위함이다. 그런데 판례변경을 통해 불이익을 입게 되는 피고인이 있을 경우, 판례변경에 대하여 소급효금지의 원칙은 적용되지 않는가? 위 판례에서는 어떤 법률규정이 문제되고 있는가? 다수의견과 반대의견은 판례변경을 통한 소급효 인정효과에 대해 어떤 견해의 차이를 보이고 있는가?

주요개념

1. 소급효 금지의 원칙
2. 공소시효
3. 진정소급효금지의 예외

4. 양벌규정
5. 부진정소급효
6. 선례구속성의 원리

Ⅳ. 적정성의 원칙

도입판례

헌재 2004. 12. 16. 2003헌가12【폭력행위등처벌에관한법률제3조제2항위헌제청】(헌집16-2, 446)

* * *

【주 문】 폭력행위등처벌에관한법률(1990. 12. 31. 법률 제4294호로 개정된 것) 제3조 제2항 중 "야간에 흉기 기타 위험한 물건을 휴대하여 형법 제283조 제1항(협박)의 죄를 범한 자" 부분은 헌법에 위반된다.

【이 유】

1. 사건의 개요와 심판의 대상

가. 사건의 개요

(1) 제청신청인은 ① 2002. 12. 25. 03:40경 서울 노원구 월계동 287 소재 조흥은행 앞 길에서, 그곳을 지나가던 피해자 A(여, 16세), 같은 B(여, 16세) 일행에게 아무런 이유 없이 시비를 걸었다가 피해자들이 화를 낸다는 이유로 주먹 등으로 위 피해자들을 때려 상해를 가하고, ② 같은 일시경 위 조흥은행 앞 인근 건물에 있는 '두꺼비핵교' 호프집에서, 위와 같이 제청신청인으로부터 맞은 피해자 A·B 및 같은 C(여, 16세)이 위 호프집 안으로 제청신청인을 쫓아오자 그곳 주방에 놓여 있던 위험한 물건인 식칼을 손에 들고 위 피해자들을 향하여 휘두르면서 생명이나 신체에 어떠한 해악을 가할 듯한 태도를 보여 위 피해자들을 협박하였다는 혐의로 서울지방법원 북부지원(2004. 2. 1. 서울북부지방법원으로 승격)에 위 ①항에 대하여는 폭력행위등처벌에관한법률(이하 "폭처법"이라 한다) 제2조 제2항·제1항, 형법 제257조 제1항, 위 ②항에 대하여는 폭처법

제3조 제2항 · 제1항, 제2조 제1항, 형법 제283조 제1항 위반죄로 기소되었다.

(2) 이에 제청신청인은 그 소송의 계속 중에 2003초기253호로 폭처법(1990. 12. 31. 법률 제4294호로 개정된 것) 제3조 제2항이 위헌이라고 주장하며 위헌제청신청을 하였고, 위 법원은 이 신청을 받아들여 이 사건 위헌제청을 하였다.

나. 심판대상 및 관련규정

제청법원은 이 사건 제청결정의 '주문'에서 "폭처법 제3조 제2항"의 위헌 여부에 관한 심판을 제청한다고 하고 있으나, 그 '이유'에서는 "야간에 위험한 물건을 휴대하여 '협박'의 죄를 범한 자를 5년 이상의 유기징역에 처한다."는 규정 부분에서 폭처법 제3조 제2항의 위헌성이 극명하게 드러난다고 보아 "야간에 위험한 물건을 휴대하여 '협박죄'를 범한 누범"인 제청신청인이 관련된 이 사건만을 위헌제청한다고 기재하고 있다. 따라서 이 사건의 심판대상은 폭처법 제3조 제2항 중 "야간에 흉기 기타 위험한 물건을 휴대하여 형법 제283조 제1항(협박)의 죄를 범한 자" 부분(이하 "이 사건 법률조항"이라 한다)만으로 한정하는 것이 상당하다고 할 것이다. 심판대상 및 관련규정의 내용은 다음과 같다.

(1) 심판대상

[폭처법(1990. 12. 31. 법률 제4294호로 개정된 것)]

제3조(집단적 폭행 등) ② 야간에 제1항의 죄를 범한 자는 5년 이상의 유기징역에 처한다.

(2) 관련규정

[폭처법(1990. 12. 31. 법률 제4294호로 개정된 것)]

제3조(집단적 폭행 등) ① 단체나 다중의 위력으로써 또는 단체나 집단을 가장하여 위력을 보임으로써 제2조 제1항에 열거된 죄를 범한 자 또는 흉기 기타 위험한 물건을 휴대하여 그 죄를 범한 자는 3년 이상의 유기징역에 처한다.

③ 상습적으로 제1항의 죄를 범한 자는 무기 또는 7년 이상의 징역에 처한다.

④ 이 법 위반(형법 각 본조를 포함한다)으로 2회 이상 징역형을 받은 자로서 다시 제1항의 죄를 범하여 누범으로 처벌할 경우도 제3항과 같다.

제2조(폭행 등) ① 상습적으로 형법 제257조 제1항(상해), 제260조 제1항(폭행), 제276조 제1항(체포·감금), 제283조 제1항(협박), 제319조(주거침입·퇴거불응), 제324조(폭력에 의한 권리행사방해), 제350조(공갈) 또는 제366조(손괴)의 죄를 범한 자는 3년 이상의 유기징역에 처한다.

② 야간 또는 2인 이상이 공동하여 제1항에 열거된 죄를 범한 때에는 각 형법 본조에 정한 형의 2분의 1까지 가중한다.

③ 이 법 위반(형법 각 본조를 포함한다)으로 2회 이상 징역형을 받은 자로서 다시 제1항에 열거된 죄를 범하여 누범으로 처벌할 경우에도 제1항과 같다.

④ 제2항(2인 이상이 공동하여 죄를 범한 경우에 한한다) 및 제3항의 경우에는 형법 제260조 제3항 및 제283조 제3항을 적용하지 아니한다. <개정 2001. 12. 19>

[형법 (1995. 12. 29. 법률 제5057호로 개정된 것)]

제257조(상해) ① 사람의 신체를 상해한 자는 7년 이하의 징역, 10년 이하의 자격정지 또는 1천만 원 이하의 벌금에 처한다.

제260조(폭행) ① 사람의 신체에 대하여 폭행을 가한 자는 2년 이하의 징역, 500만 원 이하의 벌금, 구류 또는 과료에 처한다.

③ 제1항 및 제2항의 죄는 피해자의 명시한 의사에 반하여 공소를 제기할 수 없다.

제276조(체포·감금) ① 사람을 체포 또는 감금한 자는 5년 이하의 징역 또는 700만 원 이하의 벌금에 처한다.

제283조(협박) ① 사람을 협박한 자는 3년 이하의 징역, 500만 원 이하의 벌금, 구류 또는 과료에 처한다.

③ 제1항 및 제2항의 죄는 피해자의 명시한 의사에 반하여 공소를 제기할 수 없다.

제319조(주거침입·퇴거불응) ① 사람의 주거, 관리하는 건조물, 선박이나 항공기 또는 점유하는 방실에 침입한 자는 3년 이하의 징역 또는 500만 원 이하의 벌금에 처한다.

② 전항의 장소에서 퇴거요구를 받고 응하지 아니한 자도 전항의 형과 같다.

제324조(강요) 폭행 또는 협박으로 사람의 권리행사를 방해하거나 의무없는 일을 하게 한 자는 5년 이하의 징역에 처한다.

제350조(공갈) ① 사람을 공갈하여 재물의 교부를 받거나 재산상의 이익을 취득한 자는 10년 이하의 징역 또는 2천만 원 이하의 벌금에 처한다.

② 전항의 방법으로 제3자로 하여금 재물의 교부를 받게 하거나 재산상의 이익을 취득하게 한 때에도 전항의 형과 같다.

제366조(재물손괴 등) 타인의 재물, 문서 또는 전자기록 등 특수매체기록을 손괴 또는 은닉 기타 방법으로 그 효용을 해한 자는 3년 이하의 징역 또는 700만 원 이하의 벌금에 처한다.

2. 법원의 위헌제청이유와 이해관계인의 의견 (생략)

3. 판단

가. 폭처법의 제정 및 개정 경위

(1) 제정 경위

폭처법은 일본의 폭력행위등처벌에관한법률을 모델로 1961. 6. 13. 국가재건최고회의 제3차 상임위원회에서 의결되어 같은 달 20. 법률 제625호로 공포·시행되었다. 폭처법의 제정이유는 자유당정권 시절부터 사회문제화된 집단적 또는 상습적으로 폭력행위 등을 자행하여 사회질서를 문란하게 하고 사회불안을 조성하는 자 등을 처벌함(동법 제1조)으로써 사회질서를 바로잡고 불안을 해소하기 위한 것이었다. 즉, 근대적 범죄현상에 따른 폭력행위자로서 사회적 질서문란이나 불안조성이라는 “사회적 법익"을 침해한 경우에 이 특별법에 의하여 가중처벌하고 그 단속을 강화하자는 것이었다.

전문 10개조 및 부칙으로 된 제정 당시의 폭처법은 야간에 또는 상습적으로 형법 제257조 제1항(상해), 제260조 제1항(폭행), 제276조 제1항(체포·감금), 제283조 제1항(협박), 제319조(주거침입·퇴거불응), 제324조(폭력에 의한 권리행사방해), 제350조(공갈) 또는 제366조(손괴)의 죄를 범한 자는 1년 이상의 유기징역으로 가중처벌하고(동법 제2조), 이러한 범죄들을 단체나 다중의 위력으로써 또는 단체나 집단을 가장하여 위력을 보임으로써 범한 자 또는 "흉기 기타 위험한 물건을 휴대하거나" 수인이 공동하여 그 죄를 범한 자는 2년 이상의 유기징역으로 가중처벌하며(동법 제3조 제1항), 동 조항의 죄를 "야간에" 또는 "상습적으로" 범한 자는 3년 이상의 유기징역으로 가중처벌하도록 규정하였다(동법 제3조 제2항).

(2) 개정 경위

폭처법은 지금까지 5차례, 즉 1962. 7. 14. 법률 제1108호(1차), 1980. 12. 18. 법률 제3279호(2차), 1990. 12. 31. 법률 제4294호(3차), 1993. 12. 10. 법률 제4590호(4차), 2001. 12. 19. 법률 제6534호(5차)로 각 개정되었는데, 폭처법의 개정은 언제나 처벌을 강화하고 새로운 처벌조항을 신설하는 방향으로 이루어졌다. 그 중 이 사건 법률조항과 관련이 있는 개정은 제1차 내지 제3차 개정이다.

(가) 제1차 개정의 계기가 된 것은 대법원판례였다. 즉, 대법원은 1962. 5. 10. 선고한 62오20 판결에서 "2인 이상이 합동하여 야간에 사람의 신체에 상해를 가하였다고 하더라도 그것이 사회질서를 문란케 하고 사회적 불안을 조성케 한 경우가 아니면 일반형법이 적용되고 폭처법이 적용되지 아니한다."고 판시하였다. 이에 따라 국가재건최고회의는 1962. 7. 14. 법률 제1108호로 폭처법을 개정하여 제1조(목적)를 "본법은 집단적, 상습적 또는 야간에 폭력행위 등을 자행하는 자 등을 처벌함을 목적으로 한다."고 개정하였다. 이는 사회질서를 문란케 하고 사회적 불

안을 조성케 하는 등의 사회적 법익침해에 이르지 아니하는 이러한 폭력행위까지 동법의 적용대상으로 확대한 것으로서, 형법규정에 비추어 볼 때 특별법으로서의 의의가 많이 감소하게 되었다.

(나) 폭처법에 대한 제2차 개정은 국가보위입법회의에서 1980. 12. 18. 법률 제3279호로 이루어졌다. 동 개정법은 종전의 제3조 제2항을 “② 야간에 제1항의 죄를 범한 자는 3년 이상의 유기징역에 처한다.”와 “③ 상습적으로 제1항의 죄를 범한 자는 무기 또는 5년 이상의 징역에 처한다.”로 나누어 ‘야간의’ 폭력행위에 대하여는 종전과 같이 3년 이상의 유기징역형으로, ‘상습적인’ 폭력행위에 대하여는 무기 또는 5년 이상의 징역형으로 형을 가중하였다.

한편, 1990. 12. 31. 법률 제4294호 제3차 개정의 취지는 조직폭력사범, 상습폭력사범, 집단폭력사범 및 흉기사용폭력사범을 엄벌하여 민생치안의 확립에 이바지하려는 것이었다. 그리하여 동 개정법 제3조 제1항은 법정형을 2년 이상의 유기징역에서 3년 이상의 유기징역으로 가중하였고, 동조 제2항도 법정형을 3년 이상의 유기징역에서 5년 이상의 유기징역으로 가중하였다.

(3) 일본의 경우

우리나라 폭처법 제정의 모델이었던 일본의 대정(大正) 15년(1926) 4. 10. 법률 제60호 제정 폭력행위등처벌에관한법률은 그 후 몇 차례의 개정을 거쳐 평성(平成) 15년(2003) 7. 18. 법률 제122호로 최종개정되었다. 동법은 제1조(집단적 폭행 · 협박 · 훼기), 제1조의2(총포등에 의한 상해), 제1조의3(상습적 상해 · 폭행 · 협박 · 훼기), 제2조(집단적 면회강청, 강경한 담판협박), 제3조(집단에 의한 살인등 을 위한 이익의 공여 · 수수) 등 5개의 조문을 두고 있는데, 우리 폭처법 제3조 제2항과 같이 “야간에” 이루어진 폭력행위에 대한 가중처벌규정은 없다.

나. 이 사건 법률조항의 위헌 여부

(1) 형사특별법의 일반예방 목적과 중벌의 문제점

형벌은 범인에 의해 저질러진 규범침해를 이유로 그 범인에게 내려지는 공적·사회윤리적 반가치판단이다. 그러나 국가작용으로서의 형벌인 만큼 범죄와는 질적으로 다른 도덕적 우월성을 지녀야 한다.

(가) 국가의 형벌권을 정당화하는 이론으로는 보통 응보이론, 일반예방이론, 특별예방이론, 절충이론 등이 알려져 있다. 폭처법과 같은 형가중적 특별법은 사회 일반에서 물의를 빚고 있는 특정 범죄행위를 기존의 형량보다 중한 형으로 처벌한다. 이는 범죄로부터 일반 사회인을 보호하고 아울러 일반인을 위하(威嚇)시킴으로써 그러한 범죄를 예방하려는 소위 "소극적 일반예방"의 목적에서 비롯된 것이라고 할 수 있다. 그러므로 형가중적 특별법의 제정은 일반예방이라는 형사정책적 목적의 달성을 실현하기 위한 것이라고 할 수 있다.

그러나 특정 범죄행위에 대한 처벌의 필요성이 아무리 높고 범죄행위에 대한 사회적 반감이 고조된 상태라 하더라도 형법의 기본원칙인 죄형의 균형성을 무시하면서까지 형량을 높이는 것은 바람직하지 않다. 형벌이 지나치게 가혹하거나 잔인하면 일시적으로는 범죄 억지력을 발휘할지 모르지만 결국에는 중벌에 대해 면역성과 무감각이 생기게 될 뿐이고, 나아가 범죄예방과 법질서 수호로 이어지는 것이 아니라 법의 권위를 실추시키고 법질서의 영속성과 안정을 저해하는 요인이 될 뿐이다.

(나) 일찍이 몽테스키외는 "모든 이완의 원인을 살펴보면 이완은 범죄를 처벌하지 않았던 것의 결과이지 형벌을 경감한 결과가 아니라는 것을 알게 된다. 형벌을 받아도 부끄럽지 않다고 생각하는 나라가 있다면 그것은 폭정의 결과이다. 폭정은 악당에 대해서나 정직한 사람에 대해서나 동일한 형벌을 과해 왔기 때문이다. 그리고 만약 잔혹한 형에 의해서 사람들이 억압되어 있는 나라가 있다고 하면 그것도 역시 대부분 정부의 폭력의 결과라고 간주할 수 있다. 그러한 정부는 이런 형을 가벼운 죄에도 행사해 왔기 때문이다."라고 하여 중벌의 문제점을 지적하였다.

이는 규범준수를 담보할 것으로 기대되는 요소로서 더 큰 비중을 차지하는 것은 "제재의 양 내지 강도"(Sanktionshhe)가 아니라 "제재의 개연성 내지 가능성"(Sanktionswahrscheinlichkeit)이라는 것을 말해 준다. 즉, 규범을 위반한 경우에 제재가 가해질 개연성 내지 가능성이 높을수록 규범준수의 실효성을 높일 수 있는 것이다.

(2) 형벌과 책임 간의 비례성원칙 위반 여부

형사법상 책임원칙은 기본권의 최고이념인 인간의 존엄과 가치에 근거한 것으로, 형벌은 범행의 경중과 행위자의 책임, 즉 형벌 사이에 비례성을 갖추어야 함을 의미한다.

(가) 우리 헌법은 국가권력의 남용으로부터 국민의 기본권을 보호하려는 법치국가의 실현을 기본이념으로 하고 있고, 법치국가의 개념은 범죄에 대한 법정형을 정함에 있어 죄질과 그에 따른 행위자의 책임 사이에 적절한 비례관계가 지켜질 것을 요구하는 실질적 법치국가의 이념을 포함하고 있다(헌재 1992. 4. 8. 90헌바24, 판례집 4, 225, 230). 따라서 어떤 행위를 범죄로 규정하고 어떠한 형벌을 과할 것인가 하는데 대한 입법자의 입법형성권이 무제한으로 인정될 수는 없다. 즉, 법정형의 종류와 범위를 정할 때는 형벌의 위협으로부터 인간의 존엄과 가치를 존중하고 보호하여야 한다는 헌법 제10조의 요구에 따라야 하고, 헌법 제37조 제2항이 규정하고 있는 과잉입법금지의 정신에 따라 형벌개별화 원칙이 적용될 수 있는 범위의 법정형을 설정하여 실질적 법치국가의 원리를 구현하도록 하여야 하며, 형벌이 죄질과 책임에 상응하도록 적절한 비례성을 지켜야 한다.

이러한 요구는 특별형법의 경우도 마찬가지이다. 원래 특별법은 일반법의 제정 이후 사회적 변화를 반영하여 일반법을 보완 혹은 대체하기 위해 제정되는 것으로서 그 용도는 어디까지나 한시적이고 제한적이지 않으면 안 된다. 폭처법 역시 다른 법률과 마찬가지로 범죄와 형벌은 헌법질서에 기초한 그 시대의 가치체계와 일치하도록 제정되어야 하는 것이다. 그러므로, 그 입법취지에서 보아 중벌(重罰)주의로 대처할 필요성이 인정되는 경우라 하더라도 범죄의 실태와 죄질의 경중, 이에 대한 행위자의 책임, 처벌규정의 보호법익 및 형벌의 범죄예방효과 등에 비추어 전체 형벌체계상 지나치게 가혹한 것이어서, 그러한 유형의 범죄에 대한 형벌 본래의 기능과 목적을 달성함에 있어 필요한 정도를 현저히 일탈함으로써 입법재량권이 헌법규정이나 헌법상의 제원리에 반하여 자의적으로 행사된 것으로 평가되는 경우에는, 이와 같은 법정형을 규정한 법률조항은 헌법에 반한다고 보아야 한다(헌재 2003. 11. 27. 2002헌바24, 판례집 15-2하, 242, 252-253 참조).

(나) 범죄와 형벌의 균형은 헌법질서에 기초한 그 시대의 가치체계와 일치되어야 한다. 행위의 불법성에 대한 인식에 일정한 가치합의가 있다고 해도 그 행위에 대한 법적 평가는 헌법의 가치체계를 존중하면서 형벌법규 전반에 걸쳐 일정한 비례관계가 갖추어지지 않으면 안 되는 것이다. 따라서 기본법인 형법에 규정되어 있는 구체적인 법정형은 개별적인 보호법익에 대한 통일적인 가치체계를 표현하고 있다고 볼 때, 사회적 상황의 변경으로 인해 특정 범죄에 대한 형량이 더 이상 타당하지 않을 때에는 원칙적으로 법정형에 대한 새로운 검토를 요하나, 특별한 이유로 형을 가중하는 경우에도 형벌의 양은 행위자의 책임의 정도를 초과해서는 안 된다.

이 사건 법률조항을 포함한 폭처법 제3조 제2항은 동 조항의 적용대상인 형법 본조에 대하여 일률적으로 5년 이상의 유기징역에 처하는 것으로 규정하고 있다. 그런데 위 각 형법상의 범죄는 죄질과 행위의 태양 및 그 위험성이 사뭇 다르고, 이에 따라 원래의 법정형은 낮게는 폭행(제260조 제1항)이나 협박(제283조 제1항)과 같이 구류 또는 과료가 가능한 것에서부터 높게는 상해(제257조 제1항) 또는 공갈(제350조)과 같이 10년 이하의 징역에 이르기까지 그 경중에 차이가 많음을 알 수 있다. 그럼에도 불구하고 그 행위가 야간에 행해지고 흉기 기타 위험한 물건을 휴대하였다는 사정만으로 일률적으로 5년 이상의 유기징역형에 처하도록 규정한 것은 실질적 법치국가 내지는 사회적 법치국가가 지향하는 죄형법정주의의 취지에 어긋날 뿐만 아니라 기본권을 제한하는 입법을 함에 있어서 지켜야 할 헌법적 한계인 과잉금지의 원칙 내지는 비례의 원칙에도 어긋난다고 아니할 수 없다.

(다) 야간의 폭력행위는 범행, 증거인멸 및 도피가 용이하고 피해가 증대되며, 야간에 있어서의 일반인의 휴식을 깨뜨리거나 심리적 불안을 조성할 가능성이 큰 것이 사실이다.

그러나 폭처법이 제정될 때와는 달리 오늘날 우리 사회는 이미 도시화가 이루어진 산업사회로 접어들어 야간의 생활활동이 빈번해졌기 때문에, 범죄행위가 야간에 이루어졌다는 이유만으로 사회구성원의 평온을 해하는 정도가 일률적으로 주간보다 크다고 할 수는 없다.

앞에서 본 바와 같이 일본의 폭력행위등처벌에관한법률은 야간에 이루어진 폭력행위에 대한 가중처벌규정이 없다. 또한, 우리 법무부가 1992년 폭처법의 관계규정을 형법에 흡수하는 한편 폭처법을 폐지한다는 내용으로 마련한 형법개정안(제121조, 제126조, 제140조, 제143조, 제160조, 제178조, 제216조, 제231조 등)에서도, 야간이라는 이유만으로 형을 가중하는 근거가 뚜렷하지 않다는 이유로 형벌의 가중요소로서 "야간"이라는 구성요건을 배제하고 있다.

(3) 형벌의 체계정당성 및 평등원칙의 위반 여부

(가) 어떤 유형의 범죄에 대하여 특별히 형을 가중할 필요가 있는 경우라 하더라도 그 가중의 정도가 통상의 형사처벌과 비교하여 현저히 형벌체계상의 정당성과 균형을 잃은 것이 명백한 경우에는, 인간의 존엄성과 가치를 보장하는 헌법의 기본원리에 위배될 뿐만 아니라 법의 내용에 있어서도 평등의 원칙에 반하는 위헌적 법률이라는 문제가 제기된다(헌재 1992. 4. 28. 90헌바24, 판례집 4, 225, 233 참조).

폭처법 제3조 제2항에 해당하는 범죄와 유사하거나 관련 있는 범죄로서 동 조항에 해당하지 아니하는 범죄를 살펴보면, 예컨대 형법 제259조 제1항의 상해치사의 경우 사람의 사망이라는 엄청난 결과를 초래한 범죄임에도 3년 이상의 유기징역형으로 그 법정형이 규정되어 있다. 그런데, 상해치사의 범죄를 야간에 흉기 기타 물건을 휴대하여 범한 경우에도 그 법정형은 여전히 3년 이상의 유기징역형임을 고려하면, 야간에 흉기 기타 위험한 물건을 휴대하여 형법 제283조 제1항의 협박죄를 범한 자를 5년 이상의 유기징역에 처하도록 규정하고 있는 이 사건 법률조항의 법정형이 형벌의 체계정당성에 어긋남을 알 수 있다.

(나) 물론 야간에 흉기 등을 소지하고 폭력을 행사하는 것이 주간에 흉기 등을 소지하지 아니하고 폭력을 행사하는 경우보다 그 죄질이 중하고 위험성도 높으므로 중하게 처벌하는 것이 바람직하다고 할 수 있다. 그러나, 그 법정형을 가중하는 것도 형법상의 기존 법정형을 기준으로 일정 정도를 가중하는 것이 옳고, 그 가중의 정도도 유사범죄와 비교하여 현저히 부당하지 아니한 범위 내에서 가중하도록 해야 하는 것이 타당하다고 할 것이다.

그런데, 예컨대 야간에 위험한 물건을 휴대하여 상해를 가한 자 또는 체포·감금, 갈취한 자를 5년 이상의 유기징역에 처하는 것이 폭력행위의 근절이라는 입법목적을 달성하기 위하여 불가피한 입법자의 선택이었다 하더라도, 이 사건 법률조항은 이러한 폭력행위자를 행위내용 및 결과불법이 전혀 다른, "협박"을 가한 자를 야간에 위험한 물건의 휴대라는 범죄의 시간과 수단을 매개로, 상해를 가한 자 또는 체포·감금, 갈취한 자와 동일하다고 평가하고 있다. 이것은 달리 취급하여야 할 것을 명백히 자의적으로 동일하게 취급한 결과로서, 형벌체계상의 균형성을 현저히 상실하여 평등원칙에도 위배된다고 할 것이다.

(4) 여론(餘論)

* * *

4. 결론

이상 살펴본 바와 같이 이 사건 법률조항은 지나치게 과중한 형벌을 규정함으로써 죄질과 그에 따른 행위자의 책임 사이에 비례관계가 준수되지 않아 인간의 존엄과 가치를 존중하고 보호하려는 실질적 법치국가 이념에 어긋나고, 형벌 본래의 기능과 목적을 달성하는 데 필요한 정도를 현저히 일탈하여 과잉금지원칙에 위배되며, 형벌체계상의 균형성을 상실하여 다른 범죄와의 관계에서 평등의 원칙에도 위반된다 할 것이므로 재판관 전원의 일치된 의견으로 주문과 같이 결정한다.

따라서, 이와는 달리 폭처법(1961. 6. 20. 법률 제625호로 제정되고 1990. 12. 31. 법률 제4294호로 개정된 것) 제3조 제2항은 헌법에 위반되지 아니한다고 판시한 헌재 1995. 3. 23. 94헌가4 결정은 이 결정의 견해와 저촉되는 한도 내에서 이를 변경하기로 한다.

재판관 윤영철(재판장) 김영일 권성 김효종 김경일 송인준
주선회(주심) 전효숙 이상경

참고판례

(가) 헌재 2009. 2. 26. 2005헌마764 【교통사고처리특례법 제4조 제1항 등 위헌확인】 (판례집 제21권 1집 상, 156)

【결정요지】

1. 가. 교통사고 피해자가 업무상 과실 또는 중대한 과실로 인하여 '중상해'를 입은 경우:

이 사건 법률조항은 자동차 수의 증가와 자가운전 확대에 즈음하여 운전자들의 종합보험 가입을 유도하여 교통사고 피해자의 손해를 신속하고 적절하게 구제하고, 교통사고로 인한 전과자 양산을 방지하기 위한 것으로 그 목적의 정당성이 인정되며, 그 수단의 적절성도 인정된다. 그러나 교통사고 피해자가 신체의 상해로 인하여 생명에 대한 위험이 발생하거나 불구 또는 불치나 난치의 질병에 이르게 된 경우, 즉 중상해를 입은 경우(형법 제258조 제1항 및 제2항 참조), 사고발생 경위, 피해자의 특이성(노약자 등)과 사고발생에 관련된 피해자의 과실 유무 및 정도 등을 살펴 가해자에 대하여 정식기소 이외에도 약식기소 또는 기소유예 등 다양한 처분이 가능하고 정식기소된 경우에는 피해자의 재판절차진술권을 행사할 수 있게 하여야 함에도, 이 사건

법률조항에서 가해차량이 종합보험 등에 가입하였다는 이유로 교통사고처리 특례법 제3조 제2항 단서조항(이하, '단서조항'이라고 한다)에 해당하지 않는 한 무조건 면책되도록 한 것은 기본권침해의 최소성에 위반된다.

한편 우리나라 교통사고율이 OECD 회원국에 비하여 매우 높고, 교통사고를 야기한 차량이 종합보험 등에 가입되어 있다는 이유만으로 그 차량의 운전자에 대하여 공소제기를 하지 못하도록 한 입법례는 선진 각국의 사례에서 찾아보기 힘들며, 가해자는 자칫 사소한 교통법규위반을 대수롭지 않게 생각하여 운전자로서 요구되는 안전운전에 대한 주의의무를 해태하기 쉽고, 교통사고를 내고 피해자가 중상해를 입은 경우에도 보험금 지급 등 사고처리는 보험사에 맡기고 피해자의 실질적 피해회복에 성실히 임하지 않는 풍조가 있는 점 등에 비추어 보면 이 사건 법률조항에 의하여 중상해를 입은 피해자의 재판절차진술권의 행사가 근본적으로 봉쇄된 것은 교통사고의 신속한 처리 또는 전과자의 양산 방지라는 공익을 위하여 위 피해자의 사익이 현저히 경시된 것이므로 법익의 균형성을 위반하고 있다.

따라서 이 사건 법률조항은 과잉금지원칙에 위반하여 업무상 과실 또는 중대한 과실에 의한 교통사고로 중상해를 입은 피해자의 재판절차진술권을 침해한 것이라 할 것이다.

나. 교통사고 피해자가 업무상 과실 또는 중대한 과실로 인하여 '중상해가 아닌 상해'를 입은 경우:

이 사건 법률조항이 교통사고로 인한 피해자에게 중상해가 아닌 상해의 결과만을 야기한 경우 가해 운전자에 대하여 가해차량이 종합보험 등에 가입되어 있음을 이유로 공소를 제기하지 못하도록 규정한 한도 내에서는, 그 제정목적인 교통사고로 인한 피해의 신속한 회복을 촉진하고 국민생활의 편익을 도모하려는 공익과 동 법률조항으로 인하여 침해되는 피해자의 재판절차에서의 진술권과 비교할 때 상당한 정도 균형을 유지하고 있으며, 단서조항에 해당하지 않는 교통사고의 경우에는 대부분 가해 운전자의 주의의무태만에 대한 비난가능성이 높지 아니하고, 경미한 교통사고 피의자에 대하여는 비형벌화하려는 세계적인 추세 등에 비추어도 위와 같은 목적의 정당성, 방법의 적절성, 피해의 최소성, 이익의 균형성을 갖추었으므로 과잉금지의 원칙에 반하지 않는다(다수의견에 대한 반대의견 있음).

(나) 헌재 2002. 11. 28. 2002헌가5 【국가보안법제13조위헌제청】 (헌집14-2, 600)

【심판대상조문】

국가보안법(1980. 12. 31. 법률 제3318호로 전문개정된 것) 제13조 중 "이 법, 군형법 제13조·제15조 또는 형법 제2편 제1장 내란의 죄·제2장 외환의 죄를 범하여 금고 이상의 형의 선고를 받고 그 형의 집행을 종료하지 아니한 자 또는 그 집행을 종료하거나 집행을 받지 아니하기로 확정된 후 5년이 경과하지 아니한 자가 … 제7조 제5항, 제1항의 죄를 범한 때에는 그 죄에 대한 법정형의 최고를 사형으로 한다." 부분

【이 유】

반국가적 범죄를 저지른 자가 그로 인한 처벌을 받았음에도 불구하고 다시 반국가적 범죄를 저질렀다면 그에 대한 비난가능성이 높고 따라서 책임이 가중되어야 할 것이다. 이 사건 법률조항은 국가의 안전을 위태롭게 하는 반국가활동을 규제함으로써 국가의 안전과 국민의 생존 및 자유를 확보함을 그 입법목적으로 한다(국가보안법 제1조 제1항 참조). 그러나 이러한 입법목적 달성을 위해 아무리 중벌이 요구된다 하더라도 사형이라는 형벌은 비례의 원칙에 따라서 최소한 동등한 가치가 있는 다른 생명 또는 그에 못지 아니한 공공의 이익을 보호하기 위한 불가피성이 충족되는 예외적인 경우에만 인정되어야 할 것인데(헌재 1996. 11. 28. 95헌바1, 판례집 8-2, 537, 546), 단지 반국가적 범죄를 반복하여 저질렀다는 이유만으로 다시 범한 죄가 국가보안법 제7조 제5항, 제1항과 같이 비교적 경미한 범죄라도 사형까지 선고할 수 있도록 한 것은 그 법정형이 형벌체계상의 균형성을 현저히 상실하여 정당성을 잃은 것이고, 이러한 형의 불균형은 반국가적 범죄로부터 국가 및 국민을 보호한다는 위와 같은 입법목적으로도 극복할 수는 없는 것이다. 그러므로 이 사건 법률조항은 법정형의 종류와 범위를 정할 때는 인간의 존엄과 가치를 존중하고, 형벌이 죄질과 책임에 상응하도록 정하여야 한다는 실질적 법치국가의 이념에 반한다.

물론 이 사건 법률조항에 따라 사형을 선고할 것인지의 여부는 법관의 양형재량권 범위 내에 속하는 문제이므로 법정형에 사형을 추가하더라도 큰 문제는 없을 것이라는 논리도 가능하다. 그러나 법정형의 문제에 있어 상한과 하한은 모두 결정적으로 중요한 것이고, 양형재량권은 법정형의 상한과 하한이 어느 정도 합리적으로 정해져 있을 때 의미가 있는 것이다. 또한 이 사건 법률조항이 법정형의 상한을 사형으로 정함으로써 사형선고를 가능하게 하고 있다는 것 자체가 위험성을 내포하고 있는 것이다.

쟁점연구

1. 법률적 근거가 있으면 범죄와 형벌을 과할 수 있다는 근대적 죄형법정주의로서 미흡한 부분, 혹은 취약한 부분은 무엇이었던가. 형식적 죄형법정주의가 초래한 위험성은 어떻게 지적되고 있는가.
2. 죄형법정주의에 실질적 평가부분을 담아야 한다고 한다면, 그 평가의 기준으로 내세워지는 것은 주로 무엇인가.
3. 도입판례에서 야간협박죄가 위헌결정이 내려지게 된 근거, 그 위헌을 판정하게 된 헌법적 잣대는 무엇인가. 그리고 그러한 헌법적 잣대는 형법의 입법 및 해석에서 어떻게 영향을 미치는가.
4. 도입판례에서 위헌결정에 따른 개정법률의 조항과 개정전의 조항을 비교하면서, 죄형법정주의의 적용이 개별 입법 및 법조항의 발전에 어떤 영향을 미치는지 논평해보자.
5. 참고판례 (가)와 같은 사안에서 '상해'의 경우 교통사고처리특례법상의 단서조항에 해당하지 않는 한 면책된다고 하는 규정의 위헌성 여부를 다투면서, '중상해'와 '중상해가 아닌 상해'의 경우를 구분해야 한다고 판시하고 있다(그에 대한 2인의 반대의견 있음). 그렇게 구분해야 할 실질적 이유는 무엇인가? '공소를 제기할 수 없다'는 법률상의 면책조항이 중상해의 경우에 과잉금지의 원칙에 반한 것으로 판단하는 근거는 무엇인

가? 또한 위헌결정 후 교통사고처리특례법 제4조가 어떻게 개정되었는지 보자.

6. 참고판례 (나)에서 범죄에 대한 형벌의 균형성을 위배했다고 보는 근거 내지 기준은 무엇인가. 형벌의 정도는 입법재량에 속하는 영역이라고도 할 수 있는데, 그 입법재량의 한계를 설정하는 기준은 무엇인가.
7. 과잉금지의 원칙 내지 비례의 원칙, 적법절차, 실질적 정당성 등의 잣대를 적용할 때 현행 형법에서 비판적으로 검토될 만한 규정은 어떤 것이 있을지 검토해 보시오.

주요개념

1. 죄형법정주의
2. 형식적 죄형법정주의
3. 형벌의 균형성
4. 과잉입법금지
5. 비례의 원칙
6. 실질적 정당성
7. 적정성의 원칙

제 3 장 구성요건의 기초

Ⅰ. 위험범과 침해범

도입판례

대법원 2007. 9. 28. 선고 2007도606 전원합의체 판결 【형의실효등에관한법률위반, 협박】 (공2007, 1726)

【피 고 인】 갑
【상 고 인】 피고인
【변 호 인】 변호사 김병익
【원심판결】 대구지법 2006. 12. 28. 선고 2006노2627 판결
【주 문】 상고를 기각한다.
【이 유】

상고이유를 판단한다.

1. 협박죄에 관한 상고이유에 대하여

가. 채증법칙 위반 주장에 대하여

원심판결 이유와 원심이 인용한 제1심법원의 채택 증거에 비추어 보면, 피해자 공소외 A가 대학설립 추진을 빙자하여 대학부지 내 택지 및 상가지역 분양 명목으로 공소외 B로부터 받은 돈을 변제하지 못하여 독촉을 받고 있는 상황에서, (이름 생략)경찰서 정보보안과 소속 경찰공무원인 피고인이 2003. 5. 30. 12:30경 피해자에게 전화를 걸어 "나는 (이름 생략)경찰서 정보과에 근무하는 (이름 생략) 형사다. 공소외 A가 집안 동

생인데 돈을 언제까지 해줄 것이냐. 빨리 안 해주면 상부에 보고하여 문제를 삼겠다."라고 말함으로써 해악을 고지하였다고 인정한 원심의 판단은 정당하고, 거기에 상고이유에서 주장하는 바와 같은 채증법칙을 위배한 위법이 있다고 할 수 없다.

나. 협박죄의 성립요건에 관한 주장에 대하여

협박죄에서 협박이라 함은 일반적으로 보아 사람으로 하여금 공포심을 일으킬 수 있는 정도의 해악을 고지하는 것을 의미하고, 그 주관적 구성요건으로서의 고의는 행위자가 그러한 정도의 해악을 고지한다는 것을 인식·인용하는 것을 그 내용으로 하는바(대법원 1991. 5. 10. 선고 90도2102 판결; 대법원 2006. 6. 15. 선고 2006도2311 판결 등 참조), 협박죄가 성립되려면 고지된 해악의 내용이 행위자와 상대방의 성향, 고지 당시의 주변상황, 행위자와 상대방 사이의 친숙의 정도 및 지위 등의 상호관계, 제3자에 의한 해악을 고지한 경우에는 그에 포함되거나 암시된 제3자와 행위자 사이의 관계 등 행위 전후의 여러 사정을 종합하여 볼 때에 일반적으로 사람으로 하여금 공포심을 일으키게 하기에 충분한 것이어야 할 것이지만, 상대방이 그에 의하여 현실적으로 공포심을 일으킬 것까지 요구되는 것은 아니며, 그와 같은 정도의 해악을 고지함으로써 상대방이 그 의미를 인식한 이상, 상대방이 현실적으로 공포심을 일으켰는지 여부와 관계없이 그로써 구성요건은 충족되어 협박죄의 기수에 이르는 것으로 해석하여야 할 것이다.

우리 형법은 제286조에서 협박죄의 미수범을 처벌하는 조항을 두고 있으나 미수범 처벌조항이 있다 하여 반드시 침해범으로 해석할 것은 아니며, 지극히 주관적이고 복합적이며 종종 무의식의 영역에까지 걸쳐 있는 상대방의 정서적 반응을 객관적으로 심리·판단하는 것이 현실적으로 불가능에 가깝고, 상대방이 과거 자신의 정서적 반응이나 감정상태를 회고하여 표현한다 하여도 공포심을 일으켰는지 여부의 의미나 판단기준이 사람마다 다르며 그 정도를 측정할 객관적 척도도 존재하지 아니하는 점 등에 비추어 보면, 상대방이 현실적으로 공포심을 일으켰는지 여부에 따라 기수 여부가 결정되는 것으로 해석하는 것은 적절치 아니하기 때문이다.

결국, 협박죄는 사람의 의사결정의 자유를 보호법익으로 하는 위험범이라 봄이 상당하고, 위 미수범 처벌조항은 해악의 고지가 현실적으로 상대방에게 도달하지 아니한 경우나, 도달은 하였으나 전혀 지각하지 못한 경우, 혹은 고지된 해악의 의미를 상대방이 인식하지 못한 경우 등에 적용될 뿐이라 할 것이다.

위 법리에 비추어 볼 때, 앞서 본 당시 상황에서 피고인이 정보과 소속 경찰관의 지위에 있음을 내세우면서 빨리 변제하지 않으면 상부에 보고하여 문제를 삼겠다고 이야기한 것은, 객관적으로 보아 사람으로 하여금 공포심을 일으키게 하기에 충분한 정도의 해악의 고지에 해당한다고 볼 것이므로, 피해자가 그 취지를 인식하였음이 명백한 이상 현실적으로 피해자가 공포심을 일으켰는지 여부와 무관하게 협박죄의 기수에 이르렀다고 보아야 할 것이다.

같은 취지의 원심 판단은 정당하고, 거기에 협박죄의 성립요건에 관한 법리오해의 위법이 있다고 할 수 없다.

다. 정당행위에 해당한다는 주장에 대하여

권리행사나 직무집행의 일환으로 상대방에게 일정한 해악의 고지를 한 경우, 그 해악의 고지가 정당한 권리행사나 직무집행으로서 사회상규에 반하지 아니하는 때에는 협박죄가 성립하지 아니하나, 외관상 권리행사나 직무집행으로 보이는 경우에도 그것이 실질적으로 권리나 직무권한의 남용이 되어 사회상규에 반하는 때에는 협박죄가 성립한다고 보아야 할 것인바, 구체적으로는 그 해악의 고지가 정당한 목적을 위한 상당한 수단이라고 볼 수 있는 경우라면 위법성이 조각된다고 할 것이지만, 위와 같은 관련성이 인정되지 아니하는 경우에는 그 위법성이 조각되지 아니한다.

원심판결 이유에 의하면, 피해자로부터 돈을 돌려받지 못해 걱정하고 있는 공소외 을을 친구의 부탁으로 상담차 만난 피고인은 공소외 을로부터 그가 처한 상황에 관한 설명을 듣고 그 자리에서 피해자에게 전화를 걸어 자신이 정보과 형사라고 신분을 밝힌 다음 공소외 B가 집안 동생이라고 거짓말을 하면서 공소외 B의 돈을 빨리 안 해주면 상부에 보고하여 문제를 삼겠다고 말한 사실, 당시 피고인은 피해자와 공소외 B 사이의 금전거래로 인한 사건을 정식으로 수사하거나 내사하는 상황이 아니었을 뿐만 아니라 범죄 혐의에 대한 뚜렷한 의심도 갖기 이전이었던 사실을 알 수 있다.

이에 의하면, 우선 피고인이 피해자에게 고지한 해악의 내용은 피고인이 경우에 따라 소속기관에 보고하여 문제 삼을 수도 있다는 취지여서 외관상으로는 직무집행의 의사가 있음을 피력한 것에 지나지 아니하며, 그 목적 역시 피해자의 공소외 B에 대한 채무의 조속한 변제 혹은 피해변상에 있었던 것으로 보여 그 자체로 위법하다거나 부당한 것이라고는 볼 수 없다 하더라도, 경찰공무원복무규정 제10조(민사분쟁에의 부당개입금지)에서 "경찰공무원은 직위 또는 직권을 이용하여 부당하게 타인의 민사분쟁에 개입하여서는 아니 된다."고 규정하고 있는 점과 피해자의 범죄혐의가 드러나기 이전이라는 당시의 상황에 비추어 보면, 피해자의 공소외 B에 대한 채무의 변제나 피해 변상 여부에 따라 직무집행 여부를 결정할 의사를 갖고 있다는 취지의 해악의 고지는, 정당한 직무집행의 일환으로 평가할 수 없을 뿐 아니라, 그 목적 달성을 위한 상당한 수단으로 인정할 수도 없다 할 것이다.

따라서 위와 같은 해악의 고지가 경찰관으로서의 정당한 업무상의 행위라거나 사회상규에 반하지 아니하는 행위라고 볼 수는 없으므로, 같은 취지의 원심 판단은 정당하고, 거기에 정당행위에 관한 법리를 오해한 위법이 있다고 할 수 없다.

2. 형의 실효 등에 관한 법률 위반죄에 관한 상고이유에 대하여

구 형의 실효 등에 관한 법률(2005. 7. 29. 법률 제7624호로 개정되기 전의 것)은 제6조 제2항에서 "수사자료표를 관리하는 자 또는 직무상 수사자료표에 의한 범죄경력조회 또는 수사경력조회를 하는 자는 그 수사자

료표의 내용을 누설하여서는 아니 된다."고 규정하면서, 제10조 제1항에서 이를 위반하여 수사자료표의 내용을 누설한 자를 처벌하고 있는바, 위 법이 전과기록 및 수사자료의 관리와 형의 실효에 관한 기준을 정함으로써 전과자의 정상적인 사회복귀를 보장하고자 함을 입법목적으로 하고 있는 점, 전과자는 주위에 자신의 구체적인 전과 내용이 아닌 전과자라는 사실이 알려지는 것만으로도 정상적인 사회복귀에 커다란 지장을 받게 되는 점과 위 처벌법규의 규정 형식 및 내용 등에 비추어 보면, 같은 법 제10조 제1항에서 말하는 '수사자료표의 내용 누설'이란 수사자료표에 나타난 전과자의 죄명이나 형종 및 형기 등의 내용을 구체적으로 적시하여 누설하는 행위뿐만 아니라, 단순히 특정인에게 전과경력이 존재한다는 사실을 누설하는 행위도 포함한다고 봄이 상당하다.

그렇다면 (이름 생략)경찰서에서 위 공소외 A에 대해 수사자료표에 의한 범죄경력조회를 한 피고인이 그 내용을 근거로 경상북도 고령군의 전·현직 공무원 등에게 피해자를 전과자라고 말한 행위들은 모두 '수사자료표의 내용 누설'에 해당하는 것으로 보아야 할 것이고, 피고인이 위 행위들을 하게 된 동기와 행위 내용, 피고인의 지위 등 원심판결 이유에 나타난 여러 사정들에 비추어 보면 이에 대한 피고인의 고의 또한 인정된다고 할 것인바, 같은 취지의 원심 판단은 정당하고, 거기에 상고이유에서 주장하는 같은 법 제10조 제1항 위반죄의 성립요건에 관한 법리오해나 채증법칙 위배 등의 위법이 있다고 할 수 없다.

3. 결론

그러므로 상고를 기각하기로 하여 주문과 같이 판결한다. 이 판결에는 협박죄의 성립요건에 관한 판단에 대하여 대법관 김영란, 대법관 박일환의 반대의견이 있는 외에는 관여 법관들의 의견이 일치되었다.

4. 대법관 김영란, 대법관 박일환의 반대의견은 다음과 같다.

가. 다수의견은, 협박죄는 사람의 의사결정의 자유를 보호법익으로 하는 위험범으로서, 일반적으로 보아 사람으로 하여금 공포심을 일으킬 수 있는 정도의 해악의 고지가 상대방에게 도달하여 상대방이 그 의미를

인식한 이상 상대방이 현실적으로 공포심을 일으켰는지 여부와 관계없이 그로써 구성요건은 충족되며 기수에 이르는 것으로 보아야 한다고 판단하고 있다.

나. 그러나 위와 같은 다수의견에는 다음과 같은 이유로 찬성할 수 없다.

(1) 협박죄의 미수범을 처벌하는 규정을 두고 있지 않은 구 형법(1953. 9. 18. 우리 형법 제정 이전의 의용형법), 독일 형법, 일본 형법 등에 있어서는, 비록 협박행위로 인하여 피해자가 현실적으로 공포심을 일으키지는 않았다고 하더라도 이에 대한 처벌의 필요성은 있는 점 등을 고려하여, 협박죄의 기수시기에 관하여 다수의견과 같은 입장을 취할 여지도 있다고 할 것이다.

그러나 현행 형법은 협박죄의 미수범을 처벌하는 규정을 두고 있는바, 그 입법 취지는 협박죄를 침해범으로 보고, 해악의 고지가 상대방에게 도달하여 상대방이 그 의미를 인식하였으나 현실적으로 공포심을 일으키지는 아니한 경우에는 이를 미수범으로 처벌하도록 함으로써 피해자의 피해 정도 등을 고려한 적정한 양형을 도출하고자 하는 의도라고 보는 것이 자연스럽다고 할 것이다.

어떤 범죄를 위험범으로 볼 것인지 침해범으로 볼 것인지 여부는 범죄의 형태상 당연한 경우를 제외하고는 실정법의 해석 문제라고 할 수 있다.

협박죄는 상대방에게 공포심을 일으킬 수 있는 해악을 고지하는 행위를 구성요건으로 하는 범죄로 범죄의 형태상 당연히 침해범 또는 위험범이라고 확정할 수는 없지만 일반적인 사회적 인식에 비추어 볼 때 상대방에게 공포심을 일으키지 못하였다면 이를 미수범으로 이해하는 것이 자연스럽다고 할 것이다. 왜냐하면 미수범은 통상 구성요건적 행위를 미처 마치지 못한 착수미수와 구성요건적 행위를 마쳤으나 결과가 발생하지 못한 실행미수의 두 가지 모습으로 나타나는바, 본건과 같이 상대방에게 공포심을 일으키지 못한 경우는 실행미수의 전형적인 모습이기 때문이다.

다만, 구 형법 시절에는 미수범의 처벌규정이 없었기 때문에 일반적인 처벌의 필요성을 고려하여 위험범으로 해석할 여지도 있었지만, 현행 형법 아래에서는 그와 같이 해석할 필요성도 없다. 학설을 보더라도 현행 형법 아래에서는 협박죄를 침해범으로 해석하여야 한다는 견해가 압도적인 다수설의 지위를 차지하고 있는 것도 이러한 미수범의 일반적인 모습을 고려할 때 자연스러운 것이라고 할 것이다.

(2) 다수의견은, 사람이 공포심을 일으켰는지 여부의 의미나 판단기준이 사람마다 다르며 그 정도를 측정할 객관적 척도도 존재하지 아니하는 점 등에 비추어 볼 때 상대방이 현실적으로 공포심을 일으켰는지 여부에 의하여 협박죄의 기수 여부가 좌우되는 것으로 해석하는 것은 부적절하다고 보고 있다.

그러나 협박죄에 있어서 해악의 고지는 "일반적으로 보아 사람으로 하여금 공포심을 일으킬 수 있는 정도"의 해악을 고지하는 것을 의미하는바, 협박죄의 구성요건을 갖추었는지 여부를 판단함에 있어서는 위와 같은 정도의 해악의 고지가 있었는지 여부를 살펴봄으로써 족하다고 할 것이나, 나아가 협박죄가 기수에 이르렀는지 여부를 판단함에 있어서는 상대방이 현실적으로 공포심을 일으켰는지 여부, 즉 협박죄의 보호법익인 상대방의 의사결정의 자유가 현실적으로 침해되었는지 여부를 고려할 필요가 있다고 할 것이다.

그리고 현실적으로 사람이 공포심을 일으켰는지 여부나 그 정도는 사람마다 다를 수 있다고 하더라도, 그러한 사정만으로 현실적으로 사람이 공포심을 일으켰는지 여부나 그 정도를 판단할 수 없다거나 이를 판단할 만한 객관적인 척도나 기준이 존재하지 않는다고 단정할 것은 아니며, 사람이 현실적으로 공포심을 일으켰는지 여부를 판단할 만한 객관적인 기준 및 개별 사건에서의 검사 또는 피고인의 입증과 그에 의하여 인정되는 구체적인 사정 등을 모두 종합하여, 당해 협박행위로 인하여 상대방이 현실적으로 공포심을 일으켰다는 점이 증명된다면 협박죄의 기수에 이르렀다고 인정하고, 이에 대한 증명이 부족하거나 오히려 상대방이 현실적으로 공포심을 일으키지 않았다는 점이 증명된다면 협박죄의 미수에 그친 것으로 인정하면 될 것이고, 이러한 결과가 결코 부적절하다고 볼 것은 아니다.

"의심스러울 때는 피고인의 이익으로"라는 법원칙은 이와 같은 경우에도 적용되어야 하고, 기수에 이르렀는지 의문이 있다면 미수범으로 처벌하면 되지 그와 같은 의문을 해결하기 어렵다고 하여 모든 경우에 기수범으로 처벌하는 것은 이러한 형사법의 일반원칙과도 부합되지 아니하며 형벌과잉의 우려를 낳게 될 뿐이다.

(3) 그렇다면 현행 형법에서의 협박죄는 침해범으로서, 일반적으로 보아 사람으로 하여금 공포심을 일으킬 수 있는 정도의 해악의 고지가 상대방에게 도달하여 상대방이 그 의미를 인식하고 나아가 현실적으로 공포심을 일으켰을 때에 비로소 기수에 이르는 것으로 봄이 타당하고, 기존의 대법원판결들도 협박죄의 기수시기에 관한 이러한 견해에 명백히 저촉되는 것으로 보이지는 아니한다.

(4) 위와 같은 법리 및 기록에 비추어 살펴보면, 이 사건 협박행위와 관련하여 피해자가 수사기관에서 공포심을 일으켰다고 진술한 바 없고 오히려 원심법정에서는 전혀 두렵지 않았다고 증언하였으며, 달리 피고인의 협박행위로 인하여 피해자가 현실적으로 공포심을 일으켰다고 볼 만한 증거가 없으므로, 이 사건 협박죄는 미수에 그친 것으로 봄이 타당하고, 이와 달리 이 사건 협박죄가 기수에 이른 것으로 판단한 원심판결에는 협박죄의 기수에 관한 법리오해로 인하여 판결 결과에 영향을 미친 위법이 있다.

다. 따라서 원심판결은 이러한 위법 때문에 파기되어야 할 것인데, 다수의견은 이와 결론을 달리하므로 반대의견으로 위와 같이 견해를 밝힌다.

대법원장 이용훈(재판장) 고현철 김영란 양승태(주심) 김황식
박시환 김지형 이홍훈 박일환 김능환 전수안 안대희

참고판례

(가) 대법원 2007. 6. 1. 선고 2006도1125 판결【장물취득위증 · 협박】(미간행)

협박죄에 있어서의 협박이라 함은 사람으로 하여금 공포심을 일으킬 수 있을 정도의 해악을 고지하는 것을 의미하고(대법원 2006. 8. 25. 선고 2006도546 판결 등 참조), 행위자가 직접 해악을 가하겠다고 고지하는 것은 물론 제3자로 하여금 해악을 가하도록 하겠다는 방식으로도 해악의 고지는 가능한바, 고지자가 제3자의 행위를 사실상 지배하거나 제3자에게 영향을 미칠 수 있는 지위에 있는 것으로 믿게 하는 명시적 · 묵시적 언동을 하였거나 제3자의 행위가 고지자의 의사에 의하여 좌우될 수 있는 것으로 상대방이 인식한 경우에는 고지자가 직접 해악을 가하겠다고 고지한 것과 마찬가지의 행위로 평가할 수 있다(대법원 2006. 12. 8. 선고 2006도6155 판결 참조).

(나) 대법원 2002. 12. 10. 선고 2002도4940 판결【절도 · 횡령 · 폭력행위등처벌에관한법률위반】(공2003. 2. 1.(171), 413)

폭력행위등처벌에관한법률 제2조 제2항, 제1항은 야간에 형법 제283조 제1항의 협박죄를 범한 때에는 그 형의 2분의 1까지 가중한다고 규정하고 있는바, 폭력행위등처벌에관한법률이 제1조에서 집단적, 상습적 또는 야간에 폭력행위 등을 자행하는 자 등을 처벌함을 목적으로 한다고 규정하면서, 제6조에서 위와 같은 야간협박죄의 미수범을 처벌하는 규정을 따로 두고 있으며, 형법 제283조 제1항의 협박죄의 미수범 처벌규정도 형법 제286조에 별도로 규정되어 있는 점에 비추어 보면, 폭력행위등처벌에관한법률 제2조 제2항, 제1항, 형법 제283조 제1항이 규정하는 범죄는 협박죄의 기수범이 야간이라는 시간적 제한 아래 이루어진 것을 말하므로, 위 죄가 성립하기 위해서는 해악의 고지가 피해자에게 도달하여 협박이 기수에 이른 시기가 야간에 해당하여야 하고, 실행의 착수가 야간에 이루어졌더라도 기수에 이른 시기가 주간인 경우에는 형법 제283조 제1항이 적용될 뿐 폭력행위등처벌에관한법률 제2조 제2항은 적용되지 않는다고 보아야 한다.

참고문헌

□ 최동렬, "협박죄의 기수에 이르기 위하여 상대방이 현실적으로 공포심을 일으킬 것을 요하는지 여부", 대법원판례해설 74호, 2008. 7, 412~431면

피해자의 현실적인 외포 여부를 언급한 대법원 판례는 없다. 종래 대법원은 협박의 의미를 정의하지 아니하고 구체적인 사안에 따라 협박에 해당하는지 유무를 판단하다가, 대법원 1991. 5. 10. 선고 90도 2102 판결에서부터 협박의 의미(객관적 구성요건 요소)를 "일반적으로 보아 사람으로 하여금 공포심을 일으킬 수 있는 정도의 해악을 고지하는 것"이라고 정의하고, 고의(주관적 구성요건 요소)를 "행위자가 그러한 정도의 해악을 고지한다는 것을 인식, 인용하는 것을 그 내용으로 하는 것"이라 판시한 바 있고, 이후 다른 판결들에서 인용하고 있다. 위 판시 내용만으로는 전형적인 위험범설에 입각한 것으로 볼 여지가 크다. 침해범설의 입장을 취하였다면, 협박은 "일반적으로 보아 사람으로 하여금 공포심을 일으킬 수 있는 정도의 해악을 고지하고, 그로 인하여 피해자가 외포됨으로써 성립하는 것"이라는 취지로 정의하였어야 하고, 고의의 내용 역시 "피해자가 그로 인하여 외포된다는 점을 인식·인용하는 것을 내용으로" 한다고 정의하였어야 할 것이기 때문이다. 기수시기에 관한 판시에서도 위험범설의 입장을 취한 것으로 보이는 사례도 있으나(제3자를 통한 협박의 사례이다. 제3자에게 고지한 시점은 야간이고 그것이 피해자에게 전달된 시점은 주간이었다) 명시적으로 위험범설을 채택하였다고는 보기 어렵다. 다만, 피해자가 현실적으로 외포되지 않은 경우에 처음부터 미수로 기소되거나, 기수로 기소되었다가 심리도중 예비적 공소사실로 협박미수를 추가하여 미수로 인정된 하급심 판결례는 상당수가 발견된다. 반면, 검사가 미수로 인정한 것이 위법하다고 상고한 사례는 찾아보기 어렵고, 대법원 역시 이와 같은 경우(피고인만 상고) 원심의 기수·미수 판단에 개입하지 아니하였다(미수의 예비적 공소사실을 인정한 원심을 수긍하는 데에 그쳤다). 이렇게 볼 때, 위험범설을 채택한 듯한 일부 표현이 다수 존재하나, 그간 일본의 판시를 답습하는 과정에서 초래되었을 가능성을 배제할 수 없으며, 일부표현을 근거로 대법원이 위

험범설을 채택한 것이라고 단정하기 어려워 보인다. 따라서 본 평석의 대상 판결이 이 점을 정면으로 설시하는 최초의 사례가 된 것으로 보인다.

침해범설의 주된 논거는 이왕 미수범 규정을 두고 있으니 기수범위를 좁게 제한적으로 해석하는 것이 타당하냐는 것으로 요약되고, 위험범설의 주된 논거는 내심의 정서반응은 지극히 불확실하여 미수와 기수의 경계선이 불확실해진다는 점에 있는 것으로 보인다. (…중략…) 다만 앞서 본 바와 같이 침해범설을 취하는 데에는 숱한 사실심리상의 한계가 있고, 이는 극복하기 어려운 본질적인 한계로 보이는 반면, 폭처법의 개정으로 가중구성요건의 양형상(처단형) 불합리도 상당부분 해소되었으므로 그 실익에 의문이 제기되는 것은 사실이다. 독일·일본의 입법례가 위험범설을 취한 이유를 생각해 보면, 처벌 대상을 확장하려는 의도에서 기인한 것이라기보다는, 위와 같은 현실적인 사실심리상의 본질적 한계에 기인한다고 보이기도 한다. 반대 측면에서 우리 형법의 제정사가 의용형법이나 독일·일본의 형법보다 협박죄의 성립범위나 가벌성의 범위를 축소시키기 위한 의도로 단순협박죄의 미수범 조항을 규정하였다고 보기도 어려울 것으로 생각된다. (…중략…) 그런 측면에서 단지 미수범 처벌조항이 존재한다는 이유만으로 다수의견을 비난하기란 어렵지 않은가 생각된다. 어쨌거나 본 판결로서 하급심의 혼선은 상당부분 정리될 것으로 전망한다.

□ 허일태, "협박죄의 성질과 기수시기", 동아법학 41호, 2008. 2, 273~290면

협박죄의 본질이 위험범인가, 아니면 침해범인가의 구별기준을 입증의 어려움 여하에서 구한다는 논리는 논리비약이다. 위험범은 원칙적으로 거동범인 경우가 대부분이지만, 결과범일지라도 위험범일 수 없는 것은 물론 아니다. 그러나 결과범이 위험범이 되기 위해서는 구성요건에 규율된 범법행위 그 자체만으로 가벌성이 인정될 정도의 범죄의 불법성을 지녀야 함은 물론이다. 예컨대 현주건조물방화죄의 구성요건은 '불을 놓아'라는 행위 이외에 소훼라는 '불이 붙음'이라는 결과를 요구할 뿐이고, 건조물 자체가 근본적으로 훼손되는 결과까지를 요구하지 않는다. 따라서 협박범이 위험범인가의 여부를 판단하기 위해서는 우선적으로 거동범에 해당되는가를 규명해야 한다. 거

동범은 외부적 결과의 발생을 요하지 않는 범죄이고, 따라서 거동범은 미수범이 존재할 수 없다. 협박죄는 그러나 미수범을 처벌하고 있다는 점에서 거동범일 수 없다. 그렇다면 협박죄는 결과범으로 파악될 수 있는데, 결과범은 실행행위와 결과 사이에 인과관계의 존부를 문제 삼아야 하기 때문에, 실행행위를 완료했어도 인과관계가 존재하지 않으면 기수범이 될 수 없는 성질을 가지게 된다. 다만 결과범이라고 할지라도 위험범의 가능성을 배제할 수 없음은 위에서 본 바 있다. 그렇지만 이런 경우의 결과범은 협박죄의 경우와 성질이 같다고 할 수 없다. 왜냐하면 현주건조물방화죄가 위험범이 되는 것은 불을 놓는 행위와 그 놓은 불로 인해 현주건조물이라는 독립된 물체에 현실적으로 불이 옮겨 붙은 상태라는 결과에 도달하는 불법행위에 대해 처벌하겠다는 것이지, 불을 놓은 행위로 현주건조물 자체가 훼손되는 결과를 요하지 않는 데 반하여, 협박죄의 경우는 협박이라는 행위가 피해자에게 협박의 고지가 도달했다는 것만으로 이미 기수범으로 볼 수 있는 것이 아니기 때문이다. (…중략…) 또한 형법은 총칙규정을 통하여 인과관계에 관한 규정을 두고 있는바, 이는 형법상 범죄는 달리 보아야 할 특별한 근거가 없는 한, 인과관계를 전제로 하는 침해범 내지 결과범이 원칙임을 의미한다. 이에 따라 미수범을 처벌하는 범죄의 경우 형법상 특별한 근거가 없는 한 침해범이나 결과범으로 이해하는 것이 자연스럽다. (…중략…) 이상과 같이 여러 관점에서 협박죄의 성질을 살펴볼 때, (…중략…) 협박죄를 침해범으로 파악하여 기수의 성립을 협박의 고지가 상대방에게 도달되었다는 사실만으로 불충분하고, 그 상대방에게 공포심을 불러일으켜야 비로소 협박죄의 기수범이 성립되고, 그렇지 아니하면 미수범으로 처벌하는 것이 현행 형법의 해석상 타당하다고 보여진다.

□ 이주일, "협박죄의 기수시기에 대한 평론", 외법논집 30집, 2008. 5, 451~472면

구성요건의 주관적 요소인 고의를 평가함에 있어서 행위자의 심정을 현실적으로 평가함에 있어서 순수하게 주관적으로 판단하는 것은 문제가 있고, 이를 행위사정을 종합적으로 고려하여 객관적으로 평가하는 것은, 주관적 구

성요건요소인 고의를 판단하기 위한 당연한 해석의 태도라 생각한다. 그렇다고 하여 협박죄의 성립과 관련하여 행위자의 협박으로 인하여 피해자가 현실적으로 공포심을 느꼈는지의 여부와 상관없이 그 내용이 객관적이고 일반적으로 공포심을 느낄 수 있는 사정이 있으면 구성요건이 충족되어 기수에 이른다고 판단하고 있다. 이는 협박죄의 보호법익을 개인의 의사결정의 자유, 자유로운 의사를 보호한다고 하면서, 피해자의 현실적 의사를 고려하지 않고 협박죄의 기수를 인정하는 것은 타당하다고 볼 수 없다. 물론 규범의 타당성의 관점을 잠재적 피해자에게 사전에 안정화의 필요성이 있고, 규범타당성이 규범과 잠재적 행위자 간의 관계뿐만 아니라, 규범과 잠재적 피해자의 관계를 고려하면서, 규범을 잠재적 피해자에 대한 규범의 신뢰를 중시하는 입장에 따른다면, 규범의 타당성은 규범이 어떤 것을 현실적으로 훼손하여야 하는 것은 아니고, 협박에 의하여 규범의 신뢰가 훼손된 것만으로도 규범의 타당성에 훼손을 초래하는 것이라는 입장을 취한다면 잠재적인 피해자에 대한 규범신뢰의 위협을 주고, 동요시키는 행위가 불법이 된다고 볼 수 있을 것이다.

(…중략…) 어떤 범죄를 위험범으로 볼 것인지 침해범으로 볼 것인지는 범죄의 형태상 당연한 것을 제외하고 실정법 해석의 문제로 보고 있다. 위험범으로 볼 것인지 침해범으로 볼 것인지에 대한 실정법상 해석의 문제를 남기는 것은 폭행죄처럼 미수범처벌 규정이 없는 경우에 이를 침해범으로 볼 것인가 위험범으로 볼 것인가에 따라 처벌의 범위가 달라지므로 이를 해석을 통하여 처벌의 범위를 어떻게 판단할 것인가의 문제가 발생할 수 있는 것은 사실이다. 그러나 협박죄는 비록 경미한 범죄이기는 하지만, 미수범처벌규정을 두고 있기 때문에 침해범으로 보는 것이 당연한 해석이라고 하는 것이 오히려 타당한 것으로 판단된다.

(…중략…) 우리 형법은 제정 당시에 협박죄에 대한 미수범처벌규정을 둔 입법취지는 알 수 없지만, 우리의 입법태도가 외국의 입법태도와 다르다면 우리의 입법태도에 맞게 해석하는 것이 타당할 것이다. (…중략…) 그리고 미수범처벌규정을 둔 것은 단순히 착수미수만 아니라 실행미수도 포함시키려고 한 것이 분명하다고 생각된다.

쟁점연구

1. 도입판례에서 다수의견은 협박죄의 법적 성격을 '위험범'으로 파악하는 반면, 소수의견은 이를 '침해범'으로 이해한다. 위의 전원합의체판결을 읽고, 견해대립의 논거를 정리해 보자.
2. 협박죄의 법적 성격을 둘러싼 '침해범설'과 '위험범설'의 대립논점 중 하나인 '미수범 처벌규정'의 존재에 대한 해석을 둘러싸고, 실정법의 규정 및 입법자의 의사를 중시하는 입장(허일태, "협박죄의 성질과 기수시기", 동아법학 41호, 2008. 2, 273~290면; 이주일, "협박죄의 기수시기에 대한 평론", 외법논집 30집, 2008. 5, 451~472면)과 사실심리과정에서의 입증상 어려움 및 현실적인 한계 등을 근거로 위험범으로 해석하려 하는 입장(최동렬, "협박죄의 기수에 이르기 위하여 상대방이 현실적으로 공포심을 일으킬 것을 요하는지 여부", 대법원판례해설 74호, 2008. 7, 412~431면)이 서로 대립한다. 그렇다면, 협박죄에서 미수범이 성립할 수 있는 경우의 수를 생각해 보고, 협박죄에서 미수를 인정할 필요성이 있는지에 대해서 검토해 보자.
3. 협박의 실행의 착수가 야간에 이루어졌으나 해악의 고지가 피해자에게 도달하여 기수에 이른 시기가 주간일 경우와 관련하여, 전원합의체판결 이전에 대법원은 참조판례 (나)처럼 해악의 도달시기만을 기준으로 기수 여부를 판단한 바 있다. 그렇다면 만약 위 사안을 전원합의체판결인 도입판례의 논리에 따라 판단하면, 어떻게 평가할 수 있는지, 그리고 그 논리전개 및 결론은 타당한지에 대해서 함께 논의해 보자.

주요개념

1. 위험범과 침해범
2. 거동범과 결과범
3. 협박죄의 기수시기
4. 협박죄의 미수

Ⅱ. 규범적 구성요건요소

도입판례

대법원 1995. 6. 16. 선고 94도2413 판결【음란한문서제조, 음란한문서판매】(공1995, 2673)

【피 고 인】 갑
【상 고 인】 변호인변호사 한승헌
【원심판결】 서울형사지방법원 1994. 7. 13. 선고 93노446 판결
【주 문】 상고를 기각한다.
【이 유】

변호인의 상고이유를 본다

(다만, 피고인이 제출한 상고이유보충서는 상고이유서제출기간이 경과된 이후에 제출된 것이므로 변호인의 상고이유를 보충하는 범위 내에서 본다).

1. 형법 제243조의 음화등의반포등죄 및 같은 법 제244조의 음화등의제조등죄에 규정한 음란한 문서라 함은 일반 보통인의 성욕을 자극하여 성적 흥분을 유발하고 정상적인 성적 수치심을 해하여 성적 도의관념에 반하는 것을 가리킨다고 할 것이고, 문서의 음란성의 판단에 있어서는 당해 문서의 성에 관한 노골적이고 상세한 묘사·서술의 정도와 그 수법, 묘사·서술이 문서 전체에서 차지하는 비중, 문서에 표현된 사상 등과 묘사·서술과의 관련성, 문서의 구성이나 전개 또는 예술성·사상성 등에 의한 성적 자극의 완화의 정도, 이들의 관점으로부터 당해 문서를 전체로서 보았을 때 주로 독자의 호색적 흥미를 돋우는 것으로 인정되느냐의 여부 등의 여러 점을 검토하는 것이 필요하고, 이들의 사정을 종합하여 그 시대의 건전한 사회통념에 비추어 그것이 공연히 성욕을 흥

분 또는 자극시키고 또한 보통인의 정상적인 성적 수치심을 해하고, 선량한 성적 도의관념에 반하는 것이라고 할 수 있는가의 여부에 따라 결정되어야 할 것이다(당원 1970. 10. 3. 선고 70도1879 판결; 1975. 12. 9. 선고 74도976 판결; 1995. 2. 10. 선고 94도2266 판결 참조).

원심이 채용한 증거들을 기록과 대조하여 검토하여 보면, 이 사건 소설 "즐거운 사라"는 미대생인 여주인공 "사라"가 성에 대한 학습요구의 실천이라는 이름 아래 벌이는 자유분방하고 괴벽스러운 섹스행각 묘사가 대부분을 차지하고 있는데, 그 성희의 대상도 미술학원 선생, 처음 만난 유흥가 손님, 여중 동창생 및 그의 기둥서방, 친구의 약혼자, 동료 대학생 및 대학교수 등으로 여러 유형의 남녀를 포괄하고 있고, 그 성애의 장면도 자학적인 자위행위에서부터 동성연애, 그룹섹스, 구강성교, 항문성교, 카섹스, 비디오섹스 등 아주 다양하며, 그 묘사방법도 매우 적나라하고 장황하게 구체적이고 사실적으로, 또한 자극적이고 선정적으로 묘사하고 있어서 위 소설은 위와 같이 때와 장소, 상대방을 가리지 않는 다양한 성행위를 선정적 필치로 노골적이고 자극적으로 묘사하고 있는데다가 나아가 그러한 묘사 부분이 양적 · 질적으로 문서의 중추를 차지하고 있을 뿐만 아니라 그 구성이나 전개에 있어서도 문예성 · 예술성 · 사상성 등에 의한 성적 자극 완화의 정도가 별로 크지 아니하여 주로 독자의 호색적 흥미를 돋우는 것으로 밖에 인정되지 아니하는바, 위와 같은 여러 점을 종합하여 고찰하여 볼 때 이 사건 소설은 작가가 주장하는 "성 논의의 해방과 인간의 자아확립"이라는 전체적인 주제를 고려한다고 하더라도 음란한 문서에 해당되는 것으로 보지 않을 수 없다.

소론과 같이 오늘날 각종 영상 및 활자매체 등을 통하여 성적 표현이 대담, 솔직하게 이루어지고 있고 다양한 성표현물이 방임되어 오고 있는 것이 일반적인 추세라고 하여도 정상적인 성적 정서와 선량한 사회풍속을 침해하고 타락시키는 정도의 음란물까지 허용될 수는 없는 것이어서 그 한계는 분명하게 그어져야 하고 오늘날 개방된 추세에 비추어 보아도 이 사건 소설은 그 한계를 벗어나는 것임이 분명하다. 그리고 기록에 의하면 제1심 제2회 공판기일에서 검사작성의 신태웅, 김남규에 대한 각 진술조서에 대하여 피고인이 증거로 함에 동의를 하였음이 명백하므로 이는 증거능력이 있다고 할 것이니 이를 피고인에 대한 유죄의 증거로 삼은 원심의 조치에 무슨 잘못이 있다고 할 수 없다. 따라서 원심이 이 사건 소설을 음란문서라고 인정한 데에 소론과 같은 심리미진이나 채증법칙 위배로 인한 사실오인, 자유심증주의의 남용, 이유불비, 이유모순, 심리미진 등의 위법이 있다고 할 수 없다.

2. 그리고 우리나라 헌법은 그 제22조 제1항에 "모든 국민은 학문과 예술의 자유를 가진다.", 그 제21조 제1항에 "모든 국민은 언론과 출판의 자유를 가진다."고 각 규정하고 있어 예술의 영역에 속하는 문학에 있어서의 표현의 자유를 국민의 기본권으로 보장하고 있으나, 한편 그 제21조 제4항에 "언론·출판은 … 공중도덕이나 사회윤리를 침해하여서는 아니 된다.", 그 제37조 제2항에 "국민의 모든 자유와 권리는 … 공공복리를 위하여 필요한 경우에 한하여 법률로써 제한할 수 있으며, 제한하는 경우에도 자유와 권리의 본질적인 내용을 침해할 수 없다."고 각 규정하고 있으므로 문학에 있어서의 표현의 자유도 공중도덕이나 사회윤리를 침해하는 경우에는 이를 제한할 수 있도록 하였으며, 이에 따라 우리 형법에서는 건전한 성적 풍속 내지 성도덕을 보호하기 위하여 그 제243조에서 음란한 문서를 판매한 자를, 그리고 그 제244조에서 음란한 문서를 제조한 자를 각 처벌하도록 규정하고 있으므로, 문학작품이라고 하여 무한정의 표현의 자유를 누려 어떠한 성적 표현도 가능하다고 할 수는 없고 그것이 건전한 성적 풍속이나 성도덕을 침해하는 경우에는 위 각 형법규정에 의하여 이를 처벌할 수 있다고 할 것이다.

따라서 이와 다른 견해에서 원심판결에 표현의 자유에 관한 법리를 오해한 위법이 있다는 소론은 받아들일 수 없다.

3. 일반적으로 법규는 그 규정의 문언에 표현력의 한계가 있을 뿐만 아니라 그 성질상 어느 정도의 추상성을 가지는 것은 불가피하고, 형법 제243조, 제244조에서 규정하는 "음란"은 평가적·정서적 판단을 요하는

규범적 구성요건 요소이고, "음란"이란 개념이 일반 보통인의 성욕을 자극하여 성적 흥분을 유발하고 정상적인 성적 수치심을 해하여 성적 도의관념에 반하는 것이라고 풀이되고 있음은 앞서 본 바와 같으므로 이를 불명확하다고 볼 수는 없다.

따라서 형법 제243조와 제244조의 규정 자체가 죄형법정주의에 반하는 것이라고 할 수 없을 뿐만 아니라 원심이 위와 같은 음란의 개념을 적용하여 이 사건 소설을 음란문서라고 판단하였다고 하여 원심판결에 소론과 같이 위 법조 소정의 음란문서의 해석을 잘못하여 죄형법정주의에 어긋나는 기준을 가지고 판단한 위법이 있다고 볼 수도 없다. 논지는 모두 이유가 없다.

4. 이에 상고를 기각하기로 관여 법관의 의견이 일치되어 주문과 같이 판결한다.

대법관 박준서(재판장) 박만호(주심) 김형선

참고판례

▷ 대법원 1989. 1. 31. 선고 88도1650 판결【주차장법위반, 오물청소법위반】(공1989, 376)

【피 고 인】 갑

【상 고 인】 피고인

【원심판결】 부산지방법원 1988. 7. 29. 선고 88노725 판결

【주 문】 원심판결을 파기하고, 사건을 부산지방법원 합의부에 환송한다.

【이 유】 상고이유를 본다.

1. 주차장법위반의 점에 대하여

원심인용의 제1심판결이 든 증거에 의하면, 피고인에 대한 판시 주차장법위반의 범죄사실을 인정할 수 있으므로 원심판결에 지적하는 바와 같은 채

증법칙을 어긴 위법이 없다. 주장은 모두 이유 없다.

2. 오물청소법위반의 점에 대하여,

원심판결 이유에 의하면, 원심은 피고인의 이 사건 범행당시에 시행중이던 구 오물청소법시행규칙 제24조와 제25조에는 분뇨정화조의 설치 및 관리기준으로서 악취가 발산되지 아니하도록 하고 악취가 발생할 우려가 있는 부분은 밀폐하거나 악취를 없이하거나 막는 시설을 하도록 규정되어 있으며 악취의 측정방법과 허용기준에 관하여는 환경보전법에 근거를 두고 발령되는 환경청고시인 환경오염공정시험법에 따르도록 되어 있는데 그에 의하면 악취의 통상적인 측정방법은 악취의 강도를 5단계로 나누어 정상인 5인 이상이 냄새를 맡아 그 중 다수자가 판정한 악취도를 가지고 그 적부를 판단하되 2도(보통취기) 이하이면 적합, 3도(강한 취기) 이상이면 부적합으로 판정하게 되어 있다고 한 다음 그 증거에 의하여 이 사건의 경우 피고인 건물의 인근에 있는 적어도 5인 이상의 주민들이 피고인의 이 사건 범행무렵에 심한 악취를 느껴 피고인과 관할구청장에게 계속하여 그 시정을 요구하였고 관계공무원도 현장에 나가 이를 확인하고서 개수명령을 내린 사실을 인정할 수 있다고 하여 피고인에 대한 제1심 판시의 범죄사실을 그대로 유지하였다.

살피건대, 우선 위 오물청소법(1987. 4. 1. 폐지되었다) 제17조 제1항은 오수정화시설 및 분뇨정화조의 설치, 관리기준 기타 필요한 사항은 보사부령으로 정한다고 규정하고 그 제2항은 시장, 군수는 오물정화시설 또는 분뇨정화조가 제1항의 규정에 의한 기준에 위반된다고 인정할 때에는 그 소유자 또는 점유자에 대하여 당해 시설의 개수, 사용제한 또는 사용금지를 명할 수 있다고 규정하고 있는데 이를 받은 오물청소법시행규칙 제24조 제1항 제8호, 제2항, 제25조 제4호에 의하면 분뇨정화조의 설치 및 관리기준의 하나로서 "악취발생의 우려가 있는 부분은 밀폐하거나 악취를 없이하거나 시설을 하고 악취가 발산되지 않도록 관리하여야 하며 그 분뇨정화조의 설치, 기준의 세부사항은 환경청장이 정하도록 되어 있음"을 알 수 있다.

그런데 "악취", "소음" 등의 개념은 "공공의 위험", "음란", "공연성" 등과는 달리 법관이 일정한 가치판단에 의하여 내릴 수 있는 규범적 개념이 아닌 것이므로 위에서 정한 "악취"인가 여부를 판단함에 있어서는 당해 법규가

정하는 기준치의 측정방법 등에 의하지 아니하고서는 막연하게 함부로 판정할 수는 없다 할 것인데 이에 관하여 원심이 든 환경청고시인 환경오염공정시험법에 의하면, 악취의 시험방법에 관하여 관능법에 의할 경우에는 악취조사판정자는 조사대상지역에서 거주하지 않는 사람으로서 후각이 정상이고 건강한 사람 5인 이상으로 구성하되 조사측정담당자는 측정당시 그 지역의 풍향, 풍속, 지형을 고려하여 악취의 분포 정도를 사전에 충분히 조사한 다음에 악취의 취기강도가 가장 높은 악취발생현장의 부지경계선을 측정장소로 하여야 하고 선정된 측정장소에서 판정자에 의해 감지된 악취강도를 그 고시의 "표 1"에 해당되는 악취도로 표시하여 판정자의 인정사항과 함께 기록하도록 되어 있으며 그 판정법에 관하여는 위 시험방법에 의해 각 판정자가 감지한 악취도중 판정자의 다수가 판정한 악취도로서 판정하고 판정수가 동일할 경우는 악취도가 높은 것을 선택하여 2도 이하이면 적합, 3도 이상이면 부적합으로 판정하도록 되어 있다.

기록에 의하여 원심이 든 증거를 아무리 살펴보아도 이 사건 조사대상지역에서 거주하는 것으로 보이는 사람들이나 조사담당공무원들에 의하여 막연히 심한 악취가 난다는 것일 뿐 그 악취를 판정함에 있어서 앞에서 본 바와 같은 판정시험 또는 방법에 의하였거나 그 결과 그 악취의 정도가 3도 이상에 해당한다고 인정할 만한 아무런 자료가 없다. 그리고 그 밖에는 원심이 이 사건 공소사실에 나타난 관할구청장의 개수명령의 위반 여부에 대하여 심리판단하지 아니하였다.

즉 이 사건 공소사실에는 관할구청장이 피고인에 대하여 한 개수명령은 피고인이 모터펌프를 사용하여 분뇨를 방류시킬 때 정화조 탱크 밑에 가라앉은 찌꺼기까지 하수구로 방류되므로 인하여 심한 악취를 발산시키고 있고 그것이 분뇨정화조의 설치 및 관리기준에 위반된다 하여 정화조 탱크를 거치는 분뇨 중 찌꺼기는 밑으로 가라앉히고 정화된 윗물만 하수구로 자연방류될 수 있도록 개수하라는 내용인 것으로 되어 있고 공소장(후에 공소장변경을 하였다)에 적혀 있는 적용법조도 오물청소법 제36조 제3호, 제17조 제2항으로 되어 있는데 기록에 있는 관할구청장의 개수명령내용은 위 모터펌프를 철거하고, 오물을 도로, 하천, 하수도에 함부로 버려서는 안 되니 보사부장관이 정하는 기준에 따라 처리하라는 것이고 그 고발내용도 분뇨정화조펌프설치 및 분뇨무단방류로 인하여 그것이 오물청소법 제36조, 제8조에 위반된다고 하고 있어서 공소사실에 나타난 관할구청장의 개수명령과 실제의 개수명령은 그 내용이 반드시 같은 것으로 보여지지도 아니한다.

그런데도 원심이 이 사건 공소사실에 나타난 관할구청장의 개수명령에 대하여 확실히 밝혀서 심리판단함이 없이 그 판시와 같은 이유만으로 피고인을 유죄로 다스린 제1심판결을 그대로 유지한 것은 공소사실에 대한 심리를 다하지 아니하고 위 고시의 "악취"에 대한 법리를 오해하여 채증법칙을 어긴 위법을 저질렀다고 하지 않을 수 없다.

이 점을 지적하는 주장은 이유 있다.

따라서 이 사건 2죄는 경합범관계에 있으므로 원심판결을 모두 파기하여 사건을 원심법원에 환송하기로 관여법관의 일치된 의견으로 주문과 같이 판결한다.

참고문헌

□ **한정환, "구성요건착오와 금지착오의 구별: 규범적 구성요건요소에 관한 착오와 관련하여", 형사법연구 제7권, 1994. 12, 22~50면**

형법상의 착오를 "구성요건착오"와 "금지착오"로 구분하는 것을 범죄론 체계에 따르는 "형식구조적 분석"이라고 할 수 있다. 그러나 이 구별은 "규범적 구성요건요소에 관한 착오"가 구성요건착오 혹은 금지착오인가를 구별하는 데에는 만족한 것이 되지 못한다. 그것은 무엇보다도 규범적 구성요건요소에 관한 착오가 구성요건해당성과 위법성에 모두 관련되어 있기 때문이다. 나는 이 곤란 극복을 위해 규범적 구성요건요소에 관한 착오는 앞서의 "형식 구조적 분석"에서 벗어나 실질적으로 다음의 두 가지 착오로 구별되어야 한다고 본다. 첫째는 하나의 구성요건요소를 이루는 "사실관계에 관한 착오"와, 둘째 이 사실관계가 갖는 "법적 성격"에 관한 착오이다. 여기서 사실관계의 법적 성격이란 구성요건요소가 내포하는 "법률관계"를 의미한다. 이를 구성요건요소 '사람'을 예로 설명하면 먼저 사실관계의 착오는 행위자가 허수아비를 사람으로 착각하고 살해할 목적으로 엽총을 발사한 경우이다. 이 때 행위자는 형법 제250조의 구성요건요소 '사람'의 법률적 성격을 착각한 것이 아니고, 내용으로서의 '사람'을 착오한 것이다. 따라서 그는 "사람을 총으로 쏜다"라는 사실관계를 오인한 것이다. 이 경우 구성요건요소 '사람'에 관한 착오가 "구성요건착오"라는 데에 이설이 없다. 반면에 교통사고로 인하여 장기능과 맥박이 마비되었으나 뇌기능이 살아 있는 사람을 이미 제250조 이하의 '사람'이 아니라고 보고 그의 인공적 생명연장기구의 작동을 중단시킴으로써 죽게 만드는 경우는 구성요건요소 '사람'에 관하여 그 "법적 성격"을 잘못 오해한 것이다. 이 착오를 포섭의 착오로써 금지착오라고 보는 데에도 역시 의문이 없다.

… 이와 같이 규범적 구성요건요소는 행위자가 일상적인 관찰을 통해 정확한 의미를 알 수 있는 "사실관계"를 이루는 부분과 일상적 관찰만으로는 그 의미를 정확히 이해할 수 없는 "법률관계"를 이루는 부분의 두 부분으로 나누어 보아야 한다. 여기서 "일상적 관찰"이란 현대적 학문이론에서의 "경험적 관찰"과 동일한 개념이다. 경험적으로 관찰되어진다는 것은 하나의 "언어학적 표현"에서 모든 사람이 통상 같은 실체와 관념을 이해하는 것을 말한다. 이 구분을 "구성요건해당성 — 위법성"으로서의 범죄체계론적 구별과 대비하여 실질적 구별이라고 할 수 있다.

… 보통의 착오에서는 규범적 구성요건요소의 이른바 "사회적 의미", 더 정확하게는 "제도적 기능"의 이해 여부가 구성요건착오와 금지착오의 구별기준이 된다. 행위자가 규범적 구성요건요소의 제도화된 기능을 이해하지 못한 경우는 고의가 조각되는 구성요건착오이고, 그 외의 포섭 혹은 해석의 착오는 금지의 착오이다.

□ 류전철, "규범적 구성요건요소에 관한 소고", 형사법연구 제10권, 1997. 12, 19~36면

구성요건을 개별적 언어적 표시, 즉 구성요건의 "구성부분"들로 분해하여 놓으면, 이 구성부분들은 단순히 해석의 보조수단정도로 이해되고 그리고

그렇게 사용된 보조수단은 사회적으로 상당하지 않은 형태의 전형화에 이용된 구성요건의 "구성부분들"이다. 구성요건요소가 어떻게 해석을 위한 보조수단으로 사용되어지는가는 먼저 법적용자는 개별적 구성요건요소의 내포(의미나 개념의 동의어)를 해석하고 그리고 개개의 구성요건요소에 포섭되는 가능한 사태단면을 구성요건요소의 외연으로서 예시함으로써 사용되어진다. 결국 불법을 추상적으로 전형화해 놓은 구성요건은 그 구성요건의 내용을 이해하기 위해서 구성요건을 다시 개별적 구성요건요소들로 분해하는 과정을 거치게 된다. 왜냐하면 규범개념들이 구체적 사태에 직접적으로 적용되어질 수 없기 때문이다. 즉 구성요건은 규범해석의 목적을 위해서 언어적 표지들로 해체되고, 전형화된 불법을 특징짓는 언어적 표지들로 발견되어지는데 이를 우리는 구성요건요소들이라고 부른다. 그리고 이러한 구성요건요소들을 지금까지 규범적 구성요건요소와 기술적 구성요건요소로 구별하기 위한 시도가 지금까지 성공적으로 행해지지 못하였다. 아마도 그 이유는 구별기준으로 규범적 구성요건요소 그 자체의 특성을 찾으려는 데 있었다고 보여진다. 그러나 규범적 구성요건요소가 그 특성으로 인하여 해석과정에서 기술적 구성요건요소와 질적으로 차이가 있다는 것으로 구별되는 것이 아니라, 구성요건요소의 해석을 위해 법적용자 내지는 규범수범자가 노력하는 정도의 양적인 차이만이 있을 뿐이다.

그렇다면 기술적 구성요건요소와 규범적 구성요건요소를 구별하는 논거가 어디에 있는 것인가? 고의의 인식유형을 위해 있다고 하면 그것은 잘못된 것이다. 왜냐하면 규범적 구성요건요소의 발생사적 관점에서 보면은 구성요건과 위법성의 완벽한 분리가 가능한지 아닌지의 논의의 과정에서 Mayer에 의해서 '발견'된 것이기 때문이다. 그렇기 때문에 규범적 구성요건요소의 형법이론적 의미는 크지 않다. 예를 들어 "포섭의 착오"는 규범적 구성요건요소만의 특유한 문제라고 볼 수 없다. 왜냐하면 기술적 구성요건요소의 경우에도 마찬가지로 행위자가 기술적 구성요건요소를 잘못 포섭한 것이 어떤 의미를 갖는가가 문제되기 때문이다. 결국 규범적 구성요건요소들의 문제점은 고의와 관련된 특별한 문제가 아니고, 개별 구성요건요소들의 해석과 관련된 것이라고 이해하는 것이 규범적 구성요건요소의 형법상의 의의와 그 기능을 정립하는 데 올바른 것이라고 생각한다.

쟁점연구

1. 일반적으로 구성요건요소는 그 성격에 따라서 '기술적' 구성요건요소와 '규범적' 구성요건요소로 구분한다. 여기서 기술적 구성요건 사실에 대한 인식은 행위자의 오관(눈, 코, 귀, 입, 손)의 작용을 통해 인식되는 데 반하여, 후자인 규범적 구성요건은 감각적 인식작용 이외에 그 사실에 대한 '법적 혹은 사회적인 의미'까지 인식되어야 고의인정에 필요한 인식형태가 충족된다고 한다. 그렇다면 법률상의 규범적 구성요건요소의 의미를 잘못 이해하여 자기 행위가 그 규범적 구성요건요소에 해당하지 않는다고 생각한 경우, 이른바 "포섭의 착오"의 법적 성격은 무엇으로 이해해야 하는가?
2. 도입판례와 마찬가지로 "음란"이라는 규범적 구성요건요소의 판단과 관련하여, 대법원은 규범적 구성요건요소와 관련하여 "형법 제243조 소정의 '음란'이라는 개념 자체가 사회와 시대적 변화에 따라 변동하는 상대적이고도 유동적인 것이고, 그 시대에 있어서 사회의 풍속, 윤리, 종교 등과도 밀접한 관계를 가지는 추상적인 것이므로 결국 구체적인 판단에 있어서는 사회통념상 일반 보통인의 정서를 그 판단의 규준으로 삼을 수 밖에 없다고 할지라도, 이는 법관이 일정한 가치판단에 의하여 내릴 수 있는 규범적인 개념이라 할 것이어서 그 최종적인 판단의 주체는 어디까지나 당해 사건을 담당하는 법관이라 할 것이니, 음란성을 판단함에 있어 법관이 자신의 정서가 아닌 일반 보통인의 정서를 규준으로 하여 이를 판단하면 족한 것이지 법관이 일일이 일반 보통인을 상대로 과연 당해 문서나 도화 등이 그들의 성욕을 자극하여 성적 흥분을 유발하거나 정상적인 성적 수치심을 해하여 성적 도의관념에 반하는 것인지의 여부를 묻는 절차를 거쳐야만 되는 것은 아니라고 할 것이다(대법원 1995. 2. 10. 선고 94도2266 판결)."고 판시한 바 있다.

그리고 기술적 구성요건과 관련된 판례에서는 "'악취', '소음' 등의 개념은 '공공의 위험', '음란', '공연성' 등과는 달리 법관이 일정한 가치판단에 의하여 내릴 수 있는 규범적 개념이 아닌 것이므로 위에서 정한 '악취'인가 여부를 판단함에 있어서는 당해 법규가 정하는 기준치의 측정방법 등에 의하지 아니하고서는 막연하게 함부로 판정할 수는 없다(대법원 1989. 1. 31. 선고 88도1650 판결)."고 판시하고 있다.

그렇다면 기술적 구성요건요소와 규범적 구성요건요소의 구별은 가능한 것인지, 가능하다면 그 구별기준은 무엇인지 생각해 보자.

주요개념

1. 규범적 구성요건요소
2. 기술적 구성요건요소
3. 포섭의 착오
4. 위법성의 착오

제 4 장 행위주체

Ⅰ. 법인의 범죄능력, 책임능력, 수형능력

도입판례

대법원 1984. 10. 10. 선고 82도2595 전원합의체 판결【배임】(집32-4, 530)

【피 고 인】 피고인 갑, 을
【상 고 인】 검사
【원심판결】 수원지방법원 1982. 6. 18. 선고 82노181 판결
【주 문】 원심판결 중 무죄부분을 파기하고, 이 부분 사건을 수원지방법원 합의부로 환송한다.
【이 유】

검사의 상고이유를 본다.

원심판결은 그 이유에서, 피고인 갑은 공소외 주식회사의 대표이사로 재직하고 있고, 피고인 을은 위 회사에서 시공분양한 상가를 매수하여 상업에 종사하고 있는 자로서 공소외 A가 위 회사의 대표이사로 재직중인 1974. 5. 24. 회사소유의 성남시 상대원동 471단지 16의3(신지번 상대원동 668) 대지 12.8평과 그 지상에 건립된 건평 10.8평의 건물을 공소외 B에게 매도하여 그 무렵 대금 전액을 완납받았고, 1974. 7. 22. 같은 471단지 17의 1(신지번 상대원동649) 대지 12.8평과 그 지상에 건립된 건평 10.8 평의 점포를, 1974. 9. 15. 같은 471단지 32의 3(신지번 상대원동

648) 대지 12.8평과 그 지상의 점포 10.8평을 각 공소외 C에게 매도하고 그 무렵 대금 전액을 완납받은 사실을 피고인 갑이 1976. 1. 20. 위 회사의 대표이사로 취임하면서 알게 되었음에도 위 대지와 점포를 공모하여 이중으로 분양하고 (1) 1977. 12. 14. 상대원동 668 대지 12.8평에 관하여 피고인 을과 공소외 D 앞으로의 소유권이전등기절차를, 1979. 2. 13. 그 지상점포에 관하여 피고인 을과 공소외 E 앞으로의 소유권보존등기절차를 각 이행하여 줌으로써 B에 매매대금 상당의 재산상 손해를 입히고 (2) 1979. 2. 14. 상대원동 649 지상점포에 관하여 공소외 F, G 앞으로, 648 지상 점포에 관하여 공소외 H와 피고인 앞으로의 소유권보존등기절차를 각 이행하여 줌으로써 C에게 그 매매대금 상당의 손해를 입혀 공동으로 배임행위를 하였다는 공소사실에 대해 사실관계는 그대로 인정된다고 설시한 후, 위 대지와 점포는 모두 회사의 소유로서 최초의 매수인 B, C에게 소유권이전등기를 하여줄 의무의 주체는 회사이고, 피고인 갑은 회사의 대표기관에 불과하며 피고인 을은 피고인 갑과 공동하여 행위를 한 자에 불과하므로 피고인들이 위 B, C에 대하여 그 사무를 처리하는 자의 지위, 다시 말하면 위 B, C와 피고인들 사이에는 타인과 본인의 관계가 없다 할 것이니 피고인들은 배임죄의 주체가 될 수 없는 것이라 하여 무죄를 선고하였다.

그러나 형법 제355조 제2항의 배임죄에 있어서 타인의 사무를 처리할 의무의 주체가 법인이 되는 경우라도 법인은 다만 사법상의 의무주체가 될 뿐 범죄능력이 없는 것이며 그 타인의 사무는 법인을 대표하는 자연인인 대표기관의 의사결정에 따른 대표행위에 의하여 실현될 수밖에 없어 그 대표기관은 마땅히 법인이 타인에 대하여 부담하고 있는 의무내용대로 사무를 처리할 의무가 있다 할 것이므로 법인이 처리할 의무를 지는 타인의 사무에 관하여는 법인이 배임죄의 주체가 될 수 없고, 그 법인을 대표하여 사무를 처리하는 자연인인 대표기관이 바로 타인의 사무를 처리하는 자, 즉 배임죄의 주체가 되는 것이라고 새겨야 할 것이다. 따라서 타인의 사무를 처리할 사법상 의무의 주체가 법인이라 하여 이 점을 그 대표기관은 타인에 대한 관계에 있어서 배임죄의 주체가 될 수 없다는 근거로 삼을 수 없다 할 것이므로 당원이 1982. 2. 9. 선고 80도1796 판결 및 1983. 2. 22. 선고 82도1527 판결에서 판시한 이와 배치되는 견해는 이 판결로써 변경하기로 한다.

그렇다면 피고인들에 대한 공소사실이 그 판시와 같은 이유로 배임죄를 구성하지 않는다고 본 원심판결에는 상고논지가 지적하고 있는 바와 같이 형법 제355조 제2항의 타인의 사무를 처리하는 자에 관한 법리오해가 있다 하겠으므로 대법원판사 전상석을 제외한 나머지 관여 법관들의 일치된 의견으로 원심판결 중 무죄부분을 파기하고 이 부분 사건을 다시 심리판단케 하고자 원심인 수원지방법원 합의부에 환송하기로 한다.

[대법원판사 전상석의 반대의견]

배임죄는 타인의 사무를 처리하는 자가 그 임무에 위배하는 행위로써 재산상 이익을 취득하거나 제3자로 하여금 이를 취득하게 하여 본인에게 손해를 가함으로써 성립하므로 배임죄의 주체는 타인의 사무를 처리하는 지위 또는 신분이 있는 자이다. 법령상 또는 계약상 또는 관습상 이와 같은 지위 또는 신분이 있는 자가 그 타인에 대하여 부담하고 있는 신의성실의 의무에 위배하는 것이 곧 배임죄의 본질이므로 이와 같은 지위나 신분이 없는 자는 배임죄의 주체가 될 수 없다. 다시 바꾸어 극단적으로 표현하면 배임죄는 법령이나 계약에 의하여 타인의 사무를 처리할 권한이 있는 자가 그 권한을 남용하는 것이므로 이와 같은 권한 즉 지위나 신분이 없으면 배임죄는 성립될 여지가 없다. 이 점이 배임죄의 구성요건상 특이한 것이며 그렇기 때문에 당원이 이와 같은 견해를 되풀이하여 왔다.

다수의견은 타인의 사무를 처리할 의무의 주체가 법인이 되는 경우라도 법인은 다만 사법상의 의무주체가 될 뿐 범죄능력이 없는 것이며 그 타인의 사무는 법인을 대표하는 자연인인 대표기관의 의사결정에 따른 대표행위에 의하여 실현될 수밖에 없어 그 대표기관은 마땅히 법인이 타인에 대하여 부담하고 있는 의무의 내용대로 사무를 처리할 의무가 있다고 하나 그 입론의 근거가 박약함은 물론 배임죄의 본질에 크게 벗어나는 해석으로서 승복할 수가 없다.

우선 법인은 사법상의 의무주체가 될 뿐 법인은 범죄능력이 없다고 하나 바로 이 사법상의 의무주체가 배임죄의 주체가 되는 것이므로 이것을 떠나서 배임죄는 성립할 수 없는 것이며 다수의견이 이 점을 내세우면서도 어찌하여 사법상의 의무주체와 범죄주체를 따로 파악하려는 것인지 참으로 이해하기가 어렵다.

법인에 범죄능력이 없기 때문에 그 대표행위를 하는 대표기관을 배임죄로 다스린다는 것은 의무 없는 자를, 따라서 임무위반행위가 없는 자를 처벌하는 것이 되어 죄 없는 자를 처벌하자는 것과 같은 결론이 된다. 법인에 범죄능력이 없기 때문에 그 대표기관을 처벌한다는 것은 도시 그 입론의 근거가 될 수 없을 뿐만 아니라 형벌법규의 해석과 적용에 있어 엄계하여야 할 잘못을 범하는 것이 된다.

물론 다수의견이 법인을 대표하는 자연인인 대표기관은 마땅히 법인이 타인에 대하여 부담하고 있는 의무내용대로 사무를 처리할 임무가 있다고 하는 입론이 법인격과 법인의 의사 및 행위능력 등에 비추어 대표기관에 그 책임을 돌리려는 이론구성을 이해하지 못하는 바는 아니나 이와 같은 해석은 배임죄의 구성요건을 확대왜곡하는 것이며 법인이 타인에 대하여 부담하고 있는 의무내용대로 사무를 처리할 임무가 있다는 바로 그 임무는 다수의견의 표현 그대로 이는 법인에 대하여 부담하는 임무이지 법인의 대표기관이 직접 타인에 대하여 지고 있는 임무는 아니므로 그 임무에 위배하였다고 하여 이를 타인에 대한 배임죄가 성립한다고는 할 수 없다.

법률 특히 형벌법규는 엄격한 해석이 요청됨은 많은 말을 필요로 하지 않는다. 구성요건상 분명히 타인의 사무를 처리하는 자로 규정되어 있는 배임죄의 주체 즉 사법상의 의무주체가 아님을 분명히 하면서도 그 책임을 법인의 대표기관에 돌리는 것은 배임죄의 구성요건을 확대해석하는 정도를 넘어 배임죄에 관한 형법규정을 왜곡하여 죄 없는 자를 처벌하는 결과가 된다.

법인의 배임행위에 대하여 그 법인에 범죄능력이 없다하여 반드시 누가 책임을 지고 처벌을 받아야 하는 것인가에 대하여도 의문이 없을 수 없다. 법인에 범죄능력이 없으면 그것으로 그만이지 왜 꼭 책임을 지고 처벌을 받아야 할 사람이 있어야 한다는 말인가?

형벌의 목적은 교정에 있는 것이며 응보가 그 목적은 아니다. 배임죄는 재산죄 중에서도 특히 사법질서를 다스리는 데 그 입법목적이 있는 것이며 그 사법관계는 원칙적으로 사법질서에 따라 해결되는 것이 기본원리임을 간과할 수 없다. 요즈음 흔히 말하는 소위 민사의 형사화 현상은 우리 법조인이 다같이 자성하여야 할 당면의 문제이며 이 점에서도 다수의견과 같은 해석은 피하여야 할 것으로 법의 궁극적 목적과 법의 궁극에 있는 이상을 되새겨 배임죄에 관한 종전 대법원 견해는 변경되어서는 안 된다는 생각에서 반대의견을 밝히는 것이다.

대법관 유태흥(재판장) 이일규 정태균 강우영 이성렬 전상석
이정우 윤일영 김덕주 신정철 이회창 오성환 김형기

참고판례

▷ 대법원 1994. 2. 8. 선고 93도1483 판결【외국환관리법위반】(공1994, 1038)

법인은 기관인 자연인을 통하여 행위를 하게 되는 것이기 때문에, 자연인이 법인의 기관으로서 범죄행위를 한 경우에도 행위자인 자연인이 범죄행위에 대한 형사책임을 지는 것이고, 다만 법률이 목적을 달성하기 위하여 특별히 규정하고 있는 경우에만 행위자를 벌하는 외에 법률효과가 귀속되는 법인에 대하여도 벌금형을 과할 수 있을 뿐이다.

참고문헌

□ 손동권, 형법총론(제2개정판), 2005, 104면

이에 대해 종래의 판례는 "부동산을 이중매도한 회사의 대표이사는 제1 매수인에 대한 배임죄의 주체가 될 수 없다."고 판시하였다(대판 1982. 2. 9, 80도1796). 이 판례에 따르면 대표이사는 물론 법인도 배임죄로 처벌할 수 없게 된다.

이러한 처벌의 공백상태 때문에 그 이후의 판례는 "배임죄에 있어서의 타인의 사무를 처리할 의무의 주체가 법인이 되는 경우라도 법인은 다만 사법상의 의무주체가 될 뿐 범죄능력이 없는 것이며, 그 타인의 사무는 법인을 대표하는 자연인인 대표기관의 의사결정에 따른 대표행위에 의하여 실현될 수밖에 없어 그 대표기관은 마땅히 법인이 타인에 대하여 부담하고 있는 의무내용대로 사무를 처리할 의무가 있다고 할 것이므로 법인이 처리할 의무를 지는 타인의 사무에 관하여는 법인이 배임죄의 주체가 될 수 없고 그 법인을 대표하여 사무를 처리하는 자연인인 대표기관이 바로 타인의 사무를 처리하는 자, 즉 배임죄의 주체가 된다."고 견해를 바꾸었다.

□ 김성돈, 형법총론(제2판), 2009, 147면

대법원은 사법상의 의무는 법인에게 있더라도 타인의 사무를 처리하는 자의 지위는 대표이사에게 인정할 수 있다는 논리를 전개함으로써 '사법상 의무 있는 자'와 '타인의 사무를 처리하는 자'를 분리시키고 있다. 즉 원칙적으로 배임죄의 주체는 '타인의 사무를 처리할 사법상 의무 있는 자'이지만, 그 의무자가 법인일 경우에는 예외적으로 사법상의 의무자가 아닌 법인을 대표하는 자연인인 대표기관이 배임죄의 주체가 된다는 것이다. 이 판결에 대해서 일부견해는 사법상의 법률효과의 귀속주체와 형법상의 범죄주체가 반드시 일치하는 것은 아니라는 점, 법인이 타인에 대하여 지고 있는 사무는 현실적으로 자연인인 대표기관의 의사결정에 따른 대표행위로 실현될 수밖에 없다는 점, 또한 법인의 범죄주체성을 부인하는 종전판례에 따르면 본 사안

과 같은 양태로 자행되는 법인의 비리에 대해 법인이나 대표이사에게도 그 책임을 물을 수 없었던 '처벌의 흠결'을 어느 정도 치유함으로써 형사정책적 요청에 부합하기 위한 불가피한 최선의 조치라는 점 등의 이유를 들어 긍정적 평가를 내리고 있다. 그러나 이 판례의 논지에는 법인의 대표기관인 자연인에게 '타인의 사무처리자'라는 신분이 없음에도 불구하고 법인의 범죄능력을 부인하는 결과 발생하는 처벌의 흠결을 메우기 위해 법인 아닌 대표기관을 신분죄인 배임죄의 주체로 인정하고 있는 문제점이 있다. 대법원과 같은 결론이 정당화될 수 있으려면 입법론적으로 독일형법 제14조와 같은 대리인 책임규정이 있거나 적어도 배임죄의 경우에도 행위자와 법인을 모두 처벌할 수 있게 하는 양벌규정이 존재하지 않으면 안 될 것이다.

쟁점연구

법인의 범죄능력에 관해서는 찬반론의 견해대립이 존재한다. 하지만 도입판례와 같이 법인의 범죄능력을 부정하는 것이 판례 및 다수설의 경향이라 할 수 있다. 그리고 부정설은 법인은 행위능력 및 책임능력이 없어서 원칙적으로 범죄주체가 될 수 없다고 하면서도, 범죄능력과 수형능력이 반드시 일치할 필요가 없다는 전제에서 양벌규정을 통한 법인의 처벌을 참고판례와 같이 이해한다.

하지만 양벌규정을 통한 법인의 처벌에 대한 부정설의 시각과 이해에 대해서는, "양벌규정은 법인의 예외적인 처벌규정이 아니라 당연한 처벌규정이라 해야 할 것이다(김일수·서보학, 새로 쓴 형법총론(제10판), 2004, 140면)." 또는 "법인을 형사처벌의 대상으로 삼는 양벌규정이 있는 경우에 한하여 법인의 범죄주체성이 법률에 의해 창설되었다고 보아야 한다(김성돈, 형법총론(제2판), 2009, 149면)."는 긍정설에 입각한 반론이 제기되고 있다. 따라서 양벌규정을 통한 법인처벌의 의미를 둘러싼 견해대립의 논거들을 정리·비교하여 그 타당성을 검증해 보자.

주요개념

1. 법인의 범죄주체성
2. 법인의 범죄능력 및 행위능력, 책임능력
3. 수형(受刑)능력
4. 양벌규정

Ⅱ. 법인의 처벌과 양벌규정

도입판례

헌재 2007. 11. 29. 선고 2005헌가10 전원재판부 【보건범죄단속에관한특별조치법 제6조 위헌제청】 (헌집19-2, 520)

【판시사항】

1. 종업원의 위반행위에 대하여 양벌조항으로서 개인인 영업주에게도 동일하게 무기 또는 2년 이상의 징역형의 법정형으로 처벌하도록 규정하고 있는 '보건범죄단속에 관한 특별조치법' 제6조 중 제5조에 의한 처벌 부분(이하 '이 사건 법률조항'이라 한다)이 형사법상 책임원칙에 반하는지 여부(적극)

2. 이 사건 법률조항에 대해 위헌선언을 하면서 위헌주문에 대한 이유에 있어 재판관들의 의견이 상이한 사례

【결정요지】

가. (1) 재판관 이강국, 재판관 김종대, 재판관 민형기, 재판관 목영준의 의견

이 사건 법률조항이 종업원의 업무 관련 무면허의료행위가 있으면 이에 대해 영업주가 비난받을 만한 행위가 있었는지 여부와는 관계없이 자동적으로 영업주도 처벌하도록 규정하고 있고, 그 문언상 명백한 의미와 달리 "종업원의 범죄행위에 대해 영업주의 선임감독상의 과실(기타 영업주의 귀책사유)이 인정되는 경우"라는 요건을 추가하여 해석하는 것은 문리해석의 범위를 넘어서는 것으로서 허용될 수 없으므로, 결국 위 법률조항은 다른 사람의 범죄에 대해 그 책임 유무를 묻지 않고 형벌을 부과함으로써, 법정형에 나아가 판단할 것 없이, 형사법의 기본원리인

"책임 없는 자에게 형벌을 부과할 수 없다."는 책임주의에 반한다.

(2) 재판관 이공현, 재판관 조대현, 재판관 김희옥, 재판관 송두환의 의견

일정한 범죄에 대해 형벌을 부과하는 법률조항이 정당화되기 위해서는 범죄에 대한 귀책사유를 의미하는 책임이 인정되어야 하고, 그 법정형 또한 책임의 정도에 비례하도록 규정되어야 하는데, 이 사건 법률조항은 문언상 종업원의 범죄에 아무런 귀책사유가 없는 영업주에 대해서도 그 처벌가능성을 열어두고 있을 뿐만 아니라, 가사 위 법률조항을 종업원에 대한 선임감독상의 과실 있는 영업주만을 처벌하는 규정으로 보더라도, 과실밖에 없는 영업주를 고의의 본범(종업원)과 동일하게 '무기 또는 2년 이상의 징역형'이라는 법정형으로 처벌하는 것은 그 책임의 정도에 비해 지나치게 무거운 법정형을 규정하는 것이므로, 두 가지 점을 모두 고려하면 형벌에 관한 책임원칙에 반한다.

나. 이 사건 법률조항이 위헌이라는 의견이 8인으로서 위헌심판의 정족수를 넘으므로 위헌선언을 한 예

[재판관 이동흡의 반대의견]

이 사건 법률조항은 문언상 자신의 '업무'에 관하여 종업원의 '위반행위'가 있는 영업주만을 처벌하도록 규정하고 있으므로, 일관된 대법원 판례와 같이 '영업주의 종업원에 대한 선임감독상의 과실'이 있는 경우에만 처벌하는 것으로 보는 것은 문언해석의 범위 내에서 허용되는 합헌적 법률해석이라 할 것이고, 이를 전제로 할 때에 위 법률조항은 책임주의원칙에 위반되지 아니하며, 국민건강이라는 보호법익의 중대성과 영업주라는 지위에 대한 비난가능성 등에 비추어 보면, 영업주의 선임감독상 과실의 죄책은 직접 행위자와 동등하게 평가될 수도 있는 것이므로, 영업주에게도 종업원과 동일한 법정형을 규정하였다고 하여 입법재량의 한계를 벗어나 책임과 형벌의 비례성원칙에 위반된다고도 볼 수 없다.

【심판대상조문】

보건범죄단속에 관한 특별조치법(1990. 12. 31. 법률 제4293호로 개정된

것) 제6조(양벌규정) 법인의 대표자 또는 법인이나 개인의 대리인·사용인 기타 종업원이 그 법인 또는 개인의 업무에 관하여 제2조 내지 제5조의 위반행위를 한 때에는 행위자를 처벌하는 외에 법인 또는 개인에 대하여도 각 본조의 예에 따라 처벌한다.

【참조판례】

1. 헌재 1989. 7. 14. 88헌가5등, 판례집 1, 69, 86-87

【당 사 자】

제청법원 서울서부지방법원

당해사건 서울서부지방법원 2005노269 보건범죄단속에 관한 특별조치법위반(부정의료업자)

【주 문】

'보건범죄단속에 관한 특별조치법'(1990. 12. 31. 법률 제4293호로 개정된 것) 제6조 중 "개인의 대리인·사용인 기타 종업원이 그 개인의 업무에 관하여 제5조의 위반행위를 한 때에는 행위자를 처벌하는 외에 개인에 대하여도 본조의 예에 따라 처벌한다."고 규정한 부분은 헌법에 위반된다.

【이 유】

3. 판단

가. 이 사건 법률조항의 연혁 및 특수성

'보건범죄단속에 관한 특별조치법'은 부정식품 및 첨가물, 부정의약품 및 화장품, 독물 및 극물(1990. 12. 31. 법률 제4293호로 개정 이후 부정유독물로 바뀜)의 제조나 무면허의료행위 등의 사범에 대해 가중처벌함으로써 국민보건향상에 기여함을 목적으로 1969. 8. 4. 법률 제2137호로 제정·공포되었다. 그 제정 경위를 살펴보면 무면허의료행위, 부정식품 및 부정의약품으로 인한 폐단이 사회적으로 커다란 파장을 몰고 오자 식품위생법, 약사법, '독물 및 극물에 관한 법률'(1990. 12. 31. 법률 제4293호로 개정 이후 '유해화학물질 관리법'으로 바뀜) 및 의료법에 대한 특칙으로 그 위반행위자에 대한 가중처벌(제2조 내지 제5조)을 하는 한편 그 위반행위자의 영업주에 대해서도 양벌규정(제6조)을 두어 처벌하였는데, 위 양벌규정이 1990. 12. 31. 내용에 변화를 주지 않는 자구의 개정("전조"를 "제5조"로 개정)을 거쳐 이 사건 법률조항에 이르게 되었다.

이 사건 법률조항은 일반적인 양벌규정이 "벌금형"만을 부과하도록 규정하고 있는 것과는 달리 특이하게도 "징역형"까지 부과하도록 규정하고 있는데, 제정 당시 정부가 제출한 법률안에 의하면 그 법정형을 "각 본조의 벌금형"으로 규정하고 있었으나 국회 보건사회위원회의 심사 과정에서 "특례법의 취지상 개인에 대한 체형을 추가"하려는 의도로 "각 본조의 예에 따라 처벌한다."로 수정되어 본회의에서 의결되었다.

나. 재판관 이강국, 재판관 김종대, 재판관 민형기, 재판관 목영준의 위헌의견

(1) 이 사건 법률조항의 의미

(가) 이 사건 법률조항은 개인이 고용한 종업원(대리인, 사용인 등)이 업무와 관련하여 '보건범죄단속에 관한 특별법' 제5조를 위반한 범죄행위를 저지른 사실이 인정되면, 곧바로 그 종업원을 고용한 개인(영업주)도 종업원과 똑같이 처벌하도록 규정하고 있다. 이 사건 법률조항은 종업원의 범죄행위에 대한 영업주의 가담 여부나 종업원의 행위를 감독할 주의의무의 위반 여부를 영업주에 대한 처벌 요건으로 규정하고 있지 않으며, 달리 영업주가 면책될 가능성에 대해서도 규정하고 있지 아니하다.

따라서 종업원이 '보건범죄단속에 관한 특별법' 제5조를 위반한 범죄사실이 인정되면 영업주는, 그 종업원의 범죄에 가담하거나 그 범죄를 알면서 묵인하였는지, 아니면 그 범죄를 알지 못했고 알 수도 없었는지 등과 같은, 영업주 자신에게 관련된 사정들과는 아무런 관계없이 곧바로 이 사건 법률조항에 따라 종업원과 같은 형으로 처벌된다.

비록 이 사건 법률조항이 종업원의 범죄가 '영업주의 업무와 관련'될 것으로 규정하고 있기는 하나, 종업원이 영업주의 업무와 관련하여 이 사건 법률조항이 규정한 범죄를 저질렀다는 사정 역시 '종업원의 행위'

와 관련된 사정일 뿐, 영업주 자신의 사정이라고 볼 수 없다.

결국 이 사건 법률조항은 종업원의 일정한 범죄행위가 있으면 영업주 자신이 그와 같은 종업원의 범죄에 대해 어떠한 잘못이 있는지를 전혀 묻지 않고 곧바로 영업주를 종업원과 같이 처벌하도록 규정하고 있는 것이다.

(나) 이 사건 법률조항을 '영업주가 종업원에 대한 선임감독상의 주의의무를 위반한 과실이 있는 경우에만 처벌하도록 규정한 것'으로 해석함으로써 책임주의에 합치되도록 합헌적 법률해석을 할 수 있는지가 문제될 수 있다.

그러나 합헌적 법률해석은 어디까지나 법률조항의 문언과 목적에 비추어 가능한 범위 안에서의 해석을 전제로 하는 것이고, 법률조항의 문구 및 그로부터 추단되는 입법자의 명백한 의사에도 불구하고 문언상 가능한 해석의 범위를 넘어 다른 의미로 해석할 수는 없다. 따라서 이 사건 법률조항을 그 문언상 명백한 의미와 달리 "종업원의 범죄행위에 대해 영업주의 선임감독상의 과실(기타 영업주의 귀책사유)이 인정되는 경우"라는 요건을 추가하여 해석하는 것은 문언상 가능한 범위를 넘어서는 해석으로서 허용되지 않는다고 보아야 한다.

(2) 책임 없는 자에 대한 형벌 부과의 위헌성

(가) 형벌은 범죄에 대한 제재로서 그 본질은 법질서에 의해 부정적으로 평가된 행위에 대한 비난이다. 일반적으로 범죄는 법질서에 의해 부정적으로 평가되는 행위(행위반가치)와 그로 인한 부정적인 결과의 발생(결과반가치)이라고 말할 수 있으나, 여기서 범죄를 구성하는 핵심적 징표이자 형벌을 통해 비난의 대상으로 삼는 것은 '법질서가 부정적으로 평가한 행위에 나아간 것', 즉 행위반가치에 있다.

만약 법질서가 부정적으로 평가한 결과가 발생하였다고 하더라도 그러한 결과의 발생이 어느 누구의 잘못에 의한 것도 아니라면, 부정적인 결과가 발생하였다는 이유만으로 누군가에게 형벌을 가할 수는 없다. 물론 결과의 제거와 원상회복을 위해 그 결과 발생에 아무런 잘못이 없는 개인이나 집단에 대해, 민사적 또는 행정적으로 불이익을 가하는 것이 공평의 관념에 비추어 볼 때 허용되는 경우도 있을 수 있다. 그러나 법질서가 부정적으로 평가할 만한 행위를 하지 않은 자에 대해서 형벌을 부과할 수는 없다. 왜냐하면 형벌의 본질은 비난가능성인데, 비난받을 만한 행위를 하지 않은 자에 대한 비난이 정당화될 수 없음은 자명한 이치이기 때문이다.

이와 같이 '책임없는 자에게 형벌을 부과할 수 없다'는 형벌에 관한 책임주의는 형사법의 기본원리로서, 헌법상 법치국가의 원리에 내재하는 원리인 동시에, 국민 누구나 인간으로서의 존엄과 가치를 가지고 스스로의 책임에 따라 자신의 행동을 결정할 것을 보장하고 있는 헌법 제10조의 취지로부터 도출되는 원리이다.

(나) 그런데 앞서 보았듯이 이 사건 법률조항은 영업주가 고용한 종업원이 그 업무와 관련하여 무면허의료행위를 한 경우에, 그와 같은 종업원의 범죄행위에 대해 영업주가 비난받을 만한 행위가 있었는지 여부, 가령 종업원의 범죄행위에 실질적으로 가담하였거나 지시 또는 도움을 주었는지, 아니면 영업주의 업무와 관련한 종업원의 행위를 지도하고 감독하는 노력을 게을리 하였는지 여부와는 전혀 관계없이 종업원의 범죄행위가 있으면 자동적으로 영업주도 처벌하도록 규정하고 있다.

이것은 아무런 비난받을 만한 행위를 한 바 없는 자에 대해, 다른 사람의 범죄행위를 이유로 처벌하는 것으로서 형벌에 관한 책임주의에 반하는 것이라 하지 않을 수 없다.

(3) 소결

이 사건 법률조항은 법정형에 나아가 판단할 것 없이 다른 사람의 범죄에 대해 그 책임 유무를 묻지 않고 형벌을 부과함으로써 형사법의 기본원리인 책임주의에 반하므로 결국 법치국가의 원리와 헌법 제10조의 취지에 위반하여 헌법에 위반된다.

다. 재판관 이공현, 재판관 조대현, 재판관 김희옥, 재판관 송두환의 위헌의견

우리는 이 사건 법률조항이 책임 없는 영업주를 처벌할 가능성이 있을 뿐만 아니라 책임에 비해 과도한 법정형을 규정하고 있기 때문에 위헌이라 생각한다.

(1) 형벌에 관한 책임원칙

형벌에 관한 형사법의 기본원리인 책임원칙은 두 가지 의미를 포함한다. 하나는 형벌의 부과 자체를 정당화하는 것으로, 범죄에 대한 귀책사유, 즉 책임이 인정되어야만 형벌을 부과할 수 있다는 것이고('책임 없는 형벌 없다'), 다른 하나는 책임의 정도를 초과하는 형벌을 과할 수 없다는 것이다(책임과 형벌 간의 비례의 원칙).

따라서 일정한 범죄에 대해 형벌을 부과하는 법률조항이 정당화되기 위해서는 범죄에 대한 귀책사유를 의미하는 책임이 인정되어야 하고, 그 법정형 또한 책임의 정도에 비례하도록 규정되어야 한다.

귀책사유로서의 책임이 인정되는 자에 대해서만 형벌을 부과할 수 있다는 것은 법치국가의 원리에 내재하는 원리인 동시에 인간의 존엄과 가치 및 자유로운 행동을 보장하는 헌법 제10조로부터 도출되는 것이고, 책임의 정도에 비례하는 법정형을 요구하는 것은 과잉금지원칙을 규정하고 있는 헌법 제37조 제2항으로부터 도출되는 것이다.

(2) 책임 없는 영업주에 대한 처벌 가능성

(가) 이 사건 법률조항은 "개인의 대리인·사용인 기타 종업원이 그 개인의 업무에 관하여 제5조의 위반행위를 한 때에는 행위자를 처벌하는 외에 개인에 대하여도 본조의 예에 따라 처벌한다."고 규정하고 있다. 한편 이 사건 법률조항이 인용하고 있는 제5조는, 의료인이 아닌 자는 의료행위를 할 수 없고 의료인이라도 면허된 의료행위 이외의 의료행위를 할 수 없도록 하고 있는 의료법 제25조를 위반하여 영리를 목적으로 의료행위, 치과의료행위, 한방의료행위를 업으로 한 자를 무기 또는 2년 이상의 징역에 처하도록 하고 있다.

따라서 이 사건 법률조항은 영업주(개인)의 업무에 관하여 종업원(대리인, 사용인 등을 포함)이 무면허의료행위를 하면, 영업주의 책임 유무와는 관계없이 그 종업원과 함께 영업주도 처벌하도록 규정하고 있다.

(나) 영업주가 종업원의 무면허의료행위에 대해 공모, 가담하거나 조장, 묵인함으로써 영업주에게 종업원과의 공범관계 등으로 그 책임이 인정되는 경우에는 이 사건 법률조항에 따라 영업주를 처벌한다 하더라도 이 사건 법률조항이 책임 없는 자를 처벌한다고 볼 수 없음은 물론이다.

나아가 영업주가 종업원의 무면허의료행위 자체에 공모, 가담하거나 조장, 묵인하지는 않았지만, 종업원을 고용하여 업무를 수행하는 영업주에게 일반적으로 요구되는 선임감독의 주의의무 등, 즉 종업원이 영업주의 업무 수행과 관련하여 위법한 행위를 하지 못하도록 관리감독할 주의의무 등을 위반함으로써, 종업원이 무면허의료행위를 한 경우라면, 종업원의 그와 같은 범죄행위에 대해 영업주도 함께 일정한 책임을 물어 적절한 형벌을 부과한다고 해서 그것이 책임원칙에 반하는 것으로 보기는 어렵다고 할 것이다.

이에 반해, 비록 종업원이 영업주의 업무에 관하여 범죄를 저지른 경우라 할지라도, 영업주로서는 그 종업원에 대한 선임감독상의 주의의무 등을 다하여 영업주에게 아무런 잘못을 인정할 수 없는 경우에도, 이 사건 법률조항을 들어 그 영업주를 처벌하는 것은 범죄의 발생에 대해 아무런 책임 없는 자에게 형벌을 부과하는 것이어서 책임원칙에 위반된다고 보아야 할 것이다.

(다) 그런데 이 사건 법률조항은, 종업원의 무면허의료행위에 대한 영업주의 관여나 선임감독상의 과실 등과 같은 책임을 구성요건으로 규정하지 않은 채 종업원의 일정한 범죄행위가 인정되면 그 종업원을 처벌하는 동시에 자동적으로 영업주도 처벌하는 것으로 규정하고 있어, 종업원의 범죄에 아무런 귀책사유가 없는 영업주에 대해서도 처벌할 수 있는 것처럼 규정하고 있다.

(3) 책임의 정도를 초과한 과도한 법정형

(가) 한편 이 사건 법률조항은 다음과 같이 책임에 비해 지나치게 과도한 법정형을 규정하고 있다.

(나) 영업주가 종업원 등과 공모하거나 그 위반행위를 조장, 묵인하는 행위를 하여 공동범의 법리에 따라 처벌될 경우에는 그 행위자와 영업주에 대한 법정형이 동일하더라도 책임과 형벌의 비례성원칙에 적합하다는 평가를 받을 수 있을 것이다.

그러나, 동일한 결과를 발생시킨 행위라고 하더라도 그 행위태양에 따라서는 보호법익과 죄질에 비추어 범죄와 형벌 간의 비례의 원칙상 수긍하기 어려운 경우가 있을 수 있다. 예컨대 그 행위가 고의에 의한 것과 과실에 의한 것 사이에는 비례의 원칙상 그에 따른 책임의 정도를 다르게 판단하여야 할 것이므로 가사 이 사건 법률조항을 종업원에 대한 선임감독상의 과실 있는 영업주를 처벌하는 규정으로 보는 경우라 해도 과실밖에 없는 영업주를 고의의 본범(종업원)과 동일한 법정형으로 처벌하는 것은 각자의 책임에 비례하는 형벌의 부과라고 보기 어렵다. 무면허의료행위가 아무리 중대한 불법이라고 본다 하더라도, '종업원에 대한 선임감독상 등의 과실'에 대해 무려 '무기 또는 2년 이상의 징역형'이라는 형벌을 가하는 것은 그 책임에 비해 지나치게 무거운 법정형이라고 하지 않을 수 없기 때문이다.

뿐만 아니라 업무상 과실 또는 중대한 과실로 사람을 사망에 이르게 한 경우에 5년 이하의 금고 또는 2천만 원 이하의 벌금에 처하도록 규정하고 있는 형법 제268조와 비교해 보더라도 이 사건 법률조항의 법정형이 비례의 원칙에 크게 어긋나 있음을 쉽게 알 수 있다.

(4) 소결

그렇다면 이 사건 법률조항은 종업원의 무면허의료행위에 대해 귀책사유가 있는 영업주에 대한 처벌을 넘어 종업원의 범죄행위에 대해 아무런 책임이 없는 영업주에 대해서까지 처벌할 수 있는 가능성을 열어놓고 있을 뿐만 아니라 책임의 정도에 비해 지나치게 무거운 법정형을 규정함으로써 형벌에 관한 책임원칙에 반한다.

4. 결론

이 사건 법률조항이 위헌이라는 의견이 8인으로서 위헌심판의 정족수를 넘으므로 이 사건 법률조항에 대하여 위헌을 선언하기로 결정한다.

재판관 이강국(재판장) 이공현 조대현 김희옥 김종대(주심) 민형기 이동흡 목영준 송두환

참고판례

(가) 대법원 1982. 6. 22. 선고 82도777 판결【사기, 보건범죄단속에관한특별조치법위반】(공1982, 722)

보건범죄단속에 관한 특별조치법 제6조와 같은 양벌규정에 있어서 사업주가 개인인 때에는, 그 개인의 대리인, 사용인 기타 종입원의 위반행위가 있는 경우에 그 사업주에게 그 행위자의 선임, 감독 기타 위반행위를 방지하기 위하여 필요한 주의를 다하지 아니한 과실이 있다고 추정하고 이를 처벌하는 것이라고 볼 것이므로 그 사업주는 이러한 주의를 다 하였음을 증명하지 아니하는 한 그 형사책임을 면할 수 없다고 볼 것이다.

(나) 대법원 1987. 11. 10. 선고 87도1213 판결【미성년자보호법위반】(집35-3, 747)

a. 미성년자보호법 제4조 제1, 2항, 제2조 제1항 제3호와 제7조의 규정을 종합하면 위 제4조 제2항의 영업자에는 영업주가 아닌 영업주의 대리인, 사용인 기타 종업원 등 고용인도 포함된다.

b. 양벌규정에 의한 영업주의 처벌은 금지위반행위자인 종업원의 처벌에 종속하는 것이 아니라 독립하여 그 자신의 종업원에 대한 선임감독상의 과실로 인하여 처벌되는 것이므로 영업주의 위 과실책임을 묻는 경우 금지위반행위자인 종업원에게 구성요건상의 자격이 없다고 하더라도 영업주의 범죄성립에는 아무런 지장이 없다.

c. 종업원 등의 행정법규위반행위에 대하여 양벌규정으로 영업주의 책임

을 묻는 것은 종업원 등에 대한 영업주의 선임감독상의 과실책임을 근거로 하는 것이며 그 종업원은 영업주의 사업경영과정에 있어서 직접 또는 간접으로 영업주의 감독통제 아래 그 사업에 종사하는 자를 일컫는 것이므로 영업주 스스로 고용한 자가 아니고 타인의 고용인으로서 타인으로부터 보수를 받고 있다 하더라도 객관적 외형상으로 영업주의 업무를 처리하고 영업주의 종업원을 통하여 간접적으로 감독통제를 받는 자라면 위에 포함된다.

라. 객관적 외형상으로 영업주의 업무에 관한 행위이고 종업원이 그 영업주의 업무를 수행함에 있어서 위법행위를 한 것이라면 그 위법행위의 동기가 종업원 기타 제3자의 이익을 위한 것에 불과하고 영업주의 영업에 이로운 행위가 아니라 하여도 영업주는 그 감독해태에 대한 책임을 면할 수 없다.

(다) 헌재 2000. 6. 1. 99헌바73 【도로법 제83조 제2호 등 위헌소원】 (헌공 46, 362)

과적차량을 운행한 자나 그 운행을 지시·요구한 자를 처벌하는 것은 직접 위반행위를 한 자를 처벌하는 것이고, 행정형벌법규에서 양벌규정으로 사업주인 법인 또는 개인을 처벌하는 것은 위반행위를 한 피용자에 대한 선임감독의 책임을 물음으로써 행정규제의 목적을 달성하려는 것이므로 형벌체계상 합리적인 근거가 있다고 할 것이나, 과적차량의 운행을 지시·요구하지도 않고 과적차량을 운행한 자에 대한 선임감독의 책임도 없는 화주 등을 과적차량을 운행한 자와 양벌규정으로 처벌하는 것은 형법상 책임주의의 원칙에 반하므로, 이 사건 법률조항이 과적차량을 운행하는 자와 화주 등을 양벌규정으로 처벌하지 않고 화주 등은 과적차량의 운행을 지시·요구한 때에만 처벌하도록 규정한 데에는 합리적인 이유가 있는 것으로 평등의 원칙에 위반된 것이라고 볼 수 없다.

(라) 대법원 1999. 7. 15. 선고 95도2870 전원합의체 판결 【건축법위반】 (집 47-2, 303)

[다수의견] 구 건축법(1991. 5. 31. 법률 제4381호로 전문 개정되기 전의 것)

제54조 내지 제56조의 벌칙규정에서 그 적용대상자를 건축주, 공사감리자, 공사시공자 등 일정한 업무주로 한정한 경우에 있어서, 같은 법 제57조의 양벌규정은 업무주가 아니면서 당해 업무를 실제로 집행하는 자가 있는 때에 위 벌칙규정의 실효성을 확보하기 위하여 그 적용대상자를 당해 업무를 실제로 집행하는 자에게까지 확장함으로써 그러한 자가 당해 업무집행과 관련하여 위 벌칙규정의 위반행위를 한 경우 위 양벌규정에 의하여 처벌할 수 있도록 한 행위자의 처벌규정임과 동시에 그 위반행위의 이익귀속주체인 업무주에 대한 처벌규정이라고 할 것이다.

[보충의견] 대법원이 종래 양벌규정에 의하여 업무주 등이 아닌 행위자도 벌칙규정의 적용대상이 된다고 해석하여 온 구 건설업법(1995. 12. 30. 법률 제5137호로 개정되기 전의 것) 등의 벌칙규정의 경우에는 선행하는 의무규정 또는 금지규정에서 적용대상자를 업무주 등으로 한정하고 그 의무규정 등의 위반행위를 처벌하는 벌칙규정에서는 그 적용대상자를 별도로 한정하지 아니한 것과는 달리, 구 건축법에는 위와 같은 형식의 벌칙규정(제55조 제3호) 외에도, 의무규정 또는 금지규정에서는 적용대상자를 한정하지 아니하고 그 의무규정 등의 위반행위를 처벌하는 벌칙규정에서 비로소 적용대상자를 업무주 등으로 한정하고 있는 경우(제54조, 제55조 제1호, 제2호, 제4호 등)가 있으나, 선행의 의무규정 또는 금지규정에서 그 적용대상자를 업무주 등으로 한정한 경우에는 벌칙규정에서 다시 처벌대상자를 한정하지 않더라도 위반행위에 관한 처벌대상자는 업무주 등으로 한정됨이 명백하므로 이를 다시 벌칙규정에서 한정하지 아니한 것일 뿐이고, 한편 선행의 의무규정 또는 금지규정에서 적용대상자를 한정하지 아니한 경우에는 그 위반행위에 관한 처벌대상자를 업무주 등으로 한정하기 위하여 벌칙에서 이를 규정한 것이라 할 것인데, 그러한 차이는 입법기술적인 면에서 비롯된 규정형식상의 차이에 불과할 뿐이며, 어느 경우든 의무규정 또는 금지규정의 위반행위에 관한 벌칙규정의 적용대상자가 업무주 등으로 한정된다는 점에 있어서는 실질적인 차이가 없으므로 각각의 경우에 있어서 동일 형식의 벌칙규정에 대한 양벌규정의 의미가 달라진다고 볼 수 없고, 이와 같이 적용대상자가 업무주 등으로 한정된 벌칙규정임에도 불구하고 양벌규정에서 '행위자를 벌'한다고 규정한 입법 취지는

위의 어느 경우든 업무주를 대신하여 실제로 업무를 집행하는 자임에도 불구하고 벌칙규정의 적용대상자로 규정되어 있지 아니하여 벌칙규정만으로는 처벌할 수 없는 위반행위자를 양벌규정에 의하여 처벌할 수 있도록 함으로써 벌칙규정의 실효성을 확보하는 데에 있음이 분명하다.

[반대의견] 대법원이 종래 양벌규정에 의하여 업무주 등이 아닌 행위자도 벌칙규정의 적용대상이 된다고 해석하여 온 구 건설업법(1995. 12. 30. 법률 제5137호로 개정되기 전의 것) 등의 양벌규정은 모두 그 벌칙 본조에서 그에 선행하는 의무규정 또는 금지규정과 별도로 처벌대상자의 범위에 관하여 규정하고 있지 아니한 데 비하여, 구 건축법 제57조의 양벌규정은 그 벌칙 본조인 같은 법 제54조 내지 제56조에서 그에 선행하는 의무규정 또는 금지규정상 이미 그 적용대상자의 범위가 건축주 등으로 제한되어 있는 같은 법 제7조의2와 제7조의3 및 제29조 위반행위에 대하여는 처벌대상자에 관하여 별도로 규정함이 없이 단지 그 각 조에 위반한 자를 처벌한다고 규정하면서도(제55조 제3호) 그 의무규정 또는 금지규정에서 적용대상자의 범위를 명시적으로 제한하고 있지 아니한 경우에는 그 벌칙 본조 자체에서 명시적으로 처벌대상자를 건축주, 설계자, 공사감리자 또는 공사시공자로 한정함으로써 다른 법률에 있어서의 벌칙 본조와는 규정내용을 명백히 달리하고 있으므로(제55조 제4호), 다른 법률의 양벌규정을 행위자 처벌규정이라고 해석하여 왔다고 하여 위와 같이 벌칙 본조의 내용을 달리하고 있는 구 건축법의 양벌규정의 해석을 그와 같이 하여야 할 이유가 없는 점, 환경범죄의처벌에관한특별조치법 제5조 및 법무사법 제76조의 양벌규정은 구 건축법의 양벌규정과 유형을 같이 하고 있지만, 행위자의 처벌은 모두 벌칙 본조에 의하고 위 양벌규정이 그 처벌근거가 될 수 없음이 규정상 명백하므로 구 건축법의 양벌규정이 다른 법률의 양벌규정과 그 유형을 같이 하고 있다고 하여 벌칙 본조와 관계없이 행위자 처벌의 근거가 된다고 해석할 수 없는 점, 구 건축법의 양벌규정에서처럼 단지 그 소정의 '행위자를 벌하는 외에'라고만 규정하여 그 규정에서 행위자 처벌을 새로이 정한 것인지 여부가 명확하지 않음에도 불구하고 형사처벌의 근거 규정이 된다고 해석하는 것은 죄형법정주의의 원칙에 배치되는 온당치 못한 해석이라는 점, 종래 대법원판례가 구 건축법의 양벌

규정이 행위자 처벌의 근거 규정이 될 수 없다고 일관되게 해석하여 옴으로써 국민의 법의식상 그러한 해석이 사실상 구속력이 있는 법률해석으로 자리잡게 되었다고 할 수 있음에도 불구하고 단지 다른 법률의 양벌규정과 해석을 같이 하려는 취지에서 국민에게 불이익한 방향으로 그 해석을 변경하고 그에 따라 종전 대법원판례들을 소급적으로 변경하려는 것은 형사법에서 국민에게 법적 안정성과 예측가능성을 보장하기 위하여 소급입법금지의 원칙을 선언하고 있는 헌법의 정신과도 상용될 수 없는 점 등에 비추어 구 건축법의 양벌규정 자체가 행위자 처벌의 근거 규정이 될 수는 없다.

(마) 대법원 1992. 11. 10. 선고 92도2324 판결【중기관리법위반】(공1993, 163)

중기관리법 제33조 제1호, 제12조 제1항 제2호 소정의 벌칙규정의 적용대상은 중기의 소유자임이 그 규정 자체에 의하여 명백하나, 한편 같은 법 제36조는 법인의 대표자, 법인 또는 자연인의 대리인, 사용인 기타 종업원이 법인 또는 자연인의 업무에 관하여 제32조 내지 제35조의 규정에 해당하는 행위를 한 경우에는 그 행위자를 벌하는 외에 그 법인 또는 자연인에 대하여도 각 본조의 벌금형을 과하도록 양벌규정을 두고 있고, 이 규정의 취지는 각 본조의 위반행위를 중기소유자인 법인이나 개인이 직접 하지 않은 경우에도 그 행위자와 중기소유자 쌍방을 모두 처벌하려는 데에 있으므로, 이 양벌규정에 의하여 중기소유자가 아닌 행위자도 중기소유자에 대한 각 본조의 벌칙규정의 적용대상이 되는 것이다(당원 1991. 11. 12. 선고 91도801 판결; 1991. 2. 26. 선고 90도2597 판결; 1980. 12. 9. 선고 80도384 판결 등 참조).

(바) 대법원 2004. 5. 14. 선고 2004도74 판결【증거인멸, 산업안전보건법위반】(공2004, 1101)

구 산업안전보건법(2002. 12. 30. 법률 제6847호로 개정되기 전의 것) 제70조 제1호, 제13조 제1항, 같은 법 제68조 제1호, 제43조 제1항, 제70조 제1호, 제31조 제1항에 각각 정하여진 벌칙 규정의 적용대상은 사업자임이 규정 자체에 의하여 명백하나, 한편, 같은 법 제71조는 법인의 대표자 또는 법인이나 개인의 대리인, 사용인(관리감독자를 포함한다) 기타 종업원이 그 법인 또는 개인의 업무에 관하여 제67조 내지 제70조의 위반 행위를 한 때에는 그 행위자를 벌하는 외에 그 법인 또는 개인에 대하여도 각 본조의 벌칙 규정을 적용하도록 양벌규정을 두고 있고, 이 규정의 취지는 각 본조의 위반행위를 사업자인 법인이나 개인이 직접 하지 아니하는 경우에는 그 행위자나 사업자 쌍방을 모두 처벌하려는 데에 있으므로, 이 양벌규정에 의하여 사업자가 아닌 행위자도 사업자에 대한 각 본조의 벌칙 규정의 적용대상이 된다.

(사) 대법원 2005. 11. 10. 선고 2004도2657 판결【도로법위반】[집53형, 579; 공2005. 12. 15.(240), 1997]

헌법 제117조, 지방자치법 제3조 제1항, 제9조, 제93조, 도로법 제54조, 제83조, 제86조의 각 규정을 종합하여 보면, 국가가 본래 그의 사무의 일부를 지방자치단체의 장에게 위임하여 그 사무를 처리하게 하는 기관위임사무의 경우에는 지방자치단체는 국가기관의 일부로 볼 수 있는 것이지만, 지방자치단체가 그 고유의 자치사무를 처리하는 경우에는 지방자치단체는 국가기관의 일부가 아니라 국가기관과는 별도의 독립한 공법인이므로, 지방자치단체 소속 공무원이 지방자치단체 고유의 자치사무를 수행하던 중 도로법 제81조 내지 제85조의 규정에 의한 위반행위를 한 경우에는 지방자치단체는 도로법 제86조의 양벌규정에 따라 처벌대상이 되는 법인에 해당한다.

(아) 대법원 2009. 6. 11. 선고 2008도6530 판결【자동차관리법위반】[공2009하, 1153]

국가가 본래 그의 사무의 일부를 지방자치단체의 장에게 위임하여 그 사무를 처리하게 하는 기관위임사무의 경우에는 지방자치단체는 국가기관의 일부로 볼 수 있고, 지방자치단체가 그 고유의 자치사무를 처리하는 경우에 지방자치단체는 국가기관의 일부가 아니라 국가기관과는 별도의 독립한 공법인으로서 양벌규정에 의한 처벌대상이 되는 법인에 해당하며(대법원 2005. 11. 10. 선고 2004도2657 판결 등 참조), 법령상 지방자치단체의 장이 처리하도록 하고 있는 사무가 자치사무인지, 기관위임사무에 해당하는지 여부를 판단함에 있어서는 그에 관한 법령의 규정 형식과 취지를 우선 고려하여야 할 것이지만 그 외에도 그 사무의 성질이 전국적으로 통일적인 처리가 요구되는 사무인지 여부나 그에 관한 경비부담과 최종적인 책임귀속의 주체 등도 아울러 고려하여 판단하여야 한다(대법원 2003. 4. 22. 선고 2002두10483 판결 등 참조).

(자) 대법원 2009. 5. 28. 선고 2009도988 판결【건설산업기본법위반·배임증재(추가)】[공2009하, 1063]

[1] 건설산업기본법 제95조의2 위반죄의 처벌대상이 되는 행위는 발주자, 수급인, 하수급인 또는 이해관계인이 도급계약의 체결 또는 건설공사의 시공과 관련하여 스스로 영득하기로 하는 명목으로 재물 또는 재산상의 이익을 취득하거나 그와 같은 명목으로 이를 공여하는 행위에 한정되고, 그와 달리 발주자 등의 사용인 기타 종업원 등이 개인적으로 영득하기 위하여 배임수증재적 명목으로 재물 또는 재산상의 이익을 취득하거나 그와 같은 명목으로 이를 공여하는 행위는 위 조항에 의하여 처벌되는 행위에 포함되지 아니한다.

[2] 건설산업기본법 제98조 제2항의 양벌조항에 의하여 발주자 등의 대표자, 대리인·사용인 기타 종업원도 위 법 제38조의2와 제95조의2에 의한 처벌대상이 될 수 있으나, 발주자 등이 스스로 영득하기 위한 명목으로 재물 또는 재산상의 이익을 취득하거나 그와 같은 명목으로 이를 공여하는 행위와 사용인 등이 배임수증재적 명목으로 재물 또는 재산상의 이익을 취득하거나 그와 같은 명목으로 이를 공여하는 행위는 그 본질, 성격과 내용을 전혀 달리하는 별개의 행위이므로, 양벌조항을 매개로 삼아 전자의 행위를 처벌하는 조항으로 후자의 행위까지 처벌하는 것은 새로운 구성요건을 창출하는 것이어서 허용될 수 없다.

(차) 헌재 2009. 7. 30. 2008헌가10【청소년보호법 제54조 위헌제청】(판례집 제21권 2집 상, 64)

1. 형벌은 범죄에 대한 제재로서 그 본질은 법질서에 의해 부정적으로 평가된 행위에 대한 비난이다. 만약 법질서가 부정적으로 평가한 결과가 발생하였다고 하더라도 그러한 결과의 발생이 어느 누구의 잘못에 의한 것도 아니라면, 부정적인 결과가 발생하였다는 이유만으로 누군가에게 형벌을 가

할 수는 없다. 이와 같이 '책임없는 자에게 형벌을 부과할 수 없다'는 형벌에 관한 책임주의는 형사법의 기본원리로서, 헌법상 법치국가의 원리에 내재하는 원리인 동시에, 헌법 제10조의 취지로부터 도출되는 원리이다.

2. 이 사건 법률조항은 영업주가 고용한 종업원 등이 그 업무와 관련하여 위반행위를 한 경우에, 그와 같은 종업원 등의 범죄행위에 대해 영업주가 비난받을 만한 행위가 있었는지 여부와는 전혀 관계없이 종업원 등의 범죄행위가 있으면 자동적으로 영업주도 처벌하도록 규정하고 있다. 한편, 이 사건 법률조항을 '영업주가 종업원 등에 대한 선임감독상의 주의의무를 위반한 과실 기타 영업주의 귀책사유가 있는 경우에만 처벌하도록 규정한 것'으로 해석할 수 있는지가 문제될 수 있으나, 합헌적 법률해석은 법률조항의 문언과 목적에 비추어 가능한 범위 안에서의 해석을 전제로 하는 것이므로 위와 같은 해석은 허용되지 않는다. 결국, 이 사건 법률조항은 아무런 비난받을 만한 행위를 한 바 없는 자에 대해서까지, 다른 사람의 범죄행위를 이유로 처벌하는 것으로서 형벌에 관한 책임주의에 반하므로 헌법에 위반된다.

[재판관 이공현의 별개의견]

형벌에 관한 형사법의 기본원리인 책임원칙은 두 가지 의미를 포함한다. 하나는 '책임 없는 형벌 없다'이고, 다른 하나는 책임의 정도를 초과하는 형벌을 과할 수 없다는 것이다. 이 사건 법률조항은 종업원의 범죄에 아무런 귀책사유가 없는 개인 영업주에 대해서도 처벌할 수 있는 것처럼 규정하고 있어 '책임 없는 형벌 없다'는 원칙에 반하고, 가사 이 사건 법률조항을 종업원에 대한 선임감독상의 과실 있는 개인 영업주를 처벌하는 규정으로 보는 경우라 해도 과실밖에 없는 개인 영업주를 고의의 본범(종업원)과 동일한 법정형으로 처벌하는 것은 각자의 책임에 비례하는 형벌의 부과라고 보기 어려우므로 결국 책임주의에 반하여 헌법에 위반된다.

[재판관 조대현, 재판관 이동흡의 반대의견]

이 사건 법률조항에서 청소년에게 유해한 주류나 담배를 직접 판매한 자 이외에 영업자를 그와 동일한 벌금형으로 처벌하도록 하는 것은 종업원의 그와 같은 위반행위가 이익의 귀속주체인 영업주의 묵인 또는 방치로 인하여 발생 또는 강화될 가능성이 높아 영업주에 대한 비난가능성이 높음에도 공범으로서의 입증가능성은 오히려 낮을 수 있다는 점을 감안한 것인바, 이는 종업원의 위반행위에 대한 법인의 위와 같은 선임감독상의 주의의무위반 등에 대하여 강력한 처벌을 하려는 입법자의 의지를 반영한 것이라고 봄이 상당하다.

따라서 이 사건 법률조항의 문언상 '영업주의 종업원에 대한 선임감독상의 과실 기타 귀책사유'가 명시되어 있지 않더라도 그와 같은 귀책사유가 있는 경우에만 처벌하는 것으로 해석할 수 있고 이는 합헌적 법률해석에 따라 허용되므로, 이러한 해석을 전제로 할 때 이 사건 법률조항은 책임주의원칙에 위반되지 아니한다.

참고문헌

□ 김대휘, "양벌규정의 해석", 지송 이재상 교수 화갑기념논문집, 2003, 104~124면

우리 형법은 일반적인 법인 등 업무주 본인의 처벌규정을 두고 있지 않으나, 행정상 부수형법은 거의 예외 없이 법인 등 업무주 본인을 처벌하는 규정을 가지고 있다. … 부수형법상 존재하는 양벌규정의 형식은 다음과 같이 3가지 유형으로 나눌 수 있다.

제1유형은 법인이나 사업주의 공범책임을 근거로 하여 처벌하는 형태로서, 근로기준법 제116조 후단과 같이 "… 사업주의 위반의 계획을 알고 그 방지에 필요한 조치를 하지 아니하는 경우, 위반행위를 알고 그 시정에 필요한 조치를 하지 아니하는 경우 또는 위반을 교사한 경우에는 사업주도 행위자로서 처벌한다."는 규정이 대표적이다. 사업주가 사전 또는 사후에 직접행위자의 위반행위를 알고도 방치, 방관하거나 교사하는 경우이다.

제2유형은 법인이나 사업주의 과실책임을 근거로 법인의 면책규정을 명문화한 형태이다. 선원법 제148조 1항 단서, 하천법 제85조 단서, 항공법 제140조 단서, 구 공중위생법 제45조 단서, 관세법 제197조, 구 자동차운수사업법 제74조, 구 건축법 제57조 등은 업무주가 종업원의 업무집행에 대한 선임

감독을 태만히 하지 않았음을 증명한 경우에 법인의 책임을 면제한다. 정치자금에관한법률 제33조의 위원회 대표자나 국회의원 등에 대한 양벌규정도 이러한 유형에 속한다고 할 수 있다.

제3유형은 아무런 면책사유도 규정하지 않은 경우로서 대부분의 양벌규정이 이러한 형태를 취하고 있다. 즉 "… 한 때에는 행위자를 벌하는 외에 그 법인에 대해여도 해당 조의 벌금형을 과한다."라고 규정하는 유형이다. (…중략…) 이러한 유형의 양벌규정이 오늘날 대종을 이루고 있으며, 종전에 면책을 인정하는 제2유형은 제3유형으로 개정되고 있은 추세인데, 현행 건축법 제81조나 현행 공중위생법 제45조, 자동차관리법 제100조 등의 양벌규정이 그러한 예이다.

□ 손동권, 형법총론(제2개정판), 2005, 109~111면

… 법인의 처벌규정에 대한 법적 성질도 이들(법인, 법인의 기관 및 단순한 종업원)의 관계에 따라서 고찰하여야 한다. 우선 실제행위자가 법인의 기관이라면 법인은 무과실책임을 져야 한다. 왜냐하면 법인은 기관을 통하여 행위하므로 법인이 그를 선임한 한 그의 행위로 인한 법효과는 무조건적으로 법인에게 귀속되어야 하고, 법인 자신이 기관을 사실적으로 감독할 수도 없기 때문이다(그러나 법인 자신의 유책적 '선임'은 여전히 존재하므로 전체적으로 무과실책임이라고 할 수는 없다). 반면에 그 실제행위지가 단순한 종업원이라면 법인의 책임은 과실책임에 기초하는 것으로 보아야 한다(그러나 종업원 자신의 이익을 위한 것에 불과하더라도 영업주는 그 감독해태에 대한 책임을 면할 수 없다는 판례로는 대판 1982. 9. 14, 82도1439).

… 따라서 법인이 그의 기관을 통하여 종업원의 범죄행위를 방지하기 위하여 주요한 주의를 다하였음에도 불구하고 그 종업원이 자의로 범죄행위를 하였다면 법인의 책임은 부정된다. 다만, 법인이 그 종업원을 선입하였기 때문에 양벌규정은 그 종업원의 범죄행위를 감독하지 않은 법인의 과실책임을 추정한 것으로 보아야 하고, 소송에서 입증의 문제가 발생하면 그 입증책임이 법인에게 전환되는 것으로 보아야 한다(비슷한 판례로는 대판 1992. 8. 18, 92도1395). 그리고 법인의 종업원 행위에 대한 이러한 책임논리는 자연인인

영업주가 양벌규정에 의해 처벌되는 경우(행정형법에는 — 법인 아닌 — 자연인 영업주에 대한 양벌규정도 많음)에도 그대로 준용될 수 있을 것이다.

□ 김성돈, 형법총론(제2판), 2009, 153면

법인의 형사책임의 근거로서 무과실책임설을 취하면 형법상 책임주의에 정면으로 반한다. 명문의 규정 없이 거증책임을 피고인인 법인에게 전환할 수 없으므로 과실을 추정하는 태도는 '의심스러울 때에는 피고인의 이익으로'라는 원칙에 반한다. 따라서 법인을 처벌하려면 법인에게 적어도 선임감독상의 과실이 있어야 책임을 물을 수 있다는 과실책임설이나 부작위감독책임설이 법인처벌의 이론적 근거로서 타당성이 있다. 이 가운데 논리적인 면이나 형사정책적 측면에서 볼 때 부작위감독책임설이 과실책임설보다 타당하다. 부작위감독책임설에 의하면 법인이 종업원의 위반행위를 원했거나 알고도 제재하지 않은 경우에는 고의에 의해 감독책임을 다하지 않은 것이 되고, 종업원의 위반행위를 몰랐던 경우에는 과실에 의한 감독책임을 다하지 못한 것으로 볼 수 있기 때문이다.

쟁점연구

1. 양벌규정이란 "형벌법규를 위반한 자연인을 처벌할 뿐만 아니라 그 자연인과 일정한 관계를 맺고 있는 법인도 함께 처벌하는 규정"을 말하는데, 법인의 범죄능력을 부정하는 입장에서는 이러한 양벌규정의 법적 성질을 어떻게 설명할 것인가가 중요한 문제로 남는다. 하지만 법인의 범죄능력을 부정하고 있는 대법원도 양벌규정의 법적 성질, 즉 법인처벌의 근거와 관련하여 아직까지 명확한 입장정리를 하지 못하고 있다. 이러한 혼란은 '무과실책임설'을 취하는 도입판례를 비롯하여, '과실추정설'로 파악되는 참고판례 (가) 및 '과실책임설'의 참고판례 (나)를 통해서도 쉽게 확인된다. 법인의 범죄능력을 부정하는 입장에서 접근할 때, 법인처벌의 양벌규정을 어떻게 근거짓고 이해하는 것이 보다 바람직한가?

2. 최근 양벌규정에 대한 위헌판결(헌재 2007. 11. 29. 2005헌가10; 헌재 2009. 7. 30. 2008헌가10 등)을 통해서, 헌법재판소는 명백히 과실책임설을 취하고 있다고 평가하는 견해(김성돈, 형법총론(제2판), 2009, 153면)가 있다.
하지만 이 사안들은 행정형법상 자연인인 영업주가 양벌규정에 의해 무과실책임을 지는 경우에 관한 것이라고 판단되는데, 이러한 헌법재판소의 판단을 법인에 대한 양벌규정에도 그대로 준용할 수 있겠는지 검토해 보자.
3. 양벌규정을 두고 있는 법률이 일정한 신분자의 위반행위만을 처벌하고 있는 경우에는 "행위자를 벌하는 외에 법인 또는 개인을 처벌한다."는 양벌규정이 비신분자를 처벌하는 법적 근거가 되지 못한다. 예컨대, 행정법적 의무가 신분자에게만 부과되어 있고, 종업원은 의무없는 자(비신분자)인 경우, 종업원을 처벌할 수 있는가의 문제가 바로 '양벌규정의 수범자 범위확대기능'을 인정할 수 있는가의 문제이다. 이에 관해서 대법원은 참고판례 (라), (마), (바)와 같은 논리전개를 통해 이를 인정하고 있다.
하지만 양벌규정의 '행위자를 벌하는 외에'라는 문구의 의미는 신분범을 비신분범으로 전환하는 의미가 아니고, 행위자를 처벌하는 경우에 법인이나 그 대표자를 처벌하기 위한 규정으로 이해해야 한다는 시각에서 대법원의 위와 같은 태도에 대해 문제를 제기하는 견해{참고판례 (마)의 반대의견; 이재상, "1999년의 형사판례회고", 형사판례연구, 제8권, 2000, 575면; 허일태, "피고인에게 불리한 판례의 변경과 소급효금지원칙", 형사판례연구, 제9권, 2001, 142면}도 존재한다. 과연 '양벌규정의 수범자 범위확대기능'을 인정하고 있는 대법원의 태도는 타당한가?
'양벌규정의 수범자 범위확대기능'을 둘러싼 견해의 대립과 그 논거를 살펴보고, 그 타당성에 대해 생각해 보자.

주요개념

1. 양벌규정의 법적 성질
2. 수범자 범위확대기능

제 5 장 부작위

Ⅰ. 작위와 부작위의 구별

도입판례

대법원 2004. 6. 24. 선고 2002도995 판결【살인(인정된 죄명 : 살인방조), 살인】(공2004, 1255)

【피 고 인】 갑, 을, 병
【상 고 인】 피고인 갑, 을 및 검사(피고인들에 대하여)
【변 호 인】 법무법인 세종 담당변호사 이건웅 외 8인
【원심판결】 서울고법 2002. 2. 7. 선고 98노1310 판결
【주　　문】 피고인 갑, 피고인 을과 검사의 각 상고를 기각한다.
【이　　유】

1. 이 사건 공소사실의 요지와 원심이 인정한 사실관계

가. 이 사건 공소사실의 요지는, 피고인들이 원심공동피고인과 공모하여 다음과 같이 피해자를 살해하였다는 것이다.

(1) 피해자는 1997. 12. 4. 14:30 술에 취한 채 화장실을 가다가 중심을 잃어 기둥에 머리를 부딪치고 시멘트 바닥에 넘어지면서 다시 머리를 바닥에 찧어 경막외출혈상을 입고 (이름생략)병원으로 응급후송되었다.

(2) 피해자는 피고인들을 포함한 의료진에 의하여 수술을 받고 중환자실로 옮겨져 의식이 회복되고 있었으나 뇌수술에 따른 뇌부종으로 자가호흡을 할 수 없는 상태에 있었으므로 호흡보조장치를 부착한 채 계속

치료를 받고 있었다.

(3) 피해자의 처 원심공동피고인은 여러 차례 피고인 갑 등에게 집으로 퇴원시키겠다는 의사를 밝혔으나 위와 같은 피해자의 상태에 비추어 인공호흡장치가 없는 집으로 퇴원하게 되면 호흡을 제대로 하지 못하여 사망하게 될 것이라는 설명을 들었으므로 피해자를 집으로 퇴원시키면 호흡정지로 사망하게 된다는 사실을 명백히 알게 되었음에도, 피해자가 차라리 사망하는 것이 낫겠다고 생각한 나머지 피해자를 퇴원시키는 방법으로 살해할 것을 결의하고, 1997. 12. 6. 14:20경과 18:00경 주치의인 피고인 을에게 도저히 더 이상의 치료비를 추가 부담할 능력이 없다는 이유로 퇴원을 요구하였다.

(4) 피고인들은 피해자를 집으로 퇴원시킬 경우 호흡이 어렵게 되어 사망하게 된다는 사실을 충분히 알고 있었는바, 피고인 을은 원심공동피고인이 여러 차례의 설명과 만류에도 불구하고 치료비 등이 없다는 이유로 계속 퇴원을 고집하자 상사인 피고인 갑에게 직접 퇴원 승낙을 받도록 하라고 하였고, 피고인 갑은 1997. 12. 6. 10:00경 피고인 을로부터 위와 같은 원심공동피고인의 요구사항을 보고 받은 후, 자신을 찾아온 원심공동피고인에게 피해자가 퇴원하면 사망한다고 설명하면서 퇴원을 만류하였으나 원심공동피고인이 계속 퇴원을 요구하자 이를 받아들여 피고인 을에게 피해자의 퇴원을 지시하였다.

(5) 원심공동피고인이 퇴원수속을 마치자 피고인 을은 피고인 병에게 피해자를 집까지 호송하도록 지시하였고, 그에 따라 같은 날 14:20경 피고인 병과 원심공동피고인 등이 피해자를 중환자실에서 구급차로 옮겨 싣고 피해자의 집까지 데리고 간 다음, 피고인 병이 원심공동피고인의 동의를 받아 피해자에게 부착하여 수동 작동 중이던 인공호흡보조장치와 기관에 삽입된 관을 제거하여 감으로써 그 무렵 피해자로 하여금 호흡정지로 사망에 이르게 하였다.

<… 중략 …>

3. 피고인 갑, 피고인 을에 대한 원심 판단의 당부

가. 원심의 판단

원심은, 피고인 갑, 피고인 을(이하 '피고인들'이라 할 때는 이 두 피고인을 가리킨다)이 피해자의 퇴원을 위하여 취한 조치와 그로 인한 치료행위의 중단은 한 개의 사실관계의 양면으로 서로 결합되어 있는 것으로서, 의사의 관점에서 볼 때 피고인들에 대한 비난은 피고인들이 소극적으로 치료행위를 중단한 점에 있다기보다는 원심공동피고인의 퇴원 요청을 받아들여 적극적으로 퇴원에 필요한 조치를 취한 점에 집중되어야 할 것이고, 피고인들은 피해자를 퇴원시킬 당시 원심공동피고인이 피해자에 대한 보호의무를 저버려서 그를 사망에 이르게 하리라는 사정을 인식하고 있었을 뿐 나아가 그러한 결과의 발생을 용인하는 내심의 의사까지는 없었다 할 것이어서 정범의 고의를 인정할 수 없으므로, 피고인들의 행위는 부작위에 의한 살해행위가 아니라 원심공동피고인의 부작위에 의한 살인행위 실행을 용이하게 한, 작위의 방조행위로 봄이 상당하다는 이유로, 피고인들을 부작위에 의한 살인죄의 정범으로 처단한 제1심판결을 파기하고, 피고인들을 작위에 의한 살인방조죄로 처단하였다.

나. 검사의 상고이유 주장에 대한 판단

(1) 살인죄에 있어서의 고의는 반드시 살해의 목적이나 계획적인 살해의 의도가 있어야 하는 것은 아니고 자기의 행위로 인하여 타인의 사망의 결과를 발생시킬 만한 가능 또는 위험이 있음을 인식하거나 예견하면 족한 것이고 그 인식 또는 예견은 확정적인 것은 물론 불확정적인 것이더라도 소위 미필적 고의로서 살인의 범의가 인정되는 것인바(대법원 2003. 4. 25. 선고 2003도949 판결 등 참조), 기록에 의하면, 피해자는 경막하 출혈상을 입고 9시간 동안 두개골 절제술 및 혈종 제거 수술을 받은 후 중환자실로 옮겨져 인공호흡기를 부착한 상태로 계속 합병증 및 후유증에 대한 치료를 받고 있었는데 그로부터 불과 하루 남짓이 경과한 상태에서 피해자에게서 인공호흡기를 제거하는 등 치료를 중단하는 경우 종국에는 사망할 가능성 내지 위험성이 있음이 예견되었고, 피고인들 또한, 담당 전문의와 주치의로서 이러한 사실을 인식하고 있었는바, 이러

한 점에 비추어 보면 피고인들이 비록 원심공동피고인의 요청에 의하여 마지못해 치료를 중단하였다고 하더라도 그 당시 피해자의 사망이라는 결과 발생에 대한 미필적 인식 내지 예견마저 없었다고 보기는 어려우므로, 피고인들에게 정범의 고의가 없다고 본 원심의 판단은 잘못된 것이다.

(2) 그러나 다른 한편, 형법 제30조의 공동정범이 성립하기 위하여는 주관적 요건인 공동가공의 의사와 객관적 요건으로서 그 공동의사에 기한 기능적 행위지배를 통하여 범죄를 실행하였을 것이 필요하고, 여기서 공동가공의 의사란 타인의 범행을 인식하면서도 이를 제지함이 없이 용인하는 것만으로는 부족하고 공동의 의사로 특정한 범죄행위를 하기 위하여 일체가 되어 서로 다른 사람의 행위를 이용하여 자기의 의사를 실행에 옮기는 것을 내용으로 하는 것이어야 하는바(대법원 2003. 3. 28. 선고 2002도7477 판결 등 참조), 기록에 의하여 드러난 사정들, 즉 피고인들이 원심공동피고인의 퇴원조치 요구를 극구 거절하고, 나아가 꼭 퇴원을 하고 싶으면 차라리 피해자를 데리고 몰래 도망치라고까지 말하였던 점, 퇴원 당시 피해자는 인공호흡 조절수보다 자가호흡수가 많았으므로 일단 자발호흡이 가능하였던 것으로 보이고, 수축기 혈압도 150/80으로 당장의 생명유지에 지장은 없었던 것으로 보이는 점, 피해자의 동맥혈 가스분석 등에 기초한 폐의 환기기능을 고려할 때 인공호흡기의 제거나 산소공급의 중단이 즉각적인 호흡기능의 정지를 유발할 가능성이 적었을 것으로 보이는 점 등에 비추어 보면, 피고인들은 피해자의 처 원심공동피고인의 강청에 못 이겨 피해자의 퇴원에 필요한 조치를 취하기는 하였으나, 당시 인공호흡장치의 제거만으로 즉시 사망의 결과가 발생할 것으로 생각하지는 아니하였던 것으로 보이고(피해자가 실제로 인공호흡장치를 제거한 지 5분 정도 후에 사망하였다는 것만으로 그러한 결과가 사전에 당연히 예견되는 것이었다고 단정하기는 어렵다), 결국 피고인들의 이 사건 범행은, 피해자의 담당 의사로서 피해자의 퇴원을 허용하는 행위를 통하여 피해자의 생사를, 민법상 부양의무자요 제1차적 보증인의 지위에 있는

원심공동피고인의 추후 의무이행 여부에 맡긴 데 불과한 것이라 하겠고, 그 후 피해자의 사망이라는 결과나 그에 이르는 사태의 핵심적 경과를 피고인들이 계획적으로 조종하거나 저지·촉진하는 등으로 지배하고 있었다고 보기는 어렵다. 따라서 피고인들에게는 앞에서 본 공동정범의 객관적 요건인 이른바 기능적 행위지배가 흠결되어 있다고 보는 것이 옳다.

(3) 따라서 피고인들이 원심공동피고인의 부작위에 의한 살인행위를 용이하게 함으로써 이를 방조하였을 뿐이라고 본 원심의 판단은 결론에 있어 정당하고, 거기에 판결 결과에 영향을 미친 위법이 있다고 할 수 없다. 검사의 이 부분 상고이유 주장은 이유 없다.

다. 피고인 갑, 피고인 을의 상고이유에 대한 판단

(1) 어떠한 범죄가 적극적 작위에 의하여 이루어질 수 있음은 물론 결과의 발생을 방지하지 아니하는 소극적 부작위에 의하여도 실현될 수 있는 경우에, 행위자가 자신의 신체적 활동이나 물리적·화학적 작용을 통하여 적극적으로 타인의 법익 상황을 악화시킴으로써 결국 그 타인의 법익을 침해하기에 이르렀다면, 이는 작위에 의한 범죄로 봄이 원칙이고, 작위에 의하여 악화된 법익 상황을 다시 되돌이키지 아니한 점에 주목하여 이를 부작위범으로 볼 것은 아니며, 나아가 악화되기 이전의 법익 상황이, 그 행위자가 과거에 행한 또 다른 작위의 결과에 의하여 유지되고 있었다 하여 이와 달리 볼 이유가 없다.

이 사건의 경우 피고인들은 피고인 병에게 피해자를 집으로 후송하고 호흡보조장치를 제거할 것을 지시하는 등의 적극적 행위를 통하여 원심공동피고인의 부작위에 의한 살인행위를 도운 것이므로, 이를 작위에 의한 방조범으로 본 원심의 판단은 정당한 것으로 수긍할 수 있고, 거기에 피고인들이 상고이유로 주장하는 바처럼 형법상 작위와 부작위의 구별 및 방조행위의 성립에 관한 법리오해 등의 위법이 없다.

나아가 피고인들의 행위를 작위에 의한 방조범으로 보는 이상 치료위임계약의 해지에 관한 법리오해 및 수임인의 긴급처리의무·의사의 교체(이른바 전의)의무 등 피고인들의 작위의무와 관련된 각종 법리오해 등은 어느 것이나 판결 결과에 영향을 미칠 수 없다(원심 역시 위와 같은 이유로 피고인들이 한 같은 취지의 원심 주장을 배척한 바 있다).

(2) 원심은 피고인들이 피고인 병으로 하여금 원심공동피고인과 함께 피해자를 집까지 데리고 간 다음 인공호흡보조장치와 기관에 삽입된 관을 제거하도록 지시한 사실을 인정한 이상, 위와 같은 원심의 조치에 피고인들이 상고이유로 주장하는 바처럼 범죄사실을 특정하지 아니한 위법이 있다고도 볼 수 없다.

(3) 원심은, 피고인 을이 신경외과 전문의가 되기 위한 수련과정을 밟고 있는 전공의로서 퇴원이나 치료 중단을 결정할 권한이 없고, 또 실제로 퇴원을 지시한 사실이 없다 하여도, 피고인 을은 피해자가 처음 응급실로 왔을 때부터 퇴원에 이르기까지 피해자의 치료를 담당하여 피해자의 상태를 누구보다도 잘 알고 있었고, 나아가 피해자가 퇴원하면 원심공동피고인이 피해자에게 적절한 치료를 베풀지 아니하여 사망에 이르게 할 가능성이 크다는 사정까지 알면서도 원심공동피고인의 범행을 방조한 이상, 위와 같은 사정은 살인방조죄의 성립을 좌우할 수 없다는 취지로 판시하였다. 기록에 의하면 이와 같은 원심의 사실인정과 판단은 모두 옳고, 거기에 채증법칙 위배로 인한 사실오인 등으로 판결 결과에 영향을 미친 위법을 찾아볼 수 없다. 피고인 을의 이 부분 상고이유 주장 역시 이유 없다.

(4) 원심이 피고인들에게 정범의 고의가 없다고 본 것은 앞서 본 바와 같이 잘못이나, 방조의 고의를 인정한 조치에는 법리오해의 위법이 있다 할 수 없고, 따라서 피고인들의 이 사건 범행은 방조범의 성립에 요구되는 정범의 고의와 방조의 고의를 모두 갖추고 있는 것이어서, 위와 같은 원심의 잘못은 판결 결과에 영향이 없다 할 것이다. 결국, 원심의 판단에는 방조범의 고의에 관한 법리 및 의학적 권고에 반하는 환자의 퇴원(discharge against medical advice)에 있어 의사(醫師)의 고의에 관한 법리를 오해하는 등의 위법이 없으므로, 이 부분의 상고이유 주장은 받아들일 수 없다.

(5) 치료를 요하는 피부양자를 방치하여 사망에 이르게 한 원심공동피고인의 행위가 경제적 곤궁으로 인한 것이라거나, 피고인들이 피해자에 대한 치료를 지속시키기 위하여 원심공동피고인을 설득하는 등 최선을 다하였으나, 원심공동피고인이 마음을 바꾸지 아니하여 불가피하게 이 사건 범행에 이르게 되었다는 것은 모두 형의 양정에 참작할 사정에 불과하므로, 피고인들의 상고이유 주장과는 달리 원심공동피고인을 살인죄의 정범으로, 피고인들을 방조범으로 각 처단한 원심의 조치에 채증법칙 위배로 인한 사실오인이나 정당행위 및 정범의 실행행위에 관한 법리오해 등으로 판결 결과에 영향을 미친 위법이 없다.

(6) 종범은 정범의 실행행위 중에 이를 방조하는 경우뿐만 아니라, 실행 착수 전에 장래의 실행행위를 예상하고 이를 용이하게 하는 행위를 하여 방조한 경우에도 성립하므로(대법원 1996. 9. 6. 선고 95도2551 판결 등 참조), 원심이 피고인들의 행위가 원심공동피고인의 부작위에 의한 살인행위를 방조한 것으로 본 데에 인과관계에 관한 법리오해 또는 채증법칙 위배로 인한 사실오인으로 판결 결과에 영향을 미친 위법이 없으며, 가사 피해자가 매우 위독한 상태에 있었다 하여도 회복할 가능성이 전혀 없었던 것이 아닌 이상 피고인들의 이 사건 범행과 피해자의 사망 사이에 합법칙적 연관 내지 상당인과관계를 인정할 수 없다고는 보기 어렵다. 피고인들의 이 부분 상고이유 주장은 받아들일 수 없다.

(7) 법원은 공소사실의 동일성이 인정되는 범위 내에서 공소가 제기된 범죄사실보다 가벼운 범죄사실이 인정되는 경우에 있어서, 그 심리의 경과 등에 비추어 볼 때 피고인의 방어에 실질적인 불이익을 주는 것이 아니라면 공소장 변경 없이 직권으로 가벼운 범죄사실을 인정할 수 있다고 할 것이므로 공동정범으로 기소된 범죄사실을 방조사실로 인정할 수 있다(대법원 1995. 9. 29. 선고 95도456 판결 참조).

원심이 공소장 변경 없이 살인죄의 공동정범으로 기소된 피고인들을 살인방조죄로 처단한 조치는 위 법리에 비추어 정당하고, 거기에 상고이유로 주장하는 바처럼 공소장 변경에 관한 법리오해 등의 위법이 없다.

4. 결론

따라서 피고인 갑, 피고인 을과 검사의 각 상고를 기각하기로 하여 주문과 같이 판결한다.

대법관 이용우(재판장) 조무제 이규홍 박재윤(주심)

참고판례

(가) 서울지법남부지원 1998. 5. 15. 선고 98고합9 판결 (도입판례의 제1심 판결)

피고인 갑은 피해자(남, 58세)의 처이고, 피고인 을은 서울 동작구 신대방 2동 395 소재 보라매병원 신경외과 전담의사, 피고인 병은 위 병원 같은 과 레지던트로 각 근무하고 있는 자인바, 1997. 12. 4. 14:30경 위 피해자가 서울 금천구 독산본동 958의 59 소재 자신의 주거지에서 술에 취한 채 화장실을 가다가 중심을 잃어 기둥에 머리를 부딪치고 시멘트 바닥에 넘어지면서 머리를 충격하여 경막외출혈상을 입어 위 보라매병원으로 응급후송된 다음, 같은 날 18:05경부터 다음날 03:00경까지 피고인 을의 집도와 피고인 병 등의 보조로 경막외출혈로 인한 혈종 제거 수술을 받고 중환자실로 옮겨져 계속 치료를 받았는데, 위 혈종 제거 수술이 성공적으로 이루어졌고, 시간이 경과함에 따라 위 피해자의 대광반사와 충격에 대한 반응의 속도가 점점 빨라지고 이름을 부르면 스스로 눈까지 뜨려고 하는 등 그 상태가 호전되어 계속적으로 치료를 받을 경우 회복될 가능성이 많았으나, 뇌수술에 따른 뇌부종으로 자가호흡을 하기 어려운 상태에 있어 인공호흡을 위한 산소호흡기를 부착한 채 계속 치료를 받고 있던 중, 피고인 갑은 위 피해자의 처로서 계속적인 치료를 통하여 위 피해자의 생명을 보호하여야 할 의무가 있음에도 불구하고 당시까지의 치료비 2,600,000원 상당뿐만 아니라 이후부터의 추가치료비 지출이 자신의 재산능력에 비추어 상당한 부담이 되고, 금은방을 운영하다 실패한 후 17년 동안 무위도식하면서 술만 마시고 가족들에 대한 구타를 일삼아 온 위 피해자가 가족들에게 계속 짐이 되기보다는 차라리 사망하는 것이 낫겠다고 생각한 나머지, 피고인 을, 병으로부터 위와 같은 위 피해자의 상태와 인공호흡장치가 없는 집으로 퇴원하게 되면 호흡을 제대로 하지 못하여 위 피해자가 사망하게 된다는 사실을 설명 들어 알게 되었음에도 위 피해자에 대한 치료를 중단하고 퇴원시키는 방법으로 위 피해자를 살해할 것을 마음먹고, 같은 달 5. 14:20경과 18:00경 두 차례에 걸쳐 주치의인 피고인 병에게 "도저히 더 이상의 추가치료비를 부담할 능력이 없다"는 이유로 퇴원시켜달라고 요구하였고, 한편 피고인 을, 병으로서는 위 피해자에 대한 뇌수술 및 치료를 담당하고 있었고, 위와 같은 위 피해자의 상태와 회복가능성, 치료를 중단하고 퇴원시킬 경우 위 피해자가 호흡이 어렵게 되어 사망하게 된다는 사실을 알고 있었으므로 계속적으로 치료를 함으로써 위 피해자의 생명을 보호하여야 할 의무가 있음에도 불구하고, 피고인 병은 피고인 갑이 여러 차례의 설명과 만류에도 불구하고 치료비가 없다는 이유로 계속 퇴원을 고집하자 상사인 피고인 을에게 직접 퇴원 승낙을 받도록 하라고 하고, 피고인 을은 같은 달 6. 10:00경 피고인 병으로부터 피고인 갑의 위와 같은 요구사항을 보고 받은 후, 자신을 찾아온 피고인 갑에게 위 피해자가 퇴원하면 사망한다고 설명하면서 퇴원을 만류하였으나 피고인 갑이 계속 퇴원을 요구하자 이를 받아들여 피고인 병에게 위 피해자를 퇴원시키도록 지시하고, 피고인 병은 이에 따라 위 피해자에 대한 퇴원을 지시하여 위 피고인 갑으로 하여금 퇴원수속을 마치도록 한 다음, 위 병원 같은 과 인턴인 상피고인 정에게 위 피해자를 집까지 호송하도록 하여, 같은 날 14:20경 위 피고인 정, 갑 등이 위 피해자를 중환자실에서 구급차로 옮겨 실어 위 피해자의 집까지 태우고 간 다음, 위 피고인 정이 위 피해자에게 부착하여 수동 작동 중이던 인공호흡보조장치인 엠브와 기관에 삽입된 관을 제거하여 감으로써 그 무렵 위 피해자로 하여금 뇌간압박에 의한 호흡곤란으로 사망에 이르게 함으로써 위 피해자를 살해한 것이다.

<… 중략 …>

2. 피고인 을, 병에 대하여

가. 위 피고인들의 변호인은, 의사의 치료행위는 환자의 자기결정권으로 인하여 환자의 동의 하에서만 진행될 수 있는 것이므로, 이 사건의 경우와 같이 환자가 의식이 없는 상태에서 환자의 보호자가 계속적인 치료의 설득 노력에도 불구하고 치료를 거부하고 강력하게 퇴원을 요구하는 경우에는 의사인 피고인 을, 병의 환자에 대한 치료를 계속하여야 할 법률상 의무는 소멸된다고 주장한다.

살피건대, 무릇 의사의 의료행위는 원칙적으로 환자의 자기결정권에 따른 승낙이 있어야만 정당성을 갖는 합법행위가 되는 것이므로, 의사로서는 의료행위의 시작에 있어서는 물론이고, 그 종료에 있어서도 환자의 자기결정권을 최대한 존중하여야 하는 것이다.

이 사건에서 피고인 을, 병은 위 피해자의 상태가 워낙 위중하여 당초 위 피해자나 그 보호자의 명시적인 승낙 없이, 추정적 승낙에 기하여 수술을 시작하였는데, 그 수술 도중에 위 피해자의 처인 피고인 갑으로부터 위 피해자에 대한 수술 및 치료행위에 대한 승낙을 얻게 되었으므로, 그 의료행위에 대한 적법성을 보유하게 되었고, 따라서 피고인 을, 병은 의사로서 위 피해자에 대한 관계에 있어 직접적으로 그의 생명을 보호하여야 할 지위와 의무를 갖게 되었다 할 것이다.

그런데, 위와 같이 환자에 대한 생명과 신체를 보호하여야 할 지위와 의무를 가지게 된 의사가 환자를 위하여 의료행위를 계속하여야 한다고 판단됨에도 불구하고 환자가 자기결정권에 기하여 의료행위의 계속을 원하지 아니하는 경우, 원칙적으로는 의사가 환자를 보호하여야 할 지위나 의무가 종료 내지 배제되어 더 이상 의료행위를 계속할 필요가 없게 된다 할 것이다.

그러나, 의료행위의 중지가 곧바로 환자의 사망이라는 중대한 결과를 초래하는 경우에 있어서는 의료행위의 중지, 즉 퇴원 요구를 받은 의사로서는 환자의 생명을 보호하기 위하여 의료행위를 계속하여야 할 의무와 환자의 요구에 따라 환자를 퇴원시킬 의무와의 충돌이 일어나게 되는바, 그러한 의무의 충돌이 있는 경우 의사로서는 더 높은 가치인 환자의 생명을 보호할 의무가 우선하여 환자의 퇴원 요구에도 불구하고 환자를 보호하여야 할 지위나 의무가 종료되지는 아니한다고 할 것이다. 이는 의료행위의 중지가 곧바로 환자의 사망이라는 결과를 초래하는 경우 부작위에 의한 살인이라는 결과에 이를 수 있고, 우리 형법이 일반적인 살인행위뿐만 아니라 촉탁, 승낙에 의한 살인행위와 자살을 방조하는 행위에 대하여도 처벌을 하고 있는 점에 비추어서도 그러하다.

위와 같은 경우, 의사로서는 의료행위를 중지할 시점에 있어 환자의 자기결정권에 기한 진정한 의료행위의 중지 요구가 있었는지 여부와 환자의 상태, 회복가능성 등에 대하여 진지하게 고려하고, 그것이 법률상 허용되는 것인가 여부에 대한 검토를 하여야 할 것이며, 환자를 보호하여야 할 지위나 의무가 종료되지 아니하였음에도 불구하고 회복가능성이 높은 환자에 대하여 환자의 자기결정권만을 존중하여 의료행위를 중지하거나, 의료행위의 중지 요구가 환자의 자기결정권에 기한 진정한 의사표시라고 보기 어려움에도 이를 오인하여 의료행위를 중지하고, 그것이 직접적인 원인이 되어 환자를 사망케 한 경우에는 다른 특별한 사정이 없는 한 그 행위는 위법하다고 할 것이다.

먼저, 이 사건에 있어 환자의 자기결정권에 기한 진정한 의료행위 중지의 의사표시가 있어 위 피고인들의 행위에 대한 위법성이 조각될 수 있는 특별한 사정이 있었는지 여부에 관하여 살펴보면, 환자 본인의 자기결정권에 기한 의료행위 중지의 의사표시는 원칙적으로 그 중지 당시에 명시적으로 표시되어야 할 것이나, 그러한 명시적인 의사표시가 없는 경우에는 추정적 의사표시에 의하여도 가능하다 할 것이고, 이러한 추정적 의사표시는 사전에 문서나 구두에 의한 환자 본인의 명시적인 의사표시가 있는 경우 그것이 환자의 추정적 의사표시를 인정할 수 있는 하나의 유력한 증거가 될 수 있으나, 사전에 환자 본인의 명시적인 의사표시가 없는 경우에는 가족이 환자 본인의 입장에 서서 의료행위를 계속할 것인지 여부에 관하여 진지하게 고려한 후 그에 기하여 한 가족의 의사표시로부터 환자 본인의 의사를 추정하는 것도 일정한 경우 허용된다고 할 것인데, 그러한 추정이 허용되기 위해서는 가족이 환자의 성격, 가치관, 인생관 등을 충분히 알고 그러한 의사를 정확하게 추정할 수 있는 입장에 있어야 하고, 가족이 환자의 병의 상태, 치료 내용,

예후 등에 관하여 의사 등을 통하여 충분한 정보와 정확한 인식을 가지고 있어야 하며, 한편 가족의 의사표시를 판단하는 의사 측도 가족의 태도, 환자와 가족의 관계에 대하여 가족과의 대화 등을 통하여 환자와 가족을 잘 인식하고 이해하도록 노력하여야 하고, 그러한 입장에서 환자의 추정적 의사가 있는지 여부를 신중하게 판단하여야 하며, 환자에게 의료행위의 중지를 요구하는 추정적 의사가 있는지 여부가 의심스러울 경우에는 환자의 생명을 보호·유지하여야 할 의무를 우선시켜야 할 것이다.

그런데, 이 사건에 있어서 의료행위의 중지에 관한 환자의 명시적인 의사표시는 없었고, 위 피해자의 처인 피고인 갑의 의료행위 중지, 즉 퇴원의 요구가 있었을 뿐인바, 앞서 본 바와 같이 위 피고인은 위 피해자에 대한 치료비와 위 피해자가 그 동안 가족에 대하여 짐이 되었다는 점을 우선적으로 고려함으로써 위 피해자의 의사를 정확하게 추정할 수 있는 입장에 있었다고 보기 어렵고, 환자의 병의 상태, 치료 내용, 예후 등에 관하여 의사 등을 통하여 충분한 정보와 정확한 인식을 가지고 있었다고 보기도 어려우며, 한편 가족의 의사표시를 통하여 위 피해자의 의사를 판단하는 피고인 을, 병으로서도 위 피해자가 달리 치료행위의 중지를 원하였다고 볼 만한 사정이 엿보이지 아니함에도 수술 후 의식이 회복되지 아니한 위 피해자의 생명 보호나 위 피해자 본인의 의사는 전혀 고려하지 아니한 채 오로지 처인 피고인 갑의 의사만을 고려하였고, 피고인 갑이 퇴원을 요구하는 이유도 단지 치료비가 부담스럽다는 점이었음에도 불구하고 이를 받아들여 그대로 퇴원을 결정한 점에서, 위 피고인들의 치료중지행위는 환자의 자기결정권에 기한 것에 해당하지 아니한 것으로 의료행위의 중지에 있어서 요구되는 법적 허용요건을 충족하지 못한 것이라 할 것이다.

다음으로, 환자의 회복가능성과 관련하여 위법성이 조각된다고 하기 위하여는, 환자가 불치의 병에 걸려 회복을 예상할 수 없고, 사망의 시기가 임박한 상태에 있을 것이 요구된다 할 것인데, 이 사건의 경우 피고인 을의 법정에서의 진술에 의하더라도 문헌상 위 피해자와 같은 정도의 혼수척도인 두부손상 환자의 경우 식물인간이 될 확률이 27%인 반면 회복가능성의 확률은 73%에 이른다는 것이고, 피고인 병도 검찰에서 "합병증이 발생하지 않는 경우 위 피해자의 생존가능성은 70~80% 가량 되었고, 퇴원하기까지 내과적인 합병증은 있었으나 곧바로 사망할 정도는 아니었다."고 진술하였으며, 증인 A의 법정에서의 진술도 부검결과 위 피해자에게 있어 위 피고인들이 주장하는 파종성혈관내응고병증 및 저혈압에 의한 허혈성간손상은 발견되지 않았다는 점과 아울러 앞서 인정한 바와 같이 위 피해자는 혈종 제거 수술이 성공적으로 이루어졌고, 시간이 경과함에 따라 대광반사와 충격에 대한 반응의 속도가 점점 빨라지고 이름을 부르면 스스로 눈까지 뜨려고 하는 등 그 상태가 호전되었던 점 등에 비추어, 위 피해자는 계속적으로 치료를 받을 경우 회복될 가능성이 많았던 경우이므로, 환자의 회복가능성의 측면에 있어서도 위 피고인들의 치료중지행위는 의료행위의 중지에 있어서 요구되는 법적 허용요건을 충족하지 못한 것이라 할 것이다.

따라서 환자인 위 피해자를 보호하여야 할 지위나 의무가 종료되지 아니한 피고인 을, 병이 위 피해자에 대한 치료를 중지한 행위는 위법성이 소각된다고 할 수 없으므로, 변호인의 위 주장은 받아들이지 아니한다.

또한, 가사 피고인 을, 병이 치료행위를 중지하고 환자를 퇴원시키게 되면 환자가 곧 사망에 이르는 경우에도 환자나 보호자의 퇴원요구가 있으면 이에 따라야 하고, 이러한 것이 '의학적 충고에 반하는 퇴원'으로서 의료계의 관행으로 허용되어 죄가 되지 아니한다고 오인하였다고 하더라도, 앞서 본 바와 같이 계속적으로 치료를 받을 경우 회복될 가능성과 가까운 시일 내에 의식을 회복할 가능성이 많았던 환자가 본인의 의사가 아닌 보호자의 의사에 기한 퇴원 요구와 이를 받아들인 위 피고인들의 퇴원결정에 따라 퇴원한 후 그것이 직접적인 원인이 되어 사망에 이를 수 있다는 점에 대하여 위 피고인들로서는 이미 그러한 행위가 자신들의 양심에 반하는 것임을 알았을 것이고, 가사 몰랐다고 하더라도 진지하게 자신의 양심에 비추어 보았더라면 도의감정이나 윤리관념에 어긋난다는 것을 알 수 있었을 것이며, 따라서 위와 같은 오인을 회피할 가능성이 충분히 있었다 할 것이고, 아울러 위 피고인들로서는 위와 같은 상황 하에서의 치료행위의 중지가 허용되는 것인지, 규범에 반하는 것은 아닌지 여부에 대하여 스스로 심사숙고하고, 나아가 전문가나 관계기관에의 조회 등을 통하여 충분한 검토를 하였어야 함에도 불구하고, 너무나 경솔하게 독자적인 판단에 따라 의료행위의 중지를 의미하는 퇴원 결정을 한 이상, 위 피고인들이 자신들의 행위가 죄가 되지 아니하는 것으로 오인하였다 하더라도 이는 정당한 이유가 있는 경우라고는 할 수 없다.

나. 위 피고인들의 변호인은, 피고인 을, 병이 피고인 갑으로부터 동의도 없이 수술까지 하고 퇴원도 허용하지 않으면 어떻게 하느냐는 협박성 요구까지 받았고, 그러한 퇴원 요구를 거절하고 치료를 계속하였으나 예후가 좋지 아니하여 위 피해자가 사망하였을 경우 가족들의 소란행위와 치료비의 부담이 문제되며, 경우에 따라서는 위 피고인들이 형사적인 처벌까지 받을 수 있는 상황에서 치료를 계속한다는 것은 기대하기 어려우므로 적법행위에 대한 기대가능성이 없어 책임이 조각된다고 주장한다.

살피건대, 환자나 보호자의 치료종결 요구와 의사의 환자에 대한 치료계속의 의사가 서로 상치되어 의사가 환자를 계속 치료하고자 하는 것에 대하여 환자나 보호자의 현실적이고도 직접적인 위해나 진료의 방해행위가 있거나, 또는 치료의 계속에 따라 과다한 비용이 발생하고 이를 환자나 보호자로부터 지급받을 가능성이 희박한 경우 등에는 의사에게 그 치료를 계속하도록 하는 것을 기대하기 어려운 경우도 있을 수 있다고 할 것이다.

그러나, 이 사건에 있어서는 피고인 을, 병은 검찰에서 "자신이 피고인 갑의 퇴원요구를 거절하더라도 위 피고인 갑이 자신에게 행패를 부리거나 중환자실에 난입하여 강제로 환자를 데리고 갈 것으로까지는 생각하지 않았다."고 진술하였고, 또한 피고인 병은 치료비가 없다는 이유로 퇴원을 요구하는 피고인 갑에게 치료비가 없으면 상태가 좋아진 후 병원 측 모르게 도망을 가면 될 것 아니냐라는 말까지 한 점 등에 비추어, 피고인 을, 병이 피고인 갑의 퇴원 요구에 현실적이고도 직접적인 위협을 느꼈다고 보이지는 아니할 뿐만 아니라, 치료비와 형사처벌 문제 또한 실질적으로 피고인 을, 병의 의사결정에 있어 특별한 영향을 미친 것으로 보이지 아니하며, 가사 퇴원 요구를 거절하고 치료를 계속하였으나 예후가 좋지 아니하여 환자가 사망할 경우 가족들의 소란행위와 치료비의 부담이 문제될 수 있다고 하더라도, 이러한 문제는 향후 법적인 조치들을 통하여 대응할 수 있는 것이고(의료행위와 관련한 가족들의 소란행위와 치료비의 부담의 문제는 위와 같은 특수한 상황에 한정된 문제는 아니다), 한편 이 사건에 있어서와 같이 환자가 계속적으로 치료를 받을 경우 회복될 가능성이 많았던 반면 치료를 중지하면 곧바로 사망할 것이 예견되는 경우에는 그 치료의 계속에 대한 현실적이고도 직접적인 위해나 치료방해 행위가 아니라 위와 같은 향후의 가정적인 상황들을 이유로 환자에 대한 치료를 포기하여 사망에 이르게 하는 행위는 인간의 생명을 다른 모든 가치에 앞서 우선하여 고려하여야 한다는 점에서 쉽사리 용인되어서는 아니 될 것이며, 또한 위와 같은 경우 의사가 환자나 보호자의 의사에 반하여 치료를 계속하였으나 예후가 좋지 못하여 환자가 사망에 이르거나 상해를 입게 되었다고 하더라도 의료상의 과오 등 다른 사유가 없는 한 그 치료행위 자체는 위법하다고 할 수 없어 형사적인 처벌의 대상이 되지는 아니한다고 할 것이므로, 위 피고인들에게 적법행위의 기대가능성이 없었다고 할 수도 없으므로 위 주장도 받아들이지 아니한다.

(나) 서울고법 2002. 2. 7. 선고 98노1310 판결 (도입판례의 제2심판결)

가. 공소장 변경 없이 작위범을 부작위범으로 인정하였다는 점에 대하여 (피고인 을, 병), 사실의 기초가 되는 사회적 사실관계가 기본적인 점에서 동일하면 공소사실의 동일성은 그대로 유지되고, 피고인의 방어권행사에 실질적인 불이익을 초래할 염려가 없는 경우에는 공소사실과 기본적 사실이 동일한 범위 내에서 법원이 공소장 변경절차를 거치지 아니하고 다르게 인정하더라도 불고불리의 원칙에 위반되지 않는다.

이 사건의 경우 피고인 을, 병에 대해 공소제기된 공소사실과 원심이 인정한 범죄사실은 그 사실의 기초가 되는 사회적 사실관계가 기본적인 점에서 동일하다고 할 수 있을 뿐만 아니라 기록에 의하면, 위 피고인들은 원심법정에서 이 사건 공소사실은 작위에 의한 살인죄가 아니라 부작위에 의한 살인죄에 해당하고 상피고인 갑이 의식불명인 피해자의 보호자로서 치료를 거부하여 치료행위를 중지하게 된 것으로 피해자에 대한 치료계속의무가 없었거나 그 위법성이 조각되어야 한다는 등 부작위에 의한 살인죄를 전제로 다투어 왔고, 원심은 공소장 변경 없이 부작위에 의한 살인죄를 유죄로 인정하고, 위 피고인들의 부작위에 의한 살인죄를 전제로 한 주장에 대해 판단한 사실을 알 수 있어 위 피고인들의 방어권 행사에 실질적인 불이익을 주었다고 할 수 없고, 더구나 당원은 뒤에서 보는 것처럼 피고인 을, 병의 범행을 작위에 의한 살인방조죄로 인정하는 이상 위 피고인들의 이 부분 항소논지는 이유 없다.

나. 피고인 갑, 을, 병의 행위의 작위성 여부(검사)

형법상의 행위는 규범적으로 금지된 일정한 동작을 한다는 적극적 태도로서의 작위와 규범적으로 요구 또는 기대된 일정한 동작을 하지 아니한다는 소극적 태도로서의 부작위가 있고, 작위와 부작위의 구별은 단순한 자연과학적·인과적인 분류가 아니라 구성요건의 해석과 적용을 고려한 법적 평가의 문제로 우선 피고인 갑, 을, 병의 이 사건 각 범행에 있어서의 행위내용을 살피고, 그 행위를 법률적으로 어떻게 평가해야 할 것인지를 보기로 한다.

(1) 피고인 갑의 행위의 작위성 여부에 대하여,

검사는, 피고인 갑이 담당의사들 및 인턴과 공모하여 담당의사들에게 스스로 호흡을 할 수 없어 인공호흡기를 부착한 채 치료를 받고 있던 피해자의 퇴원을 요구하여 담당의사들로 하여금 피해자에 대한 퇴원을 결정하게 하고, 인턴으로 하여금 인공호흡보조장치를 제거하도록 하여 인공호흡장치 제거로 인한 호흡정지로 사망에 이르게 하여 살해하였다는 이유로 작위에 의한 살인죄로 이 사건 공소를 제기하였고, 원심은, 이에 대해 피고인 갑이 피해자의 처로서 계속적인 치료로 피해자의 생명을 보호해야 할 의무가 있음에도 불구하고 피해자에 대한 치료를 중단하도록 하여 인공호흡보조장치를 제거하여 뇌간압박에 의한 호흡곤란으로 사망에 이르게 하여 살해하였다는 이유로 부작위에 의한 살인죄를 유죄로 인정하였다.

피고인 갑의 위와 같은 행위를 규범적 관점에서 볼 때 뒤에서 보는 바와 같이 피고인 갑이 담당의사들로부터 피해자의 상태가 호전되어 회복가능성이 있고, 만일 퇴원해서 인공호흡장치를 제거하면 바로 죽는다는 말을 들었음에도 불구하고 자신의 경제적 부담과 피해자에 대한 증오심에서 치료를 중단하는 방법으로 피해자를 살해할 것을 의욕 내지 용인하고, 담당의사들에게 생존가능성이 있는 피해자의 퇴원을 요구하여 치료를 중단하게 하고, 그 일환으로 인공호흡장치 등을 제거케 하여 뇌간압박에 의한 호흡곤란으로 사망에 이르게 한 것으로 피해자의 퇴원과 치료행위의 중단은 1개의 행위가 결합된 양면을 이루는 것으로 피고인 갑의 행위의 의미 있는 중점은 피고인 갑이 피해자의 처로서 그에 대한 계속적인 치료를 통하여 피해자의 생명을 보호해야 할 의무가 있음에도 불구하고 피해자를 퇴원시켜 치료중단할 경우 피해자가 사망할 위험을 예상하고도 그 위험발생을 방지하기 위한 조치를 취하지 않으므로 인하여 사망이라는 결과를 야기한 점에 있는 것이고, 인공호흡장치 등의 제거는 치료중단이라고 하는 행위수행의 한 내용을 이룰 뿐이며, 뒤에서 보는 바와 같이 피고인 을, 병, 정의 공모공동정범 관계도 인정되지 않아 피고인 갑의 퇴원을 요구한 행위 자체는 비난의 대상이 되는 치료중단 사실의 전제로서의 의미를 갖는다는 점에 비추어 볼 때 피고인 갑의 범행은 작위가 아니라 부작위에 의한 것으로 판단함이 상당하다.

(3) 피고인 을, 병의 행위의 작위성 여부에 대하여,

검사는, 피고인 을, 병이 피해자가 스스로 호흡을 할 수 없는 상태에서 인공호흡기를 부착한 채 치료를 받고 있던 중 피고인 갑의 요구로 피해자의 퇴원을 지시하여 피해자를 퇴원시킨 후 피고인 정이 피해자에게 부착된 인공호흡보조장치를 제거하여 피해자로 하여금 인공호흡장치 제거로 인한 호흡정지로 사망에 이르게 하여 살해하였다는 이유로 작위에 의한 살인죄로 기소하였고, 이에 대해 원심은, 사망원인은 인공호흡보조장치의 제거가 아니라 뇌간압박에 의한 호흡곤란이고, 인공호흡보조장치의 제거라는 행위만이 아니라 이를 포함한 행위 전체를 규범적으로 평가해야 한다는 이유로, 피고인 을, 병은 피해자에 대한 뇌수술 및 치료를 담당하고 있었고, 피해자의 상태와 회복가능성, 치료를 중단하고 퇴원시킬 경우 피해자가 호흡이 어렵게 되어 사망하게 된다는 사실을 알고 있었으므로 계속적인 치료를 함으로써 피해자의 생명을 보호하여야 할 의무가 있음에도 불구하고 피해자의 퇴원을 지시하여 피고인 정이 피해자에게 부착된 인공호흡보조장치를 제거하여 피해자로 하여금 뇌간압박에 의한 호흡곤란으로 사망에 이르게 하여 살해하였다는 이유로 부작위에 의한 살인죄로 인정하였다.

피고인 을, 병의 이 사건 범행은 보호자인 피고인 갑이 피해자를 위한 치료위탁계약을 해지하여 피해자를 퇴원시켜 달라고 요구하고, 피고인 을, 병

은 피해자로부터 인공호흡장치를 제거할 경우 사망할 가능성이 있다는 이유로 퇴원을 만류하였으나 피고인 갑이 퇴원을 고집하여 어쩔 수 없이 퇴원결정을 하고, 피고인 을, 병이 자신의 지속적 관리 하에 있는 피해자에 대한 치료를 중단하였다는 것으로 앞에서 본 바와 같이 퇴원결정과 치료행위의 중단은 한 개의 사실관계의 양면으로 상호 결합되어 있는 것인데 피고인 을, 병의 의사의 관점에서 볼 때 피해자가 퇴원하게 되어 치료를 중단하게 된 것이지 치료를 중단할 의사가 있었기 때문에 퇴원결정과 퇴원조치를 취한 것이 아니라 할 것이어서 위 피고인들에 대한 비난은 위 피고인들이 적극적으로 치료행위를 중단한 점에 있다기보다는 피고인 갑의 퇴원요청을 받아들여 퇴원조치를 한 점에 집중되어야 할 것이고, 피고인 을, 병의 치료중단이라고 하는 부작위의 측면에서 보더라도 작위에 의한 살인이라고 하는 법익침해와 동등한 형법적 가치가 있는 것이어서 위 피고인들의 행위를 살인범죄의 실행행위로 평가될 만한 것이라 보기는 어렵고, 한편 피고인 을, 병의 구성요건적 고의는 구성요건해당성을 인식하고 이를 실현시키려는 의지로서 그 실현의지를 인정하기 위해서는 적어도 결과발생을 용인하는 내심의 의사가 있어야 하는 것인데 뒤에서 보는 바와 같이 피고인 을, 병은 피고인 갑이 피해자를 퇴원시켜 사망케 한다는 사정을 인식하고 있었지만 그 결과발생을 용인하는 내심의 의사가 있다고 볼 수 없어 살인죄의 정범으로서의 고의를 부정하고 방조범으로 인정하는 점에 비추어 볼 때 피고인 을, 병의 행위는 부작위에 의한 살해행위가 아니라 피고인 갑이 피해자에 대한 치료를 중단시켜 살해하는 행위에 대하여 피해자에 대한 퇴원조치를 함으로써 그 실행을 용이하게 한 작위의 방조행위로 봄이 상당하다.

(3) 그렇다면, 원심이 피고인 갑에 대한 이 사건 공소사실을 부작위에 의한 살인으로 인정한 것은 정당하다 할 것이나, 피고인 을, 병에 대한 이 사건 공소사실을 작위에 의한 살인방조가 아닌 부작위에 의한 살인죄로 인정한 위법이 있다.

(다) 대법원 1980. 9. 24. 선고 79도1387 판결【유기치사, 의료법위반(예비적 업무방해)】(공1980, 13244) (여호와 증인 사건)

… 피고인이 질병으로 인하여 이와 같이 보호를 요하는 딸을 병원에 입원시켜 놓고 의사가 그 당시 국내의 의료기술상 최선의 치료방법이라는 수혈을 하려 하여도 이를 완강하게 거부하고 방해하였다면 이는 결과적으로 요부조자를 위험한 장소에 두고 떠난 것이나 다름이 없다고 할 것이어서 그 행위의 성질로 보면 논지가 지적하는 치거에 해당된다고 할 것이고 비록 그 환자의 증세로 보아 회복의 가망성이 희박한 상태(그렇다고 하여 처음부터 회복의 전망이 전혀 없다고 단정하기에 족한 증거자료도 없다)이어서 의사가 권하는 최선의 치료방법인 수혈이라도 하지 않으면 그 환자가 사망할 것이라는 위험이 예견가능한 경우에 아무리 생모라고 할지라도 자신의 종교적 신념이나 후유증 발생의 염려만을 이유로 환자에 대하여 의사가 하고자 하는 위의 수혈을 거부하여 결과적으로 그 환자로 하여금 의학상 필요한 치료도 제대로 받지 못한 채 사망에 이르게 할 수 있는 정당한 권리가 있다고는 할 수 없는 것이며 그때에 사리를 변식할 지능이 없다고 보아야 마땅할 11세 남짓의 환자 본인이 가사 그 생모와 마찬가지로 위의 수혈을 거부한 일이 있다고 하여도 이것이 피고인의 위와 같은 수혈거부 행위가 위법한 것이라고 판단하는 데 어떠한 영향을 미칠 만한 사유가 된다고 볼 수는 없으므로 같은 취지에서 피고인의 판시 소위가 유기치사죄에 해당한다고 판단한 원심의 조치에 논지가 지적한 바와 같은 심리미진, 판단유탈 및 유기치사죄에 대한 법리오해, 치료방법을 선택할 수 있는 자유권의 행사인 정당행위에 관한 법리오해와 종교의 자유를 보장한 헌법위반 등의 위법사유가 있다고 할 수 없으므로 ….

참고문헌

☐ 김성룡, "치료행위중단에 있어서 작위와 부작위의 구별", 형사판례연구 제13권, 2005, 151~152면

조건설은 이러한 부작위범에 있어서의 인과성확정을 위해 조건공식을 반전시킨다. 반전된 조건공식에 따르면, "모든 각각의 법적으로 기대되는 행위는 만약 결과가 (개연성에 가까운 확실성으로) 탈락됨이 없이 첨가되어 사고되어질 수 없다면 결과발생에 대해 인과적이다"가 된다. 여기서 첨가되어 사고되는 조건, 즉 법적으로 요구되는 가능한 행위는 당연히 현실세계에서는 수행되지 아니한, 달리 말해 부작위된 행위를 의미하는 것이다. 이러한 반전된 조건공식에 첨가되어 사고되어질 대상들은 구체적인 사례형상에서 결과발생의 방지, 즉 현실적으로 법익침해로 향하고 있는 현실적인 인과진행을 (확실성에 가까운 개연성으로) 단절시킬 수 있는 행위들이며, 여기서 선택의 문제가 일어난다는 것은 주지의 사실이며, 이는 현실적으로 수행되지 아니한 행위를 사고적·가설적으로 첨가한다는 의미로 이해해야 할 것이다. 달리 말해 우리의 자연과학적·일상적 경험을 기초로 결과방지가 가능할 행위(작위)를 찾아내는 것이다. 이러한 과정이 가설적이라는 것과 부작위범의 처벌은 법규범(형법 제18조)적인 당위의 입장에서만 정당화될 수 있다고 하는 것과는 구별되어야 하는 것이다.

대상사안에서 결과방지를 위한 행위를 종국적으로 포기함으로써, 즉 인공호흡장치를 제거함(과 추가적인 진료를 중단함)으로써 결국 법적으로 요구되는 행위를 부작위하였고, 이러한 요구된 행위를 첨가할 경우 사망이라는 결과는 탈락될 것이라는 점에서 위 보증인들의 부작위의 인과성 또한 문제없이 긍정될 것이다. 즉 (인공호흡장치의 지속적인 부착과) 지속적인 치료행위를 부작위함으로써 결과발생의 방지를 하지 않은 (결과를 발생하게 한) 것이다. 결국 대상사안을 작위·부작위의 구별이 어려운 사안이라고 표현하는 것은 사안을 오히려 왜곡하는 언어선택이라는 것이다. 치료행위의 중단이라는 행위 속에는 가별적인 작위와 가별적인 부작위가 모두 들어 있을 수도 있으며(예: 대상

사안과 같은 보증인의 구조행위의 중단의 가벌성이 문제되는 경우), 작위만이 문제되는 경우(예: 타인이 인공호흡장치를 제거해 버린 경우 및 아래에서 살펴볼 보증인의 구조행위가 이미 법익의 안정기상태에 접어들어 종료되었다고 볼 수 있는 시점이 지난 후 그 구조행위를 무효화시킨 경우)도 있는 것이다.

그렇다면 이제 관건은 전자의 경우(즉 아직도 완전한 법익구조단계에 접어들지 못한 경우)에 작위와 부작위의 상상적 경합(현실세계와 가상·규범세계의 경합)을 인정할 것인지, 법조경합(현실적 작위의 가상적·규범적 부작위에 대한 우위성 아니면 그 반대로 가상적·규범적 부작위의 작위에 대한 우위성)의 관계를 인정할 것인가의 문제가 남는 것일 뿐 작위냐 부작위냐의 구별문제는 아닌 것이다. 그렇다면 이러한 사안에서 소위 '법적 비난의 중점' 내지는 '행위의 사회적 의미'라는 기준으로 작위와 부작위를 구별하는 시도는 종국적으로 작위와 부작위의 양면을 충족시키고 있는 범죄행위를 작위로 처벌할 것인가, 부작위로 처벌할 것인가라는 죄수론의 판단기준을 구성요건단계에서 적용하고 있다는 의심을 불러일으키는 것이다.

□ 허일태, "중환자에 대한 의사의 퇴원조치 및 산소호흡장치제거조치가 살인죄 등에 해당될 수 있는지 여부: 이른바 보라매병원 사건", 판례실무연구 제7권, 2004. 12, 168면

따라서 살인죄의 실행행위가 작위와 부작위를 포함한 다의적 형태로 이루어졌을 때, 그 실행행위의 결정적 방식이 작위인가, 아니면 부작위인가의 구별 여부는 행위자의 적극적 행위태도나 에너지투입 또는 인과관계의 확정 등으로만 정해지는 것이 아니라, 피해자가 행위자의 기대된 이행행위방치 여부에 따라 살 수 있었느냐는 점과 아울러 사회적 행위의미를 고려할 때 형법상 중요한 행위중점이 어디에 놓여 있는가에 결정적 기준을 두어야 할 것이다. 즉 행위자의 기대된 이행의 방치를 통해 피해자가 죽게 된다는 것만으로 부작위라고 판단할 수 없고, 나아가 형법상 중요한 행위의 중점이 환자의 상태로부터 알 수 있는 계속적 노력의 유의미함에 근거한 구조노력의 불이행에 있는지를 따져 보아야 한다.

쟁점연구

1. 도입판례 및 참고판례에서처럼 제1·2심 그리고 상고심은 피해자의 처가 행한 행위에 대해서는 일관되게 부작위로 평가하고 있다. 하지만 의사들의 행위에 대해서는 제1심에서는 부작위에 의한 정범으로, 제2심과 상고심에서는 작위에 의한 공범(방조범)으로 서로 상반된 평가를 내리고 있다. 여기서 상고심인 도입판례는 "자신의 신체적 활동이나 물리적·화학적 작용을 통하여 적극적으로 타인의 법익상황을 악화시킴으로써 결국은 그 타인의 법익을 침해하기에 이르렀다면, 이는 작위에 의한 범죄로 봄이 원칙"이라고 밝히고 있다. 이러한 대법원의 판단기준은 작위와 부작위를 구별하기 위한 기준으로 타당한 것인가?
2. 참고판례 중 제2심판결에서 보여지듯, 법원은 "작위와 부작위의 구별은 단순한 자연과학적·인과적인 분류가 아니라 구성요건의 해석과 적용을 고려한 법적 평가의 문제로 … 규범적 관점으로 볼 때 …"라고 접근함으로써, 소위 '법적 비난 중점이론'을 취하고 있다. 하지만 이에 대해서는 에너지투입설의 입장에서 "종국적으로 작위와 부작위의 양면을 충족시키고 있는 범죄행위를 작위로 처벌할 것인가, 부작위로 처벌할 것인가라는 죄수론의 판단기준을 구성요건단계에서 적용하고 있는 것이 아닌가."라는 비판(김성룡, "치료행위중단에 있어서 작위와 부작위의 구별", 형사판례연구 제13권, 2005, 152면)을 제기하기도 한다. 이러한 비판의 논거는 무엇인지, 그리고 과연 타당한 것인지 검토해 보자.
3. 다음과 같은 경우의 수를 생각해 보자

   야간에 위독한 환자 A가 병원 응급실로 실려 왔다.

   ① 야간 당직의사였던 갑은 응급처리를 하고 호흡곤란상태에 있는 A에게 인공호흡기를 부착하려 하였다. 하지만 환자 A가 자기 부모의 원수임을 알고는 인공호흡기를 부착하지 않았다. 결국 A는 호흡곤란으로 사망하였다.

   ② 야간 당직의사인 갑은 정신없이 응급처리를 하고 일단 환자의 호흡곤

란상태를 제거하기 위해서 인공호흡기를 부착하였다. 하지만 환자 A를 살펴보고 자신의 애인을 빼앗아 간 연적임을 알게 된 갑은 인공호흡기를 다시 제거하였다. 이로 인해 A는 사망하였다.

도입판례에서 언급한 대법원의 작위/부작위 구별기준을 적용했을 때, 위 2가지의 경우에서 갑의 행위는 형법상 어떠한 의미를 갖는가? 만약 상이한 평가를 내린다면 그 근거는 무엇인가?

4. 참고판례 (다)는 딸의 생명을 구하기 위해서 반드시 필요한 수혈치료를 생모가 거부함으로써, 결국 딸이 사망한 사례이다. 이 사례에서는 생명을 구하기 위해서 반드시 필요한 수혈 자체를 생모의 완강한 거부로 인해서 시작조차 하지 못한 경우이다. 그렇다면 도입판례에서 나타난 대법원의 작위/부작위 구별기준을 적용하여 참고판례 (다)에 등장하는 생모의 행위를 평가할 때, 생모의 행위는 어떻게 평가되는가?

주요개념

1. 작위와 부작위의 구별기준
2. 보증인의 지위
3. 치료중단
4. 피해자의 승낙

Ⅱ. 부작위범 성립요건으로서의 동(가)치성

도입판례

대법원 1992. 2. 11. 선고 91도2951 판결【살인】[집40(1)형, 666; 공 1992. 4. 1.(917), 1077]

【피 고 인】 피고인
【상 고 인】 피고인
【변 호 인】 변호사 김형기 외 1인
【원심판결】 부산고등법원 1991. 10. 23. 선고 91노746 판결
【주 문】 상고를 기각한다.
【이 유】

1. 피고인의 상고이유와 국선변호인 변호사 김형기의 상고이유 제1점과 변호인 변호사 김동호의 상고이유 제1의 (가)점 및 제2점에 대한 판단(변호인 변호사 김동호가 상고이유서제출기간이 지난 뒤에 제출한 상고이유보충서에 기재된 보충상고이유는 상고이유를 보충하는 한도 내에서 판단한다. 이 뒤에도 같다).

원심이 인용한 제1심판결이 채용한 증거들을 기록과 대조하여 검토하면, 피고인이 고의로 피해자들을 살해한 사실을 충분히 인정할 수 있고, 원심판결에 소론과 같이 채증법칙을 위반하거나 살인의 범의에 관한 법리를 오해하여 판결에 영향을 미친 사실을 잘못 인정하거나, 보강증거도 없이 피고인에게 불리한 유일의 증거인 피고인의 자백만으로 공소사실을 유죄로 인정한 위법이 있다고 볼 수 없으므로, 논지는 모두 이유가 없다.

2. 변호인 변호사 김동호의 상고이유 제1의 (나)점에 대한 판단

형법 제18조에 의하면 위험의 발생을 방지할 의무가 있거나 자기의

행위로 인하여 위험발생의 원인을 야기한 자가 그 위험발생을 방지하지 아니한 때에는 그 발생된 결과에 의하여 처벌하도록 규정되어 있는바, 형법이 금지하고 있는 법익침해의 결과발생을 방지할 법적인 작위의무(작위의무)를 지고 있는 자가, 그 의무를 이행함으로써 결과발생을 쉽게 방지할 수 있었음에도 불구하고 그 결과의 발생을 용인하고 이를 방관한 채 그 의무를 이행하지 아니한 경우에, 그 부작위(부작위)가 작위에 의한 법익침해와 동등한 형법적 가치가 있은 것이어서 그 범죄의 실행행위로 평가될 만한 것이라면, 작위에 의한 실행행위와 동일하게 부작위범으로 처벌할 수 있다고 할 것이다.

이 사건의 사실관계가 원심이 인용한 제1심판결이 확정한 바와 같이, 피고인이 조카인 피해자 1(10세)과 2(8세)를 살해할 것을 마음먹고, 피해자들을 불러내어 미리 물색하여 둔 저수지로 데리고 가서 인적이 드물고 경사가 급하여 미끄러지기 쉬운 제방쪽으로 유인하여 함께 걷다가, 피해자 1로 하여 금위와 같이 가파른 물가에서 미끄러져 수심이 약 2미터나 되는 저수지 물속으로 빠지게 하고, 그를 구호하지 아니한 채 앞에 걸어가고 있던 피해자 2의 소매를 잡아당겨 저수지에 빠뜨림으로써 그 자리에서 피해자들을 익사하게 한 것이라면, 소론과 같이 피해자 1이 스스로 미끄러져서 물에 빠진 것이고, 그 당시는 피고인이 살인죄의 예비단계에 있었을 뿐 아직 실행의 착수에는 이르지 아니하였다고 하더라도, 피고인은 피해자들의 숙부로서 위와 같은 익사의 위험에 대처할 보호능력이 없는 나이 어린 피해자들을 급한 경사로 인하여 미끄러지기 쉬워 위와 같은 익사의 위험이 있는 저수지로 데리고 갔던 것이므로, 피고인으로서는 피해자들이 물에 빠져 익사할 위험을 방지하고 피해자들이 물에 빠지는 경우 그들을 구호하여 주어야 할 법적인 작위의무가 있다고 보아야 할 것이고, 이와 같은 상황에서 피해자 1이 물에 빠진 후에 피고인이 살해의 범의를 가지고 그를 구호하지 아니한 채 그가 익사하는 것을 용인하고 방관한 행위(부작위)는 피고인이 그를 직접 물에 빠뜨려 익사시키는 행위와 다름없다고 형법상 평가될 만한 살인의 실행행위라고 보는 것이 상당하다.

같은 취지에서 피고인에게 피해자 1에 대한 살인죄를 적용한 것으로 보이는 원심의 판단은 정당하고, 원심판결에 소론과 같이 살인죄의 법리를 오해한 위법이 있다고 볼 수 없으므로, 논지도 이유가 없다.

3. 국선변호인 변호사 김형기의 상고이유 제2점과 변호인 변호사 김동호의 상고이유 제3점에 대한 판단

피고인의 연령, 성행, 지능과 환경, 피해자들에 대한 관계, 이 사건 각 범행의 동기, 수단과 결과, 범행 후의 정황 등 기록에 나타난 양형의 조건이 되는 여러가지 사정을 살펴보면, 변호인들이 주장하는 정상을 참작하더라도, 피고인에 대하여 무기징역의 형을 선고한 원심의 형의 양정은 적절하다고 보이며, 그 형의 양정이 심히 부당하다고 인정할 현저한 사유가 있다고 볼 수 없으므로, 논지도 이유가 없다.

4. 그러므로 피고인의 상고를 기각하기로 관여 법관의 의견이 일치되어 주문과 같이 판결한다.

대법관 윤관(재판장) 최재호 김주한 김용준

참고판례

(가) 대법원 2005. 7. 22. 선고 2005도3034 판결【공무상표시무효】[미간행]

형법이 금지하고 있는 법익침해의 결과발생을 방지할 법적인 작위의무를 지고 있는 자가 그 의무를 이행함으로써 결과발생을 쉽게 방지할 수 있었음에도 불구하고 그 결과의 발생을 용인하고 이를 방관한 채 그 의무를 이행하지 아니한 경우에, 그 부작위가 작위에 의한 법익침해와 동등한 형법적 가치가 있는 것이어서 그 범죄의 실행행위로 평가될 만한 것이라면, 작위에 의한 실행행위와 동일하게 부작위범으로 처벌할 수 있고, 여기서 작위의무는 성문

법과 불문법, 공법과 사법을 불문하고 법령, 법률행위, 선행행위로 인한 경우는 물론, 기타 신의성실의 원칙이나 사회상규 혹은 조리상 작위의무가 기대되는 경우에도 인정된다 할 것이다(대법원 1992. 2. 11. 선고 91도2951 판결; 1997. 3. 14. 선고 96도1639 판결; 2003. 12. 12. 선고 2003도5207 판결 등 참조).

(나) 대법원 2006. 4. 28. 선고 2003도80 판결【전기통신기본법위반】[미간행]

구 전기통신기본법(2001. 1. 16. 법률 제6360호로 개정되기 전의 것) 제48조의2 위반죄는 전기통신역무를 이용하여 음란한 부호·문언·음향 또는 영상을 반포·판매 또는 임대하거나 공연히 전시한 경우에 성립하는 것으로서 그 규정형식으로 보아 작위범이고, 이와 같이 작위를 내용으로 하는 범죄를 부작위에 의하여 범하는 부진정부작위범이 성립하기 위하여는 부작위를 실행행위로서의 작위와 동일시할 수 있어야 하는데, 이 사건에서 음란한 정보를 반포·판매한 것은 정보제공업체이므로, 위와 같은 작위의무에 위배하여 그 반포·판매를 방치하였다는 것만으로는 음란한 정보를 반포·판매하였다는 것과 동일시할 수는 없고, 따라서 피고인들이 정보제공업체들의 전기통신기본법 위반 범행을 방조하였다고 볼 수 있음은 별론으로 하고 위와 같은 작위의무 위배만으로는 피고인들을 전기통신기본법 위반죄의 정범에 해당한다고 할 수는 없다.

(다) 대법원 2010. 1. 14. 선고 2009도12109, 2009감도38 판결【현주건조물방화치사·현주건조물방화치상(인정된 죄명 : 중과실치사·중과실치상·중실화)·치료감호】

형법이 금지하고 있는 법익침해의 결과발생을 방지할 법적인 작위의무를 지고 있는 자가 그 의무를 이행하지 아니한 경우, 이를 작위에 의한 실행행위와 동일하게 부작위범으로 처벌하기 위하여는, 그 의무를 이행함으로써 결과발생을 쉽게 방지할 수 있었음에도 불구하고 그 결과의 발생을 용인하고 이를 방관한 채 그 의무를 이행하지 아니한 결과, 그 부작위가 작위에 의한 법익침해와 동등한 형법적 가치를 가진다고 볼 수 있어 그 범죄의 실행행위로 평가될 만한 것이라야 한다(대법원 1992. 2. 11. 선고 91도2951 판결; 대법원

2006. 4. 28. 선고 2003도4128 판결 등 참조).

원심은, 이 사건 화재는 피고인이 모텔 방에 투숙하여 담배를 피운 후 재떨이에 담배를 끄게 되었으나 담뱃불이 완전히 꺼졌는지 여부를 확인하지 않은 채 불이 붙기 쉬운 휴지를 재떨이에 버리고 잠을 잔 과실로 담뱃불이 휴지와 옆에 있던 침대시트에 옮겨 붙게 함으로써 발생하였고, 이러한 피고인의 과실은 중대한 과실에 해당한다고 전제한 다음, 이와 같이 이 사건 화재가 피고인의 중과실로 발생하였다 하더라도, 이 부분 공소사실과 같이 부작위에 의한 현주건조물방화치사 및 현주건조물방화치상죄가 성립하기 위하여는, 피고인에게 법률상의 소화의무가 인정되는 외에 소화의 가능성 및 용이성이 있었음에도 피고인이 그 소화의무에 위배하여 이미 발생한 화력을 방치함으로써 소훼의 결과를 발생시켜야 하는 것인데, 이 사건 화재가 피고인의 중대한 과실 있는 선행행위로 발생한 이상 피고인에게 이 사건 화재를 소화할 법률상 의무는 있다 할 것이나, 피고인이 이 사건 화재 발생 사실을 안 상태에서 모텔을 빠져나오면서도 모텔 주인이나 다른 투숙객들에게 이를 알리지 아니하였다는 사정만으로는 피고인이 이 사건 화재를 용이하게 소화할 수 있었다고 보기 어렵고, 달리 이를 인정할 만한 증거가 없다는 이유로, 이 부분 공소사실에 대하여 무죄로 판단하였다.

앞서 본 법리에 비추어 기록을 살펴보면, 이러한 원심의 사실인정과 판단은 정당한 것으로 수긍이 되고, 거기에 상고이유의 주장과 같은 채증법칙 위배나 부작위범에 관한 법리오해 등의 위법이 있다고 할 수 없다.

참고문헌

□ 한정환, "부작위범의 불법", 형사법연구 제23호, 2005, 9~10면

제18조에 언급이 없음에도 불구하고 이론에서는 부작위범의 요건으로 작위와 부작위의 이른바 '동가치성' 또는 '동치성'이 필요하다는 것이 다수의 견해이고, 동가치성이 구성요건요소라고 주장되기도 한다. 동(가)치성이란 보증인으로서의 지위와 행위상황의 동일성(또는 행위정형의 동가치성)이라고 설명

되는 것이 보통이다.

동가치성에 관한 주장 중 하나를 예로 들면, “작위와의 동가치성이 부진정 부작위범의 객관적 구성요건요소”인데, “부작위의 불법의 정도는 작위보다 일반적으로 낮다”고 했다가 다시 “행위반가치에서 작위범과 부작위범의 등가성이 요구된다”, 나아가 행위반가치의 등가성은 “유의성과 사회적 의미성의 질과 강도를 고려하여 평가되어야 한다”고 한다.

앞에 인용된 서술은 ‘동가치성’이라는 개념이 이론적 혼동만 초래할 뿐 제18조의 적용에서 얼마나 불필요한 것인지를 단적으로 보여준다: 첫째, 작위·부작위범의 행위반가치가 동등하고 또 동일한 구성요건이 실현되어 결과가 발생했다면 결과반가치 역시 마땅히 등가치이어야 하고, 이를 합한 불법의 정도는 당연히 등가이어야 논리적으로 옳다. 따라서 작위·부작위범의 행위반가치와 결과반가치가 등가임에도 부작위의 불법의 정도가 작위보다는 낮다는 주장은 내용을 따질 필요 없이 이미 논리적 모순이다. 둘째, 행위반가치는 행위자(부작위자)의 의사에 의해 결정되는 것으로 규범의 요구에 반하는 결정을 한 점에서 동일하므로, 앞서의 주장은 동가치성의 개념과 범죄체계론을 전체적으로 오해한 결과이다.

□ 문채규, “부진정부작위범에 있어서 상응성 요건의 허와 실”, 비교형사법연구 제11권 제1호, 201~202면

상응성의 내용에 관한 견해는 행위양태의 사회의미적 동가치성, 즉 행위반가치의 상응성으로 이해하는 견해와 불법 및 책임의 총반가치의 상응성으로 이해하는 견해로 나눌 수 있다. 한편 판례는 일관되게 “보증인의 부작위가 작위에 의한 법익침해와 동등한 형법적 가치가 있는 것이어서 그 범죄의 실행행위로 평가될 만한 것이라면, 작위에 의한 실행행위와 동일하게 부작위범으로 처벌할 수 있다.”고 함으로써, 판례 역시 상응성을 행위반가치의 상응성으로 이해하고 있다. 또한 판례는 “부작위에 의한 방조범도 보증인의 부작위가 작위에 의한 방조와 동등한 형법적 가치가 있는 경우에 인정된다.”고 하여, 방조범에 대하여도 상응성을 요구한다.

(…중략…) 먼저, 총반가치의 상응성으로 보는 입장에서는 만약 상응성을 행위반가치의 상응성으로 한정하면 부작위범을 원칙적으로 —여기서 원칙적이라는 표현은 임의적 감경규정을 염두에 둔 것이다— 작위범의 법정형으로 처벌하는 것을 설명할 수 없다고 한다. 법정형은 근본적으로 불법과 책임의 총반가치를 근거로 결정되는데, 부작위가 작위에 동치되어 당해 작위범의 법정형에 의하도록 되어 있다면, 부작위가 불법 및 책임의 총반가치에서 작위와 상응해야 한다는 것은 기본적인 요청이라는 것이다.

반면에 행위반가치의 상응성이라는 견해는 상응성을 불법 및 책임의 총반가치의 상응성으로 보게 되면, 임의적 감경규정과 모순된다는 논거를 제시한다. 즉, 총반가치에서 작위범과 상응할 것을 요구하면서 동시에 작위범에 비하여 감경가능성을 인정하는 것은 모순이라는 것이다. 따라서 이러한 모순을 피하기 위해서는 책임반가치는 상응성의 대상에 제외시키고, 불법반가치의 상응성으로 한정하는 것이 옳다는 것이다. 하지만 이 견해에 대해서는 상응성은 '완정한 동일성'이 아니라 '근접한 동일성'을 의미하기 때문에, 총반가치의 상응성으로 해석하더라도 임의적 감경규정과 모순되지 않는다는 반론이 제기된다.

□ 김성룡, "묵시적 기망 · 부작위를 통한 기망 및 작위와 부작위의 상응성", 형사법연구 제23호, 2005, 33~41면

사기죄의 경우 작위와 부작위의 상응성 판단은 어떻게 이루어질 수 있는가에 대해서는 학설상 특별한 기준이 제시되지 못하고 있다. 이러한 현상은 독일의 경우에도 학문적으로 아직 미해명된 주제의 하나로 분류된다는 점에서 다를 바가 없다. 특히 설명 · 고지의무가 있는 경우, 즉 당사자 사이의 특별한 관련성에 근거하는 고지 내지 설명의무가 존재하는 경우에는 이러한 상응성규정은 사실상 전혀 가벌성의 제한의 효과를 가지지 못한다는 점은 어렵지 않게 이해될 수 있다. 왜냐하면 그러한 의무가 존재하는 경우에는 당연히 작위와 부작위의 동가치성이 인정된다고 볼 것이기 때문이다. 이러한 경향은 판례에서는 물론 학문적인 논설에 있어서도 그 배우에 깔려 있는 것으

로 보인다. 그렇지 않다면 상응성 판단을 위한 구체적인 척도가 이미 제시되었을 것이다.

(…중략…) 상응성 판단에 있어서는 오히려 행태의존형범죄라고 할 수 없는 살인죄에서 판례와 학설은 유독 상응성을 강조하여 경우에 따라서는 정범, 때로는 종범을 인정하고 있다. 하지만 판례는 사기죄에 있어서는 상응성을 언급조차 하고 있지 않으며, 학설의 경우 원칙적인 필요성을 언급하면서도 보증인지위·의무 이외에는 고유한 척도를 제시하지 못하고 있다. 이것은 결국 상응성 판단은 사실상 부작위범의 불법과 책임 어디에도 자리 잡을 수 없다는 것을 반증하는 것이다. 상응성은 양형의 요소로 작용할 수 있는 경우 외에 범죄성립을 근거·변경하는 요소가 될 수 없다.

쟁점연구

1. 진정부작위범과 달리, 부진정부작위범에서는 '행위정형의 동가치성'을 성립요건으로 요구하는데, 그 이유에 대해 생각해 보자.
2. 도입판례의 판결요지에서 대법원은 "피고인이 살해의 범의를 가지고 그를 구호하지 아니한 채 그가 익사하는 것을 용인하고 방관한 행위(부작위)는 피고인이 그를 직접 물에 빠뜨려 익사시키는 행위와 다름없다고 형법상 평가될 만한 살인의 실행행위라고 보는 것이 상당하다."고 판시하고 있다. 그렇다면 여기서 작위와 부작위의 가치적 동일성을 판단하기 위한 비교의 대상은 무엇인지에 대해 함께 토론해 보자.

주요개념

1. 부진정 부작위범
2. 작위(범)과 부작위(범)의 상응성
3. 행위정형의 동가치성

Ⅲ. 부진정부작위범에서 정범과 공범의 구별

도입판례

대법원 1997. 3. 14. 선고 96도1639 판결【상표법위반, 부정경쟁방지법위반】(공1997, 1157)

【피 고 인】 갑, 을
【상 고 인】 피고인들
【변 호 인】 법무법인 해마루종합법률사무소 담당변호사 노무현 외 2인
【원심판결】 서울지법 1996. 6. 14. 선고 95노5598 판결
【주 문】 상고를 모두 기각한다.
【이 유】

1. 피고인 갑의 상고이유를 판단한다.

검사 작성의 피고인 갑에 대한 피의자신문조서의 형식과 내용, 위 피고인의 경력, 직업 등 기록에 나타난 모든 사정을 참작하여 보면, 위 피고인의 검찰에서의 진술은 임의성 있는 진술로 보이고 소론과 같이 임의성이 없는 것이라고 의심할 만한 사정이 있다고 할 수 없고, 그 밖에 원심이 인용한 제1심판결의 채용증거들도 기록에 의하면 모두 적법한 증거조사를 거쳐 증거능력을 갖춘 것임이 분명하며, 위 증거들에 의하면 위 피고인에 대한 판시 범죄사실을 충분히 인정할 수 있으므로, 원심판결에 소론과 같이 심리를 다하지 아니한 채 채증법칙을 위반하여 사실을 잘못 인정한 위법이나 증거의 증거능력에 관한 법리를 오해한 위법이 있다고 할 수 없다. 논지는 모두 이유 없다.

2. 피고인 을의 상고이유를 판단한다.

가. 기록에 비추어 살펴보면, 원심이 피고인 을에 대한 검사 작성의

피의자신문조서가 임의성이 없어 증거능력이 없다는 위 피고인의 주장을 배척한 조치는 수긍이 가고, 위 증거와 그 밖에 원심이 채용한 증거들을 종합하면, 위 피고인이 그랜드 백화점 잡화부 소속 직원으로 잡화매장 관리업무를 담당하면서 공동피고인 갑이 운영하는 잡화매장에서 원심 판시 가짜 캘빈 클라인(CALVIN KLEIN), 세린느(CELINE), 디케이앤와이(DKNY), 게스(GUESS) 상표가 새겨진 혁대를 판매하는 것을 알면서도 이를 제지하거나, 상급자에게 보고하여 판매를 금지하도록 조치를 취하지 아니한 사실을 인정할 수 있으므로, 원심판결에 소론과 같이 논리와 경험칙에 반하는 증거판단을 함으로써 사실을 잘못 인정한 위법이나 증거의 증거능력에 관한 법리를 오해한 위법이 있다고 할 수 없다. 이 점을 지적하는 논지는 이유 없다.

나. 그런데 형법상 방조행위는 정범의 실행행위를 용이하게 하는 직접, 간접의 모든 행위를 가리키는 것으로서 작위에 의한 경우뿐만 아니라 부작위에 의하여도 성립되는 것이고(대법원 1984. 11. 27. 선고 84도1906 판결, 대법원 1985. 11. 26. 선고 85도1906 판결, 대법원 1995. 9. 29. 선고 95도456 판결 등 참조), 형법상 부작위범이 인정되기 위하여는 형법이 금지하고 있는 법익침해의 결과발생을 방지할 법적인 작위의무를 지고 있는 자가 그 의무를 이행함으로써 결과발생을 쉽게 방지할 수 있었음에도 불구하고 그 결과의 발생을 용인하고 이를 방관한 채 그 의무를 이행하지 아니한 경우에, 그 부작위가 작위에 의한 법익침해와 동등한 형법적 가치가 있는 것이어서 그 범죄의 실행행위로 평가될 만한 것이라면, 작위에 의한 실행행위와 동일하게 부작위범으로 처벌할 수 있는 것이다(대법원 1992. 2. 11. 선고 91도2951 판결, 대법원 1996. 9. 6. 선고 95도2551 판결 등 참조).

이 사건에 관하여 보건대, 기록에 의하면 그랜드 백화점에서는 백화점과 계약을 하고 입점한 업주 측에서 직원과 제품을 모두 책임지고 판매하는 특정매장의 경우 그 취급하는 상품에 대하여도 원칙적으로 상품관리과(검품과)에서 상품의 수량과 품질을 검사한 후 태그(tag, '그랜드 백화점'이라는 상호와 가격 및 바코드가 표시되어 있는 것)를 부착하여 전시·판매하도록 하고 있는데, 특정매장의 입점업체가 많은 양의 제품을 일시에 납품하는 경우에는 입점업체에서 백화점 태그를 미리 제품에 부착하여 검품과에서 표본검사의 형태로 검품을 받아 납품을 하거나 입점업체의 판매사원이 태그를 부착하기도 하여 특정매장의 상품에 관하여는 입점업체에 의하여 주로 상품관리가 이루어지고 있기는 하지만, 한편으로는 백화점 잡화부 소속 직원의 경우 바이어(주임, 계장, 대리의 직급)가 특정매장에 대한 입점계약의 체결, 매장관리, 고객관리, 상품관리를 담당하고 있어 특정매장의 경우에도 검품과정을 거쳐 상품이 매장에 나온 후에는 백화점 잡화부에서도 그 상품관리와 고객관리를 하게 되어 있는 사실, 잡화부 소속 평사원으로 바이어를 보조하는 피고인 을도 수시로 매장에 나가 고객들의 불만이 있는지를 조사하고 계약된 물품이 매장에 있는지를 확인하는 업무를 수행하여 왔고 이 사건 당시 피고인 을은 담당 매장을 하루에도 10여 차례씩 순회하여 앞에서 인정한 바와 같이 공동피고인 갑 경영의 특정매장 점포에서 위와 같이 가짜 상표가 새겨진 상품이 판매되고 있는 사실을 알고서도 이를 제지하거나 상급자인 바이어 등에게 보고하여 이를 제지하도록 하는 등의 조치를 취하지 아니함으로써 피고인 갑은 위 가짜 상표가 새겨진 혁대 등을 원심 판시와 같이 계속하여 판매할 수 있었던 사실 등이 인정되는바, 그랜드 백화점에서 바이어를 보조하여 특정매장에 관한 상품관리 및 고객들의 불만사항 확인 등의 업무를 담당하는 피고인 을로서는 자신이 관리하는 특정매장의 점포에 가짜 상표가 새겨진 상품이 진열·판매되고 있는 사실을 발견하였다면 고객들이 이를 구매하도록 방치하여서는 아니 되고 점주인 공동피고인 갑이나 그 종업원에게 즉시 그 시정을 요구하고 바이어 등 상급자에게 보고하여 이를 시정하도록 할 근로계약상·조리상의 의무가 있다고 할 것임에도 불구하고 위 피고인이 이러한 사실을 알고서도 공동피고인 갑 등에게 시정조치를 요구하거나 상급자에게 이를 보고하지 아니함으로써 공동피고인 갑이 원심 판시와 같이 가짜 상표가 새겨진 위 상품들을 고객들에게 계속 판매하도록 방치한 것은 작위에 의하여 공동피고인 갑의 판시 각 상표법위반 및 부정경쟁방지법위반 행위의 실행을 용이하게 하는 경우와 동등한 형법적 가치가 있는 것으로 볼 수 있다고 할 것이므로, 피고인 을은 부작위에 의하여 공동피고인 갑의 판시 각 상표법위반 및 부정경쟁방지법위반 행위를 방조하였다고 인정할 수 있다 .

그리고, 소론과 같이 피고인 을이 공동피고인 갑의 이 사건 특정매장 입점계약에 관여하지 아니하였다거나 판시 가짜 게스, 캘빈 클라인 등의 혁대가 백화점 잡화부 매장에 전시·판매되기 이전에 그 사정을 알지 못하였다거나, 또는 위 피고인들 사이에 개인적인 친분관계가 없었다거나 이 사건 범죄사실과 관련하여 금전적 대가관계가 없었다고 하여 위와 같은 상표법위반방조죄 및 부정경쟁방지법위반방조죄의 성립에 아무런 영향을 줄 이유도 없다.

그렇다면 원심이 위와 같은 취지에서 피고인 을의 위 각 행위에 대하여 상표법위반방조죄와 부정경쟁방지법위반방조죄로 처벌한 조치는 수긍이 가고, 거기에 심리미진 또는 부진정부작위(방조)범에 대한 법리를 오해한 위법이 있다고 할 수 없으므로 이를 지적하는 논지는 모두 이유 없다.

3. 그러므로, 피고인들의 상고를 모두 기각하기로 하여 관여 법관의 일치된 의견으로 주문과 같이 판결한다.

대법관 천경송(재판장) 지창권 신성택(주심) 송진훈

참고판례

(가) 대법원 1996. 9. 6. 선고 95도2551 판결【특정경제범죄가중처벌등에관한 법률위반(횡령), 업무상횡령(업무상횡령방조), 뇌물수수】(공1996, 3069)

형법상 부작위범이 인정되기 위해서는 형법이 금지하고 있는 법익침해의 결과 발생을 방지할 법적인 작위의무를 지고 있는 자가 그 의무를 이행함으로써 결과 발생을 쉽게 방지할 수 있었음에도 불구하고 그 결과의 발생을 용인하고 이를 방관한 채 그 의무를 이행하지 아니한 경우에 그 부작위가 작위에 의한 법익침해와 동등한 형법적 가치가 있는 것이어서 그 범죄의 실행행위로 평가될 만한 것이라면 작위에 의한 실행행위와 동일하게 부작위범으로 처벌할 수 있는 것임은 소론이 지적하는 바와 같고(당원 1992. 2. 11. 선고 91도2951 판결), 작위의무는 법적인 의무이어야 하므로 단순한 도덕상 또는 종교상의 의무는 포함되지 않으나 작위의무가 법적인 의무인 한 성문법이건 불문법이건 상관이 없고 또 공법이건 사법이건 불문하므로 법령, 법률행위, 선행행위로 인한 경우는 물론이고 기타 신의성실의 원칙이나 사회상규 혹은 조리상 작위의무가 기대되는 경우에도 법적인 작위의무는 있다고 할 것인바, 입찰사건에 관한 제반 업무를 주된 업무로 하는 피고인들이 자신이 맡고 있는 입찰사건의 입찰보증금이 계속적으로 횡령되고 있는 사실을 알았다면 담당 공무원으로서는 이를 제지하고 즉시 상관에게 보고하는 등의 방법으로 그러한 사무원의 횡령행위를 방지해야 할 법적인 작위의무를 지는 것이 당연하다고 할 것이고, 비록 피고인들의 그와 같은 행위가 배당불능이라는 최악의 사태를 막기 위한 동기에서 비롯된 것이라고 하더라도 자신의 작위의무를 이행함으로써 결과 발생을 쉽게 방지할 수 있는 피고인들이 위 원심 공동피고인의 새로운 횡령범행을 방조 용인한 것을 작위에 의한 법익 침해와 동등한 형법적 가치가 있는 것이 아니라고 볼 수는 없다.

(나) 대법원 1985. 11. 26. 선고 85도1906 판결【건축법위반】(공1986, 175)

종범의 방조행위는 작위에 의한 경우뿐만 아니라 부작위에 의한 경우도 포함하는 것으로서 법률상 정범의 범행을 방지할 의무있는 자가 그 범행을 알면서도 방지하지 아니하여 범행을 용이하게 한 때에는 부작위에 의한 종범이 성립한다.

원심이 채용한 증거에 의하면, 피고인은 이 사건 아파트 지하실의 소유자로서 임차인인 공소외 A의 위 지하실에 대한 원심판시와 같은 용도변경행위를 방지할 의무가 있음에도 불구하고 이를 묵시적으로 승인하여 방조한 사실이 넉넉히 인정되며, 그 증거취사과정을 기록에 의하여 살펴보아도 논지가 주장하는 것과 같이 채증법칙 위반이나 사회상규에 관한 법리오해의 위법이 없으니 논지는 이유 없다.

참고문헌

□ 신양균, "부작위에 의한 방조", 형사판례연구 제6권, 1998, 151~152면

부작위의 종범이 성립하기 위해서는 ① 적극적인 요건으로서 그에게 보증인의 의무가 존재해야 하고, ② 소극적인 요건으로서, 정범에 해당하는 작위와 동치되지 않고 따라서 어떤 부작위정범의 근거도 되지 못하는 경우에만 가능하다. 이를 구체적으로 살펴보면 다음과 같다. ① 당해 불법유형이 가지는 특수한 성격으로 인하여 부작위에 의해서는 스스로 범할 수 없는 경우에는 종범의 성립이 가능하다. … ② 부작위한 자가 보증인의 의무에 반하여 정범의 불법이 아니라 방조불법의 실현을 막지 않은 경우에도 종범의 성립이 가능하다. (…중략…) ③ 부작위에 의한 정범을 인정해야 할 경우라도 부작위한 자에게 결과방지의무가 긍정되는 경우라야 한다.

… 이러한 논의를 전제로 연구대상판례를 살펴보면 다음과 같다. 판례에 따르면, 피고인은 "자신이 관리하는 특정매장의 점포에 가짜 상표가 새겨진 상품이 진열·판매되고 있다는 사실을 발견하였다면 고객들이 이를 구매하도록 방치하여서는 아니 되고 점주나 그 종업원에게 즉시 그 시정을 요구하고 바이어 등 상급자에게 보고하여 이를 시정하도록 할 근로계약상·조리상의 의무가 있다."고 판시하고 있는 점에 비추어 보면, —조리상의 의무를 포함시킨 것이 문제가 있다는 점은 논외로 하고— 상표법의 보호법익이나 소비자보호라는 차원에서 결과방지의무는 일응 인정된다고 보아야 한다. 그러나 백화점 잡화부 소속 직원으로서 잡화매장 관리업무를 담당하는 피고인이 공동피고인의 상표법 및 부정경재방지법 위반행위를 방치한 행위는 어떤 견해에 따르더라도 정범이 되기는 어려울 것이다. 무엇보다 상표법 및 부정경쟁방지법 위반은 상표관련업무에 종사하는 자만이 행할 수 있는 일신전속적(höchstpersönlich) 성격

을 가지므로 단지 매장관리업무를 담당한 피고인에게는 정범의 적격이 없다고 보아야 하기 때문이다.

□ 전지연, "부작위범에서 정범과 공범의 구별", 형사판례연구 제13권, 2005, 135면

의무범설에 의하면 피고인이 결과발생방지 의무를 위반하였으므로 부작위범은 성립한다. 문제는 피고인이 부작위에 의한 공범이 될 수 있는가이다. 상표법 및 부정경쟁방지법위반은 상표관련업무에 종사하는 사람만이 정범이 될 수 있는 일신전속적인 범죄에 해당한다. 따라서 피고인과 같이 단순히 매장관리업무를 담당하는 사람은 이러한 범죄의 정범적격이 없기 때문에 정범이 될 수 없고, 이를 부작위한 경우 방조범만 성립할 것이다. 대상판결(위의 도입판례를 의미함)이 위의 견해 중 어떤 견해를 취하였는가는 명확하지 않으며, 결론에서는 대부분의 견해와 일치하고 있다는 점이다. 다만, 확실한 것은 피고인에게 공범을 인정하였으므로 단일정범개념에 의하지는 않았다는 것이다. 대상판결이 "부작위가 작위에 의한 법익침해와 동등한 형법적 가치가 있는 것이어서 그 범죄의 실행행위로 평가될 만한 것이라면, 작위에 의한 실행행위와 동일하게 부작위범으로 처벌할 수 있다."고 한다. 이것은 대상판결이 부작위범이 성립하기 위해서는 부작위가 실행행위와 동가치성이 있어야 한다는 것을 보여 주며, 참조판례(위에서 참고판례를 의미함)도 동일하게 표현하고 있다. 더 나아가 참조판례는 "… 자신의 작위의무를 이행함으로써 결과발생을 쉽게 방지할 수 있는 공무원이 그 사무원의 새로운 횡령범행을 방조·용인한 것을 작위에 의한 법익침해와 동동한 형법적 가치가 있는 것이 아니라고 볼 수는 없다 …"는 이유로 담당공무원을 종범으로 처벌하였다. 여기서 대법원은 부작위범의 성립에 동가치성의 필요성을 확인하면서, 다시 작위에 의한 법익침해와 동가치성이 있음에도 불구하고 부작위범이 아닌 부작위의 종범성립을 인정하였다. 부작위가 작위에 의한 법익침해와 동가치성이 있음에도 불구하고 왜 종범이 되는가는 해명하지 않았다. 그러나 대상판결에서는 "… 가짜 상표가 새겨진 상품들을 고객들에게 계속 판매하도록 방치한 것은 작위에 의하여 점주의 상표법위반 및 부정경쟁방지법위반 행위의 실행을 용

이하게 하는 경우와 동등한 형법적 가치가 있는 것으로 볼 수 있으므로, 백화점 직원인 피고인은 부작위에 의하여 공동피고인인 점주의 상표법위반 및 부정경쟁방지법 위반행위를 방조하였다고 인정할 수 있다. …"고 하였다. 참조판례는 단순히 작위와의 동가치성 하에 방조를 하였으나, 대상판결은 조금 더 나아가 '작위범의 실행을 용이하게 하는 경우'인 방조행위와 동가치성을 인정하여 방조범을 인정한 것처럼 보인다. 이러한 의미에서 대상판결은 동가치성설과 입장을 같이하는 것으로 보인다. 그러나 피고인의 부작위가 왜 작위범의 실행을 용이하게 한 행위와 동가치인가, 작위범의 범죄실행 자체와 동가치는 아닌가. 동가치성설의 입장처럼 같은 경우에 작위로 참가하면 정범인지 공범인지에 따라 정범과 공범으로 구별된다면, 피고인이 작위범인 점주의 행위에 적극적으로 가담하였더라면 방조가 되는지 정범이 되는지를 검토하여야 한다. 그러나 동가치성이라는 것 자체가 불명확하기 때문에 검토가 쉽지 않다.

…중략… 대상판결이 동가치성설과 유사한 점은 인정되고 그 결론에서는 수긍할 수 있다. 그러나 이제까지의 논의에서 보는 바와 같이 동가치성설은 명확한 척도가 될 수 없으며, 다른 학설들 또한 다양한 문제점들이 있다. 보다 명확한 기준으로 부작위범에서 정범과 공범을 구별할 수 있으며, 논리적 일관성을 가지고 부작위범을 논증하고, 실제에서도 합리적인 결과에 이를 수 있는 의무범설이 타당하다.

쟁점연구

1. 도입판례와 참고판례에서는 대법원은 "형법상 부작위범이 인정되기 위하여는 형법이 금지하고 있는 법익침해의 결과발생을 방지할 법적인 작위의무를 지고 있는 자가 그 의무를 이행함으로써 결과발생을 쉽게 방지할 수 있었음에도 불구하고 그 결과의 발생을 용인하고 이를 방관한 채 그 의무를 이행하지 아니한 경우에, 그 부작위가 작위에 의한 법익침해와 동등한 형법적 가치가 있는 것이어서 그 범죄의 실행행위로 평가될 만한

것이라면, 작위에 의한 실행행위와 동일하게 부작위범으로 처벌할 수 있다"고 판시하고 있다. 부작위범의 정범과 공범의 구별문제에 있어서 도입판례의 위 판결요지가 가지는 의미는 무엇인가?

2. 도입판례에 대한 평석 중에는 피고인을 상표법 및 부정경쟁방지법 위반의 종범으로 판단하는 데 있어서 '동가치성'은 아무런 기준이 되지 못한다고 비판하면서, 피고인을 부작위에 의한 종범으로 처벌한 것은 피고인에게 정범적격이 없기 때문이라고 이해하는 견해(신양균, "부작위에 의한 방조", 형사판례연구 제6권, 1998, 152면; 전지연, "부작위범에서 정범과 공범의 구별", 형사판례연구 제1권, 2005, 135면)가 있다. 이러한 견해가 취하는 이론과 논거는 무엇이고, 그 비판은 타당성을 갖는가?

3. 예컨대, 다음과 같은 경우를 생각해 보자.

   ① 갑은 을이 아내를 살해하려는 줄 알고 쥐약을 건네주었는데, 알고 보니 을은 단지 쥐를 잡으려고 한 경우

   ② 갑은 을이 아내를 살해하려는 줄 알고 을이 자신의 쥐약을 몰래 가져가는 것을 보고도 모른 체 하였으나, 정작 을은 단지 쥐를 잡으려 쥐약을 가져간 경우

   먼저 우리 형법규정상 위의 2가지 사례는 각각 어떻게 평가될 수 있는지를 생각해 보고, 그 결론의 타당성을 도입판례와 참고판례 나타난 대법원의 판단기준(동가치성설)과 이에 대해 비판적 입장을 취하는 [질문 2]의 입장(의무범설)의 기준을 각각 적용하여 검증해 보자.

4. 도입판례에서처럼 부진정부작위범의 정범 및 공범 문제에 대해서는 주관설, 정범설, 종범설, 구분설 등의 학설대립이 있다. 그렇다면 만약 아파트 수위인 갑(甲)이 절도범이 침입하여 재물을 절취하는 것을 보고도 그대로 방치한 경우에, 갑은 절도의 공동정범인가 아니면 종범인가? 위에서 소개한 이론과 도입판례의 나타난 대법원의 기준을 각각 적용하여 이에 대한 결론을 도출해 보자.

5. 참고판례 (나)는 임대인의 묵인행위를 부작위에 의한 건축법위반의 방조로 평가하고 있다. 도입판례와 참고판례 (나)를 비교하여 논리의 차이점을 찾아보고, 그 타당성에 대해 생각해 보자.

주요개념

1. 정범척도
2. 부작위에 의한 정범 및 공범
3. 동가치성

Ⅳ. 부작위범간의 공동정범

도입판례

대법원 2008. 3. 27. 선고 2008도89 판결【공중위생관리법위반】(공2008상, 641)

【피 고 인】 갑, 을 피고인 1외 4인
【상 고 인】 검사
【변 호 인】 변호사 이진영
【원심판결】 서울중앙지법 2007. 12. 18. 선고 2007노2052 판결
【주 문】 상고를 기각한다.
【이 유】

공중위생관리법 제3조 제1항 전단은 "공중위생영업을 하고자 하는 자는 공중위생영업의 종류별로 보건복지부령이 정하는 시설 및 설비를 갖추고 시장·군수·구청장에게 신고하여야 한다."고 규정하고 있고, 제20조 제1항 제1호는 '제3조 제1항 전단의 규정에 의한 신고를 하지 아니한 자'를 처벌한다고 규정하고 있는바, 그 규정 형식 및 취지에 비추어 신고의무 위반으로 인한 공중위생관리법 위반죄는 구성요건이 부작위에 의하여서만 실현될 수 있는 진정부작위범에 해당한다고 할 것이고, 한편 부작위범 사이의 공동정범은 다수의 부작위범에게 공통된 의무가 부여되어 있고 그 의무를 공통으로 이행할 수 있을 때에만 성립한다고 할 것이다. 그리고 공중위생영업의 신고의무는 '공중위생영업을 하고자 하는 자'에게 부여되어 있고, 여기서 '영업을 하는 자'라 함은 영업으로 인한 권리의무의 귀속주체가 되는 자를 의미하므로, 영업자의 직원이나 보조자의 경우에는 영업을 하는 자에 포함되지 않는다고 해석함이 상당하다.

원심은, 그 채택 증거를 종합하여 판시와 같은 사실을 인정한 다음, 이 사건 (상호 생략)케어코리아 각 지점의 실장직에 있었던 피고인들은 위 회사의 근로소득자에 불과하고 영업상의 권리의무의 귀속주체가 아니라는 이유로 위 규정에 의한 신고의무를 부담하는 자에 해당하지 않는다고 판단하고, 나아가 피고인들에게 공통된 신고의무가 부여되어 있지 않은 이상 부작위범인 신고의무 위반으로 인한 공중위생관리법 위반죄의 공동정범도 성립할 수 없다고 판단하였는바, 앞서 본 법리에 비추어 위와 같은 원심의 판단은 옳고, 거기에 상고이유의 주장과 같은 법리오해의 위법이 있다고 할 수 없다.

그러므로 상고를 기각하기로 하여 관여 법관의 일치된 의견으로 주문과 같이 판결한다.

대법관 전수안(재판장) 고현철(주심) 김지형 차한성

참고판례

▷ 대법원 2006. 2. 23. 선고 2005도8645 판결【특정경제범죄가중처벌등에관한법률위반(사기)】(공2006. 4. 1.(247), 537)

사기죄의 요건으로서의 기망은 널리 재산상의 거래관계에 있어 서로 지켜야 할 신의와 성실의 의무를 저버리는 모든 적극적 또는 소극적 행위를 말하는 것이고, 그 중 소극적 행위로서의 부작위에 의한 기망은 법률상 고지의무 있는 자가 일정한 사실에 관하여 상대방이 착오에 빠져 있음을 알면서도 그 사실을 고지하지 아니함을 말하는 것으로서, 일반거래의 경험칙상 상대방이 그 사실을 알았더라면 당해 법률행위를 하지 않았을 것이 명백한 경우에는 신의칙에 비추어 그 사실을 고지할 법률상 의무가 인정된다.

(…중략…) 대출자금으로 빌딩을 경락받았으나 분양이 저조하여 자금조

달에 실패한 피고인들이 수분양자들과 사이에 대출금으로 충당되는 중도금을 제외한 계약금과 잔금의 지급을 유예하고 1년의 위탁기간 후 재매입하기로 하는 등의 비정상적인 이면약정을 체결하고 점포를 분양하였음에도, 금융기관에 대해서는 그러한 이면약정의 내용을 감춘 채 분양 중도금의 집단적 대출을 교섭하여 중도금 대출 명목으로 금원을 지급받은 사안에서, 대출 금융기관에 대하여 비정상적인 이면약정의 내용을 알릴 신의칙상 의무가 있다고 보아 이를 알리지 않은 것은 사기죄의 요건으로서의 부작위에 의한 기망에 해당한다.

(…중략…) 2인 이상이 범죄에 공동 가공하는 공범관계에서 공모는 법률상 어떤 정형을 요구하는 것이 아니고 2인 이상이 공모하여 어느 범죄에 공동 가공하여 그 범죄를 실현하려는 의사의 결합만 있으면 되는 것으로서, 비록 전체의 모의과정이 없었다고 하더라도 수인 사이에 순차적으로 또는 암묵적으로 상통하여 그 의사의 결합이 이루어지면 공모관계가 성립하고, 이러한 공모가 이루어진 이상 실행행위에 직접 관여하지 아니한 자라도 다른 공모자의 행위에 대하여 공동정범으로서의 형사책임을 진다.

참고문헌

□ 이정원, "부작위에 의한 사기죄에서의 기망행위와 공동정범? —대법원 2006. 2. 23, 2005도8645—", 비교형사법연구 제8권 제1호, 2006, 346면.

부작위범에서는 보증인의 의무위반에 의하여 곧바로 정범이 근거 지워지므로, 가담자들의 공모는 불필요하다. 즉 부진정부작위범은 부작위자 개인에게 명령된 작위의무를 스스로 이행하지 않음으로써 성립한다. 만약 개별적인 가담자에게 보증인의 지위가 인정되지 않는다면 보증인의 지위에 있는 다른 가담자와 공모했어도 보증인의 지위에 있지 아니한 가담자는 진정신분범인 당해 부작위범죄의 정범이 될 수 없다. 이러한 의미에서 부진정부작위범은 유일(단일)정범개념으로 이해되어야 한다.

□ 김성룡, "부작위범 사이의 공동정범", 형사판례연구[17], 2009, 56~57면.

본질적인 문제는 개별보증인이 혼자서 결과를 방지할 수 없는 상황에서 타 보증인과 (부작위의) 합의를 하면 타 보증인의 가능한 행위가 상호귀속되어 (결과발생방지가 가능했던) 부작위의 정범이 성립될 수 있는가 하는 점이다. 다수인이 공동으로 작위하여야 결과발생의 방지가 가능한 상황에서 개별보증인은 타 보증인과 협력하여 결과를 방지하여야 하는 의무가 제18조 및 제30조에서 도출될 수 있는지가 관건이다.

이러한 질문에 대해 긍정적으로 답하기 위해서는 한편으로는 제18조에서 개별보증인의 결과방지의무를 '결과발생의 방지를 위해 타인과 공동으로 결과를 막아야 할 의무'로 이해할 수 있는 근거를 찾을 수 있어야 한다. 그것이 가능하다면, 그 중 1인의 부작위로 결관는 발생하게 되고, 공동정범규정은 과잉이다. 현행법상 그러한 해석은 어렵다는 것은 이미 밝혔다. 그렇다면 이제 제30조에서 무엇을 기대할 수 있는가를 검토해 볼 수 있다.

즉 제30조를 통해 개별적으로 결과발생의 방지가 불가능하지만, '결과발생의 방지를 우해 타인과 공동으로 결과를 막아야 할 의무·자신에게 가능하고 기대되는 것을 하고 타인의 작위를 이끌어 낼 의무'가 '보증인 의무'로 창출될 수 있다면, 부작위의 공동정범도 가능할 것이다. 물론 그러한 경우에도 결과발생은 어느 1인의 부작위로 족하다는 것은 당연하다.

제30조를 이와 같은 기능을 한다고 이해한다면, 공동의 합의를 통해서 '자신에게 가능하고 기대되는 것을 하고 타인의 작위를 이끌어 낼 의무'가 창출되어야 하고, 그럼에도 이제 개별보증인이 부작위하여 결과가 발생한 경우에는 각자를 부작위범의 정범으로 처벌할 수 있게 될 것이다.

하지만 형법 제30조의 '공동으로 죄를 범'한다는 표현을, 결과방지에 향해진 개별보증인의 '자신에게 가능하고 기대되는 것을 하고 타인의 작위를 이끌어 낼 의무'가 '공동의 합의'를 통해 창출된다는 의미로 읽기는 어렵다. 제30조가 구체적인 상황에서 (보증인의 지위 또는) 보증인 의무의 내용까지 창설하는 기능을 한다고 볼 수는 없다는 것이다.

쟁점연구

1. 부작위범들 사이의 공동정범을 인정할 것인지에 대해서는 긍정설과 부정설이 대립한다. 각 입장에서 주장하는 바와 그 논거들에 대해 생각해 보자.
2. 도입판례의 판결요지에서 대법원은 "부작위범 사이의 공동정범은 다수의 부작위범에게 공통된 의무가 부여되어 있고, 그 의무를 공통으로 이행할 수 있을 때에만 성립한다"고 판시하였다. 그렇다면 여기서 대법원이 부작위범 사이의 공동정범요건으로 제시하고 있는 '공통의 의무'와 '공통의 이행(가능성)'이 의미하는 바가 무엇인지, 작위범의 공동정범요건과 비교하여 생각해 보자.
3. 신고의무의 위반(부작위에 의한 기망)에 의한 사기죄 사안에서 참고판례는 신고의무 위반자(부작위범)들 간의 공동정범을 인정하고 있는데, 그 근거 내지 논리가 무엇인지 파악해 보고, 이를 도입판례에서 제시한 부작위범 사이의 공동정범 성립요건에 비추어 재검토해 보자.
4. 위에서의 검토를 바탕으로 다음을 생각해보자.
   (1) 남편 갑과 아내 을은 자신들의 자녀 A가 물에 빠져 익사하고 있음에도 의사연락 하에 구조하지 않았다. 갑도 단독으로 A를 구조할 수 있었고, 을도 단독으로 A를 구조할 수 있었다. 갑과 을은 부작위에 의한 살인죄의 공동정범인가, 아니면 부작위에 의한 살인죄의 단독정범인가?
   (2) 남편 갑과 아내 을은 붕괴사고로 무너진 콘크리트 벽 조각 밑에 깔려있는 자신들의 자녀 A를 의사연락 하에 구조하지 않아 A는 사망하였다. 그런데 그 무너진 콘크리트 벽 조각은 갑 혼자의 힘으로도 들 수 없고, 을 혼자의 힘으로도 들 수 없는 무게의 것이었다. 갑과 을이 공동으로 함께 들어야만 들 수 있고 A를 구조할 수 있는 것이었다. 갑과 을은 부작위에 의한 살인죄의 공동정범인가? 아니면 각자가 부작위에 의한 살인죄의 단독정범인가? 아니면 갑과 을은 모두

무죄인가?

(3) 위 (2)의 사례에서 갑은 혼자서는 들 수 없다는 것을 알면서도 콘크리트 조각을 들려고 시도하였으나, 당연히 들 수 없었다. 한편 을은 아무런 작위를 하지 않았다. 갑과 을은 부작위에 의한 살인죄의 공동정범인가? 아니면 갑은 무죄이고 을은 혼자서 콘크리트 조각을 드는 것이 불가능함에도 들려는 작위조차 하지 않아 부작위에 의한 살인죄의 단독정범인가?

(4) 위 사례(3)에서 갑이 혼자 들려고 시도하고 난 후에 을도 혼자 들려고 시도하였다. 당연히 갑과 을은 A를 구조할 수 없었다. 갑과 을은 모두 무죄인가? 아니면 부작위에 의한 살인죄의 공동정범인가?

(5) 그렇다면 다시 위 사례(2)로 돌아가 갑과 을은 부작위에 의한 살인죄의 공동정범인지, 아니면 각자가 단독정범인지, 아니면 모두 무죄인지를 생각해보고, 결국 부작위의 공동정범이 성립 가능한 것인지 만약 가능하다면 그 일반적 성립요건은 무엇인지 생각해보자.

주요개념

1. (부)진정 부작위범
2. 공동정범의 성립요건
3. (부)진정 신분범

제 6 장 인과관계와 객관적 귀속

Ⅰ. 인과관계판단과 상당인과관계설

도입판례

대법원 1994. 3. 22. 선고 93도3612 판결【살인, 살인미수, 폭력행위등처벌에관한법률위반, 도로교통법위반】(공1994, 1373)

【피 고 인】 갑, 을, 병, 정, 무, 기
【상 고 인】 피고인들
【변 호 인】 변호사 오병선
【원심판결】 광주고등법원 1993. 12. 10. 선고 93노670 판결
【주　　문】 1. 원심판결 중 피고인 을에 관한 부분을 파기하고, 이 부분에 관하여 사건을 광주고등법원에 환송한다.
2. 그 밖의 피고인들의 상고를 모두 기각한다.
3. 상고 후의 구금일수 중 95일씩을 피고인 병 및 정에 대한 각 본형에 산입한다.

【이　　유】

피고인 을을 제외한 피고인들의 각 상고이유 제3점과 변호인의 상고이유 제2점에 대한 판단

위 피고인들의 가해행위와 피해자 A의 사망과의 사이에 인과관계가 있어야 위 피고인들을 살인죄로 처벌할 수 있는 것임은 소론과 같지만, 살인의 실행행위가 피해자의 사망이라는 결과를 발생하게 한 유일한 원

인이거나 직접적인 원인이어야만 되는 것은 아니므로(당원 1982. 12. 28. 선고 82도2525 판결 참조), 살인의 실행행위와 피해자의 사망과의 사이에 다른 사실이 개재되어 그 사실이 치사의 직접적인 원인이 되었다고 하더라도, 그와 같은 사실이 통상 예견할 수 있는 것에 지나지 않는다면 살인의 실행행위와 피해자의 사망과의 사이에 인과관계가 있는 것으로 보아야 할 것이다.

제1심 증인 B·C 및 원심 증인 D의 각 증언과 의사 B가 작성한 피해자 A에 대한 사망진단서의 기재 등 관계증거에 의하면, 피해자 A는 1993. 2. 15. 위 피고인들의 이 사건 범행으로 입은 자상으로 인하여 급성신부전증이 발생되어 치료를 받다가 다시 폐렴·패혈증·범발성혈액응고장애 등의 합병증이 발생하여 1993. 3. 17. 사망한 사실, 급성신부전증의 예후는 핍뇨형이나 원인질환이 중증인 경우에 더 나쁜데, 사망률은 30% 내지 60% 정도에 이르고 특히 수술이나 외상 후에 발생한 급성신부전증의 경우 사망률이 가장 높은 사실, 급성신부전증을 치료할 때에는 수분의 섭취량과 소변의 배설량을 정확하게 맞추어야 하는 사실, 위 피해자는 외상으로 인하여 급성신부전증이 발생하였고 또 소변량도 심하게 감소된 상태였으므로 음식과 수분의 섭취를 더욱 철저히 억제하여야 하는데, 이와 같은 사실을 모르고 콜라와 김밥 등을 함부로 먹은 탓으로 체내에 수분저류가 발생하여 위와 같은 합병증이 유발됨으로써 사망하게 된 사실 등을 인정할 수 있는바, 사실관계가 이와 같다면, 위 피고인들의 이 사건 범행이 위 피해자를 사망하게 한 직접적인 원인이 된 것은 아니지만, 그 범행으로 인하여 위 피해자에게 급성신부전증이 발생하였고 또 그 합병증으로 위 피해자의 직접사인이 된 패혈증 등이 유발된 이상, 비록 그 직접사인의 유발에 위 피해자 자신의 과실이 개재되었다고 하더라도 이와 같은 사실은 통상 예견할 수 있는 것으로 인정되므로, 위 피고인들의 이 사건 범행과 위 피해자의 사망과의 사이에는 인과관계가 있다고 보지 않을 수 없다.

이와 결론을 같이 한 원심의 판단은 정당하고, 원심판결에 소론과 같이 심리를 제대로 하지 아니한 채 채증법칙을 위반하거나 인과관계에 관한 법리를 오해하여 사실을 잘못 인정한 위법이 있다고 볼 수 없으므로, 논지는 이유가 없다.

대법관 안용득(재판장) 안우만 김용준(주심) 천경송

참고판례

(가) 대법원 2009. 12. 24. 선고 2005도8980 판결【업무상과실치상】

의료사고에 있어 의료인의 과실을 인정하기 위하여서는 의료인이 결과 발생을 예견할 수 있음에도 불구하고 그 결과 발생을 예견하지 못하였고 그 결과 발생을 회피할 수 있었음에도 불구하고 그 결과 발생을 회피하지 못한 과실이 검토되어야 하고, 그 과실의 유무를 판단함에는 같은 업무와 직무에 종사하는 일반적 보통인의 주의정도를 표준으로 하여야 하며, 이에는 사고 당시의 일반적인 의학의 수준과 의료환경 및 조건, 의료행위의 특수성 등이 고려되어야 한다(대법원 1996. 11. 8. 선고 95도2710 판결 참조).

원심이 인정한 사실관계와 기록에 의하면, ○○대학병원의 정형외과 수련의 공소외 1이 정형외과 전공의인 공소외 2의 지시를 받아 종양제거 및 피부이식수술을 받고 회복 중에 있던 피해자에 대한 처방을 함에 있어 근이완제인 베큐로니움 브로마이드(Vecuronium Bromide, 이하 '베큐로니움'이라 한다)를 투약하도록 처방한 사실, 그런데 위 베큐로니움은 전신근육을 이완시켜 수술을 쉽게 하는 작용을 가진 마취보조제로서 수술 후 회복과정에 있는 환자에게는 사용되지 않는 약제일 뿐 아니라 호흡근을 마비시키는 작용을 하기 때문에 환자에 대한 인공호흡 준비를 갖추지 않은 상태에서는 사용할 수 없고 인공호흡 준비 없이 투약할 경우 피해자에게 치명적인 결과를 초래하는 약품인 사실, 위 베큐로니움은 그 이틀 전에 있었던 피해자의 수술에 사용되었던 약품으로서, 수술시에 투약된 실제 사용량과 수술 당일 전산 입력된 사용량(착오로 실제 사용량보다 적게 입력되었다)의 차이를 메우기 위한 편법으로 마취과 의사가 약제과와의 협의 아래 실제 투약함이 없이 수술 다음날의 처방 약품에 형식적으로만 포함시켜 둔 것인데, 전공의 공소외 2가 수술 이틀 후의 처방을 함에 있어 이와 같은 사정을 알지 못하고 단순히 전날과 동일한 내용으로 처방할 것을 공소외 1에게 지시하고, 이에 따라 공소외 1은 전산장치를 이용하여 전자처방을 내리는 과정에서 전날의 처방에 포함되어 있던 베큐로니움을 후속 처방에 그대로 이기함으로써 잘못 처방이 된 사실, 간호사인 피고인은 위 약제를 인수한 후 그 약효나 부작용을 전혀 알지 못하였었음에도 불구하고 그에 관해 아무 확인도 하지 아니한 채 정맥주사의 방법으로 피해자에게 이를 투약함으로써 그 즉시 피해자가 의식불명의 상태에 빠지는 상해를 입게 된 사실을 알 수 있다.

위에서 본 사실관계를 위 법리에 비추어 볼 때, 피고인이 경력이 오래된 간호사라 하더라도 단지 잘 모르는 약제가 처방되었다는 등의 사유만으로 그 처방의 적정성을 의심하여 의사에게 이를 확인하여야 할 주의의무까지 있다고 보기는 어렵다 할 것이지만, 환자에 대한 투약 과정 및 그 이후의 경과를 관찰·보고하고 환자의 요양에 필요한 간호를 수행함을 그 직무로 하고 있는 종합병원의 간호사로서는 그 직무 수행을 위하여 처방 약제의 투약 전에 미리 그 기본적인 약효나 부작용 및 주사 투약에 따르는 주의사항 등을 확인·숙지하여야 할 의무가 있다 할 것인바, 이 사건 처방의 경위와 위 베큐로니움의 특수한 용도 및 그 오용의 치명적 결과 등을 감안할 때, 만일 베큐로니움이라는 약제가 수술 후 회복과정에 있는 환자에게는 사용할 수 없는 성질이며 특히 인공호흡의 준비 없이 투여되어서는 아니된다는 등의 약효와 주의사항 및 그 오용의 치명적 결과를 미리 확인하였다면 위 처방이 너무나 엉뚱한 약제를 투약하라는 내용이어서 필시 착오 또는 실수에 기인한 것이라고 의심할 만한 사정이 있음을 쉽게 인식할 수 있었다 할 것이고, 그러한 사정이 있다면 간호사에게는 그 처방을 기계적으로 실행하기에 앞서 당해 처방의 경위와 내용을 관련자에게 재확인함으로써 그 실행으로 인한 위험을 방지할 주의의무가 있다고 봄이 상당하다.

그렇다면 이 사건에서 피고인이 위 베큐로니움의 약효 등을 확인하지 않음으로 인해 그 투약의 위험성을 인식하지 못함으로써 처방내용을 재확인할 기회를 놓친 채 그대로 이를 주사 투약한 점에서 위 주의의무를 위반한 과실이 인정된다 하겠고, 이를 투약함으로써 그 약효 내지 부작용으로 인하여 피해자에게 상해가 발생한 이상 그와 같은 결과는 피고인의 주의의무 위반과 상당인과관계가 있다고 할 것이며, 피해자의 상해 발생에 피고인 외에도 다른 사람들의 과실이 주로 작용하였다는 사정이 있다 하여 피고인의 책임을 면제할 사유가 된다고 할 수는 없다.

(나) 대법원 2010. 4. 29. 선고 2009도7070 판결【업무상과실치사】

1. (생략)

2. 전원지체 과실에 관하여

가. 의료과오사건에 있어서 의사의 과실을 인정하려면 결과 발생을 예견할 수 있고 또 회피할 수 있었음에도 하지 못한 점을 인정할 수 있어야 하고, 위 과실의 유무를 판단함에는 같은 업무와 직무에 종사하는 일반적 보통인의 주의 정도를 표준으로 하여야 하며, 이때 사고 당시의 일반적인 의학의 수준과 의료환경 및 조건, 의료행위의 특수성 등을 고려하여야 한다(대법원 1999. 12. 10. 선고 99도3711 판결; 대법원 2008. 8. 11. 선고 2008도3090 판결 등 참조).

그리고 간호사가 '진료의 보조'를 함에 있어서는 모든 행위 하나하나마다 항상 의사가 현장에 입회하여 일일이 지도·감독하여야 한다고 할 수는 없고, 경우에 따라서는 의사가 진료의 보조행위 현장에 입회할 필요 없이 일반적인 지도·감독을 하는 것으로 족한 경우도 있을 수 있다 할 것인데, 여기에 해당하는 보조행위인지 여부는 보조행위의 유형에 따라 일률적으로 결정할 수는 없고 구체적인 경우에 있어서 그 행위의 객관적인 특성상 위험이 따르거나 부작용 혹은 후유증이 있을 수 있는지, 당시의 환자 상태가 어떠한지, 간호사의 자질과 숙련도는 어느 정도인지 등의 여러 사정을 참작하여 개별적으로 결정하여야 할 것이다(대법원 2003. 8. 19. 선고 2001도3667 판결 참조).

3. 전원과정상 설명의무 위반에 관하여

가. 응급환자를 전원하는 의사는 전원받는 병원 의료진이 적시에 응급처

치를 할 수 있도록 합리적인 범위 내에서 환자의 주요 증상 및 징후, 시행한 검사의 결과 및 기초진단명, 시행한 응급처치의 내용 및 응급처치 전후의 환자상태, 전원의 이유, 필요한 응급검사 및 응급처치, 긴급성의 정도 등 응급환자의 진료에 필요한 정보를 전원받는 병원 의료진에게 제공할 의무가 있다.

4. 인과관계에 관하여

앞서와 같은 피고인의 전원지체 등의 과실로 피해자에 대한 신속한 수혈 등의 조치가 지연된 이상 피해자의 사망과 피고인의 과실 사이에는 인과관계를 부정하기 어렵고, ○○병원 의료진의 조치가 다소 미흡하여 피해자가 ○○병원 응급실에 도착한 지 약 1시간 20분이 지나 수혈이 시작되었다는 사정만으로 피고인의 과실과 피해자 사망 사이에 인과관계가 단절된다고 볼 수 없으므로, 피해자의 사망에 대한 피고인의 책임을 인정한 원심의 조치는 정당하고, 거기에 상고이유 주장과 같은 인과관계에 관한 법리오해, 판단누락 등의 위법이 있다고 할 수 없다.

(다) 대법원 2010. 5. 27. 선고 2010도2680 판결【폭행치사(일부 인정된 죄명 : 폭행)】

폭행치사죄는 결과적 가중범으로서 폭행과 사망의 결과 사이에 인과관계가 있는 외에 사망의 결과에 대한 예견가능성 즉 과실이 있어야 하고, 이러한 예견가능성의 유무는 폭행의 정도와 피해자의 대응상태 등 구체적 상황을 살펴서 엄격하게 가려야 한다(대법원 1990. 9. 25. 선고 90도1596 판결 등 참조).

원심판결 이유에 의하면 원심은, 비록 피고인의 폭행과 피해자의 사망 간에 인과관계는 인정되지만 판시와 같은 폭행의 부위와 정도, 피고인과 피해자의 관계, 피해자의 건강상태 등 제반 사정을 고려하여 볼 때 피고인이 폭행 당시 피해자가 사망할 것이라고 예견할 수 없었다는 이유로 피고인에 대한 공소사실 중 폭행치사의 점은 범죄의 증명이 없는 경우로서 무죄라고 판단하였는바, 원심이 들고 있는 제반 사정을 위 법리에 비추어 보면 원심의 위와 같은 판단은 옳은 것으로서 수긍할 수 있고, 거기에 상고이유 주장과 같은 폭행치사죄의 성립 내지 예견가능성에 관한 법리를 오해한 위법 등이 없다.

참고문헌

□ 장영민, "인과관계의 확정과 합법칙적 조건설", 형사판례연구 제3권, 1996, 22~39면

조건설과 상당인과관계설의 문제는 우선 인과관계의 확정과 그 귀속문제를 구분하지 못한 데서 나온 결과라고 생각된다. 상당인과관계설은 인과관계의 존부의 문제가 아니라 '귀속'의 문제에 대한 해결책을 제시하는 이론이라는 점이 강조되어야 한다. 상당인과관계설은 언제 일정한 사정이 결과에 대하여 인과적인가를 말해 주는 것이 아니라 어느 범위에서 귀속시킬 것인가에 대한 이론이다. 이 설은 비전형적인 인과경과를 인과관련에서 배제하는 기능을 수행한다. 그러나 이 설이 인과관계의 '존부'를 확정하는 데 원용되는 경우에는 문제가 있다. 즉 왜 어느 누군가의 예견가능성에 의해서 인과관계의 존재가 정해지는가. 오히려 (자연)법칙적 인과관계에 관한 지식에 근거하여 예견가능성이 형성되고(예견가능성의 대전제), 이에 근거하여 구체적인 사실(소전제)의 결과발생가능성이 '포섭'을 통하여 확정되는 것이라고 보는 것이 옳을 것이다. 왜냐하면 구체적인 사실은 언제나 일회적으로 발생하는 것이고 따라서 이 일회적 사실만 가지고 우리가 예견가능성을 갖기는 불가능하기 때문이다. 상당인과관계설은 먼저 인과관계의 존부를 확인한 후 그의 귀속관계를 검토해야 한다는 논리적 사유단계를 한 덩어리로 혼합시키고 있다. 이러한 의미에서 이 설은 조건설에 대한 대안으로서의 의미가 있는 것이 아니라, 그를 보완하는 보완이론이라고 보는 것이 타당하다는 지적을 받고 있다. 그렇다면 상당인과관계설은 귀속이론으로서 타당한가? 결론은 그렇지 않은 것 같다. 왜냐하면 이 설은 근본적으로 일상적이 아닌 비전형적으로 전개된 인과연관의 경우의 귀속을 부정하는 데 제한되기 때문이다. 이러한 경우 이외에 귀속의 문제를 고려해야 할 경우는 많다. 따라서 이 설은 귀속론으로서도 완벽성을 갖는다고 할 수는 없으며, 귀속론으로서 한 측면을 해명하는 데 도움을 줄 뿐이다.

□ 도중진, “형법에 있어서 상당인과관계와 객관적 귀속”, 비교형사법연구 제2권 2호, 2000, 1~26면

우리는 상당성판단이 객관적 귀속의 일장면으로서의 성질을 갖는 것임에 주의할 필요가 있다. 즉 상당성판단은 법질서의 입장에서 보아 그 행위에 그 결과를 귀속시키는 것이 상당한 것인가라는 규범적 판단이며, 이때 적절한 척도를 기초로 행위와 결과간의 관련에 대한 법적 의미를 묻는 것이다.

이러한 시점에 의거하여 상당성판단에 있어서는 ‘판단기저’와 ‘상당성판단’의 구분이 애매함과 동시에 무의미한 것으로 판명되었기에 판단기저의 한정을 행하지 않은 채 상당성판단 그 자체를 중시한다. 상당성판단은 사실관계의 확정을 전제로 하는 규범적 판단이며 그 판단대상을 필요로 한다. 판단대상은 객관적인 것이어야 하므로 행위시에 존재한 또는 행위 후에 판명된 모든 사정을 포함하여야 한다. 이를 기초로 하는 상당성판단에 있어서는 주관면도 고려할 수 있는 것이므로 “객관적 예측가능성”에 더하여 “행위자가 특히 예견한 사정”까지도 고려하여 판단하는 것이 결론의 타당성을 담보할 것이다.

상당성판단의 중핵은 “경험적 통상성”이며 이는 “객관적 예견가능성”이라는 판단기준에 의해 구체화되어야 한다. 이 “객관적 예견가능성”은 자연과학적·통계학적인 개념으로 사용될 만한 것이 아니라 과도한 규범화 경향에 주의하면서 규범적인 개념으로 파악하여야 할 것이다. “객관적 예견가능성”의 실질은 당해 사안에 있어서 개별적·구체적으로 검토할 수밖에 없으며 그 구체적 유형화작업에 상당성설 논자는 진력해야 할 필요가 있다.

□ 이용식, “상당인과관계설의 이론적 의미와 한계”, 현대형법이론 Ⅰ, 2008, 35~42면

상당인과관계설은 상당성판단을 통하여 구체적 결과를 야기하는 사태의 가능성과 개연성을 해명할 수 있다는 점에서 유용한 도구이기는 하지만, 아직도 더 평가되어야 할 사실관계를 제공할 뿐이고 단지 불법판단이 내려질 수 있는 외부적 한계를 그어주고 있을 뿐이다. 이와 같이 상당인과관계설은

그 실천적 의의가 문제시되면서 오늘날에 와서는 실제적인 문제해결에 별다른 도움을 주지 못하는 이론으로 퇴색하고 있는 실정이다. 이는 객관적 귀속이론에 의해서가 아니라 위에서 본 바와 같이 상당성 자체의 불안정성과 불명확성 때문이다. (…중략…) 상당인과관계설의 근본적인 문제는 상당성이 일정한 가치를 제한적으로 갖고 있음에도 불구하고 상당성이라는 하나의 척도로 결과귀속의 모든 문제가 해결될 수 있다는 입장에로 나아갔다는 데 있다. 즉 결과귀속은 상당성이라는 기준만으로 해결될 수 있다는 것이다. 그리하여 상당성은 결과귀속의 기준이며 또한 동시에 결과귀속 그 자체를 의미하는 것이 되어버렸다. 이와 같이 결과귀속에서 상당성만을 고집하는 한, 거기에서 우리는 더 이상 한걸음도 앞으로 나아갈 수 없다. 이처럼 상당인과관계설이 갖는 문제점들이 대체로 명백하게 되어 귀책한정 법리를 보다 명확한 기준과 적절한 체계적 위치지움을 발견하려는 이론적 시도가 나타나게 된다. 상당인과관계설과 마찬가지로 객관적 차원에서 그러나 사실적 인과관계로부터 자유롭게 형사귀책의 정당성을 추구하여 귀책제한의 기준을 논의하려는 방향으로 자연스럽게 눈을 돌리게 된 것이 객관적 귀속이론이다. 즉 객관적 구성요건해당성 영역에서 상당인과관계설에 비해 더욱 귀책한정의 필요성을 인식하고 있는 것이 객관적 귀속이론이라고 할 수 있다. 상당인과관계만으로는 결과의 귀속이 완전히 타당한 해결을 얻을 수 없다는 데에서 객관적 귀속이론은 출발한다고도 이야기할 수 있다.

쟁점연구

상당인과관계설을 취하는 대법원은 도입판례에서 “살인의 실행행위와 피해자의 사망과의 사이에 다른 사실이 개재되어 그 사실이 치사의 직접적인 원인이 되었다고 하더라도, 그와 같은 사실이 통상 예견할 수 있는 것에 지나지 않는다면 살인의 실행행위와 피해자의 사망과의 사이에 인과관계가 있는 것으로 보아야 할 것이다.”라고 판시하고. 따라서 “비록 그 직접사인의 유발에 위 피해자 자신의 과실이 개재되었다고 하더라도 이와 같은 사실은 통상 예견할 수 있는 것으로 인정되므로" 인과관계를 긍정하고 있다.

하지만 이러한 대법원의 태도에 대해서는, "우리판례의 상당인과관계설은 개입사정의 예견가능성 여부만을 문제 삼을 뿐이지, 개입행위로 인하여 결과가 실현되었는가, 다시 말하면 개입사정이 새로운 위험을 발생시켜 그것이 결과에 실현되었는가에는 관심이 없다. 개입사정이 결과의 발생에 어떠한 영향을 미쳤고 그로 인하여 결과를 행위자의 행위에 귀속시킬 수 있겠는가 하는 관점에서 바라보지 않는다(이용식, "상당인과관계설의 이론적 의미와 한계", 서울대학교 법학 제44권 3호, 2003, 230~236면)" 또는 "개입사정이 어떠한 영향을 미치고 결과발생에 기여했는가를 떠나 그 예견가능성만으로 상당인과관계를 판단하는 것은 합리적 기준이 될 수 없다(정현미, "인과과정에 개입된 타인의 행위와 객관적 귀속", 형사판례연구 제9권, 2001, 164~165면)"는 비판이 제기된다.

도입판례에 대한 비판적 입장의 논리와 근거를 살펴보고, 상당인과관계설의 의미와 한계에 대해서 생각해 보자.

주요개념

1. 상당인과관계설
2. 상당성의 내용으로서 예견가능성
3. 합법칙적 조건설

Ⅱ. 객관적 귀속이론과 결과귀속의 척도

도입판례

대법원 1990. 12. 11. 선고 90도694 판결【업무상과실치사】(집38-4, 474)

【피 고 인】 갑, 을
【상 고 인】 피고인들
【변 호 인】 변호사 한정진
【원심판결】 서울형사지방법원 1990. 2. 22. 선고 82노3700 판결
【주 문】 원심판결을 파기하고 사건을 서울형사지방법원 합의부에 환송한다.
【이 유】

피고인들의 변호인의 상고이유를 본다.

원심판결 이유에 의하면 원심은 피해자가 원판시 난소종양절제수술을 받기 위하여 1980. 11. 5. 연세대학교 의과대학 부속 세브란스병원에 입원한 후 같은 해 11. 28. 극도의 간괴사에 의한 간성혼수로 사망에 이르기까지의 증상, 그 변화 및 치료의사의 진료경위사실과 피해자의 사망에 관계되는 전신마취에 의한 개복수술과 간이상 유무의 검사, 마취제 할로테인(hanlothane)의 사용과 간손상과의 관계, 뇨검사에 의한 간기능검사와 혈청에 의한 간기능검사와의 차이 등 그 판시와 같은 사실을 인정한 다음, 그 판시 사실들을 종합하여 보면 피해자는 수술 후 약 1주일 정도 경과하여 급성전격성간염의 증상이 진단된 간부전으로 사망하였고 그 원인이 될 만한 다른 질병의 감염이나 마취제 할로테인 이외의 간에 독성을 미칠 만한 약품이 검증되지 아니하였으며 피해자의 증상이 할로테인

간염의 증상과 유사하고 피해자가 위 마취제 할로테인에 과민반응을 일으킬 만한 특이체질이라고 인정할 아무런 자료도 없을 뿐더러 원심판시와 같이 피해자에 대하여 실시한 비(B)형간염의 항원 및 항체 검사결과가 그 검사시기에 모두 발견되지 아니하였다 하여 이것만으로는 피해자가 수술당시에 비(B)형간염에 의한 간장애가 없었다고 볼 자료도 되지 아니하는 이 사건에 있어서 위 간부전의 원인은 피해자가 수술당시에 이미 간장애가 있었고 이것이 할로테인에 의한 마취와 개복수술에 의하여 극악화한 것으로 인정된다 할 것이므로 피해자의 수술에 관하여 수술주관의사인 피고인 갑으로서는 개복수술이 간장애를 초래할 위험이 있는 할로테인을 사용한다는 점을 알고 있었으므로 개복수술에 앞서 환자인 피해자의 간의 이상 유무를 혈청의 생화학적 반응에 의한 검사 등으로 종합적인 간기능검사를 철저히 하였어야 할 업무상의 주의의무가 있는데도 그 주의의무를 다하지 아니한 채 정확성이 떨어지는 소변에 의한 검사만을 실시하고 그 검사결과만을 믿고 수술을 한 과실이, 마취담당의사인 피고인 을로서는 마취, 특히 할로테인이 간에 심각한 영향을 미치므로 마취 전에 간기능검사가 정확히 행하여졌는지를 확인하고 마취에 임하여야 할 업무상의 주의의무가 있음에도 이를 게을리한 채 소변에 의한 간검사 결과만을 믿고 할로테인에 의하여 마취를 감행한 과실이 있고 위와 같은 과실로 인하여 피고인들은 피해자가 간장애 상태에 있음을 알지 못함으로써 할로테인으로 마취를 하여 개복수술을 하였고 피해자의 치료에 관한 주관의사인 피고인 갑으로서는 수술 후에도 피해자에게 같은 해 11. 12. 고열이 발생할 때까지 종합적인 간기능검사를 전혀 시행하지 아니한 일련의 과실로 피해자가 급성전격성간염에 빠져들어 사망에 이르게 되었다고 판단하고 그 판시소위를 업무상과실치사죄로 의율하여 피고인들을 처벌하고 있다.

원심판결과 원심이 들고 있는 제1심판결의 채택증거에 의하면 원심확정사실 중 피해자는 1980. 11. 5. 그로부터 3년 전 출산시에 의사로부터 우측 난소종양에 대한 진찰과 치료를 받으라고 권고를 받은 일이 있는

데 1개월 전부터 하복부 불편감과 배부요통을 다시 느껴 연세대학교 의과대학 부속 세브란스병원에 산부인과 외래를 거쳐 입원하여 판시와 같은 수술적합성 여부의 확인을 위한 검사 후 전신마취를 거쳐 난소종양 제거수술을 받게 된 사실, 전신마취에 의한 개복수술은 수술침습이라 하여 수술 중 혈압강하 등으로 인한 간혈류장애, 저산소증 등을 초래하여 간부전을 일으키고 간성혼수에 빠지게 하기도 하는데 간기능에 이상이 없는 환자의 경우에는 대부분이 일과성으로 1개월 이내에 정상으로 회복되나 급만성간염이나 간경변 등 간기능에 이상이 있는 경우에는 90% 이상이 간기능이 증악화하고 심한 경우에는 사망에 이르게 하는 것으로 알려져 있고 따라서 개복수술 전에 간의 이상 유무를 검사하는 것은 필수적인 사실, 피해자의 수술시에 사용된 마취제 할로테인은 드물게는 간에 해독을 끼치고 특히 이미 간장애가 있는 경우에는 간장애를 격화시킬 위험이 있으므로 이러한 환자에 대하여는 그 사용을 주의 또는 회피하여야 한다고 의료계에 주지되어 있는 사실, 이 사건 사고 당시 의료계에서는 개복수술 환자의 경우 긴급한 상황이 아닌 때에는 혈청의 생화학적 반응에 의한 간기능검사를 하는 것이 보편적이었던 사실, 그 당시 위 병원에서는 전신마취제로는 할로테인을 사용하는 경우가 대부분이었던 사실 등을 인정할 수 있다.

위와 같은 사실관계에 비추어 보면, 응급환자가 아닌 피해자의 경우에 있어서 수술주관의사 또는 마취담당의사인 피고인들로서는 수술에 앞서 혈청의 생화학적 반응에 의한 검사 등으로 종합적인 간기능검사를 철저히 하여 피해자가 간 손상상태에 있는지의 여부를 확인한 후에 마취 및 수술을 시행하였어야 할 터인데 피고인들은 시진, 문진 등의 검사결과와 정확성이 떨어지는 소변에 의한 간검사 결과만을 믿고 피해자의 간 상태를 정확히 파악하지 아니한 채 할로테인으로 전신마취를 실시한 다음 이 사건 개복수술을 감행한 것이므로 피고인들에게는 위와 같은 과실이 있다 할 것이다.

원심은 피고인 갑이 피해자 수술 후 1980. 11. 12. 고열이 발생할 때까지 종합적인 간기능검사를 시행하지 않은 것을 위 피고인의 과실로 보고 있다.

그러나 감정서(의무기록 및 진료일지)의 기재에 의하면 위 피고인은 수술 후 6일째 피해자의 발열현상에 대하여 절개부위감염, 살모넬라증 등을 의심하여 내과 전문의의 자문을 얻어 치료를 하였으나 고열상태가 지속되어 2일 후 불명열에 대해 체계적으로 접근할 수 있는 내과로 전과(轉科)조치를 취한 사실을 알 수 있으므로 위와 같은 상황에서 피해자의 간기능 검사를 시행하지 아니한 것이 위 피고인의 과실이라고 말할 수는 없다 할 것이다.

이 사건에서 혈청에 의한 간기능검사를 시행하지 않거나 이를 확인하지 않은 피고인들의 과실과 피해자의 사망 간에 인과관계가 있다고 하려면 피고인들이 수술 전에 피해자에 대한 간기능검사를 하였더라면 피해자가 사망하지 않았을 것임이 입증되어야 할 것이다. 즉 수술 전에 피해자에 대하여 혈청에 의한 간기능검사를 하였더라면 피해자의 간 기능에 이상이 있었다는 검사결과가 나왔으리라는 점이 증명되어야 할 것이다(검사결과 간에 이상이 있었더라면 의사인 피고인들로서는 피해자를 마취함에 있어 마취 후 간장애를 격화시킬 수도 있는 할로테인의 사용을 피하였을 것이다). 그러나 원심이 거시한 증거들만으로는 피해자가 수술당시에 이미 간 손상이 있었다는 사실을 인정할 수 없고 그 밖에 일건기록에 의하여도 위와 같은 사실을 인정할 아무런 자료를 발견할 수 없다.

원심은 수술 후 8일째와 9일째 시행한 피해자에 대한 혈액화학검사결과에서 간 손상이 있었으므로 수술 전에도 간 손상이 있은 것으로 추정한 것으로 보이나 경험칙에 위반되는 것이어서 옳지 못한 것이고, 제1심 증인 A의 증언도 피해자가 산부인과에서 내과로 전과되기 전에 이미 간이 나빴다는 취지일 뿐 수술 전부터 간에 이상이 있었다는 취지는 아니라 할 것이다.

또 원심은 피해자에 대하여 실시한 비(B)형 간염의 항원 및 항체 검사결과가 그 검사시기에 모두 발견되지 아니하였다 하여 이것만으로는 피해자가 수술당시에 비(B)형 간염에 의한 간장애가 없었다고 볼 자료도 되지 못한다고 판시하고 있지만 기록에 의하면 수술 후 12일째 시행한 피해자에 대한 비(B)형 간염바이러스 검사결과가 음성이었음을 알 수 있으니 피해자의 간기능 이상의 원인이 우리나라에서 가장 흔한 간염의 원인인 비(B)형 간염바이러스에 의하여 초래되었을 가능성은 배제할 수 있다 할 것이다.

원심이 그 판시 증거만으로 피고인들에 대한 판시 소위가 업무상 과실치사죄에 해당한다고 판단한 것은 채증법칙을 위반하여 사실을 오인하고 나아가 인과관계에 관한 법리를 오해한 잘못을 저지른 것이라 할 것이므로 이 점에 관한 논지는 이유 있다.

그러므로 원심판결을 파기하고 사건을 원심법원에 환송하기로 하여 관여 법관의 일치된 의견으로 주문과 같이 판결한다.

대법관 윤관(재판장) 배만운 안우만

참고판례

(가) 대법원 1991. 2. 26. 선고 90도2856 판결【교통사고처리특례법위반】(공1991, 1124)

【피 고 인】 갑
【상 고 인】 검사
【변 호 인】 변호사 문태길
【원심판결】 대구지방법원 1990. 8. 30. 선고 90노738 판결
【주　　문】 상고를 기각한다.
【이　　유】 상고이유를 본다.

원심판결 이유에 의하면 원심은 그 증거에 의하여 피고인이 트럭을 운

전하여 판시도로의 중앙선 위를 왼쪽 바깥바퀴가 걸친 상태로 운행하던 중 그 판시와 같은 경위로 그 50미터 앞쪽 반대방향에서 피해자가 승용차를 운전하여 피고인이 진행하던 차선으로 달려오다가 급히 자기차선으로 들어가면서 피고인이 운전하던 위 트럭과 교행할 무렵 다시 피고인의 차선으로 들어와 그 차량의 왼쪽 앞부분으로 위 트럭의 왼쪽 뒷바퀴 부분을 스치듯이 충돌하였고 이어서 위 트럭을 바짝 뒤따라 운전해 오던 공소외 A의 운전차량을 들이받아 이 사건 사고가 발생한 사실을 인정한 다음 이와 같은 사고 경위에 비추어 설사 피고인이 중앙선 위를 달리지 아니하고 정상차선으로 달렸다 하더라도 이 사건 사고는 피할 수 없다 할 것이므로 피고인이 트럭의 왼쪽바퀴를 중앙선 위에 올려놓은 상태에서 운전한 것만으로는 이 사건 사고의 직접적인 원인이 되었다고는 할 수 없다고 판시하고 달리 이 사건 범죄에 대한 증명이 없음을 이유로 피고인에게 무죄의 선고를 하였는바, 기록에 비추어 원심의 판단은 옳게 수긍이 되고 거기에 지적하는 바와 같은 법리의 오해나 채증법칙을 어긴 위법이 없다.

그러므로 상고를 기각하기로 관여 법관의 의견이 일치되어 주문과 같이 판결한다.

(나) 대법원 1995. 9. 15. 선고 95도906 판결【업무상과실치사, 업무상과실치상, 건설업법위반】(집43-2, 816)

공사감독관이 당해 건축공사가 불법하도급되어 무자격자에 의하여 시공되고 있는 점을 알고도 이를 묵인하였거나 그와 같은 사정을 쉽게 적발할 수가 있었음에도 직무상의 의무를 태만히 하여 무자격자로 하여금 공사를 계속하게 함으로써 붕괴사고 등의 재해가 발생한 경우에, 만일 자격 있는 자가 시공을 하였다면 당해 재해가 발생하지 아니하였거나 재해 발생의 위험이 상당히 줄어들었으리라고 인정된다면, 공사감독관의 그와 같은 직무상의 의무위반과 붕괴사고 등의 재해로 인한 치사상의 결과 사이에 상당인과관계가 있다.

참고문헌

□ 신동운, "의료과오와 위험증대의 이론: 할로테인 마취 사건", 신판례백선 형법총론, 2009, 224~225면

적법한 대체행위를 투입하였을 때 그 결과를 분명히 예측할 수 없는 상황에 대비하여 학설은 다음과 같은 세 가지 해결방안을 제시하고 있다. 첫째로 무죄추정설은 적법한 대체행위를 하였더라면 결과발생을 방지할 수 있었음이 확실히 증명되지 않는 한 인과관계를 인정하여서는 안 된다고 주장한다. 소위 의심스러운 때에는 피고인에게 유리하게(in dubio pro reo)의 법원칙을 존중하자는 것이다. 본 사례의 경우로 돌아와서 살펴보면 대법원이 바로 이러한 입장을 취하고 있다고 생각된다.

… 이에 대하여 반대의 입장에 있는 위험증대설은 일단 주의의무위반이 있으면 그 자체로서 과실범의 구성요건이 보호하려는 법익이 침해될 위험이 증가한다고 본다. 그리하여 적법한 대체행위의 결과가 불분명한 경우에도 인과관계를 긍정해야 한다고 주장한다. 이러한 입장을 밀고 나가면 적법한 대체행위를 했을 때 다소 결과가 방지되지 아니할 가능성이 남더라도 그 반대의 상황이 명백하게 증명되지 않는 한 과실범의 인과관계를 인정하게 된다. 본 판례의 사례에 이를 대입해 보면 개복수술시에 종합적 간기능검사를 하지 아니한 것은 그 자체로서 환자의 생명, 신체에 위험을 증대시키며, 달리 간기능검사를 했더라도 사망의 결과가 발생하였으리라고 입증되는 사유가 없으므로 인과관계를 긍정하게 된다. 원심법원이 전개한 유죄의 논거는 바로 이와 같은 구상에 입각한 것으로 생각된다. 위의 두 가지 이론에 대하여 절충설이 제시되고 있다. 절충설은 인정된 주의의무위반이 행위객체에 대하여 상당한 정도로 위험을 증대시켰을 때 그때부터 그 주의의무위반과 결과발생 사이에 인과관계를 인정한다. 이 입장에서는 결과발생의 방지에 확실히 유용한가 아닌가를 묻지 말고 일단 행위자에게 주의의무를 준수할 것을 요구한다. 그리고 주의의무에 위반하는 행위가 과연 상당한 정도로 위험을 증대시켰는가가 의문시될 때 비로소 의심스러운 때에는 피고인에게 유리하게(in dubio pro reo)

의 원칙을 적용할 수 있다고 본다. 생각건대 극단적으로 엄밀하게 증명을 요구하는 무죄추정설이나 또는 그 반대견해인 위험증대설은 지나친 감이 있다. 양자의 절충을 취함으로써 법익보호와 피고인 보호를 함께 도모하는 것이 타당하다고 본다.

□ **신양균, "과실범에 있어서 의무위반과 결과의 관련", 형사판례연구 제1권,** 1993, 62~82면

본 판결은 의무위반관련의 문제를 여전히 인과관계의 문제로 파악하고 있고, 그 이전에 확정되어야 할 조건관계의 확정이라는 점에 대한 검토를 별도로 문제 삼지 않고 있다는 점에서 최근의 학설의 경향과 일치하지 않는 점이 발견된다. 뿐만 아니라 … 과실과 결과 간의 규범적 관련에 대한 문제를 논의해야 함에도 이를 단순한 사실증명의 문제로 환원해 버린 점에서 결정적인 결함이 보인다. 물론 당해 사건은 대법원이 주의의무위반과 결과와의 관계를 직접 판단하지 않고 인과관계를 긍정한 원심판결을 파기환송한 데 그친 경우이므로 원심법원의 심리결과가 남아 있지만, 대법원이 인과판단의 문제와 규범적 판단의 문제를 혼동한 점, 규범적 판단에 있어서 사실문제에 대한 증명의 문제를 원용하고 있는 점에서는 여전히 문제점을 안고 있다고 하지 않을 수 없다. 이미 지적한 바와 같이 <규범적 위험증가론>에 따르면, 의사가 종합적 간기능검사를 실시하지 않음으로써 사전에 발견될 수도 있었던 간기능 이상을 발견하지 못하였고, 그 결과 금지된 행위를 통해 주의에 따른 적법한 행위를 한(허용된 위험) 경우보다 위험을 증가시킨 점이 인정된다. 따라서 피해자의 사망의 결과는 의사들에게 객관적으로 귀속된다고 보아야 하고, 결국 의사들은 업무상과실치사죄의 책임을 지지 않을 수 없다.

□ **손동권, 형법총론**(제2개정판), 2005, 330면

이 판례는 적법한 대체행위의 사안을 비록 인과관계의 문제로 다루었지만 in dubio pro reo의 태도를 따른 것으로 판단된다. 그리고 이 견해는 위험증대설에 대해서 과실결과범이 위험범화되는 불합리한 결과를 초래한다고 비판한다. 그러니 이 비판은 위험증대설이 in dubio 상태에서 거증책임전환의

소송법적 의미만을 가지는 점을 간과하고 있다(즉, 피고인은 입증을 통해 결과에 대한 책임을 벗어날 수 있음). 그리고 위험증대이론도 위법한 과실행위로 인하여 현대사회에서 허용된 위험성의 범위를 넘었다는 것이 입증되어야(즉, 이 점은 의심스럽지 않고 명백하여야) 결과에 대한 과실책임을 묻는다. 현대사회에서 허용된 위험성을 초과한다는 것을 알면서 주의의무위반의 과실행위를 감행하여서 결과가 발생하였다면 그 결과발생의 객관적 귀속을 바로 그 주의의무의 위반행위에 귀속시키는 것(즉, 위험증대설)은 타당한 것으로 판단된다

□ 김성돈, "합법적 대체행위이론과 입증의 정도" 지송 이재상 교수 화갑기념논문집, 2003, 264~279면

대법원은 이른바 '직접적' 인과관계라는 표현을 하면서 객관적 주의의무위반과 결과 간에 보다 밀접한 인과관계를 요구하고 있다. 대법원이 과실과 결과 간의 직접적인 인과관계를 확인할 경우에 사용하는 방법은 행위자가 주의의무를 위반하지 않았다고 가정해서 결과발생가능성 여부를 타진하는 방법이다. 즉 "행위자가 주의의무를 준수하였더라도 결과를 피할 수 없었다"라고 판단될 경우에는 과실과 결과 간의 '직접적' 인과관계를 인정할 수 없다고 한다. 이를 학계에서는 '합법적 대체행위이론'이라고 불러왔고, 바로 이 이론은 대법원의 태도가 실제로 '주의의무위반관련성'이라는 척도와 동일한 내용을 가진 것이라고 할 수 있다.

다만 의무위반과 결과 간의 형법상의 인과관계 혹은 객관적 귀속관계를 부정하기 위한 검증방법으로서 합법적 행위(주의의무를 준수하는 행위)를 가정적으로 대체해 넣었을 때 결과가 방지될 확률이 어느 정도인가 하는 문제와 관련하여 학설은 판례와 표현을 약간 달리하고 있다. 학설은 의무에 합치되는 행위를 하였더라도 '마찬가지의 결과가 발생할 수 있었던가' 하는 식의 표현을 사용하고 있지만 판례는 '결과를 방지할 수 있었느냐'라는 표현을 사용하고 있다. 전자와 같은 방식의 물음은 피고인 측의 방어논리에 적합한 형식으로서 인과관계를 부정하려는 지향점을 가지고 있고, 후자와 같은 방식의 물음은 검찰 측의 소추논리에 적합한 형식으로서 인과관계를 인정하려는 지향점을 가지고 있다. 유죄인정의 결론의 합법성을 점검해야 할 법원에서는

후자와 같은 방식의 물음을 출발점으로 삼아 문제의 사실이 유죄인정을 위한 증명의 정도로 입증될 것을 소추기관에 대해 요구하고 있다. 즉 인과관계가 범죄성립의 한 요소인 이상, 이에 대해 적용될 가상의 사실관계도 유죄의 인정에 필요한 정도의 입증 정도, 즉 합리적인 의심이 없을 정도로 입증될 것을 요구하고 있다. 이에 따라 과실이 없었더라도 마찬가지의 결과가 발생하였을 확률이 확실성 정도보다는 낮고 단순한 가능성 정도보다는 높은 수준인 '확실성에 근접한 개연성 정도'로 존재한다는 점을 검사가 입증하여야 함을 분명히 하고 있다. 만약에 검사가 이 점을 입증하지 못하면 법원은 피고인에 대해 유죄를 인정할 수 없다.

쟁점연구

1. 도입판례는 상당인과관계설을 따르는 대법원이 과실범에 있어서 결과와 주의의무위반관련성과의 인과관계를 판단하는 논리적 과정을 보여주는 대표적인 판례이다. 여기서 대법원은 "행위자가 주의에 합치하는 행위를 했더라면 결과방지가 가능했는가."라는 물음에서 출발하고 있다. 이를 '합법칙적 대체행위이론'이라고 하는데, 그 결과발생의 방지가능성을 어떠한 기준으로 판단할 것인가를 둘러싸고, 다시 무죄추정설과 위험증대설, 그리고 절충설로서 상당위험증대설 등이 대립한다. 그렇다면, "피고인들이 수술 전에 피해자에 대한 간기능검사를 하였더라면 피해자가 사망하지 않았을 것임이 입증되어야 한다."고 설시한 도입판례와 참고판례 (나)에서 "만일 자격 있는 자가 시공을 하였다면 당해 재해가 발생하지 아니하였거나 재해 발생의 위험이 상당히 줄어들었으리라고 인정된다면, … 상당인과관계가 있다(대법원 1995. 9. 15. 선고 95도906 판결)."고 한 대법원의 태도는 어떻게 평가할 수 있는가?
2. 도입판례에서처럼 결과귀속을 위해서는 "피고인들이 수술 전에 피해자에 대한 간기능검사를 하였더라면 피해자가 사망하지 않았을 것"에 대한 입증을 요구하는 대법원의 태도에 대해서는, "의사인 피고인들의 입

장만을 고려하는 나머지 의료과오로부터 시민의 생명과 신체를 보호하는 데 소홀하였다는 비판을 면하기 어렵다."고 비판하면서 절충설(상당위험증대설)의 입장이 타당하다는 견해(신동운, 신판례백선 형법총론, 2009, 225면)가 있다. 하지만 절충설로서의 상당위험증대설에 대해서는, "주의의무위반과 결과발생 간에 —상당인과간계설의 입장에서 보아— '상당성'이 인정될 수 있는가 하는 물음에 대해 또 다시 '상당성(상당할 정도의 위험)'으로 답하고 있어 동어반복에 불과하다."고 비판하면서 무죄추정설이 타당하다고 보는 견해(김성돈, 형법총론(제2판), 2009, 476~477면)가 있다. 이와 같이 도입판례와 관련하여 대립되고 있는 위의 상반된 견해의 타당성에 대해 검토해 보자.

주요개념

1. 객관적 귀속
2. 합법칙적 대체행위이론
3. 무죄추정설
4. 위험증대이론(설)

제 7 장 고의

Ⅰ. 범죄성립요소로서의 고의

도입판례

대법원 2003. 1. 24. 선고 2002도5939 판결【부정수표단속법위반, 무고】(공2003, 754)

【피 고 인】 갑
【상 고 인】 피고인 및 검사
【원심판결】 수원지법 2002. 10. 4. 선고 2001노4020 판결
【주　　문】 원심 판결의 유죄부분 중 판시 제4.의 무고죄에 관한 부분을 파기하고, 이 부분 사건을 수원지방법원 본원 합의부에 환송한다. 피고인의 나머지 상고 및 검사의 상고를 모두 기각한다.
【이　　유】

* * *

2. 피고인의 상고이유에 대한 판단

* * *

나. 상고이유 제2점에 대하여

원심은, A, B가 피고인으로부터 돈을 빌린 사실이 없음에도 안양교도소 내에서 A, B로 하여금 형사처분을 받게 할 목적으로 "돈을 빌리더라도 이를 변제할 의사나 능력이 없음에도 불구하고 피고소인 A는 1996.

5.경 및 같은 해 11.경 2차례에 걸쳐 고소인으로부터 합계 6,000만 원을 빌려가 이를 편취하고, 피고소인들은 공모하여 1997. 2. 피사취계 보증금 명목으로 4,000만 원을 빌려가 이를 편취하였으니 처벌하여 달라."는 허위사실을 기재한 고소장을 작성한 다음, 1999. 7. 2. 수원지방검찰청에 제출하여 A, B를 무고하였다는 공소사실을 유죄로 인정한 제1심판결을 유지하였다.

그러나 무고죄는 타인으로 하여금 형사처분 또는 징계처분을 받게 할 목적으로 공무소 또는 공무원에 대하여 허위의 사실을 신고하는 때에 성립하는 것인데, 여기에서 허위사실의 신고라 함은 신고사실이 객관적 사실에 반한다는 것을 확정적이거나 미필적으로 인식하고 신고하는 것을 말하는 것으로서, 설령 고소사실이 객관적 사실에 반하는 허위의 것이라 할지라도 그 허위성에 대한 인식이 없을 때에는 무고에 대한 고의가 없다 할 것이고, 고소내용이 터무니없는 허위사실이 아니고 사실에 기초하여 그 정황을 다소 과장한 데 지나지 아니한 경우에는 무고죄가 성립하지 아니한다(대법원 1998. 9. 8. 선고 98도1949 판결 등 참조).

기록에 의하면, 피고인의 A와 B에 대한 이 사건 고소내용은 "피고인이 1996. 5.경 A의 부탁을 받고 P물산(주) 회장인 C를 통하여 3,000만 원을 빌려주었고, 1996. 11.경 A의 공장 이전과 관련하여 당좌수표를 받고 3,000만 원 정도를 할인하여 주었으며, 피사취보증금조로 약 4,000만 원을 B에게 할인하여 주었으나, A와 B가 (주)R을 설립하여 (주)Q플랜트의 자산인 기계설비와 주사바늘 재고 등을 이전하는 바람에 변제받지 못하였다."는 내용이다.

우선 1996. 5.경 A에 대하여 3,000만 원을 대여하였다는 점에 관하여 보면, A는 C 개인으로부터 차용한 1,850만 원 정도를 차용하였다가 1개월 이내에 변제하였다는 취지로 진술하고 있으나, C는 당시 피고인이 대표이사로 있던 P물산(주)의 회장의 지위에 있었는데 P물산(주)의 여유자금으로 A가 대표이사 (주)Q플랜트에 2,000만 원을 빌려주었다는 취지로 주장하고 있어 금원을 대여한 법률상 주체가 불분명한 반면, A가 위

금원을 변제하였다는 부분은 A가 새로이 설립한 (주)R 명의로 금융기관으로부터 대출을 받음에 있어서 피고인과 C가 차용금을 변제받을 목적으로 동행한 사정 등에 비추어 쉽게 믿기 어렵다. 다음으로 1996. 11.경 공장 이전과 관련하여 A에게 3,000만 원을 대여하였다는 점에 관하여 보면, A는 D로부터 매수하는 공장의 매매대금의 일부로 (주)Q플랜트 발행의 액면 금 1,000만 원의 당좌수표를 지급하였으나, 피고인이 지급하였는지, 자신이 지급하였는지 기억이 나지 않는다고 진술하나, 피고인이 E의 금융기관에 대한 연체대출금을 변제해 줌으로써 A가 매수한 공장을 담보로 금융기관으로부터 3억 원 가량을 대출받을 수 있게 된 사실과 피고인으로부터 공장 이전에 따른 이사비를 받은 사실 등은 인정하고 있고, D는 피고인으로부터 당좌수표를 지급받았다고 진술하고 있으며, 피고인이 E의 연체대출금을 변제한 사실(액수는 다소 불명확하다) 및 이사비 400만 원을 지급한 사실은 E의 진술 및 피고인이 제출한 무통장입금증 등에 의하여도 뒷받침이 된다. 또 피사취보증금 4,000만 원 정도의 대여건에 관하여 보면, A가 발행한 약속어음에 대하여 피사취신고와 함께 피사취보증금 3,288만 원이 입금되었는데, B는 피고인과 A의 지시에 의하여 피사취신고를 하였으나 피사취보증금에 대하여는 모른다고 진술하고 있으나, A는 피고인이 피사취보증금 중 일부를 납입하여 주었다는 취지로 진술하고 있다.

위와 같은 사정을 종합하면, 피고인이 고소장에서 A, B에게 대여하였다고 주장하는 금원의 액수가 부풀려져 있고, 법률적 의미에서 피고인과 A, B 사이에 금전 대차관계가 성립할 수 있는지가 다소 불명확한 점이 있기는 하지만 피고인이 고소한 위 내용은 전혀 터무니없는 허위사실은 아니라 할 것이고, 단지 사실에 기초하여 그 정황을 다소 과장한 데에 지나지 아니한다 할 것이며, 또 피고인에게 허위성에 대한 인식이 있다고 보기도 어렵다 할 것이다.

그럼에도 위 공소사실을 유죄로 인정한 원심의 판결에는 무고죄에 관한 법리를 오해하였거나 채증법칙을 위반하여 사실을 오인하여 판결에 영향을 미친 위법이 있다 할 것이니, 이 점에 관한 상고이유는 이유 있다.

* * *

3. 결 론

그러므로 원심판결의 유죄부분 중 판시 제4.의 무고죄에 관한 부분을 파기하여 다시 심리·판단하게 하기 위하여 이 부분 사건을 원심법원에 환송하기로 하고, 피고인의 나머지 상고 및 검사의 상고는 모두 이유 없어 이를 기각하기로 관여 법관의 일치된 의견으로 주문과 같이 판결한다.

대법관 송진훈(재판장) 변재승 윤재식(주심) 이규홍

참고판례

(가) 대법원 2008. 5. 15. 선고 2008도1097 판결【부정처사후수뢰(일부인정된 죄명 : 뇌물수수), 뇌물수수, 뇌물공여, 강요미수】(공2008, 880)

강요죄는 폭행 또는 협박으로 사람의 권리행사를 방해하거나 의무 없는 일을 하게 하는 것을 말하고, 여기에서 '의무 없는 일'이라 함은 법령, 계약 등에 기하여 발생하는 법률상 의무 없는 일을 말하므로, 폭행 또는 협박으로 법률상 의무 있는 일을 하게 한 경우에는 폭행 또는 협박죄만 성립할 뿐 강요죄는 성립하지 아니한다.

원심은, 그 판시와 같은 사실을 인정한 다음, 그 인정 사실에 나타난 다음과 같은 사정, 즉 피고인 갑은 신앙간증을 위해 일본에 갔다가 알고 있던 D로부터, 팬미팅 공연에 대한 답례로 공소외 A 일행에게 1억 원이 넘는 고급시계를 주었음에도 약속을 이행하지 않는다는 말을 듣고 이를 확인하기 위해 공소외 B, C 등을 만나 D의 말이 어느 정도 사실임을 확인하였고, 더욱

이 공소외 B가 위 피고인에게, 공소외 A의 일본 팬미팅 공연에 관하여 공소외 B 측에 독점권이 있고 구체적인 행사내용은 공소외 A의 소속회사인 P인터내셔널과 공소외 B가 대표이사인 Q엔터플랜이 합법적인 절차에 의하여 서명·날인 작성한 계약서에 명시되어 있다는 2006. 3. 10.자 확인서까지 보여주었기 때문에, 위 피고인으로서는 공소외 A가 팬미팅 공연을 할 의무가 있다고 믿었을 가능성이 농후하여, 공소외 A가 팬미팅 공연을 할 의무가 없거나 의무 없음에 대한 미필적 인식, 즉 강요죄의 고의가 위 피고인에게 있었다고 단정하기 어렵다는 이유로, 이 부분 공소사실을 유죄로 인정한 제1심판결을 파기하고 무죄를 선고하였다.

앞서 본 법리와 기록에 비추어 살펴보면, 위와 같은 원심의 사실인정과 판단은 옳은 것으로 수긍이 가고, 거기에 상고이유의 주장과 같은 채증법칙 위배나 강요죄에 관한 법리오해의 위법이 있다고 할 수 없다.

(나) 대법원 2005. 6. 9. 선고 2004도2786 판결【특정경제범죄가중처벌등에관한법률위반(배임)】(공2005, 1187)

부동산신탁회사의 상무이사인 피고인이 토지개발신탁사업의 개발투자비 상환채권을 담보하기 위해 제공된 공소외인 소유의 부동산에 관한 관리·처분신탁계약을 해지하고 소유권이전등기를 환원한 사안에서, 피고인은 결재권자로서 담당 지점장이 보고한 내용을 검토, 확인한 후 이를 승인하였고, 피고인 자신의 개인적인 이익을 취하거나 위탁자로 하여금 재산상의 이익을 취하게 할 의도가 있었다고 볼 사정이 없으므로, 단순히 부동산신탁회사에 손해가 발생하였다는 결과만으로 피고인에게 책임을 묻거나 주의의무를 소홀히 한 과실이 있다는 이유로 피고인에게 배임의 고의가 있었다고 하기는 어렵다고 한 사례. <요지>

(다) 대법원 2003. 1. 24. 선고 2002도5265 판결【사기】(공2003, 748)

거래물품의 편취에 의한 사기죄의 성립 여부는 거래 당시를 기준으로 피고인에게 납품대금을 변제할 의사나 능력이 없음에도 피해자에게 납품대금을 변제할 것처럼 거짓말을 하여 피해자로부터 물품을 편취할 고의가 있었는지의 여부에 의하여 판단하여야 하므로 납품 후 경제사정 등의 변화로 납품 대금을 일시 변제할 수 없게 되었다고 하여 사기죄에 해당한다고 볼 수 없다 (대법원 1998. 3. 10. 선고 98도180 판결, 1999. 7. 23. 선고 99도1682 판결 등 참조).

(라) 대법원 2000. 11. 28. 선고 2000도1089 판결【허위감정】(공2001, 227)

허위감정죄는 고의범이므로, 비록 감정내용이 객관적 사실에 반한다고 하더라도 감정인의 주관적 판단에 반하지 않는 이상 허위의 인식이 없어 허위감정죄로 처벌할 수 없음 ….

참고문헌

□ 신동운, 형법총론(제5판), 2010, 172면

고의란 범죄실현을 인식하고 의욕하는 정신작용이다. 구성요건 단계에서 보면 구성요건적 고의는 구성요건의 실현을 인식하고 의욕하는 정신작용이다. … 위법행위의 정형을 외부적으로 나타내 주는 표지(標識)들을 객관적 구성요건요소(客觀的 構成要件要素)라고 한다.

구성요건적 고의는 객관적 구성요건요소들에 상응하는 구성요건의 주관적 요소이다. … 구성요건을 이루는 주관적 요소를 가리켜서 주관적 구성요건요소(主觀的 構成要件要素)라고 한다. 고의는 주관적 구성요건요소의 대표적인 예이다.

□ 신동운, 형법총론(제5판), 2010, 171~172면

인과적 행위론자들은 범죄의 실현에 이르게 한 정신작용을 책임판단의 중심요소라고 본다. 그리하여 고의는 책임요소로 파악된다. 이와 같이 책임요소로 파악되는 고의를 가리켜서 책임고의(責任故意)라고 한다. … 목적적 행위론자들은 고의를 구성요건의 요소로 파악한다. 이와 같이 구성요건요소로 파악되는 고의를 가리켜 구성요건적 고의(構成要件的 故意)라고 한다. … 사회적 행위론자는 인과적 행위론과 목적적 행위론의 범죄론체계를 중첩적으로 사용

하기 때문에 고의가 구성요건적 고의와 책임고의라는 형태로 두 번 검토된다. 고의가 구성요건적 고의와 책임고의의 두 가지의 성격을 가지고 있다는 것을 가리켜서 고의의 이중적 지위(故意의 二重的 地位)라고 한다.

쟁점연구

1. 도입판례에서 제1심판결은 피고인이 A, B를 무고하였다는 공소사실에 대하여 유죄로 판단하였고, 원심판결은 이를 유지하였다. 대법원도 피고인의 고소내용이 객관적 사실에 부합하지 않은 면이 있음은 인정하였다. 그럼에도 불구하고 대법원이 원심판결을 파기한 취지는 무엇인가?
2. 범죄의 구성요건을 이루는 객관적 요소에는 행위주체, 실행행위, 행위객체, 결과발생, 인과관계 등이 있다. 도입판례의 사안에서 피고인이 인식하지 못한 것은 이 중 무엇인가? 이와 같이 객관적 구성요건요소는 모두 갖추었지만 행위자가 이를 인식하지 못한 경우 범죄가 성립하는가? 만일 범죄가 성립하지 않는다면 그 이유는 무엇일까?
3. 우리 형법 제13조는 '범의'라는 표제하에 "죄의 성립요소인 사실을 인식하지 못한 행위는 벌하지 아니한다. 단, 법률에 특별한 규정이 있는 경우에는 예외로 한다."라고 규정하고 있다. 이 조문이 가지는 의미를 생각해 보자.
4. 도입판례의 사안에서 만일 피고인이 A, B가 중한 처벌을 받게 하기 위하여 대여금액을 일부러 부풀려 고소하였다면, 이 경우 피고인에게 무고죄의 고의가 인정될 것인가?
5. 참고판례 (가)~(라)는 모두 고의가 없다고 판단된 사례들이다. 각 범죄별로 요구되는 고의의 구체적 내용은 무엇인가?

주요개념

1. 주관적 구성요건요소

2. 고의
3. 고의범
4. 고의범처벌의 원칙

Ⅱ. 고의의 내용

도입판례

대법원 2004. 4. 9. 선고 2004도340 판결【출판물에의한명예훼손(일부 인정된 죄명 : 명예훼손), 명예훼손】(공2004, 850)

【피 고 인】 갑
【상 고 인】 피고인
【변 호 인】 법무법인 바른법률 담당변호사 정귀호
【환송판결】 대법원 2002. 6. 28. 선고 2000도3045 판결
【원심판결】 서울지법 2003. 12. 30. 선고 2002노6637 판결
【주 문】 상고를 기각한다.
【이 유】

1. 명예훼손죄에 대한 판단

가. 명예훼손죄의 구성요건인 공연성은 불특정 또는 다수인이 인식할 수 있는 상태를 말하고, 비록 개별적으로 한 사람에 대하여 사실을 적시하더라도 그로부터 불특정 또는 다수인에게 전파될 가능성이 있다면 공연성의 요건을 충족하며(대법원 2000. 5. 16. 선고 99도5622 판결 참조), 이와 같이 전파가능성을 이유로 명예훼손죄의 공연성을 인정하는 경우에는 적어도 범죄구성요건의 주관적 요소로서 미필적 고의가 필요하므로 전파가능성에 대한 인식이 있음은 물론 나아가 그 위험을 용인하는 내심의 의사가 있어야 하고, 그 행위자가 전파가능성을 용인하고 있었는지의 여부는 외부에 나타난 행위의 형태와 행위의 상황 등 구체적인 사정을 기초로 하여 일반인이라면 그 전파가능성을 어떻게 평가할 것인가를 고려하면서 행위자의 입장에서 그 심리상태를 추인하여야 할 것이다.

같은 취지에서 원심은, 그 채용 증거들에 의하여, 피고인이 공소외 P 주식회사와 사이에 발생한 분쟁을 해결하려고 1996. 3.경 당시의 대표이사 공소외 A를 사기혐의로 고소하였으나 1996. 7. 30. 검찰에서 혐의없음 처분이 내려지자, 공소외 A와 사이의 분쟁을 야당 국회의원들을 통하여 해결하고자 1996. 9.경 당시 국민회의 소속 서울시 정무부시장 공소외 B에게 그 판시와 같은 허위 사실들을 적시하면서 그 분쟁 경위와 검찰의 사건처리과정 등을 설명하고 국회차원에서 공소외 P주식회사의 비리를 조사해 줄 것을 부탁하며 관련 자료를 넘겨주었고, 이에 공소외 B는 그 무렵 국회의원 공소외 C에게 그 자료를 넘겨주었으며, 공소외 C는 그와 같은 자료를 바탕으로 1996. 10. 22. 국회에서 공소외 P주식회사에 관하여 발표함으로써 피고인이 적시한 허위 사실들이 언론에 보도된 사실을 인정한 다음, 그와 같은 사실관계에 기초하여, 피고인이 비록 공소외 B에 대하여 허위 사실을 적시하였다고 하더라도 피고인의 행위 형태와 당시의 행위 상황 등에 비추어 보면, 피고인으로서는 공소외 B가 피고인으로부터 전해 들은 허위 사실들을 야당 국회의원 등을 통하여 공론화함으로써 불특정 또는 다수인에게 전파될 가능성이 있었음을 인식하면서 이를 용인하고 있었음이 인정된다는 이유로 명예훼손의 범죄사실을 유죄로 판단하였는바, 기록에 비추어 살펴보면, 원심의 위와 같은 사실인정과 판단은 정당하여 수긍할 수 있고, 거기에 채증법칙위배로 인한 사실오인이나 형법 제307조 제2항에 정하여진 공연성의 해석적용에 관한 법령위반의 위법이 없다.

* * *

4. 그러므로 상고를 기각하기로 하여 관여 대법관의 일치된 의견으로 주문과 같이 판결한다.

대법관 김용담(재판장) 배기원 이강국(주심)

참고판례

(가) 대법원 2008. 9. 25. 선고 2008도5618 판결 【특정경제범죄가중처벌등에 관한법률위반(사기), 사기】 (공2008, 1507)

범죄구성요건의 주관적 요소로서 미필적 고의라 함은 범죄사실의 발생 가능성을 불확실한 것으로 표상하면서 이를 용인하고 있는 경우를 말하고, 미필적 고의가 있었다고 하려면 범죄사실의 발생 가능성에 대한 인식이 있음은 물론, 나아가 범죄사실이 발생할 위험을 용인하는 내심의 의사가 있어야 하며 … 피고인의 사기죄의 성립 여부는 그 행위 당시를 기준으로 판단하여야 하고 그 행위 이후의 경제사정의 변화 등으로 인하여 피고인이 채무불이행 상태에 이르게 된다고 하여 이를 사기죄로 처벌할 수는 없는바(대법원 1997. 4. 11. 선고 97도249 판결, 대법원 2001. 3. 27. 선고 2001도202 판결 등 참조), 이 사건과 같은 분양대금 편취에 의한 사기죄의 성립 여부를 판단함에 있어서도 이 사건 전전대분양계약을 체결할 당시 또는 그 분양대금을 수령할 당시에 피고인에게 그 편취의 범의가 있었는지 여부, 즉 그 당시에 이 사건 점포에 관하여 전전대분양계약을 체결하고 그 분양대금을 수령하더라도 수분양자에게 해당 점포를 전전대분양해 주는 것이 불가능하게 될 가능성을 인식하고 이를 용인한 채 그러한 행위를 한 것인지 여부를 기준으로 판단하여야 한다.

(나) 대법원 2004. 5. 14. 선고 2004도74 판결 【증거인멸, 산업안전보건법위반】 (공2004, 1101) [이른바 대구지하철 사건]

범죄구성요건의 주관적 요소로서 미필적 고의라 함은 범죄사실의 발생 가능성을 불확실한 것으로 표상하면서 이를 용인하고 있는 경우를 말하고, 미필적 고의가 있었다고 하려면 범죄사실의 발생가능성에 대한 인식이 있음은 물론 나아가 범죄사실이 발생할 위험을 용인하는 내심의 의사가 있어야 하며(대법원 1985. 6. 25. 선고 85도660 판결; 1987. 2. 10. 선고 86도2338 판결; 2004. 2. 27. 선고 2003도7507 판결 등 참조), 그 행위자가 범죄사실이 발생할 가능성을 용인하고 있었는지의 여부는 행위자의 진술에 의존하지 아니하고 외부에 나타난 행위의 형태와 행위의 상황 등 구체적인 사정을 기초로 하여 일반인이라면 당해 범죄사실이 발생할 가능성을 어떻게 평가할 것인가를 고려하면서 행위자의 입장에서 그 심리상태를 추인하여야 하고, 이와 같은 경우에도 공소가 제기된 범죄사실의 주관적 요소인 미필적 고의의 존재에 대한 입증책임은 검사에게 있는 것이며, 한편, 유죄의 인정은 법관으로 하여금 합리적인 의심을 할 여지가 없을 정도로 공소사실이 진실한 것이라는 확신을 가지게 하는 증명력을 가진 증거에 의하여야 하므로, 그와 같은 증거가 없다면 설령 피고인에게 유죄의 의심이 간다고 하더라도 피고인의 이익으로 판단할 수밖에 없다고 할 것이다. …

위와 같은 사실관계에 의하면, 원심의 판시와 같이 대구시장으로부터 사고 현장 복구 업무를 위임받은 피고인 갑으로서는 위와 같이 실종자 유가족들과의 간담회에서 유족들로부터 항의를 받은 후에는 사고 현장에 피해자들의 유류품 등이 남아 있을 수 있고, 이를 수거하여 버리는 때에는 유류품 등이 훼손될 가능성이 있음을 인식할 수 있었던 것으로 보이고, 나아가 그로 인하여 증거인멸이라는 결과가 발생할 가능성이 있음을 용인하고 있었던 것이 아닌가 하는 의심이 들지 않는 것은 아니다.

그러나 실종자 유가족들과의 간담회가 진행될 당시에는 이미 이 사건 사고의 규모가 어느 정도 밝혀져 있었고 사고에 대한 책임을 지고 사의까지 표명한 피고인 갑으로서는 이 사건 지하철 사고로 인한 형사 사건의 증거를 인멸하여야 할 만한 특별한 동기나 필요성이 있었다고 보기 어렵고, 이 사건 청소 작업 장소인 지하 3층의 선로와 승강장에 대하여는 이 사건 청소 작업 이전에 이미 2차례에 걸쳐 경찰병력 등에 의하여 유류품 수거 등의 수색이 이루어졌으며, 국립과학수사연구소의 현장감식도 2차례에 걸쳐 종료되었고, 더욱이 청소 작업이 실시되기 전에 미리 언론을 통하여 사고 현장을 청소를 할 것이라는 내용이 보도가 되었으며 대구지하철공사에서도 군병력을 동원한 청소 작업이 있을 것이라는 보도자료까지 배포하였으나 이 사건 청소 작업 시작 전에는 물론, 청소 작업이 마무리되어 가던 2. 19. 16:00경 이후에도 수사기관으로부터 현장의 청소 작업을 중단해야 한다는 취지의 이의가 없었다는 것이므로, 위 청소 작업 당시 위 피고인으로서는 수사차원에서의 증거수집이나 현장보존 등은 대강 마무리 되어 이 사건 청소 작업에 대한 수사기관의 승낙이 있었던 것으로 알고, 그 다음 단계로서는 대구시장 등 관계 기관이 결정한 바에 따라 대구지하철의 신속한 재개를 위해서는 사고 현장 수습과 지하철 시설의 복구가 긴요하다는 정책적 판단에서 청소 작업을 지시하였던 것으로 보여진다. 더욱이 이 사건 청소 작업 시작 전에 군병력이나 A 등 지하철공사 직원들에게 청소 작업 중 사체의 일부나 유류품이 발견되면 바로 지휘관 등에게 보고하라는 지시가 있었고(그러나 결국 아무런 유류품을 발견하지 못하였다), 2. 19. 16:00경 대구시장, 대구지방경찰청장 등이 참석한 대구광역시 통합방위협의회 임시회의에서도 군병력에 의한 청소 작업이 진행중이라는 보고가 있었지만 청소 작업이 중단되어야 한다는 의견은 없었고 다만, 유류품이 나오면 경찰에 인계하라는 취지의 언급이 있었다는 것이므로, 이 사건 청소 작업에 있어서 유류품의 발견·수십 등은 상당히 강조되고 중요시되고 있었던 것이지 유류품을 인멸하거나 은닉하려는 의도에서, 또는 그러한 의도로 가공되어 이 사건 청소 작업이 행해졌다고 보기도 어렵다고 할 것이다.

따라서 이 사건 청소 작업이 한참 진행되고 있는 시간 중에 실종자 유족들로부터 이의제기가 있었음에도 위 피고인이 즉각 청소 작업을 중단하도록 지시하지 아니하였고 수사기관과 협의하거나 확인하지 아니하였다고 하여 위 피고인에게 그러한 청소 작업으로 인하여 증거인멸의 결과가 발생할 가능성을 용인하는 내심의 의사까지 있었다고 단정하기는 어렵다고 보인다(원심이 인정한 피고인 갑이 대구시장에게 사고 현장을 청소하는 데 경찰의 동의가 있었다는 취지로 허위 보고하였다는 점은 원심이 판시한 증거인멸의 범의가 발현되기 전의 정황에 불과하고, 또한, 청소 작업을 마친 포대에서 피해자들의 유류품 등이 발견되었다는 사실 등은 단순히 청소 작업으로 인한 결과에 지나지 아니하므로 그와 같은 사실들은 피고인이 증거인멸이라는 범죄사실이 발생할 가능성을 용인하였다는 사정을 뒷받침하는 간접사실이 되지 못한다).

이와 달리, 원심이 들고 있는 그 판시와 같은 사정만으로 피고인 갑에게 증거인멸이라는 범죄사실의 발생을 용인하는 내심의 의사가 있었다고 단정한 원심의 판단에는 증거인멸죄의 주관적 요건인 미필적 고의에 관하여 채증법칙위반으로 인한 사실오인의 위법이 있고, 이는 판결 결과에 영향을 미쳤으므로 원심판결 중 피고인 윤진태의 증거인멸죄에 대한 부분은 파기를 면할 수 없다.

(다) 대법원 2002. 2. 8. 선고 2001도6425 판결【성폭력범죄의처벌및피해자보호등에관한법률위반(특수강도강간등), … 강도살인 …】(공2002, 726)

강도살인죄에 있어서의 살인의 범의는 반드시 살해의 목적이나 계획적인 살해의 의도가 있어야 인정되는 것은 아니고, 자기의 행위로 인하여 타인의 사망의 결과를 발생시킬 만한 가능 또는 위험이 있음을 인식하거나 예견하면 족한 것이고 그 인식이나 예견은 확정적인 것은 물론 불확정적인 것이라도 이른바 미필적 고의로 인정되는 것인바, 피고인이 범행 당시 살인의 범의는 없었고 단지 상해 또는 폭행의 범의만 있었을 뿐이라고 다투는 경우에 피고인에게 범행 당시 살인의 범의가 있었는지 여부는 피고인이 범행에 이르게 된 경위, 범행의 동기, 준비된 흉기의 유무·종류·용법, 공격의 부위와 반복성, 사망의 결과발생가능성 정도 등 범행 전후의 객관적인 사정을 종합하여 판단할 수밖에 없다고 할 것이다(대법원 2001. 3. 9. 선고 2000도5590 판결 참조).

원심판결 이유에 의하면 원심은, 원심이 인용한 제1심판결의 채용 증거들과 피고인의 원심법정에서의 진술을 종합하여, 피고인이 도망을 가려는 피해자 A의 어깨를 잡아 방으로 끌고 와 침대에 엎드리게 하고 이불을 뒤집어씌운 후 침대에 있던 베개로 피해자 A의 머리부분을 약 3분간 힘껏 누른 사실, 이에 피해자 A가 손발을 휘저으며 발버둥치다가 움직임을 멈추고 사지가 늘어졌음에도 계속하여 약 10초간 누르고 있었던 사실, 이어서 피고인이 피해자 A의 맥박과 숨소리가 끊겨 사망한 것을 확인하고 피해자 A를 잠자는 것처럼 위장해 놓은 뒤 방안에 있던 강취물들을 가방에 넣고 사건 장소를 빠져나온 사실을 각 인정한 다음, 이러한 범행과정과 범행 후의 정황들에 미루어 보면, 이 사건 범행 당시 피고인이 단순히 위협할 목적으로 피해자 A의 몸을 누르고 있었다고 볼 수는 없고, 살해의 고의가 있었다고 판단하여 이 사건 강도살인의 공소사실을 유죄로 인정하였는바, 앞서 본 법리와 기록에 비추어 살펴보면, 원심의 위와 같은 사실인정과 판단은 정당하다고 수긍이 되고, 거기에 상고이유로 지적하는 바와 같이 채증법칙 위배로 인한 사실오인이나, 강도살인죄의 범의에 관한 법리오해 등의 위법이 있다고 할 수 없다.

(라) 대법원 2004. 7. 9. 선고 2004도810 판결【특정경제범죄가중처벌등에관한법률위반(배임), 증권투자신탁업법위반】(공2004, 1382)

배임의 범의는 배임행위의 결과 본인에게 재산상의 손해가 발생하거나 발생할 염려가 있다는 인식과 자기 또는 제3자가 재산상의 이득을 얻는다는 인식이 있으면 족하고 본인에게 재산상의 손해를 가한다는 의사나 자기 또는 제3자에게 재산상의 이득을 얻게 하려는 목적은 요하지 아니하며(대법원 2000. 5. 26. 선고 99도2781 판결 등 참조), 이러한 인식은 미필적 인식으로도 족한 것인바, 이 사건처럼 피고인이 본인의 이익을 위하여 문제가 된 행위를 하였다고 주장하면서 범의를 부인하는 경우에는, 사물의 성질상 고의와 상당한 관련성이 있는 간접사실을 증명하는 방법에 의하여 입증할 수밖에 없고, 무엇이 상당한 관련성이 있는 간접사실에 해당할 것인가는 정상적인 경험칙에 바탕을 두고 치밀한 관찰력이나 분석력에 의하여 사실의 연결 상태를 합리적으로 판단하는 방법에 의하여야 할 것이다(대법원 2003. 2. 11. 선고 2002도5679 판결 등).

(마) 대법원 2006. 8. 25. 선고 2006도3631 판결【특정경제범죄가중처벌등에관한법률위반(횡령){예비적죄명 : 특정경제범죄가중처벌등에관한법률위반(배임)}, 무고】(미간행)

원심이 … 업무상횡령행위에 해당함이 명백하고 … 회사 약속어음들을 건네줄 경우 위 약속어음들이 회사의 업무와 관련하여 사용되지 않을 것이라는 사실을 알았거나 적어도 그러한 가능성이 있음을 충분히 인식하고서도 그로 인하여 발생할 위험을 용인하는 내심의 의사가 있었음에도 피고인 갑 등에게 위 약속어음들을 건네준 것이라고 인정 … 한 것은 정당 ….

무고죄는 국가의 형사사법권 또는 징계권의 적정한 행사를 주된 보호법익으로 하고 다만, 개인의 부당하게 처벌 또는 징계받지 아니할 이익을 부수적으로 보호하는 죄로서, 무고죄에 있어서 형사처분 또는 징계처분을 받게 할 목적은 허위신고를 함에 있어서 다른 사람이 그로 인하여 형사 또는 징계처분을 받게 될 것이라는 인식이 있으면 족하고 그 결과발생을 희망하는 것까지를 요하는 것은 아니므로 고소인이 고소장을 수사기관에 제출한 이상 그러한 인식은 있었다고 보아야 한다(대법원 1986. 8. 19. 선고 86도1259 판결, 2005. 9. 30. 선고 2005도2712 판결 등 참조).

이러한 법리에 비추어 보면, 위 피고인의 주장과 같이 실제 고소를 한 공소외 A가 고소장을 접수하더라도 수사기관의 고소인 출석요구에 응하지 않음으로써 그 단계에서 수사가 중지되고 고소가 각하될 것으로 의도하고 있었고, 더 나아가 피고소인들에 대한 출석요구와 피의자신문 등의 수사권까지 발동될 것은 의욕하지 않았다고 하더라도 피고인들이 위 공소외 A와 공모하여 공소외 A로 하여금 그러한 허위 사실이 기재된 고소장을 수사기관에 제출하도록 한 이상 피고인들에게는 그 피고소인들이 그로 인하여 형사처분을 받게 될 수도 있다는 점에 대한 인식이 있었다고 보아야 하고, 또 그 고소장 접수 당시에 이미 국가의 형사사법권의 적정한 행사가 저해될 위험도 발생하였다고 보아야 한다.

원심이 피고인들에 대한 이 사건 각 무고죄를 유죄로 판단한 것은 정당하고, 거기에 상고이유 제3점의 주장과 같이 판결 결과에 영향을 미친 무고죄에 있어서의 목적에 관한 법리를 오해한 위법이 있다고 할 수 없다.

(바) 대법원 2007. 3. 15. 선고 2004도5742 판결【특정경제범죄가중처벌등에 관한법률위반(배임), 업무상배임, 상법위반】(공2007, 569)

일반적으로 업무상배임죄의 고의는 업무상 타인의 사무를 처리하는 자가 본인에게 재산상의 손해를 가한다는 의사와 자기 또는 제3자의 재산상 이득의 의사가 임무에 위배된다는 인식과 결합하여 성립되는 것이며, 이와 같은 업무상배임죄의 주관적 요소로 되는 사실(고의, 동기 등의 내심적 사실)은 피고인이 본인의 이익을 위하여 문제가 된 행위를 하였다고 주장하면서 범의를 부인하고 있는 경우에는 사물의 성질상 고의와 상당한 관련성이 있는 간접사실을 증명하는 방법에 의하여 입증할 수밖에 없고, 피고인이 본인의 이익을 위한다는 의사도 가지고 있었다 하더라도 위와 같은 간접사실에 의하여 본인의 이익을 위한다는 의사는 부수적일 뿐이고 이득 또는 가해의 의사가 주된 것임이 판명되면 업무상배임죄의 고의가 있었다고 할 것이다(대법원 2000. 12. 8. 선고 99도3338 판결, 2004. 6. 24. 선고 2004도520 판결 등 참조).

(사) 대법원 2009. 7. 23. 선고 2007도541 판결【특정경제범죄가중처벌등에관한법률위반(배임)】(공2009, 1454)

업무상배임죄가 성립하려면 주관적 요건으로서 임무위배의 인식과 그로 인하여 자기 또는 제3자가 이익을 취득하고 본인에게 손해를 가한다는 인식, 즉 배임의 고의가 있어야 하고, 이러한 인식은 미필적 인식으로도 족한바, 이익을 취득하는 제3자가 같은 계열회사이고, 계열그룹 전체의 회생을 위한다는 목적에서 이루어진 행위로서 그 행위의 결과가 일부 본인을 위한 측면이 있다 하더라도 본인의 이익을 위한다는 의사는 부수적일 뿐이고 이득 또는 가해의 의사가 주된 것임이 판명되면 배임죄의 고의를 부정할 수 없다(대법원 2004. 6. 24. 선고 2004도520 판결; 대법원 2008. 5. 29. 선고 2005도4640 판결 등 참조).

(아) 대법원 2010. 7. 15. 선고 2008도9066 판결【부정경쟁방지및영업비밀보호에관한법률위반·업무상배임·컴퓨터프로그램보호법위반】(미간행)

업무상배임죄가 성립하려면 주관적 요건으로서 임무위배의 인식과 그로 인하여 자기 또는 제3자가 이익을 취득하고 본인에게 손해를 가한다는 인식, 즉 배임의 고의가 있어야 하는데, 피고인이 배임죄의 범의를 부인하는 경우에는 사물의 성질상 배임죄의 주관적 요소로 되는 사실은 고의와 상당한 관련성이 있는 간접사실을 증명하는 방법에 의하여 증명할 수밖에 없고, 이 때 무엇이 상당한 관련성이 있는 간접사실에 해당할 것인가는 정상적인 경험칙에 바탕을 두고 치밀한 관찰력이나 분석력에 의하여 사실의 연결상태를 합리적으로 판단하여야 한다(대법원 2004. 3. 26. 선고 2003도7878 판결 등 참조).

위 법리와 기록에 비추어 살펴보면, 피고인들이 공소외 주식회사를 퇴사하기 직전에야 이 사건 각 프로그램파일을 복사하여 취득하였음을 인정할 증거가 없고, 오히려 그 대부분은 공소외 주식회사에 근무하면서 프로그램 개발업무를 수행하는 과정에서 복사 및 취득한 것으로 보이는 점, 공소외 주식회사에서는 이 사건 각 프로그램파일이 비밀로 관리되지 않은 채 피고인들과 같은 연구원들의 경우 별다른 제한 없이 이를 열람·복사할 수 있었고 복사된 저장매체도 언제든지 반출할 수 있었던 점, 피고인들이 이 사건 각 프로그램파일을 복사하여 취득한 것은 업무인수인계를 위한 것이거나 자료정리 차원에서 관행적으로 행해진 것으로 볼 여지도 없지 않은 점, 피고인들이 공소외 주식회사를 퇴직한 후 개발한 FCS 증권분석 프로그램은 공소외 주식회사의 Win-station 프로그램과 유사하거나 이를 변형 또는 참조하였다고 보기 어렵다는 컴퓨터프로그램보호위원회에 대한 감정촉탁회신결과에 의하면 피고인들은 실제로도 이 사건 각 프로그램파일을 FCS 프로그램을 개발하는 데 이용하지는 아니한 것으로 보이는 점 등 여러 사정들을 고려할 때, 이 사건 각 프로그램파일을 복사하여 취득할 당시 피고인들에게 업무상배임의 고의가 있었다고 단정하기 어렵다.

참고문헌

□ 김일수·서보학, 새로 쓴 형법총론(제11판), 2007, 184면

고의는 인식이라는 지적 요소와 의사(의지)라는 의적 요소를 본질적 구성요소로 삼는다. 사실, 오래 전부터 고의의 본질적 구성요소는 지적 요소(인식)라고 보는 입장과 의적 요소(의사)라고 보는 입장이 대립하여 왔다. 고의의 본질론이라고 하여 프랑크 이래로 내려온 소위 인식설(Vorstellungstheorie)과 의사설(Willenstheorie)의 대립이 그것이다. … 우리나라나 외국의 통설은 고의에 지적·의적 요소가 똑같이 필요하다고 보고 있다.

우리 형법 제12조는 "죄의 성립요소인 사실을 인식하지 못한 행위는" 고의범으로 벌하지 않는다고 규정하고 있기 때문에, 첫눈에 우리 형법은 인식설을 택한 것이 아닌가 생각할 수 있다. 그런데 고의의 인식적 요소만을 가지고서는 인식 있는 과실과 미필적 고의의 구별이 불가능하다. … 양자는 의사(의지)의 측면도 함께 고려할 때에만 구별될 수 있으므로 형법 제13조의

문언과 관계없이(문리적 해석에 반대) 의적 요소를 함께 고의의 내용으로 포함해야 한다. 우리 대법원도 미필적 고의에 관한 한 인식과 의사 양 요소를 고의의 내용으로 보고 있다.

□ 박상기, "고의의 본질과 대법원 판례의 입장", 형사판례연구 제10권, 2002, 55면

이러한 판시내용은 고의를 행위결과에 대한 행위자의 심리적 태도와는 무관하게 결과발생가능성을 인식 또는 예견하였는지 여부를 기준으로 판단하고 있음이 명백하며, 대법원의 이러한 입장은 지속적으로 나타나고 있다. 대법원의 법적 시각은 대법원의 판결이유를 통해서 판단할 수밖에 없다고 볼 때 고의의 본질에 관한 대법원의 입장은 과거의 용인설적 입장에서 내용상 인식설 혹은 (예견)가능성설의 입장으로 변화한 것이라고 보지 않을 수 없다. 그러므로 대법원의 고의 이해가 용인설에 입각하고 있다는 다수학설의 주장은 더 이상 정확하지 않은 것이다.

□ 성낙현, "살인죄에 있어서의 대법원의 고의개념", 비교형사법연구 제4권 1호, 2002, 391, 415면

우리의 학계는 아직도 고의란 '구성요건실현에 대한 인식과 의도'라고 하는 종래의 일반공식에 의심을 제기하지 않고 이에 만족스럽게 안주하고 있는 느낌을 준다. … 우리 대법원은 살인죄 이외의 구성요건에 있어서는 용인설을 취하는 반면 살인죄의 범의에 관해서 대법원은 우리나라에서의 지배설의 견해와는 달리 인식설을 취한다.

□ 손동권, "미필적 고의와 인식 있는 과실의 구별", 일감법학 제9권, 건국대학교 법학연구소, 2004, 73면

우리나라 판례는 살인죄에 있어서는 결과발생의 가능성 정도를 인식하는 미필적 "인식"이 있고, 이 인식에 근거하여 행위를 하는 경우에는 미필적 고의의 성립을 긍정하고 있다. 이 경우에 살인결과를 계획 또는 희망하였는가

는 고의범성립에 영향이 없는 것으로 판시하고 있다. 따라서 우리나라 판례가 심정적 의미의 용인설을 취하지 않은 것은 명백하다. 그러나 이 판례의 태도가 가능성설을 취한 것으로 볼 수도 없다. 판례는 행위자가 구성요건실현의 가능성을 인식하고 그 결과야기에 적합한 실행행위를 감행하였다는 것을 근거로 고의범성립을 인정한 것으로 해석할 수도 있다. 후자와 같은 해석은 학설이 지지하는 감수설과 유사한 결론이 될 것이다. 이러한 살인죄 사건과는 달리 다른 범죄에서는 구성요건실현 가능성의 인식 이외에 "그 결과를 용인하는 내심의 의사"를 (미필적) 고의범 성립에 요구하고 있다. 여기서 "용인하는 내심의 의사"가 무엇인지는 다소 불명확하다. 이것을 단순한 심정적인 희망을 의미하는 것으로 사용하였다면 이 판례는 비판받아야 할 것이다.

□ 오영근, 형법총론(제2판), 2009, 181면

인식설을 따르고 있는 듯한 판례도 실은 인용설을 따르고 있다고 보아야 할 것이다. 왜냐하면 위의 사례들에서 인식설과 인용설에 따라 결론이 달라지는 것은 아니고, 소송과정에서는 피고인이 결과발생을 인식하였느냐 못하였느냐가 주로 문제되고 결과발생을 인식한 경우에는 인용뿐만 아니라 의욕까지도 인정할 수 있는 경우이기 때문이다.

쟁점연구

1. 고의를 행위자의 지적(知的)인 요소에서 찾아야 하는지, 의적(意的)인 요소에서 찾아야 하는지에 관한 논쟁이 있다. 이러한 관점에서 참고판례 (가)~(라)를 분류하여 보자. 도입판례는 그 중 어느 부류에 속하는가? 각 부류는 고의를 어떻게 이해하고 있는가?
   이 때 참고판례 (가)(사기), (나)(증거인멸)와 관련하여 대법원 2007. 7. 27. 선고 2006도2330 판결(문서), 대법원 2006. 5. 25. 선고 2004도1313 판결(신용훼손, 업무방해), 대법원 1992. 8. 14. 선고 92도1246 판결(폭력), 대법원 1977. 1. 11. 선고 76도3871 판결(살인), 대법원 2004. 2. 27. 선고

2003도7507 판결(폐수배출의 수질환경보전법위반)을 함께 참고하자.

또 참고판례 (다)(강도살인), (라)(배임)와 관련하여 대법원 2006. 5. 25. 선고 2005도4642 판결(무고), 대법원 2006. 4. 14. 선고 2006도734 판결(살인), 대법원 2004. 6. 24. 선고 2002도995판결(살인), 대법원 2005. 9. 30. 선고 2005도2712 판결(무고), 대법원 2008. 9. 11. 선고 2006도4806 판결(저작권 허위등록), 대법원 2007. 6. 1. 선고 2005도5772 판결(조세포탈)을 함께 참고하자.

2. 참고판례 (마)(횡령, 무고)는 횡령부분과 무고부분에서 고의에 대한 설시가 일치하지 않는다. 각 부분은 위 1.에서 분류한 어느 부류와 유사한가?
   또 참고판례 (바)(배임)는 어느 부류에 속하는가? 이 점에서 같은 배임에 관한 참고판례 (라)와 모순되지 않는가? 참고판례 (사)(배임)는 위 둘 중 어느 부류에 속하는지 분명한가?
   위와 같은 판례들의 상황을 어떻게 이해하는 것이 옳은가? 판례는 일정한 기준이 없이 고의를 그때그때 편의한 대로 이해하고 있는 것인가? 이와 관련하여 참고문헌들을 읽고 판례를 어떻게 이해하는 것이 옳은지 생각해 보자.
3. 위 2.에서 이해한 바에 따라 참고판례 (아)(배임)를 구체적 사안에 맞추어 생각해 보자. 여기서의 '인식'을 문언의 액면 그대로 지적 요소로만 이해하는 것이 타당한가?
4. 형법 제13조가 "죄의 성립요소인 사실을 인식하지 못한 행위"라고 표현한 것은 인식만이 고의의 내용이라는 취지인가?
5. 참고판례 (가)의 사안은 피고인이 A회사로부터 여러 점포들을 전차하여 전전대분양하는 사업을 하였고 피해자들과 전전대분양계약들을 체결하였는데 피고인이 A회사에 전대차계약의 중도금 지급을 연체하여 A회사가 전대차계약을 해제하고 이에 따라 피고인이 피해자들에게 전전대분양을 해주지 못하게 된 사안이다. 원심은 피고인이 미필적으로나마 A회사와의 전대차계약을 계속 유지하지 못하여 전전대분양이 불가능하게 될 수 있다는 점을 인식하면서 이를 용인한 채 피해자들과 각 전전대분양계약을 체결하고 각 분양대금을 수령하였다고 판단하면서 편취의 범

위를 인정하였다. 그런데 피고인은 전전대분양계약을 체결하고 받은 분양대금을 자금원으로 하여 분양사업비용과 A회사에 대한 중도금 등을 지급할 계획이었고 이 계획대로라면 충분히 지급할 수 있었는데 전전대분양실적이 예상보다 저조한 바람에 중도금을 납부하지 못하게 되었다면 그 경우에도 편취의 범위를 인정할 수 있는가? 또 처음 계획대로라면 충분히 지급할 수 있었으나 후에 분양사업비용의 지출이 예상외로 많아지게 된 경우라면 어떠한가?

주요개념

1. 고의의 지적 요소와 의적 요소
2. 인식설, 의사설, 용인설

Ⅲ. 고의의 종류, 대상

도입판례

대법원 1982. 11. 23. 선고 82도2024 판결【특정범죄가중처벌등에관한법률위반, 사체유기, 자살교사미수, 도박】(집30-4, 형63)

【피 고 인】 갑, 을
【상 고 인】 피고인들
【변 호 인】 변호사 이영섭 외 3인
【원심판결】 서울고등법원 1982. 7. 9. 선고 82노831 판결
【주　　문】 피고인들의 상고를 모두 기각한다.
이 판결 선고 전의 구금일수 중 75일을 피고인 을에 대한 본형에 산입한다.
【이　　유】

1. 피고인 갑의 상고이유를 본다.

(1) 피고인의 변호인들의 각 상고이유 제1점에 대하여,

* * *

또한 피고인이 원판시 미성년자를 유인하여 포박감금한 후 단지 그 상태를 유지하였을 뿐인데도 피감금자가 사망에 이르게 된 것이라면 피고인의 죄책은 소론과 같이 감금치사죄에만 해당한다 하겠으나, 나아가서 그 감금상태가 계속된 어느 시점에서 피고인에게 살해의 범의가 생겨 위험발생을 방지함이 없이 포박 감금상태에 있던 피감금자를 그대로 방치함으로써 사망케 하였다면 피고인의 부작위는 살인죄의 구성요건적 행위를 충족하는 것이라고 평가하기에 충분하므로 피고인의 소위는 부작위에 의한 살인죄를 구성한다고 보아야 할 것이다.

그런데 원심판결 및 원심이 유지한 제1심 판결이 확정한 사실에 의하면, 피고인은 1980. 11. 13. 17:30경 피해자 A를 제1심 판시 아파트에 유인하여 양 손목과 발목을 노끈으로 묶고 입에는 반창고를 두겹으로 붙인 다음, 양 손목을 묶은 노끈은 창틀에 박힌 시멘트못에, 양 발목을 묶은 노끈은 방문손잡이에 각각 잡아매고 얼굴에는 모포를 씌워 포박감금한 후 수차 그 방을 출입하던 중 같은 달 15일 07:30경에 피고인이 그 아파트에 들어갔을 때에는 이미 피해자가 탈진상태에 있어 박카스를 먹여보려 해도 입에서 흘려버릴 뿐 마시지 못하기에 얼굴에 모포를 다시 덮어 씌워놓고 그대로 위 아파트에서 나와버렸는데 그때 피고인은 피해자를 그대로 두면 죽을 것 같은 생각이 들어 병원에 옮기고 자수할 것인가, 그대로 두어 피해자가 죽으면 시체를 처리하고 범행을 계속할 것인가, 아니면 스스로 자살할 것인가 등 두루 고민하다가 결국 병원에 옮기고 자수할 용기가 생기지 않아 그대로 나와 학교에 갔다가 같은 날 14:00경에 돌아와 보니 이미 피해자가 죽어 있었다는 것이니 이와 같은 사실관계로 미루어 보면, 피고인이 1980. 11. 15. 07:30경 포박감금된 피해자의 얼굴에 모포를 덮어 씌워놓고 아파트에서 나올 때에는 그 상태로 보아 피해자를 방치하면 사망할 가능성이 있다는 것을 내심으로 인정하고 있었음이 분명하고, 여기에 피고인이 피해자와는 물론 그 부모와도 면식이 있는 사이였었다는 사정을 보태어 보면, 피고인이 위와 같은 결과발생의 가능성을 인정하고 있었으면서도 피해자를 병원에 옮기고 자수할 용기가 생기지 않았다는 이유로 사경에 이른 피해자를 그대로 방치한 소위에는 그로 인하여 피해자가 사망하는 결과가 발생하더라도 용인할 수밖에 없다는 내심의 의사 즉 살인의 미필적 고의가 있었다고 볼 수 있다.

그렇다면 자기행위로 인하여 위험발생의 원인을 야기하였음에도 그 위험발생을 방지하지 아니한 피고인의 위와 같은 소위는 살인죄의 구성요건적 행위를 충족하는 부작위였었다고 평가하기에 충분하다 하겠으므로 같은 취지의 판단 아래 소론 판시 피고인의 소위를 특정범죄가중처벌 등에 관한 법률 제5조의2 제2항 제2호에 해당하는 살인죄로 의율한 제1심 판결을 유지한 원심판결은 정당하고, 거기에 논지가 지적하는 바와 같은 살인죄의 법리를 오해하여 법률적용을 그르친 위법이 있다 할 수 없다.

* * *

대법관 윤일영(재판장) 정태균 김덕주 오성환

참고판례

(가) 대법원 1988. 6. 28. 선고 88도650 판결【살인, 사체유기】(미간행)

원심은 [피고인 갑의 처를 희롱한 피해자가 욕설을 하자 피고인 갑은 피해자의 뺨을 때리고 함께 술을 마신 피고인 을은 피해자를 넘어뜨린 다음] 순간적으로 분노가 폭발하여 피해자를 살해하기로 마음먹고, 피고인 갑은 … 돌멩이로 피해자의 가슴을 2회 내려치고 피고인 을도 이에 합세하여 … 돌멩이로 피해자의 머리를 2회 내려친 후 다시 피해자를 일으켜 세워 피고인 을이 피해자의 복부를 1회 때려 뒤로 넘어지게 하여 피해자가 뇌진탕 등으로 인하여 정신을 잃고 축 늘어지자 그가 죽은 것으로 오인하고 그 사체를 몰래 파묻어 증거를 인멸할 목적으로 피해자를 그곳에서부터 약 150미터 떨어진 개울가로 끌고 가 삽으로 웅덩이를 파고 피해자를 매장하여 피해자로 하여금 질식하여 사망에 이르게 한 사실을 인정하고 있는바, … 사실관계가 위와 같이 피해자가 피고인들이 살해의 의도로 행한 구타행위에 의하여 직접 사망한 것이 아니라 죄적을 인멸한 목적으로 행한 매장행위에 의하여 사망하게 되었다 하더라도 전 과정을 개괄적으로 보면 피해자의 살해라는 처음에 예견된 사실이 결국은 실현된 것으로서 피고인들은 살인죄의 죄책을 면할 수 없다.

(나) 대법원 1994. 11. 4. 선고 94도2361 판결【살인, 폭력행위등처벌에관한 법률위반(인정된죄명: 상해치사), 업무방해】(집42-2, 526)

원심이 확정한 바와 같이 피고인이 1993. 10. 3. 01:50경 피해자와 함께 P호텔 325호실에 투숙한 다음 손으로 피해자의 뺨을 수회 때리고 머리를 벽 쪽으로 밀어붙이며 붙잡고 방바닥을 뒹구는 등 하다가 피해자의 어깨를 잡아 밀치고 손으로 우측 가슴부위를 수회 때리고 멱살을 잡아 피해자의 머리를 벽에 수회 부딪치게 하고 바닥에 넘어진 피해자의 우측 가슴부위를 수회 때리고 밟아서 피해자에게 우측 흉골골절 및 우측 제2, 3, 4, 5, 6번 늑골골절상과 이로 인한 우측심장벽좌상과 심낭내출혈 등의 상해를 가함으로써, 피해자가 바닥에 쓰러진 채 정신을 잃고 빈사상태에 빠지자, 피해자가 사망한 것으로 오인하고 피고인의 위와 같은 행위를 은폐하고 피해자가 자살한 것처럼 가장하기 위하여, 같은 날 03:10경 피해자를 베란다로 옮긴 후 베란다 밑 약 13미터 아래의 바닥으로 떨어뜨려 피해자로 하여금 현장에서 좌측 측두부 분쇄함몰골절에 의한 뇌손상 및 뇌출혈 등으로 사망에 이르게 하였다면, 피고인의 판시 소위는 포괄하여 단일의 상해치사죄에 해당한다고 할 것이므로 이와 같은 취지의 원심판단은 정당하고, 원심판결에 소론과 같은 결과적 가중범, 인과관계 및 포괄일죄 등에 관한 법리를 오해한 위법이 있다고 볼 수 없다. 논지는 모두 이유가 없다.

(다) 대법원 2007. 8. 23. 선고 2007도4171 판결【근로기준법위반】(공2007, 1510)

임금 지급의무의 존부 및 범위에 관하여 다툴 만한 근거가 있는 경우에는 사용자가 임금을 지급하지 아니한 데에 상당한 이유가 있다고 보아야 할 것이어서 근로기준법 제112조, 제36조 소정의 임금 등의 기일 내 지급의무 위반죄에 관한 고의가 있었다고 보기 어렵다(대법원 2004. 12. 24. 선고 2004도6969 판결, 2005. 6. 9. 선고 2005도1089 판결 등 참조)는 것은 원심이 설시한 바와 같다.

그런데 퇴직금지급청구권은 퇴직이라는 근로관계의 종료를 요건으로 하여 비로소 발생하는 것으로 근로계약이 존속하는 한 퇴직금지급의무는 발생할 여지가 없으므로 매월 지급받은 월급이나 매일 지급받는 일당 속에 퇴직금이란 명목으로 일정한 금원을 지급하였다고 하여도 그것은 근로기준법 제34조에서 정하는 퇴직금의 지급으로서의 효력은 없을 뿐만 아니라, 그와 같이 매월의 월급이나 매일의 일당 속에 퇴직금을 포함시켜 지급받기로 하는 약정은 최종 퇴직시 발생하는 퇴직금청구권을 사전에 포기하는 것으로서 강행법규인 근로기준법 제34조에 위반되어 무효이다(대법원 2002. 7. 12. 선고 2002도2211 판결, 2002. 7. 26. 선고 2000다27671 판결 등 참조).

따라서 사용자가 사법상의 효력이 없는 "매월의 월급이나 매일의 일당 속에 퇴직금을 포함시켜 지급한다."는 내용의 약정을 내세워 퇴직한 근로자에 대한 퇴직금의 지급을 거절하는 경우, 이를 퇴직금지급의무의 존부에 관하여 다툴 만한 근거가 있어 사용자가 퇴직금을 지급하지 아니한 데에 상당한 이유가 있는 경우라고 볼 수 없고, 이러한 사용자에게 근로기준법 제112조, 제36조 소정의 임금 등의 기일 내 지급의무 위반죄에 관한 고의가 없다고 할 수는 없는 것이다.

(라) 대법원 2000. 12. 22. 선고 2000도4372 판결【공연음란】(공2001, 402)

형법 제245조 소정의 '음란한 행위'라 함은 일반 보통인의 성욕을 자극하여 성적 흥분을 유발하고 정상적인 성적 수치심을 해하여 성적 도의관념에 반하는 것을 가리킨다고 할 것이고, 위 죄는 주관적으로 성욕의 흥분 또는 만족 등의 성적인 목적이 있어야 성립하는 것은 아니지만 그 행위의 음란성에 대한 의미의 인식이 있으면 족하다고 할 것인바, 원심이 인정한 바와 같이 피고인이 불특정 또는 다수인이 알 수 있는 상태에서 옷을 모두 벗고 알몸이 되어 성기를 노출하였다면, 그 행위는 일반적으로 보통인의 정상적인 성적 수치심을 해하여 성적 도의관념에 반하는 음란한 행위라고 할 것이고, 또 피고인이 승용차를 손괴하거나 타인에게 상해를 가하는 등의 행패를 부리던 중 경찰관이 이를 제지하려고 하자 이에 대항하여 위와 같은 행위를 한 데에는 피고인이 알몸이 되어 성기를 드러내어 보이는 것이 타인의 정상적인 성적 수치심을 해하는 음란한 행위라는 인식도 있었다고 보아야 할 것이다.

(마) 대법원 2005. 7. 22. 선고 2003도2911 판결【청소년의성보호에관한법률위반(변경된 죄명 : 전기통신기본법위반), 전기통신기본법위반】(공2005, 1457)

구 전기통신기본법 제48조의2(2001. 1. 16. 법률 제6360호 부칙 제5조 제1항에 의하여 삭제되기 전의 규정이며 현행 정보통신망이용촉진및정보보호등에관한법률 제65조 제1항 제2호에 해당한다)에서 규정하고 있는 '음란'이라 함은, 일반 보통인의 성욕을 자극하여 성적 흥분을 유발하고 정상적인 성적 수치심을 해하여 성적 도의 관념에 반하는 것을 말하고, 표현물의 음란 여부를 판단함에 있어서는 당해 표현물의 성에 관한 노골적이고 상세한 묘사·서술의 정도와 그 수법, 묘사·서술이 그 표현물 전체에서 차지하는 비중, 거기에 표현된 사상 등과 묘사·서술의 관련성, 표현물의 구성이나 전개 또는 예술성·사상성 등에 의한 성적 자극의 완화 정도, 이들의 관점으로부터 당해 표현물을 전체로서 보았을 때 주로 그 표현물을 보는 사람들의 호색적 흥미를 돋우느냐의 여부 등 여러 점을 고려하여야 하며, 표현물 제작자의 주관적 의도가 아니라 그 사회의 평균인의 입장에서 그 시대의 건전한 사회 통념에 따라 객관적이고 규범적으로 평가하여야 한다(대법원 1995. 6. 16. 선고 94도2413 판결, 1997. 8. 27. 선고 97도937 판결, 2000. 10. 27. 선고 98도679 판결 등 참조).

(바) 대법원 2010. 1. 14. 선고 2009도9963 판결【… 특정경제범죄가중처벌등에관한법률위반(사기){피고인 갑에 대하여 인정된 죄명 : 특정경제범죄가중처벌등에관한법률위반(사기)방조}·공문서변조 …】(미간행)

형법상 방조행위는 정범이 범행을 한다는 정을 알면서 그 실행행위를 용이하게 하는 직접·간접의 행위를 말하므로, 방조범은 정범의 실행을 방조한다는 이른바 방조의 고의와 정범의 행위가 구성요건에 해당하는 행위인 점에 대한 정범의 고의가 있어야 하…며, 또한 방조범에 있어서 정범의 고의는 정범에 의하여 실현되는 범죄의 구체적 내용을 인식할 것을 요하는 것은 아니고 미필적 인식 또는 예견으로 족하다(대법원 2005. 4. 29. 선고 2003도6056

판결 참조).

원심은, 그 판시 사실 및 사정들을 종합하여, 피고인 갑으로서도 원심공동피고인 을이 관리지역으로 기재된 허위의 토지이용계획확인서를 이용하여 타인에게 토지를 매도하여 매매대금 상당을 편취하려 한다는 것을 미필적으로나마 인식 또는 예견하였다고 봄이 상당하므로 정범의 고의를 가지고 있음이 인정되고, 위와 같은 피고인 갑의 행위(필자 주: 공문서변조 범행)는 정범의 사기범행의 실행을 직접적으로 용이하게 하는 것이어서 피고인 갑에게 방조의 고의도 있었음이 명백하므로, 피고인 갑에게 각 특정경제범죄 가중처벌 등에 관한 법률 위반(사기) 방조의 죄책을 물을 수 있다고 판단하였다.

원심판결 이유를 앞서 본 법리와 기록에 비추어 살펴보면, 원심의 위와 같은 사실인정과 판단은 정당한 것으로 수긍할 수 있다.

참고문헌

☐ **신동운, 형법총론(제5판), 2010, 183면**

확정적 고의(確定的 故意)는 구성요건의 실현을 확실히 인식하면서 이를 적극적으로 의욕하는 것이다. … 확정적 고의에 대립하는 것이 불확정적 고의이다. 불확정적 고의(不確定的 故意)는 구성요건의 실현을 적극적으로 인식하거나 의욕하지 않는 경우이다. 구성요건의 실현을 적극적으로 의욕하지 않지만 구성요건이 실현될 수도 있다는 점을 인식하면서 이를 소극적으로 용인(容認)하는 것이다.

☐ **오영근, 형법총론(제2판), 2009, 182면**

불확정고의란 행위자가 행위시에 결과발생, 행위의 대상 등에 대해 확실하게 결정하지 않은 상태에서 결과발생을 인용하거나 불특정대상에 대해 결과가 발생하기를 의욕·인용하는 경우를 말한다.

쟁점연구

1. 도입판례의 사안에서 그대로 두어도 피해자가 죽을 가능성은 없다고 생각한 경우에 살인죄의 고의를 인정할 수 있는가? 피해자가 죽을 가능성이 있다고 생각한 경우에는 모두 고의를 인정할 수 있는 것인가? 예컨대, 그대로 두면 죽을 가능성은 있지만 설마 죽지는 않을 것이라고 생각한 경우에는 살인죄의 고의를 인정할 수 있는가?
2. 다음 사례에서 피고인들의 고의가 인정될 수 있는가?
   ① 피고인 갑이 지휘하고 피고인 을, 병이 피해자의 집으로 들어가 칼로 피해자의 머리나 가슴 등 치명적인 부위가 아닌 허벅지나 종아리 부위 등을 주로 찔렀는데 20여 회나 힘껏 찔러 그로 인하여 피해자가 과다실혈로 사망하게 된 경우(대법원 2002. 10. 25. 선고 2002도4089 판결)
   ② 피고인이 과도로 피해자의 목부위를 찌른 경우(대법원 2001. 9. 28. 선고 2001도3997 판결)
   ③ 건장한 체격의 군인인 피고인이 키 150㎝, 몸무게 42㎏의 왜소한 피해자를 상대로 폭력을 행사하고 급소인 목을 15초 내지 20초 동안 설골이 부러질 정도로 세게 졸라 사망하게 한 경우(대법원 2001. 3. 9. 선고 2000도5590 판결)
   ④ 인체의 급소를 잘 알고 있는 무술교관 출신의 피고인이 무술의 방법으로 피해자의 울대(성대)를 가격하여 사망케 한 경우(대법원 2000. 8. 18. 선고 2000도2231 판결)
   ⑤ 검문소를 지키던 피고인이 적재함에 승객 7, 8명을 태우고 지나가는 화물자동차에 대하여 정지명령을 하였으나 불응하고 도주하자 타이어를 향하여 총탄 2발을 발사하였는데 당시는 일몰 1시간 후로서 차체가 잘 보이지 않은 상황이었던 경우(대법원 1954. 6. 21. 선고 4287형상176 판결)
   ⑥ 피고인들이 P2P 프로그램을 이용하여 음악파일을 공유하는 행위가 대부분 정당한 허락 없는 음악파일의 복제임을 예견하면서도 MP3 파일

공유를 위한 P2P 프로그램을 개발하여 이를 무료로 널리 제공하였으며, 그 서버를 설치·운영하면서 프로그램 이용자들의 접속정보를 서버에 보관하여 다른 이용자에게 제공함으로써 이용자들이 용이하게 음악 MP3 파일을 다운로드 받아 자신의 컴퓨터 공유폴더에 담아 둘 수 있게 하고, 위 서비스가 저작권법에 위배된다는 경고와 서비스 중단 요청을 받고도 이를 계속하였으나, 정범에 해당하는 이용자들의 복제권 침해행위가 실행되는 일시, 장소, 객체 등에 대한 구체적 인식도 없었고 나아가 정범이 누구인지 확정적으로 인식하지도 못한 경우(대법원 2007. 12. 14. 선고 2005도872 판결, 이른바 소리바다 저작권위반죄 사건)

⑦ 여관업을 하는 피고인이 고등학교 3학년생들인 이성인 A, B가 투숙하려 할 때 특히 A가 나이가 어려 보였음에도 신분증을 확인하지 아니하고 혼숙하게 한 경우(대법원 2002. 10. 8. 선고 2002도4282 판결; 대법원 2001. 8. 21. 선고 2001도3295 판결)

⑧ 유흥주점을 경영하는 피고인이 청소년 A를 고용하였는데 그가 성년이라고 말하고 건강진단결과서에도 성년으로 기재되어 있었던 경우(대법원 2002. 6. 28. 선고 2002도2425 판결)

3. 참고판례 (가)에서 피해자는 피고인들이 살해의 범의를 가지고 행한 구타행위가 아니라 살해의 범의 없이 매장한 행위에 의하여 사망에 이르렀다. 그럼에도 불구하고 판례가 살인죄로 의율한 것은 정당한가? 정당하다면 그 논리로 어떠한 것을 생각할 수 있는가? 정당하지 않다면 어떠한 논리로 반박할 수 있는가?

참고판례 (나) 판결에서는 유사한 사안이면서도 왜 살인의 고의를 인정하지 않았는가?

4. 위 Ⅱ.에서 본 참고판례 (다)(2001도6425)는 불확정적 고의를 어떻게 이해하고 있는가(같은 취지의 대법원 2006. 11. 23. 선고 2005도5511 판결도 참조)? 참고문헌(오영근)의 이해는 판례의 이해와 어떻게 다른가?

5. 위 2.에서 본 여관업이나 유흥주점의 사례는 확인의무 불이행이 고의의 성부에 영향을 미치는 모습을 보여준다. 이와 관련하여 참고판례 (다)는

작위의무(임금지급의무)의 존부와 내용을 다툴 상당한 이유가 있는 경우에는 고의가 성립하지 않는다는 취지(대법원 2005. 6. 9. 선고 2005도1089 판결, 대법원 2007. 6. 28. 선고 2007도1539 판결도 같은 취지)이다. 이들 사례에서 임금을 지급하지 않는다는 사실 자체는 확정적으로 인식하였음에도 고의가 부정되는 이유는 무엇인가?

6. 참고판례 (라)와 (마)의 '음란한 행위'나 '음란'은 문제된 각 구성요건의 요소들이다. 행위자 스스로는 음란하다고 생각하지 않았음에도 불구하고 평균인이 보기에 음란하다면 음란성이 인정되는 것인가? 이 경우 위 구성요건요소에 대한 고의는 인정되는 것인가? 위 요소에 대한 인식은 예컨대 살인죄에 있어서 살해대상을 인식하는 경우와 어떠한 차이가 있는가?
7. 방조범이 가지는 고의는 정범이 가지는 고의와 어떻게 같고 어떻게 다른가? 참고판례 (바)를 참고하자.

주요개념

1. 확정적 고의, 불확정적 고의
2. 의도적 고의, 지정고의, 미필적 고의
3. 택일적 고의, 개괄적 고의
4. 규범적 구성요건요소에 대한 고의

Ⅳ. 고의 유무의 판단

도입판례

대법원 2006. 4. 14. 선고 2006도734 판결【살인, 중감금, 폭력행위등처벌에관한법률위반(야간·공동폭행)】(공2006, 845)

【피 고 인】 갑, 을
【상 고 인】 피고인들
【변 호 인】 변호사 이우윤
【원심판결】 서울고법 2006. 1. 17. 선고 2005노1853 판결
【주 문】 원심판결을 파기하고 사건을 서울고등법원으로 환송한다.
【이 유】

1. 살인죄에서 살인의 범의는 반드시 살해의 목적이나 계획적인 살해의 의도가 있어야 인정되는 것은 아니고, 자기의 행위로 인하여 타인의 사망이라는 결과를 발생시킬 만한 가능성 또는 위험이 있음을 인식하거나 예견하면 족한 것이며 그 인식이나 예견은 확정적인 것은 물론 불확정적인 것이라도 이른바 미필적 고의로 인정되는 것인바, 피고인이 범행 당시 살인의 범의는 없었고 단지 상해 또는 폭행의 범의만 있었을 뿐이라고 다투는 경우에 피고인에게 범행 당시 살인의 범의가 있었는지 여부는 피고인이 범행에 이르게 된 경위, 범행의 동기, 준비된 흉기의 유무·종류·용법, 공격의 부위와 반복성, 사망의 결과발생가능성 정도 등 범행 전후의 객관적인 사정을 종합하여 판단할 수밖에 없다(대법원 2002. 2. 8. 선고 2001도6425 판결 등 참조).

원심이, 그 채용 증거를 종합하여 인정되는 판시와 같은 사실에 터잡아, 피해자 A를 사망하게 한 피고인들의 원심 판시 범죄사실 제2의 나.

항의 행위를 미필적 고의에 의한 살인죄로 처단한 조치는, 기록과 앞서 본 법리에 비추어 정당한 것으로 수긍되고, 거기에 피고인들의 상고이유의 주장과 같은 살인죄에서의 미필적 고의에 관한 법리오해, 심리미진 또는 채증법칙 위배로 인한 사실오인 등의 위법이 없다.

* * *

대법관 김황식(재판장) 이규홍 박재윤(주심) 김영란

서울고법 2006. 1. 17. 선고 2005노1853 판결【살인, 중감금, 폭력행위등처벌에관한법률위반(야간·공동폭행)】

【피 고 인】 갑, 을
【항 소 인】 피고인들
【검　　사】 김재현
【변 호 인】 변호사 이성환 외 1인
【원심판결】 서울남부지방법원 2005. 8. 18. 선고 2005고합121 판결
【주　　문】 원심판결을 파기한다.

피고인들을 각 징역 12년에 처한다.

원심판결 선고 전의 구금일수 각 140일을 피고인들에 대한 위 형에 각 산입한다.

압수된 망치 1자루, 사이다 병 1개, 의료용 가위 1개, 건조대 살대 1개, 벽걸이 살대 2개, 1회용 라이터 1개, 드라이버 1개를 각 피고인들로부터 몰수한다.

【이　　유】

* * *

원심이 적법하게 채택, 조사한 증거에 의하면, 피고인들은 피해자가 피고인 갑의 누나 집에서 돈을 훔쳤을 것으로 의심되는 외에 피고인 갑의 아버지와 성관계를 가졌던 것이 틀림없을 것이라 단정하고 피해자에 대하여 앙심을 품어 오던 중, 2005. 2. 15.부터 2005. 3. 31. 10:00경 피해

자가 사망에 이를 때까지 피해자의 옷을 모두 벗겨놓고 밖으로 나가지 못하게 하는 등의 방법으로 피해자를 피고인들이 동거하는 쪽방에 감금하고, 원심 판시 범죄사실 제2의 나항과 같이 여러 차례에 걸쳐 주먹과 사이다 병, 빨래건조대 봉, 드라이버, 망치를 이용하여 피해자가 실신할 정도로 피해자의 온몸을 때리고 긋는 등 폭행하고, 이에 더하여 피고인 갑이 피해자의 머리를 벽이나 다락방 계단에 수회 부딪치게 하거나 의료용 가위를 이용하여 피해자의 허벅지를 찌르고 라이터로 음모를 태우는 등 폭행하였고, 그로 인하여 피해자의 전신적 염증 상태를 유발하고 종국에는 췌장파열로 사망하게 한 사실을 인정할 수 있다.

살인죄에 있어서의 범의는 반드시 살해의 목적이나 계획적인 살해의 의도가 있어야 인정되는 것은 아니고, 자기의 행위로 인하여 타인의 사망의 결과를 발생시킬 만한 가능 또는 위험이 있음을 인식하거나 예견하면 족한 것이고 그 인식이나 예견은 확정적인 것은 물론 불확정적인 것이라도 소위 미필적 고의로 인정되는 것인바, 피고인이 범행 당시 살인의 범의는 없었고 단지 상해 또는 폭행의 범의만 있었을 뿐이라고 다투는 경우에 피고인에게 범행 당시 살인의 범의가 있었는지 여부는 피고인이 범행에 이르게 된 경위, 범행의 동기, 준비된 흉기의 유무·종류·용법, 공격의 부위와 반복성, 사망의 결과발생가능성 정도 등 범행 전후의 객관적인 사정을 종합하여 판단할 수밖에 없는바(대법원 2001. 3. 9. 선고 2000도5590 판결 참조), 위 인정사실에 의하여 살펴볼 수 있는 다음의 각 점, 즉 피고인들이 합세하여 약 45일 동안 피해자를 감금하고 여러 차례에 걸쳐 무자비하게 피해자의 온몸을 폭행하였고, 그로 인하여 피해자로 하여금 췌장파열 등으로 사망하게 한 점, 피고인들이 폭력을 행사한 경위와 동기, 피고인들이 폭행 당시 사이다 병, 빨래건조대 봉, 드라이버, 망치, 의료용 가위 등 흉기를 사용하였고, 특히 피해자의 머리를 사이다 병으로 때리거나 벽에 부딪치게 하는 등으로 강한 충격을 반복하여 가한 점, 피해자가 피고인들의 계속된 폭행으로 얼굴이 심하게 붓고 실신하기에 이르렀음에도 폭행을 중단하지 아니한 점 등에 비추어 보면, 피고인들은 위와 같은 행위로 인하여 피해자가 사망에 이를지도 모른다는 것을 인식하였다고 할 것이고, 나아가 이를 용인하는 내심의 의사도 있었다고 하지 않을 수 없어, 피고인들에게 적어도 살인에 대한 미필적 고의는 있었다고 판단된다.

* * *

서울남부지방법원 2005. 8. 18. 선고 2005고합121 판결【살인, 중감금, 폭력행위등처벌에관한법률위반(야간·공동폭행)】

* * *

【범죄사실】

피고인 갑은 피해자 공소외 A(여, 22세)와는 2004. 4.경 만나 사귀어오던 사이이고, 피고인 을은 피해자의 여고동창생으로, 피고인들은 2005. 1.경 피해자를 통하여 서로 알게 된 뒤 같은 해 2.경부터 서울 금천구 가산동 (번지 생략) 소재 쪽방 1개를 얻어 동거생활을 해오면서 피해자가 피고인 갑의 누나 집에서 돈을 훔쳤을 것으로 의심되는 외에 같은 해 1.경 피고인 갑의 의붓아버지가 직업을 구해준다며 피해자를 목포로 데리고 간 후 즉시 돌아오지 않고 피해자와 함께 며칠 소식이 끊겼던 일과 관련하여, 피고인 갑의 아버지와 피해자가 성관계를 가졌던 것이 틀림없을 것이라 단정하고 피해자에 대하여 앙심을 품어 오던 중,

1. 피고인 갑은

2005. 2. 12. 07:00경 위 쪽방에서, 옷을 가지러 찾아온 피해자에 대하여 피해자가 피고인의 누나 집에서 돈을 훔친 것도 사실이고 위와 같이 목포에 내려갔을 당시 피고인의 아버지와 돈을 받고 성관계를 가졌다는 말을 듣게 되자, 격분한 나머지 주먹으로 피해자의 얼굴을 6회, 옆구리를 4회 때려 피해자를 폭행하고,

2. 피고인들은 공모하여,

가. 2005. 2. 15. 이후 피해자의 옷을 모두 벗겨놓고 일절 밖으로 나가지 못하게 하고, 피고인들이 외출할 때는 출입문 밖에 설치된 자물쇠

를 잠가 놓고, 집에 있을 때에도 교대로 잠을 자는 등으로 피해자를 감시하여 도주하지 못하게 하는 방법으로 피해자가 같은 해 3. 31. 10:00경 피고인들의 폭력을 견디지 못하고 사망에 이를 때까지 약 45일 동안 피해자를 위 쪽방에 감금하면서, 아래와 같이 수시로 폭력을 행사하여 피해자에 대하여 가혹행위를 하고,

나. 위와 같이 피해자를 감금한 상태에서, 수시로 폭력을 행사하고 특히 이전의 상처가 치료되지 않은 상태에서 피해자를 사이다병 등으로 세게 때리거나 머리를 벽에 부딪치게 하는 등 지속적으로 폭력을 가하게 되면 피해자가 사망에 이를 수도 있다는 것을 인식하면서도,

(1) 2005. 2. 15. 20:00경 같은 곳에서, 설거지를 하는 척하며 도주를 시도한 피해자를 200여 미터 추적하여 붙잡아 와, 피고인 갑이 주먹으로 피해자의 머리와 얼굴을 수십회 때리고, 피고인 을도 주먹으로 옆구리와 허리를 수십회 때리고,

(2) 같은 해 20. 21:00경 같은 곳에서, 옷을 모두 벗기고 일을 시킨 피해자가 일을 하지 않고 잠을 잔다는 이유로 피고인 갑이 주먹으로 얼굴을 5회, 방안에 있던 빈 사이다 병으로 머리를 10여회 때려 피해자의 얼굴과 머리에 멍이 들게 하고,

(3) 같은 달 25. 21:00경 같은 곳에서, 피해자가 일을 하지 않고 코를 골며 잠을 잔다는 이유로, 피고인 갑이 빈 사이다 병으로 피해자가 실신할 정도로 머리를 수십회 때리고, 피고인 을도 같은 병으로 피해자를 수회 때려 머리가 2㎝ 가량 찢어지게 하고,

(4) 같은 달 하순 일자불상 21:00경 같은 곳에서, 위와 같은 이유로 피고인 갑이 발로 피해자의 머리를 수회 차고 주먹으로 얼굴 등을 10여회 때리고, 철제 빨래건조대 봉으로 허벅지를 5회 가량 때리고, 피고인 을도 같은 빨래건조대 봉으로 피해자를 수회 때려, 귀 부위에 피가 나고 허벅지에 멍이 들게 하고,

(5) 같은 해 3. 10. 21:00경 같은 곳에서, 같은 이유로 피고인 갑이 같은 빨래건조대 봉으로 피해자의 허벅지와 등을 수십 회 때려 허벅지와

등에 멍이 들게 하고,

(6) 같은 달 20. 21:00경 같은 곳에서, 피해자가 위와 같이 지속적으로 폭행을 당해 얼굴이 너무 부어 눈이 떠지지 않게 되자, 눈이 부어 앞이 보이지 않으면 잠을 자지 말고 눈을 계속 비비라고 하였는데도 피해자가 잠이 들었다는 이유로, 피고인 갑이 방안에 있던 드라이버로 피해자의 목을 수회 그으며 주먹으로 얼굴과 머리를 때린 후 머리를 잡아 벽에 수회 부딪치게 하고, 피고인 을도 같은 드라이버로 피해자의 허벅지 등을 수회 그어 허벅지 등에 열상이 생기게 하고,

(7) 같은 달 30. 22:00경 같은 곳에서, 피고인들의 지속적인 폭행으로 인한 고통을 더 이상 견딜 수 없게 된 피해자가 집에 보내달라고 하면서 밖으로 나가려 하자, 피고인 갑이 주먹으로 피해자의 얼굴과 머리, 옆구리, 복부 등 전신을 수십회 때리고, 머리채를 잡아 다락방 계단에 수회 부딪치게 하여 정신을 잃고 방바닥에 쓰러지게 한 다음, 라이터로 피해자의 음모와 겨드랑이 털을 태우고 망치로 피해자의 허벅지와 음부를 때리고 집에 있던 의료용 가위로 피해자의 허벅지를 찌르고, 피고인 을도 위 드라이버로 피해자의 온몸을 수십 회 그으며 위 망치로 음부를 수회 때려 머리와 얼굴이 찢어지게 하여, 결국 같은 달 31. 10:00경 피해자가 췌장파열 등으로 사망에 이르게 함으로써 피해자를 살해하였다.

* * *

참고판례

(가) 대법원 2004. 3. 26. 선고 2003도7878 판결【외국환거래법위반, 남북교류협력에관한법률위반, 특정경제범죄가중처벌등에관한법률위반(배임)】(공2004, 753)

업무상배임죄가 성립하려면 주관적 요건으로서 임무위배의 인식과 그로

인하여 자기 또는 제3자가 이익을 취득하고 본인에게 손해를 가한다는 인식, 즉 배임의 고의가 있어야 하는데, 이러한 인식은 미필적 인식으로도 족한바, 피고인이 배임죄의 범의를 부인하는 경우에는 사물의 성질상 배임죄의 주관적 요소로 되는 사실은 고의와 상당한 관련성이 있는 간접사실을 증명하는 방법에 의하여 입증할 수밖에 없고, 이때 무엇이 상당한 관련성이 있는 간접사실에 해당할 것인가는 정상적인 경험칙에 바탕을 두고 치밀한 관찰력이나 분석력에 의하여 사실의 연결상태를 합리적으로 판단하는 것 외에 다른 방법이 없는 것인데(대법원 1999. 7. 9. 선고 99도1864 판결, 2000. 4. 11. 선고 99도334 판결, 2000. 12. 8. 선고 99도3338 판결 등 참조), 금융기관의 임직원들이 대출을 함에 있어 대출채권의 회수를 확실하게 하기 위하여 충분한 담보를 제공받는 등 상당하고도 합리적인 조치를 강구하지 아니한 채 만연히 대출을 해주었다면 업무위배행위로 제3자로 하여금 재산상 이득을 취득하게 하고 금융기관에 손해를 가한다는 인식이 없었다고 볼 수 없다(대법원 2000. 3. 14. 선고 99도4923 판결, 2003. 2. 11. 선고 2002도5679 판결 등 참조).

(나) 대법원 2004. 7. 22. 선고 2002도4229 판결【특정경제범죄가중처벌등에관한법률위반(배임), 보험업법위반】(공2004, 1480)

일반적으로 업무상배임죄의 고의는 업무상 타인의 사무를 처리하는 자가 본인에게 재산상의 손해를 가한다는 의사와 자기 또는 제3자의 재산상의 이득의 의사가 임무에 위배된다는 인식과 결합하여 성립되는 것이며, 이와 같은 업무상배임죄의 주관적 요소로 되는 사실(고의, 동기 등의 내심적 사실)은 피고인이 본인의 이익을 위하여 문제가 된 행위를 하였다고 주장하면서 범의를 부인하고 있는 경우에는 사물의 성질상 고의와 상당한 관련성이 있는 간접사실을 증명하는 방법에 의하여 입증할 수밖에 없고, 무엇이 상당한 관련성이 있는 간접사실에 해당할 것인가는 정상적인 경험칙에 바탕을 두고 치밀한 관찰력이나 분석력에 의하여 사실의 연결상태를 합리적으로 판단하는 방법에 의하여야 한다는 점, 그리고 배임죄에 있어서 '재산상의 손해를 가한 때'라 함은 현실적인 손해를 가한 경우뿐만 아니라 재산상 실해 발생의 위험을 초래한 경우도 포함된다는 점은 당원이 일관되게 설시하여 온 바이다(대법원 2003. 2. 11. 선고 2002도5679 판결 참조).

그런데 경영상의 판단과 관련하여 기업의 경영자에게 배임의 고의가 있었는지 여부를 판단함에 있어서도 위와 마찬가지의 법리가 적용되어야 함은 물론이지만, 기업의 경영에는 원천적으로 위험이 내재하여 있어서 경영자가 아무런 개인적인 이익을 취할 의도 없이 선의에 기하여 가능한 범위 내에서 수집된 정보를 바탕으로 기업의 이익에 합치된다는 믿음을 가지고 신중하게 결정을 내렸다 하더라도 그 예측이 빗나가 기업에 손해가 발생하는 경우가 있을 수 있는바, 이러한 경우에까지 고의에 관한 해석기준을 완화하여 업무상배임죄의 형사책임을 묻고자 한다면 이는 죄형법정주의의 원칙에 위배되는 것임은 물론이고 정책적인 차원에서 볼 때에도 영업이익의 원천인 기업가 정신을 위축시키는 결과를 낳게 되어 당해 기업뿐만 아니라 사회적으로도 큰 손실이 될 것이다. 따라서 현행 형법상의 배임죄가 위태범이라는 법리를 부인할 수 없다 할지라도, 문제된 경영상의 판단에 이르게 된 경위와 동기, 판단대상인 사업의 내용, 기업이 처한 경제적 상황, 손실발생의 개연성과 이익획득의 개연성 등 제반 사정에 비추어 자기 또는 제3자가 재산상 이익을 취득한다는 인식과 본인에게 손해를 가한다는 인식(미필적 인식을 포함)하의 의도적 행위임이 인정되는 경우에 한하여 배임죄의 고의를 인정하는 엄격한 해석기준은 유지되어야 할 것이고, 그러한 인식이 없는데 단순히 본인에게 손해가 발생하였다는 결과만으로 책임을 묻거나 주의의무를 소홀히 한 과실이 있다는 이유로 책임을 물을 수는 없다 할 것이다.

(다) 대법원 2010. 10. 14. 선고 2010도387 판결【특정경제범죄가중처벌등에관한법률위반(배임) …】(공2010, 2120)

이윤추구와 아울러 공공적 역할도 담당하는 각종 금융기관의 경영자가 금융거래와 관련한 경영상 판단을 함에 있어서 그 업무처리의 내용, 방법, 시기 등이 법령이나 당해 구체적 사정하에서 일의적인 것으로 특정되지 않는 경우에는 결과적으로 특정한 조치를 취하지 아니하는 바람에 본인에게 손해가 발생하였다는 사정만으로 배임의 책임을 물을 수는 없고, 그 경우 경영자에게 배임의 고의가 있었는지 여부를 판단할 때에는 문제된 경영상의 판단에 이르게 된 경위와 동기, 판단대상인 업무의 내용, 금융기관이 처한 경제적 상황, 손실발생의 개연성 등 제반 사정에 비추어 자기 또는 제3자가 재산상 이득을 취득한다는 인식과 본인에게 손해를 가한다는 인식하의 의도적 행위임이 인정되는 경우에 한하여 배임죄의 고의를 인정하는 엄격한 해석기준이 유지되어야 한다(대법원 2007. 1. 26. 선고 2004도1632 판결 등 참조). 또한 공무원이 국가 또는 공공기관의 사무를 처리하면서 그 임무에 위배하는 행위로써 제3자로 하여금 재산상의 이익을 취득하게 하여 공공기관 등에 손해를 가한 경우 공무원이 공공기관 등에 대하여 타인의 사무를 처리하는 자로서 업무상 배임죄가 성립될 수 있으나, 공무원이 공공기관 등으로부터 보유하는 주식의 매각협상 등에 대한 위임을 받은 경우 그 당시의 경제적 상황과 여건, 매각의 필요성, 매각 가격의 적정성 등을 종합적으로 고려하여 그 위임사무 및 직무의 본지에 적합하다는 판단하에 이를 처리하고 그 내용이 그 위임사무 및 직무범위 내에 속하는 것으로 인정된다면, 특별한 사정이 없는 한 이는 정책 판단과 선택의 문제로서 그 방안의 시행에 의해 결과적으로 공공기관 등에 재산적 손해가 발생하거나 제3자에게 재산적 이익이 귀속되는 측면이 있다는 것만으로 임무위배가 있다 할 수 없으므로, 그 손해에 대해 행정적인 책임 기타 다른 법령상의 책임을 묻는 것은 모르되 이로 인해 그 행위가 배임죄에 해당한다고 할 수는 없다(대법원 2008. 6. 26. 선고 2006도2222 판결 참조).

(라) 대법원 2010. 10. 28. 선고 2009도1149 판결 【특정경제범죄가중처벌등에 관한법률위반(배임) …】 (공2010, 2207)

회사의 이사 등이 타인에게 회사자금을 대여함에 있어 그 타인이 이미 채무변제능력을 상실하여 그에게 자금을 대여하거나 지급보증할 경우 회사에 손해가 발생하리라는 정을 충분히 알면서 이에 나아갔거나, 충분한 담보를 제공받는 등 상당하고도 합리적인 채권회수조치를 취하지 아니한 채 만연히 대여해 주었다면, 그와 같은 자금대여나 지급보증은 타인에게 이익을 얻게 하고 회사에 손해를 가하는 행위로서 회사에 대하여 배임행위가 되고, 회사의 이사는 단순히 그것이 경영상의 판단이라는 이유만으로 배임죄의 죄책을 면할 수는 없으며, 이러한 이치는 그 타인이 자금지원 회사의 계열회사라 하여 달라지지 않는 것이고(대법원 2000. 3. 14. 선고 99도4923 판결; 대법원 2009. 7. 23. 선고 2007도541 판결 등 참조), 한편 경영상의 판단을 이유로 배임죄의 고의를 인정할 수 있는지는 문제된 경영상의 판단에 이르게 된 경위와 동기, 판단대상인 사업의 내용, 기업이 처한 경제적 상황, 손실발생의 개연성과 이익획득의 개연성 등 제반 사정에 비추어 자기 또는 제3자가 재산상 이익을 취득한다는 인식과 본인에게 손해를 가한다는 인식하의 의도적 행위임이 인정되는 경우인지에 따라 개별적으로 판단하여야 할 것이다(대법원 2004. 7. 22. 선고 2002도4229 판결 참조).

쟁점연구

1. 일반적으로 범죄구성요건 해당사실에 대한 증명책임은 누구에게 있는가?
2. 도입판례는 무엇을 근거로 살인의 고의가 증명된 것으로 판단하였는가? 고의는 내심의 의사로서 진실로 고의가 있었는지 여부는 피고인만이 안다고도 할 수 있다. 만일 피고인이 진실로는 범의가 있었음에도 절대로 범의가 없었다고 주장하는 경우 이를 객관적으로 어떻게 증명할 것인가? 판례는 어째서 고의의 존재를 객관적 사정을 종합하여 판단할 수밖에 없다고 하였을까?
3. 만일 피고인이 진실로 범의가 없었음에도 불구하고 판례의 기준에 따라 범의가 있다고 판단되는 경우에는 어떤가? 참고판례 (가)가 이러한 상황이 될 수 있겠는가?
4. 이른바 '경영상의 판단'이 업무상배임죄의 성립에 미치는 영향에 관하여 생각해 보자. 판례는 이를 어떻게 이해하고 있는가? 참고판례 (나)에서 제시한 기준에 따라 참고판례 (다)와 (라)는 서로 다른 결론에 이르렀다. 그 차이는 무엇인가?
5. 간접사실에 의한 고의 추인은 인식의 측면보다 의사의 측면에서 더욱 간접적·추상적으로 되는 경향이 있다. 판례의 기준에 따를 경우 참고판례 (나)와 같이 비교적 엄격한 기준을 요구하는 경영상의 판단과 관련한 배

임의 경우에는 결과발생을 용인하는 의사를 인정하는 것이 비교적 어려운 반면 도입판례와 같이 살인의 경우에는 인식으로부터 용인을 비교적 쉽게 추론하게 되는 결과가 될 수 있다. 이 경우 용인설이 형해화된다고 말할 수 있을까?

V. 초과된 구성요건요소

도입판례

대법원 2006. 3. 24. 선고 2004도8716 판결【공직선거및선거부정방지법 위반】(미간행)

【피 고 인】 갑
【상 고 인】 검사
【원심판결】 서울고법 2004. 11. 30. 선고 2004노1927 판결
【주 문】 원심판결을 파기하고, 이 사건을 서울고등법원에 환송한다.
【이 유】

1. 탈법방법에 의한 문서 등 게시의 점에 대한 공소사실의 요지

피고인은 주부로서 전 한나라당 대표인 이회창을 지지하는 인터넷 모임인 '(모임 이름 생략)'의 회원인바, 민주당과 열린우리당의 정책 등이 피고인의 생각과 다르고 이회창 대표가 정계를 은퇴한 이후 한나라당의 행적 등이 마음에 들지 않는다는 이유로 '(모임 이름 생략)' 인터넷 자유게시판에 이에 대해 반대하거나 비난하는 글을 직접 게시하거나 '(신문 이름 생략) 인터넷 홈페이지 독자마당'에 게재된 글들을 복사하여 자유게시판에 게시하기로 마음먹고, 누구든지 선거일 전 180일부터 선거일까지 선거에 영향을 미치게 하기 위하여 정당 또는 후보자를 지지·추천하거나 반대하는 내용이 포함되어 있는 문서 등을 배부·첩부·살포·게시 또는 상영하거나 하게 할 수 없음에도 불구하고, 2003. 12. 22. 01:27경 서울 양천구 (상세 주소 생략) 피고인의 집에서, '(모임 이름 생략)' 인터넷 홈페이지에 접속한 다음 그곳 자유게시판에 '(신문 이름 생략) 인터넷 홈페이지 독자마당'에 게시되어 있던 "이래도 민주당은 할 말 있나? 선거운동

기간 내내 병풍, 안풍, 세풍을 조작하고 모든 것이 진실인 양 A, B 등을 동원하여 없는 사실도 있는 사실처럼 조작하고 … 지난 대선 때 노무현 대통령 만들기 위해 95~97%로 밀어주고 불법, 탈법 모든 수단을 동원하여 노무현을 당선시킨 민주당이 무슨 할 말이 있다고 양당을 비난하는가?"라는 내용의 글을 복사한 다음 "이래도 민주당은 할 말 있나?"라는 제목으로 이를 게시하여 민주당을 반대하는 내용의 문서를 게시한 것을 비롯하여, 원심 판시 별지 범죄일람표 기재와 같이 그때부터 2004. 2. 18. 09:49경까지 사이에 같은 방법으로 5회에 걸쳐 선거에 영향을 미치게 하기 위하여 민주당 또는 열린우리당을 반대하거나 제17대 국회의원 선거와 관련하여 후보자로 출마하고자 하던 (이름 생략) 한나라당 대표를 반대하는 내용이 포함되어 있는 문서를 탈법방법에 의해 각 게시하였다.

2. 원심의 판단

원심은, 구 공직선거 및 선거부정방지법(2004. 3. 12. 법률 제7189호로 개정되기 전의 것, 이하 '공직선거법'이라 한다) 제93조 제1항(탈법방법에 의한 문서·도화의 배부·게시 등 금지)은 선거에 영향을 미치게 하기 위하여 정당 또는 후보자를 지지·추천하거나 반대하는 내용이 포함되어 있는 인쇄물 등의 배부·게시 등의 행위를 법이 허용하는 방법 이외에는 일반적으로 금지하는 규제방식을 취하고 있는바, … 위 조항은 고의 이외에 초과주관적 위법요소로서 '선거에 영향을 미치게 하기 위한 목적'을 구성요건으로 규정하고 있는바, 그러한 목적이 있는지 여부는 피고인의 사회적 지위, 피고인과 후보자 또는 경쟁후보자와의 인적관계, 행위의 동기 및 경위와 수단·방법, 행위의 내용과 태양, 상대방의 성격과 범위, 행위 당시의 사회상황 등 여러 사정을 종합하여 사회통념에 비추어 합리적으로 판단하여야 한다고 전제한 다음, … 비록 위 글을 게시한 시점이 선거일을 2, 3개월 앞둔 때였고, 내용 중에 특정 정당과 정치인을 비난하는 부분이 있다 하더라도 피고인이 국회의원선거에 영향을 미칠 의사로 위와 같은 글을 게시하였다고 인정하기는 어렵다고 판단하였다는 이유로, 이 부분 공소사실에 대하여 무죄를 선고하였다.

3. 이 법원의 판단

* * *

한편, 공직선거법 제93조 제1항에서 '선거에 영향을 미치게 하기 위하여'라는 전제 아래 그에 정한 행위를 제한하고 있는 것은 고의 이외에 초과주관적 요소로서 '선거 영향을 미치게 할 목적'을 범죄성립요건으로 하는 목적범으로 규정한 것이라 할 것인바, 그 목적에 대하여는 적극적 의욕이나 확정적 인식을 필요로 하는 것이 아니라 미필적 인식만으로도 족하고, 그 목적이 있었는지 여부는 피고인의 사회적 지위, 피고인과 후보자·경쟁후보자 또는 정당과의 관계, 행위의 동기 및 경위와 수단 및 방법, 행위의 내용과 태양, 행위 당시의 사회상황 등 여러 사정을 종합하여 사회통념에 비추어 합리적으로 판단하여야 할 것이며, 공직선거법 제93조 제1항의 입법목적이 그에 정한 행위가 비록 선거운동에까지는 이르지 않더라도 선거의 공정성과 평온성을 침해하므로 그러한 탈법적인 행위를 차단함으로써 공공의 이익을 도모하려는 것임에 비추어 볼 때, 이미 타인이 작성하여 다른 인터넷 홈페이지 등에 올려놓은 글을 게시한 경우 그 내용 및 게시방법 등의 측면에서 선거의 공정성을 훼손할 새로운 위험성이 발생한 때에 한하여 위와 같은 목적이 인정된다고 제한적으로 해석할 수 없고, 또한 정치적 목적을 갖는 단체의 인터넷 홈페이지에 글을 게시한 경우에 있어서 그 내용이 그 단체의 정치적 목적과 전혀 무관하거나 그 내용을 외부로 전파할 것을 예정하고 있는 등 선거의 공정성을 훼손하였다고 볼 만한 특별한 사정이 없는 한 그 게시행위에 대하여는 선거에 영향을 미칠 목적이 인정되지 않는다고 단정할 수도 없다(대법원 2005. 6. 23. 선고 2004도8969 판결 참조). 그리고 공직선거법 제93조 제1항에 규정된 문서 등을 인터넷 홈페이지의 자유게시판 등에 올려놓음으로써 그 홈페이지에 접속하는 사람이면 누구나 열람할 수 있게 하였다면 이는 위 조항 소정의 '게시'에 해당한다고 할 것이다(대법원 2005. 7. 29. 선고 2005도1425 판결 참조).

기록에 의하면, 피고인은 한나라당 대통령후보였던 이회창을 지지하는

'(모임 이름 생략)'의 회원이고, 피고인이 게시한 글들은 … 모두 아무런 근거 없이 민주당, 열린우리당과 (이름 생략)을 악의적으로 비난하는 내용으로 일관하고 있어 선거에 관한 단순한 의견표명이나 정치적 사건에 대하여 자신의 견해를 밝히는 것을 넘어서 이들에 대하여 반대하는 내용임이 명백하며, 피고인은 선거일을 약 2, 3개월 정도 남겨둔 시점에서 위 글들을 '(모임 이름 생략)' 인터넷 홈페이지의 자유게시판에 올려놓음으로써 그 회원뿐만 아니라 위 홈페이지에 접속하는 사람이면 누구나 위 글들을 볼 수 있게 하였음을 알 수 있다.

이러한 사정을 앞서 본 법리에 비추어 보면, 비록 위 인터넷 홈페이지가 전 한나라당 대표인 이회창을 지지하는 인터넷 모임으로서 정치적 성향이 유사한 사람들을 회원으로 하고, 그 내용 중 일부가 이미 타인에 의하여 작성되어 공개된 것이며, 게재 횟수 및 접속자의 수가 적다는 사정을 감안하더라도 피고인으로서는 자신의 그러한 행위가 선거에 영향을 미칠 수 있다고 인식하였다고 봄이 상당하므로, 피고인의 이 사건 각 게시행위는 공직선거법 제255조 제2항 제5호, 제93조 제1항에 해당한다고 할 것이다.

그럼에도 불구하고, 피고인에게 공직선거법 제93조 제1항 소정의 '선거에 영향을 미칠 목적'이 있었다고 볼 수 없다는 이유로 무죄를 선고한 원심 판결에는 공직선거법 제93조 제1항에 관한 법리 등을 오해하여 판결 결과에 영향을 미친 위법이 있다고 할 것이므로, 이를 지적하는 취지의 검사의 상고이유는 이유 있다.

* * *

4. 결론

그러므로 원심판결을 파기하고, 이 사건을 다시 심리·판단하게 하기 위하여 원심법원에 환송하기로 하여 관여 대법관의 일치된 의견으로 주문과 같이 판결한다.

대법관 손지열(재판장) 이강국 김용담 박시환(주심)

참고판례

(가) 대법원 1997. 4. 25. 선고 96도2910 판결【공직선거및선거부정방지법위반·명예훼손】(공1997, 1689)

한편, 공직선거법 제251조 위반의 죄(후보자비방죄)는 고의 외에 초과주관적 위법요소로서 '당선되거나 되게 하거나 되지 못하게 할 목적'을 범죄성립요건으로 하는 목적범임은 그 법문상 명백하고, 그 목적에 대하여는 적극적 의욕이나 확정적 인식임을 요하지 아니하고 미필적 인식이 있으면 족하다고 할 것이나, 그 목적이 있었는지 여부는 피고인의 사회적 지위, 피고인과 후보자 또는 경쟁 후보자와의 인적 관계, 행위의 동기 및 경위와 수단·방법, 행위의 내용과 태양, 상대방의 성격과 범위, 행위 당시의 사회상황 등 여러 사정을 종합하여 사회통념에 비추어 합리적으로 판단하여야 할 것인바, 원심이 인정한 피고인의 직업·취미 등 개인적 요소, 피고인이 이 사건 통신문을 게재하게 된 동기(저질 발언을 하는 사람이 수필집을 발간한 것에 대한 비난), 경위(쌍방향적인 컴퓨터 통신에 있어 다른 통신가입자의 반박에 대한 대응), 그 후의 태도와 당시의 사회상황 등 여러 사정을 종합하여 보면, 피고인이 이 사건 통신문을 게재한 것은 자신이 반대하는 정당의 대변인 지위에 있는 사람의 품위 없는 발언을 비난하고 정당별 의석수 등 전체 선거결과에 대한 관심을 표시한 것일 뿐, 제15대 국회의원 선거에 있어 A라는 특정인을 당선되지 못하게 할 목적으로 한 것이라고 볼 수 없다 할 것이다.

(나) 대법원 1997. 12. 12. 선고 97도2368 판결【향정신성의약품관리법위반】(공1998, 357)

향정신성의약품관리법 제40조 제2항, 제1항 제3호, 제3조 제3항 위반의 죄는 고의 외에 초과주관적 위법요소로서 "영리의 목적", "향정신성의약품을 제조할 목적"을 범죄성립요건으로 하는 목적범이 그 법문상 명백한바, 영리의 목적이라 함은 널리 경제적인 이익을 취득할 목적을 말하는 것이고, 향정신성의약품을 제조할 목적에 대하여는 적극적 의욕이나 확정적 인식임을 요하지 아니하고 미필적 인식이 있으면 족하다고 할 것이며 그 목적이 있었는지 여부는 피고인의 직업, 경력, 행위의 동기 및 경위와 수단·방법 등 여러 사정을 종합하여 사회통념에 비추어 합리적으로 판단하여야 할 것이다.

… 위와 같은 피고인의 직업, 경력, 행위의 동기 및 경위와 수단·방법 등 여러 사정을 종합하여 보면, 피고인은 위 염산에페드린이 향정신성의약품(히로뽕)을 제조하는 데 사용될 지도 모른다는 미필적 인식이 있었고, 위 행위를 하여 자신의 채무를 공소외 A가 대위변제하게 하도록 한 것이므로 영리의 목적도 있었다 할 것이니, 피고인은 위 향정신성의약품관리법 제40조 제2항, 제1항 제3호, 제3조 제3항 위반의 죄책을 면할 수 없다 할 것이다.

(다) 대법원 2010. 7. 23. 선고 2010도1189 전원합의체 판결【… 국가보안법 위반(찬양·고무등) …】(공2010, 1696)

국가보안법 제7조 제5항의 죄는 제1, 3, 4항에 규정된 이적행위를 할 목적으로 문서·도화 기타의 표현물을 제작·수입·복사·소지·운반·반포·판매 또는 취득하는 것으로서 이른바 목적범임이 명백하다. 목적범에서의 목적은 범죄 성립을 위한 초과주관적 위법요소로서 고의 외에 별도로 요구되는 것이므로, 행위자가 표현물의 이적성을 인식하고 제5항 소정의 행위를 하였다고 하더라도 이적행위를 할 목적이 인정되지 아니하면 그 구성요건은 충족되지 아니하는 것이다. 그리고 형사재판에서 공소가 제기된 범죄의 구성요건을 이루는 사실에 대한 증명책임은 검사에게 있으므로 행위자에게 이적행위를 할 목적이 있었다는 점은 검사가 증명하여야 하며, 행위자가 이적표현물임을 인식하고 제5항 소정의 행위를 하였다는 사실만으로 그에게 이적행위를 할 목적이 있었다고 추정해서는 아니된다. 이 경우 행위자에게 이적행위 목적이 있음을 증명할 직접증거가 없는 때에는 앞에서 본 표현물의 이적성의 징표가 되는 여러 사정들에 더하여 피고인의 경력과 지위, 피고인이 이적표현물과 관련하여 제5항 소정의 행위를 하게 된 경위, 피고인의 이적단체 가입 여부 및 이적표현물과 피고인이 소속한 이적단체의 실질적인 목표 및 활동과의 연관성 등 간접사실을 종합적으로 고려하여 판단할 수 있는 것이다.

이와 달리 이적표현물임을 인식하면서 취득·소지 또는 제작·반포하였다면 그 행위자에게는 위 표현물의 내용과 같은 이적행위를 할 목적이 있는 것으로 추정된다는 취지로 판시한 대법원 1992. 3. 31. 선고 90도2033 전원합의체 판결; 대법원 1996. 12. 23. 선고 95도1035 판결; 대법원 1997. 6. 13. 선고 96도2606 판결; 대법원 1997. 10. 24. 선고 96도1327 판결; 대법원 1999. 12. 7. 선고 98도4398 판결; 대법원 2000. 5. 26. 선고 98도4101 판결; 대법원 2002. 11. 22. 선고 2002도2246 판결과 그 밖에 이 판결의 견해와 다른 대법원 판결들은 모두 이 판결의 견해에 배치되는 범위 안에서 이를 변경하기로 한다.

(라) 대법원 2004. 3. 12. 선고 2003도6514 판결【공연음란】(공2004, 673)

형법 제245조 소정의 '음란한 행위'라 함은 일반 보통인의 성욕을 자극하여 성적 흥분을 유발하고 정상적인 성적 수치심을 해하여 성적 도의관념에 반하는 것을 가리킨다고 할 것이고, 위 죄는 주관적으로 성욕의 흥분, 만족 등의 성적인 목적이 있어야 성립하는 것은 아니고 그 행위의 음란성에 대한 의미의 인식이 있으면 족하다고 할 것이나(대법원 2000. 12. 22. 선고 2000도4372 판결 참조), 경범죄처벌법 제1조 제41호가 '여러 사람의 눈에 뜨이는 곳에서 함부로 알몸을 지나치게 내놓거나 속까지 들여다보이는 옷을 입거나 또는 가려야 할 곳을 내어놓아 다른 사람에게 부끄러운 느낌이나 불쾌감을 준 사람'을 처벌하도록 규정하고 있는 점 등에 비추어 볼 때, 신체의 노출행위가 있었다고 하더라도 그 일시와 장소, 노출 부위, 노출 방법·정도, 노출 동기·경위 등 구체적 사정에 비추어, 그것이 일반 보통인의 성욕을 자극하여 성적 흥분을 유발하고 정상적인 성적 수치심을 해하는 것이 아니라 단순히 다른 사람에게 부끄러운 느낌이나 불쾌감을 주는 정도에 불과하다고 인정되는 경우 그와 같은 행위는 경범죄처벌법 제1조 제41호에 해당할지언정, 형법 제245조의 음란행위에 해당한다고 할 수 없을 것이다.

원심판결 이유 및 기록에 의하면, 피고인은 자신의 동서 B가 주차 문제로 A와 말다툼할 때, A가 피고인에게 "술을 먹었으면 입으로 먹었지 똥구멍으로 먹었냐"라고 말한 것에 화가 나 말다툼을 한 후 이를 항의하기 위하여 다시 A가 경영하는 상점 상점으로 찾아가서, 상점 카운터를 지키고 있던 A

의 딸인 C(여, 23세)를 보고 "주인 어디 갔느냐"고 소리를 지르다가 등을 돌려 엉덩이가 드러날 만큼 바지와 팬티를 내린 다음 엉덩이를 들이밀며 "똥구멍으로 어떻게 술을 먹느냐, 똥구멍에 술을 부어 보아라"라고 말한 사실, 피고인의 그러한 행위는 1분 정도 지속되었으나 피고인이 뒤로 돌아서서 C에게 등을 보인 채 바지와 팬티를 내린 탓으로 C가 피고인의 성기를 보기 어려운 상태였던 사실이 인정되는바, 비록 피고인이 C 앞에서 바지와 팬티를 내린 후 엉덩이를 노출시키면서 위와 같은 말을 하였다고 하더라도 그러한 행위는 보는 사람에게 부끄러운 느낌이나 불쾌감을 주는 정도에 불과하다고 보여지고, 일반 보통인의 성욕을 자극하여 성적 흥분을 유발하거나 정상적인 성적 수치심을 해할 정도에 해당한다고 보기는 어렵다고 할 것이다.

그럼에도 불구하고 원심이 엉덩이를 노출시킨 피고인의 행위가 음란한 행위에 해당하고, 당시 피고인에게 타인의 정상적인 성적 수치심을 해하는 음란한 행위라는 인식이 있었다고 하여 이 사건 공소사실에 대하여 유죄를 선고한 것은, 공연음란죄의 음란한 행위와 그 고의에 관한 법리를 오해하여 판결에 영향을 미친 위법을 저지른 것이라고 할 것이다.

(마) 대법원 1996. 8. 23. 선고 95도192 판결【특정경제범죄가중처벌등에관한법률위반(배임), 절도, 위증】(공1996, 2931)

위증죄는 법률에 의하여 선서한 증인이 자기의 기억에 반하는 사실을 진술함으로써 성립하는 것이므로 그 진술이 객관적 사실과 부합하지 않는다고 하여 그 증언이 곧바로 위증이라고 단정할 수는 없다(대법원 1988. 12. 13. 선고 88도80 판결 참조).

(바) 대법원 2005. 12. 23. 선고 2004다46366 판결【손해배상(기)】(미간행)

형사재판의 증인이나 참고인은 스스로 체험한 사실을 기억나는 대로 진술하면 되고, 객관적 사실에 일치하는 진술을 할 의무가 있는 것은 아니라고 할 것이다(대법원 1984. 2. 28. 선고 84도114 판결 참조).

참고문헌

□ 신동운, 형법총론(제5판), 2010, 178~179면

객관적 구성요건의 총체와 구성요건적 고의는 그 범위가 일치하는 것이 원칙이다. 그런데 이러한 원칙에 대하여 예외가 인정되는 경우가 있다. 한 가지는 객관적 구성요건요소가 구성요건적 고의의 인식범위를 초과하는 경우이다. 이러한 경우에 구성요건적 고의의 인식범위를 초과하여 구성요건의 객관적 요소로 요구되는 표지를 가리켜서 초과객관적 구성요건요소(超過客觀的 構成要件要素)라고 한다. 초과객관적 구성요건요소의 예로는 앞에서 살펴본 객관적 처벌조건이 있다. 다른 하나의 예외는 주관적 구성요건의 범위가 객관적 구성요건요소의 총체를 넘어서는 경우이다. 이 경우에는 구성요건적 고의 이외에 추가적 요소가 주관적 구성요건요소로 요구된다. 이때 구성요건적 고의 이외에 추가적으로 요구되는 구성요건요소를 가리켜서 초과주관적 구성요건요소(超過主觀的 構成要件要素)라고 한다. … 초과주관적 구성요건의 예로는 목적범에 있어서의 목적, 경향범에 있어서의 경향성, 표현범에 있어서의 표현성 등이 거론되고 있다.

쟁점연구

1. 도입판례에서 '선거에 영향을 미칠 목적'은 초과주관적 요소인 범죄성립요건이라고 하고 있다. 판례가 '초과주관적 요소'라고 한 의미는 무엇인가? 무엇이 무엇을 초과한다는 취지인가? 이와 반대로 '초과객관적 요소'란 무슨 취지인가?
2. 구성요건요소로서 초과주관적 요소를 요구하는 범죄에는 어떠한 것들이 있는가?
3. 도입판례와 참고판례 (가), (나)를 참고하여 목적범의 목적이 있는지 여부를 판단하는 기준이 무엇인지 정리하여 보자. 도입판례 (다)를 참고하여

볼 때, 이 기준은 목적의 추정과 어떤 관계가 있는가?

4. 참고판례 (다)에서 피고인이 여성 앞에서 바지와 팬티를 내렸음에도 공연음란죄가 성립하지 않는다고 본 까닭은 무엇인가? 이와 관련하여 서울중앙지법 2005. 8. 30. 선고 2005노2022 판결을 함께 참조하자.
5. 참고판례 (마), (바)에 따르면 객관적으로 허위의 사실을 증언하였더라도 자신이 내적으로 기억하는 바와 일치하는 경우에는 위증죄가 되지 않는다. 그 이유는 무엇일까?

주요개념

1. 초과주관적 구성요건요소, 초과주관적 위법요소
2. 초과객관적 구성요건요소
3. 목적범
4. 경향범
5. 표현범

Ⅵ. 구성요건 착오

도입판례

대법원 1984. 1. 24. 선고 83도2813 판결【살인】(집32-1, 408)

【피 고 인】 갑
【상 고 인】 피고인
【변 호 인】 변호사 김대환
【원심판결】 서울고등법원 1983. 10. 7. 선고 83노2213 판결
【주　　문】 상고를 기각한다.
상고 후의 구금일수 중 50일을 그 본형에 산입한다.
【이　　유】

피고인과 그 변호인의 상고이유를 함께 판단한다.

원심판결이 유지한 제1심판결 거시의 증거를 기록과 대조하여 살펴보면 피고인에 대한 제1심 판시 살인범죄사실을 넉넉히 인정할 수 있으니 소론 피해자 A인 피고인의 형수의 등에 업혀 있던 피고인의 조카 피해자 B(남, 1세)에 대하여는 살인의 고의가 없었으니 과실치사죄가 성립할지언정 살인죄가 성립될 수 없다는 주장을 살피건대, 피고인이 먼저 피해자 A를 향하여 살의를 갖고 소나무 몽둥이(증 제1호, 길이 85센티미터 직경 9센티미터)를 양손에 집어 들고 힘껏 후려친 가격으로 피를 흘리며 마당에 고꾸라진 동녀와 동녀의 등에 업힌 피해자 B의 머리부분을 위 몽둥이로 내리쳐 피해자 B를 현장에서 두개골절 및 뇌좌상으로 사망케 한 소위를 살인죄로 의율한 원심조처는 정당하게 긍인되며 소위 타격의 착오가 있는 경우라 할지라도 행위자의 살인의 범의성립에 방해가 되지 아니하니 어느 모로 보나 원심판결에 채증법칙 위배로 인한 사실오인의

위법이나 살인죄에 관한 법리오해의 위법이 없어 논지는 이유 없다.

* * *

대법관 신정철(재판장) 김중서 강우영 이정우

참고판례

(가) 대법원 1987. 10. 26. 선고 87도1745 판결【폭력행위등처벌에관한법률위반】(공1987, 1832)

원심이 인용한 제1심판결이 든 증거에 의하면 피고인의 판시 범죄사실을 넉넉히 인정할 수 있고, 성명불상자 3명과 싸우다가 힘이 달리자 옆 포장마차로 달려가 길이 30센티미터의 식칼을 가지고 나와 이들 3명을 상대로 휘두르다가 이를 말리면서 식칼을 빼앗으려던 피해자의 귀를 찔러 상해를 입힌 피고인에게 상해의 범의가 인정되며 상해를 입은 사람이 목적한 사람이 아닌 다른 사람이라 하여 과실상해죄에 해당한다고 할 수 없고, 싸움의 경위, 범행방법 등 제반 사정에 비추어 피고인의 범행이 정당방위나 긴급피난 또는 과잉방위에 해당되는 것으로도 보이지 않으므로 여기에 소론과 같은 사실오인이나 법리오해의 위법이 있다 할 수 없다.

(나) 대법원 1975. 4. 22. 선고 75도727 판결【군용물횡령, 살인, 상관살해미수】(공1975, 8483)

사람을 살해할 목적으로 총을 발사한 이상 그것이 목적하지 아니한 다른 사람에게 명중되어 사망의 결과가 발생하였다 하더라도 살의를 조각하지 않는 것이라 할 것이니 원심인정과 같이 피고인이 하사 공소외 A를 살해할 목적으로 발사한 총탄이 이를 제지하려고 피고인 앞으로 뛰어들던 병장 공소외 B에게 명중되어 공소외 B가 사망한 본건의 경우에 있어서의 공소외 B에 대한 살인죄가 성립한다 할 것이므로 공소외 B에 대한 피고인의 살의를 부정하는 논지도 이유 없다.

(다) 대법원 1994. 3. 22. 선고 93도3612 판결【살인, 살인미수, 폭력행위등처벌에관한법률위반, 도로교통법위반】(공1994, 1373)

원심이 유지한 제1심판결은, 피고인들이 공소외 A, B, C, D 등과 공모하여 그들의 동료인 공소외 E, F 등을 납치·폭행한 공소외 G 등 타워파 폭력조직원들에 대하여 보복을 하기로 결의한 후, 1993. 2. 15. 05:30경 전주시 덕진구 금암동 소재 여관 P로 공소외 G 등을 찾아가서 상호공동하여 공소외 A와 피고인 정은 그곳 안내실에서 종업원인 공소외 H가 경찰에 연락을 하지 못하도록 감시하고, 뒤이어 도착한 피고인 을은 여관문 앞에서 망을 보고 공소외 B는 여관 302호실 방문 앞에서 망을 보고, 피고인 무와 공소외 D는 각목을, 공소외 C는 쇠파이프를, 피고인 갑과 병은 낫을, 피고인 기는 또 다른 흉기를 각 소지한 채 위 302호실로 들어가 그곳에서 잠을 자던 피해자 I·J를 공소외 G의 일행인 줄 잘못 알고 각기 각목과 쇠파이프로 위 피해자들의 머리와 몸을 마구 때리고, 낫으로 팔과 다리 등을 닥치는 대로 여러 차례 힘껏 내리찍은 사실을 인정하였는바, 제1심판결이 채택한 증거들을 기록과 대조하여 검토하면, 제1심의 이와 같은 사실인정은 정당한 것으로 수긍이 되고, 이 점에 관한 한 원심판결에 소론과 같이 채증법칙을 위반하거나 살인과 살인미수죄에 관한 법리를 오해하여 판결에 영향을 미친 사실을 잘못 인정한 위법이나 이유에 모순이 있는 위법이 있다고 볼 수 없으므로, 논지는 이유가 없다.

(라) 서울고법 1972. 10. 17. 선고 72노874 제1형사부판결 : 확정【살인등피고사건】(고집1972, 형85)

1. 검사의 항소이유의 요지는 원심판결에 영향을 미친 법률위반이 있다는 것이다. 즉, 인식한 사실과 실현된 사실이 동일한 구성요건에 속할 때에는 실현된 사실에 관하여 범의가 없다 하더라도 인식한 사실에 관하여 범의가 있으면 실현된 사실과 인식한 사실이 일치하지 않더라도 실현된 사실에 관하

여 범의를 인정함이 이른바 강학상의 방법 또는 타격의 착오인바, 원심은 피고인이 공소외 A를 살해하려는 의사로서 칼을 휘두른 사실은 인정하면서 단순히 피해자 공소외 B를 살해할 범의가 없었다 하여 주된 공소사실인 살인에 관하여 무죄를 선고하였음은 위 방법의 착오의 범죄를 오해한 위법이 있다는 것이고, 변호인의 항소이유의 요지는 첫째, 피고인이 식도를 휘두른 것은 피고인 및 피고인의 모와 외삼촌이 공소외 A로부터 저항할 수 없는 폭행을 당하고 이에 대한 유일한 제지 방법으로 한 것이므로 이는 정당방위에 해당되어 죄가 되지 않는다는 데 있고, 둘째, 피고인이 소지한 식도에 피해자 공소외 B가 찔려 사망하게 된 것은 피고인이 무의식적으로 뿌리치는 순간에 피해자가 찔린 것이므로, 피고인에게 피해자에 대한 폭행이나 상해의 고의를 인정할 수가 없은 즉 과실치사로 문의함은 몰라도 상해치사로 의율함은 법률적용에 잘못이 있다는 데 있고 셋째, 원심의 피고인에 대한 형의 양정은 피고인의 이 사건 범행에 이르게 된 경위에 비추어 볼 때에 너무 무거워서 부당하다는 데 있다.

2. 먼저 검사의 항소이유에 관하여 본다. 원심은 주된 공소로서 살인, 예비적인 공소로서 상해치사라고 주장 공소한 검사의 이 사건 공소에 관하여 예비적인 상해치사의 점을 유죄로 인정하고, 주된 공소인 살인의 점을 배척하면서 그 이유를 다음과 같이 설시하고 있다. 즉 … “증거를 종합하면, 피고인은 1972. 1. 1. 10:00경 위 공소사실에 적힌 바와 같은 경위로 가해자 공소외 A 외 2명으로부터 아무런 이유 없이 구타를 당하고, 피고인의 집으로 피신하여 왔던바, 위 가해자들은 피고인의 집까지 쫓아와서 피고인은 물론 피고인의 어머니 공소외 C와 외삼촌에게까지 의자를 집어던지는 등 행패를 부려, 공소외 C가 위 의자에 맞아 쓰러져 실신하게 되자 피고인은 이에 격분한 나머지 그곳 조리대 위에 있는 식칼을 집어들고 가해자들을 향하여 “이 새끼들 나가지 않으면 찔러 죽이겠다.”고 소리지르면서 위 가해자 중의 하나인 공소외 A를 향하여 접근한 사실, 당시 피고인과 공소외 A와는 위 술집에 설치되어 있는 술상용의 둥그런 탁자를 사이에 두고 마주보고 있었던 사실, 이 광경을 보고 피고인의 이웃에 거주하며 피고인의 절친한 친구인 피해자 공소외 B가 이를 제지하려고 피고인의 오른쪽 뒤에서 피고인의 칼든 손을 잡고

칼을 빼앗으려 하자 피고인은 공소외 B에게 "너는 경찰서에 가서 연락이나 해라."고 말하면서 위 칼을 왼손과 오른손으로 바꾸어 가며 빼앗기지 아니하려고 승강이를 벌이다가 다시 오른쪽으로 뿌리치는 순간 피고인의 오른쪽 뒤에 서 있던 위 피해자의 가슴을 위 식도로 찔러 동인으로 하여금 위 공소사실에 적힌 바와 같이 사망하게 한 사실, … 등이 인정된다. 이제 위와 같은 상황 하에서 피해자 공소외 B를 사망하게 한 피고인의 행위를 살인죄로 의율할 수 있는가에 관하여 보건대, 피고인이 가해자인 공소외 A를 살해할 의사가 있었던 점은 이를 인정할 수가 있으나, 피고인이 피해자 공소외 B를 살해할 의사가 없었음은 위에 설시한 바와 같으므로 피고인이 공소외 B를 사망하게 한 행위가 강학상 이른바 타격의 착오(또는 방법의 착오)에 해당하는 경우에만 동인에 대한 살해의 범의를 인정할 수가 있다고 할 것인바, 위에서 설시한 바와 같이 피고인은 자기가 살해하려고 한 대상인 공소외 A와는 피고인을 중심으로 하여 정반대의 방향과 위치에 있는 피해자 공소외 B를 찌르게 되었으므로 피고인으로서는 위 피해자가 살해되리라는 것을 통상 예측할 수 없었다고 할 것이고, 이와 같은 경우에까지 착오의 이론에 의하여 살해의 고의를 인정하는 것은 부당하다고 보지 않을 수 없고, 그러하다면 피고인은 위 피해자를 살해할 범의가 있었다고 인정할 수가 없다 할 것인 즉 …" 라고 하여 주된 살인의 점을 받아들이지 않고 있다. 원심이 적법히 조사 채택한 증거들을 기록에 대조하여 보면, 위의 원심 사실인정은 정당하고, 또 사실이 위와 같다면 공소외 A에 대한 살인의 고의를 피해자 공소외 B의 사망에까지 확대하여 살인으로 다스릴 수는 없다고 할 것이다.

왜냐하면 "갑"을 향하여 쏜 총탄이 옆에 있는 "을"에게 명중한 검사가 주장하고 있는 이른바 강학상의 타격 또는 방법의 착오든 "갑"인줄 알고 칼로 찔러 죽이고 보니 "을"이었다는 객체의 착오든 또는 "갑"의 목을 졸라 동인이 실신한 것을 사망한 것으로 간주하여 물에 집어넣어 질식 사망케 한 인과관계의 착오든, 그 어느 경우를 막론하고 범의의 확장을 가져오는 사실의 착오는, 인식된 범행을 실행하기 위한 행위가 있고, 이 행위에 의하여 인식하지 못한 범행이 실현된 경우에만 문제가 된다고 할 것인바, 이 사건에 돌이켜 보건대, 피해자 공소외 B가 사망하게 된 것은 피고인이 공소외 A를 살해하려고 칼을 겨누고 있을 때 뒤에서 이 칼을 빼앗으려고 하다가 우연히 같은 시간과 장소에서 발생한 것에 불과한 것뿐이고 공소외 A를 살해하기 위한 행위(예를 들면 공소외 A를 살해하기 위하여 칼로 찌르는 행동)에 의하여 피해자 공소외 B가 사망하게 된 것이 아님은, 위에서 본 바와 같으므로, 이 사건에서는 사실의 착오 문제는 생길 여지가 없다 할 것이다. 따라서 사실의 착오 이론에 의하여 공소외 A에 대한 살인의 범의를 가지고 피해자 공소외 B에 대한 사망에 대하여 살인죄로 다스리기 위한 나머지 요건에 관하여는 더 나아가 살펴볼 필요도 없이 검사의 이 주장은 이유가 없어 받아들이지 않는다. (물론 공소외 A에 대하여 별도의 죄를 구성함은 별 문제이다.)

… 다음 변호인의 항소이유 둘째 점에 관하여 보건대, 그러나 사실이 앞에서 본 바와 같이 피해자가 피고인의 칼 든 손을 잡고 빼앗으려 하자, 이를 빼앗기지 않으려고 칼을 왼손, 오른손으로 바꾸어가며 승강이를 벌이다가 다시 오른쪽으로 뿌리치는 순간 피해자가 찔린 것이라면, 피고인에게 피해자가 칼에 찔릴지도 모른다는 미필적인 인식은 있었다고 아니할 수가 없으므로 원판시 피고인의 이 사건 범행에 대하여 상해치사죄로 의율한 원심판결은 정당하고, 과실치사에 불과하다는 변호인의 항소논지는 이유 없고, …

(마) 대구고법 1965. 3. 25. 64노173 제1형사부판결 : 확정【살인피고사건】 (고집1965, 형494)

검사 작성의 A에 대한 증인진술조서의 기재내용 중에 "A야(피해자의 통칭명)하고 세 번 불렀는데 세 번째 부를 때는 이미 목소리가 거칠어져 있었고 그래도 대답이 없기에 방문을 열어본즉 갑은 방에 서서 총구를 본인에게 향하여서 있었는데 보니 칼빈 총에 탄창이 꽂혀 있지 않아서 본인은 설마 탄환이 장탄되지 않았으리라 믿고 마루청에 우측발을 올려놓는 순간 방안에 앉아 있던 동생이 갑자기 일어서면서 갑의 우측에서 총열과 총구를 앞으로 밀었는데 동생은 당황하는 소리로 오빠라고 외쳤으며 본인은 총구가 좌측으로 갔던 것을 우측으로 획돌리면서 발사를 하여 꽝소리와 함께 동생은 그대로 서 있었는데 본인이 총을 거머쥐자 동생은 슬며시 주저앉게 되었다."는 요지와 사법경찰관 사무취급 작성의 위 증인 A에 대한 진술조서의 기재 중 피고인이 "칼빈 총으로 저에게 겨누는 것을 여동생 B가 저의 앞을 가리자 실탄 1발을 발사한 것이다(피고인은 동 진술조서를 본건 증거로 하는 데 동의치 않으나 위 증인은 임의성을 인정하고 있어 다만 후설하는 바와 같이 진실 발견을 위하여 참고로 실시함)."라고 진술하고 … 등을 종합하면 피고인은 경찰관으로서 총기에 대한 취급요령과 지식을 일응 갖춘 자로서 피고인이 소지한 총기에 실탄이 장전되고 안전장치가 되어 있지 않았다는 점을 알면서 피해자의 오빠인 위 A가 피해자인 B 이름을 부를 때 그 총기를 쥐고 일어섰던 것이며 이러한 급박하고 삼엄한 광경을 본 피해자가 위 오빠인 A의 살해를 방지하려다가 스스로 피해를 입은 것이라 하겠음에도 불구하고 원심은 … 피해자가 자기를 죽여달라는 의사를 표시한 것을 인정하여 촉탁에 의한 살인죄를 인정한 것은 원심은 그 사실을 잘못 인정한 허물이 있다고 아니할 수 없고 결국 A를 살해하려다가 피해자인 B를 살해한 것으로서 객체의 착오에 불과하여 피고인의 이러한 착오는 범위의 성립에 영향이 없다고 할 것이므로 결국 그에 따라서 원심의 형의 양정도 변경치 않을 수 없을 것이니 위 검사의 이 점 등에 대한 논지는 그 이유 있다고 할 것이므로 당원은 검사의 항소이유에 의하여 형사소송법 제364조 제6항에 따라 원심판결을 파기하고 변론을 거쳐 다시 판결하기로 한다.

피고인은 1962. 12. 13. 순경에 임명되어 창녕경찰서 궁유지서에 보직되어 1964. 5. 30.까지 근무한 자인바 피고인은 피해자인 B와 정교관계까지 있는 깊은 애정관계에 빠지자 피고인은 본처와 협의이혼까지 하여 피해자와 결혼할 것을 굳게 약속하였으나 피해자의 부모와 오빠인 A가 극력 반대함으로써 피해자와 정사하자는 말까지 나오게 되자 피고인은 피해자를 동인 집에서 데려 나와서 1964. 5. 27.부터는 궁유지서 사택에서 동거생활 중 동월 29일 18:00경 피해자의 오빠 A가 이곳으로 찾아와 피해자를 끌고 창녕으로 돌아가기 위하여 그곳으로부터 약 1킬로메타 떨어진 위 A의 친구인 C가(家) 방 2개를 빌려서 각각 방 1칸씩을 피해자와 A가 취침 중 그날 밤 동가 뒷담을 넘어 부엌방에 취침중인 피해자를 데리고 나와 "A 몰래 아무 데라도 달아나서 둘이 죽자." 하여 그 집을 나와 피고인의 근무처인 궁유지서 사택에 들어가 B가 "같이 죽자."고 하였으나 피고인은 유서를 쓰고 피해자에게 정사할 것을 권유하면서 소지하였던 칼빈 총에 실탄 1발을 장탄하였던바 그 시경 B를 찾던 위 A가 동소를 찾아와 동 피해자의 이름을 세 번 부르자 피고인은 동 A를 살해할 것을 기도하고 총을 쥐고 벌떡 일어서면서 앞에 총 자세로 동 A에게 총을 겨누자 이러한 삼엄하고 위급한 광경을 본 피해자는 동인의 오빠인 A의 살해를 방해코저 당황하여 "오빠"라고 고함치면서 피고인이 든 총을 두 손으로 잡고 당기는 순간 피고인은 총대를 잡고 아래로 확 당기면서 방아쇠에 손이 닿아 격발이 되어 실탄 1발이 발사되어 B의 콧등 오른쪽에 맞아 우측옆통수를 뚫어서 그로 하여금 우측측두부관통 총창으로 인한 다량의 뇌출혈과 좌멸로 인하여 그 자리에서 즉사케 하여서 살해한 것이다.

(바) 대법원 1977. 1. 11. 선고 76도3871 판결【존속살인, 존속상해, 폭력행위등처벌에관한법률위반, 강간치상】(집25-1, 형6)

피고인이 피해자 A에게 위 고지질한 일을 따지러 가서 식도를 써내들고 죽인다고 협박을 할 때 피해자 A가 무서워서 그 자리를 피해 버리자 제 분에 이기지 못하여 식도를 휘두르는 피고인을 말리거나 그 식도를 뺏으려고 한 그 밖의 피해자들을 닥치는 대로 찌르는 무차별 횡포를 부리던 중에 그의 부까지 찌르게 된 결과를 빚은 것으로 엿보일 뿐 피고인이 칼에 찔려 쓰러진 피해자 B를 부축해 데리고 나가지 못하도록 한 일이 있다는 1심 채택 증거 중의 일부 진술 정도로써 피고인이 그의 부 피해자 B를 살해할 의사로 식도로 찔러 살해하였다는 사실을 인정하기는 어렵다고 봄이 상당하다 할 것이다. 1심의 법령적용에 있어서 피고인이 식도를 휘둘러 그의 모 피해자 C에게 자상의 상해를 가한 점에 대하여는 존속상해죄를, 그 밖의 피해자들을 식도로 찌르거나 때려서 자창이나 절창을 가한 점에 대하여는 각 상해죄를 적용하였음에 그쳤음을 보면 피고인의 부 피해자 B를 찔러 사망케 한 행위만을 존속살해죄로 의율한 것은 이유에 서로 맞지 아니한 점이 있다고 보여진다.

참고문헌

□ 신동운, 형법총론(제5판), 2010, 204~211면

구체적 부합설이란 객관적으로 실현된 구성요건요소와 주관적으로 인식한 구성요건요소가 구체적으로 부합할 때 고의기수범의 성립을 인정하는 견해이다. … 구체적 부합설은 서로 다른 구성요건 간의 객체의 착오(소위 추상적 사실의 착오)와 방법의 착오 전반(소위 구체적 사실의 착오 및 추상적 사실의 착오)에 대하여 고의기수범을 인정하지 않는다. 구체적 부합설의 입장에서는 이러한 경우에 발생된 사실에 대하여는 과실범을, 인식한 사실에 대하여는 미수범을 인정하고 양자를 상상적 경합으로 처리한다. …

법정적 부합설이란 실현된 사실과 인식한 사실이 법정적으로 부합할 때 고의기수범을 인정하자는 견해이다. … 법정적 부합설은 실현된 사실의 구성요건과 인식한 사실의 구성요건이 일치하는 경우(소위 구체적 사실의 착오)에 고의기수범의 성립을 인정한다. 이에 대하여 실현된 사실의 구성요건과 인식한 사실의 구성요건이 일치하지 않는 경우(소위 추상적 사실의 착오)에는 실현된 사실에 대해서는 과실범의 성립을, 인식한 사실에 대해서는 미수범의 성립을 각각 인정한다(물론 과실범처벌규정과 미수범처벌규정이 있어야 한다). 실현된 사실과 인식한 사실은 하나의 행위로 결합되므로 양자는 상상적 경합범으로 처리된다. … 법정적 부합설을 취하는 학자들 가운데 법정적 부합설을 구성요건부합설과 죄질부합설로 나누는 사람들이 있다. 구성요건부합설은 발생된 사실과 인식한 사실이 구성요건적으로 부합하면 고의기수범의 성립을 인정하는 견해이다. … 이에 대하여 죄질부합설은 발생된 사실과 인식한 사실이 죄질에 있어서 부합하면 고의기수범을 인정하는 견해이다.

쟁점연구

1. 도입판례에서 피고인이 살해하려 하였던 사람은 누구인가? 도입판례에

서 사망한 B, 참고판례 (가)에서 상해를 입은 피해자, 참고판례 (나)에서 사망한 B에 대하여 각 피고인은 그들을 살해하거나 상해하려는 의사가 있었는가? 없었다면, 그럼에도 불구하고 위 각 판례가 상해죄나 살인죄를 인정한 이유는 무엇인가? 판례가 기수를 인정한 범죄는 누구에 대한 범죄인가?

2. 참고문헌에서 말하는 구체적 부합설에 따르면 도입판례와 참고판례 (가), (나)의 사안은 어떠한 결론에 이르는가? 판례는 참고문헌에서 소개한 학설 중 어느 학설과 결론을 같이하는가?
3. 참고판례 (다)에서 피해자 I · J를 C의 일행인 줄 잘못 안 것은 범죄성립에 어떠한 영향을 미치는가? 이 경우도 도입판례나 참고판례 (가), (나)와 같은 상황인가?
4. 참고판례 (라)에서 A를 살해할 고의를 가지고 있던 피고인의 행위로 B가 사망하였다. 그런데 위 판례는 도입판례나 참고판례 (가), (나)와는 달리 살인죄를 인정하지 않았다. 그 이유는 무엇인가?
5. 참고판례 (마)에서 언급한 '객체의 착오'는 참고문헌에서 말하는 '객체의 착오'와 같은 의미인가?
6. 도입판례의 사안에서 (i) 피해자 A도 사망한 경우, (ii) 피해자 A는 부상에 그친 경우, (iii) 피해자 A는 전혀 맞지 않은 경우에 각 피고인의 죄책은 어떻게 될 것인가?
7. 참고판례 (바)에서 피고인은 여러 사람들에게 칼을 휘두르다가 자신의 아버지를 찌르게 되었다. 그런데 위 판례는 존속살해죄가 성립하지 않는다고 판시하였다. 그 이유는 무엇인가? 형법 제15조 제1항은 판례의 결론에 어떠한 의미를 가지는가? 형법 제13조와 제15조 제1항은 서로 어떠한 관련이 있는가?
8. 다음 각 경우에 피고인에게 고의가 인정될 것인가?
   (1) A인 줄 알고 살해하였는데 사실은 B인 경우
   (2) A를 살해하려고 A의 집 창문 아래에서 기다리다가 A의 침실 창문에 어른거리는 그림자를 보고 총을 쏘아 살해하였는데 사실은 A 소유의 고양이였던 경우

(3) A를 살해하려고 A의 집 앞 어두운 골목에서 기다리던 중 지나가던 B를 A로 잘못 알고 총을 쏘았는데 엉뚱하게도 C가 맞아 사망한 경우
(4) 밤늦게 짖어대는 A 소유의 개를 쏘아 죽이려 했는데 잘못하여 A가 맞아 사망한 경우
(5) 아버지인 줄 모르고 아버지를 살해한 경우
(6) 아버지를 살해하려 하였으나 옆에 있던 아버지 친구를 살해한 경우
(7) 사실상 길러준 아버지도 아버지라고 생각하고 살해한 경우
(8) 자신을 버린 아버지는 아버지가 아니라고 생각하고 살해한 경우

주요개념

1. 착오
2. 구성요건착오, 사실의 착오
3. 구체적 사실의 착오, 추상적 사실의 착오
4. 객체의 착오, 방법의 착오
5. 구체적 부합설, 법정적 부합설, 추상적 부합설

제 8 장 과실

도입판례

대법원 2008. 8. 11. 선고 2008도3090 판결【업무상과실치사】(미간행)

【피 고 인】 갑
【상 고 인】 피고인
【원심판결】 대구지법 2008. 4. 3. 선고 2007노2848 판결
【주 문】 원심판결을 파기하고, 사건을 대구지방법원 본원 합의부에 환송한다.
【이 유】

상고이유를 본다.

1. 공소사실의 요지

피고인은 경북대학교 병원 소아외과 전문의인바, 2005. 12. 12. 08:55경부터 10:20경까지 위 병원 중앙수술실에서, 위 병원 소아과로부터 신장, 간, 비장 등으로의 전이가 의심되는 급성림프구성백혈병 진단을 받은 피해자 공소외 A(여, 5세)를 상대로 계속적인 항암치료를 위하여 전신마취를 하고 "카테터(catheter)" 및 이에 연결된 "케모포트(chemoport)"를 피해자의 우측 쇄골하 중심정맥 및 우측 흉부에 삽입하는 수술(이하 '이 사건 수술'이라 한다)을 함에 있어서, 피해자는 백혈병 환자로서 혈소판 수치가 지극히 낮아 수술을 위하여서는 수혈을 통하여 인위적으로 혈소판 수치를 끌어올려야 하는 등 지혈이 어려운 상태였으므로 주사바늘을 사용하여 피해자의 우측 쇄골하 중심정맥의 위치를 찾음에 있어서 수술

을 위하여 필요한 최소한의 손상의 범위를 넘어 혈관이나 흉막을 손상시키지 않도록 더욱 더 주의하여야 할 뿐만 아니라, 찾고자 하는 피해자의 우측 쇄골하 중심정맥이 계속 발견되지 아니할 경우 그만두어야 할 업무상 주의의무가 있음에도 불구하고, 주사바늘로 피해자의 우측 쇄골하 중심정맥을 찾는 과정에서 이를 정확히 찾지 못한 채 피해자의 우측 쇄골하 부위를 10여 차례에 걸쳐 지나치게 빈번하게 찌른 업무상 과실로, 주사바늘로 피해자의 우측 쇄골하 혈관과 흉막을 관통하여 혈흉을 발생시켜, 같은 날 10:45경 위 병원 흉부외과 전공의 공소외 B가 피해자를 상대로 흉강 삽관술 등 지혈조치를 시행하였음에도 불구하고, 피해자로 하여금 같은 날 14:20경 위 병원 중앙수술실에서 심폐소생술을 받던 중 우측 쇄골하 혈관 및 흉막 관통상에 기인한 외상성 혈흉으로 인한 순환혈액량 감소성 쇼크로 사망에 이르게 하였다.

2. 원심의 판단

원심은 그 채용 증거들을 종합하여 판시와 같은 사실을 인정한 다음, ① 피해자는 소아로서 이 사건 수술 직전까지만 해도 백혈병으로 인하여 고열, 혈소판 수치 감소, 간수치의 이상증대, 폐혈증 증상, 자발적인 출혈 징후 등 몸 상태가 매우 좋지 않았고, 수술 당시에도 비록 검사수치상으로는 이 사건 수술이 가능하였을지는 몰라도 그와 같은 검사수치는 해열제와 혈소판 등의 지속적인 투여로써 인위적으로 만들어진 것이었으며, 그러함에도 불구하고 혈소판 수치가 정상인보다는 많이 낮은 상태인 데다가, 백혈병으로 인하여 간, 비장 등의 장기가 비대해져 중심정맥의 위치가 이동되었을 가능성마저 있었으므로, 피고인으로서는 피해자의 위와 같은 상태를 감안하여 보다 주의깊게 이 사건 수술에 임하였어야 함에도 불구하고, 위 인정 사실에 나타난 수술 과정과 시간 등에 비추어 볼 때, 그러한 주의의무를 게을리한 채 수술의 필요성에 너무 치중한 나머지 다소 무리하게 수술을 시행하다가 혈관 및 흉막에 손상을 가한 것으로 보이는 점, ② 위와 같은 환자의 상태와 특히, 혈액량감소증(hypovolemic shock)의 경우 출혈량과 함께 혈액이 얼마나 빨리 소실되는지가 매우 중요하고, 이는 환자의 빈혈 정도, 혈관의 해부학적 위치 등에 따라 개인차가 매우 심하므로, 피고인이 이 사건 수술 후 피해자에게서 혈흉을 발견하였다면, 급속하고도 지속적인 출혈을 예상하고 그 즉시 그에 대한 대비를 하여야 함에도 불구하고, 경과를 지켜보다가 수술 완료 후 20분 이상 경과한 시점에야 흉부외과에 연락하여 흉관삽입술을 시행케 하였고, 그 결과 이미 피해자의 체내 전체 혈액량의 대략 11 내지 13%에 달하는 150 내지 200cc의 혈액이 유출되었는데, 이는 수술 종료 직후부터 흉부외과에 연락할 때까지 이미 피해자의 흉강 내부에 상당량의 출혈이 빠른 속도로 진행되고 있었기 때문으로 보이는 점, ③ 이 사건 수술이 매우 어려운 것이나 피해자에게 반드시 필요한 것이었고, 당시 피해자의 간수치가 매우 높아 전신마취로 인한 간기능저하 및 경우에 따라서는 간괴사가 발생할 가능성이 있어, 수술을 중단한 후에 다시 전신마취를 하여 수술을 시도하는 것이 매우 어려운 상태였다고 하더라도, 이 사건 수술은 피해자의 병을 치료하고 생명을 유지하기 위한 수술이므로, 그로 인하여 수술 전보다 더 악화된 결과가 예견된다면 다른 대책을 강구하여야 함에도 불구하고, 만연히 잘 될 것이라는 생각하에 무리하게 이 사건 수술을 시행한 점 등을 종합하면, 피고인에게 공소사실 기재와 같은 잘못이 인정된다고 판단하여, 이를 유죄로 인정한 제1심판결을 그대로 유지하였다.

3. 이 법원의 판단

그러나 위와 같은 원심의 판단은 수긍할 수 없다.

(가) 의료과오사건에 있어서 의사의 과실을 인정하려면 결과 발생을 예견할 수 있고 또 회피할 수 있었음에도 이를 하지 못한 점을 인정할 수 있어야 하고, 위 과실의 유무를 판단함에는 같은 업무와 직무에 종사하는 일반적 보통인의 주의 정도를 표준으로 하여야 하며, 이때 사고 당시의 일반적인 의학의 수준과 의료환경 및 조건, 의료행위의 특수성 등을 고려하여야 한다(대법원 2006. 10. 26. 선고 2004도486 판결 등 참조). 또한, 의사는 진료를 행함에 있어 환자의 상황과 당시의 의료수준 그리고

자기의 지식경험에 따라 적절하다고 판단되는 진료방법을 선택할 상당한 범위의 재량을 가진다고 할 것이고, 그것이 합리적인 범위를 벗어난 것이 아닌 한 진료의 결과를 놓고 그 중 어느 하나만이 정당하고 이와 다른 조치를 취한 것은 과실이 있다고 말할 수는 없다(대법원 2007. 5. 31. 선고 2005다5867 판결 등 참조).

(나) 원심판결 및 원심이 인용한 제1심이 적법하게 조사한 증거 등에 의하면, 피해자에 대한 지속적인 항암치료를 위해서는 피하혈관의 확보가 필요하였고, 이를 위하여 이 사건 수술이 반드시 필요하였던 사실, 당시 피해자의 전신상태가 매우 좋지 아니하였고, 간수치가 높아 전신마취로 인한 간기능저하 및 경우에 따라서는 간괴사가 발생할 가능성이 있어, 수술을 중단한 후에 다시 전신마취를 하여 수술을 시도하는 것이 매우 어려운 상태였음을 알 수 있고, 한편 이 사건 수술 외에 달리 피하혈관을 확보할 수 있는 방법이 있다고 볼 자료를 기록상 찾아볼 수 없고, 쇄골하 정맥에 중심정맥도관을 삽입하기 위하여 쇄골하 부위에 과연 몇 번 주사바늘을 찔러야 하는지에 대하여 의학적인 기준이 확립되어 있지 아니하며, 이 사건 수술을 중단하게 될 경우 항암치료의 지속이 어려워 결국, 피해자에게 백혈병 악화로 인한 중대한 위험이 예상된다면, 피고인이 이 사건 수술을 중단하지 아니하고 중심정맥을 찾기 위하여 10회 정도 쇄골하 부위를 주사바늘로 찔렀고 이 과정에서 수술시간이 다소 지연되었다고 하여, 피고인의 그와 같은 진료방법의 선택이 합리적인 재량의 범위를 벗어난 것이라고 단정할 수는 없다고 할 것이다.

(다) 한편, 원심이 확정한 사실관계에 의하면, 쇄골하 정맥·동맥 및 흉막은 해부학적으로 매우 근접해 있고, 시술자가 육안으로 혈관을 확인하지 못한 채 오직 감각에 의존하여 주사바늘로 중심정맥을 찾는 이 사건 수술의 특성상 가장 중요한 합병증으로 동맥의 손상이나 기흉, 혈흉을 들 수 있다는 것이므로, 피해자에게 발생한 혈흉이 일반적으로 인정되는 합병증의 범위를 벗어났다고 볼 수 있는 사정이 없는 이상, 혈흉이 발생되었다는 사실만으로 이 사건 수술과정에 과실이 있다고 추정할 수

도 없다.

(라) 또한, 원심이 확정한 사실관계에 의하면, 피고인은 이 사건 수술을 마친 직후 피해자의 흉부 X선(촬영시간 10:14)을 통하여 카테터가 정상 위치에 삽입되어 있는 것을 확인하였으나, 한편 혈흉으로 의심되는 음영을 확인하고 10:40경 흉부외과에 연락을 취하였고, 흉부외과 전공의 공소외 B가 수술실에 도착하여 피해자의 혈흉을 확인한 다음 곧바로 혈흉을 제거하기 위하여 10:45경 흉관삽관술을 시행하였다는 것인데, 종합병원의 특성상 X선 촬영 후 그 필름을 현상하여 판독하는 데에도 어느 정도 시간이 필요할 것으로 보이는바, 이에 대한 자료를 기록상 찾아볼 수 없는 이 사건에서, 과연 피고인이 혈흉을 발견하고서도 그에 대한 처치를 20분 이상 지연하였다고 단정할 수 있는지도 의문이다.

(마) 그렇다면 피고인이 이 사건 수술을 중단하지 않았다거나 주사바늘로 쇄골하 부위를 10회 정도 찔렀다는 점을 들어 피고인에게 과실이 있다고 할 수 없고, 이 사건 수술 시행 중 혈관 및 흉막에 손상을 가하여 혈흉을 발생시켰다는 사실만으로 의료행위 과정에 과실이 있다고 할 수도 없으며, 혈흉의 치료를 위한 조치를 게을리하였다고 볼 만한 사정도 보이지 아니함에도 불구하고, 원심이 피고인을 유죄로 인정한 조치에는 의사의 주의의무 또는 합병증이 문제될 수 있는 의료사고에 있어서의 과실 인정에 관한 법리를 오해하였거나, 그 의료상 과실에 관한 심리를 다하지 아니함으로써 판결 결과에 영향을 미친 위법이 있고, 이를 지적하는 상고이유의 주장은 이유 있다.

3. 결론

그러므로 나머지 상고이유에 대한 판단을 생략한 채 원심판결을 파기하고, 사건을 다시 심리·판단하게 하기 위하여 원심법원에 환송하기로 하여 관여 대법관의 일치된 의견으로 주문과 같이 판결한다.

대법관 양승태(재판장) 박시환 박일환(주심) 김능환

참고판례

(1) 주의의무의 내용

(가) 대법원 2002. 8. 23. 선고 2002도2800 판결【과실치사】(공2002, 2272)

피고인이 대전 동구 자양동 소재 강릉칼국수 음식점 앞 편도 2차선 도로를 피해자 A와 같이 무단횡단하기 위해 도로 중앙선에 서 있다가, 지나가는 차량 유무를 확인하지 아니한 채, 술에 취하여 양손을 주머니에 넣고 고개를 숙이고 서 있던 피해자의 팔을 갑자기 잡아끌고 도로를 횡단한 사실 및 그와 같이 도로를 횡단하다가 피고인과 피해자가 때마침 그곳을 지나가던 공소외 B 운전의 승용차에 충격되는 교통사고가 발생하여 피해자가 사망한 사실을 충분히 인정할 수 있[다]… 위와 같이 중앙선에 서서 도로횡단을 중단한 피해자의 팔을 갑자기 잡아끌고 피해자로 하여금 도로를 횡단하게 만든 피고인으로서는 위와 같이 무단횡단을 하는 도중에 지나가는 차량에 충격당하여 피해자가 사망하는 교통사고가 발생할 가능성이 있으므로, 이러한 경우에는 피고인이 피해자의 안전을 위하여 차량의 통행 여부 및 횡단가능 여부를 확인하여야 할 주의의무가 있다 할 것이고, 비록 당시 피고인이 술에 취해 있었다 할지라도 심신상실이나 심신미약을 이유로 책임이 조각되거나 감경되는 것은 별론으로 하고(기록에 의하면, 피고인이 당시 심신상실이나 심신미약의 상태에 있었다고 보여지지도 아니한다), 위와 같은 주의의무가 없어지는 것은 아니라 할 것이며, 또 피고인 역시 위 차량에 충격당하였다 하여 피고인이 무단횡단에 앞서서 차량이 진행하여 오는 것을 확인하거나 그 횡단가능 여부를 판단할 수 있는 기대가능성이 없었다고 할 수도 없으므로, 피고인으로서는 위와 같은 주의의무를 다하지 않은 이상 이 사건 교통사고와 그로 인한 피해자의 사망에 대하여 과실책임을 면할 수 없다 할 것 ….

(2) 신뢰의 원칙

(나) 대법원 1998. 9. 22. 선고 98도1854 판결【교통사고처리특례법위반】(공1998, 2635)

이와 같은 도로 여건 하에서 피고인과 같이 녹색등화에 따라 왕복 8차선의 간선도로를 직진하는 차량의 운전자는 특별한 사정이 없는 한 접속도로에서 진행하여 오는 다른 차량들도 교통법규를 준수하여 함부로 금지된 좌회전을 시도하지는 아니할 것으로 믿고 운전하면 족하고, 접속도로에서 진행하여 오던 차량이 아예 허용되지 아니하는 좌회전을 감행하여 직진하는 자기 차량의 앞을 가로질러 진행하여 올 경우까지 예상하여 그에 따른 사고발생을 미리 방지하기 위하여 특별한 조치까지 강구할 주의의무는 없다 할 것이고 (대법원 1998. 6. 12. 선고 98다14252, 14269 판결, 1994. 6. 28. 선고 94도995 판결, 1993. 1. 15. 선고 92도2579 판결, 1990. 2. 9. 선고 89도1774 판결, 1985. 1. 22. 선고 84도1493 판결 등 참조), 또한 피고인이 제한속도를 지키며 진행하였더라면 피해자가 좌회전하여 진입하는 것을 발견한 후에 충돌을 피할 수 있었다는 등의 사정이 없는 한 피고인이 제한속도를 초과하여 과속으로 진행한 잘못이 있다 하더라도 그러한 잘못과 교통사고의 발생 사이에 상당인과관계가 있다고 볼 수는 없다 할 것이다.

(다) 대법원 2003. 1. 10. 선고 2001도3292 판결【업무상과실치상】(공2003, 656)

원심은 … 그 판시 사실관계에 비추어 비록 내과 전문의인 피고인 갑과 내과 1년차 수련의인 피고인 을에게 직접 신경과 소관인 지주막하출혈을 진단, 치료하기를 기대할 수는 없다 하더라도, 피고인들로서는 다시 한 번 그 때까지의 진료 경과에 비추어 피해자의 두통과 구토 증세에 관한 정확한 병력, 두통의 부위와 강도 및 지속성 여부, 분출성 구토의 동반 여부 등에 대하여 문진하고, 필요한 검사를 실시하거나 재차 협의진료를 요청하는 등 적절한 조치를 취하였어야 함에도 불구하고, 공소외 A의 "현재로서는 이상 소견 없어 보입니다."라는 소견만을 경솔히 신뢰한 채 이를 게을리함으로써 피해자를 이른바 식물인간 상태에 이르게 하였다 할 것이어서, 피해자에 대한 담당 주치의 및 전문의로서의 업무상의 주의의무를 다하였다고 볼 수 없다는 이유로 제1심판결을 그대로 유지하였다.

… 원심이 피고인들에게 업무상과실이 있었다고 인정한 것은 수긍하기 어렵다. …

관련 증거와 기록에 의하면, … 피고인 을이 주치의로서, 피고인 갑이 내과 전문의로서 피해자를 함께 진료하던 … 사실…을 알 수 있고, 위와 같은 피해자에 대한 진료의 경과, 내과의사로서는 경미한 뇌동맥류 파열에 의한 소량의 지주막하출혈을 발견하기 어려운 점, 특히 피고인들이 신경과 전문의에 대한 협의진료 결과 피해자의 증세와 관련하여 신경과 영역에서 이상이 없다는 회신을 받았고, 그 회신 전후의 진료 경과에 비추어 그 회신 내용에 의문을 품을 만한 사정이 있다고 보이지 않자 그 회신을 신뢰하여 뇌혈관계통 질환의 가능성을 염두에 두지 않고 내과 영역의 진료 행위를 계속하다가 피해자의 증세가 호전되기에 이르자 퇴원하도록 조치한 점 등에 비추어 볼 때, 내과의사인 피고인들이 피해자를 진료함에 있어서 지주막하출혈을 발견하지 못한 데 대하여 업무상과실이 있었다고 단정하기는 어렵다고 할 것이다.

(라) 대법원 1976. 2. 10. 선고 74도2046 판결【약사법위반, 업무상과실치사상】(집24-1, 형36)

약사가 의약품을 판매하거나 조제함에 있어서 약사로서는 그 의약품이 그 표시포장상에 있어서 약사법 소정의 검인, 합격품이고 또한 부패 변질 변색되지 아니하고 유효기간이 경과되지 아니함을 확인하고 조제판매한 경우에는 우연히 그 내용에 불순물 또는 표시된 의약품과는 다른 성분의 약품이 포함되어 있어 이를 사용하는 등 사고가 발생하였다면 특히 그 제품에 불순물 또는 다른 약품이 포함된 것을 간단한 주의를 하면 인식할 수 있고 또는 이미 제품에 의한 사고가 발생된 것이 널리 알려져 그 의약품의 사용을 피할 수 있었던 특별한 사정이 없는 한 관능시험 및 기기시험까지 하여야 할 주의의무가 있다 할 수 없고 따라서 그 표시를 신뢰하고 그 약을 사용한 점에 과실이 있었다고는 볼 수 없다고 할 것이다.

(마) 대법원 2007. 2. 22. 선고 2005도9229 판결【업무상과실치상】(미간행)

의사는 전문적 지식과 기능을 가지고 환자의 전적인 신뢰하에서 환자의 생명과 건강을 보호하는 것을 업으로 하는 자로서 그 의료행위를 시술하는 기회에 환자에게 위해가 미치는 것을 방지하기 위하여 최선의 조치를 취할 의무를 지고 있으므로, 의사가 다른 의사와 의료행위를 분담하는 경우에도 자신이 환자에 대하여 주된 의사의 지위에 있거나 다른 의사를 사실상 지휘 감독하는 지위에 있다면, 그 의료행위의 영역이 자신의 전공과목이 아니라 다른 의사의 전공과목에 전적으로 속하거나 다른 의사에게 전적으로 위임된 것이 아닌 이상, 의사는 자신이 주로 담당하는 환자에 대하여 다른 의사가 하는 의료행위의 내용이 적절한 것인지의 여부를 확인하고 감독하여야 할 업무상 주의의무가 있고, 만약 의사가 이와 같은 업무상 주의의무를 소홀히 하여 환자에게 위해가 발생하였다면, 의사는 그에 대한 과실 책임을 면할 수 없다(대법원 1990. 5. 22. 선고 90도579 판결, 1998. 2. 27. 선고 97도2812 판결 등 참조).

원심이 채용한 증거들을 기록과 위 법리에 비추어 살펴보면, 원심이, 피고인이 피해자의 주치의 겸 이 사건 병원 정형외과의 전공의로서, 같은 과의 수련의인 공소외 A가 피고인의 담당 환자인 피해자에 대하여 한 처방이 적절한 것인지의 여부를 확인하고 감독하여야 할 업무상 주의의무가 있음에도 불구하고(이는 공소외 A가 성형외과 영역과 관련한 처방에 대하여 이 사건 병원 성형외과 전공의인 공소외 B의 지시를 받았다고 하여 달리 볼 것이 아니다), 위 의무를 소홀히 한 나머지, 피해자가 공소외 A의 잘못된 처방으로 인하여 이 사건 상해를 입게 되었다는 이유로, 피고인에 대한 판시 업무상과실치상죄의 범죄사실을 유죄로 인정한 것은 정당하고, 거기에 상고이유의 주장과 같은 채증법칙 위배로 인한 사실오인, 형법상 업무상과실치상죄에 관한 법리오해 등의 위법이 없다.

(바) 대법원 1998. 2. 27. 선고 97도2812 판결【업무상과실치사】(공1998, 965)

수혈은 종종 그 과정에서 부작용을 수반하는 의료행위이므로, 수혈을 담당하는 의사는 혈액형의 일치 여부는 물론 수혈의 완성 여부를 확인하고, 수혈 도중에도 세심하게 환자의 반응을 주시하여 부작용이 있을 경우 필요한 조치를 취할 준비를 갖추는 등의 주의의무가 있다(대법원 1964. 6. 2. 선고 63다804 판결 참조).

그리고 의사는 전문적 지식과 기능을 가지고 환자의 전적인 신뢰 하에서 환자의 생명과 건강을 보호하는 것을 업으로 하는 자로서, 그 의료행위를 시술하는 기회에 환자에게 위해가 미치는 것을 방지하기 위하여 최선의 조치를 취할 의무를 지고 있고, 간호사로 하여금 의료행위에 관여하게 하는 경우에도 그 의료행위는 의사의 책임 하에 이루어지는 것이고 간호사는 그 보조자에 불과하므로, 의사는 당해 의료행위가 환자에게 위해가 미칠 위험이 있는 이상 간호사가 과오를 범하지 않도록 충분히 지도·감독을 하여 사고의 발생을 미연에 방지하여야 할 주의의무가 있고, 이를 소홀히 한 채 만연히 간호사를 신뢰하여 간호사에게 당해 의료행위를 일임함으로써 간호사의 과오로 환자에게 위해가 발생하였다면 의사는 그에 대한 과실책임을 면할 수 없다.

(사) 대법원 2003. 8. 19. 선고 2001도3667 판결【업무상과실치사】(공2003, 1905)

간호사가 '진료의 보조'를 함에 있어서는 모든 행위 하나하나마다 항상 의사가 현장에 입회하여 일일이 지도·감독하여야 한다고 할 수는 없고, 경우에 따라서는 의사가 진료의 보조행위 현장에 입회할 필요 없이 일반적인 지도·감독을 하는 것으로 족한 경우도 있을 수 있다 할 것인데, 여기에 해당하는 보조행위인지 여부는 보조행위의 유형에 따라 일률적으로 결정할 수는 없고 구체적인 경우에 있어서 그 행위의 객관적인 특성상 위험이 따르거나 부작용 혹은 후유증이 있을 수 있는지, 당시의 환자 상태가 어떠한지, 간호사의 자질과 숙련도는 어느 정도인지 등의 여러 사정을 참작하여 개별적으로 결정하여야 할 것이다.

원심판결의 이유에 의하면, 원심은, 피고인은 1999. 12. 10. 종전 처방과 마찬가지로 피해자에게 항생제, 소염진통제 등을 정맥에 투여할 것을 당직간호사에게 지시하였는데, 위 병원의 책임간호사인 원심 공동피고인 A(경력 7년)는 신경외과 간호실습을 하고 있던 원심 공동피고인 B(간호학과 3학년)를 병실에 대동하고 가서 그에게 주사기를 주면서 피해자의 정맥에 주사하라고 지시하고 자신은 그 병실의 다른 환자에게 주사를 하는 사이에 원심 공동피고인 B가 뇌실외배액관을 대퇴부 정맥에 연결된 튜브로 착각하여 그곳에 주사액을 주입하는 것을 뒤늦게 발견하고 즉시 이를 제지한 다음 직접 나머지 주사액을 대퇴부 정맥에 연결된 튜브에 주입하였지만 피해자는 뇌압상승에 의한 호흡중추마비로 같은 날 사망한 사실 등을 인정한 다음, 피고인의 처방과 지시에 따라 수술 직후부터 계속하여 항생제, 진통소염제 등의 주사액이 간호사들에 의하여 피해자의 대퇴부 정맥에 연결된 튜브를 통하여 투여되어 왔으므로 사고 당일 주사행위 자체에 특별한 위험성이 있었다고 볼 수 없고 피고인이 입회하지 않더라도 간호사가 주사의 부위 및 방법에 관하여 착오를 일으킬 만한 사정도 없었던 점, 신체에 직접 주사하여 주사액을 주입하는 것이 아니라 대퇴부정맥에 연결된 튜브를 통하여 주사액을 주입하는 행위는 투약행위에 가깝다는 점, 원심 공동피고인 A의 경력과 그가 취한 행동에 비추어 볼 때 피해자에 대한 주사의 부위 및 방법에 관하여 정확히 이해하고 있었고 그의 자질에 문제가 없었던 것으로 보이는 점, 피해자는 주사로 인한 부작용 발생 여부에 대한 검사가 끝난 상태이고 수술 뒤 상태가 다소 호전되었을 뿐만 아니라 이 사건 사고 전까지 주사로 인한 부작용이 발생하지 아니하였던 점, 피고인으로서는 자신의 지시를 받은 간호사가 자신의 기대와는 달리 간호실습생에게 단독으로 주사하게 하리라는 사정을 예견할 수도 없었다는 점 등을 종합하여 보면, 피고인으로 하여금 그 스스로 직접 주사를 하거나 또는 직접 주사하지 않더라도 현장에 입회하여 간호사의 주사행위를 직접 감독할 업무상 주의의무가 있다고 보기 어렵다는 이유로, 위와 같은 업무상 주의의무가 있음을 전제로 한 이 사건 업무상과실치사의 공소사실에 대하여 무죄를 선고하였다.

앞에서 본 법리와 기록에 비추어 살펴보면, 원심의 사실인정과 판단은 정당하고 거기에 상고이유로 주장하는 바와 같은 의사의 업무상 주의의무에 관한 법리를 오해한 잘못이 있다고 할 수 없다.

(아) 대법원 2002. 9. 6. 선고 2002다38767 판결【손해배상(자)】(공2002, 2419)

신호등에 의하여 교통정리가 행하여지고 있는 교차로를 진행신호에 따라 진행하는 차량의 운전자는 특별한 사정이 없는 한 다른 차량들도 교통법규를 준수하고 충돌을 피하기 위하여 적절한 조치를 취할 것으로 믿고 운전하면 충분하고, 다른 차량이 신호를 위반하고 자신의 진로를 가로질러 진행하여 오거나 자신의 차량을 들이받을 경우까지 예상하여 그에 따른 사고발생을 미리 방지할 특별한 조치까지 강구할 주의의무는 없다. 다만 신호를 준수하여 진행하는 차량의 운전자라고 하더라도 이미 교차로에 진입하고 있는 다른 차량이 있다거나 다른 차량이 그 진행방향의 신호가 진행신호에서 정지신호로 바뀐 직후에 교차로를 진입하여 계속 진행하고 있는 것을 발견하였다거나 또는 그 밖에 신호를 위반하여 교차로를 진입할 것이 예상되는 특별한 경우라면 그러한 차량의 동태를 두루 살피면서 서행하는 등으로 사고를 방지할 태세를 갖추고 운전하여야 할 주의의무는 있다 할 것이지만, 그와 같은 주의의무는 어디까지나 신호가 바뀌기 전이나 그 직후에 교차로에 진입하여 진행하고 있는 차량에 대한 관계에서 인정되는 것이고, 신호가 바뀐 후 다른 차량이 신호를 위반하여 교차로에 새로 진입하여 진행하여 올 경우까지를 예상하여 그에 따른 사고발생을 방지하기 위한 조치까지 강구할 주의의무는 없는 것이다(대법원 1994. 6. 14. 선고 93다57520 판결, 1998. 6. 12. 선고 98다14252, 14269 판결, 1999. 8. 24. 선고 99다30428 판결, 2001. 7. 27. 선고 2001다31509 판결, 2001. 9. 7. 선고 2001다40732 판결 등 참조). 그리고 이러한 법리는 교차로에서 자신의 진행방향에 대한 별도의 진행신호가 없다고 하여도, 다른 차량들의 진행방향이 정지신호일 경우를 이용하여 교통법규에 위배되지 않게 진행하는 경우도 마찬가지라고 할 것이다(대법원 2001. 11. 9. 선고 2001다56980 판결 참조).

(자) 대법원 1986. 10. 14. 선고 86도1676 판결【교통사고처리특례법위반】(집 34-3, 582)

그러므로 위 도로의 우측변에 앉아 있던 피해자가 피고인이 운행하는 시외버스가 10미터 지점에 접근하였을 때 갑자기 도로를 횡단하려고 뛰어든 것은 교통법규에 위반한 것으로서 신뢰의 원칙에 반하는 행위이었음에 틀림 없으나, 일건 기록에 의하면, 피고인은 제한시속 70킬로미터의 사고지점을 80킬로미터의 과속으로 시외버스를 운행하던 중 50미터 전방의 도로변에 앉아 있는 피해자를 미리 발견하였고, 그 피해자의 위치는 바로 피고인이 시외버스를 운행하고 지나가야 할 쪽 도로의 우측변이었음이 명백하므로, 상황이 이와 같았다면 비록 그 지점이 사람의 횡단보행을 금지한 자동차전용도로였다 하더라도 피해자의 옆으로 시외버스를 운전하고 지나가야만 할 피고인으로서는 피해자를 발견한 즉시 그의 동태를 주시하면서 감속 서행하는 등 피해자가 도로에 들어올 경우에 대비하는 조치를 취할 업무상의 주의의무가 있었다고 보아야 할 것이다.

(차) 대법원 1984. 4. 10. 선고 84도79 판결【교통사고처리특례법위반】(집 32-2, 490)

신뢰의 원칙은 상대방 교통관여자가 도로교통의 제반법규를 지켜 도로교통에 임하리라고 신뢰할 수 없는 특별한 사정이 있는 경우에는 그 적용이 배제된다고 할 것인바, 원심이 인정하고 있는 바와 같이 이 사건 사고지점이 노폭 약 10미터의 편도1차선 국도로서 진행방향 좌측으로 부락으로 들어가는 소로가 정자형으로 연하여 있는 곳이고 당시 피해자는 자전거 짐받이에 생선상자를 적재하고 진행하고 있었다면 피해자를 추월하고자 하는 피고인으로서는 자전거와 간격을 넓힌 것만으로는 부족하고 경적을 울려 자전거를 탄 피해자의 주의를 환기시키거나 속도를 줄이고 그의 동태를 주시하면서 추월하였어야 할 주의의무가 있다고 할 것임에도 불구하고 원심이 피고인에게 위와 같은 주의의무가 없다고 하고 피해자가 도로를 좌회전하거나 횡단하고자 할 때에는 도로교통법 제14조 제1항, 제31조 제1항, 제2항, 같은 법 시행령 제16

조의 규정에 따른 조치를 취하리라고 신뢰하여도 좋다고 하여 이 사건 사고 발생에 대하여 피고인에게 어떤 잘못도 없다고 하였음은 신뢰의 원칙 내지 자동차운전사의 업무상 주의의무에 관한 법리를 오해함으로써 판결에 영향을 미쳤다고 할 것 ….

(3) 허용된 위험과 사회적 상당성

(카) 부산지법 2001. 9. 25. 선고 2001노310 판결 : 상고 【대기환경보전법위반】 (하집2001-2, 625)

1. 공소사실의 요지 및 원심의 판단

이 사건 공소사실의 요지는, 피고인 A는 피고인 B주식회사(이하 피고인 회사라고 한다)의 총무부장으로 위 회사의 환경배출시설 총괄책임자, 피고인 회사는 유기합성수지 제조 및 판매업 등을 목적으로 설립된 법인인바, ① 피고인 A는 1999. 9. 9. 부산 남구 대연3동 207 소재 피고인 회사 사업장에서 건조시설인 5.57㎡×1기(이하 '이 사건 건조시설'이라 한다)는 배출시설임에도 방지시설을 가동하지 아니하고, ② 피고인 회사는 위 일시, 장소에서 피고인 회사의 업무에 관하여 피고인 A가 위 기재와 같이 배출시설 가동시 방지시설을 가동하지 아니하였다는 것인바, 이에 대하여 원심은, 피고인 A의 일부 법정진술 등에 의하여 공소사실을 모두 인정한 다음 피고인 A에 대하여는 구 대기환경보전법 부칙 제4조에 의하여 구 대기환경보전법(법률 제4262호) 제55조의2 제4호, 제15조 제1항 제1호를, 피고인 회사에 대하여는 대기환경보전법 제60조를 적용하여 각 벌금 100만 원을 선고하였다.

2. 변호인의 항소이유

… 가사 구성요건에 해당한다고 하더라도, 이 사건 건조시설이 배출하는 오염물질이 항상 대기환경보전법 제8조가 정한 배출허용기준 이하인 이상 이는 이른바 '허용된 위험'으로서 정당행위에 해당하여 위법성이 없고, 또한 피고인들은 이 사건 건조시설에 사용되는 연료의 특성 및 오염물질 측정기관의 측정 결과에 근거하여 항상 배출허용기준 이하로 오염물질을 배출하는 경우에는 같은 법 제55조에 의하여 처벌되지 아니하는 것으로 오인하

였으므로 이는 법률의 착오로서 책임이 없으므로 어느 모로 보아도 피고인들은 무죄이다.

3. 당심의 판단

… 이 사건 위반행위가 정당행위에 해당하여 위법성이 조각되는지에 관하여 보건대, 위에서 본 바와 같이 위 대기환경보전법 제15조 제1항 제1호를 비롯한 각 규정이 배출시설 및 방지시설과 관련하여 사업자에게 부과하고 있는 각종 의무가 종국적으로 배출시설에서 배출되는 대기오염물질의 양을 배출허용기준 이하로 규제하고자 함에 있는 점, 피고인 회사측에서는 이 사건 건조시설이 별도의 방지시설 없이 가동하여도 적합한 시설로 알고 가동하였던 점, 실제로 이 사건 건조시설의 가동으로 인하여 배출되는 오염물질의 양이 위 법 소정의 배출허용기준에 훨씬 미치지 못하고 있어 위 법 제10조 제4항 소정의 절차에 따라 배출시설변경허가를 받았더라면 방지시설설치의무가 면제되었을 것이 명백한 점 등 이 사건 대기환경보전법위반행위에 이르게 된 경위, 위 법의 보호법익 및 위 위반행위로 인한 실질적인 법익침해 정도 등 제반 사정을 고려하면 이 사건 대기환경보전법위반행위는 사회통념상 허용될 만한 정도의 상당성이 있는 것으로서 위법성이 없는 행위에 해당되어 범죄로 되지 아니한다 할 것인바, 결국 피고인들의 이 사건 행위를 유죄로 인정한 원심판결에는 정당행위에 관한 법리를 오해하여 판결에 영향을 미친 위법이 있다 할 것이다.

(타) 대법원 2008. 10. 23. 선고 2008도6940 판결【과실치상】(공2008, 1653)

골프와 같은 개인 운동경기에 참가하는 자는 자신의 행동으로 인해 다른 사람이 다칠 수도 있으므로, 경기 규칙을 준수하고 주위를 살펴 상해의 결과가 발생하는 것을 미연에 방지해야 할 주의의무가 있고, 이러한 주의의무는 경기보조원에 대하여도 마찬가지이다. 다만, 운동경기에 참가하는 자가 경기규칙을 준수하는 중에 또는 그 경기의 성격상 당연히 예상되는 정도의 경미한 규칙위반 속에 상해의 결과를 발생시킨 것으로서 사회적 상당성의 범위를 벗어나지 아니하는 행위라면 과실치상죄가 성립하지 않는다고 할 것이지만, 골프경기를 하던 중 골프공을 쳐서 아무도 예상하지 못한 자신의 등 뒤편으로 보내어 등 뒤에 있던 경기보조원(캐디)에게 상해를 입힌 경우에는 주의의무를 현저히 위반한 사회적 상당성의 범위를 벗어난 행위로서 과실치상죄가 성립한다.

같은 취지에서 원심이 채용 증거를 종합하여 피고인이 골프장에서 골프경기를 하던 중 피고인의 등 뒤 8m 정도 떨어져 있던 경기보조원을 골프공으로 맞혀 상해를 입힌 사실을 인정하여 과실치상죄를 인정하고, 피해자가 경기보조원으로서 통상 공이 날아가는 방향이 아닌 피고인 뒤쪽에서 경기를 보조하는 등 경기보조원으로서의 기본적인 주의의무를 마친 상태였고, 자신이 골프경기 도중 상해를 입으리라고 쉽게 예견하였을 것으로 보이지 않으므로, 피해자의 명시적 혹은 묵시적 승낙이 있었다고 보기 어렵다는 이유로 위법성이 조각된다는 피고인의 주장을 배척한 것은 사실심 법관의 합리적인 자유심증에 따른 것으로서 정당하고 거기에 상고이유로 주장하는 바와 같은 채증법칙 위반, 법리오해 등의 위법이 없다.

(4) 업무상과실

(파) 대법원 2009. 5. 28. 선고 2009도1040 판결【업무상과실치상】(공2009, 1068)

형법은 과실로 인하여 사람의 신체를 상해에 이르게 하거나, 사람을 사망에 이르게 한 자를 과실치사상죄로 처벌하면서 업무상과실 또는 중대한 과실로 인하여 사람을 사상에 이르게 한 자를 가중하여 업무상과실치사상죄로 처벌하고 있다(형법 제266조, 제267조, 제268조 각 참조). 업무상과실치상죄에 있어서의 '업무'란 사람의 사회생활면에 있어서의 하나의 지위로서 계속적으로 종사하는 사무를 말하고, 여기에는 수행하는 직무 자체가 위험성을 갖기 때문에 안전배려를 의무의 내용으로 하는 경우는 물론 사람의 생명 · 신체의 위험을 방지하는 것을 의무내용으로 하는 업무도 포함된다(대법원 1988. 10. 11. 선고 88도1273 판결; 대법원 2002. 5. 31. 선고 2002도1342 판결; 대법원 2007. 5. 31. 선고 2006도3493 판결 등 참조).

따라서 안전배려 내지 안전관리 사무에 계속적으로 종사하여 위와 같은 지위로서의 계속성을 가지지 아니한 채 단지 건물의 소유자로서 건물을 비정기적으로 수리하거나 건물의 일부분을 임대하였다는 사정만으로는 업무상과실치상죄에 있어서의 '업무'로 인정될 수 없다.

(하) 대법원 2007. 11. 16. 선고 2005도1796 판결 【업무상과실치사】 (공2007, 1985)

산후조리원의 주된 업무는 입소한 산모들에게 적절한 음식과 운동방법 등을 제공하여 몸을 회복할 수 있도록 하고, 산모가 대동한 신생아의 관리를 대신하여 줌으로써 산모가 산후조리에 집중할 수 있도록 도와주는 것이지만, 산모와 신생아의 집단관리는 산후조리서비스를 제공함에 따라 필연적으로 부수되는 업무로서, 그 자체가 치료행위는 아니지만 면역력이 취약하여 다른 사람과 접촉이 바람직하지 아니한 신생아를 집단으로 수용하여 관리함으로써 질병의 감염으로 인한 생명·신체에 대한 위해를 증대시키는 것으로서 보건분야 업무로서의 성격을 갖고 있으므로, 일반인에 의해 제공되는 산후조리 업무와는 달리 신생아의 집단관리 업무를 책임지는 사람으로서는 신생아의 건강관리나 이상증상에 대하여 일반인보다 높은 수준의 지식을 갖추어 신생아를 위생적으로 관리하고 건강상태를 면밀히 살펴 이상증세가 보이면 의사나 한의사 등 전문가에게 진료를 받도록 하는 등 적절한 조치를 취하여야 할 업무상 주의의무가 있다 할 것이다. …

그럼에도 불구하고, 위에서 살펴본 바와는 달리 신생아의 집단관리 업무를 책임지는 피고인들에 대하여 일반인보다 더 높은 수준의 주의의무를 인정하지 아니하고 신생아의 이상증세를 즉시 산모에게 알리고 적절한 조치를 구하여 그 지시에 따르면 주의의무를 다한 것이라거나 피고인들의 행위가 이 사건 신생아의 직접적인 사망원인이 되었다고 단정하기 어렵다는 이유로 각 무죄를 선고한 원심은 신생아의 집단관리 업무를 책임지는 사람에게 요구되는 업무상의 주의의무 또는 상당인과관계에 대한 법리를 오해하여 판결에 영향을 미친 위법이 있다 할 것이고, 이 점을 지적하는 상고이유의 주장은 이유 있다.

(5) 중 과 실

(거) 대법원 1997. 4. 22. 선고 97도538 판결【중과실치사】(공1997, 1685)

원심이 적법히 유지한 제1심판결 판시의 범죄사실에 의하면 피고인은 84세 여자 노인과 11세의 여자 아이를 상대로 안수기도를 함에 있어서 피해자를 바닥에 반드시 눕혀 놓고 기도를 한 후 "마귀야 물러가라", "왜 안 나가느냐"는 등 큰소리를 치면서 한 손 또는 두 손으로 피해자의 배와 가슴 부분을 세게 때리고 누르는 등의 행위를, 여자 노인에게는 약 20분간, 여자아이에게는 약 30분간 반복했다는 것이니 사실이 그러하다면 판시와 같은 고령의 여자 노인이나 나이 어린 연약한 여자아이들은 약간의 물리력을 가하더라도 골절이나 타박상을 당하기 쉽고, 더욱이 배나 가슴 등에 그와 같은 상처가 생기면 치명적 결과가 올 수 있다는 것은 피고인 정도의 연령이나 경험 지식을 가진 사람으로서는 약간의 주의만 하더라도 쉽게 예견할 수 있을 것임에도 불구하고, 그와 같은 예견될 수 있는 결과에 대해서 주의를 다하지 않아 사람을 죽음으로까지 가게 한 행위는 중대한 과실이라고 하지 않을 수 없고, 따라서 피고인의 소위를 중과실치사죄로 처단한 원심의 조치에 법리상 잘못이 있다고 할 수 없고, 이를 비난하는 상고 논지는 이유 없다.

(6) 인과관계

(너) 대법원 2010. 4. 29. 선고 2009도7070 판결【업무상과실치사】(미간행)

피고인이 간호사들에게 진료 보조행위에 해당하는 자궁의 수축상태 및 질출혈의 정도를 관찰하도록 위임하는 것 자체가 과실이라고 볼 수는 없으나 (피고인은 간호사로부터 출혈량이 많다는 보고를 받으면 즉시 환자를 살펴 수혈 또는 전원 여부 등을 판단하면 될 것이다), 피고인으로서는 태반조기박리 등으로 인한 대량출혈의 위험성이 높다는 것을 예견하였거나 이를 예견할 수 있었으므로 간호사가 위임받은 업무를 제대로 수행하고 있는지 평소보다 더 주의 깊게 감독하여, 피해자의 출혈량이 많을 경우 신속히 수혈을 하거나 수혈이 가능한 병원으로 전원시킬 의무가 있다고 할 것인데, 이를 게을리하여 피해자의 대량출혈 증상을 조기에 발견하지 못하고, 전원을 지체하여 피해자로 하여금 신속한 수혈 등의 조치를 받지 못하게 한 과실이 있다고 할 것이다. …

앞서와 같은 피고인의 전원지체 등의 과실로 피해자에 대한 신속한 수혈 등의 조치가 지연된 이상 피해자의 사망과 피고인의 과실 사이에는 인과관계를 부정하기 어렵고, P병원 의료진의 조치가 다소 미흡하여 피해자가 P병원 응급실에 도착한 지 약 1시간 20분이 지나 수혈이 시작되었다는 사정만으로 피고인의 과실과 피해자 사망 사이에 인과관계가 단절된다고 볼 수 없으므로, 피해자의 사망에 대한 피고인의 책임을 인정한 원심의 조치는 정당하고, 거기에 상고이유 주장과 같은 인과관계에 관한 법리오해, 판단누락 등의 위법이 있다고 할 수 없다.

참고문헌

□ 신동운, 형법총론(제5판), 2010, 227~228면

합일태적 과실범체계에 의하면 구성요건 단계에서는 사회 일반인의 평균적 지식과 능력을 바탕으로 주의의무위반 여부를 판단한다. 구성요건적 과실이 인정되는 위법한 행위가 있으면 이어서 책임판단을 행하게 된다. 이 단계에서는 구체적 행위자의 개별적인 지식과 능력을 토대로 책임과실이 검토된다. 이러한 체계에 의하면 객관적 주의의무와 주관적 주의의무라는 이중의 통제장치를 통하여 과실범의 성립범위가 단계적으로 제한된다.

□ 신동운, 형법총론(제5판), 2010, 234면

첫째로, 신뢰의 원칙에 의하여 주의의무를 제한하려면 이 원칙을 주장하는 교통참여자 자신이 교통규칙을 준수하고 있어야 한다. …

둘째로, 자신은 교통규칙을 준수하고 있더라도 일단 상대방이 교통규칙을 준수하지 않고 있음을 알게 된 때에는 신뢰의 원칙을 주장할 수 없다. …

셋째로, 어린이나 노약자 등과 같이 처음부터 상대방에게 교통규칙의 준수를 기대하기 힘든 경우가 있다. …

넷째로, 평소의 경험지식에 비추어 볼 때 위험상황이 예견되는 경우에는 신뢰의 원칙을 주장할 수 없다. …

□ 신동운, 신 판례백선 형법총론, 2009, 276면

사회공동체에서 함께 생활하다 보면 법익침해의 위험성이 높음에도 불구하고 생활에 유익, 유용하기 때문에 불가피하게 허용하지 않으면 안 되는 행위들이 있다. 예컨대 원자력발전이나 고속교통기관의 운행 등은 여기에 해당한다. 이러한 행위들은 위험하지만 그 편의성 때문에 포기할 수 없으므로 사회공동체의 구성원들은 어느 정도 그 위험을 나누어 부담하지 않을 수 없다. 그리하여 위험행위를 하는 사람이 공동체의 구성원으로서 기본적으로 지켜야 할 주의의무를 다하였다고 인정되면 그 이후에 발생하는 위험은 법공동체의 구성원들이 이를 감내해야 할 것으로 인정되는데 이를 허용된 위험이라고 한다. 여기에서 허용된 위험은 주의의무의 한계를 설정해 주는 기능을 하게 되는데, 우리 입법자는 이 점에 주목하여 형법 제14조에서 "정상의 주의를 태만함"이라는 표현으로 과실범의 본질부분을 규정하고 있다.

쟁점연구

1. 형법 제14조는 과실범은 법률에 특별한 규정이 있는 경우에 한하여 처벌한다는 취지이다. 그러한 규정의 예를 찾아보자.
2. 참고판례 (가)는 주의의무와 과실과의 관계를 어떻게 보고 있는가? 형법 제14조의 "정상의 주의를 태만함"은 어떠한 의미인가?
3. 도입판례에서 공소사실과 원심은 어떠한 점을 들어 피고인에게 과실이 있다고 판단하였는가? 대법원이 이와 달리 과실을 인정할 수 없다고 한 이유는 무엇인가? 대법원이 그와 같이 판단하는 법리로 제시한 것은 무엇인가? 이 법리는 형법 제14조의 "정상의 주의를 태만함"과 어떤 관련이 있는가?
4. 참고판례 (나)는 'ㅏ'자형 삼거리 교차로에서 피고인은 왕복 8차선 도로

를 따라 직진하고 있었고 피해자는 피고인 진행 방향 오른쪽에 접속된 왕복 2차선 도로에서 피고인 차량 앞을 가로질러 좌회전하려다 사고가 발생한 사안인데, 피고인 진행방향은 직진신호였고 피해자 진행방향에서는 좌회전이 금지되어 있다. 피해자에게도 과실이 있음은 물론이지만 'ㅏ'자형 삼거리 교차로에서 사고가 발생하였다면 피고인에게도 과실이 있다고 볼 여지도 없지 않은데 판례는 무슨 논거로 피고인에게 과실이 없다고 판단하였는가? 횡단보도의 신호가 적색인 상태에서 반대차선상에 정지하여 있는 차량의 뒤로 보행자가 건너오지 않을 것이라고 신뢰한 경우(대법원 1993. 2. 23. 선고 92도2077 판결), 두 줄의 황색중앙선 표시가 있는 직선도로에서 반대방향 도로의 접속도로로부터 차량이 나와 도로중앙선을 넘어 자신의 진행차선으로 진입하지는 않으리라고 신뢰한 경우(대법원 1995. 7. 11. 선고 95도382 판결), 고속도로에서 반대방향에서 운행하여 오는 차량이 도로의 중앙선을 침범하는 일은 없을 것이라고 신뢰한 경우(대법원 1982. 4. 13. 선고 81도2720 판결), 교차로에서 다른 차량이 신호를 위반하고 자신의 진로를 가로질러 진행하지는 않으리라고 신뢰한 경우(대법원 1999. 8. 24. 선고 99다3428 판결)는 객관적 주의의무에 어떠한 영향을 미칠 것인가?

5. 참고판례 (다), (라)는 여러 사람이 분업적으로 관여하는 상황에서 다른 관여자의 행위를 신뢰한 경우 과실이 부정된다는 취지이다. 참고판례 (마)는 이와 유사하게 의사 사이의 분업관계에서 결과가 발생하였음에도 과실을 인정하였다. 양자 사이에 어떠한 차이가 있기에 이처럼 결론을 달리하였는가?
6. 참고판례 (바)와 참고판례 (사)는 모두 의사와 간호사 사이의 분업관계에 관한 것이다. 유사한 사안에 대한 것처럼 보이는 두 판례의 결론이 서로 다른 까닭은 무엇인가? 판례가 제시한 판단기준은 무엇인가?
7. 신뢰의 원칙이 언제나 적용되는 것은 아니다. 신뢰의 원칙이 제한되는 경우는 어떠한 경우들인가? 참고판례 (아), (자), (차) 및 참고문헌(신동운)을 참고하여 그 기준을 추출해 보자.
8. 참고판례 (카)에서 변호인은 피고인이 배출한 오염물질이 배출허용기준

이하여서 '허용된 위험'으로서 위법성이 없다고 주장하고 법원도 사회통념상 허용될 만한 정도의 상당성이 있는 것으로서 위법성이 없다고 판단하였다. 참고판례 (타)도 경미한 규칙위반으로 발생한 결과에 대하여 사회적 상당성의 범위를 벗어나지 않는 한 과실범이 성립하지 않는다는 취지로 판시하면서 위 법리에 따라 당해 사건에서 정당행위에 해당한다는 피고인의 주장을 배척하였다. 과실범과 관련하여 허용된 위험을 달리 이해하는 방법은 없을까?

9. 행위자에게 부과되는 주의의무는 평균인의 지식과 능력을 기준으로 하는 경우와 행위자의 개별적인 지식과 능력을 기준으로 하는 경우 그 정도가 다를 수 있다. 전자를 객관적 주의의무라 하고 후자는 주관적 주의의무라 할 때 양자는 범죄성립에 어떠한 의미를 가지는가?

10. 보통의 과실에 비하여 업무상과실이나 중과실은 중하게 처벌된다. 참고판례 (파), (하), (거)를 참고하여 업무상과실과 중과실의 개념을 파악하고 그들이 중하게 처벌되는 이유를 생각해 보자.

11. 참고판례 (파)는 건물 내벽에 설치된 분전반 내의 전선이 합선되면서 불꽃이 튀어 화재가 발생하고 그로 인하여 피해자가 상해를 입은 사안에 관한 것이다. 이 판례의 제1심은 건물의 소유자이며 임차인인 피고인이 노후된 전기설비를 점검하여 화재의 발생을 미리 막아야 할 업무상 주의의무를 게을리하여 방치한 과실이 있다고 판단하였고 제2심도 이를 유지하였다. 이에 대하여 대법원은 임대하였다는 사정만으로는 '업무'로 인정될 수 없다고 판시한 것이다. 그 이유는 무엇인가?

이와 관련하여, 자동차 운전면허 없이 자동차를 운전하는 행위는 '업무'로 인한 행위인가? 대법원 2010. 1. 14. 선고 2009도10845 판결을 참조하자.

12. 우리 형법상 과실범은 결과범으로 구성되어 있으므로 과실범이 성립하기 위해서는 과실행위 외에 결과가 발생하여야 한다. 그리고 과실행위와 결과 사이에 형법적 인과관계가 인정되어야 범죄가 성립한다. 참고판례 (너)에서 피해자는 P병원으로 전원된 뒤 수혈준비 중 2004. 10. 3. 17:10경 심폐정지 상태에 빠졌고 P병원 의료진으로부터 수혈 등 치료를 받았으나 그 다음날인 2004. 10. 4. 02:40경 과다출혈, 파종성(범발성) 혈관내

응고장애(DIC)로 사망하였다. 이와 같이 피해자의 사망이 피고인의 지배 영역 밖에서 발생하였음에도 피고인이 사망에 대한 형사책임을 지는 까닭은 무엇인가?

주요개념

1. 과실
2. 객관적 주의의무(위반)
3. 주관적 주의의무(위반)
4. 예견의무
5. 회피의무
6. 신뢰의 원칙
7. 허용된 위험
8. 업무상 과실
9. 중과실
10. 과실범의 인과관계

제 9 장 결과적 가중범

도입판례

대법원 2008. 2. 29. 선고 2007도10120 판결【준강간치사(인정된 죄명 : 강간치사), 성폭력범죄의처벌및피해자보호등에관한법률위반(특수강간등), 성폭력범죄의처벌및피해자보호등에관한법률위반(특수강제추행등)(인정된 죄명 : 강간치사)】(미간행)

【피 고 인】 갑, 을, 병, 정
【상 고 인】 피고인들
【변 호 인】 변호사 심상구
【원심판결】 서울고법 2007. 11. 1. 선고 2007노1717 판결
【주 문】 상고를 모두 기각한다.
상고 후의 구금일수 중 110일씩을 본형에 각 산입한다.
【이 유】

피고인들과 국선변호인의 상고이유를 함께 판단한다.

1. 강간 등에 의한 치사상죄에 있어서 사상의 결과는 간음행위 그 자체로부터 발생한 경우나 강간의 수단으로 사용한 폭행으로부터 발생한 경우는 물론 강간에 수반하는 행위에서 발생한 경우도 포함한다(대법원 1995. 1. 12. 선고 94도2781 판결 등 참조).

위와 같은 법리 및 기록에 비추어 살펴보면, 원심이, 그 채용 증거들에 의하여 피고인들 및 제1심 공동피고인 A, B가 피해자 공소외인을 강간하기로 공모하여 2007. 2. 27. 18:00경 남양주시 진접읍 내각리 P초등

학교 부근 야산에서 의도적으로 게임을 통하여 13세에 불과한 피해자로 하여금 술을 마셔 취하도록 유도한 다음, 피고인 병, 을, 갑의 순서로 만취한 피해자를 강간한 사실, 위와 같은 강간 과정에서 피고인 병과 제1심 공동피고인 B가 먼저, 피고인 정과 제1심 공동피고인 A가 다음으로 각 범행현장을 떠났는데, 강간을 마친 피고인 갑, 을은 의식을 잃은 피해자를 인적이 드문 비닐창고(한쪽 면이 개방되어 있다)에 옮겨 놓은 사실, 피고인 갑, 을은 21:20경 그곳에서 피씨방에 있는 피고인 정과 제1심 공동피고인 A를 데리러 가 위 비닐창고로 오던 도중에 피고인 을은 먼저 귀가하고 피고인 갑, 정 및 제1심 공동피고인 A가 22:00경 위 비닐창고로 왔는데, 피고인 갑, 정은 피해자의 가슴을 만지는 등 강제추행을 하고 귀가한 사실, 피고인 갑은 귀가 도중 다시 위 비닐창고로 가 23:00경 의식을 잃은 피해자를 재차 강간하고는 하의를 벗겨둔 채 귀가한 사실, 피해자는 다음날인 2007. 2. 28. 02:00경부터 04:00경 사이에 저체온증으로 사망한 사실 등을 인정한 다음, 피고인들이 의도적으로 피해자를 술에 취하도록 유도하고 피고인들로부터 수차례 강간당하였기 때문에 피해자가 의식불명 상태에 빠진 것으로서, 피해자가 의식을 찾지 못하여 저체온증으로 사망한 것이 피고인들의 강간 및 그 수반행위와 인과관계가 없다고 할 수 없고, 피해자의 사망에 대한 피고인 갑, 을, 정의 예견가능성 또한 넉넉히 인정되며, 또한 당시의 기온 등을 감안하여 보면 이미 피고인들의 강간 및 그에 수반한 행위로 인하여 피해자가 의식불명 상태에 빠진 이상, 비록 피고인 갑이 비닐창고에서 피해자를 재차 강간하고 하의를 벗겨 놓은 채 그대로 귀가하였다고 하더라도 피고인 을, 정이 저체온증으로 인한 피해자의 사망에 대한 책임을 면한다고 볼 수 없다고 하여 피고인 갑, 을, 정에 대한 판시 강간치사죄를 유죄로 인정한 제1심판결을 그대로 유지한 조치는 정당하고, 거기에 상고이유로 주장하는 바와 같은 채증법칙 위반 또는 심리미진으로 인한 사실오인이나 강간치사죄에 있어서의 인과관계에 관한 법리오해 등의 위법이 있다고 할 수 없다.

또한, 기록에 비추어 살펴보면 피고인 병의 합동강간 범행을 유죄로 인정한 제1심판결을 유지한 원심의 조치는 정당하고, 거기에 상고이유로 주장하는 바와 같은 채증법칙 위반으로 인한 사실오인 등의 위법이 없다.

* * *

대법관 김능환(재판장) 박시환 박일환(주심)

참고판례

(1) 요건 : 인과관계

(가) 대법원 1996. 5. 10. 선고 96도529 판결【강간치상(인정된 죄명 : 상해치사)】(공1996, 1948)

원심판결 이유에 의하면 원심은, 피고인이 이 사건 범행일시경 계속 교제하기를 원하는 자신의 제의를 피해자가 거절한다는 이유로 얼굴을 주먹으로 수회 때리자 피해자는 이에 대항하여 피고인의 손가락을 깨물고 목을 할퀴게 되었고, 이에 격분한 피고인이 다시 피해자의 얼굴을 수회 때리고 발로 배를 수회 차는 등 폭행을 하므로 피해자는 이를 모면하기 위하여 도로 건너편의 추어탕 집으로 도망가 도움을 요청하였으나, 피고인은 이를 뒤따라 도로를 건너간 다음 피해자의 머리카락을 잡아 흔들고 얼굴 등을 주먹으로 때리는 등 폭행을 가하였고, 이에 견디지 못한 피해자가 다시 도로를 건너 도망하자 피고인은 계속하여 쫓아가 주먹으로 피해자의 얼굴 등을 구타하는 등 폭행을 가하여 전치 10일간의 흉부피하출혈상 등을 가하였고, 피해자가 위와 같이 계속되는 피고인의 폭행을 피하려고 다시 도로를 건너 도주하다가 차량에 치여 사망한 사실을 인정한 다음, 위와 같은 사정에 비추어 보면 피고인의 위 상해행위와 피해자의 사망 사이에 상당인과관계가 있다고 하여 피고인을 상해치사죄로 처단한 제1심의 판단을 유지하고 있는바, 기록에 의하여 살펴보면, 원심의 사실인정과 피고인의 위 상해행위와 피해자의 사망 사이에 상당인과관계가 있다고 본 원심의 판단은 모두 정당한 것으로 수긍이 되고, 거기에 소론과 같이 필요한 심리를 다하지 아니하여 사실을 오인한 위법이나 상해치사죄의 법리를 오해한 위법이 있다고 할 수 없다.

(나) 대법원 1995. 5. 12. 선고 95도425 판결【강간치사, 감금】(공1995, 2156)

폭행이나 협박을 가하여 간음을 하려는 행위와 이에 극도의 흥분을 느끼고 공포심에 사로잡혀 이를 피하려다 사상에 이르게 된 사실과는 이른바 상당인과관계가 있어 강간치사상죄로 다스릴 수 있는 것이라고 할 것이다(당원 1978. 7. 11. 선고 78도1331 판결; 1991. 10. 25. 선고 91도2085 판결 각 참조).

원심판결 이유에 의하면, 원심은 피고인이 자신이 경영하는 속셈학원의 강사로 이 사건 범행 사흘 전에 채용된 피해자(여, 20세)를 … 강제로 객실 안으로 끌고 들어간 후 객실에서 나가려는 피해자를 붙잡거나 객실방문을 가로막아 못나가게 하고 여러 차례에 걸쳐 집요하게 위 피해자를 강제로 끌어안아 침대에 넘어뜨리고 키스하려고 하는 등 위 피해자의 반항을 억압한 후 강간하려 한 사실 … 등을 각 인정…하고 있는바, ….

… 피해자가 극도의 흥분을 느끼고 몹시 당황한 상태에서 자신이 끌려 들어간 위 객실이 고층에 위치하고 있다거나 밖에 베란다가 없다는 사실 등을 순간적으로 의식하지 못한 채 미리 밖을 내다보지도 않고서 그대로 위 창문을 통하여 탈출하다가 지상으로 추락하여 사망에 이른 것으로 보이는 점 등의 여러 사정을 종합하여 보면, 위와 같은 상황하에서라면 일반 경험칙상 위 피해자가 강간을 모면하기 위하여 창문을 통하여서라도 탈출하려다가 지상에 추락하여 사망에 이르게 될 수도 있음을 충분히 예견할 수 있었다고 볼 것이므로, 피고인의 이 사건 강간미수행위와 위 피해자의 사망과의 사이에는 상당인과관계가 있다고 할 것이니, 원심이 피고인을 강간치사죄로 처단하였음은 결국 앞서 본 당원의 견해에 따른 것으로서 정당하다.

(다) 대법원 2000. 2. 11. 선고 99도5286 판결【감금치사, 도로교통법위반】(공2000, 762)

피고인이 당초 그의 승용차로 피해자를 가로막음으로써 피해자로 하여금 할 수 없이 위 차량에 승차하게 한 후 피해자가 내려달라고 요청하였음에도 불구하고 당초 목적지라고 알려준 장소가 아닌 다른 장소를 향하여 시속 약 60㎞ 내지 70㎞의 속도로 진행하여서 피해자를 위 차량에서 내리지 못하도록 하였다면 그와 같은 피고인의 행위는 감금죄에 해당함이 분명하고, 나아가 피해자가 위와 같은 감금상태를 벗어날 목적으로 위 차량의 뒷좌석 창문을 통하여 밖으로 빠져 나오려다가 길바닥에 떨어져 상해를 입고 그 결과 사망에 이르렀다면 피고인의 위 감금행위와 피해자의 사망 사이에는 상당인과관계가 있다고 할 것이므로 피고인으로서는 감금치사죄의 죄책을 면할 수 없다고 할 것이어서, 같은 취지에서 피고인에 대한 이 사건 감금치사 공소사실을 유죄로 인정한 원심판결은 정당하고, 거기에 논지가 주장하는 바와 같이 채증법칙에 위반하여 판결에 영향을 미친 사실을 잘못 인정하였거나 감금치사죄에 관한 법리를 오해한 위법이 있다고 볼 수 없다. 논지는 모두 이유가 없다.

(라) 대법원 1982. 11. 23. 선고 82도1446 판결【강간치사】(공1983, 236)

피고인들에 의하여 강간을 당한 피해자가 집에 돌아가 음독자살하기에 이르른 원인이 소론과 같이 강간을 당함으로 인하여 생긴 수치심과 장래에 대한 절망감 등에 있었다 하더라도, 그 자살행위가 바로 피고인들의 강간행위로 인하여 생긴 당연의 결과라고 볼 수는 없어 피고인들의 강간행위와 피해자의 자살행위 사이에 인과관계를 인정할 수는 없다 할 것이니 이와 다른 견지에서 원심판결에 인과관계에 관한 법리오해의 위법이 있다는 논지는 받아들일 수 없다.

(마) 대법원 1984. 6. 26. 선고 84도831, 84감도129 판결【폭행치사, 보호감호】(공1984, 1331)

원심이 인용한 제1심판결이 들고 있는 증거들을 기록에 대조하여 살펴보면, 피고인에 대하여 폭행치사죄를 인정한 원심의 조치는 정당한 것으로 수긍되고 피고인이 주먹으로 피해자의 복부를 1회 힘껏 때려 장파열로 인한 복막염으로 사망에 이르게 한 사실이 증거상 명백한 이상 피해자의 사망은 결국 피고인의 폭행행위에 의한 결과라고 봄이 상당하고, 비록 소론의 의사의 수술지연 등의 과실이 피해자 사망의 공동원인이 되었다 하더라도 역시 피고인의 행위가 사망의 결과에 대한 유력한 원인이 된 이상 그 폭행행위와 치사의 결과와의 간에 인과관계는 있다 할 것이고, 피고인은 피해자의 사망의 결과에 형사책임을 져야 함은 당연하다 할 것이다.

(2) 요건 : 예견가능성

(바) 대법원 1988. 4. 12. 선고 88도178 판결【강제추행치사, 강제추행】(공 1988, 865)

형법 제15조 제2항이 규정하고 있는 이른바 결과적 가중범은 행위자가 행위시에 그 결과의 발생을 예견할 수 없을 때는 비록 그 행위와 결과 사이에 인과관계가 있다 하더라도 중한 죄로 벌할 수 없는 것으로 풀이된다.

원심판결 이유에 의하면, 원심은 그 증거에 의하여 피고인이 친구 5명과 같이 술집에서 그 집 작부로 있는 피해자 등 6명과 더불어 밤늦도록 술을 마시고 모두 각자의 상대방과 성교까지 하였는데 술값이 부족하여 친구집에 가서 돈을 빌리려고 위 일행 중 피고인과 공소외 A, B가 함께 봉고차를 타고 갈 때 공소외 A와 성교를 한 피해자도 그 차에 편승하게 된 사실과 피고인과 피해자가 그 차에 마주앉아 가다가 피고인이 장난삼아 피해자의 유방을 만지고 피해자가 이를 뿌리치자 발을 앞으로 뻗어 치마를 위로 걷어올리고 구두발로 그녀의 허벅지를 문지르는 등 그녀를 강제로 추행하자 그녀가 욕설을 하면서 갑자기 차의 문을 열고 뛰어내림으로써 부상을 입고 사망한 사실을 확정한 다음 이와 같은 상황에서는 피고인이 그때 피해자가 피고인의 추행행위를 피하기 위하여 달리는 차에서 뛰어내려 사망에 이르게 될 것이라고 예견할 수 없고 달리 이를 인정할 만한 증거가 없다고 하여 피고인에게 그 사망의 결과에 대하여 책임을 묻지 아니하고 다만 강제추행으로 다스리고 있다.

기록에 비추어 원심의 사실인정과 위와 같은 상황에서 피고인에게 피해자가 사망에 이르게 된 결과에 대한 예측가능성이 없다고 판단한 조치는 옳게 수긍이 가고 거기에 주장하는 바와 같은 채증법칙을 어겼거나 결과적 가중범에 관한 법리를 오해한 위법이 없다.

(사) 대법원 1993. 4. 27. 선고 92도3229 판결【강간치상】(공1993, 1623)

1. 피고인에 대한 이 사건 공소사실은, 피고인이 캬바레에서 만나 함께 춤을 추면서 알게 된 피해자(37세)를 여관으로 유인한 다음 강간하기로 마음먹고, 1991. 8. 11. 01:15경 판시 여관 4층의 509호실에 피해자를 데리고 들어가서 방문을 걸어 잠그고 피해자에게 "너 나가면 죽이겠다. 내가 육사출신인데 너 하나 못이기겠느냐"고 협박하면서 양손으로 피해자의 유방을 만지며 소파에 밀어 넘어뜨려 피해자를 강간하려고 하다가, 피해자가 "나는 남편이 있는 몸이니 제발 살려달라"고 하면서 반항하여 그 뜻을 이루지 못하고, 이어 피고인이 소변을 보기 위하여 위 여관방의 화장실에 가면서 피해자가 도망을 가지 못하도록 피해자의 핸드백을 목에 걸고 감으로 인하여, 피해자가 그곳에 계속 있으면 피고인으로부터 강간당할 것이라는 위협을 느끼고 위 4층 여관방의 유리창을 통하여 창문 밖으로 뛰어내림으로써 피해자로 하여금 전치 약 24주간의 상해를 입게 하였다는 것이라고 함에 있는바, 이에 대하여 원심은 다음과 같은 이유로, 공소기각을 선고한 제1심판결을 파기하고 유죄를 선고하고 있다. …

2. 그러나 원심의 위와 같은 판단은 납득하기 어렵다.

결과로 인하여 형이 중한 죄에 있어서 그 결과의 발생을 예견할 수 없었을 때에는 중한 죄로 벌할 수 없는 것인바(형법 제15조 제2항), 이 사건에 있어서 원심이 판시한 바에 의하더라도, 피해자가 피고인과 만나 함께 놀다가 큰 저항 없이 여관방에 함께 들어갔으며, 피고인이 강간을 시도하면서 한 폭행 또는 협박의 정도가 강간의 수단으로는 비교적 경미하였고, 피해자가 여관방 창문을 통하여 아래로 뛰어내릴 당시에는 피고인이 소변을 보기 위하여 화장실에 가 있는 때이어서 피해자가 일단 급박한 위해상태에서 벗어나 있었을 뿐 아니라, 무엇보다도 4층에 위치한 위 방에서 밖으로 뛰어내리는 경우에는 크게 다치거나 심지어는 생명을 잃는 수도 있는 것인 점을 아울러 본다면, 이러한 상황 아래에서 피해자가 강간을 모면하기 위하여 4층에서 창문을 넘어 뛰어내리거나 또는 이로 인하여 상해를 입기까지 되리라고는 예견할 수 없다고 봄이 경험칙에 부합한다 할 것인바, 원심이 판시 증거만에 의하여 피고인이 이 사건 당시 피해자의 상해를 예견할 수 있었다고 보아 강간치상죄로 처단한 것은 결과적 가중범에 있어서의 예견가능성에 관한 법리오해 또는 채증법칙위배의 위법의 소치라 할 것이고, 이 점을 지적하는 상고논지는 이유 있다.

(3) 요건 : 인과관계와 예견가능성

(아) 대법원 1996. 7. 12. 선고 96도1142 판결【강도치상, 상습도박】(공1996, 2570)

피고인은 … 도박을 하여 위 공소외 C에게 소지하고 있던 돈 3,200만원을 잃어버리자, … 피고인의 후배인 공소외 E, F 등을 동원하여 위 공소외 C를 위협한 후 그 돈을 강취하기로 결의하였는바, … 피고인은 … 위 출입문틈 사이로 위 식칼을 집어넣어 잠금장치를 풀려고 하고 발로 위 출입문을 힘껏 수회 차고 밀어 결국 위 출입문을 열고 위 안방 안으로 밀고 들어갔는데, 이에 위 공소외 C가 그 방 창문을 통하여 베란다까지 피신한 다음 극도의 공포심을 느껴 베란다의 열려진 창문을 통하여 약 8m 가량의 위 주택 아래로 뛰어 내려 땅바닥에 쓰러져 약 5개월 17일간의 치료를 요하는 제1, 3, 4 요추방출성 골절 등의 상해를 입었고, … 폭행 또는 협박으로 타인의 재물을 강취하려는 행위와 이에 극도의 흥분을 느끼고 공포심에 사로잡혀 이를 피하려다 상해에 이르게 된 사실과는 상당인과관계가 있다 할 것이고 이 경우 강취 행위자가 상해의 결과의 발생을 예견할 수 있었다면 이를 강도치상죄로 다스릴 수 있다 할 것이다.

… 칼을 든 피고인 외에도 그 문 밖에 피고인의 일행 5명이 있어 그 문을 통해서는 밖으로 탈출하기가 불가능하였던 점 등이 인정되는바, 위 모든 상황을 종합하여 보면 피고인의 위 폭행·협박행위와 위 공소외 C의 상해 사이에는 상당인과관계가 있다 할 것이고, 피고인으로서는 위 공소외 C가 위

도박으로 차지한 금원을 강취당하지 않기 위하여 반항하면서 경우에 따라서는 베란다의 외부로 통하는 창문을 통하여 위 주택 아래로 뛰어내리는 등 탈출을 시도할 가능성이 있고 그러한 경우에는 위 공소외 C가 상해를 입을 수 있다는 예견도 가능하였다고 봄이 상당하다 할 것이므로, 피고인의 위 범죄사실은 강도치상죄를 구성한다 할 것이다.

(4) 진정 결과적 가중범과 부진정 결과적 가중범

(자) 대법원 1995. 1. 20. 선고 94도2842 판결【특수공무집행방해치상, 폭력행위등처벌에관한법률위반 …】(공1995, 947)

특수공무집행방해치상죄는 원래 결과적 가중범이기는 하지만, 이는 중한 결과에 대하여 예견가능성이 있었음에 불구하고 예견하지 못한 경우에 벌하는 진정 결과적 가중범이 아니라 그 결과에 대한 예견가능성이 있었음에도 불구하고 예견하지 못한 경우뿐만 아니라 고의가 있는 경우까지도 포함하는 부진정 결과적 가중범이다(대법원 1990. 6. 26. 선고 90도765 판결 참조). 그러나 결과적 가중범에 이와 같이 고의로 중한 결과를 발생케 하는 경우가 포함된다고 하여서 고의범에 대하여 더 무겁게 처벌하는 규정이 있는 경우까지 고의범에 정한 형으로 처벌할 수 없다고 볼 것은 아니다. 결과적 가중범은 행위자가 중한 결과를 예견하지 못한 경우에도 그 형이 가중되는 범죄인데, 고의로 중한 결과를 발생케 한 경우까지 이를 결과적 가중범이라 하여 무겁게 벌하는 고의범에 정한 형으로 처벌할 수 없다고 하면, 결과적 가중범으로 의율한 나머지 더 가볍게 처벌되는 결과를 가져오기 때문이다. 따라서 고의로 중한 결과를 발생케 한 경우에 무겁게 벌하는 구성요건이 따로 마련되어 있는 경우에는 당연히 무겁게 벌하는 구성요건에서 정하는 형으로 처벌하여야 할 것이고, 결과적 가중범의 형이 더 무거운 경우에는 결과적 가중범에 정한 형으로 처벌할 수 있도록 하여야 할 것이다. 그러므로 기본범죄를 통하여 고의로 중한 결과를 발생케 한 부진정 결과적 가중범의 경우에 그 중한 결과가 별도의 구성요건에 해당한다면 이는 결과적 가중범과 중한 결과에 대한 고의범의 상상적 경합관계에 있다고 보아야 할 것이다(대법원 1990. 5. 8. 선고 90도670 판결 참조).

이와 같은 법리에 비추어 볼 때 피고인 갑의 제1심 판시 "제2의 나"항 범죄사실을 특수공무집행방해치상죄와 폭력행위등처벌에관한법률 제3조 제2항 제1항, 형법 제257조 제1항(상해) 위반죄의 상상적 경합범으로 처단한 제1심판결을 그대로 유지한 원심의 조치는 정당하고, 거기에 결과적 가중범 및 상상적 경합범에 관한 법리를 오해한 잘못이 없다.

(차) 대법원 2008. 11. 27. 선고 2008도7311 판결【특수공무집행방해치상, 폭력행위등처벌에관한법률위반(집단・흉기등상해)(공2008, 1849)

기본범죄를 통하여 고의로 중한 결과를 발생하게 한 경우에 가중 처벌하는 부진정 결과적 가중범에 있어서, 고의로 중한 결과를 발생하게 한 행위가 별도의 구성요건에 해당하고 그 고의범에 대하여 결과적 가중범에 정한 형보다 더 무겁게 처벌하는 규정이 있는 경우에는 그 고의범과 결과적 가중범이 상상적 경합관계에 있다고 보아야 할 것이지만(대법원 1995. 1. 20. 선고 94도2842 판결, 대법원 1996. 4. 26. 선고 96도485 판결 등 참조), 위와 같이 고의범에 대하여 더 무겁게 처벌하는 규정이 없는 경우에는 결과적 가중범이 고의범에 대하여 특별관계에 있다고 해석되므로 결과적 가중범만 성립하고 이와 법조경합의 관계에 있는 고의범에 대하여는 별도로 죄를 구성한다고 볼 수 없다. 따라서 직무를 집행하는 공무원에 대하여 위험한 물건을 휴대하여 고의로 상해를 가한 경우에는 특수공무집행방해치상죄만 성립할 뿐, 이와는 별도로 폭력행위등처벌에관한법률위반(집단・흉기 등 상해)죄를 구성한다고 볼 수 없다.

기록에 의하면, 피고인이 승용차를 운전하던 중 음주단속을 피하기 위하여 위험한 물건인 승용차로 단속 경찰관을 들이받아 위 경찰관의 공무집행을 방해하고 위 경찰관에게 상해를 입게 하였다는 이 사건 공소사실에 대하여, 검사는 피고인의 행위가 폭력행위등처벌에관한법률위반(집단・흉기 등 상해)죄와 특수공무집행방해치상죄를 구성하고 두 죄는 상상적 경합관계에 해당하는 것으로 보아 공소를 제기하였음을 알 수 있다.

이에 대하여 원심은, 피고인의 행위는 특수공무집행방해치상죄를 구성할 뿐, 폭력행위등처벌에관한법률위반(집단・흉기 등 상해)죄는 특수공무집행방해치상죄에 흡수되어 별도로 죄를 구성하지 않는다고 보아 폭력행위등처벌에관한법률위반(집단·흉기 등 상해)죄에 관하여 무죄로 판단하였는바, 앞서 본 법리와 기록에 비추어 살펴보면 원심의 위와 같은 판단은 정당하고, 거기에 상고이유로 주장하는 바와 같은 죄수에 관한 법리오해 등의 위법이 없다.

(5) 결과적 가중범의 미수

(카) 대법원 1988. 8. 23. 선고 88도1212 판결【강간치상, 살인】(공1988, 1244)

강간치상죄의 경우 강간이 미수에 그쳤다고 가정해도 강간치상죄의 성립에는 영향이 없는 것이다.

(타) 대법원 2008. 4. 24. 선고 2007도10058 판결【성폭력범죄의처벌및피해자보호등에관한법률위반(강간등치상) …】(공2008, 815)

성폭력범죄의 처벌 및 피해자보호 등에 관한 법률 제9조 제1항에 의하면 같은 법 제6조 제1항에서 규정하는 특수강간의 죄를 범한 자뿐만 아니라 특수강간이 미수에 그쳤다고 하더라도 그로 인하여 피해자가 상해를 입었으면 특수강간치상죄가 성립하는 것이고, 같은 법 제12조에서 규정한 위 제9조 제1항에 대한 미수범처벌규정은 제9조 제1항에서 특수강간치상죄와 함께 규정된 특수강간상해죄의 미수에 그친 경우, 즉 특수강간의 죄를 범하거나 미수에 그친 자가 피해자에 대하여 상해의 고의를 가지고 피해자에게 상해를 입히려다가 미수에 그친 경우 등에 적용된다.

원심이 그 판시의 증거를 종합하여 피고인이 위험한 물건인 전자충격기를 피해자의 허리에 대고 피해자를 폭행하여 강간하려다가 미수에 그치고 피해자에게 약 2주간의 치료를 요하는 안면부 좌상 등의 상해를 입힌 사실을 인정하고, 이에 대하여 성폭력범죄의 처벌 및 피해자보호 등에 관한 법률 소정의 특수강간치상죄의 기수에 해당한다고 인정한 것은 기록과 앞서 본 법리에 비추어 정당하고, 상고이유에서 주장하는 바와 같은 결과적 가중범의 미수범에 관한 법리오해 등의 위법은 없다.

(파) 대법원 1986. 9. 23. 선고 86도1526 판결【강도상해】(공1986, 3010)

형법 제337조의 강도상해, 치상죄는 재물강취의 기수와 미수를 불문하고 범인이 강도범행의 기회에 사람을 상해하거나 치상하게 되면 성립하는 것이므로 원심이 피고인의 판시 소위를 형법 제337조의 죄로 의율 처단한 것도 적법하고 소론과 같이 법리오해가 될 수 없[다.]

(하) 대법원 1985. 10. 22. 선고 85도2001 판결【강도강간, 강도치상】(공1985, 1595)

강도강간, 강도치상 등의 죄는 강도의 계제에 강간 또는 치상의 결과가 발생하면 되는 것이지 강도의 기수나 미수를 가리지 않는다 할 것이므로 비록 피고인 주장과 같이 이 사건 강도강간, 강도치상의 피해자로부터 돈을 뺏은 일이 없다 하더라도 이 사건 각 죄의 성립에는 영향이 없다고 하지 않을 수 없은즉 논지는 모두 이유 없다.

(거) 대법원 2002. 3. 26. 선고 2001도6641 판결【현존건조물방화치상】(공2002, 1047)

1. 이 사건 공소사실의 요지는 피고인은 … 2000. 9. 20. 23:00경 … 심한 부부싸움을 하다가 격분하여 "집을 불태워 버리고 같이 죽어 버리겠다."며 그곳 창고 뒤에 있던 18ℓ들이 플라스틱 휘발유통을 들고 나와 처와 자녀 2명이 있는 피고인의 집 주위에 휘발유를 뿌리고, 1회용 라이터를 켜 불을 놓아 사람이 현존하는 건조물을 소훼하려고 하였으나, 불길이 번지지 않는 바람에 그 뜻을 이루지 못한 채 미수에 그치고, 이로 인하여 피고인을 만류하던 앞집 거주 피해자(남, 51세)로 하여금 약 4주간의 치료를 요하는 경부 및 체부 3도 화상을 입게 하였다라는 것이다.

2. 원심은 위 공소사실을 유죄로 인정한 제1심판결을 파기하면서, 그 설시와 같은 여러 사정에 비추어 보면 피고인의 행위를 두고 방화매개물에 불을 붙여 현존건조물에 대한 방화의 실행에 착수한 것이라고 보기 어렵고 달리 이 사건 공소사실을 인정할 증거가 없다고 판단하여 무죄를 선고하였다.

3. 그러나 원심의 판단은 수긍하기 어렵다. … 피고인의 위와 같은 행위는 현존건조물방화죄의 실행의 착수에 해당한다고 봄이 상당하다.

(너) 대법원 1995. 4. 7. 선고 95도94 판결【성폭력범죄의처벌및피해자보호등에관한법률위반】(공1995, 1910)

원심이 유지한 제1심판결 이유에 의하면, 제1심은, 피고인이 1994. 5. 29. … 04:55경 피해자(여, 36세)가 교회에 가기 위해 혼자서 걸어가는 것을 발견하고 갑자기 욕정을 일으켜 피해자를 강간하기로 마음먹고, … 과도로 피해자의 복부를 5회 찔러 피해자가 비명을 지르자 놀라 도망가는 바람에 그 뜻을 이루지 못하고 미수에 그치고, 이로 인하여 동녀에게 요치 약 6주간의 장간막혈관파열, 대장천공 등의 상해를 입게 하였다는 범죄사실을 인정한 다음, 피고인의 판시 소위에 대하여 성폭력범죄의처벌및피해자보호등에관한법률(이하 "법"이라고 한다) 제12조, 제9조 제1항, 제6조 제1항, 형법 제297조를 적용하여 처단하였다.

그러나 법 제6조 제1항은 흉기 기타 위험한 물건을 휴대하거나 2인 이상이 합동하여 형법 제297조(강간)의 죄를 범한 자는 무기 또는 5년 이상의 징역에 처한다고 규정하고 있고, 법 제12조는 제6조의 미수범은 처벌한다고 규정하고 있으며, 법 제9조 제1항은 "제6조의 죄를 범한 자가 사람을 상해하거나 상해에 이르게 한 때에는 무기 또는 7년 이상의 징역에 처한다"고 규정하고 있는바, 형벌법규는 그 규정내용이 명확하여야 할 뿐만 아니라 그 해석에 있어서도 엄격함을 요하고 유추해석은 허용되지 않는 것이므로 법 제9조 제1항의 죄의 주체는 "제6조의 죄를 범한 자"로 한정되고 법 제6조 제1항의 미수범까지 여기에 포함되는 것으로 풀이할 수는 없다고 할 것이다.

그럼에도 불구하고 원심은 피고인의 판시 소위에 대하여 법 제9조 제1항을 적용하여 처단하였으니 원심판결에는 법 제9조 제1항의 해석적용을 그르친 위법이 있다 할 것이고 이와 같은 위법은 판결에 영향을 미친 것임이 명백하므로 이 점을 지적하는 논지는 이유가 있다.

(6) 결과적 가중범의 공범

(더) 대법원 2002. 10. 25. 선고 2002도4089 판결【살인, 상해치사, …】(공2002, 2929)

교사자가 피교사자에 대하여 상해 또는 중상해를 교사하였는데 피교사자가 이를 넘어 살인을 실행한 경우에, 일반적으로 교사자는 상해죄 또는 중상해죄의 죄책을 지게 되는 것이지만 이 경우에 교사자에게 피해자의 사망이라는 결과에 대하여 과실 내지 예견가능성이 있는 때에는 상해치사죄의 죄책을 지울 수 있는 것이다(대법원 1993. 10. 8. 선고 93도1873 판결 등 참조).

(러) 대법원 2010. 7. 23. 선고 2010도1189 전원합의체 판결【특수공무집행방해치상 … 집회및시위에관한법률위반】(공2010, 1696)

어느 범죄에 2인 이상이 공동가공하는 경우 공모는 법률상 어떠한 정형을 요구하는 것이 아니고 2인 이상이 공모하여 범죄에 공동가공하여 범죄를 실현하려는 의사의 결합만 있으면 되는 것으로, 비록 암묵적으로라도 수인 사이에 의사가 상통하여 의사의 결합이 이루어지면 공모관계가 성립하고, 이러한 공모가 이루어진 이상 실행행위에 직접 관여하지 아니한 자라도 다른 공모자의 행위에 대하여 공동정범으로서 형사책임을 진다(대법원 2007. 5. 11. 선고 2007도171 판결 참조). 또한 특수공무집행방해치상죄는 단체 또는 다중의 위력을 보이거나 위험한 물건을 휴대하여 직무를 집행하는 공무원을 폭행·협박하여 사상에 이르게 한 경우에 성립하는 결과적 가중범으로서, 이러한 결과적 가중범의 공동정범은 기본행위를 공동으로 할 의사가 있으면 성립하고 결과를 공동으로 할 의사는 필요 없으므로 행위자가 그 결과를 의도하지 않더라도 그 결과의 발생을 예견할 수 있으면 족하다(대법원 2003. 7. 11. 선고 2002도919 판결 참조).

위 법리와 원심이 인정한 판시 각 사정을 종합하여 살펴보면, 피고인이 2007. 8. 10. 다른 시위참가자들과 공모공동하여 다중의 위력으로 시위질서 유지의 직무를 집행하는 경찰관을 폭행하여 상해에 이르게 한 것으로 본 원심의 판단은 정당하고, 거기에 상고이유 주장과 같이 특수공무집행방해치상죄에 있어서 공모공동정범에 관한 법리를 오해하여 판결에 영향을 미친 위법이 없다.

참고문헌

□ **김일수 · 서보학, 새로 쓴 형법총론**(제11판), 2007, 455면

결과적 가중범에서 기본범죄는 애당초 중한 결과를 야기할 수 있는 일반적 경향이 있는 범죄에 국한되어 있으므로 중한 결과는 항상 기본범죄에 내포된 전형적인 위험이 실현된 것에 지나지 않는다. 따라서 중한 결과는 중간원인을 거치지 않고 기본범죄행위 · 결과로부터 직접 야기된 것이어야 한다. 이것을 직접성의 원칙이라 한다. … 이에 따르면 적어도 중간원인이 개재된 중한 결과발생에 대해서는 결과적 가중범의 성립이 제한된다. … 피해자가 행위자의 기본범죄행위 자체를 피하기 위하여 도망하다 사상에 이른 경우에는 직접성이 인정된다. 판례도 같은 입장이다(대판 1990. 10. 16, 90도1786; 1991. 10. 25, 91도2085; 1996. 7. 12, 96도1142). 다만 판례는 직접성의 요구를 상당인과관계의 판단에 포함시켜 검토하고 있다.

□ **신동운, 형법총론**(제5판), 2010, 241~243면

근래 학계에서는 한걸음 더 나아가 결과적 가중범의 인과관계를 직접적 인과관계로 제한하려는 시도도 나오고 있다. … 직접적 인과관계의 주장은 결과적 가중범의 지나친 처벌을 완화하려는 노력으로 주목된다. 그러나 이러한 시도는 형법의 조문체계 내에서 그 근거를 구하지 않으면 안 된다. 우리 입법자는 결과적 가중범의 인과관계를 특별히 제한하는 명문의 규정을 두고 있지 않다. 그 대신에 '예견가능성'이라는 주관적 표지를 제한의 척도로 설정하고 있다. 결과적 가중범에 있어서 인과관계(즉 형법적 인과관계)는 통상적인 판단에 따르면 족하다고 본다. 판례 또한 직접적 인과관계를 요구하지 않는

것으로 보인다.

쟁점연구

1. 형법 제15조 제2항은 "결과로 인하여 형이 중한 죄에 있어서 그 결과의 발생을 예견할 수 없었을 때에는 중한 죄로 벌하지 아니한다."고 규정하고 있다. 결과로 인하여 형이 중한 죄를 '결과적 가중범'이라 한다. 형법 제15조 제2항이 규정하는 결과적 가중범의 요건을 정리해 보자. 이 요건은 도입판례의 사안에서 구체적으로 어떠한 내용으로 나타나는가?
2. 결과만 가지고 형을 가중하는 것은 책임주의에 반한다. 이러한 측면에서 결과적 가중범의 인과관계는 다른 범죄에 비하여 직접적인 인과관계가 요구된다고 하는 견해가 있다. 이러한 견해를 취하고 있는 참고문헌(김일수·서보학)은 판례도 같은 입장이라고 하고 이에 반하여 우리 형법은 직접성을 요구하지 않는다고 보는 참고문헌(신동운)은 판례도 직접적 인과관계를 요구하지 않는다고 평가하고 있다.

   참고판례 (가)는 피해자가 달아나다가 교통사고로 사망한 사안, 참고판례 (나)는 호텔객실 창문으로 탈출하다가 추락하여 사망한 사안, 참고판례 (다)는 차량 창문으로 빠져 나오려다가 길바닥에 떨어져 사망한 사안으로서 모두 범행을 피하려는 피해자의 행위가 개입되어 사망의 결과가 발생한 것이고, 참고판례 (라)는 범행 후 피해자가 자살한 사안이며, 참고판례 (마)는 제3자인 의사의 과실이 개입되어 사망의 결과가 발생한 사안이다. 참고판례 (가), (나), (다), (마)는 인과관계를 인정하였고, 참고판례 (라)는 인과관계를 부정하였다. 판례는 직접성을 인과관계의 요건으로 보고 있는가?
3. 참고판례 (바), (사)는 결과적 가중범의 예견가능성 요건이 충족되지 않은 사례이다.

   참고판례 (바)는 피해자가 범죄를 피하려다가 차량에서 떨어졌다는 점에서 참고판례 (다)와 유사하다. 그런데 참고판례 (다)는 결과적 가중범의 성립을 인정하였음에 비하여 참고판례 (바)는 예견가능성이 없다고 하여 결과적 가중범의 성립을 부정하였다. 그 이유는 무엇인가?

참고판례 (사)는 여관객실에서 탈출하려다 추락하여 가중된 결과가 발생하였다는 점에서 호텔객실에서 탈출하려던 참고판례 (나)와 유사하다. 그런데 참고판례 (나)는 인과관계를 인정하고 결과적 가중범의 성립을 인정하였음에 비하여 참고판례 (사)는 예견가능성이 없다고 하여 결과적 가중범의 성립을 부정하였다. 그 이유는 무엇인가?

4. 참고판례 (나)는 결과에 대한 예견가능성이 있으므로 인과관계가 인정된다는 논리를 취한 것으로도 보인다. 또한 3.에서 본 바와 같이 유사한 사안에서 인과관계를 쟁점으로 하기도 하고 예견가능성을 쟁점으로 하기도 하였다. 판례는 양자를 구분하지 않는 것인가? 참고판례 (아)는 어떤가?

5. 결과적 가중범은 고의의 기본범죄에 과실의 중한 결과가 결합된 진정 결과적 가중범과 고의의 중한 결과가 결합되는 경우를 포함하는 부진정 결과적 가중범이 있다. 진정 결과적 가중범의 예로는 어떠한 것이 있는가? 또 부진정 결과적 가중범의 예로는 어떠한 것이 있는가?

참고판례 (자)와 (차)는 모두 특수공무집행방해치상죄와 폭력행위등처벌에관한법률위반죄가 함께 문제된 사안이라는 점에서 같다. 그런데 참고판례 (자)는 양자가 모두 성립하고 상상적 경합관계에 있다고 판단한 반면, 참고판례 (차)는 특수공무집행방해치상죄만 성립한다고 판단하였다. 그 이유는 무엇인가?

현주건조물방화치사와 살인, 존속살해, 강도살인의 관계는 어떠한가? 대법원 1996. 4. 26. 선고 96도485 판결, 대법원 1998. 12. 8. 선고 98도3416 판결 등을 참조하자.

6. 형법 제301조(강간등 상해 · 치상), 형법 제301조의2(강간등 살인 · 치사)는 '제300조의 죄를 범한 자', 즉 강간 등의 미수범이 피해자를 상해나 사망에 이르게 한 경우도 구성요건에 명문으로 포함하고 있다. 한편 그에 대한 미수범 처벌규정은 규정되어 있지 않다. 이에 관하여 참고판례 (카)는 강간이 미수에 그쳤더라도 상해가 발생하면 강간치상죄의 기수범이 된다는 취지로 판시하고 있다. 강간치사죄의 경우는 어떠할 것인가? 강간(미

수)범이 고의로 피해자를 상해나 살해하려 하였으나 미수에 그친 경우 어떠할 것인가?

흉기휴대강간 등 특수강간 등은 성폭력범죄의 처벌 등에 관한 법률에 의하여 의율되는데, 위 법률도 강간등상해·치상, 강간등살인·치사의 기본범죄에 미수범을 명시적으로 포함시키고 있다(위 법률 제8조, 제9조). 다만 위 법률은 형법과 달리 강간등상해·치상, 강간등살인·치사의 미수범을 처벌하는 규정을 두고 있다(위 법률 제14조). 참고판례 (타)는 이에 관하여 어떻게 해석하고 있는가? 판례의 해석은 명문규정에 반하지 않는가?

강도상해·치상(형법 제337조), 강도살인·치사(형법 제338조), 강도강간(형법 제339조)의 기본범죄에 강도미수범이 포함되는지는 형법상 명시되어 있지 아니하다. 이에 관하여 참고판례 (파), (하)는 어떻게 이해하고 있는가? 이 판례들이 선고될 당시 형법규정은 위 범죄들의 미수범 처벌규정이 있었는가? 이때 미수범은 어떠한 경우에 성립하는가? 현행 형법은 위 범죄들의 미수에 대하여 어떻게 규정하고 있는가? 이에 의할 때 강도치상, 강도치사의 미수범은 어떠한 경우에 성립하는가? 입법상 문제는 없는가?

현주건조물방화치사상죄를 규정하고 있는 형법 제164조 제2항은 기수범에 관한 제164조 제1항의 죄를 범하여 사상의 결과가 발생한 경우를 규정하고 있을 뿐 미수범에 관한 제174조는 규정하고 있지 아니하다. 참고판례 (거)는 방화미수로 사상의 결과가 발생한 경우 어떻게 취급하고 있는가?

참고판례 (너)는 구 성폭력범죄의 처벌 및 피해자보호 등에 관한 법률(1997. 8. 22. 법률 5358호로 개정되기 전의 것) 제9조 제1항에 관한 해석을 한 것이다. 위 개정 후의 구 성폭력범죄의 처벌 및 피해자보호 등에 관한 법률(2010. 4. 15. 법률 제10258호로 개정되기 전의 것, 이 개정으로 해당조항은 새로 제정된 성폭력범죄의 처벌 등에 관한 특례법에 규정되게 되었음) 조항에 관한 참고판례 (타)의 해석과는 어떻게 다른가? 또 미수범이 결과적 가중범의 기본범죄로 규정되어 있지 않다는 점에서 유사한 현주건조물방화치사상죄에 관한 참고판례 (거)와는 일관되는가? 법률의 규정에 비추어 볼 때 참고판례 (거), (너)의 해석은 어떻게 이해하여야 하는가?

7. 공범이 고의로 중한 범죄를 실현한 경우 결과적 가중범의 책임을 지는 요건을 참고판례 (더), (러)를 통하여 알아보자.

주요개념

1. 결과적 가중범
2. 진정 결과적 가중범, 부진정 결과적 가중범
3. 기본범죄
4. 중한 결과에 대한 예견가능성

제10장 위법성

Ⅰ. 정당방위

1. 정당방위의 요건

도입판례

(가) 대법원 1989. 8. 8. 선고 89도358 판결【폭력행위등처벌에관한법률위반, 강간치상, 강제추행치상】(집37-2, 737)

【피 고 인】 갑, 을
【상 고 인】 검사(피고인 을), 갑
【변 호 인】 변호사 이범렬(피고인 갑을 위한)
【원심판결】 대구고등법원 1989. 1. 20. 선고 88노512 판결
【주　　문】 상고를 모두 기각한다.
【이　　유】

1. 먼저 피고인 갑의 국선변호인의 상고이유를 본다.

원심판결 이유에 의하면, 원심은 원심공동피고인(원심확정)과 갑은 공모 공동하여 1988. 2. 26. 01:10경 경북 영양읍 서부동 소재 황금당 앞길에서 피고인 겸 피해자(여, 32세) 을이 황금당 옆 골목길로 들어가는 것을 발견하고 그녀를 추행할 목적으로 뒤쫓아 가서 달려들어 원심공동피고인은 그녀의 오른팔을 잡고 갑은 그녀의 왼팔을 잡아 그 골목길 안으로 약 10m 정도 더 끌고 들어가 그 곳 담 벽에 넘어뜨린 후 원심공동

피고인은 오른손을 그녀의 고무줄바지(속칭 몸빼) 속에 집어넣어 음부를 만지면서 이에 반항하는 그녀의 옆구리를 그의 오른쪽 무릎으로 2회 찬 다음 억지로 그녀의 입에 키스를 하는 등으로 그녀에 대해 추행하고 이로 인해 그녀에게 전치 2주간의 우측흉부좌상 등의 상해를 입힌 사실을 인정하였는바, 기록에 의하여 위 사실을 인정함에 거친 증거의 취사과정을 살펴보면 정당하여 원심인정에 수긍이 가고 거기에 소론과 같은 채증법칙위반으로 사실을 오인한 위법이나 이유불비 등의 잘못이 있다고 할 수 없다.

2. 검사의 상고이유를 본다.

원심판결 이유에 의하면, 원심은 원심공동피고인이 갑(원심공동피고인과 같은 이건 강제추행치상 사건의 피고인들임)과 공동으로 인적이 드문 심야에 혼자 귀가중인 을이 골목길로 들어가는 것을 보고 뒤에서 느닷없이 달려들어 그녀의 양팔을 붙잡고 어두운 골목길로 약 10m 정도 더 끌고 들어가서 그녀를 담 벽에 쓰러뜨린 후 원심공동피고인이 음부를 만지며 반항하는 그녀의 옆구리를 무릎으로 차고 억지로 키스를 하므로 을이 정조와 신체의 안전을 지키려는 일념에서 엉겁결에 원심공동피고인의 혀를 깨물어 그에게 설절단상을 입히게 된 사실을 인정한 다음 을의 위와 같은 행위는 그 자신의 성적 순결 및 신체에 대한 현재의 부당한 침해를 방어하기 위한 행위로서 상당한 이유가 있다고 하여 무죄를 선고하였는바, 원심이 위와 같은 사실을 인정함에 있어 거친 증거의 취사과정을 기록에 비추어 살펴보아도 정당하고 거기에 소론과 같은 채증법칙위배로 인한 사실오인의 위법이 없다.

사실관계가 위와 같다면 을의 이 사건 범행은 같은 피고인의 신체에 대한 현재의 부당한 침해에서 벗어나려고 한 행위로서 그 행위에 이르게 된 경위와 그 목적 및 수단, 행위자의 의사 등 제반 사정에 비추어 위법성이 결여된 행위라고 볼 수 있으므로 이와 같은 취지에서 피고인에게 무죄를 선고한 원심판단은 수긍이 가고 거기에 소론과 같은 정당방위에 관한 법리오해의 위법이 있음을 찾아볼 수 없으므로 논지는 이유 없다.

3. 그러므로 갑과 검사의 상고를 모두 기각하기로 관여 법관의 의견이 일치되어 주문과 같이 판결한다.

대법관 윤관(재판장) 김덕주 배만운 안우만

(나) 대법원 1974. 2. 26. 선고 73도2380 판결【폭행치사】(공1974, 7764)

【변 호 인】 (국선)변호사 이해진
【상 고 인】 검사
【원 판 결】 서울고등법원 1973. 7. 31. 선고 70노321 판결
【이　　유】

검사의 상고이유에 대하여 판단한다.

원심이 확정한 사실에 의하면 피고인이 1969. 8. 30. 22:40경 그의 처 공소외 A(31세)와 함께 극장구경을 마치고 귀가하는 도중 피해자(19세)가 피고인의 질녀 공소외 B(14세) 등의 소녀들에게(음경을 내놓고 소변을 보면서) 키스를 하자고 달려드는 것을 피고인이 술에 취했으니 집에 돌아가라고 타이르자 도리어 피고인의 뺨을 때리고 돌을 들어 구타하려고 따라오는 것을 피고인이 피하자, 위 피해자는 피고인의 처 공소외 A를 땅에 넘어뜨려 깔고 앉아서 구타하는 것을 피고인이 다시 제지하였지만 듣지 아니하고 돌로서 위 공소외 A를 때리려는 순간 피고인이 그 침해를 방위하기 위하여 농구화 신은 발로서 위 피해자의 복부를 한 차례 차서 그 사람으로 하여금 외상성 12지장 천공상을 입게 하여 동년 10. 13. 06:25경 사망에 이르게 했다는 것이다.

위와 같은 객관적인 사실에 의하여 볼 때 피고인의 행위는 형법 제21조 제2항 소정의 이른바 과잉방위에 해당한다 할 것이고, 다시 원심판결에 적시된 여러 가지 증거를 기록에 의하여 대조 검토하면, 피고인의 이

행위는 당시 야간에 술이 취한 위 피해자의 불의의 행패와 폭행으로 인한 불안스러운 상태에서의 공포, 경악, 흥분 또는 당황에 기인되었던 것임을 알 수 있다.

그러므로 같은 취지에서 원심이 형법 제21조 제3항을 적용하여 피고인에게 무죄를 선고한 제1심 판결을 유지하였음은 정당하고 여기에 소론과 같은 정당방위에 관한 법리의 오해가 있다고 할 수 없다.

따라서 논지는 그 이유 없다 하여 관여 법관의 일치된 의견으로 이 상고를 기각하기로 하여 주문과 같이 판결한다.

대법관 양병호(재판장) 이영섭 한환진 김윤행

참고판례

▷ 대법원 2000. 7. 4. 선고 99도4341 판결【폭력행위등 처벌에 관한 법률 위반 · 공무집행방해】

1. 공무집행방해의 점에 대하여

… 헌법 제12조 제5항 전문은 '누구든지 체포 또는 구속의 이유와 변호인의 조력을 받을 권리가 있음을 고지받지 아니하고는 체포 또는 구속을 당하지 아니한다.'는 원칙을 천명하고 있고, 형사소송법 제72조는 '피고인에 대하여 범죄사실의 요지, 구속의 이유와 변호인을 선임할 수 있음을 말하고 변명할 기회를 준 후가 아니면 구속할 수 없다.'고 규정하는 한편, 이 규정은 같은 법 제213조의2에 의하여 검사 또는 사법경찰관리가 현행범인을 체포하거나 일반인이 체포한 현행범인을 인도받는 경우에 준용되므로, 이 사건과 같이 사법경찰리가 피고인을 현행범인으로 체포하는 경우에 반드시 피고인에게 범죄사실의 요지, 구속의 이유와 변호인을 선임할 수 있음을 말하고 변명할 기회를 주어야 할 것임은 명백하다.

이러한 법리는 비단 현행범인을 체포하는 경우뿐만 아니라 긴급체포의 경우에도 마찬가지로 적용되는 것이고(대법원 1994. 3. 11. 선고 93도958 판결; 1995. 5. 26. 선고 94다37226 판결 등 참조), 이와 같은 고지는 체포를 위한 실력행사에 들어가기 이전에 미리 하여야 하는 것이 원칙이나, 달아나는 피의자를 쫓아가 붙들거나 폭력으로 대항하는 피의자를 실력으로 제압하는 경우에는 붙들거나 제압하는 과정에서 하거나, 그것이 여의치 않은 경우에라도 일단 붙들거나 제압한 후에는 지체 없이 행하여야 할 것이다.

그리고 형법 제136조가 규정하는 공무집행방해죄는 공무원의 직무집행이 적법한 경우에 한하여 성립하는 것이고, 여기서 적법한 공무집행이라 함은 그 행위가 공무원의 추상적 권한에 속할 뿐 아니라 구체적 직무집행에 관한 법률상 요건과 방식을 갖춘 경우를 가리키는 것이므로, 경찰관이 적법절차를 준수하지 아니한 채 실력으로 현행범인을 연행하려고 하였다면 적법한 공무집행이라고 할 수 없고, 현행범인이 그 경찰관에 대하여 이를 거부하는 방법으로써 폭행을 하였다고 하여 공무집행방해죄가 성립하는 것은 아니다(대법원 1994. 10. 25. 선고 94도2283 판결, 1995. 5. 9. 선고 94도3016 판결, 1996. 12. 23. 선고 96도2673 판결 등 참조).

* * *

2. 폭력행위등처벌에관한법률위반의 점에 대하여

원심판결 이유에 의하면, 원심은 피고인이 공소외 1등에게 상해를 가하였다는 부분에 관하여, 피고인은 자신을 파출소로 강제로 끌고 가려는 공소외 1등의 불법한 강제수사로 신체의 자유가 자신의 의사에 반하여 부당하게 침해되는 긴급한 상황에 놓이게 되자, 이를 벗어날 목적으로 그들을 폭행한다고 생각할 겨를도 없이 단지 자신을 강제로 붙잡고 놓아주지 않는 그들의 손에서 벗어나기 위하여 발버둥치는 과정에서 팔꿈치로 그들의 가슴 부분을 밀어 넘어뜨리거나 손으로 밀어낸 것임을 알 수 있어, 피고인에게 폭력행위의 범의가 있다고 보기 어려울 뿐만 아니라, 피고인이 그와 같이 반항하게 된 경위와 반항의 정도, 방법 등에 비추어 볼 때, 피고인의 위와 같은 행위는 신체의 자유에 대한 현재의 부당한 침해를 방위하기 위한 행위로서 정당방위에 해당되어 위법성이 조각된다고 판단하였다.

* * *

공소외 1등의 행위는 앞서 본 바와 같이 이미 적법한 공무집행을 벗어나 피고인을 불법하게 체포한 것으로 볼 수밖에 없으므로, 피고인이 그 체포를 면하려고 반항하는 과정에서 그들에게 상해를 가한 것은 이러한 불법 체포로 인한 신체에 대한 현재의 부당한 침해에서 벗어나기 위한 행위로서 정당방위에 해당하여 위법성이 조각된다고 본 원심의 판단은 정당하고(대법원 1999. 12. 28. 선고 98도138 판결 등 참조), 결국 원심판결에 상고이유에서 주장하는 바와 같이 판결에 영향을 미친 채증법칙 위반으로 인한 사실오인 또는 법리오해 등의 위법이 있다고 할 수 없다.

참고문헌

□ 심재우, “강제키스에 대한 혀 절단사건은 정당방위인가 과잉방위인가?”, 판례연구(제7권), 고려대학교 법학연구원, 1995, 200~201면

아마도 정당방위만큼 법과 불법의 충돌에서 법의 요구가 불법에 굴하지 않고 관철되어야 한다는 법정신을 명쾌하게 찾아볼 수 있는 곳은 없을 것이다. 이러한 정당방위의 법정신을 위축시키고 그 포기를 강요하는 제한은 정당방위이론의 위기를 의미한다. 물론 정당방위라고 하여 아무 한계 없이 무제한으로 타당한 것은 아니다. 정당방위도 그것이 법적으로 정당화되자면 일정한 제한을 받아야 한다. 그런 의미에서 ‘정당방위의 역사는 정당방위권 제한의 역사’라고도 말하여지지만, 그 제한이 정당방위권을 부당하게 위축시키고 공동화시켜서 그 본질적 내용을 훼손하는 것이어서는 안 된다. 법이 불법에 양보할 것을 의무 짓는 어떠한 제한도 정당방위이론에서는 그 본질을 훼손하는 것으로서 받아들일 수 없다. 따라서 법익균형의 원칙에 따른 제한이라든가, 기타 사회윤리적 제한과 같은 것은 정당방위의 제한원리로서 원용되어서는 안 될 것으로 본다.

□ 조국, 형사법의 성편향(제2판), 2004, 194~195면

… 정당방위는 자신의 법익을 보호함과 동시에 법질서를 수호 · 유지하기 위한 것이므로 반드시 다른 피난방법이 없었을 것—'보충성의 원리'—을 요하지 않는다. 따라서 불법한 공격 앞에서 도망하거나 피해야 할 의무는 없으며, 방위행위를 최후수단이 아닌 최초수단으로 사용할 수 있다.

* * *

최소방위 여부에 대한 판단을 엄격한 방위행위에 의해 방위자가 보호하려는 이익과 공격자가 침해받는 이익 사이에 '균형성'을 요구하는 것은 아니다('약화된 비례성'). 올리버 홈즈의 유명한 언명을 인용하자면, '쳐들고 있는 칼 앞에서 숙고가 요청될 수는 없기 때문'이다. 자신의 법익보호가 다급한 상황인 점을 고려할 때 '공격행위 자체를 유효하고 종국적으로 차단할 수 있는가 아닌가 하는 점이 주된 관심사'이지, 방위자에게 이익형량을 신중히 행한 후 행동할 것을 요구할 수 없는 것이다. 예컨대, 자신의 음부를 만지고 구타하면서 강제로 키스를 하려는 공격자의 혀를 깨물어 절단하는 것은 허용된다.

쟁점연구

1. 도입판례 (가)의 경과를 간단히 설명하면 다음과 같다. 도입판례 (가)의 제1심판결인 대구지법 안동지원 1988. 9. 21. 선고 88고합76 판결은 강제키스에 대한 혀 절단이 과잉방위에 해당한다고 보아 유죄를 선고하였었다. 그 후 항소심인 대구고등법원 1989. 1. 20. 선고 88노512판결은 제1심판결을 파기하고 무죄를 선고하였으며, 이에 대법원은 항소심 판결을 지지하여 도입판례의 판시에 이르게 된 것이다. 제1심 판결과 대법원 판결 사이에는 어떠한 법리 차이가 있는가?
2. 도입판례 (가)에서 갑이 을에게 과거 수차례 접근하여 키스하려고 치근댄 바 있는데, 사건 당일에도 그런 낌새가 보여 을이 준비한 칼로 미리 갑

을 찔렀다고 가정하면 정당방위가 인정되는가? 도입판례 (나)에서 피고인이 강제키스를 당한 다음 날 피해자를 찾아 살해하였다고 가정하면 정당방위가 인정되는가?

3. 폭력행위등 처벌에 관한 법률 제8조 제1항이 규정하는 정당방위의 요건의 특징은 무엇인가?
4. 도입판례 (가)에서 을이 갑의 혀를 절단하려고 물어뜯는 순간 갑이 자신의 신체를 보호하기 위하여 정당방위를 할 수 있는가?
5. 참고판례에서 경찰관은 어떠한 방식으로 피고인의 신병을 확보하였는가? 피고인에 대한 경찰관의 현행범 체포 또는 긴급체포는 왜 위법인가? 대법원 2006. 9. 8. 선고 2006도148 판결도 참조하라.
6. 정당방위의 "상당한 이유" 요건은 무엇을 의미하는가? 긴급피난의 "상당성 이유" 요건과 어떻게 다른가? 그 차이의 이유는 무엇인가?

주요개념

1. 정당방위
2. 침해의 현재성
3. 방위의 상당성
4. 과잉방위

2. 정당방위의 상당성과 사회윤리적 제한 이론

도입판례

(가) 대법원 2001. 5. 15. 선고 2001도1089 판결【상해치사】(공2001, 1435)

【피 고 인】 갑
【상 고 인】 피고인
【변 호 인】 법무법인 동부종합법률사무소 담당변호사 김호철 외 4인
【원심판결】 서울고법 2001. 2. 13. 선고 2000노2528 판결
【주 문】 상고를 기각한다. 상고 후의 구금일수 중 80일을 본형에 산입한다.
【이 유】

피고인과 변호인의 상고이유를 함께 본다.

기록에 의하면, 피고인은 피해자(1962년생)와 1987. 11. 21. 혼인하여 딸(1990년생)과 아들(1994년생)을 둔 사실, 피해자는 평소 노동에 종사하여 돈을 잘 벌지 못하면서도 낭비와 도박의 습벽이 있고, 사소한 이유로 평소 피고인에게 자주 폭행·협박을 하였으며, 변태적인 성행위를 강요하는 등의 사유로 결혼생활이 파탄되어 1999년 11월경부터 별거하기에 이르고, 2000. 1. 10.경 피고인이 서울가정법원에 이혼소송을 제기하여 그 소송 계속 중이던 같은 해 4월 23일 10:40경 피해자가 피고인의 월세방으로 찾아온 사실, 문 밖에 찾아온 사람이 피해자라는 것을 안 피고인은 피해자가 칼로 행패를 부릴 것을 염려하여 부엌에 있던 부엌칼 두 자루를 방의 침대 밑에 숨긴 사실, 피고인이 문을 열어 주어 방에 들어온 피해자는 피고인에게 이혼소송을 취하하고 재결합하자고 요구하였으나 피고인이 이를 거절하면서 밖으로 도망가려 하자, 피해자는 도망가는 피고

인을 붙잡아 방안으로 데려온 후 부엌에 있던 가위를 가지고와 피고인의 오른쪽 무릎 아래 부분을 긋고 피고인의 목에 겨누면서 이혼하면 죽여 버리겠다고 협박하고, 계속하여 피고인의 옷을 강제로 벗기고 자신도 옷을 벗은 다음 피고인에게 자신의 성기를 빨게 하는 등의 행위를 하게 한 후, 침대에 누워 피고인에게 성교를 요구하였으나 피고인이 이에 응하지 않자 손바닥으로 뺨을 2~3회 때리고, 재차 피고인에게 침대 위로 올라와 성교할 것을 요구하며 "너 말을 듣지 않으면 죽여 버린다."고 소리치면서 침대 위에서 상체를 일으키는 순간, 계속되는 피해자의 요구와 폭력에 격분한 피고인이 그 상황에서 벗어나고 싶은 생각에서 침대 밑에 숨겨두었던 칼(증 제1호, 길이 34㎝, 칼날길이 21㎝) 한 자루를 꺼내 들고 피해자의 복부 명치 부분을 1회 힘껏 찔러 복부자창을 가하고, 이로 인하여 피해자로 하여금 장간막 및 복대동맥 관통에 의한 실혈로 인하여 그 자리에서 사망에 이르게 한 사실을 인정할 수 있다.

피고인이 이와 같이 피해자로부터 먼저 폭행·협박을 당하다가 이를 피하기 위하여 피해자를 칼로 찔렀다고 하더라도, 피해자의 폭행·협박의 정도에 비추어 피고인이 칼로 피해자를 찔러 즉사하게 한 행위는 피해자의 폭력으로부터 자신을 보호하기 위한 방위행위로서의 한도를 넘어선 것이라고 하지 않을 수 없고, 따라서 이러한 방위행위는 사회통념상 용인될 수 없는 것이므로, 자기의 법익에 대한 현재의 부당한 침해를 방어하기 위한 행위로서 상당한 이유가 있는 경우라거나, 방위행위가 그 정도를 초과한 경우에 해당한다고 할 수 없다. 따라서 피고인의 이 사건 범행은 정당방위 또는 과잉방위에 해당하지 아니하므로, 항소를 제기하지 아니한 피고인의 정당방위 주장에 대하여 원심이 직권으로 판단하지 아니하였음을 탓하는 상고이유는 받아들일 수 없다.

그러므로 상고를 기각하고, 상고 후의 구금일수 중 일부를 본형에 산입하기로 하여 관여 법관의 일치된 의견으로 주문과 같이 판결한다.

대법관 이규홍(재판장) 송진훈(주심) 윤재식 손지열

(나) 대법원 1986. 11. 11. 선고 86도1862 판결【살인】(공1987, 48)

【피 고 인】 갑
【상 고 인】 검사
【변 호 인】 변호사 김석조
【원심판결】 서울고등법원 1986. 6. 5. 선고 86노1230 판결
【주　　문】 상고를 기각한다.
【이　　유】

검사의 상고이유를 본다.

1. 원심판결 이유에 의하면, 원심은 그 거시 증거들을 종합하여 피고인의 오빠인 이 사건 피해자(남, 33세)는 고향인 부산에서 고등학교를 졸업한 뒤 아무런 직업 없이 지내면서 거의 매일 술에 취하여 집에 들어와서는 어머니인 공소외 A에게 술값을 달라고 요구하며 가재도구를 부수는 등 행패를 계속하므로, 그의 술주정과 그로 인한 생활고 등을 참다 못한 공소외 A는 1978.경 그녀의 둘째 아들인 공소외 B와 딸인 피고인을 데리고 피해자 몰래 서울로 이사한 다음, 그녀는 시장에서 노점상 등으로 피고인은 목욕탕 또는 미용실의 종업원으로, 동생 공소외 B는 공원으로 각기 열심히 일하여 근근이 생활을 유지해 왔으나, 피해자가 1982.경 그의 가족들이 사는 집을 수소문하여 찾아와 그때부터 함께 살면서 다시 전과 같이 술주정과 행패를 계속해 오다가 1985. 1. 13경 교통사고를 당하여 머리에 큰 상해를 입어 같은 해 8. 7.까지 입원치료를 받고 퇴원한 후에는 술에 취하지 않은 상태에서도 정신이상자처럼 욕설을 하거나 흉포한 행동을 할 뿐만 아니라 술에 취하면 행패를 부리는 정도가 더욱 심하여진 사실, 이 사건이 있기 전날인 1985. 8. 28. 21:30경에도 피해자는 술에 몹시 취하여 그의 가족들이 사는 집에서 집 안팎을 들락날락하면서 퇴근하여 집에 돌아온 피고인에게 갖은 욕설을 퍼붓고 있다가 같은 날 24:00경 시장에서 신발 노점상을 하는 어머니 공소외 A가 장사를 마치고 집에 돌아오자 그녀에게 “씹할 년” 등의 심한 욕설

을 하면서 술값을 내놓으라고 요구하여 그의 버릇을 잘 아는 공소외 A로부터 “내일 아침에 돈 10,000원을 줄테니 들어가서 자거라.”는 대답을 듣고는 일단 수그러진 듯 그의 방에 들어갔으나 곧 그의 방에 있는 선풍기를 들고 다시 나오면서 “10,000원이 뭐냐, 100,000원을 줘야지, 이년들, 저희들은 새 선풍기를 쓰고 내게는 헌 선풍기를 줘.”라고 소리치며 위 선풍기를 집어던져 부수는 등 난동을 계속하므로 이에 겁을 먹은 어머니 공소외 A와 피고인 및 공소외 B가 모두 안방으로 피해 들어가 문을 잠그고 피해자가 잠들기를 기다렸으나, 잠들기는커녕 오히려 더욱 거칠게 “문을 열라”고 고함치면서 안방 문을 주먹으로 치고 발로 차는가 하면, 문손잡이를 잡아 비틀고 힘을 주어 미는 등의 행패를 5시간 가량 계속함으로써 다음날인 같은 달 29. 05:00경에는 위 안방 문이 거의 부서질 지경에 이르게 된 사실, 이에 견디다 못한 공소외 A가 방문을 열고 마루로 나가자 피해자는 주방에 있는 싱크대에서 식칼을 찾아 꺼내어 왼손잡이인 그의 왼손에 들고 공소외 A를 향해 “이년, 너부터 찔러 죽이고 식구들을 모두 죽여 버리겠다.”고 소리치며 달려들어 칼을 그녀의 얼굴 가까이 갖다 들이대어 그녀가 놀라서 기절한 사실, 그 순간 이를 방안에서 보고 있던 동생 공소외 B가 어머니의 생명이 위험하다고 느끼고 마루로 뛰어나감과 동시에 왼손으로는 어머니 공소외 A를 옆으로 밀치면서 오른손으로는 피해자의 왼 손목을 잡고 칼을 빼앗으려 하였으나 피해자가 오히려 오른손으로 공소외 B의 목을 앞에서 움켜쥐고 손아귀에 힘을 줌으로써 공소외 B로 하여금 숨쉬기가 곤란할 지경에 이르게 한 사실, 그때까지 겁에 질려 방안에서 이를 보기만 하고 있던 피고인은 그대로 두면 공소외 B의 생명이 위험하다고 순간적으로 생각하고, 그를 구하기 위하여 마루로 뛰어나가 피해자에게 달려들어 두 손으로 그의 목을 앞에서 감아쥐고 힘껏 조르면서 뒤로 밀자, 그가 뒤로 넘어지므로 피고인도 함께 앞으로 쓰러진 다음, 그의 몸 위에 타고 앉은 채로 정신없이 두 손으로 계속 그의 목을 누르고 있던 중, 피고인의 도움으로 위기에서 풀려난 공소외 B가 기절하여 쓰러져 있는 공소외 A의 상태를 살피는 등 약간 지체한 후에 피고인이 그때까지도 피해자의 몸 위에서 두 손으로 그의 목을 계속 누르고 있는 것을 비로소 알아차리고 "누나, 왜 이래."하고 소리치자 피고인은 그때서야 정신을 차린 듯 피해자의 목에서 손을 떼면서 일어났으나, 그때 이미 피해자는 피고인의 목졸임으로 말미암아 질식된 채 아무런 움직임이 없었던 사실 등을 인정하고, 위 인정에 어긋나는 증거들을 믿을 수 없다 하여 배척한 다음, 위 인정사실에 의하면, 이 사건 당시 평소 흉포한 성격인데다가 술까지 몹시 취한 피해자가 심하게 행패를 부리던 끝에 피고인들을 모두 죽여 버리겠다면서 식칼을 들고 공소외 A에게 달려들어 찌를 듯이 면전에 칼을 들이대다가 공소외 B로부터 제지를 받자, 다시 공소외 B의 목을 손으로 졸라 숨쉬기를 어렵게 한 위급한 상황에서 피고인이 순간적으로 공소외 B를 구하기 위하여 피해자에게 달려들어 그의 목을 조르면서 뒤로 넘어뜨린 행위는 공소외 A, B의 생명, 신체에 대한 현재의 부당한 침해를 방위하기 위한 상당한 행위라 할 것이고, 나아가 위 사건당시 피해자가 피고인의 위와 같은 방위행위로 말미암아 뒤로 넘어져 피고인의 몸 아래 깔려 더 이상 침해행위를 계속하는 것이 불가능하거나 또는 적어도 현저히 곤란한 상태에 빠졌음에도 피고인이 피해자의 몸 위에 타고앉아 그의 목을 계속하여 졸라 누름으로써 결국 피해자로 하여금 질식하여 사망에 이르게 한 행위는 정당방위의 요건인 상당성을 결여한 행위라고 보아야 할 것이나, 극히 짧은 시간 내에 계속하여 행하여진 피고인의 위와 같은 일련의 행위는 이를 전체로서 하나의 행위로 보아야 할 것이므로, 방위의사에서 비롯된 피고인의 위와 같이 연속된 전후행위는 하나로서 형법 제21조 제2항 소정의 과잉방위에 해당한다 할 것이고, 당시 야간에 흉포한 성격에 술까지 취한 피해자가 식칼을 들고 피고인을 포함한 가족들의 생명, 신체를 위협하는 불의의 행패와 폭행을 하여 온 불안스러운 상태 하에서 공포, 경악, 흥분 또는 당황 등으로 말미암아 저질러진 것이라고 보아야 할 것이라고 판단하고 있다.

2. 살피건대, 원심판결이 들고 있는 증거들을 기록에 비추어 살펴보면,

원심의 위와 같은 사실인정과 판단은 수긍이 가고 거기에 소론이 주장하는 바와 같이 정당방위의 법리를 오해한 위법이 없다. 결국 논지는 모두 이유 없다.

3. 그러므로 상고를 기각하기로 관여 법관의 의견이 일치되어 주문과 같이 판결한다.

대법관 윤관(재판장) 오성환 이준승

참고문헌

□ 김태명, "정당방위의 상당성 요건에 대한 해석론", 형사법연구 제14권, 2000. 12, 158~159면

우리 입법자가 상당성 요건을 도입함에 있어서는 반드시 정당방위를 제한하고자 하는 취지만은 아니었고 한편으로는 정당방위의 확대를 함께 도모하였다는 점에 비추어 볼 때도 정당방위의 사회윤리적 제한을 지나치게 강조하는 것은 상당성 요건의 입법취지에도 부합하지 않는다. 또한 우리나라에서는 과도한 정당방위가 아니라 정당방위의 과도한 또는 부당한 제한이 문제되어 왔음에 비추어 볼 때, 독일에서 생성 발전된 정당방위의 사회윤리적 제한론을 그대로 도입하는 것은 현실적인 문제점이 적지 않다.

* * *

정당방위를 사회윤리적 관점에서 제한하는 것은 방위행위로 인한 피해자의 입장에서 본다면 바람직할 측면도 있을 수 있으나, 정당방위를 제한하는 결과 피공격자는 위법한 침해를 회피 또는 수인해야 한다는 부정적인 측면도 무시할 수 없다. 예컨대 부부간에 있어서 정당방위를 제한하는 경우 침해를 받는 배우자보다 침해를 하는 배우자에게 더 유리한 결과가 초래될 수 있다. 특히 가족보호의 의무를 지고 있는 국가가 가정폭력을 방치하고 나아가서는

가장의 폭력에 대항한 가족구성원의 자기보호행위에 대하여 정당방위를 부정하는 것은 아내나 자녀와 같이 상대적으로 열악한 지위에 있는 가족구성원의 희생을 강요하는 결과가 된다.

□ 조국, 형사법의 성편향(제2판), 2004, 184, 186~187면

요컨대, 남성이 부부상호간의 '연대의무'나 '보증인의무'를 위반하고 여성을 학대하는 데도 여성은 반격을 자제해야 한다는 논리는 현대 민주주의 사회의 부부관계에서 용인될 수 없음은 물론이고, 헌법상의 평등의 원칙(헌법 제11조 제1항)에 위배된다. 그리고 헌법 제36조 제1항은 '혼인과 가족생활은 개인의 존엄과 양성의 평등을 기초로 성립되고 유지되어야 한다'고 선언하고 있음을 명심할 필요가 있다. 따라서 부부간이라 하더라도 공격자가 생명과 신체에 대하여 중대한 위협을 가하는 경우 정당방위권은 공격자에 대하여 제한 없이 행사될 수 있으며, 이에 못 미치는 정도의 법익침해라 하더라도 반복적으로 이루어지는 법익침해에 대해서는 반격행위가 가능하다고 보아야 한다. 이 경우 부부 중 피공격자가 공격자를 배려해 주어야 할 의무는 바로 해지되기 때문이다.

* * *

부부간에 정당방위가 제한된다는 일반론은 정상적인 부부관계가 유지되는 것을 전제로만 타당하며, 가정폭력의 피해여성의 반격행위를 제한하는 논변으로 사용되어서는 안 된다. 부부간의 보호와 배려의무는 상호적·조건적인 것이지, 여성에게만 일방적으로 요구되는 무조건적인 의무일 수는 없다.

남편이 이러한 의무를 깨뜨리고 아내의 생명·신체 등의 법익을 중대하게 침해하는 경우 남편은 이제 '타인'이며, 아내는 도망하거나 피해야 할 의무가 없으며, 남편의 불법한 공격을 유효하게 저지시키기 위해서 필요하다면 치명적 방어수단도 사용할 수 있다 할 것이다.

□ 최석윤, "정당방위의 상당성과 사회윤리적 제한," 비교형사법연구 제4권 제1호(2002).

… 우선 육체적인 힘으로 피해자를 제압할 수 없는 피고인이 공포의 대

상인 피해자의 폭행 · 협박과 변태적 성행위 강요로부터 벗어나기 위해 칼을 방위행위의 수단으로 선택한 것은 불가피한 것이라고 할 수 있다. 더 나아가 피해자의 평소 소행이나 행위 당시의 상황에 비추어 볼 때 피고인이 섣불리 저항하였다면 오히려 더 큰 위험에 직면했을 것은 명약관화하기 때문에 피고인이 칼로 피해자의 다리나 팔을 찌르지 않고 복부를 찌른 행위도 그러한 상황에서 선택할 수 있는 유일한 방법이라고 할 수 있다.

* * *

우선 형식적인 측면에서 대법원이 피고인의 행위에 대해 정당방위 상황과 방위의사를 인정하면서도 "과잉방위에 해당하지 않는다."고 판결한 것은 형법 제21조 제2항에 비추어 명백히 잘못된 것이다. 왜냐하면 형법 제21조에 따르면 행위가 정당방위의 객관적 요건과 주관적 요건을 충족시키는 한 상당성을 초과하여 형이 전혀 감경되지 않는 경우에도 과잉방위라고 해야 하기 때문이다. 더 나아가 행위의 구체적 상황을 고려한다면 피고인의 행위에 대해 최소한 형법 제21조 제2항에 따라 형을 감경하는 것이 지극히 당연하고 제3항에 의한 필요적 면제사유를 인정할 여지도 충분하기 때문에 내용적인 측면에서도 대법원의 판결은 잘못된 것으로 보인다.

쟁점연구

1. 부부 사이의 정당방위는 제한되어야 하는가?
2. '정당방위의 사회윤리적 제한'은 인정하면 처벌 범위는 확장되는가 축소되는가? '정당방위의 사회윤리적 제한 이론'과 정당방위의 상당성 요건은 어떠한 관계인가? 사회윤리적 제한은 상당성과는 다른 별개의 요건으로 인정되어야 하는가?
3. 도입판례 (가)에서는 과잉방위가 부정되고, 도입판례 (나)에서는 과잉방위가 인정되었다. 그 근거를 추론하고 타당성 여부를 논하라.
4. 피고인의 행위가 과잉방위에도 해당되지 않는다는 도입판례 (가)의 결론은 타당한가?

5. 형법 제21조 제2항의 과잉방위의 법적 효과와 형법 제21조 제3항의 과잉방위의 법적 효과는 각각 무엇인가?
6. 과잉방위에 대한 정당방위는 허용되는가?

주요개념

1. 과잉방위
2. 정당방위의 사회윤리적 제한
3. 매맞는 여성증후군(Battered Women Syndrome)

Ⅱ. 긴급피난

도입판례

(가) 대법원 1987. 1. 20. 선고 85도221 판결【재물손괴,공유수면관리법 위반】(공1987, 389)

【피 고 인】 갑, 을
【상 고 인】 검사
【원심판결】 마산지방법원 1984. 11. 2. 선고 84노624 판결
【주 문】 상고를 모두 기각한다.
【이 유】

검사의 상고이유를 본다.

1. 재물손괴에 관한 미필적 고의와 긴급피난에 관한 법리오해의 점에 대하여,

원심이 적법히 확정한 바와 같이 피고인들이 그 판시 피조개양식장에 피해를 주지 아니하도록 할 의도에서 이 사건 금성호의 7샤클(175미터)이던 닻줄을 5샤클(125미터)로 감아 놓았고 그 경우에 피조개양식장까지의 거리는 약 30미터까지 근접한다는 것이므로 닻줄을 50미터 더 늘여서 7샤클로 묘박하였다면 선박이 태풍에 밀려 피조개양식장을 침범하여 물적 피해를 입히리라는 것은 당연히 예상되고, 그럼에도 불구하고 피고인들이 태풍에 대비한 선박의 안전을 위하여 금성호의 닻줄을 7샤클로 늘여 놓은 것은 피조개양식장의 물적 피해를 인용한 것이라 할 것이어서 재물손괴의 점에 대한 미필적 고의를 인정할 수 있다고 할 것이다. 원심이 이와 다른 관점에서 피고인들에게 그 미필적 고의를 인정할 수 없다고 판시한 것은 미필적 고의의 법리에 대한 오해에 기인한 것으로서 이 점

에 관한 소론은 이유 있다. 한편 원심이 무죄이유로서 부가하여 설시한 긴급피난의 점에 관하여 보건대, 이 사건 금성호는 공유수면점용허가없이 정박하고 있었으므로 피고인들이나 D주식회사로서는 같은 해상에 점용허가를 얻어서 피조개양식장을 설치한 피해자 A 측의 요구에 응하여 금성호를 양식장에 피해를 주지 아니하는 곳에 미리 이동시켜서 정박하였어야 할 책임은 있었다고 할 것이다.

그러나 위와 같이 선박이동에도 새로운 공유수면점용허가가 있어야 하고 휴지선을 이동하는 데는 예인선이 따로 필요한 관계로 비용이 많이 들어 다른 해상으로 이동을 하지 못하고 있는 사이에 태풍을 만나게 되었다면 피고인들로서는 그와 같은 위급한 상황에서 선박과 선원들의 안전을 위하여 사회통념상 가장 적절하고 필요불가결하다고 인정되는 조치를 취하였다면 형법상 긴급피난으로서 위법성이 없어서 범죄가 성립되지 아니한다고 보아야 하고 미리 선박을 이동시켜 놓아야 할 책임을 다하지 아니함으로써 위와 같은 긴급한 위난을 당하였다는 점만으로는 긴급피난을 인정하는 데 아무런 방해가 되지 아니한다.

이 사건에서 원심이 태풍내습시 금성호에는 태풍에 대비하여 7, 8명의 선원이 타고 있었고, 피고인들이 태풍으로 인한 선박의 조난이나 전복을 피하기 위하여 선박의 양쪽에 두 개의 닻을 내리고, 한쪽의 닻줄의 길이를 175미터(7샤클)로 늘여 놓은 것이 사고지점에서 태풍의 내습에 대비한 가장 적절하고 필요한 조치로 인정된다는 취지에서 피고인들의 소위를 긴급피난행위로 보아 재물손괴의 점에 대하여 무죄를 선고한 원심의 판단은 정당하고, 거기에 긴급피난의 법리를 오해하였거나 심리미진의 위법을 찾아볼 수 없다. 결국 원심의 미필적 고의에 대한 판단에는 잘못이 있으나 긴급피난을 인정한 점에 잘못이 없으므로 위에서와 같은 잘못은 판결에 영향이 없어 논지는 받아들일 수 없다.

* * *

3. 결국 상고는 이유 없으므로 상고를 기각하기로 하여 관여 법관의

일치된 의견으로 주문과 같이 판결한다.

대법관 최재호(재판장) 윤일영 이명희 황선당

(나) 대법원 1992. 12. 22. 선고 92도2540 판결【살인】(공1993, 657)

【피 고 인】 병, 정
【상 고 인】 피고인들
【변 호 인】 변호사 전봉호 외 19인
【원심판결】 서울고등법원 1992. 9. 14. 선고 92노1511 판결
【주 문】 상고를 모두 기각한다.
피고인 병에 대하여는 상고 후의 구금일수 중 90일을 본형에 산입한다.

【이 유】

상고이유를 본다. 피고인들과 변호인들이 각 제출한 상고이유를 함께 판단한다.

사실오인, 채증법칙위반을 주장하고, 기대가능성이 없었다는 주장에 대하여

기록을 살펴보면, 피고인들이 공모하여 피해자 A(이하 피해자라고 한다)를 살해하였다는 원심의 사실인정은 수긍이 가고 거기에 채증법칙을 어긴 위법이 있다고 할 수 없다.

원심이 인용한 제1심판결이 든 증거에 의하면, 피고인 병은 피고인 정으로부터 피해자와의 관계를 고백받고 같이 번민하다가 피해자를 살해하고 강도로 위장하기로 공모한 후, 피고인 병이 이 사건 범행 전날 서울 창동시장에서 범행에 사용할 식칼(증 제4호), 공업용 테이프(증 제7, 제10호), 장갑 등을 구입하여 가지고 범행장소인 충주에 내려가서 피고인 정과 전화통화로 범행시간을 정하고, 약속된 시간인 1992. 1. 17. 01:30경 피고인 정이 열어준 문을 통하여 피해자의 집안으로 들어간 다음, 이어서 피해자가 술에 취하여 잠들어 있는 방에 몰래 들어가 피해자의 머리

맡에서 식칼을 한손에 들어 피해자를 겨누고 양 무릎으로 피해자의 양 팔을 눌러 꼼짝 못하게 한 후 피해자를 깨워 피해자가 제대로 반항할 수 없는 상태에서 피고인 정을 더 이상 괴롭히지 말고 놓아 주라는 취지의 몇 마디 이야기를 하다가 들고 있던 식칼로 피해자의 심장을 1회 찔러 그 자리에서 살해하고, 강도살인을 당한 것처럼 위장하기 위하여 죽은 피해자의 양 발목을 공업용 테이프로 묶은 다음 현금을 찾아 태워 없애고 장농, 서랍 등을 뒤져 범행현장에 흩어 놓고 나서, 피고인 병은 강도에게 당한 것처럼 피고인 정의 브레지어 끈을 칼로 끊고 양 손목과 발목을 공업용 테이프로 묶은 다음 달아나고, 피고인 정은 양 손목과 발목이 공업용 테이프로 묶인 채 옆집에 가서 강도를 당하였다고 허위로 신고한 것이라는 원심의 사실인정을 수긍하기에 부족함이 없다 할 것이고, 사실관계가 위와 같은 이상 피고인들의 이 사건 범행이 우발적으로 이루어진 것이라고 볼 수도 없다.

그리고 사실관계가 원심이 인정한 바와 같다면, 피고인들에게 기대가능성이 없다는 주장을 배척한 원심의 조처도 수긍할 수 있고 거기에 기대가능성의 법리를 오해한 위법이 없다. 따라서 논지는 이유가 없다.

정당방위 또는 과잉방위를 주장하는 부분에 대하여

원심이 인정한 바와 같이, 피고인 정이 약 12살 때부터 의붓아버지인 피해자의 강간행위에 의하여 정조를 유린당한 후 계속적으로 이 사건 범행 무렵까지 피해자와의 성관계를 강요받아 왔고, 그 밖에 피해자로부터 행동의 자유를 간섭받아 왔으며, 또한 그러한 침해행위가 그 후에도 반복하여 계속될 염려가 있었다면, 피고인들의 이 사건 범행 당시 피고인 정의 신체나 자유 등에 대한 현재의 부당한 침해상태가 있었다고 볼 여지가 없는 것은 아니나, 그렇다고 하여도 판시와 같은 경위로 이루어진 피고인들의 이 사건 살인행위가 형법 제21조 소정의 정당방위나 과잉방위에 해당한다고 하기는 어렵다.

정당방위가 성립하려면 침해행위에 의하여 침해되는 법익의 종류, 정도, 침해의 방법, 침해행위의 완급과 방위행위에 의하여 침해될 법익의 종류, 정도 등 일체의 구체적 사정들을 참작하여 방위행위가 사회적으로 상당한 것이었다고 인정할 수 있는 것이어야 할 것인데(당원 1966. 3. 15. 선고 66도63 판결; 1984. 6. 12. 선고 84도683 판결 각 참조), 피고인들이 사전에 판시와 같은 경위로 공모하여 범행을 준비하고, 술에 취하여 잠들어 있는 피해자의 양팔을 눌러 꼼짝 못하게 한 후 피해자를 깨워 피해자가 제대로 반항할 수 없는 상태에서 식칼로 피해자의 심장을 찔러 살해한다는 것은, 당시의 상황에 비추어도 사회통념상 상당성을 인정하기가 어렵다고 하지 않을 수 없고, 피고인들의 범행의 동기나 목적을 참작하여도 그러하므로, 원심이 피고인들의 판시 행위가 정당방위에 해당한다거나 야간 기타 불안스러운 상태 하에서 공포, 경악, 흥분 또는 당황으로 인하여 그 정도를 초과한 경우에 해당한다는 피고인들의 주장을 배척한 조처도 정당하고, 거기에 소론과 같은 법리를 오해하거나 채증법칙을 어긴 위법이 있다고 할 수 없다.

정당방위의 성립요건으로서의 방어행위에는 순수한 수비적 방어뿐 아니라 적극적 반격을 포함하는 반격방어의 형태도 포함됨은 소론과 같다고 하겠으나, 그 방어행위는 자기 또는 타인의 법익침해를 방위하기 위한 행위로서 상당한 이유가 있어야 하는 것인데, 피고인들의 판시 행위가 위에서 본 바와 같이 그 상당성을 결여한 것인 이상 정당방위행위로 평가될 수는 없는 것이므로, 원심이 피고인들의 이 사건 범행이 현재의 부당한 침해를 방위할 의사로 행해졌다기보다는 공격의 의사로 행하여졌다고 인정한 것이 적절하지 못하다고 하더라도, 정당방위행위가 되지 않는다는 결론에 있어서는 정당하여, 이 사건 판결의 결과에 영향이 없는 것이다. 따라서 논지는 이유 없다.

심신장애를 주장하는 부분에 대하여

형법 제10조 소정의 심신장애의 유무 및 정도를 판단함에 있어서 반드시 전문인의 의견에 기속되어야 하는 것은 아니고 범행의 경위, 수단, 범행 전후의 피고인의 행동 등 기록에 나타난 제반 자료와 공판정에서의 피고인의 태도 등을 종합하여 법원이 독자적으로 판단할 수 있는 것이다(당원 1983. 7. 12. 선고 83도1262 판결; 1990. 11. 27. 선고 90도2210 판결; 1991. 9. 13. 선고 91도1473 판결 각 참조).

그러므로 원심이 같은 취지에서, 원심증인 B, C의 법정에서의 각 진술부분과 그들이 작성하여 공판기록에 편철된 피고인들의 정신 및 심리상태의 조회에 대한 회신의 각 기재부분은 그들이 피고인들을 면담조차 아니한 채 변호인이 제공한 이 사건 공판기록의 일부분과 변호인이 작성한 "사실관계요지서"라는 서면에 기초하여 피고인들의 정신 및 심리상태를 분석하여 작성되었거나 이를 근거로 진술한 것이라는 이유로 배척하고, 이 사건 기록에 나타난 피고인들의 연령, 생활환경, 성장과정, 대학교 생활의 내용 및 성적, 이 사건 범행 당시의 상황, 그 범행 후의 정황 등과 그 밖에 수사기관을 비롯하여 제1심 및 원심법정에서의 피고인들의 태도 및 언동 등에 비추어 보면 피고인들이 이 사건 범행 당시 사물을 변별할 능력이나 의사를 결정할 능력이 없었다거나 미약한 상태에 있었던 것은 아니라고 하여 피고인들의 심신장애 또는 심신미약의 주장을 배척한 조처는 정당한 것으로 수긍이 가고, 거기에 채증법칙을 어긴 위법이 있다거나 소론과 같은 법리오해의 위법이 있다고 할 수 없다. 따라서 논지도 이유 없다.

양형부당을 주장하는 부분에 대하여

피고인들에게 각 징역 10년 미만이 선고된 이 사건에서 양형부당을 이유로 하여서는 형사소송법상 적법한 상고이유로 삼을 수 없는 것이다. 논지도 이유 없다.

그러므로 상고를 모두 기각하고, 피고인 병에 대하여는 상고 후의 구금일수 중 일부를 본형에 산입하기로 하여 관여 법관의 일치된 의견으로 주문과 같이 판결한다.

참고판례

▷ 대법원 2006. 4. 13. 선고 2005도9396 판결【업무방해】(미간행)

형법 제22조 제1항의 긴급피난이란 자기 또는 타인의 법익에 대한 현재의 위난을 피하기 위한 상당한 이유 있는 행위를 말하고, 여기서 '상당한 이유 있는 행위'에 해당하려면, 첫째 피난행위는 위난에 처한 법익을 보호하기 위한 유일한 수단이어야 하고, 둘째 피해자에게 가장 경미한 손해를 주는 방법을 택하여야 하며, 셋째 피난행위에 의하여 보전되는 이익은 이로 인하여 침해되는 이익보다 우월해야 하고, 넷째 피난행위는 그 자체가 사회윤리나 법질서 전체의 정신에 비추어 적합한 수단일 것을 요하는 등의 요건을 갖추어야 한다.

원심은, 이 사건 당시 피고인이 경기동부방송의 시험방송 송출로 인하여 위성방송의 수신이 불가능하게 되었다는 민원을 접수한 후 경기동부방송에 시험방송 송출을 중단해 달라는 요청도 해보지 아니한 채 시험방송이 송출된 지 약 1시간 30여 분만에 곧바로 경기동부방송의 방송안테나를 절단하도록 지시한 점, 그 당시 (아파트 이름 생략)아파트 전체 815세대 중 140여 세대는 경기동부방송과 유선방송이용계약을 체결하고 있었던 점 등 그 행위의 내용이나 방법, 법익침해의 정도 등에 비추어 볼 때, 당시 피고인이 다수 입주민들의 민원에 따라 입주자대표회의 회장의 자격으로 위성방송 수신을 방해하는 경기동부방송의 시험방송 송출을 중단시키기 위하여 경기동부방송의 방송안테나를 절단하도록 지시하였다고 할지라도 피고인의 위와 같은 행위를 긴급피난 내지는 정당행위에 해당한다고 볼 수 없다고 판단하였는바, 앞서 본 법리와 기록에 의하여 살펴보면, 원심의 설시에 다소 부족한 점이 있다고 하더라도 그 결론은 옳은 것으로 수긍이 가고, 거기에 정당행위나 긴급피난에 관한 법리오해 등의 위법이 있다고 할 수 없다.

참고문헌

□ 한인섭, "가정폭력 피해자에 의한 가해자 살해: 그 정당화와 면책의 논리", 서울대학교 법학 제37권 2호, 1996, 283~285면 및 281면

… 상습적인 학대와 폭력을 경험하고 있는 열악한 지위에 있는 자에 의한 살해행위에 있어 침해의 현재성에 대한 재해석은 불가피해진다. 즉 ① 지금 즉시 가해지는 공격형태는 물론 ② 폭력과 협박, 학대가 장기간에 걸쳐 진행되고 있는 상황(continuing, constant danger)에 대해서도 침해의 현재성이 인정되어야 할 것이다. 물론 그러한 침해의 현재성은 폭력행위의 사실뿐 아니라 그러한 폭력, 협박, 학대의 반복과 강화로 인해 발생된 심리적 강제상태(psychischen Zwang)가 지속되는 상황에서는 침해행위는 현재진행 중이라고 보아야 할 것이다. 다시 말해 학대자의 학대행위로 인하여 전형적인 외상후 스트레스장애를 겪고 있는 자가 학대자에 대하여 가하는 반격행위는 정당방위로 인정될 수 있다는 변론이 가능하다는 것이다.

* * *

보다 일반적으로 과거의 피해경험이 있고 피해의 공포감을 간직하고 있는 자는 같은 상황에 처음으로 직면하는 자보다 더욱 예민하게 대응하고, 보다 시점을 앞당겨서 방어하는 것이 충분히 예상될 수 있다. 이러한 반응은 합리적인 반응으로 정당방위의 요건에 해당하는 것으로 보다 적극적으로 검토되어질 필요가 있다.

* * *

… 바로 그 순간의 공격의 부재 때문에 침해의 현재성은 없는 것으로 보아야 하는가. 만약 그렇다면 정당방위가 가능하려면 자신보다 힘이 세고 폭력구사에 익숙한 가해자가 일어서서 '공격하는 그 순간'을 기다려야 할 것이다. 그런데 여성의 입장에서 … 그러한 순간에 방어한다는 것은 거의 불가능한 것이다. 따라서 포괄적으로 볼 때 폭력행위의 연속선상에 있다고 판단되면, 그 중간의 일시적 휴식시점은 침해상태가 지속되는 것으로 볼 수 있으며, 따라서 침해의 현재성이 인정되어야 한다. 여성의 입장에서 위험의 현재

성은 누적적 침해의 연장선상에서 이루어진 침해위험의 상존성으로 이해하는 것이 가능하다.

□ 김일수, "장기적인 위난과 면책적 긴급피난", **판례연구 제7집, 서울지방변호사회, 1994. 1, 310~311, 312~313, 318~319면**

피해자 정이 신체활동과 성적 의사결정의 자유에 대한 장기적인 침해위험하에 놓여 있었던 점은 사실이지만, 이러한 계속적 · 장기적 · 반복적인 위험(Dauergefahr)은 정당방위의 성립요건인 현재의 침해와는 거리가 멀다. 따라서 정에게 현재의 구체적인 법익침해 내지 침해위험이 없었는데도 계속 · 반복될 염려가 있었다는 사실만으로 신체나 자유 등에 대한 현재의 부당한 침해상태가 있었다고 전제하는 것은 올바른 관점이 못된다.

* * *

정당화적 긴급피난에서 위난의 현재성은 손해의 발생이 아직 직접 현재한 상태는 아니나 늦으면 위난회피가 불가능하거나 더 큰 위난이 증가될 염려가 있는 경우 또는 침해가 이미 발생했어도 그대로 두면 그 손해가 증대될 위험이 있는 경우를 의미한다. 정당방위에서 공격의 현재성은 직접 임박한 것 또는 방금 막 시작된 것을 의미하는 점에서 긴급피난의 위난의 현재성과 구별되며 후자가 전자의 범위보다 넓다. 특히 정당화적 긴급피난에서는 계속적 · 반복적 · 장기적 위난(dauergefahr)도 현재의 위난이 된다.

□ 이용식, "정당방위와 긴급피난의 몇 가지 요건", **형사판례연구 제3권, 1995, 99, 105면**

방어적 긴급피난을 본래의 이익형량규준에 따라 해결할 경우 살해의 허용을 전적으로 배제할 수는 없으나, 이는 위험이 직접 임박하여 생명을 위협하는 경우에 한정되어야 할 것이다. 예방적인 살해행위를 허용하게 되면 적지 않은 가정적 비극들을 사회정책적으로 줄이기보다는 증대시키게 될 것이다. 물론 방어적 긴급피난에 고유한 이익형량척도를 인정하는 학설은 살해행위를 허용할 것으로 보인다. 그러나 나쁜 그리고 위험한 인간도 임박한 위험 때문에 훼손될 수 있는 물건은 아니다. 그러므로 본건 사례[=도입판례 (나)]

와 같은 경우에는 정당화가 아니라 극한상황의 행위자에게 면책적 긴급피난을 인정할 수 있다고 보여진다.

* * *

다만 피고인 병에게는 이와 같은 특수사정은 존재하지 않는다. 따라서 면책적 긴급피난은 그와 같은 사정이 있는 피고인 정에게만 개별적으로 적용될 수 있는 뿐이다.

□ 윤용규, "긴급피난 규정의 이해와 입법론적 검토", 형사법연구 제22권 특집호, 2004. 12, 146~147면

… 이분설은 제22조 제1항의 "자기 또는 타인의 법익", 그리고 "상당한 이유"라는 동일한 문언에서 이종의 기준을 도출해 내야 하는 어려움을 감수해야 한다. … 두 종류의 긴급피난은 엄연한 내용의 차이가 있는데도 동일한 문언에 기초하여 차별적 해석을 시도한다는 것은 해석원칙에 부합한다고 하기 어렵기 때문이다.

또한 이분설의 입장을 따르게 되면 제22조 제3항의 과잉피난 규정의 의미를 반감시키거나, 이 규정을 어색한 입법으로 보지 않을 수 없게 만든다. 왜냐하면 제22조 제3항은 엄연히 책임 감경적 면책적 긴급피난 관련 규정 … 이므로, 이분설에 따르면 같은 조에서 같은 피난상황을 전제로 한 면책적 긴급피난이 제1항과 제3항으로 필요 없이 중복 규정된 것으로 볼 수밖에 없기 때문이다. 좀 확장하여 말하면, 정당방위 관련 규정에서 제21조 제1항과 제2항, 제3항과의 관계를 비교해 보면 이분설의 어색함과 모순은 더욱 드러난다. 이는 입법기술상 받아들이기 어려운 시도이다. 그러므로 필자는 제22조 제1항의 성격은 위법성조각사유로 이해하는 것이 해석론으로나 입법론으로나 타당하다고 생각한다.

쟁점연구

1. 긴급피난의 상당성 요건은 정당방위의 상당성 요건과 어떻게 다른가?

2. 도입판례 (가)에서 피고인 선장은 미리 선박을 이동시켜 놓아야 할 책임을 다하지 아니하여 긴급한 위난을 당하였다. 그럼에도 불구하고 긴급피난은 가능한가?
3. 도입판례 (가)에서 금성호의 닻줄을 7샤클로 늘여 놓으려 하자 피조개양식장 주인은 양식장의 물적 피해를 막기 위해 닻줄을 끊었다고 가정하자. 이러한 피조개양식장 주인의 행위는 긴급피난으로 인정되는가?
4. 도입판례 (나)는 피고인 정의 정당방위나 과잉방위 모두를 인정하지 않았다. 그 논거는 무엇인가? 도입판례 (나)에서 피고인 정은 형법 제21조의 "현재의 부당한 침해" 하에 놓여 있었는가? "침해의 현재성" 요건을 완화하면 어떠한 문제가 생기는가? "예방적 정당방위"는 허용되는가?
5. 도입판례 (나)에서 정의 살해행위 당시 긴급피난에서 요구되는 "위난의 현재성"은 인정되는가? 그렇다면 정의 살해행위는 긴급피난 또는 과잉피난에 해당할 수는 없는가?
6. 도입판례 (나)에서 정의 살해행위를 긴급피난으로 볼 경우, 이 행위는 전형적인 긴급피난의 모습과 어떻게 다른가? '공격적 긴급피난(Aggresivnotstand)'과 '방어적 긴급피난(Defensivnotstand)'이란 개념을 사용하여 비교 설명하라(김혜정, "예방적 정당방위의 성립가능성," 형사판례연구 제15권, 2007. 9. 36~43면 참조).
7. 정의 살해행위를 긴급피난으로 인정할 경우 '정당화적 긴급피난'으로 인정해야 하는가, 아니면 '면책적 긴급피난'으로 인정해야 하는가? 각각의 논거와 차이의 실익은 무엇인가?
8. '면책적 긴급피난'은 형법 제22조 제1항의 적용으로 해결해야 하는가, 아니면 초법규적 책임조각사유로 보아야 하는가?

주요개념

1. 긴급피난
2. 위난의 현재성

3. 공격적 긴급피난
4. 방어적 긴급피난
5. 정당화적 긴급피난
6. 면책적 긴급피난
7. 매맞는 여성증후군(Battered Women Syndrome)

Ⅲ. 자구행위

도입판례

(가) 대법원 2006. 3. 24. 선고 2005도8081 판결 【특수절도】 (미간행)

【피 고 인】 갑, 을, 병
【상 고 인】 피고인들
【변 호 인】 변호사 고석상
【원심판결】 제주지법 2005. 10. 6. 선고 2005노294 판결
【주　　문】 상고를 모두 기각한다.
【이　　유】

형법상 자구행위라 함은 법정절차에 의하여 청구권을 보전하기 불능한 경우에 그 청구권의 실행불능 또는 현저한 실행곤란을 피하기 위한 상당한 행위를 말하는 것인바(대법원 1984. 12. 26. 선고 84도2582, 84감도397 판결 참조), 이 사건에서 피고인들에 대한 채무자인 피해자가 부도를 낸 후 도피하였고 다른 채권자들이 채권확보를 위하여 피해자의 물건들을 취거해 갈 수도 있다는 사정만으로는 피고인들이 법정절차에 의하여 자신들의 피해자에 대한 청구권을 보전하는 것이 불가능한 경우에 해당한다고 볼 수 없을 뿐만 아니라, 또한 피해자 소유의 가구점에 관리종업원이 있음에도 불구하고 위 가구점의 시정장치를 쇠톱으로 절단하고 들어가 가구들을 무단으로 취거한 행위가 피고인들의 피해자에 대한 청구권의 실행불능이나 현저한 실행곤란을 피하기 위한 상당한 이유가 있는 행위라고도 할 수 없다.

원심이 같은 취지에서 피고인들의 자구행위 내지 과잉자구행위 주장을 배척한 조치는 정당한 것으로 수긍이 가고, 거기에 상고이유로 주장

하는 바와 같이 자구행위 내지 과잉자구행위에 관한 법리를 오해하는 등의 위법이 있다고 할 수 없다.

대법관 박시환(재판장) 이강국 손지열(주심) 김용담

(나) 대법원 2007. 3. 15. 선고 2006도9418 판결【일반교통방해】(미간행)

【피 고 인】 피고인
【상 고 인】 피고인
【변 호 인】 변호사 이기문
【원심판결】 인천지법 2006. 12. 15. 선고 2005노1751 판결
【주 문】 상고를 기각한다.
【이 유】

1. 형법 제185조의 일반교통방해죄는 일반 공중의 교통의 안전을 그 보호법익으로 하는 범죄로서 육로 등을 손괴 또는 불통케 하거나 기타의 방법으로 교통을 방해하여 통행을 불가능하게 하거나 현저히 곤란하게 하는 일체의 행위를 처벌하는 것을 그 목적으로 하고 있으며, 여기서 '육로'라 함은 사실상 일반 공중의 왕래에 공용되는 육상의 통로를 널리 일컫는 것으로서 그 부지의 소유관계나 통행권리관계 또는 통행인의 많고 적음 등을 가리지 않는다(대법원 2002. 4. 26. 선고 2001도6903 판결; 2006. 3. 9. 선고 2006도298 판결 등 참조).

* * *

2. 형법상 자구행위라 함은 법정절차에 의하여 청구권을 보전하기 불능한 경우에 그 청구권의 실행불능 또는 현저한 실행곤란을 피하기 위한 상당한 행위를 말하는 것인바(대법원 1984. 12. 26. 선고 84도2582, 84감도397 판결; 2006. 3. 24. 선고 2005도8081 판결 등 참조), 이 사건 도로는 피고인 소유 토지상에 무단으로 확장 개설되어 그대로 방치할 경우 불특정 다수인이 통행할 우려가 있다는 사정만으로는 피고인이 법정절차에

의하여 자신의 청구권을 보전하는 것이 불가능한 경우에 해당한다고 볼 수 없을 뿐 아니라, 이미 불특정 다수인이 통행하고 있는 육상의 통로에 구덩이를 판 행위가 피고인의 청구권의 실행불능이나 현저한 실행곤란을 피하기 위한 상당한 이유가 있는 행위라고도 할 수 없으므로, 이 점에 관한 상고이유의 주장도 받아들일 수 없다.

* * *

4. 그러므로 상고를 기각하기로 하여 관여 법관의 일치된 의견으로 주문과 같이 판결한다.

대법관 김지형(재판장) 고현철(주심) 양승태 전수안

참고문헌

□ 엄상섭, "긴급행위에 대한 시론", 법조협회잡지 제1권 5호, 1949. 8

자구행위는 그 상대방에 대한 권리의 실현을 국가기관에 대하여 신청한다는 원칙에 대한 예외로서 긴급상태의 조건 하에서는 자신의 실력에 의하여 권리를 실현시킴을 시인함이니 그 상대방에 수인의무가 있어야 할 것은 긴급피난에 비하여 가일층 명료할 것이니 자구행위를 권리행위라고 아니할 수 없다.

* * *

전 양자(=정당방위와 긴급피난)는 법익침해가 현재함을 요건으로 함에 반하여 후자(=자구행위)는 법익이 침해된 경우에 있어서의 사후적 조치인 것이며, 자구행위의 원유(原由)로서의 청구권의 존재는 반드시 침해된 것임에 한정되는 것이 아니고 정당하게 성립된 때도 있을 것이나 … 청구권의 행사를 확보함에 그 요점이 있는 것이다.

쟁점연구

1. 자구행위의 보전대상인 청구권의 범위는 재산상의 청구권에 한정되는가?
2. 형법 제23조 제1항은 "법정절차에 의하여 청구권을 보전하기 불능한 경우"라고만 규정하고 있지 그것이 적법한 원인에 의한 것인지 불법한 원인에 의한 것인지 묻지 않고 있다. 자구행위가 가능하기 위해서는 청구권에 대한 부당한 침해가 있어야 하는가?
3. 타인을 위한 자구행위는 허용되는가?
4. 현재 진행 중인 청구권 침해에 대하여 자구행위가 허용되는가?

주요개념

1. 자구행위
2. 청구권

Ⅳ. 피해자의 승낙과 추정적 승낙

도입판례

(가) 대법원 1993. 7. 27. 선고 92도2345 판결【업무상과실치상】(공 1993, 2469)

【피 고 인】 갑
【상 고 인】 피고인
【원심판결】 광주지방법원 1992. 8. 21. 선고 91노1112 판결
【주 문】 상고를 기각한다.
【이 유】

피고인의 상고이유를 본다.

기록에 의하여 원심이 유지한 제1심 판결이 채용한 증거들을 살펴보면 피고인이 C대학교 의과대학 산부인과 전문의 수련과정 2년차의 의사로서 K적십자병원에 파견근무중 환자인 피해자(여 38세)의 복부에서 만져지는 혹을 제거하기 위한 개복수술을 하려고 하였으면 진료경험이나 산부인과적 전문지식이 비교적 부족한 상태이므로 산부인과 전문의 지도를 받는다든지 자문을 구하고, 위 환자의 진료에 필요한 모든 검사를 면밀히 실시하여 병명을 확인하고 수술에 착수하여야 하고 개복 후에도 개복 전의 진단병명은 정확하며 혹시 다른 질환은 아닌지를 세밀히 검토하여 필요한 범위 내에서 수술을 시행하여야 할 업무상 주의의무가 있음에도 불구하고 당초 위 환자를 진찰한 결과 복부에 혹이 만져지고 하혈을 하고 있어 자궁외임신일 가능성도 생각하였으나 피해자가 10년간 임신경험이 없고 경유병원에서의 진단소견이 자궁근종 또는 자궁체부암으로 되어 있자 자궁외임신인지를 판별하기 위한 수술 전 검사법인

특수호르몬검사, 초음파검사, 복강경검사, 소변임신반응검사 등을 전혀 실시하지 않고 자궁근종을 확인하는 의미에서의 촉진 및 시진을 통하여 자궁외임신환자인 피해자의 병명을 자궁근종으로 오진하였고 수술단계에서도 냉동절편에 의한 조직검사 등을 거치지 아니한 상태에서 자궁근종으로 속단하고 일반외과 전문의인 공소외 A와 함께 병명조차 정확히 확인하지 못한 채 자궁적출술을 시행하여 현대의학상 자궁적출술을 반드시 필요로 하는 환자가 아닌 위 피해자의 자궁을 적출함으로써 동인을 상해에 이르게 한 사실을 인정하기에 넉넉하므로 원심이 피고인을 업무상 과실치상죄를 적용하여 처벌한 제1심 판결을 유지한 조치에 수긍이 가고 거기에 소론과 같은 채증법칙 위반, 심리미진 또는 법리오해의 위법이 없다.

소론은 위 자궁적출술의 시행에 앞서 위 피해자로부터 그에 대한 승낙을 받았으므로 위법성이 조각된다는 취지이나, 기록에 의하면 피고인은 자신의 시진, 촉진결과 등을 과신한 나머지 초음파검사 등 피해자의 병증이 자궁외임신인지, 자궁근종인지를 판별하기 위한 정밀한 진단방법을 실시하지 아니한 채 위 피해자의 병명을 자궁근종으로 오진하고 이에 근거하여 의학에 대한 전문지식이 없는 위 피해자에게 자궁적출술의 불가피성만을 강조하였을 뿐 위와 같은 진단상의 과오가 없었다면 당연히 설명받았을 자궁외임신에 관한 내용을 설명받지 못한 피해자로부터 수술승낙을 받은 사실을 인정할 수 있으므로 위 승낙은 피고인의 부정확 또는 불충분한 설명을 근거로 이루어진 것으로서 이 사건 수술의 위법성을 조각할 유효한 승낙이라고 볼 수 없다 할 것이다.

또 소론은 위 피해자가 난소의 제거로 이미 임신불능 상태에 있어 자궁을 적출했다 하더라도 이는 업무상 과실치상죄 소정의 상해에 해당하지 않는다는 것이나, 그와 같은 사유만으로 자궁을 제거한 것이 신체의 완전성을 해한 것이 아니라거나 생활기능에 아무런 장애를 주는 것이 아니라거나 건강상태를 불량하게 변경한 것이 아니라고 할 수 없고 이는 업무상 과실치상죄에 있어서의 상해에 해당한다 할 것이다.

그리고 이와 같은 이 사건 의료사고가 일어난 연유, 경위, 피해의 결과 등을 놓고 볼 때 피고인의 이 사건 범행을 사회상규상 허용되는 정당행위라고 볼 수는 없다. 논지는 모두 이유 없다.

그러므로 상고를 기각하기로 하여 관여 법관의 일치된 의견으로 주문과 같이 판결한다.

대법관 김주한(재판장) 윤관 김용준 천경송(주심)

(나) 대법원 1993. 3. 9. 선고 92도3101 판결【사문서위조, 사문서위조행사】(공1993, 1186)

【피 고 인】 갑
【상 고 인】 피고인
【변 호 인】 변호사 주문기
【원심판결】 광주지방법원 1992. 11. 13. 선고 92노645 판결
【주　　문】 원심판결을 파기하고, 사건을 광주지방법원 합의부에 환송한다.
【이　　유】

상고이유를 본다.

1. 원심판결 이유에 의하면 원심은, 피고인 명의로 소유권이전등기가 된 전남 강진군 군동면 학산리 소재임야 등(이하 이 사건 임야 등이라고 한다)에 대하여 공소외 A가 피고인을 상대로 소유권이전등기말소청구소송을 제기하여 그 소유권에 관하여 다툼이 있게 되자, 그 소송을 자신에게 유리하게 이끌기 위하여, 1990. 4. 30. 행사할 목적으로 백지에 검정색 볼펜으로 피고인을 회장으로 하는 P종친회를 구성하고, 이 사건 임야 등은 피고인의 장남인 공소외 B의 소유로서 이를 위 종친회에 증여한다라는 내용의 결의서를 작성하여 위 종친회 임원 B, 공소외 C, D, E, F, G라고 각 기재한 후 미리 조각하여 소지하고 있던 공소외 C 등 6명의 인

장을 그 이름 옆에 임의로 압날하여 사실증명에 관한 사문서인 결의서 1매를 위조하고, 같은 해 7. 27. 전남 강진군청의 성명불상 공무원에게 이를 제출하여 행사하였다고 인정하였다.

2. 기록에 의하면 피고인이 위조하였다는 결의서(수사기록 48~49면)는, P종친회의 임원회에서 이 사건 임야 등은 공소외 B의 소유인데 이를 위 종친회에 증여할 것을 약정하고, 수증인인 위 종친회는 이를 수락하였고 소유권이전등기절차를 이행함에 있어 피고인을 대표로 선임한다는 내용이고, 회장인 피고인과 부회장인 공소외 H 그리고 임원인 공소외 I와 위의 6명의 기명날인이 되어 있는 것이다.

그런데 기명날인된 임원 중 부회장인 공소외 H는 피고인의 동생이고, 공소외 I도 피고인의 동생으로서 그가 위의 결의서 작성을 승낙하였다는 것임은 원심이 인정한 사실이며, 나머지의 위 6명이 사전에 피고인에게 직접 명시적 구체적으로 위의 결의서 작성을 위임하거나 승낙한 바 없음은 사실로 보이나, 위 명의인 중 공소외 E, G는 피고인의 아들들이고, 공소외 C, 공소외 H는 공소외 I의 아들들이며, 공소외 F는 공소외 H의 아들이고(수사기록 98면), 피고인과 공소외 H, I 3형제는 1984. 4. 24.(음 3. 24.) 그들의 모친 제사날 피고인의 집에서 부친 망 공소외 J와 모친 공소외 K의 후손 남자들을 회원으로 하는 "율파친목계"를 조직하여 계칙을 마련하고 피고인이 계장이 되어 그 후 매년 음력 3. 24. 모여 계금을 내어 재산을 조성하여 옴으로써 실질적인 종친회를 구성·운영해 오다가(율파친목계 규약, 공판기록 42면, 가계금전신탁증서, 공판기록 15면), 1990. 4. 30. 모임에 참석한 위 3형제는 피고인과 아들인 공소외 B의 명의로 있는 이 사건 임야 등을 위 종친회에 증여하기로 합의하고 그 구체적인 절차를 피고인에게 일임하였다는 것이고(사법경찰리 작성의 공소외 I에 대한 진술조서), 피고인의 아들인 공소외 4, 6은 피고인의 판시와 같은 행위를 추인한 것으로 엿보이는바(공판기록 79, 81면), 이로 미루어 보면 추정적 승낙을 인정할 여지가 있다고 할 것이다.

* * *

위 친목계의 규약에 의하면 본 계의제 안건 의결은 통상관례에 준한다고 되어 있는바(공판기록 46면), 이로 미루어 보면 위 종친회원 중 피고인 등 3형제 이외에는 나이가 젊고 종중 일에 관심이 없었고 곗날에 참석하지 않은 관계로 통상 종친회의 모든 의안을 위 3형제만의 의결로 집행하여 온 것으로 짐작되고, 만일 피고인이 종친회의 통상관례에 따라 결정된 사항을 집행하기 위하여 이에 필요한 종친회원들 명의의 서류를 임의로 작성한 것이라면 비록 사전에 그들의 현실적인 승낙이 없었다고 하더라도 피고인은 그들이 위와 같은 사정을 알았다면 당연히 승낙하였을 것이라고 믿고 한 행위일 수 있는 것이므로, 원심으로서는 이 점을 살펴서 과연 피고인에게 사문서위조의 죄책을 인정할 수 있을 것인지 살펴보아야 할 것이다.

* * *

5. 그렇다면 원심판결에는 문서작성의 추정적 승낙에 관한 법리를 오해하여 심리를 다하지 아니한 위법이 있다고 할 것이고, 논지는 이 범위 안에서 이유 있다.

그러므로 원심판결을 파기환송하기로 하여 관여 법관의 일치된 의견으로 주문과 같이 판결한다.

대법관 윤영철(재판장) 박우동 김상원 박만호

참고판례

(가) 대법원 1985. 11. 26. 선고 85도1487 판결【절도】(공1986, 170)

절도죄는 타인이 점유하는 재물을 절취하는 행위 즉 점유자의 의사에 의하지 아니하고 그 점유를 취득하므로 성립하는 범죄인바, 기록에 의하여 인정되는 피해자는 당시 피고인과 동거 중에 있었고 피고인이 돈 60,000원을 지갑에서 꺼내 가는 것을 피해자가 현장에서 이를 목격하고도 만류하지 아니한 사정 등에 비추어 볼 때 피해자가 이를 허용하는 묵시적 의사가 있었다고 봄이 상당하고 달리 소론이 지적하는 증거들만으로는 피고인이 위 돈 60,000원을 절취하였다고 인정하기에는 부족하다 할 것이다. 원심이 이와 같은 취지에서 절도의 공소사실에 관하여 범죄의 증명이 없다하여 무죄를 선고한 제1심판결을 유지한 조치는 정당하고 거기에 소론과 같은 위법이 있다고는 할 수 없다. 논지는 모두 이유없다.

(나) 대법원 1986. 6. 10. 선고 85도2133 판결【업무상과실치상】(공1986, 895)

원심판결은 그 이유에서, 피고인이 최초의 소파수술을 받은 피해자가 8일 후에 다시 복통을 호소하면서 찾아오자 그 복통이 최초수술로 인한 후유증(최초수술시에 태아조직이 완전히 제거되지 아니한 채 자궁 내에 잔류하므로 인한 후유증)으로 판단하고 두번째의 소파수술을 시행하였으나, 이는 피해자에 대한 최초의 소파수술시에 태아조직으로 볼 수 있는 내용물이 나왔던 점에 근거한 판단으로, 그와 같은 판단이 현재의 의학이론에 크게 벗어나지 않는 것이라는 점, 피해자를 자궁외임신으로 의심하는 경우에도 진단목적으로 소파수술을 시행할 수도 있다는 점, 2차 소파수술로 인한 상처가 지극히 경미한 정도의 것이라는 점에 비추어 보면 비록 위 제2차 소파수술이 피해자의 자궁외임신을 오진한 피고인의 과실에 기인된 것이라 하더라도 이는 사회적 상당성이 인정되는 의사의 통상적인 진료행위에 지나지 않는 것이므로 피고인의 소위를 과실로 상해를 입힌 행위로는 볼 수 없다고 판단하였다.

원심의 판단을 기록에 대조하여 검토해 보면 정당하고, 거기에 소론과 같은 채증법칙 위반이나 경험칙 위반, 의료과오에 관한 법리오해가 있다고 볼 수 없다.

참고문헌

□ 김성규, "피해자의 승낙에 관한 법리로서의 자기결정권", 비교형사법연구 제8권 1호, 2006, 34~36면

의료관계에 있어서도 환자도 한 개인으로서 또한 나아가서는 의료소비자로서 권리의 주체가 되며, 그것에 대한 적절한 보호가 필요한 점은 분명하다고 생각된다. 의료소비자로서의 환자가 추구하는 목적은 자신의 질병을 극복하는 것인데, 그것을 위하여 자신이 납득할 수 있는 치료를 받는 것 또한 환자의 권리이다. 이러한 관점에서, 의사에게는 설명의무가 과하여지는 한편, 환자에게는 자기결정권이 부여되는 것이라고 본다. 의료행위에 있어서의 그와 같은 권리의무관계를 설명하는 것이 이른바 '설명에 의한 동의(informed consent)'의 법리이다.

* * *

설명에 의한 동의의 법리를, 한편으로는 의사가 치료법과 그 위험 등에 관한 정보를 전달하는 의무와, 다른 한편으로는 환자가 치료법 및 그 위험 등에 관하여 이해함으로써 치료행위가 정당화되는 것으로서 관념화한다면, 의사의 정보개시의무는 정보를 제공함으로써 이행되지만 동의에는 궁극적으로 환자의 이해가 필요하다. 요컨대 설명의 의한 동의는 설명과 이해를 호환이 가능한 개념으로 보는 것이 아니다. 따라서 가령 의사의 일정한 의료행위에 관한 동의서에 환자가 서명을 한 경우에 일응 설명에 의한 동의가 얻어진 것으로 보일 수도 있겠지만, 실제로는 종종 그러한 것처럼 동의서의 설명이 긴 경우에는 이해하기가 곤란한 것처럼, 그러한 동의서에 서명한 것과 그 내용을 이해한 것을 동일시할 수는 없을 것이다.

□ 이기헌, "추정적 승낙", 형사판례연구 제6권, 1998, 121, 127면

추정적 승낙은 대개 피해자의 현실적 의사표시가 불가능한 상황에서 가상적 의사를 존중하여 인정되는 것이고 현실적 의사가 표시된 경우에는 이에 우선할 수 없다는 점에서 승낙의 대용품이라고 할 수 있다. 그러나 일정한

범위에서 승낙이 행위의 위법성을 조각하는 이유가 법익주체의 결정권과 법익의 가치 간의 충돌을 조정하는 데 있다고 볼 때, 추정적 승낙에서는 피해자가 결정권을 행사하지 않으므로 그 법적 성질이나 정당화의 근거를 승낙과 같이 볼 수는 없을 것이다. 법익주체의 결정권행사 유무라는 측면에서 본다면 승낙과 추정적 승낙은 상호모순되는 개념이기 때문이다.

* * *

추정적 승낙은 요건상으로는 피해자의 승낙과 긴급피난의 요건들을 함께 갖추고 있으나 구조적으로는 어느 것과도 일치하지 않는다. 피해자의 승낙은 원칙적으로 객관적 이익교량과 관계없이 '피해자의 현실적 의사에 좌우되고', 긴급피난은 '피해자의 의사를 무시한 채' 객관적 이익교량에 좌우되기 때문이다.

쟁점연구

1. 양해와 승낙은 구별되어야 하는가? 양자를 구별한다면 그 실익은 무엇인가? 양자를 구별한다면 형법 제24조는 양해와 승낙을 모두 포함하는 것으로 해석해야 하는가?
2. 양해와 승낙을 구별할 경우 형법 제24조는 양자 모두를 포함하는 것으로 해석할 수 있는가? 있다고 해석할 경우 그 문언적 근거를 무엇인가?
3. 형법 제24조의 피해자의 승낙과 형사소송법 제232조의 고소취소의 차이는 무엇인가?
4. 도입판례 (가)과 참고판례 (나)의 차이는 무엇인가? 두 판례에서 환자의 지위는 어떻게 달라지는가?
5. 피해자의 승낙이 유효하기 위한 요건은 무엇인가?
6. 추정적 승낙의 요건은 피해자의 승낙의 요건과 어떤 점에서 다른가? 도입판례 (가)는 추정적 승낙의 요건을 충족시키는가? 추정적 승낙의 법적 성질은 무엇인가?

주요개념

1. 양해
2. 승낙
3. 추정적 승낙
4. 설명의무
5. 자기결정권

Ⅴ. 법령 또는 업무에 의한 정당행위

도입판례

(가) 대법원 2004. 6. 10. 선고 2001도5380 판결【폭행, 모욕】(공2004, 1187)

【피 고 인】 갑
【상 고 인】 피고인
【원심판결】 대전지법 2001. 9. 20. 선고 2000노1669 판결
【주 문】 상고를 기각한다.
【이 유】

1. 상고이유 제1주장에 관하여

원심이 인용한 제1심 채용 증거들과 대조하여 보니, 여자중학교 체육교사 겸 태권도 지도교사인 피고인이 교실 밖 공개된 장소에서 피해자 공소외 A, 공소외 B를 폭행하였고 피해자 공소외 C, 공소외 D, 공소외 A에게 욕설을 하여 모욕하였다는 요지의 이 사건 공소사실들이 유죄로 증명되었다고 보아 제1심판결을 유지한 원심의 판단은 옳고 그 판단에 필요한 심리를 다하지 아니하였다거나 증거법칙에 위반하였다는 등의 잘못이 없다.

피고인이 그 공소사실과 같은 행위를 한 적이 없음에도 원심이 증거판단과 사실인정을 잘못하였다는 취지의 이 부분 주장들을 받아들이지 아니한다.

2. 상고이유 제2주장에 관하여

형법 제20조가 법령에 의한 행위 또는 업무로 인한 행위 기타 사회상규에 위반되지 아니하는 행위는 벌하지 아니한다고 규정하여 법령에 의한 학생에 대한 징계나 학생에 대한 교육적 지도행위의 경우에는 그 행

위의 위법성이 조각(阻却)되는 것임은 상고이유로 주장된 바와 같다.

그런데 사회상규에 위반되지 아니하는 행위라 함은 법질서 전체의 정신이나 그의 배후에 놓여 있는 사회윤리 도의적 감정 내지 사회통념에 비추어 용인될 수 있는 행위를 말하는 것이어서 어떠한 행위가 사회상규에 위배되지 아니하는가는 구체적 사정 아래에서 합목적적, 합리적으로 고찰하여 개별적으로 판단되어야 할 것이다(대법원 2000. 4. 25. 선고 98도2389 판결 참조).

한편, 교육에 관한 중심 법규이던 구 교육법에 갈음하여 교육기본법(법률 제5437호)이 1998. 3. 1.부터 시행되고 그 법 제9조에 의거하여 초·중등교육법(법률 제5438호)이 제정 시행됨과 아울러 그 동안의 교사와 학생의 인식, 인적·물적 교육환경에 변화가 있었고 그에 따라서 학생의 징계, 지도에 관한 규정내용도 달라졌으므로, 이후 초·중등학교에서의 학생의 징계, 지도에 관한 법적 규율에도 그러한 사정이 반영될 수밖에 없다.

초·중등교육법 제18조 제1항은 "학교의 장은 교육상 필요한 때에는 법령 및 학칙이 정하는 바에 의하여 학생을 징계하거나 기타의 방법으로 지도할 수 있다."고 규정하고 제20조 제3항은 "교사는 법령이 정하는 바에 따라 학생을 교육한다."고 규정하며, 그 법 시행령 제31조 제1항은 "법 제18조 제1항 본문의 규정에 의하여 학교의 장이 교육상 필요하다고 인정할 때에는 학생에 대하여 다음 각 호의 1.의 징계를 할 수 있다. 1. 학교 내의 봉사, 2. 사회봉사, 3. 특별교육, 4. 퇴학처분"이라고 규정하고 그 제31조 제7항은 "학교의 장은 법 제18조 제1항 본문의 규정에 의한 지도를 하는 때에는 교육상 불가피한 경우를 제외하고는 학생에게 신체적 고통을 가하지 아니하는 훈육, 훈계 등의 방법으로 행하여야 한다."고 규정한다.

그 규정들에 따르건대, 교사는 학교장의 위임을 받아 교육상 필요하다고 인정할 때에는 징계를 할 수 있고 징계를 하지 않는 경우에는 그 밖의 방법으로 지도를 할 수 있는데 그 지도에 있어서는 교육상 불가피한 경우에만 신체적 고통을 가하는 방법인 이른바 체벌로 할 수 있고 그 외의 경우에는 훈육, 훈계의 방법만이 허용되어 있는 것이다.

그러하니 교사가 학생을 징계 아닌 방법으로 지도하는 경우에도 징계하는 경우와 마찬가지로 교육상의 필요가 있어야 될 뿐만 아니라 특히 학생에게 신체적·정신적 고통을 가하는 체벌, 비하(卑下)하는 말 등의 언행은 교육상 불가피한 때에만 허용되는 것이어서, 학생에 대한 폭행·욕설에 해당되는 지도행위는 학생의 잘못된 언행을 교정하려는 목적에서 나온 것이었으며 다른 교육적 수단으로는 교정이 불가능하였던 경우로서 그 방법과 정도에서 사회통념상 용인될 수 있을 만한 객관적 타당성을 갖추었던 경우에만 법령에 의한 정당행위로 볼 수 있을 것이다.

따라서 교정의 목적에서 나온 지도행위가 아니어서 학생에게 체벌·훈계 등의 교육적 의미를 알리지도 않은 채 지도교사의 성격 또는 감정에서 비롯된 지도행위라든가, 다른 사람이 없는 곳에서 개별적으로 훈계·훈육의 방법으로 지도·교정될 수 있는 상황이었음에도 낯모르는 사람들이 있는 데서 공개적으로 학생에게 체벌·모욕을 가하는 지도행위라든가, 학생의 신체나 정신건강에 위험한 물건 또는 지도교사의 신체를 이용하여 학생의 신체 중 부상의 위험성이 있는 부위를 때리거나 학생의 성별, 연령, 개인적 사정에서 견디기 어려운 모욕감을 주어 방법·정도가 지나치게 된 지도행위 등은 특별한 사정이 없는 한 사회통념상 객관적 타당성을 갖추었다고 보기 어려운 것이다.

이 사건 사실관계에 위의 법리를 적용하여 본즉, 피고인이 피해자들의 각 언행을 교정하기 위하여는 위에서 본 학생지도시의 준수요건을 지켜 개별적 지도로서 훈계하는 등의 방법을 사용할 수 있었던 상황이었으며 달리 특별한 사정은 인정될 수 없었음에도 스스로의 감정을 자제하지 못한 나머지 많은 낯모르는 학생들이 있는 교실 밖에서 피해자 학생들의 행동을 본 즉시 피고인 자신의 손이나 주먹으로 피해자 공소외 A의 머리 부분을 때렸고 피고인이 신고 있던 슬리퍼로 피해자 공소외 B의 양손을 때렸으며 감수성이 예민한 여학생인 피해자들에게 모욕감을 느낄 지나친 욕설을 하였던 것은 사회관념상 객관적 타당성을 잃은 지도행위이어서 정당행위로 볼 수 없을 터인바, 같은 전제에서 나온 원심의 판단은 올바른 것으로 수긍할 수 있다.

원심의 그 판단에 법령에 의한 징계, 지도권 행사에 관련된 심리를 다하지 아니하였다거나 관련 법리를 오해하였던 잘못이 있다는 상고이유 중 이 부분 주장도 받아들이지 아니한다.

3. 결론

그러므로 피고인의 상고를 기각하기로 관여 대법관들의 의견이 일치되어 주문에 쓴 바와 같이 판결한다.

대법관 이용우(재판장) 조무제(주심) 이규홍

(나) 대법원 2001. 10. 25. 선고 99도4837 전원합의체 판결【업무방해】

【피 고 인】 피고인 1외 2인

【상 고 인】 검사

【변 호 인】 변호사 김기덕 외 1인

【원심판결】 대전지법 1999. 8. 13. 선고 99노224 판결

【주 문】 원심판결 중 피고인들에 대한 무죄부분을 파기하고, 그 부분 사건을 대전지방법원 본원 합의부에 환송한다.

【이 유】

1. 상고심판의 대상인 공소사실 부분과 원심의 판단

가. 피고인들에 대한 이 사건 공소사실 중 상고심의 판단대상이 된 부분의 요지는 "공소주식회사 노동조합 대전지부장인 피고인 1과 위의 지부 교육선전부장인 피고인 2및 위의 지부 조사통계부장인 피고인 3은 1998. 5. 6.부터 그 달 12일까지 일요일을 제외한 기간 동안 노동조합 조합원 약 200명을 작업장에서 이탈케 하여 만도기계 주식회사 대전 생산기술원의 구내식당에 모이게 한 다음 각종 집회를 개최하여 생산활동을 전면 중단케 함으로써 위력으로써 공소외주식회사의 업무를 방해하였

다.”는 것이다.

* * *

2. 이 법원의 판단

가. 노동조합및노동관계조정법(아래에서는 ‘노동조정법’이라고 한다) 제1조는 “이 법은 헌법에 의한 근로자의 단결권·단체교섭권 및 단체행동권을 보장하여 근로조건의 유지·개선과 근로자의 경제적·사회적 지위의 향상을 도모하고, 근로관계를 공정하게 조정하여 노동쟁의를 예방·해결함으로써 산업평화의 유지와 국민경제의 발전에 이바지함을 목적으로 한다.”고 규정하고, 노동조정법 제4조는 “형법 제20조의 규정은 노동조합이 단체교섭·쟁의행위 기타의 행위로서 제1조의 목적을 달성하기 위하여 한 정당한 행위에 대하여 적용된다. 다만, 어떠한 경우에도 폭력이나 파괴행위는 정당한 행위로 해석되어서는 아니된다.”고 규정하며, 노동조정법 제37조 제1항은 “쟁의행위는 그 목적·방법 및 절차에 있어서 법령 기타 사회질서에 위반되어서는 아니된다.”고 규정하고, 제2항은 “조합원은 노동조합에 의하여 주도되지 아니한 쟁의행위를 하여서는 아니된다.”고 규정하며, 노동조정법 제41조 제1항은 “노동조합의 쟁의행위는 그 조합원의 직접·비밀·무기명투표에 의한 조합원 과반수의 찬성으로 결정하지 아니하면 이를 행할 수 없다.”고 규정하고 있다.

그리고 대법원도 그 규정들에 좇아 근로자의 쟁의행위가 형법상 정당행위가 되기 위하여는 첫째 그 주체가 단체교섭의 주체로 될 수 있는 자이어야 하고, 둘째 그 목적이 근로조건의 향상을 위한 노사간의 자치적 교섭을 조성하는 데에 있어야 하며, 셋째 사용자가 근로자의 근로조건 개선에 관한 구체적인 요구에 대하여 단체교섭을 거부하였을 때 개시하되 특별한 사정이 없는 한 조합원의 찬성결정 등 법령이 규정한 절차를 거쳐야 하고, 넷째 그 수단과 방법이 사용자의 재산권과 조화를 이루어야 함은 물론 폭력의 행사에 해당되지 아니하여야 한다는 여러 조건을 모두 구비하여야 한다고 되풀이 판시하고(대법원 1990. 5. 15. 선고 90도357 판결; 1991. 5. 24. 선고 91도324 판결; 1996. 1. 26. 선고 95도1959 판결;

1996. 2. 27. 선고 95도2970 판결; 1998. 1. 20. 선고 97도588 판결; 2000. 5. 12. 선고 98도3299 판결; 2001. 6. 12. 선고 2001도1012 판결 등 참조), 특히 그 절차에 관하여 쟁의행위를 함에 있어 조합원의 직접·비밀·무기명투표에 의한 찬성결정이라는 절차를 거쳐야 한다는 규정은 노동조합의 자주적이고 민주적인 운영을 도모함과 아울러 쟁의행위에 참가한 근로자들이 사후에 그 쟁의행위의 정당성 유무와 관련하여 어떠한 불이익을 당하지 않도록 그 개시에 관한 조합의사의 결정에 보다 신중을 기하기 위하여 마련된 규정이므로 위의 절차를 위반한 쟁의행위는 그 절차를 따를 수 없는 객관적인 사정이 인정되지 아니하는 한 정당성이 상실된다고 잇달아 판시하여(대법원 1992. 3. 13. 선고 91누10473 판결; 1992. 9. 22. 선고 91다4317 판결; 1992. 12. 8. 선고 92누1094 판결; 2000. 3. 10. 선고 99도4838 판결 등 참조) 위의 규정들의 취지를 분명히 하여 왔다.

그러하니 이러한 해석견해와 달리 쟁의행위의 개시에 앞서 노동조정법 제41조 제1항에 의한 투표절차를 거치지 아니한 경우에도 조합원의 민주적 의사결정이 실질적으로 확보된 때에는 단지 노동조합 내부의 의사형성 과정에 결함이 있는 정도에 불과하다고 하여 쟁의행위의 정당성이 상실되지 않는 것으로 해석한다면 위임에 의한 대리투표, 공개결의나 사후결의, 사실상의 찬성간주 등의 방법이 용인되는 결과, 그와 같은 견해는 위의 관계 규정과 대법원의 판례취지에 반하는 것이 된다.

따라서 견해를 달리하여 노동조정법 제41조 제1항을 위반하여 조합원의 직접·비밀·무기명 투표에 의한 과반수의 찬성결정을 거치지 아니하고 쟁의행위에 나아간 경우에도 조합원의 민주적 의사결정이 실질적으로 확보된 경우에는 위와 같은 투표절차를 거치지 아니하였다는 사정만으로 쟁의행위가 정당성을 상실한다고 볼 수 없다는 취지의 대법원 2000. 5. 26. 선고 99도4836 판결은 위의 판결들과 어긋나는 부분에 한하여 변경하기로 한다.

나. 그럼에도 원심에 이르기까지 다른 위법성 조각사유가 심리·인정되지 아니한 이 사건에서, 원심이 공소외노동조합이 노동조정법 제41조

제1항에 의한 조합원의 직접·비밀·무기명 투표에 의한 조합원 과반수의 찬성결정 절차를 거치지 아니하고 파업에 나아간 사실을 인정하고서도, 파업개시에 앞서 조합원 총회를 거친 이상 위와 같이 조합원에 의한 투표절차를 거치지 아니한 것은 단지 노동조합 내부의 의사형성 과정상의 결함에 지나지 아니하며 조합원 총회 이후 파업에 참여한 인원 등에 비추어 조합원 대다수가 파업에 찬성한 것으로 보이므로 조합원 총회에서 투표를 실시하지 아니하였더라도 파업의 절차가 위법하다고 할 수 없어 그 파업은 위법성이 조각된다는 이유로 상고심판 대상이 된 공소사실 부분에 대하여 무죄를 선고한 데에는, 필요한 심리를 다하지 아니하였거나 쟁의행위의 정당성과 노동조정법 제41조 제1항의 해석에 관한 위에서 본 법리와 대법원판례들의 취지를 오해한 나머지 판결의 결과에 영향을 끼친 위법이 있으므로, 그 사항을 지적하는 검사의 상고이유의 주장은 정당하기에 이 법원은 그 주장을 받아들인다.

* * *

4. 대법관 송진훈, 대법관 손지열, 대법관 박재윤의 반대의견은 다음과 같다.

가. 피고인들이 가담한 쟁의행위 중 상고심의 판단대상이 된 부분(이하 이 부분만을 '이 사건 쟁의행위'라고 한다)이 그 절차 중 조합원총회의 찬·반투표를 실시하지 아니하였다는 점 외에는 주체, 목적, 수단·방법의 모든 점에 있어서 정당성이 인정된다는 원심의 판단에 대하여는, 다수의견도 대체로 긍인하는 것으로 보인다. 따라서 이 사건에서의 쟁점은, 쟁의행위가 다른 모든 점에서 정당하고 다만, 조합원 찬·반투표를 거치지 아니한 결함이 있을 뿐인 경우에, 그와 같은 사정만으로 쟁의행위 전체가 형사상 위법한 것으로 평가되고, 그 쟁의행위에 가담한 근로자 전원이 형법상 업무방해죄로 처벌받아야 하는가로 정리될 수 있다.

다수의견이 설시하는 대로, 대법원은 쟁의행위를 함에 있어 조합원의 직접·비밀·무기명투표에 의한 찬성결정이라는 절차를 거쳐야 한다는 노동조정법 제41조 제1항의 규정은, 노동조합의 자주적이고 민주적인 운영을 도모함과 아울러 쟁의행위에 참가한 근로자들이 사후에 그 쟁의행위의 정당성 유무와 관련하여 어떠한 불이익을 당하지 않도록 그 개시에 관한 조합의사의 결정에 보다 신중을 기하기 위하여 마련된 규정이므로, 위의 절차에 위반한 쟁의행위는 그 절차에 따를 수 없는 객관적인 사정이 인정되지 아니하는 한 정당성이 상실된다고 거듭 판시하여 왔는바, 조합원의 찬·반투표에 관한 이러한 견해는 노동조합이나 근로자들에게 쟁의행위로 인한 손해배상책임을 묻거나 쟁의행위에 참가한 근로자들의 징계책임을 묻는 민사사건이나 행정사건에 있어서의 쟁의행위의 정당성에 관한 법리로는 일반적으로 타당한 견해이지만, 쟁의행위에 참가한 근로자들에게 업무방해죄라는 형사책임을 묻는 형사사건에 있어서는 반드시 그와 같은 법리를 따라야 하는 것이라고는 할 수 없고, 이 사건의 구체적 사안에 비추어 볼 때 이 사건 쟁의행위에 관하여 피고인들에게 무죄를 선고한 원심판결 부분을 파기한다는 다수의견의 결론에 찬성할 수 없으므로, 아래와 같은 논거에 의하여 반대의견을 표명하는 것이다.

나. 그 논거는 다음과 같다.

(1) 쟁의행위를 포함한 단체행동권은 헌법상으로 보장된 근로자의 기본권으로서 쟁의행위에 대한 제한은 필요한 최소한의 범위에 그쳐야 하고 같은 취지에서 쟁의행위를 형사처벌로써 제재하는 것은 특히 신중을 기할 필요가 있으므로, 쟁의행위를 업무방해죄 등 형사범죄로 처벌함에 있어서는 민사상 또는 노동법상 쟁의행위를 평가하는 경우에 적용되는 위법성의 기준보다는 일층 강한 정도의 위법성을 요한다고 할 것이고(이른바 위법의 상대성론), 따라서 쟁의행위의 정당성을 논함에 있어서도 형사처벌을 면하기 위한 정당성의 인정과 민사상 또는 노동법상 책임을 면하기 위한 정당성의 인정 사이에는 차이가 있을 수 있다. 따라서 조합원 찬·반투표를 거치지 아니한 쟁의행위의 정당성에 관한 위에서 본 대법원의 입장을 기본적으로 유지한다고 하더라도, 형사사건에 있어서는 사안에 따라 그 위법성의 평가를 달리할 수 있다고 보는 것이다. 대법원

도 조정전치의 규정에 따르지 아니한 절차위반의 쟁의행위와 관련하여, "노동조정법 제45조의 조정전치에 관한 규정의 취지는 분쟁을 사전 조정하여 쟁의행위 발생을 회피하는 기회를 주려는 데에 있는 것이지 쟁의행위 자체를 금지하려는 데에 있는 것이 아니므로, 쟁의행위가 조정전치의 규정에 따른 절차를 거치지 아니하였다고 하여 무조건 정당성이 결여된 쟁의행위라고 볼 것이 아니고, 그 위반행위로 말미암아 사회·경제적 안정이나 사용자의 사업운영에 예기치 않은 혼란이나 손해를 끼치는 등 부당한 결과를 초래할 우려가 있는지의 여부 등 구체적 사정을 살펴서 그 정당성 유무를 가려 형사상 죄책을 판단하여야 한다."고 판시하여(대법원 2000. 10. 13. 선고 99도4812 판결 참조), 쟁의행위에 있어서 단순한 절차위반의 경우 형사법상의 위법성이 조각될 수 있는 가능성 내지 쟁의행위에 관한 위법성의 평가에 있어서 민사사건 등과 형사사건 사이의 차별의 가능성을 시사한 바 있다.

(2) 쟁의행위 과정에서 행한 개개 근로자의 행위가 폭행죄, 협박죄, 강요죄 등 범죄구성요건에 해당하는 경우에 각 해당 법규정에 따라 처벌함은 당연하다. 그리고 판례는 정당성을 결여한 쟁의행위는 비록 소극적으로 근로를 제공하지 아니한 것에 그친 경우(파업, 태업 등)라도 근로자들이 위력에 의하여 사용자의 업무를 방해하는 것으로 보고 형법상 업무방해죄의 성립을 인정하고 있다. 그러나 이와 같은 판례의 입장에 나름대로 근거가 있음을 긍인한다고 하더라도, 쟁의행위를 포함한 근로자의 단체행동권이 헌법상 보장되고 있는 상황에서 적극적인 위력이나 위계와 같은 언동이 없이 소극적으로 근로제공을 거부하였을 뿐인 쟁의행위, 즉 단순파업이나 태업에 대하여 형법상 일반 처벌법규인 업무방해죄로 처벌하는 것은 극히 신중을 기할 필요가 있다. 따라서 쟁의행위의 주체, 목적, 시기, 수단·방법이 모두 정당하고 단지 일부 절차상의 결함이 있었을 뿐인 경우에, 그 쟁의행위에 가담한 근로자를 업무방해죄로 처벌함에 있어서는, 아주 제한된 범위에서만 그 위법성을 인정하여야 한다고 보는 것이다. 앞에서 본 대법원 2000. 10. 13. 선고 99도4812 판결

도 이런 관점에서 이해될 수 있다.

* * *

(7) 결론적으로, 조합원의 찬·반투표를 거치지 아니한 쟁의행위는 그 절차를 따를 수 없는 객관적인 사정이 인정되지 아니하는 한 정당성이 상실된다고 하는 대법원 종전 판례의 견해와 이를 유지하고자 하는 다수의견의 견해가 일반론으로서 타당한 것임은 이를 인정하고, 조합원의 찬·반투표를 실시하지 아니한 것은 단지 노동조합 내부의 의사형성 과정상의 결함에 지나지 아니하고 파업에 참여한 인원 등에 비추어 조합원 대다수가 파업에 찬성한 것으로 보이므로 찬·반투표를 실시하지 아니하였다는 사정만으로 파업절차가 위법하다고 할 수 없다고 한 원심의 견해(같은 취지로 이해되는 범위 내에서 대법원 2000. 5. 26. 선고 99도4836 판결의 견해도 마찬가지임)는 그것이 모든 경우에 적용되는 일반론으로 이해되는 한 노동조정법이 규정한 찬·반투표의 성격을 오해한 것으로서 잘못된 것으로 본다. 그러나 쟁의행위를 형사처벌함에 있어서는 위의 일반론과는 달리 구체적인 사안에 따라 찬·반투표의 불실시에도 불구하고 그에 단순가담한 근로자의 단순파업행위를 위법하다고 볼 수 없는 경우가 있다고 보고, 이 사건의 피고인들의 이 사건 쟁의행위가 바로 그런 경우에 해당한다고 보는 점에서, 다수의견과 견해를 달리하는 것이다.

다. 이상의 이유로 다수의견에는 찬동할 수 없고, 원심판결 중 피고인들에 대한 무죄부분은 이 사건 쟁의행위와 관련하여 피고인들을 처벌하지 아니하기로 하는 결론에 있어서 정당하므로 그대로 유지되어야 할 것이다.

대법원장 최종영(재판장) 송진훈 서성 조무제 유지담 윤재식 이용우 배기원 강신욱 이규홍 이강국 손지열(주심) 박재윤

참고판례

▷ 대법원 2002. 2. 26. 선고 99도5380 판결 【특수공무집행방해 · 폭력행위등처벌에관한법률위반 · 업무방해 · 집회및시위에관한법률위반】

정리해고나 사업조직의 통폐합 등 기업의 구조조정의 실시 여부는 경영주체에 의한 고도의 경영상 결단에 속하는 사항으로서 이는 원칙적으로 단체교섭의 대상이 될 수 없고, 그것이 긴박한 경영상의 필요나 합리적인 이유 없이 불순한 의도로 추진되는 등의 특별한 사정이 없는 한, 노동조합이 실질적으로 그 실시 자체를 반대하기 위하여 쟁의행위에 나아간다면, 비록 그 실시로 인하여 근로자들의 지위나 근로조건의 변경이 필연적으로 수반된다 하더라도 그 쟁의행위는 목적의 정당성을 인정할 수 없다 할 것이다. 한편, 쟁의행위에서 추구되는 목적이 여러 가지이고 그 중 일부가 정당하지 못한 경우에는 주된 목적 내지 진정한 목적의 당부에 의하여 그 쟁의목적의 당부를 판단하여야 할 것이고, 부당한 요구사항을 뺐더라면 쟁의행위를 하지 않았을 것이라고 인정되는 경우에는 그 쟁의행위 전체가 정당성을 갖지 못한다고 보아야 할 것이다.

참고문헌

□ 조국, "교사의 체벌과 정당행위", 서울대학교 법학 제48권 제4호, 2007. 12.

체벌은 통상 신체적 고통을 가하는 방법에 따라 '직접체벌'과 '간접체벌'로 나뉠 수 있다. 전자는 도구나 신체를 사용하여 학생의 신체에 직접적인 고통을 가하는 것이며, 후자는 도구나 신체를 사용하지 않고 학생에게 의무 없는 일을 하게 함으로써 신체적 고통을 느끼게 하는 것이다. 통상 "얼차려"라고 불리는 것으로, 꿇어앉히기, 팔이나 물건을 들고 서 있기, 운동장 뛰기, 토끼뜀, 오리걸음, 팔굽혀펴기 등이 그 예이다.

여기서 대상판결이나 기존의 학설이 고민하지 않고 있는 지점이 있다.

즉 동 시행령[=초·중등교육법 시행령 제31조 제7항] 상의 '신체적 고통을 가하는 지도'에 '직접체벌'과 '간접체벌'이 모두 포함되는가의 문제이다. 대상판결에서 제시하는 여러 허용요건이 충족할 경우 '간접처벌'은 법령상 허용되는 정당행위로 위법성이 조각될 수 있다고 판단한다. … (물론 '간접체벌'도 '신체적 고통을 가하지 않는 지도'를 선행하지 않고 바로 시행되었거나, 그 정도가 심하여 학생에게 심각한 고통이나 상해를 야기했다면 정당화되지 않을 것이다).

그러나 '직접체벌'은 '간접처벌'과 달리 취급되어야 한다. '직접체벌'은 교사의 신체나 도구를 사용하여 학생의 신체에 직접 고통을 가하는 것이기 때문에, 학생이 받은 정신적 충격이나 인격적 모멸감이 '간접처벌'에 비하여 매우 커진다. 그리고 '직접체벌'에서는 학생의 반응에 따라 교사가 흥분할 가능성과 그에 따라 체벌이 과도하게 진행될 가능성이 상존하고 있다. 또한 '직접체벌'의 교육적 효과가 얼마나 있는지, '간접체벌'에 더하여 '직접체벌'을 반드시 가해야 할 교육적 필요성이 있는지도 의문스럽다. 교육기본법 제2조는 교육이념으로 "모든 국민으로 하여금 인격을 도야하고 자주적 생활능력과 민주시민으로서 필요한 자질을 갖추게 하여 인간다운 삶을 영위하게" 하는 것을 밝히고 있고, 초·중등교육법 시행령 제31조 제7항도 "신체적 고통을 가하는 지도"는 "교육상 불가피한 경우"에만 인정되는 예외적인 것이라고 규정하고 있다.

이상의 점에서 볼 때 초·중등교육법 시행령이 전제하는 체벌에는 애초에 '직접체벌'을 포함하지 않고 '간접처벌'만 포함될 뿐이라고 해석해야 한다. 따라서 '직접체벌'은 법령에 의하여 정당한 행위로 위법성이 조각되지 않는다.

다만, 형법 제20조의 논리상 '직접체벌'도 사회상규에 반하지 않는 행위로 정당화되는 경우를 상정할 수 있다. 그렇지만 이 경우 '직접체벌'이 사회상규에 반하지 않아 정당화된다는 판단은 매우 엄격한 기준을 적용하여 이루어져야 한다.

□ 김순태, "파업에 대한 업무방해죄 적용불가론 및 업무방해죄의 위헌성," 노동쟁의행위의 가벌성에 관한 연구", 민주법학 제12호(1997).

파업은 근로자가 집단적으로 노무제공을 정지할 뿐만 아니라 사용자에게 압력을 가하여 소기의 요구조건을 관철하고자 하는 실력행사이다. 따라서 파업의 경우 사용자의 업무의 정상한 운영이 저해되는 것은 당연한 귀결이다. 그렇다면 파업에 대한 업무방해죄의 적용은 근로제공거부를 처벌하는 것이다. … '일하지 않는 것'과 적극적으로 '업무를 방해'하는 것은 근본적으로 다르다.

파업은 헌법이 보장한 단체행동권의 행사이기 때문에 시민법원리를 원용하는 것은 적절치 못하다고 생각한다. 그러나 굳이 형법원리에 입각하여 고찰한다 하더라도 파업은 업무방해죄의 구성요건해당성이 없다. … '일할 의무'는 부작위범에서 말하는 작위의무와는 그 성격과 차원을 달리한다. '일할 의부'가 있다고 하더라도 한편 누구나 '강제로 일하지 않을 권리'가 있기 때문이다.

쟁점연구

1. 학교에서 이루어지는 '체벌'의 법규적 근거는 무엇인가? 학교의 장이 아닌 교사의 체벌도 정당화될 수 있는가? 된다면 어떠한 근거에서 그러한가?
2. 2007년 12월 신설된 초·중등교육법 제18조의 4는 "학교의 설립자·경영자와 학교의 장은 「헌법」과 국제인권조약에 명시된 학생의 인권을 보장하여야 한다."라고 규정하고 있다. 그리고 '유엔아동권리위원회'는 1991년 '유엔아동권리협약'에 가입한 한국 정부에 대하여 1996년과 2003년에 걸쳐 "모든 형태의 체벌을 명백하게 금지할 것"을 권고한 바 있다. 이러한 관점에서 볼 때 "신체적 고통을 가하는 지도"를 규정한 초·중등교육법 시행령 제31조 제7항은 어떻게 평가되어야 하는가?

3. 2010년 서울시 교육청은 일체의 체벌금지 지침을 일선 학교에 시달했다. 한편 교육과학기술부는 '직접체벌'은 금지하고 '간접체벌'을 교사의 재량에 따라 허용하는 쪽으로 초·중등교육법 시행령 제31조를 개정하는 것을 고려하고 있다. 각 입법론의 논거는 무엇인가?
4. 노동쟁의행위가 형법상 정당행위로 인정되기 위한 요건은 무엇인가?
5. 도입판례 (나)의 다수의견과 반대의견의 차이는 무엇인가?
6. 대법원은 집단적 노무제공거부행위는 폭행·협박 또는 다른 근로자들에 대한 실력행사 등을 수반하지 않더라도 그 자체로 업무방해죄의 구성요건에 해당하고, 정당성이 인정되는 경우에 한하여 예외적으로 위법성이 조각되는 것이라는 입장을 취하고 있다(대법원 1991. 4. 23. 선고 90도2771 판결【업무방해】). 이러한 입장은 어떠한 문제가 있는가(조국, "쟁의행위에 대한 업무방해죄 적용 비판—대법원 판결 비판을 중심으로," 비교형사법연구 제12호, 2010. 7.)?
7. 경영권 관련 사항은 노동쟁의의 대상이 될 수 있는가? 참고판례와 대법원 1994. 8. 26. 선고 93누8993 판결【단체협약취소변경명령】을 비교하라.

주요개념

1. 법령에 의한 행위
2. 업무로 인한 행위
3. 체벌
4. 노동쟁의

Ⅵ. 기타 사회상규에 위배되지 아니하는 행위

도입판례

(가) 대법원 2000. 4. 25. 선고 98도2389 판결【의료법위반】(공2000, 1345)

【피 고 인】 갑
【상 고 인】 검사
【변 호 인】 변호사 김헌무 외 2인
【원심판결】 춘천지법 1998. 7. 9. 선고 97노368 판결
【주 문】 상고를 기각한다.
【이 유】

상고이유를 본다.

1. 원심판결 이유에 의하면, 원심은, 피고인이 공소외 A의 맥을 짚어 보고 그 병명을 진단한 후 수지침을 시술하였다는 이 사건 공소사실을 인정하여 피고인의 이와 같은 행위가 의료법에서 금지하고 있는 무면허 의료행위에 해당한다고 판단하면서도, 피고인의 위와 같은 수지침시술행위는 손등과 손바닥에만 하는 것으로서 피부에 침투하는 정도가 아주 경미하여 부작용이 생길 위험이 극히 적은 사실(아직까지 부작용이 보고된 예는 보이지 아니한다), 수지침시술은 1971년경 공소외 B에 의하여 연구, 발표된 이래 국민건강요법으로 이용되어 왔고, 수지침을 연구하는 사람들의 모임인 K수지요법학회는 전국 160개 지부를 통하여 전국에 걸쳐 수지침을 통한 의료봉사활동을 하고 있으며, 수지침시술은 누구나 쉽게 배워 스스로를 진단하여 자신의 손에 시술할 수 있고, 또한 실제로 많은 사람들이 민간요법으로 이용하고 있는 사실, 피고인은 수지침의 전문가

로서 위 학회의 춘천시지회를 운영하면서 일반인들에게 수지침요법을 보급하고, 수지침을 통한 무료의료봉사활동을 하여 온 사실, 위 A는 스스로 수지침(침의 총길이 1.9~2.3㎝, 침만의 길이 약 0.7~1㎜) 한 봉지를 사가지고 피고인을 찾아와서 수지침시술을 부탁하므로, 피고인은 아무런 대가를 받지 아니하고 이 사건 시술행위를 한 사실 등을 인정한 다음, 수지침시술로 인한 부작용의 발생가능성이 극히 적은 점, 수지침시술이 우리 사회에 민간요법으로서 광범위하게 행하여지고 있는 점, 피고인이 위와 같은 행위에 이르게 된 경위 등 제반 사정에 비추어 보면, 피고인의 위 행위는 사회통념상 허용될 만한 정도의 상당성이 있는 것으로서 형법 제20조 소정의 정당행위에 해당하여 범죄로 되지 아니한다고 판단하여 이 사건 공소사실을 유죄로 인정한 제1심판결을 파기하고 피고인에 대하여 무죄를 선고하였다.

2. 형법 제20조 소정의 '사회상규에 위배되지 아니하는 행위'라 함은 법질서 전체의 정신이나 그 배후에 놓여 있는 사회윤리 내지 사회통념에 비추어 용인될 수 있는 행위를 말하고(대법원 1997. 11. 14. 선고 97도2118 판결 참조), 어떠한 행위가 사회상규에 위배되지 아니하는 정당한 행위로서 위법성이 조각되는 것인지는 구체적인 사정 아래서 합목적적·합리적으로 고찰하여 개별적으로 판단되어야 할 것인바, 이와 같은 정당행위를 인정하려면 첫째 그 행위의 동기나 목적의 정당성, 둘째 행위의 수단이나 방법의 상당성, 셋째 보호이익과 침해이익과의 법익권형성, 넷째 긴급성, 다섯째 그 행위 외에 다른 수단이나 방법이 없다는 보충성 등의 요건을 갖추어야 한다(대법원 1986. 10. 28. 선고 86도1764 판결, 1994. 4. 15. 선고 93도2899 판결, 1999. 1. 26. 선고 98도3029 판결 등 참조).

그리고 일반적으로 면허 또는 자격 없이 침술행위를 하는 것은 의료법 제25조의 무면허 의료행위(한방의료행위)에 해당되어 같은 법 제66조에 의하여 처벌되어야 하고(대법원 1986. 10. 28. 선고 86도1842 판결, 1993. 1. 15. 선고 92도2548 판결 등 참조), 수지침시술행위도 위와 같은 침술행위의 일종으로서 의료법에서 금지하고 있는 의료행위에 해당하며(대법원 1996. 7. 30. 선고 94도1297 판결 참조), 이러한 수지침시술행위가 광범위하고 보편화된 민간요법이고, 그 시술로 인한 위험성이 적다는 사정만으로 그것이 바로 사회상규에 위배되지 아니하는 행위에 해당한다고 보기는 어렵다고 할 것이나, 수지침은 위와 같이 시술부위나 시술방법 등에 있어서 예로부터 동양의학으로 전래되어 내려오는 체침의 경우와 현저한 차이가 있고, 일반인들의 인식도 이에 대한 관용의 입장에 기울어져 있으므로, 이러한 사정과 함께 시술자의 시술의 동기, 목적, 방법, 횟수, 시술에 대한 지식수준, 시술경력, 피시술자의 나이, 체질, 건강상태, 시술행위로 인한 부작용 내지 위험발생 가능성 등을 종합적으로 고려하여 구체적인 경우에 있어서 개별적으로 보아 법질서 전체의 정신이나 그 배후에 놓여 있는 사회윤리 내지 사회통념에 비추어 용인될 수 있는 행위에 해당한다고 인정되는 경우에는 형법 제20조 소정의 사회상규에 위배되지 아니하는 행위로서 위법성이 조각된다고 할 것이다.

원심판결 이유를 기록에 비추어 살펴보면, 원심이 위 인정한 사실관계 아래서 피고인의 수지침 시술행위가 형법 제20조 소정의 사회상규에 위배되지 아니하는 정당행위에 해당한다고 판단한 것은 그 설시에 있어 다소 부적절한 점이 없는 것은 아니나 전체적으로는 위에서 본 법리에 따른 것으로서 정당한 것으로 수긍이 되고, 거기에 상고이유에서 주장하는 바와 같은 정당행위에 관한 법리를 오해한 위법이 있다고 할 수 없으며, 검사의 상고이유의 주장은 피해자에게 부작용이 발생하고 피해자의 의사에 반하여 시술이 이루어졌고 시술의 대가를 받은 것을 전제로 하고 있으나, 기록상 그와 같이 인정하기에 족한 증거가 없고, 또 이 사건의 경우에는 위에서 본 정당행위의 요건 중 긴급성이나 보충성 등의 요건도 수지침의 시술방법, 시술에 따른 부작용의 위험성 정도 등에 비추어 그 엄격한 적용이 요청되는 경우는 아니라 할 것이다.

3. 그러므로 상고를 기각하기로 하여 관여 법관의 일치된 의견으로 주

문과 같이 판결한다.

대법관 이임수(재판장) 이돈희 송진훈 윤재식(주심)

(나) 대법원 1983. 2. 8. 선고 82도357 판결【업무상횡령, 허위공문서작성, 허위공문서작성행사】(집31-1, 형71)

【피 고 인】 갑
【상 고 인】 검사
【변 호 인】 변호사 이재인
【원심판결】 서울형사지방법원 1981. 12. 24. 선고 81노2818 판결
【주 문】 원심판결 무죄부분 중 그 일부(공소사실 제2, 제3)를 파기하고, 이 부분 사건을 서울형사지방법원 합의부에 환송한다. 나머지 상고를 기각한다.
【이 유】

1. 검사의 상고이유 제1점을 판단한다.

원심판결 이유를 기록과 대조하여 살펴보면, 피고인은 전매지청 산하 전매서장으로서 정부전매품인 홍삼제품을 판매하여 그 판매이익금을 도합한 판매대금을 국고에 불입하는 등의 업무에 종사하여 오던 자인바, 위 홍삼제품은 전량을 외국에 수출하여 왔으나 그 수출이 부진하자 국고수입을 올리기 위하여 1978.경부터는 국내 시판을 개시하고 그 판매를 독려 하게 된 사실, 동 전매서의 경우 1979년도의 판매할당량은 전년에 비해 3배에 이른 반면 그에 대한 수요는 늘지 않아 동 전매서의 직근 상급관청인 동 전매지청은 피고인을 포함한 관할 각 전매서장 및 판매과장 회의를 여러 번 소집하여 공식적으로는 홍삼판매활동의 강화와 그 직원 가족의 판매요원화 등을 지시하고, 내면적 비공식적으로는 그 직원들을 직접 동원하여 각 할당량의 소화를 이행하도록 암시 내지 묵인하였던 사실, 홍삼제품의 판매는 원칙적으로 그 지정판매인들에게만 정부매도가격으로 판매하게 되어 있고, 전매서에 찾아오는 실수요자에게는 위 가격에

판매이익 2할을 가산한 소매가격으로 매도하여 이를 모두 국고에 불입하게 되어 있는바, 1979년도에 동 전매서의 판매할당량은 금 3,900여만 원에 달했음에도 실수요자가 적어 지정판매인들이 판매를 위한 인수를 꺼렸기 때문에 지정판매인을 통한 판매실적은 80여만 원에 불과하게 되자, 피고인을 포함한 동 전매서의 간부들은 그 대책을 숙의한 끝에 동 전매서에 근무하는 A의 처로서 홍삼판매인 지정을 받은 B와 동 전매서 관하 지청지정 판매인들의 조합장인 C 등의 협력을 받기로 하여 동인들의 동의하에 동인들이 홍삼제품을 그 명의로 정부매도가격에 인수하는 형식을 취하되 판매는 동서직원들이 직접 나서기로 하여, 위 소속직원 27명은 위 지정소매인들에게 인수시킨 홍삼제품을 판매하기 위하여 시간 외 또는 휴일근무를 하여 1979. 7. 24.부터 동년 12. 29.까지 합계 금 11,090,140원 상당의 홍삼제품을 실수요자에게 판매한 사실, 피고인은 이렇게 편법으로 처리한 업무를 법령상 허용되는 사무처리와 일치시킬 목적으로 1979. 8. 2. 소속직원 공소외 E에게 지시하여 지정판매인 D 명의의 홍삼제품 매도신청서 1매(정부매도가격 금 3,051,840원 상당)를, 1980. 4. 15.경 소속직원 공소외 F를 시켜 지정판매인 B 명의의 위 매도신청서 6매(정부매도가격 총액 금 7,770,000원 상당)를 각 작성케 하고 위 지정판매인들로부터 보관받은 인장을 압날한 후, 위 각 신청서 영수란에 위 소속직원 명의로 각 정부매도가격에 상당한 금원을 영수한 뜻을 기재작성하고, 이를 비치 행사한 사실, 피고인은 위와 같이 소매가격으로 판매한 대금 및 판매이익금을 보관하다가 판매이익금 1,734,960원 중 금 200,000원을 위 지정소매인들에 대한 공과금 보상조로 지급하고, 판매를 담당한 전직원 27명에게 교통비 및 수당조로 각 금 28,000원씩 합계 금 784,000원을 분배하고, 직원가족야유회 경비로 금 532,960원을, 피고인 자신의 접대비조로 금 52,000원을, 나머지는 직원회식비로 소비한 사실이 인정된다.

원심은, 피고인이 위 매도이익금 중 위 인정과 같이 금 1,534,960원을 임의처분한 소위를 횡령죄에 문의하고, 한편 피고인이 위 허위매도신청서를 작성행사한 소위가 형식적·기술적으로는 형법 제227조, 제229조의 구성요건에 해당하는 것처럼 보이기는 하나 과중하게 할당된 판매량을 소화하기 위하여 위 인정과 같이 편법으로 처리한 것은 비단 피고인 뿐 아니라 동 전매지청 산하 모든 전매서에 공통된 현상으로서 동 전매지청자체도 이를 묵인하여 온 사정과 피고인이 이 사건 소위에 나아간 동기나 수단 등을 고려한다면 피고인에 의한 법익침해의 정도는 극히 경미하여 형법 제227조 및 제229조가 보호하려고 예정한 정도에 이르지 아니하여 가벌적 위법성이 없을 뿐 아니라, 그 행위의 태양 또는 피고인의 의사, 목적, 수단 및 그로 인한 결과 등 제반사정에 비추어 사회통념상 용인될 수 있는 상당성이 있어 형법 제20조의 사회상규에 위배되지 않는 행위에 해당하므로 그 위법성이 조각된다고 단정하고, 피고인의 위 공문서허위작성 및 동행사의 공소사실에 대하여 무죄를 선고하고 있다.

그러나, 형법 제20조가 사회상규에 위배되지 아니하는 행위는 처벌하지 아니한다고 규정한 것은 사회상규 개념을 가장 기본적인 위법성판단의 기준으로 삼아 이를 명문화한 것으로서 그에 따르면 행위가 법규정의 문언상 일응 범죄구성요건에 해당된다고 보이는 경우에도 그것이 극히 정상적인 생활형태의 하나로서 역사적으로 생성된 사회생활질서의 범위 안에 있는 것이라고 생각되는 경우에 한하여 그 위법성이 조각되어 처벌할 수 없게 되는 것이며, 어떤 법규정이 처벌대상으로 하는 행위가 사회발전에 따라 일반적으로 전혀 위법하지 않다고 인식되고 그 처벌이 무가치할 뿐 아니라 사회정의에 배반된다고 생각될 정도에 이를 경우나, 자유민주주의 사회의 목적가치에 비추어 이를 실현하기 위해 사회적 상당성이 있는 수단으로서 행해졌다는 평가가 가능한 경우에 한하여 이를 사회상규에 위배되지 아니한다고 할 것인바, 이 사건의 경우와 같이 피고인이 판매할당량을 충실히 이행함으로써 국고수입을 늘린다는 일념에서 법령에 위반하여 지정판매인 이외의 자에게 판매하고 이를 법령상 허용된 절차와 부합시키기 위하여 매도신청서와 허위의 영수증을 작성케 하였다면, 설사 그것이 원심이 지적하는 바와 같이 동전매지청 관하에 일반화된 관례였고, 상급관청이 이를 묵인하였다는 사정이 있다 하더라도 이를 전혀 정상적인 행위라고 하거나 그 목적과 수단의 관계에서 보아 사회적 상당성이 있다고 단정할 수는 없고, 그 법익침해 정도가 경미하여 가벌적 위법성이 없다고 할 수도 없다.

그렇다면 반대의 견해에서 위 공소사실부분에 대해 위법성이 없음을 이유로 무죄를 선고한 원심판결에는 형법상 위법성에 관한 법리와 형법 제20조의 사회상규에 관한 법리를 오해한 잘못이 없다고 할 수 없으니 이 점을 지적한 논지는 이유 있다.

* * *

3. 따라서 검사의 상고이유 제1점은 이유 있으므로 원심판결의 무죄부분 중 그 일부(공소사실 제2, 제3)를 파기하고, 이 부분 사건을 재차 심리판단케 하기 위하여 원심인 서울형사지방법원 합의부에 환송하고, 나머지 검사의 상고를 기각하기로 관여 법관의 의견이 일치되어 주문과 같이 판결한다.

대법관　신정철(재판장)　김중서　상우영　이성우

참고판례

(가) 대법원 1992. 3. 10. 선고 92도37 판결【폭행치사】(공1992, 1342)

원심이 인정한 사실에 의하면 만 57세 남자인 피해자는 이 사건 사고일 오전부터 술에 만취하여 아무 연고도 없는 피고인의 집에 함부로 들어가 지하실 방으로 들어가는 출입문의 유리창을 발로 걷어차 깨뜨리는가 하면 성기를 꺼내어 아무데나 마구 소변을 본 뒤 2층으로 통하는 계단을 따라 올라갔고, 피고인은 가정주부로서 피고인의 집에서 혼자 있는 상태에서 현관문을 열고 밖으로 나오다가 피해자의 위와 같은 행동을 보고, 말로 어른이 술에 취해 무슨 짓이냐, 집 밖으로 나가라는 요구를 하였으나 피해자는 오히려 피고인에게 상스러운 욕설을 마구 퍼부으면서 횡설수설하였고, 결국은 피해자가 집 밖으로 나갔으나, 피해자가 유리창을 깬 것을 안 피고인이 피해자의 집에 가서 유리창 값을 받을 생각으로 피해자의 뒤를 따라가자 뒤돌아보면서 다시 피고인에게 상스러운 욕설을 할 뿐더러 피고인이 "당신 집이 어디냐, 같이 가서 당신 부인으로부터 유리 깨어진 것 변상을 받아야겠으니 같이 가자."고 왼손으로 피해자의 어깨 위쪽을 붙잡자, 피해자는 "내가 들어있는 방이 금1,400,000원이니 당장 금 1,400,000원을 내어놓으라."고 피고인으로서는 이해할 수 없는 엉뚱한 요구를 하면서 다시 "이 씹할 년아, 개같은 년아." 하면서 욕설을 계속하므로, 피고인이 더 이상 이를 참지 못하고 빨리 가라면서 잡고 있던 왼손으로 피해자의 오른쪽 어깨부위를 밀치자 술에 만취하여 비틀거리던 피해자가 몸을 제대로 가누지 못하고 앞으로 넘어져 시멘트바닥에 이마를 부딪히면서 1차성 쇼크로 사망하게 되었다는 것이다.

사정이 이러하다면 가정주부인 피고인으로서는 예기치 않게 피해자와 맞닥뜨리게 되어 위와 같은 행패와 엉뚱한 요구를 당하는가 하면 상스러운 욕설을 듣고 매우 당황하였으리라고 보여지고, 이에 화도 나고 그 행패에서 벗어나려고 전후 사려 없이 피해자를 왼손으로 밀게 된 것으로 인정되며, 그 민 정도 역시 그다지 센 정도에 이르지 아니한 것으로 인정되므로, 피고인의 위와 같은 행위는 피해자의 부당한 행패를 저지하기 위한 본능적인 소극적 방어행위에 지나지 아니하여 사회통념상 용인될 수 있는 정도의 상당성이 있어 위험성이 없다고 봄이 상당하고, 피해자가 비록 술에 취하여 비틀거리고는 있었지만 피고인의 위 행위가 정당행위인 이상 피해자가 술에 취한 나머지 여자인 피고인이 피해자의 어깨를 미는 정도의 행위로 인하여 넘어져 앞으로 고꾸라져 그 곳 시멘트가 돌처럼 솟아 있는 곳에 이마부위를 부딪치게 되고 이로 인한 1차성 쇼크로 사망하게 되었다 하더라도 그 사망의 결과에 대하여 피고인에게 형식적 책임을 지울 수는 없다고 봄이 상당하다는 원심의 판단은 정당하다고 보아야 할 것이다.

따라서 피고인의 행위는 사회상규에 위반되지 아니하므로 형법 제20조에 정한 정당행위에 해당하여 죄가 되지 아니한다고 판단한 원심의 조처에 정당행위에 대한 법리를 오해한 위법이 있다고 할 수 없고, 소론의 판례는 이 사건에 적절하지 아니하며, 논지는 이유가 없다.

이에 상고를 기각하기로 하여 관여 법관의 일치된 의견으로 주문과 같이 판결한다.

(나) 대법원 2004. 4. 27. 선고 2002도315 판결【공직선거및선거부정방지법위반·집회및시위에관한법률위반】

선거운동이라 함은 특정 후보자의 당선 내지 득표나 낙선을 위하여 필요하고도 유리한 모든 행위로서 당선 또는 낙선을 도모한다는 목적의사가 객관적으로 인정될 수 있는 능동적·계획적인 행위를 말하는 것으로서, 피고인들과 같은 후보자 편 이외의 제3자가 당선의 목적 없이 오로지 특정 후보자의 낙선만을 목적으로 하여 벌이는 낙선운동은 특정인의 당선을 목적으로 함이 없이 부적격 후보자의 낙선만을 목적으로 하고 있다는 점에서 특정인의 당선을 목적으로 경쟁 후보가 당선되지 못하게 하는 선거운동과 의미상으로는 일응 구별되기는 하지만, 그 주관적인 목적과는 관계없이 실제의 행동방식과 효과에 있어서는 다른 후보자의 당선을 위하여 하는 선거운동과 다를 것이 없다(헌법재판소 2001. 8. 30. 선고 2000헌마121·202 전원재판부 결정 참조).

그런데 위와 같은 선거운동은 국민의 참정의욕을 고취하고 선거에의 관심을 높임은 물론 선거인에게 후보자의 선택에 관한 판단의 자료를 얻을 수 있는 유력한 기회가 되는 것이므로, 선거운동의 자유 혹은 선거에 있어서의 의사표현의 자유는 최대한으로 보장되는 것이 바람직하지만, 만약 선거운동이 자유라는 이름하에 무제한으로 방임될 경우에는 부당한 경쟁과 금력, 권력, 폭력 등의 개입으로 오히려 선거인의 자유의사가 왜곡되고 후보자 상호간의 실질적인 기회의 균등이 무너지는 등의 폐해가 초래될 우려가 매우 크므로 그에 대한 어느 정도의 제한은 필연적이라고 할 수 있다.

이에 우리 헌법은 “국민의 자유와 권리는 그 본질적인 내용을 침해하지 않는 범위 내에서 법률로써 제한할 수 있다.”고 규정(제37조 제2항)함으로써 선거운동의 자유도 ‘선거의 공정성의 보장’이라는 공익을 위하여 필요한 경우에는 법률로써 제한할 수 있음을 명백히 하였고, 공직선거및선거부정방지법(2002. 3. 7. 법률 제6663호로 개정되기 전의 것, 이하 ‘공직선거법’이라 한다)은 “선거의 자유와 공정성을 확보하기 위하여 이 법 또는 다른 법률의 규정에 의하여 금지 또는 제한되는 경우를 제외하고는 누구든지 자유롭게 선거운동을 할 수 있다."고 규정(제58조 제2항)하는 한편, 선거운동의 주체, 기간, 방법 등에 대하여 일정한 제한을 가하고 있는데, 피고인들의 이 사건 공직선거법 위반의 각 행위에 적용되는 공직선거법의 각 조항들에 의한 선거운동의 제한은 의사표현의 내용 그 자체에 대한 전면적인 제한이 아니라 선거운동 과정에서 예상되는 다양한 선거운동의 방법 중에서 특히 중대한 폐해를 초래함으로써 선거의 자유와 공정을 해칠 우려가 크다고 인정되는 의사표현의 특수한 수단방법에 국한하고 있고, 또 필요·최소한의 정도를 넘지 않고 있으므로, 이러한 제한으로 인하여 기본권의 본질적 내용이 침해되는 것은 아니라고 할 것이다.

그렇다면 피고인들이 확성장치 사용, 연설회 개최, 불법행렬, 서명날인운동, 선거운동기간 전 집회 개최 등의 방법으로 특정 후보자에 대한 낙선운동을 함으로써 공직선거법에 의한 선거운동제한 규정을 위반한 피고인들의 이 사건 공직선거법 위반의 각 행위는 위법한 행위로서 허용될 수 없는 것이고, 피고인들의 위 각 행위가 피고인들이 주장하듯이 시민불복종운동으로서 헌법상의 기본권 행사 범위 내에 속하는 정당행위이거나 형법상 사회상규에 위반되지 아니하는 정당행위 또는 긴급피난의 요건을 갖춘 행위로 볼 수는 없다 할 것이다.

참고문헌

□ 김병로, "범죄구성의 요건 되는 위법성을 논함", 법학계 제3호, 1915. 12

위법성은 즉 반상규적 특별성을 말함이요, 사회적 상규는 공(公)의 질서와 선량의 풍속을 말함이니, 공서양속은 위법성의 가치판단의 기초가 됨은 물론이요 사회공존의 관계에 대한 비행을 판단함에 유일한 명감(明鑑)이 되나니 공법과 사법을 물론하고 일반법률의 목표된 것이라 말하지 아니하지 못할 것이다.

□ 양화식, "형법 제20조의 '사회상규에 위배되지 아니하는 행위'에 대한 고찰", 형사법연구 제19권, 2003. 5, 184면

생각건대 이미 논술한 바와 같이 형법은 형식적으로 구성요건에 해당하는 행위일지라도 법전체의 정신이나 사회윤리에 비추어 볼 때 실질적으로 위법하다고 평가할 수 없는 경우 이를 위법성판단에서 배제하기 위하여 도덕적 가치(인본도덕 및 사회도덕)를 함의하는 '사회상규'라는 초실정적 개념을 법규범화하였다. 그러므로 형법 제20조의 사회상규 규정은 —그 용어의 적절성은 별론으로 하더라도— <위법성조각의 일반원리> 내지는 일반적 판단기준을 실정적으로 표현한 것이다. 그러므로 사회상규불위배성은 일반적 위법성조각사유이고 정당방위 등 개별적 위법성조각사유는 이 일반적·포괄적 위법성조각사유를 그 특수성에 착안하여 유형화한 것이라고 보아야 한다. 그렇게 되면 제21조 내지 제23조의 '상당한 이유'도 '사회상규'에 포섭된다. 결국 사회상규 내지 사회상규불위배성은 모든 위법성조각사유의 근본원리 내지 원천을 의미한다. 이처럼 제20조와 제21조 내지 제24조는 <일반성>과 <특수성>의 관계에 있기 때문에, 제20조 후단의 규정은 —비록 포괄성을 갖는다고 할지라도— 문제되는 행위가 제21조 이하의 개별적 위법성조각사유에 해당하지 않는 경우에도 실질적 위법성의 관점에서, 예컨대 사회적 유용성이 인정되거나 적어도 사회윤리적으로 용인되는 경우에 최종적·보충적으로 위법성조각 여부를 검토하는 단계이다.

* * *

판례도 사회상규에 반하지 않는 정당행위라고 인정하기 위한 개별적 기준으로서 '행위의 동기나 목적의 정당성, 행위의 수단이나 방법의 상당성, 보호이익과 침해이익과의 법익권형성, 긴급성, 그리고 그 행위 이외에 다른 수단이나 방법이 없다는 보충성' 등을 제시하고 이러한 요건들을 그 행위가 갖추었느냐를 구체적인 경우에 합목적적·합리적으로 판단하여 결정할 것이라고 보고 있다. 판례가 제시한 이러한 기준들은 필자가 지적한 헌법상의 '비례의 원칙'(헌법 제37조 제2항)과 형법의 법익보호기능에서 도출되었거나 그 밖에 그 동안 위법성조각의 일반원리로 거론되어 온 기준들임을 쉽게 알 수

있다.

여기서 문제는 대법원이 사회상규위배 여부의 판단기준으로 제시한 위 5가지 요건을 모두 갖추어야 비로소 정당행위로 인정되느냐이다. 만일 그렇다면 정당행위는 다른 개별적 위법성조각사유보다 더 성립요건이 엄격하다. 그렇다면 다른 개별적 위법성조각사유가 성립하지 않는 경우에 사회상규 규정이 보충적으로 적용되는 것이 아니라 정당행위가 인정되지 않는 경우에 비로소 다른 개별적 위법성조각사유의 성립 여부를 검토해야 한다는 결과가 된다. 그러나 이는 분명 정당행위를 기본적·일반적 위법성조각사유로서 다른 위법성조각사유가 성립하지 않는 경우에 최종적·보충적으로 적용된다고 보는 다수설 및 판례의 취지뿐만 아니라 입법취지에도 어긋난다. 이렇게 볼 때 대법원의 판시는 위 5개의 요건을 모두 갖추어야 한다는 취지는 아니라고 보며, 단지 사회상규위배 여부를 판단하는 구체적인 기준들을 예시적으로 제시한 것에 불과하다고 보겠다.

□ 신양균, "판례에 나타난 소극적 방어행위의 문제", 전주지방변호사지 창간호, 1995. 8, 218~220면

소극적 방어행위 내지 소극적 저항행위라 함은, 판례가 명시하고 있는 것처럼, '상대방의 부당한 행패를 저지하기 위한 본능적인 소극적 방어행위로서 사회통념상 허용될 만한 정도의 상당성이 있어 위법성이 없는 행위'(大判 1995. 8. 22, 95도936 참조)를 말한다. 이러한 사례유형들은 지금까지 대법원이 형법 제20조의 사회상규에 위배되지 아니하는 행위에 해당한다고 판시한 사례들의 대부분을 차지하고 없는데, 이는 소극적 방어행위라는 정형적인 정당행위가 실무상 중요한 정당화사유로 자리잡고 있음을 의미한다.

* * *

그런데 다른 한편으로 보면 이러한 사례들은 정당방위(또는 긴급피난)에 해당하는 사례와 유사한 측면을 가지고 있다. 즉 행위자의 입장에서 보면 현재의 위법한 침해(또는 현재의 위난)라는 정당화될 수 있는 상황이 존재하고 있기 때문이다. 그러나 판례는 이러한 사례들의 경우에 반드시 침해의 현재

성이 존재하지는 않는다는 점 그리고 싸움이나 시비가 붙은 경우에 어느 일방의 행위가 반드시 침해에 대한 방어라고 보기 어렵다는 점을 감안하여, 이를 소극적 방어행위라는 별도의 개념범주를 통하여 형법 제20조의 사회상규에 위배되지 아니하는 행위의 문제로 접근하고 있는 듯하다.

* * *

그러나 문제는 그러한 사례유형들이 다른 정당화사유 특히 정당방위에 해당하는 사례들과는 구별되는 독자적인 내포(內包)를 가지고 있는가에 대해서는 근본적인 의문이 있다.

결국 소극적 방위행위에 대한 판례의 태도는 정당방위와 같이 정형화된 정당화사유의 경우에 그 성립요건에 대하여 엄격한 판단을 요구하고 있는 데에서 비롯된 것이라고 할 수 있다. 즉 판례는 포괄적이고 추상적인 기준만으로 정당화가 가능한 사회상규라는 개념도구를 통하여 보다 쉽게 정당화에 대한 판단에 도달하려는 실무의 편의(?)를 고려한 결과라는 문제점을 안고 있다. 그러나 정형성이 보장되지 아니한 정당화사유를 광범위하게 적용하게 되면 그로 인해 법원의 자의적인 법운용을 초래하게 되고, 더 나아가서 정형화되어 있는 정당화 사유들이 가지는 독자적인 의미가 상실될 염려가 있고 결국에는 정당화사유의 체계 자체를 교란시킬 위험을 안고 있는 것이다.

쟁점연구

1. 형법 제20조 정당행위와 다른 위법성조각사유의 관계는 무엇인가?
2. 대법원 판례가 요구하는 정당행위의 요건은 무엇인가?
3. 사회상규성은 어떠한 방식으로 판단되어야 하는가?
4. 참고판례 (가)의 상황을 정당방위로 해결할 수는 없는가?
5. 참고판례 (나)는 2000년 공직선거에서 부적절한 후보에 대한 공천반대와 낙선운동을 벌인 '총선시민연대' 간부에 대한 대법원 판결이다. 피고인의 주장은 무엇이며, 이에 대한 대법원의 입장은 무엇인가?

주요개념

1. 사회상규
2. 소극적 방어행위
3. 위법성조각사유의 경합

제11장 책임

Ⅰ. 책임능력과 심신장애

도입판례

(가) 대법원 1990. 8. 14. 선고 90도1328 판결【살인】(공1990, 1991)

【피 고 인】 갑
【상 고 인】 피고인
【변 호 인】 변호사 이세중
【원심판결】 부산고등법원 1990. 5. 30. 선고 90노314 판결
【주 문】 원심판결을 파기하고, 사건을 부산고등법원에 환송한다.
【이 유】

피고인 및 변호인의 상고이유를 함께 본다.

1. 원심판결 이유에 의하면, 원심은 피고인이 1988. 2.경부터 부산 서구 동대신동 소재 S교회에 가끔 다니면서 피해자인 동 교회 목사 A(남, 83세)의 설교를 듣고서 결혼도 못하고 어렵게 살고 있는 자신의 처지를 비관하여 오던 중, 1989. 8. 27. 01:30경 부산 사하구 괴정 2동 소재 피고인이 집 뒤편 속칭 쇠리골 뒷산에서 산상기도를 하면서 갑자기 "A목사는 사탄이고 큰자이므로 작은자(피고인을 지칭함)가 살아남는 길은 큰자인 A목사를 죽여야 한다. 공자, 맹자도 천당에 못갔다는데 피고인 자신도 천당에 못갈 것이 분명하므로 A목사를 죽여야만 자신이 큰자로 되어 천당에 갈 수 있다."고 잘못 생각하고 당시 정신분열증으로 인하여 사물

변별능력 및 의사결정능력이 미약한 상태에서 위 피해자를 살해하기로 마음먹고, 피고인 집으로 돌아와 부엌에서 사용하던 식도를 허리춤에 넣은 후 같은 날 05:10경 위 S교회 예배당에 도착하여 신도 1,000여명을 모아놓고 단상에서 설교하고 있는 피해자에게 접근한 후 허리춤에서 위 식도를 꺼내어 오른손에 들고서 동인의 우측가슴 등을 힘껏 3회 찔러 동인으로 하여금 부산대학병원으로 후송 도중 우흉부자상으로 인한 실혈성쇼크로 사망에 이르게 하여 살해한 사실을 인정한 1심판결을 정당하다고 판단하고, 피고인은 위 범행당시 심신상실의 상태에 있었다는 피고인의 주장에 대하여, 감정인 B, C 작성의 감정서의 기재와 1, 2심 법정에서의 피고인의 진술 등을 종합하여 보면 피고인은 보통수준의 지적 잠재력이 있음에도. 자폐적인 세계 속에서 현실과 동떨어진 채 하향적인 적응을 하여 왔고, 비논리적이고 비현실적인 사고를 가지고 있으며 현실판단력과 현실검증능력의 제한을 보이고 있는 등 정신분열증의 상태에 놓여 있어 이 사건 범행당시 다소 심신장애의 상태에 있었다고 보여지지만, 피고인의 경찰 이래 당심 법정에 이르기까지의 진술을 살펴보면 피고인이 그 당시 피해자를 살해한다는 명확한 인식이 있었고 범행의 발단과 전개과정을 소상히 기억, 진술하고 있는 점을 알 수 있는바, 위와 같은 사정 등을 종합하여 보면 피고인이 이 사건 범행당시 사물을 변별할 능력이 없거나 의사를 결정할 능력이 없었다고 할 수는 없고 다만 그 능력이 미약한 상태에 있었음에 지나지 않는다고 판단하여 피고인의 위 주장을 배척한 후 피고인에게 무기징역의 형을 선고한 1심판결을 그대로 유지하였다.

2. 그러나 형법 제10조 제1항 소정의 심신상실자는 사물변별능력, 즉 사물의 선악과 시비를 합리적으로 판단하여 구별할 수 있는 능력이 결여되거나 의사결정능력, 즉 사물을 변별한 바에 따라 의지를 정하여 자기의 행위를 통제할 수 있는 능력이 결여된 상태에 있는 자를 말하며, 같은 조 제2항의 심신미약자는 위와 같은 사물변별능력이나 의사결정능력이 결여된 정도는 아니고 미약한 상태에 있는 자를 말하는 것인바,

위 사물변별능력이나 의사결정능력은 판단능력 또는 의지능력과 관련된 것으로서 사실의 인식능력이나 기억능력과는 반드시 일치하는 것이 아니다.

그러므로 원심이 판시한 바와 같이 이 사건 범행당시 정신분열증으로 심신장애의 상태에 있었던 피고인이 피해자를 살해한다는 명확한 의식이 있었고 범행의 경위를 소상하게 기억하고 있다고 하더라도 이러한 사실의 인식능력이나 기억능력이 있다는 것만 가지고 범행당시 사물의 변별능력이나 의사결정능력이 결여된 정도가 아니라 미약한 상태에 있었다고 단정할 수는 없는 것이다.

원심이 거시한 감정인 B, C의 감정내용을 기록에 의하여 살펴보면, 피고인은 정신분열증환자로서 불안, 긴장감, 망상적이고 자폐적인 사고, 사고과정의 이완, 비논리적이고 비현실적인 사고내용과 현실적 판단력 및 현실검증능력의 상당한 제한을 보이고 있고, 범행당시 정신분열증의 증상들이 나타나 현실판단력이나 현실검증능력이 상당한 제한을 받았을 것으로 추정된다는 취지로 되어 있는바, 피고인이 피해자 A를 살해할 만한 다른 동기가 전혀 없고 오직 원심이 인정한 바와 같이 피해자를 "사탄"이라고 생각하고 피해자를 죽여야만 피고인 자신이 천당에 갈 수 있다고 믿어 살해하기에 이른 것이라면, 피고인은 범행당시 정신분열증에 의한 망상에 지배되어 사물의 선악과 시비를 구별할 만한 판단능력이 결여된 상태에 있었던 것으로 볼 여지가 없지 않다.

만일 이와 같은 심신장애자로 인정된다면 이러한 자에 대한 사회격리와 교회는 오직 사회보호법에 의한 치료감호처분에 의하여야 할 것이다.

원심이 위와 같은 점을 좀 더 면밀히 검토하여 심신상실 여부를 가려보았어야 함에도 불구하고 이에 이름이 없이 만연히 피고인이 범행당시 피해자를 살해한다는 인식이 있었고 범행의 과정을 기억하고 있다는 것만으로 이 사건 범행이 심신미약의 상태에서 저질러진 것에 지나지 않는다고 판단하고 말았음은 심신장애에 관한 법리오해와 심리미진으로 판결에 영향을 미친 위법을 저지른 것으로서 이 점에 관한 논지는 이유 있다.

3. 그러므로 원심판결을 파기환송하기로 하여 관여 법관의 일치된 의견으로 주문과 같이 판결한다.

대법관 김상원(재판장) 이회창 배석 김주한

(나) 대법원 2002. 5. 24. 선고 2002도1541 판결【특정범죄가중처벌등에 관한법률위반(절도)】(공2002, 1598)

【피 고 인】 갑
【상 고 인】 피고인
【변 호 인】 변호사 박현근
【원심판결】 서울지법 2002. 3. 21. 선고 2002노8 판결
【주 문】 원심판결을 파기하고, 사건을 서울지방법원 본원 합의부에 환송한다.
【이 유】

1. 심신장애 주장에 대하여

가. 원심판결 이유에 의하면 원심은, 피고인이 심신장애의 상태에서 이 사건 범행을 저질렀다고 하는 피고인의 주장에 대하여, 이 사건 범행의 경위, 범행 전후의 피고인의 태도 및 언행, 범행 동기와 수단, 범행 후의 정황 등 여러 가지 사정을 종합하면 피고인이 이 사건 범행당시 순간적인 비정상적인 상태에서 사물을 변별할 능력이나 의사를 결정할 능력이 없었다거나 미약하였다고 보이지 아니한다고 판단하여 이를 배척하였다.

나. 그런데 기록에 의하면, 다음 사정들을 알 수 있다.

① 피고인의 전력

피고인은 이 사건 범행 이전에 1983. 3. 10. 절도죄로 기소유예처분을 받고, 1993. 9. 13. 및 1997. 6. 13. 각 절도죄로 각 징역 10월에 2년간

집행유예, 1998. 12. 15. 절도죄로 벌금 100만 원, 1999. 8. 23. 절도죄로 벌금 3백만 원, 2001. 4. 3. 절도 및 점유이탈물횡령죄로 징역 10월에 2년간 집행유예의 판결을 각 선고받았는데, 그 범행 내용들을 살펴보면, 1997. 2. 20. 서울 중구 남창동 소재 여성의류점에서 여성용 티셔츠 1점 시가 금 28,500원 상당을, 1998. 4. 중순경 슈퍼마켓에서 화장지 1묶음 시가 금 10,000원 상당을, 같은 해 5. 중순 같은 장소에서 화장지 2묶음 시가 금 20,000원 상당을, 같은 해 6. 1. 같은 장소에서 하기스 기저귀 2묶음 시가 금 30,000원 상당 및 세제 1개 시가 금 80,000원 상당을, 1999. 7. 29. 서울 중구 남창동 소재 여성용의류점에서 의류를, 2001. 3. 2. 서울 중구 남창동 소재 여성용의류점에서 의류를 각 절취한 것 등이다.

② 피고인의 가정환경

피고인은 31년 전에 결혼하여 남편과 아들 셋 및 며느리를 둔 가정주부로서 남편은 1992년경부터 이 사건 범행일 현재까지 계속하여 공소외 주식회사의 이사로 재직하여 왔다.

③ 피고인의 병력

피고인은 생리 기간이 되면 밖으로 나가고 싶어지고, 가게 등에서 위 ①에서 본 물건들을 보면 온몸에 열이 나면서 순간적으로 아무 생각 없이 물건을 그냥 집어 들고 가게 되곤 하여 생리 기간 중에는 밖에 나가고 싶어도 참고 집에서 지내는데 그러다가 일이 생겨 부득이 밖에 나가면 조심하려고 애를 써도 얼떨결에 위와 같은 범행에 이르게 되고 만다. 피고인은 위와 같은 증세로 병원에서 '병적절도(생리전증후군)'라는 병명으로 진단을 받았는데, 피고인을 진찰한 신경정신과 전문의 A는 제1심 법정에서 피고인은 생리기에 이르면 자신도 모르는 사이에 긴장 및 불안증세에 이르고 불안으로 인하여 점진적으로 심계항진이 되어 온몸에 열이 나면서 걷잡을 수 없는 상황에서 순간적으로 절도행위에 이르게 된다고 진술하고 있다. 또 위 A는 위와 같은 절도행위는 정상적인 정신상태에서 도벽으로 일어난 것이기보다는 비정상적인 의식상태에서 충동적으로 일어난 것이라고 볼 수 있는데 피고인은 충돌조절이 안 되어 통제불능에 이르고 절도를 함으로써 긴장이 해소되며, 피고인은 위와 같은 증세로 부정기적으로 치료를 받아 왔는데 향후 약 3년간의 전문적인 치료가 필요하다고 진술하고 있다. 그리고 피고인의 남편은 제1심 및 원심법원에 제출한 탄원서에 "피고인이 수년 전에 집계단에서 굴러 떨어져 머리를 다친 일이 있었는데 그 후유증으로 매월 주기적으로 머리에 혹 같은 것이 나타났다가 없어지곤 하며 그 때마다 몸에 심한 열이 나고 자신의 의지로는 통제불능의 행동을 하며 특히 생리 기간 중이면 그 정도가 더욱 심하여진다."고 기재하고 있고, 피고인은 원심법원에 제출한 반성문에 "어느 날 갑자기 머리에서 병 깨지는 소리를 내며 쓰러져서 병원에 가서 머리를 꿰매고 나서부터 고민하고 우울증이 생기고 머리에 혹이 나며 조금 전의 일도 자주 잊어버리고 잠을 자면 소변을 보는 꿈만 꾸고 불면증에 시달리며 어디로 정처 없이 방황하며 밖에 나가고 싶은 생각이 들고 월경만 하면 나쁜 마음이 들어 여러 번 저질렀지만 하고 나면 왜 그랬는지 후회를 하고 저의 마음을 저도 어떻게 달랠 수가 없습니다."라는 취지로 기재하고 있다.

④ 이 사건 범행의 경위 및 범행 당시의 상황

피고인은 이 사건 범행으로 경찰에서 조사를 받으면서 "저도 모르게 남의 것만 보면 가지고 싶습니다. 제 마음을 저도 모르겠습니다.", "시장에 나가서 여자옷만 보면 꼭 필요하지도 않은데 나도 모르게 손이 가서 훔치게 됩니다. 저도 제 마음을 어떻게 자제할 수가 없습니다.", "나쁜 짓을 안 한다고 다짐을 하는데 월경이 나오면 귀에 혹이 나고 얼굴이 화끈거리며 충동이 생기는데 내 마음이지만 왜 그러는지 모르겠습니다.", "한두 번도 아니고 여러 번 죄를 저질렀는데 저도 제 마음을 모르겠어요. 안 그런다고 마음을 굳게 다짐하고 저희 식구들도 제가 이상한 물건만 있으면 신경을 많이 쓰고 해서 마음을 굳게 다짐을 하는데 이번에도 왜 그랬는지를 정말 모르겠어요. 병원에서도 치료를 받아야 한다고 했는데 당장 죽는 병이 아니고 집안에 쓸 데도 많다 보니까 치료를 못받았습니다."라는 등으로 진술을 하고 있고, 피고인은 약 2시간 20분 동안에

남대문 시장의 31곳의 점포를 돌아다니면서 여성의류만 절취하였는데 "남대문시장의 지리도 모르고 상가 이름도 모르고 어디에서 훔쳤는지 모르고 정신도 없고 뭐가 뭔지도 모른다."고 진술하고 있으며, 피고인은 이 사건 범행당시 생리 기간 중이었다.

⑤ 범행 후의 정황

피고인은 출소하면 병원에서 치료를 받겠다고 진술하고 있고, 피고인의 남편은 피고인이 혼자 외출을 하는 일이 없도록 하겠다고 다짐하고 있다.

다. 자신의 충동을 억제하지 못하여 범죄를 저지르게 되는 현상은 정상인에게서도 얼마든지 찾아볼 수 있는 일로서, 특단의 사정이 없는 한 위와 같은 성격적 결함을 가진 자에 대하여 자신의 충동을 억제하고 법을 준수하도록 요구하는 것이 기대할 수 없는 행위를 요구하는 것이라고는 할 수 없으므로, 원칙적으로 충동소설상애와 같은 성격적 결함은 형의 감면사유인 심신장애에 해당하지 아니한다고 봄이 상당하지만, 그 이상으로 사물을 변별할 수 있는 능력에 장애를 가져오는 원래의 의미의 정신병이 도벽의 원인이라거나 혹은 도벽의 원인이 충동조절장애와 같은 성격적 결함이라 할지라도 그것이 매우 심각하여 원래의 의미의 정신병을 가진 사람과 동등하다고 평가할 수 있는 경우에는 그로 인한 절도 범행은 심신장애로 인한 범행으로 보아야 할 것이다(1999. 4. 27. 선고 99도693, 99감도17 판결 참조).

위에서 본 여러 사정들을 종합하여 보면, 이 사건 범행은 피고인이 생리 기간 중에 정신병을 가진 사람과 동등하다고 평가할 수 있는 정도의 심각한 충동조절장애에 빠져 남의 물건을 훔치고 싶은 억제할 수 없는 충동이 발동하여 사물을 변별하거나 의사를 결정할 능력을 상실하거나 미약한 상태에서 저지르게 된 것이 아닌가 하는 의심이 되므로, 원심으로서는 전문가에게 피고인의 정신상태를 감정시키는 등의 방법으로 과연 이 사건 범행당시 피고인의 정신상태가 생리의 영향 등으로 인하여 그 자신이 하는 행위의 옳고 그름을 변별하고, 그 변별에 따라 행동을 제어

하는 능력을 상실하였거나 그와 같은 능력이 미약해진 상태이었는지 여부를 확실히 가려보아야 하였을 터임에도 그러하지 아니한 채, 피고인이 이 사건 범행당시 사물을 변별할 능력이나 의사를 결정할 능력이 없었다거나 미약하였다고 보이지 아니한다고 판단하여 피고인의 주장을 배척하고 만 것은 필요한 심리를 다하지 아니하고, 심신장애에 관한 법리를 오해함으로써 판결 결과에 영향을 미친 위법을 저지른 경우에 해당한다 할 것이므로 이 점을 지적하는 상고이유의 주장은 그 이유 있다.

* * *

3. 그러므로 원심판결을 파기하고, 사건을 다시 심리·판단케 하기 위하여 원심법원에 환송하기로 하여 관여 법관의 일치된 의견으로 주문과 같이 판결한다.

대법관 송진훈(재판장) 변재승 윤재식(주심) 이규홍

참고판례

(가) 대법원 2007. 2. 8. 선고 2006도7900 판결 【성폭력범죄의처벌및피해자보호등에관한법률위반(강간등치상)·강간상해·강도·성폭력범죄의처벌및피해자보호등에관한법률위반(13세미만미성년자강간등)】

형법 제10조에 규정된 심신장애는 생물학적 요소로서 정신병 또는 비정상적 정신상태와 같은 정신적 장애가 있는 외에 심리학적 요소로서 이와 같은 정신적 장애로 말미암아 사물에 대한 변별능력과 그에 따른 행위통제능력이 결여되거나 감소되었음을 요하므로, 정신적 장애가 있는 자라고 하여도 범행 당시 정상적인 사물변별능력이나 행위통제능력이 있었다면 심신장애로 볼 수 없는 것이고(대법원 1992. 8. 18. 선고 92도1425 판결 등 참조), 특단의 사정이 없는 한 성격적 결함을 가진 자에 대하여 자신의 충동을 억제하고 법을 준수하도록 요구하는 것이 기대할 수 없는 행위를 요구하는 것이라고는 할 수 없으므로, 사춘기 이전의 소아들을 상대로 한 성행위를 중심으로 성적 흥분을 강하게 일으키는 공상, 성적 충동, 성적 행동이 반복되어 나타나는 소아기호증은 성적인 측면에서의 성격적 결함으로 인하여 나타나는 것으로서, 소아기호증과 같은 질환이 있다는 사정은 그 자체만으로는 형의 감면사유인 심신장애에 해당하지 아니한다고 봄이 상당하고, 다만 그 증상이 매우 심각하여 원래의 의미의 정신병이 있는 사람과 동등하다고 평가할 수 있거나, 다른 심신장애사유와 경합된 경우 등에는 심신장애를 인정할 여지가 있을 것이며 (대법원 1995. 2. 24. 선고 94도3163 판결 등 참조), 이 경우 심신장애의 인정 여부는 소아기호증의 정도, 범행의 동기 및 원인, 범행의 경위 및 수단과 태양, 범행 전후의 피고인의 행동, 증거인멸 공작의 유무, 범행 및 그 전후의 상황에 관한 기억의 유무 및 정도, 반성의 빛 유무, 수사 및 공판정에서의 방어 및 변소의 방법과 태도, 소아기호증 발병 전의 피고인의 성격과 그 범죄와의 관련성 유무 및 정도 등을 종합하여 법원이 독자적으로 판단할 수 있다(대법원 1994. 5. 13. 선고 94도581 판결 등 참조).

기록에 의하면, 피고인이 범행 내용을 비교적 뚜렷하게 기억하고 있는 것으로 보이는 사실, 피고인이 이 사건과 같은 소아에 대한 성범죄로 종전에 재판받을 당시 소아기호증 등의 질환이 있다는 사정을 주장하지 않았던 사실, 피고인이 이 사건 이전에 소아기호증으로 치료를 받았다고 볼 자료가 전혀 없고, 원심 재판 진행 중 소아기호증으로 진단을 받아 진단서를 제출하기는 하였으나 위와 같은 진단을 받은 이후에도 전혀 치료를 받지 않았고, 오히려 치료를 거부하기도 한 것으로 보이는 사실, 피고인이 범행 장소를 사전에 답사하기도 한 것으로 보이는 등 이 사건 각 범행이 우발적이라고 하기는 어려운 것으로 보이는 사실, 피고인이 약 3년 만에 처와 헤어진 것으로 보이기는 하지만, 이 사건 범행 이전에 성인 여성과 결혼을 하여 아들을 두기도 하는 등 정상적인 가정생활을 하였던 것으로 보이고, 이 사건 각 범행 당시에도 직업적으로 운전을 하는 등 사회적, 직업적으로 지장을 받고 있다고 볼 자료가 부족한 사실, 피고인에 대한 정신감정 결과에 의하더라도 피고인의 의식은 명료하고, 시간·장소·사람에 대한 지남력은 보존되어 있으며, 특별한 감정의 고조나 우울감은 관찰되지 않으며, 사고과정 및 내용상 망상은 없고, 지각 장애도 의심되지 않으며, 시험적인 판단력은 보존되어 있었던 것으로 판단되었으며, 피고인의 소아기호증이 이 사건 범행에 끼친 영향은 적고, 정신과적 치료 효과도 제한적이라고 하면서, 피고인의 소아기호증이 이 사건에 적은 부분 영향이 있었을 것이며, 정신질환으로 인하여 적은 정도의 심신미약 상태에 있었다고 판단한 사실 등을 알 수 있다.

이러한 사정을 앞서 본 법리에 비추어 살펴보면, 피고인이 이 사건 범행 당시 소아기호증이라는 정신적 장애가 있다는 사정 이외에 더 나아가 사물을 변별할 능력이나 의사를 결정할 능력이 미약한 상태였다고 인정할 수 있을지, 피고인의 소아기호증의 정도가 원래의 의미의 정신병이 있는 사람과 동등하다고 평가할 수 있을 정도로 심각하다고 인정할 수 있을지 의문의 여지가 있다.

(나) 대법원 1995. 2. 24. 선고 94도3163 판결【특정범죄가중처벌등에관한법률위반(절도)】(공1995, 1515)

1. 먼저 피고인의 국선변호인의 상고이유를 판단한다.

가. 원심은 피고인이 1992. 12. 8. 서울형사지방법원에서 절도죄 등으로 징역 1년에 집행유예 2년을 선고받고, 1993. 8. 2. 서울형사지방법원에서 절도죄로 벌금 3,000,000원을 선고받아 이 사건 범행당시 위 집행유예기간 중에 있는 자인데 상습으로 1994. 1. 26. 14:00경 서울 성동구 행당1동 17 소재 H대학교 도서관에서 위 학교 학생들의 지갑을 절취하였다는 제1심 인정의 범죄사실을 그대로 유지하면서도, 피고인은 충동조절장애에 의한 병적인 도벽성이 있어 이 사건 범행당시 사물을 변별하거나 의사를 결정할 능력이 미약한 상태에 있었던 사실이 인정되므로 피고인의 이 사건 범행은 심신미약자의 행위로서 마땅히 그 형을 감경하였어야 함에도 이에 이르지 아니한 제1심은 심신미약에 관한 사실을 오인하거나 그 법리를 오해하여 판결에 영향을 미친 위법을 범하였다고 하여 제1심판결을 파기하고 피고인에 대하여 심신미약감경 및 작량감경을 하여 징역 1년을 선고하였다.

나. 그런데 소론은 위와 같이 원심이 피고인의 심신미약을 인정하면서도

그러한 심신장애의 상태에 있는 탓으로 저지른 절도의 범행을 상습성 인정의 자료로 삼아 피고인을 상습범으로 처벌한 것은 잘못이라고 주장하는바, 우선 피고인이 원심이 인정한 것처럼 심신미약의 상태에 있는 것인지를 살펴보기로 한다.

원심은 위와 같이 피고인이 심신미약의 상태에 있다고 인정함에 있어서 주로 원심 감정인인 의사 A 작성의 감정서의 기재에 의존하였음이 원심판결 자체에 의하여 명백한데, 위 감정서에는 피고인이 충동조절장애로 인한 병적 도벽(Kleptomania), 즉 자신의 필요에 의하거나 금전상의 이득을 위한 것이 아니면서도 사전에 아무 계획 없이 그 순간에 어떠한 사물을 도둑질하고 싶은 충동을 억제할 수 없는 일이 반복되는 상태에 있고, 이 사건 범행당시에는 사전에 아무런 계획 없이 일단 절도충동이 발생하면 스스로의 의지로는 저항할 수 없는 상태로 되어 현실변별력을 잃은 병적 상태에서 범행한 것으로 사료된다고 기재되어 있기는 하다.

그러나 형법 제10조 소정의 심신장애의 유무는 법원이 형벌제도의 목적 등에 비추어 판단하여야 할 법률문제로서, 그 판단에 있어서는 전문감정인의 정신감정 결과가 중요한 참고자료가 되기는 하나, 법원으로서는 반드시 그 의견에 기속을 받는 것은 아니고, 그러한 감정결과뿐만 아니라 범행의 경위, 수단, 범행 전후의 피고인의 행동 등 기록에 나타난 제반 자료 등을 종합하여 독자적으로 심신장애의 유무를 판단하여야 하는 것이다(대법원 1991. 9. 13. 선고 91도1473 판결 참조).

그런데 위 A의 감정서에 의하더라도 피고인의 병적 도벽이라는 증상은 그것이 뇌손상과 같은 기질적 손상이나 정신분열증 또는 조울증 등 사물을 변별할 수 있는 능력에 장애를 가져오는 원래의 의미의 정신병으로 인한 것이라는 취지는 아니고 다만 성장기의 불우한 가정환경으로 인하여 심리적 손상을 받았거나 소홀히 취급된 결과로 인하여 성격적 결함인 충동조절장애가 생기게 된 데서 유래하였다는 것임을 알 수 있다.

그러나 피고인이 자신의 절도의 충동을 억제하지 못하는 성격적 결함(정신의학상으로는 정신병질이라는 용어로 표현하기도 한다)으로 인하여 이 사건 범행에 이르게 되었다고 하더라도, 이와 같이 자신의 충동을 억제하지 못하여 범죄를 저지르게 되는 현상은 정상인에게서도 얼마든지 찾아볼 수 있는 일로서 이는 정도의 문제에 불과하고, 따라서 특단의 사정이 없는 한 위와 같은 성격적 결함을 가진 자에 대하여 자신의 충동을 억제하고 법을 준수하도록 요구하는 것이 기대할 수 없는 행위를 요구하는 것이라고는 할 수 없으므로 원칙적으로는 충동조절장애와 같은 성격적 결함은 형의 감면사유인 심신장애에 해당하지 않는다고 봄이 상당하고, 다만 그러한 성격적 결함이 매우 심각하여 원래의 의미의 정신병을 가진 사람과 동등하다고 평가할 수 있다든지, 또는 다른 심신장애사유와 경합된 경우에는 심신장애를 인정할 여지가 있을 것이다.

그런데 위 감정서에 의하면 피고인에게는 병적 도벽 외에도 타인의 나체 등을 엿보려는 관음증(Voyeurism)이라는 증상이 있기는 하나 이 또한 마찬가지로 성격적 결함의 일종으로서 위 관음증이 발전하여 병적 도벽까지 진행되었다는 것이고 그 외에는 피고인의 의식 및 지남력, 기억력 및 지적 능력, 추상적 사고 능력 및 판단력 등은 모두 보존되어 있어 평소에는 현실변별력에 아무런 제한이 없다는 것이며, 또한 위 감정서 및 기타 기록에 나타난 자료에 의하면 피고인은 대학 1학년 때부터 위와 같은 병적인 도벽이 나타났으나 그럼에도 불구하고 정상적으로 대학을 졸업하고 회사에 근무하다가 일본에 유학까지 하였는데 회사에 근무하거나 일본에 유학하고 있는 동안에는 아무런 문제가 없었고 다만 도서관에 들어갔을 때에만 이러한 도벽이 나타난다는 것이며(피고인의 절도전과상의 범행장소도 모두 대학교 도서관이었다), 또한 피고인이 성립 및 임의성을 인정하고 있는 검사 작성의 피고인에 대한 피의자신문조서의 기재에 의하면 피고인이 이 사건 범행장소인 H대학교 도서관에 들어갈 때 이미 물건을 훔칠 목적을 가지고 있었다는 것인바(수사기록 63장 참조), 이러한 여러 사정을 종합하면 피고인에게 위와 같은 충동조절장애로 인한 병적 도벽이 있다고 하더라도 이는 형법 제10조 소정의 심신장애에는 해당하지 않는다고 봄이 상당하다.

그럼에도 불구하고 원심이 피고인에게 위와 같은 심신장애사유가 있다고 하여 형을 감경한 것은 심신장애에 관한 법리를 오해한 위법을 범한 것이라고 할 것이나 피고인만이 상고한 이 사건에서는 이는 원심판결을 파기할 사유는 되지 못한다고 할 것이고, 따라서 피고인이 심신미약자임을 전제로 하여 원심판결을 비난하는 소론은 이유 없으며, 그 외에 기록에 나타난 여러 사정을 종합하여 보면 피고인이 상습으로 이 사건 절도죄를 저질렀다고 인정한 원심의 판시는 정당하고 거기에 어떤 위법이 있다고 할 수 없다. 논지는 이유 없다.

2. 피고인의 상고이유에 대하여,

원심은 피고인이 심신미약의 상태에 있었다고 인정하여 형을 감경하였음은 앞에서 본 바와 같으므로 또 다시 이 점을 상고이유로 주장할 수는 없다고 할 것이고, 그 외에 집행유예기간을 넘기기 위하여 상고하였다는 것은 적법한 상고이유가 될 수 없다. 논지는 이유 없다.

3. 이에 상고를 기각하고 상고 후의 구금일수 중 45일을 본형에 산입하기로 관여 법관들의 의견이 일치되어 주문과 같이 판결한다.

참고문헌

☐ **신양균, "책임능력과 감정", 형사판례연구 제5권, 1997, 54~58면**

판례는 책임능력에 있어서 생물학적 요소와 심리학적 요소를 명확히 구별해서 판단하고 있지 않은 것이 일반적이다. 판례가 "심신장애에 해당하는지 여부는 반드시 전문적인 인식을 가진 자의 감정에 의해서만 결정할 수 있는 것이 아니고 그 범죄행위의 전후 사정이나 목격자의 증언 및 기타 자료를 참작하여 판단하였다 해서 위법이라 할 수 없다"(大判 1982. 7. 27, 82도1014; 大判 1961. 11. 9, 4294형상350; 大判 1994. 5. 13, 94도581 등)고 판시한 것은, 책임능력의 존부나 범위의 문제가 심신장애라는 개념을 통해 생물학적 요소와 심리학적 요소를 포함하여 법률적 관점에서 판단해야 할 문제라는 점을 밝힌 것으로 이해할 수 있다.

그러나 판례도 간질과 정신분열증과 같은 병적 정신장애의 경우에는 생물학적 요소만을 기준으로 하여 책임무능력을 인정하는 태도를 보이고 있다(大判 1969. 8. 26, 69도1121). 특히 정신분열증에 대하여는 많은 판례들이 심신상실을 이유로 책임무능력을 인정하고 있다.

* * *

그러나 최근의 판례에서는 "형법 제10조 제1항 및 제2항 소정의 심신장애의 유무 및 정도의 판단은 법률적 판단으로서 반드시 전문감정인의 의견에 기속되어야 하는 것은 아니고, 정신분열병의 종류 및 정도, 범행의 동기 및 원인, 범행의 경위 및 수단과 태양, 범행 전후의 피고인의 행동, 증거인멸 공작의 유무, 범행 및 그 전후의 상황에 관한 기억의 유무 및 정도, 반성의 빛 유무, 수사 및 공판정에서의 방어 및 변소의 방법과 태도, 정신병 발병 전의 피고인의 성격과 그 범죄와의 관련성 유무 및 정도 등을 종합하여 법원이 독자적으로 판단할 수 있다"고 판시함으로써, 감정인의 편집형 정신분열증 소견에도 불구하고 심신상실을 인정하지 않고 심신미약만 인정한 경우도 보인다(大判 1994. 5. 13, 94도581).

정신병질이나 충동장애와 같은 비정신병적 정신장애에 대해서는 책임무능력은 물론이고 한정책임능력을 인정하는 데에도 매우 소극적인 입장을 취하고 있고, 그 논거로서 이 경우에는 생물학적 요소와 함께 규범적 판단을 함께 고려하는 태도를 취하고 있다.

* * *

결국 판례는 책임능력의 판단을 법률문제로 보아야 한다는 기본입장에서서, 이에 대한 판단은 전문감정인의 감정결과를 참조하여 규범적 관점에서 행해야 한다는 입장을 취하고 있는 것으로 보인다.

* * *

우리 대법원판례는 책임능력의 인정에 있어서 분석적 태도를 결하고 있다. 이러한 태도는 책임능력의 판단이 법률문제이므로 최종적으로 법관이 형벌의 목적 등을 고려하여 판단하면 족하므로, 굳이 심신장애나 변별능력·제어능력의 문제를 나누어 그 확정을 위한 절차를 감정인에게 위임할 필요가 없다는 데에서 출발하고 있는 것으로 생각한다.

그러나 이러한 법관 주도에 의한 책임능력 판단은 판단의 자의성을 초래하고 합리적 심증주의라는 형사소송법의 원칙과도 부합되지 않는다. 따라서 책임능력의 요소를 생물학적·규범적 요소와 심리학적·규범적 요소로 구분하고 각 부분에 있어서 법관과 감정인의 역할분담을 확립해 나가는 것이 바람직하다 하겠다.

□ 한정환, "심신장애와 책임능력", 형사법연구 제15권, 2001. 6, 92~94면

제10조 ①, ②항의 뜻은 책임무능력이 인정되려면 심신장애로 인하여 변별력이나 의사결정력이 없어야 한다는 것이므로, 책임무능력에 관한 결정은 반드시 두 단계의 검토를 거쳐야 한다. 첫째는 심신장애의 유무에 관한 판단이고 두 번째는 심신장애가 인정되는 경우 그로 인한 변별력 결여 또는 의사결정력 결여이다. 따라서 제10조 ①항에 의해 책임무능력이 인정되려면 행위자에게 심신장애는 반드시 존재해야 한다. 그러나 행위자에게 심신장애가 존재한다는 것만으로 책임능력이 당연히 부정되는 것은 아니다. 첫째, 심신장애가 원인이 되어 불법 여부를 판단할 능력이 없는 경우 또는 둘째, 심신장애가 있지만 이에 불구하고 불법에 대한 변별력은 있으면서 의사결정능력만 없는 경우에만 책임무능력이 인정된다.

대법원은 이 두 가지 검토단계를 분명히 하지 않음으로써 첫째 단계인 심신장애를 판사 또는 재판부가 전문가의 감정 없이 결정하는 법률문제라는 태도를 취한다. 둘째 단계가 규범론적-법적 문제로 판사가 판단해야 할 범주임은 물론이다. 그러나 첫째 단계인 심신장애 여부에 관하여는 신경정신과 전문의나 심리학자 등 전문가의 감정을 필수적으로 거쳐야 하며 그 의견은 반드시 존중되어야 한다. 판사는 법을 해석·적용하는 것을 소임으로 하며 심리학적 또는 의학적 판단은 전문·소관사항이 아니기 때문에 이 결론은 너무도 당연하다.

법적 판단의 범주인 둘째 단계의 책임능력 검토에도 역시 전문감정이 반드시 필요하다. 행위 시점에서 행위자가 불법 여부를 판단할 정신적·이성적 능력이 있었는가, 불법을 하지 않아야 한다는 억제력에 의해 행위의사를 결정 내지 포기할 수 있었는가 또 제3자가 행위자의 입장이었다면 불법행위를 하지 않을 수 있었는가 등의 문제는 전문가의 감정을 근거로 판단할 문제이다. 이 판단에서 감정결과는 판사의 결정을 반드시 기속하지 않는다. 다시 말해 심신장애자의 의사결정능력 즉 책임능력에 관한 전문가의 견해와 판사

의 결정이 일치하지 않는 경우가 있을 수 있으나, 이 판단 역시 판사가 감정절차를 생략하고 독단적으로 결정할 문제는 아니다. 즉 책임능력과 무능력에 관한 판단·결정에서 두 전문가 집단의 분업적 상호협력은 필수적이다. 피고인의 정신상태를 감정한 정신과 의사나 심리학자가 이 사람은 변별력과 의사통제력이 없었으니 '책임능력이 없다'는 결론을 판사에게 강요할 수 없다. 마찬가지로 판사는 행위자의 판단능력 및 의사결정능력의 존부를 객관적·과학적으로 감정한 전문가의 의견을 무시하고 "당신의견은 그럴지 몰라도 내가 보기에는 변별력, 의사결정력 모두 인정되므로 책임능력이 있다."라고 결정하는 것 역시 불확실성과 편견에 좌우된 결정일 수밖에 없다. … 대법원이 "심신장애여부 판단은 법률문제"라고 한 의미는, 감정이 방법론적으로 객관성과 공정성이 결여된 것이 분명하거나 감정결과가 확답을 피한 형태로 제출된 경우 또는 상반된 여러 개의 감정소견이 제출된 경우 등에서는 판사가 선택·판단해야 한다는 뜻으로 제한하여 해석해야 한다.

쟁점연구

1. 형법 제10조 제1항의 심신장애의 판단기준은 무엇인가?
2. '사물변별능력'이란 어떤 사물을 대상으로 어느 정도의 변별력을 말하는 것이며, '의사결정능력'이란 구체적으로 어떤 의사결정을 의미하는가?
3. 충동조절장애와 같은 성격적 결함은 어떤 경우 심신장애에 해당하는가?
4. 사물변별능력과 기억능력의 관계는 무엇인가?(대법원 1990. 8. 14. 선고 90도1328 판결; 대법원 1985. 5. 28. 선고 85도361 판결)
5. 심신장애에 대한 최종적 판단자는 누구인가? 심신장애에 대한 심리학자, 신경정신과 의사 등 전문가의 감정은 판사를 구속하는가?
6. 심신상실의 법적 효과는 무엇인가?
7. 치료감호법상 치료감호의 요건과 폐지된 사회보호법상의 치료감호의 요건의 차이는 무엇인가?
8. 치료감호와 형벌은 병과될 수 있는가? 될 수 있다면 집행순서는 어떠한가?

9. 법원은 검사의 청구가 없는 경우 검사에서 치료감호청구를 요구할 수 있는가?(대법원 1998. 4. 10. 선고 98도549 판결)
10. 소년법상 만 10세 이상 19세 미만 자에 대한 형사제재는 무엇인가?

주요개념

1. 책임능력
2. 심신장애
3. 심신미약
4. 책임무능력
5. 한정책임능력
6. 치료감호

Ⅱ. 원인에 있어서 자유로운 행위

도입판례

(가) 대법원 1996. 6. 11. 선고 96도857 판결【살인, 폭력행위등처벌에관한법률위반, 특수강도, 특정범죄가중처벌등에관한법률위반(절도), 대마관리법위반, 사체은닉】(공1996, 2266)

【피 고 인】 갑, 을, 병
【상 고 인】 피고인들
【변 호 인】 변호사 조정근 외 1인
【원심판결】 서울고법 1996. 2. 29. 선고 95노3115 판결
【주　　문】 상고를 모두 기각한다.
【이　　유】

1. 을과 그 국선변호인의 상고이유 중 사실오인 주장에 관하여 본다.

기록에 의하여 제1심 판결이 들고 있는 증거들을 살펴보면 을이 이 사건 각 살인범행에 관하여 사전에 다른 피고인들과 모의한 사실을 충분히 인정할 수 있으므로, 을이 피해자 A를 칼로 찌를 당시 살해할 의사가 없었다거나 피해자 B를 살해하기로 사전에 모의한 바 없으며, 그 사실도 예상하지 못하였다는 피고인의 주장을 배척하고, 이 사건 범죄사실을 모두 인정한 원심의 사실인정은 정당하고, 거기에 소론과 같은 중대한 사실오인의 위법이 있다 할 수 없다. 논지는 이유 없다.

2. 갑과 그 국선변호인 및 사선변호인, 병과 그 국선변호인의 상고이유 중 심신장애에 관한 법리오해 주장에 관하여 본다.

원심은 거시증거에 의하여 같은 피고인들은 상습적으로 대마초를 흡

연하는 자들로서 이 사건 각 살인범행 당시에도 대마초를 흡연하여 그로 인하여 심신이 다소 미약한 상태에 있었음은 인정되나, 이는 위 피고인들이 피해자들을 살해할 의사를 가지고 범행을 공모한 후에 대마초를 흡연하고, 위 각 범행에 이른 것으로 대마초 흡연시에 이미 범행을 예견하고도 자의로 위와 같은 심신장애를 야기한 경우에 해당하므로, 형법 제10조 제3항에 의하여 심신장애로 인한 감경 등을 할 수 없다고 판시하였는바, 기록에 의하여 관계 증거를 살펴보면 위와 같은 원심의 사실인정 및 판단은 정당한 것으로 수긍이 가고, 거기에 상고이유에서 주장하는 바와 같은 심신장애에 관한 채증법칙 위배나 심리미진의 위법이 있다 할 수 없다.

또한 원심은 같은 피고인들이 위 범행 당시 대마초 흡연으로 인하여 심신이 미약한 상태에 있었음을 인정하면서도 이는 원인에 있어서 자유로운 행위하 하여 감경수상을 배척하였음에도, 상고이유는 형법 제10조 제3항 소정의 원인에 있어서 자유로운 행위가 아니라거나 또는 다른 사유를 들어 그 조항을 적용할 수 없다는 주장은 전혀 하지 않은 채 다만 심신미약 상태에 있었다고만 주장할 뿐이므로 그 주장 자체로도 원심을 탓하기에 부족하다.

따라서 논지는 어느 모로 보나 이유 없다.

3. 피고인들 및 그 각 변호인들의 상고이유 중 양형부당 주장에 관하여 본다.

피고인들은 피해자 A를 범행장소로 유인하여 잔인한 방법으로 살해하여 매장한 다음, 곧이어 위 살인범행을 숨기기 위하여 위 피해자의 애인으로서 그 행방을 찾고 있던 피해자 B에게 위 피해자 A의 거처로 데려다 준다고 속여 최초의 범행장소 부근으로 유인하여 참혹하게 살해하여 매장한 점 등 이 사건 기록에 나타난 여러 양형조건 등에 비추어 보면 피고인들에 대하여 사형을 선고한 제1심을 유지한 원심의 양형이 심히 부당하다고 볼 수 없다. 논지도 이유 없다.

4. 그러므로 상고를 모두 기각하기로 관여 법관의 의견이 일치되어 주

문과 같이 판결한다.

대법관 김석수(재판장) 정귀호 이돈희(주심) 이임수

(나) 대법원 1992. 7. 28. 선고 92도999 판결【특정범죄가중처벌등에관한법률위반(도주차량), 도로교통법위반】(공1992, 2698)

【피 고 인】 갑
【상 고 인】 피고인
【변 호 인】 변호사 송기방 외 1인
【원심판결】 서울고등법원 1992. 4. 2. 선고 91노5029 판결
【주 문】 원심판결을 파기하고 사건을 서울고등법원에 환송한다.
【이 유】

피고인, 변호인의 상고이유를 본다.

1. 원심판결 이유에 의하면 원심은 피고인의 판시 특정범죄가중처벌등에관한법률 제5조의3 제2항 제1호 위반죄와 도로교통법 제107조의2 제1호 위반죄를 모두 유죄로 인정하여 경합범으로 처단하고 있는바, 특정범죄가중처벌등에관한법률 제5조의3 제2항 제1호는 1992. 4. 28.자로 헌법에 위반된다는 헌법재판소 결정이 있었으므로 위 조항은 소급하여 그 효력을 상실하였다고 할 것이고, 따라서 위 조항을 적용한 원심판결은 위법하여 더 이상 유지될 수 없으므로 이 점을 지적하는 상고논지는 이유 있다.

2. 이밖에 상고논지는 원심이 형법 제10조 제3항을 적용하여 피고인에게 심신장애로 인한 형의 감경을 하지 않은 조치를 위법하다고 탓하고 있다.

형법 제10조 제3항은 "위험의 발생을 예견하고 자의로 심신장애를 야기한 자의 행위에는 전 2항의 규정을 적용하지 아니한다."고 규정하고 있는바, 이 규정은 고의에 의한 원인에 있어서의 자유로운 행위만이 아

니라 과실에 의한 원인에 있어서의 자유로운 행위까지도 포함하는 것으로서 위험의 발생을 예견할 수 있었는데도 자의로 심신장애를 야기한 경우도 그 적용대상이 된다고 할 것이다.

원심이 같은 취지에서 피고인이 음주운전을 할 의사를 가지고 음주만취한 후 운전을 결행하여 그 판시와 같은 교통사고를 일으킨 이 사건에서 피고인은 음주시에 교통사고를 일으킬 위험성을 예견하였는데도 자의로 심신장애를 야기한 경우에 해당하므로 형법 제10조 제3항에 의하여 심신장애로 인한 감경 등을 할 수 없다고 판단하였음은 정당하고 소론과 같은 위법이 없어 이 점에 관한 논지는 이유 없다.

3. 그러므로 나머지 상고이유에 대한 판단을 생략하고 위 1항에서 지적한 사유에 의하여 원심판결을 파기환송하기로 하여 관여 법관의 일치된 의견으로 주문과 같이 판결한다.

대법관 배만운(재판장) 이회창 김석수

참고문헌

□ 조상제, "과실의 원인에 있어서 자유로운 행위", 형사판례연구 제4권, 1996, 56~73면

自意라는 말은 통상의 언어관행에 따르더라도 '스스로의 의지로'라는 의미로 사용될 뿐만 아니라, 형법학에서도 서로 명확히 구분하여 사용한다. … 따라서 … 이를 내용적으로 결함상태의 야기에 대한 인식과 최소한의 용인이라는 의미의 고의로 제한한 해석은 문언에 충실한 입장이며, 본 판례에서도 이에서 벗어나는 명시적인 해석부분은 찾을 수 없다.

* * *

위험(결과)발생의 '예견'은 결코 '예견가능성'을 포함할 수 없다. 물론 그

역, 즉 예견가능성은 예견을 포함할 수 있다. … 예견이라는 문언에 예견가능성을 포함시키는 견해는 이미 문리적 해석에 반하여 죄형법정주의 및 법치국가원리에도 정면으로 위배(해석자에 의한 법의 창출)된다. … 이렇게 볼 때 형법 제10조 제3항에서의 예견은 위험(결과)발생에 대한 고의 또는 최소한 인식 있는 과실의 경우로 제한된다.

* * *

이러한 제한해석에는 이미 다수설이 우려하듯이 실제로 다수를 점하고 있는 과실의 원인이 자유로운 행위에 대한 형사처벌상의 흠결이 예상될 수 있다. 예컨대 본 사례와 유사한 경우들에서 그 심신장애가 심각하여 책임무능력상태라면 형법 제10조 제1항에 의하여 불가벌이 될 것이며, 기껏해야 도로교통법 제41조(주취중의 운전금지)의 위반을 이유로 한 2년 이하의 징역이나 300만 원 이하의 벌금형(도로교통법 제107조의2 제1호)과, 그 밖에 재범의 위험성이 있을 경우 사회보호법 제8조 제1항 제1호에 따른 치료감호처분의 대상으로나 해석상 고려할 수 있을 뿐이다.

* * *

그 밖에, 피고인의 상고이유 중 도주행위의 부분에 대하여는 본 판례가 언급하지 않고 있다는 점이 주목된다. 원인이 자유로운 행위가 문제되지 않는 통상의 뺑소니사고의 경우, 우리 대법원은 특가법 제5조의3 제1항(도주차량운전자의 가중처벌)의 성립에 도주의 범의(적어도 미필적 고의)를 일관하여 요구하고 있다. 이때 대법원은 도주의 개념에 관하여 사고운전자가 사고로 인하여 피해자가 사상을 당한 사실을 '인식'하였음에도 불구하고 도로교통법 제50조 제1항에 규정된 의무를 수행하기 이전에 사고현장을 이탈하여 사고야기자로서 확정될 수 없는 상태를 초래하는 경우라고 판시하고 있다. 하지만 본 사안의 경우 원인행위시에는 도주에 대한 예견조차 없었음은 명백하므로 원인이 자유로운 행위의 감면배제(형법 제10조 제3항)규정을 적용할 수 없다.

결국 본 사례를 ① 만약 피고인이 사건사고 당시 술에 취하여 있었으나 사물을 변별하고 의사를 결정할 능력이 완전히 상실된 상태는 아니라는 이유를 들어 도주부분에 대하여는 사고당시를 기준으로 별도로 파악하여 특가법

제5조의3 제1항 제1호가 성립하는 경우로 구성하려면 최소한 형법 제10조 제2항의 필요적 감경은 인정되어야 하거나, 또는 ② 사고당시에 완전한 심신상실상태에 있었다면 특가법 제5조의3 제1항 제1호는 무죄(면책)로 인정한 후, 업무상과실치사죄(형법 제268조)와 도로교통법 제50조 제1항(사고발생시의 구호조치위반) 그리고 同法 제41조(주취중의 운전금지)의 위반 등의 경합범으로 취급해야 할 것으로 보인다.

□ **한상훈, "특가법 제5조의3(도주운전죄)과 원인에 있어서 자유로운 행위", 형사정책연구 제11권 3호(통권 제43호), 2000, 181~236면**

도주운전죄는 과실치사상이라는 과실범과 구호조치불이행 도주라는 고의범을 요구하는 결합범이다. 따라서 도주운전죄에 대하여 원인에 있어서 자유로운 행위가 성립하기 위하여는 음주시에 과실치사상에 대하여는 과실이, 도주에 대하여는 고의, 적어도 미필적 고의가 존재하여야 한다. … 통상의 경우 음주시에 이미 도주의 고의를 인정하기가 곤란하기 때문에 도주운전죄를 고의의 원인에 있어서 자유로운 행위로 처벌하는 것은 이론적으로 문제되었던 것이다. 이러한 문제에 대하여, 판례는 이중의 고의요건을 완화함으로써, 그리고 학설은 도주운전죄에 대하여 원인에 있어서 자유로운 행위(형법 제10조 제3항)의 적용을 포기함으로써 해결하고자 하였다.

그러나, 이러한 음주시 도주의 고의의 문제는, 전술한 바와 같이 도주개념을 재해석함으로써 어느 정도 해결될 수 있다. 도주운전죄의 '도주'는 판례와 같이 해석할 수 없고, 오히려 "사고피해자를 구호하지 않고 생명, 신체에 대한 위험상태에 방치하는 행위"라고 해석하여야 함은 전술하였다.

* * *

대상판례에서 대법원이 인정한 사실관계와 같이, 운전자가 "음주시에 교통사고를 일으킬 위험성을 예견"하고도 음주하여 교통사고를 일으키고 도주하였다면, 먼저 교통사고의 위험성에 대한 인식으로부터 교통사고로부터 통상적으로 발생하는 피해자의 사상의 결과에 대한 위험성의 인식도 존재한다고 해석할 수 있다(사물논리적 수반의식). 즉, 피해자의 사상의 위험성에 대한 인식은 음주시에 존재한다고 볼 수 있다. 또한 음주만취하면 자신의 몸도 가누기 어려워 피해자를 구호하는 신속하고 합리적인 결정과 조치를 취하기 어렵다는 사실을 인식하고 있는 행위자가 교통사고발생의 위험을 예견하고 만취하여 운전하였다면, 바로 피해자에 대한 신속한 구호조치를 취하지 못함으로써 "피해자를 생명, 신체에 대한 위험상태에 방치하는 사실"에 대한 예견, 최소한 미필적 고의는 있다고 보지 않을 수 없으며, 따라서 도주운전죄의 '도주'에 대한 인식, 최소한 미필적 고의가 인정될 수 있다고 보아야 할 것이다.

행위자는 음주를 함에 있어서 인식능력, 상황대처능력이 저하되고 있다는 사실을 충분히 인식하고도 그러한 사정을 감수, 혹은 용인하고 음주를 계속한 것이므로, '구호불능상태의 야기', 즉 '구호조치불이행 도주'의 점에 대하여 미필적 고의를 인정함에는 장애가 없다. 다만, 이러한 도주의 고의가 교통사고와 그에 수반한 신체상해라는 우연적 결과에 근거하여서만 성립될 수 있어 문제될 수 있다. 그러나, 판례가 인정한 바와 같이 교통사고의 위험성을 예견하고도 계속 음주하여 결국 음주운전으로 인한 교통사고로 사람을 사상에 이르게 하였다면, 행위자가 예견한 결과가 결국 발생한 것이므로, 이에 대한 고의를 부정하는 논거가 될 수 없다. 나아가 음주시에는 피해자를 구체적으로 특정하여 인식하지 않았으므로, 고의의 특정성이 문제될 수 있다. 그러나, 교통사고의 위험성을 예견하고도 이를 감수, 인용하여 계속 음주한 경우, 피해자의 정체성은 행위자에게 중요하지 않았으므로, 일종의 개괄적 고의(택일적 고의)를 인정할 수 있을 것이다.

□ 김성돈, "범죄체계론적 관점에서 본 원인에 있어서 자유로운 행위", 저스티스 통권 75호, 2003. 10, 103~122면

… 심신장애상태의 야기와 관련하여 '자의로'라는 개념을 입법자가 사용하고 있지만, 심신장애상태를 야기하는 일을 형법에서 범죄구성요건으로 만들어 놓고 있지 않은 이상, 여기에 대해 고의 또는 과실개념을 사용해서는 안될 것이다. 이는 형법 제26조의 중지미수의 요건인 자의개념을 고의 또는 과실 개념으로 풀이하지 않는 것에서 분명히 알 수 있다. 따라서 제10조 제3항의 자의 개념은 단순히 행위자의 '자유로운 자기결정' 혹은 '스스로의 자유

로운 의사결정'이라는 의미로 해석하는 것이 타당할 것이며 이러한 한 어떤 형태로든지 장애상태의 야기 그 자체와 관련하여 고의 또는 과실개념을 연결시키는 태도를 보이지 말아야 할 것이다.

* * *

… 위험발생이라는 개념이 반드시 형법구성요건의 실현 내지 구성요건적 결과발생을 전제로 하지 않는 개념이라면 이에 대한 행위자의 주관적 태도 역시 고의 또는 과실로 표현하는 것은 적절치가 못하다. 따라서 '예견' 개념을 특정 구성요건적 사실에 대한 인식과 관련되어야 할 고의 또는 과실 개념으로 해석하는 것도 온당한 해석태도가 아니라고 할 수 있다. 특히 예견개념의 해석상 예견가능성까지를 포함시키는 해석태도는 어떠한 이유로도 정당화될 수 없고 입법론상으로만 의미를 가지는 태도라고 해야 할 것이다. 결론적으로 말해 형법 제10조 제3항의 예견은 구성요건실현의 전단계에서 발생하는 위험, 거기에 수반되는 위험이 발생과 관련성을 가지고 있는 것일 뿐 특정 구성요건의 실현을 대상으로 하는 행위자의 심리적 태도가 아니다. 따라서 형법 제10조 제3항의 예견개념은 고의 또는 과실과 관계없는 개념으로 해석해야 한다. 형법 제10조 제3항의 위험발생이라는 개념을 당해 구성요건실현의 전단계 혹은 당해 구성요건이 보호하는 법익이 포괄적으로 침해될 가능성까지를 포함하는 개념으로 해석하고, 예견 개념을 장래의 사실을 예상하는 행위자의 적극적인 심리적 태도라고 해석한다면, 위험발생의 예견이라는 요건도 행위자의 행위가 고의에 해당하는가 혹은 과실에 해당하는가를 판단하기 위해 소용되는 요건이 아니라고 해야 할 것이다.

* * *

… 범죄체계론적 관점에서 형법 제10조 제3항을 해석하면 원자행은 다음과 같이 단순하게 유형화된다. 먼저 장애상태 하에서의 실행행위시 행위자에게 고의가 있었으면 고의범이고 과실이 있을 뿐이면 과실범으로 판단한다. 다음으로 장애상태 하에서의 불법행위 이전 단계의 원인행위에 초점을 맞추어 장애상태의 야기의 자의성 여부 및 위험발생의 예견 여부를 판단한다. 이 단계에서의 두 가지 판단 중 모두가 긍정되면 책임조각 또는 책임감경의 사유가 존재함에도 불구하고 행위자의 불법행위는 '원자행'으로 인정되어 책임

조각 또는 책임감경의 효과를 받지 못하고 완전책임의 효과를 받게 된다. 그 인정된 원자행이 고의범인지 과실범인지는 이미 불법판단에서 결정된 것이므로 고의의 불법행위인 경우에는 고의범으로, 과실의 불법행위인 경우에는 과실범으로 처벌된다. 반면에 위 두 가지 판단 중 어느 한 가지라도 부정되면 행위자의 고의의 불법행위 또는 과실의 불법행위는 형법 제10조 제3항이 적용되지 않고 형법 제10조 제1항 혹은 제2항이 적용되어 책임조각 또는 책임감경의 효과가 인정된다.

* * *

… 형법 제10조 제3항에 대한 범죄체계론적 해석방식에 의하면 행위자가 음주운전 후 사고를 내면 도주할 것에 대해서까지 고의가 인정될 수 있는가 하는 물음은 제기할 필요조차 없다. 장애상태야기시의 행위자의 생각에 초점을 맞추지 않고 오히려 음주상태 하에서의 실행행위에 초점을 맞춘다. 따라서 우선 행위자의 행위가 사고후도주운전죄의 구성요건에 해당하는가를 판단하면서, 실행행위시에 치상부분에 대해서는 과실이 있고, 도주부분에 대해서는 고의가 인정되는 한, 전체행위에 대한 형법적 평가로서 사고후도주운전죄의 구성요건해당성을 인정한다. 이로써 사고후도주운전죄의 불법판단이 완료되면 그 다음으로 행위자에 대한 책임비난의 문제가 나아간다. 이 단계에서 완전책임의 인정 여부를 가늠하기 위해 형법 제10조 제3항의 적용 여부를 검토하는 것이다. 행위자가 자의로 술을 마시고 심신장애상태를 야기한 것이 분명하다면 완전책임을 인정하기 위한 제1요건은 충족된다. 다음으로 '위험발생의 예견'이라는 요건의 충족 여부를 검토해야 한다. 여기서 위험발생을 사고후도주운전죄라는 구체적인 특정 구성요건의 실현이라는 개념으로 이해하거나 예견을 그에 대한 고의 또는 과실 개념으로 이해하면 행위자의 행위를 원자행의 어느 한 유형 속에 포함시킬 수가 없다. 행위자에게 장애상태야기시에 초점을 맞추면 그 시점에서 행위자가 사고후도주운전이라는 부분에 대해 고의 또는 과실을 가졌을 것이라고 말할 수 없기 때문이다. 그러나 앞에서 우리의 해석태도와 같이 위험발생이라는 개념을 법익침해의 가능성 혹은 법익침해행위의 전단계 내지 거기에 수반되는 위험발생으로 이해하고 동시에 예견개념도 고의 또는 과실과 완전히 결별시켜 단

순히 장래에 대한 행위자의 심리적인 태도를 가리키는 개념으로 이해한다면 전혀 다른 결론에 이를 수 있다. 행위자에게 음주운전 후 사고를 일으킬 수도 있고 피해자의 생명 신체에 대해 위험을 초래할 가능성이 있음을 충분히 예견할 수 있다. 이러한 정도의 예견이 인정되는 한 형법 제10조 제3항의 '위험발생의 예견'이라는 요건은 충족되는 것이므로 완전책임의 제2요건도 충족되었다고 말할 수 있다. 따라서 운전자의 행위가 형법 제10조 제3항의 행위에 해당하여 사고후도주운전죄의 완전책임이 인정된다는 결론을 내릴 수 있는 것이다.

쟁점연구

1. 원인에 있어서 자유로운 행위가 처벌되는 근거는 무엇인가? 행위와 책임의 동시존재의 원칙과 형법 제10조 제3항의 관계는 무엇인가? "구성요건모델"과 "예외모델"의 차이는 무엇인가?
2. 형법 제10조 제3항의 문언 "위험의 발생의 예견"에서 "위험의 발생"과 "예견"은 각각 무엇을 의미하는가? 양 개념은 구성요건적 결과발생, 구성요건적 실행행위를 전제로 하는 개념인가?
3. 형법 제10조 제3항의 문언 "자의로 심신장애상태를 야기한 경우"에서 "자의"의 의미는 무엇인가? 도입판례 (나)는 '고의에 의한 원인에 있어서 자유로운 행위'와 '과실에 의한 원인에 있어서 자유로운 행위'를 구분하고 있다. 양자는 어떠한 차이가 있는가?
4. 원인에 있어서 자유로운 행위의 실행 착수는 언제인가?

주요개념

1. 행위와 책임의 동시존재의 원칙
2. 원인에 있어서 자유로운 행위

3. actio libera in causa
4. 구성요건모델
5. 예외모델

Ⅲ. 위법성의 인식과 위법성의 착오

도입판례

(가) 대법원 1987. 3. 24. 선고 86도2673 판결【허위공문서작성, 허위공문서작성행사, 폭행, 폭력행위등처벌에관한법률위반】(공1987, 758)

【피 고 인】 갑
【상 고 인】 피고인
【원심판결】 대구고등법원 1986. 10. 31. 선고 86노264 판결
【주　　문】 상고를 기각한다.
【이　　유】

상고이유를 판단한다.

제1점에 대하여,

피고인이 판시 봉양면사무소 호병계장으로 재직하고 있음을 기화로 피고인과 피고인의 동거여인인 공소외 A와의 사이에 출생한 공소외 B를 피고인과 피고인의 법률상 처인 공소외 C 사이에서 출생한 것처럼 호적부에 허위의 기재를 한 후 그 정을 모르는 면장으로 하여금 이에 날인케 하여 허위내용의 호적부를 작성한 원심판시 소위는 형법 제260조 제1항의 허위공문서작성죄의 구성요건을 충족함이 뚜렷하고 나아가 범죄의 성립에 있어서 위법의 인식은 그 범죄사실이 사회정의와 조리에 어긋난다는 것을 인식하는 것으로서 족하고 구체적인 해당 법조문까지 인식할 것을 요하는 것은 아니므로 설사 피고인이 소론과 같이 위의 판시 소위가 형법상의 허위공문서작성죄에 해당되는 줄 몰랐다고 가정하더라도 그와 같은 사유만으로서는 피고인에게 위법성의 인식이 없었다고 할 수 없으므로 원심이 피고인의 판시 소위를 허위공문서작성죄로 다스린 조치

는 정당하다. 논지 이유 없다.

* * *

이에 피고인의 상고를 기각하기로 관여 법관의 의견이 일치되어 주문과 같이 판결한다.

대법관 정기승(재판장) 이병후 황선당

(나) 대법원 2006. 3. 24. 선고 2005도3717 판결【공직선거및선거부정방지법위반】(공2006, 766)

【피 고 인】 갑
【상 고 인】 검사
【변 호 인】 법무법인 한강 담당변호사 최재천 외 2인
【원심판결】 서울고법 2005. 5. 24. 선고 2004노3184 판결
【주 문】 원심판결을 파기하고, 사건을 서울고등법원에 환송한다.
【이 유】

* * *

형법 제16조에서 자기가 행한 행위가 법령에 의하여 죄가 되지 아니한 것으로 오인한 행위는 그 오인에 정당한 이유가 있는 때에 한하여 벌하지 아니한다고 규정하고 있는 것은 일반적으로 범죄가 되는 경우이지만 자기의 특수한 경우에는 법령에 의하여 허용된 행위로서 죄가 되지 아니한다고 그릇 인식하고 그와 같이 그릇 인식함에 정당한 이유가 있는 경우에는 벌하지 아니한다는 취지이다(대법원 1992. 5. 22. 선고 91도2525 판결, 대법원 2002. 1. 25. 선고 2000도1696 판결 등 참조). 그리고 이러한 정당한 이유가 있는지 여부는 행위자에게 자기 행위의 위법의 가능성에 대해 심사숙고하거나 조회할 수 있는 계기가 있어 자신의 지적 능력을 다하여 이를 회피하기 위한 진지한 노력을 다하였더라면 스스로의 행위에 대하여 위법성을 인식할 수 있는 가능성이 있었음에도 이를 다

하지 못한 결과 자기 행위의 위법성을 인식하지 못한 것인지 여부에 따라 판단하여야 할 것이고, 이러한 위법성의 인식에 필요한 노력의 정도는 구체적인 행위정황과 행위자 개인의 인식능력 그리고 행위자가 속한 사회집단에 따라 달리 평가되어야 한다.

기록에 의하면, 피고인의 보좌관이나 계양구 선거관리위원회 직원이 참조하였다는 자료인 중앙선거관리위원회에서 발간한 선거관련 책자 중 일부에 "국회의원이 의정보고서에 시민단체가 발표한 낙천대상자에 자신이 포함된 것에 대한 자신의 해명내용을 일부 포함·작성하여 선거구민에게 배부하는 것은 무방하며, 정치적 소신, 학력·경력, 본인의 신상에 관한 해명, 신문기사 등 의정활동과 직접 관련이 없는 내용이라도 의정보고서와 일체가 되는 형태로 작성·배부하는 것은 무방(이를 별책으로 작성·배부할 수는 없음)하다."고 기재되어 있는 사실은 인정된다.

그러나 대법원은 앞서 본 바와 같이 국회의원이 선거일 전 180일부터 선거일까지의 기간 동안에 의정보고서를 제작하여 선거구민들에게 배부함에 있어 그 내용 중 선거구 활동 기타 업적의 홍보에 필요한 사항 등 의정활동보고의 범위를 벗어나서 선거에 영향을 미치게 하기 위하여 특정 정당이나 후보자를 지지·추천하거나 반대하는 내용이 포함되어 있다면 그 부분은 공직선거법 제93조 제1항에서 금지하고 있는 탈법방법에 의한 문서배부행위에 해당되어 위법하고, 또한, 피고인의 신상에 관한 해명이라고 하더라도 국회의원으로서의 의정활동에 관한 것이라고 볼 수 없는 경우에는 이러한 내용을 인쇄하여 배부하는 것은 정당한 의정보고서의 범위를 넘는다고 판시하여 왔다(대법원 1997. 9. 5. 선고 97도1294 판결 등 참조).

한편, 기록에 의하면, 중앙선거관리위원회에서 발간한 위 선거관련 책자에도 "국회의원의 자격으로 행한 의정활동과 관련 있는 내용이 주류를 이루고 있는 신문·잡지 기타 간행물에 게재된 내용을 의정보고서에 전재하여 일반선거구민에게 배부하는 것은 무방하나, 차기 선거에서의 지지호소 등 선거운동에 이르는 내용은 게재할 수 없으며, 의정보고서에 통상적인 범위 안에서 경력을 게재하는 것은 의정보고서에 부수된 행위로서 무방하지만, 출생과 성장에서부터 정치입문 과정을 거쳐 현재에 이르기까지 걸어온 길을 자료화보와 함께 기술하고, 후보자가 되고자 하는 국회의원을 지지·추천하는 내용의 타인의 인사말이나 시 등을 게재하는 것은 설령 의정활동보고 내용이 일부가 부가되어 있다 할지라도 이는 후보자가 되고자 하는 자를 선전하기 위한 목적이 있다고 보아야 하며, 의정보고는 국회의원이나 지방의회의원이 직접 보고하는 행위이므로 타인이 의정보고서를 제작하거나 3인칭 소설처럼 기술하거나 타인의 글을 게재하여서는 아니 된다."는 취지로 기재되어 있는 사실을 알 수 있다.

피고인은 변호사 자격을 가진 국회의원으로서 법률전문가라고 할 수 있는바(더구나 피고인은 2000년 총선 당시 후보자가 되어 현역 국회의원인 경쟁후보자를 상대로 선거운동을 하면서 현역 국회의원이 의정보고서를 법정선거일 전일까지 무제한 배포하는 것을 허용하는 것은 위헌이라고 주장하여 헌법소원을 제기하고 헌법재판소의 판단을 받은 바 있으므로 의정보고서의 내용이 선거운동의 실질을 갖추고 있는 한 허용될 수 없다는 것을 잘 알고 있다고 진술하고 있기도 하다. 수사기록 98면 참조), 피고인으로서는 의정보고서에 앞서 본 바와 같은 내용을 게재하거나 전재하는 것이 허용되는지에 관하여 의문이 있을 경우, 관련 판례나 문헌을 조사하는 등의 노력을 다하였어야 할 것이고, 그렇게 했더라면, 낙천대상자로 선정된 이유가 의정활동에 관계있는 것이 아닌 한 낙천대상자로 선정된 사유에 대한 해명을 의정보고서에 게재하여 배부할 수 없고 더 나아가 낙천대상자 선정이 부당하다는 취지의 제3자의 반론 내용을 싣거나 이를 보도한 내용을 전재하는 것은 의정보고서의 범위를 넘는 것으로서 허용되지 않는다는 것을 충분히 인식할 수 있었다고 할 것이다.

따라서 피고인이 그 보좌관을 통하여 관할 선거관리위원회 직원에게 문의하여 이 사건 의정보고서에 앞서 본 바와 같은 내용을 게재하는 것이 허용된다는 답변을 들은 것만으로는(또한, 원심도 인정하는 바와 같이 이 사건 의정보고서의 제작과 관련하여, 피고인 측에서 관할 선거관리위원회의 지도계장인 공소외 A에게 구두로 문의를 하였을 뿐 관할 선거관리위원회에 정식으로 질의를 하여 공식적인 답신을 받은 것도 아니다), 자신의 지적 능력을 다하여 이를 회피하기 위한 진지한 노력을 다하였다고 볼 수 없고, 그 결과 자신의 행위의 위법성을 인식하지 못한 것이라고 할 것이므로 그에 대해 정당한 이유가 있다고 하기 어렵다.

한편, 피고인 측이 위 선거관련 책자의 내용을 그 나름대로 해석하여 위 의정보고서의 발간이 위법이 아니라고 판단하였을 가능성에 관하여 보더라도, 앞서 본 바와 같이 위 책자에는 동일한 사안에 대하여 다른 내용의 회답이 존재하고 있는데도 불구하고 자신에게 유리한 회답만을 근거로 하여 행위를 한 것일 뿐만 아니라, 위 책자에는 "국회의원이 의정보고서에 시민단체가 발표한 낙천대상자에 자신이 포함된 것에 대한 자신의 해명내용을 일부 포함·작성하여 선거구민에게 배부하는 것은 무방하나."고 기재되어 있는바, 이는 의정보고서에 낙천대상자 선정에 대한 자신의 해명내용을 일부 포함·작성하는 것이 무방하다는 취지에 불과하고, 더 나아가 낙천대상자 선정이 부당하다는 취지의 제3자의 글을 싣거나 제3자의 반론을 보도한 내용을 전재하는 것까지 허용된다는 취지는 아님이 분명하다고 할 것이다. 따라서 피고인이 낙천대상자로 선정된 사유에 대하여 자신의 해명 내용만을 게재한 것이 아니라, 다른 동료의원들이나 네티즌의 낙천대상자 선정이 부당하다는 취지의 반론을 보도한 내용을 전재한 이 사건에서 이를 근거로 하여 정당한 이유가 있다고 할 수도 없다.

그렇다면 원심이 이와 달리, 피고인이 이 사건 의정보고서를 제작, 배부하는 과정에서 그 실무를 담당한 보좌관인 공소외 B를 통하여 관할 선거관리위원회 담당계장에게 자문을 한 결과 이러한 의정보고서를 작성 배부하는 것이 위법이 아니라는 답변을 얻은 점과 위 공소외 B가 담당계장인 공소외 A와 함께 중앙선거관리위원회에서 배포된 업무관련 책자들을 확인하면서 그 내용에 비추어 보아 이 사건 공소사실 기재와 같은 내용을 이 사건 의정보고서에 게재하는 것이 선거법규에 저촉되지 않는다고 판단하였을 수 있다는 점을 근거로 하여, 피고인이 이 사건 의정보고서의 발간이 법령에 의하여 죄가 되지 아니한 것으로 오인한 것에 정당한 이유가 있는 때에 해당한다고 판단한 것은, 형법 제16조의 정당한 이유에 관한 법리를 오해한 나머지 판결에 영향을 미친 위법을 범한 것이라고 아니할 수 없다.

3. 결론

그러므로 원심판결을 파기하여 이 사건을 원심법원에 환송하기로 하여 관여 대법관의 일치된 의견으로 주문과 같이 판결한다.

대법관 김황식(재판장) 이규홍 박재윤(주심) 김영란

참고판례

(가) 대법원 1985. 4. 9. 선고 85도25 판결【미성년자보호법위반】(집33-1, 573)

(1) 원심이 유지한 제1심판결 이유에 의하면, 피고인은 의정부시내에서 디스코클럽을 경영하는 자로서 1983. 12. 23. 20:00경부터 같은 날 23:00경까지 위 디스코클럽에 미성년자인 공소외인 등 10명을 출입시키고 맥주 등 주류를 판매한 사실은 이를 인정하고도 한편으로 1983. 4. 15. 14:00경 의정부경찰서 강당에서 개최된 청소년선도에 따른 관련 업주회의에서 업주 측의 관심사라 할 수 있는 18세 이상자나 대학생인 미성년자들의 업소출입 가부에 관한 질의가 있었으나 그 확답을 얻지 못하였는데, 같은 달 26. 경기도 경찰국장 명의로 청소년 유해업소 출입단속대상자가 18세 미만자와 고등학생이라는 내용의 공문이 의정부경찰서에 하달되고 그 시경 관할지서와 파출소에 그러한 내용이 다시 하달됨으로써 업주들은 경찰서나 파출소에 직접 또는 전화상의 확인방법으로 그 내용을 알게 되었고 위와 같은 사정을 알게 된 피고인은 종업원에게 단속대상자가 18세 미만자와 고등학생임을 알려주고 그 기준

에 맞추어서 만 18세 이상자이고 고등학생이 아닌 공소외인 등 10명을 출입시키고 주류를 판매하기에 이른 사실을 인정할 수 있으므로 그 경위관계가 위와 같다면 결국 피고인은 법령에 의하여 죄가 되지 아니한 것으로 오인하여 미성년자를 출입시키고 주류를 판매한 것이고 그 오인을 하게 된 데 대하여 형법 제16조 소정의 정당한 이유가 있는 때에 해당한다는 취지로 판단하고 있다.

(2) 형법 제16조에 자기의 행위가 법령에 의하여 죄가 되지 아니하는 것으로 오인한 행위는 그 오인에 정당한 이유가 있는 때에 한하여 벌하지 아니한다고 규정하고 있는바, 이는 단순한 법률의 무지의 경우를 말하는 것이 아니고, 일반적으로는 범죄가 되는 행위이지만 자기의 특수한 경우에는 법령에 의하여 허용된 행위로서 죄가 되지 아니한다고 그릇 인식하고 그와 같이 그릇 인식함에 있어서 정당한 이유가 있는 경우에는 벌하지 아니한다는 취지로 풀이할 것이다

이 사건에 있어서 위에서 본 바와 같이 피고인은 유흥접객업소 내에 출입시키거나 주류를 판매하여서는 아니 되는 대상이 18세 미만자 또는 고등학생에 한정되고, 20세 미만의 미성년자 전부가 이에 해당된다는 미성년자보호법의 규정을 알지 못하였다는 것이므로 이는 단순한 법률의 부지에 해당한다 할 것이고 피고인의 소위가 특히 법령에 의하여 허용된 행위로서 죄가 되지 아니한다고 적극적으로 그릇 인정한 경우는 아니므로 범죄의 성립에 아무런 지장이 될 바 아니고 또 미성년자보호법 제4조 제1, 2항에 위반되는 이상 경찰당국이 당시 미성년자의 유흥접객업소 출입단속대상에서 고등학생이 아닌 18세 이상의 미성년자를 제외하였다 하여 그로 인하여 그 범죄의 성립에 어떠한 영향을 미친다고는 할 수 없을 것이므로 피고인이 이를 믿었다고 하여 법령에 저촉되지 않는 것으로 오인함에 정당한 사유가 있는 경우에 해당한다고도 할 수 없을 것이다.

그런데도 피고인의 이 사건 소위를 형법 제16조 소정의 법률의 착오에 기인한 행위로 인정하고 무죄를 선고한 제1심판결을 유지한 원심의 조치는 결국 심리미진으로 법률의 착오에 관한 판단을 그릇하였거나 이에 관한 법리를 오해한 위법이 있고 판결에 영향을 미쳤음이 명백하므로 논지는 이유

있다.

그러므로 원심판결을 파기하고 사건을 원심법원에 환송하기로 관여 법관의 일치된 의견으로 주문과 같이 판결한다.

(나) 대법원 1982. 1. 19. 선고 81도646 판결 【의장법 위반】

원심이 유지한 제1심 판결이 적법하게 확정한 바에 의하면, 피고인은 소아용 의류 및 양말등을 제조 판매하는 공소외 주식회사의 대표이사로서 1974. 말경 외국상사들로부터 발가락 삽입부가 5개로 형성된 양말을 주문받아 1975. 1.부터 이를 생산하던 중 이 사건 피해자인 김종국으로부터 1975. 2. 24.경 발가락 삽입부가 5개로 형성된 양말은 동인의 의장권(의장등록 제13319호)을 침해한다 하여 그 제조의 중지요청을 받고 그 즉시 변리사 김경진에게 문의하였던바, 양자의 의장이 색채와 모양에 있어 큰 차이가 있으므로 동일 유사하다고 할 수 없다는 회답을 받고, 또 같은 해 3. 11.에는 위 김경진에게 감정을 의뢰하여 위 양자의 의장은 발가락 삽입부 5개가 형성되어 있는 외에는 형상, 색채 혹은 그 조합이 각기 다르고 위 발가락 5개의 양말은 위 의장등록이 된 후에도 공소외 조학순 명의로 의장등록(제17597호)된 바 있으니 발가락 삽입부가 위 김종국의 등록의장의 지배적 요소라고 할 수 없으므로 양자는 결국 동일 또는 유사하다고 할 수 없다는 전문적인 감정을 받았고, 이에 따라 같은 해 3. 12. 피고인 스스로 자신이 제조하는 양말에 대하여 의장등록출원을 한 결과 같은 해 12. 22. 특허국으로부터 등록사정까지 받게 되었으며, 한편 위 조학순이 위 김종국을 상대로 본건 등록의장의 권리범위 확인심판청구(특허국 74년 심판 제333호)를 한 결과, 그 1심과 항소심에서 이 사건 등록의장과 위 등록 제17597호 의장은 피차 양말의 선단부에 발가락이 삽입되는 5개의 삽입부를 형성하는 점이 닮았으나, 이 같은 종류 물품에 삽입부를 형성한다는 것은 보통으로 이루어지는 형상에 속하는 것이어서 별로 사람들의 주의를 끌거나 미감을 일으킬 만한 의장적 특징이 될 수 없고 양자를 전체적으로 비교할 때 빛깔의 배합, 무늬, 모양 등에 있어서 현저한 차이가 있어 서로 오인, 혼동될 염려가 없다는 이유로 청구인 승소의 심결이 있었다가 상고심(대법원 77후9)에서 비로소 이 사건 등록의장의 지배적 요소는 발가락 삽입부가 5개로 형성된 점이라는 이유로 1977. 5. 10. 원심결을 파기환송하는 판결이 있었다는 것이다. 사실이 이와 같다면 특허나 의장권 관계의 법률에 관하여는 전혀 문외한인 피고인으로서는 위 대법원판결이 있을 때까지는 자신이 제조하는 양말이 위 김종국의 의장권을 침해하는 것이 아니라고 믿을 수밖에 없었다고 할 것이니, 위 양말을 제조 판매하는 행위가 법령에 의하여 죄가 되지 않는다고 오인함에 있어서 정당한 이유가 있는 경우에 해당하여 처벌할 수 없는 것이라고 할 것인바, 원심이 이와 같은 취지에서 피고인이 1975. 4. 17.부터 1976. 7. 5.까지 발가락 삽입부가 5개 형성된 양말을 제조하여 피해자의 의장권을 침해하였다는 공소사실에 대하여 무죄를 선고한 제1심 판결을 유지한 조처는 정당하다 할 것이고, 거기에 소론의 법리를 오해한 위법이 있다고는 인정되지 아니한다.

참고문헌

□ 엄상섭/신동운·허일태(편), "우리 형법전에 나타난 형법민주화의 조항"(1955), 효당 엄상섭 형법논집, 2003, 75~76면

第16조에 "자기의 행위가 법령에 의하여 죄가 되지 아니하는 것으로 오인(誤認)한 행위는 그 오인에 정당한 이유가 있는 때에 한하여 벌하지 아니한다"라고 되어 있거니와 이 조문도 형벌조문을 완화한 것이다. "법을 모른다고 하여 처벌을 면할 수 없다."는 것이 형법상의 원칙이거니와 이 원칙의 절대적인 적용만으로는 심히 가혹하여 행위자로서는 억울키 한량없는 경우가 있는 것이다. 더구나 법이론은 정교해짐에도 불구하고 각종 형벌법규는 가일층(加一層) 복잡화되는 반면에 일반 민중의 직업상의 노력량이 증가하기만 하는 사회 추세에 비추어 일반 민중으로서는 범법(犯法)이 되는 것인가 아니 되는 것인가를 알기 어려운 경우가 더욱 많아진다는 것을 시인(是認)할 때에 "법의 부지(不知)는 면책사유(免責事由)가 되지 못한다"는 것만으로[는] 현실과 실정을 무시하는 노릇이다. 특히 행정범(行政犯)에 있어서 그러하다.

그러므로 우리 형법제정에서는 "자기의 행위가 죄가 안 되는 것으로 오

인함에 있어서 그 오인을 책(責)할 만한 아무런 이유도 없을 때"에는 벌하지 말자는 이 조문을 설치한 것이다. 법전편찬위원회 초안(草案)에서는 "벌하지 아니할 수 있다"는 것을 국회에서는 아주 딱 잘라서 "벌하지 아니한다"라고 하여서 민주화의 철저를 기한 것이다. 이 조문에서의 "정당한 이유가 있음"이라 함은 "만연(漫然)히 죄가 안 되는 것으로 오인한 것이 아니고 적어도 법률전문가나 당로자(當路者)에게 문의(問疑)를 하여 죄가 안 된다는 요지의 확답을 얻었다든가 이에 준할 만한 노력을 한 연후에 죄가 되지 아니한다는 인식을 하게 되었음"을 의미하는 것으로 본다.

☐ 허일태, "법률의 부지의 효력", 형사판례연구 제1권, 1993, 47~48면

본 사안을 자세히 보면, 행위자는 미성년자보호법이라는 금지규범의 존재 자체를 전혀 모르는 것이 아니라 알고 있었고, 단지 그 법이 보호하는 대상의 범위를 오인한 것에 불과하다. 왜냐하면 유흥업소의 업주 측이 18세 이상자나 대학생인 미성년자의 업소출입 가부에 대하여 경찰서 당국에 공개적으로 질의를 하였으나 이에 대한 확답을 얻지 못했다는 것은 피고인인 행위자도 이미 미성년자보호법의 보호대상이 미성년자인 것을 알고는 있었으나 단순히 그 범위가 18세 미만의 미성년자인가 20세 미만의 미성년자인가에 의심을 하였다는 것을 쉽게 인정할 수 있는 것이며, 이는 행위자가 미성년자보호법의 규제대상에 대해 어느 범위까지는 알고 있었던 것이다. 즉 행위자는 미성년자보호법 자체를 전혀 몰랐던 것도 아니고, 오히려 미성년자보호법의 규제대상이 미성년자라는 것까지도 알고 있었던 것이며, 오직 규제대상의 정확한 범위만을 오인한 것에 불과하다. 그 때문에 행위자는 법률의 부지에 빠진 것이 아니라 법률의 착오, 특히 법률효력이나 포섭의 착오에 빠진 것이다. 따라서 본 사안은 대법원이 주장한 단순한 법률의 부지에 해당된 경우라고 볼 수 없고, 일반적으로는 범죄가 되는 행위이지만 자기의 특수한 경우에는 법령에 의하여 허용된 행위로서 죄가 되지 아니한다고 그릇 인식한 경우에 해당된다. 그러므로 이 경우에는 그와 같이 그릇 인식함에 있어 정당한 이유가 있었느냐가 중요한 문제로 등장하며, 정당한 이유가 있을 때에 한해서 불가벌이 되는 것이다. 그런데도 불구하고 대법원이 본 사안에서처럼 법

률효력의 착오 내지 포섭의 착오라는 법률의 착오의 문제를 범죄의 성립에 영향을 줄 수 없다는 법률의 부지라고 간주해 버린다면, 대법원은 결국 법률의 부지와 법률의 착오와의 구별을 무용지물화한 것이나 다를 바 없게 되는 것이다.

□ 조국, "법률간의 부정합과 금지착오", 지송 이재상 교수 화갑기념논문집 제1권, 2002, 505~506면

우리는 '정당한 이유'를 판단할 때, 시민이 국가기관이나 자격 있는 전문가에게 자신의 행위의 위법 여부를 성실히 조회하여 그 답에 의존하고 행동하였다면 위법성인식의 착오에 '정당한 이유'가 있는 것으로 볼 수 있다는 통설에 동의한다. … 현재 대법원은 법률전문가가 아닌 시민이 국가기관이나 자격 있는 전문가에게 자신의 행위의 위법 여부를 성실히 조회하여 그 답에 의존하고 행동한 경우도 금지착오의 '정당한 이유'가 없다고 판시한 경우가 많은데, 이는 시민에게 과도한 불법통찰의 의무를 요구하는 것으로, "모든 국민은 철저한 행정관청 불신의 원칙 가운데서 오로지 자신만을 믿고 행위할 수밖에 없다는 요구"로서 "헌법상의 국가 국민상(像)에 어긋난다"고 본다.

* * *

그런데 우리는 여기서 한 걸음 더 나아가야 한다고 본다. 통설은 '회피불가능성' 유무를 불법통찰의 주의의무 이행 여부에 따라 판단하고, 이 의무의 핵심은 통상 '조회의무'라고 이해하고 있지만, 우리는 행위자가 '조회의무'를 다하지 않은 경우에도 그러한 과실에 '정당한 이유'가 있어 면책되는 경우를 상정할 수 있다고 보는 것이다. 금지착오에서의 과실의 기준은 구성요건단계에서의 과실의 기준과 달리 책임단계에서의 문제이므로 행위자를 둘러싼 구체적 사정이 보다 많이 고려되어야 할 것이기 때문이다.

쟁점연구

1. 위법성인식의 범위는 어디까지인가? 피고인이 자신의 행위가 형벌법규에

위반된다는 인식을 요구하는가?

2. ‘확신범’ 또는 ‘양심범’의 경우 위법성인식이 부정되는가? 이들의 경우 형법 제16조의 적용을 주장할 수 있는가?
3. 위법성인식은 고의의 요소인가, 책임의 요소인가?
4. ‘법률의 부지’에는 형법 제16조가 적용될 수 없는가?
5. 형법 제16조의 ‘정당한 이유’의 판단기준은 무엇인가? 독일 형법 제17조의 ‘회피가능성’ 기준과는 어떠한 차이가 있으며, 그 실천적 의미는 무엇인가?

주요개념

1. 위법성의 인식
2. 법률의 부지
3. 위법성의 착오
4. 금지착오
5. 법률의 착오

Ⅳ. 위법성조각사유의 전제사실의 착오

도입판례

(가) 대법원 1968. 5. 7. 선고 68도370 판결【살인】(집16-2, 형1)

【피 고 인】 갑
【원심판결】 제1심 육군보통, 제2심 육군고등 1968. 1. 26. 선고 67고군형항1031 판결
【이 유】

피고인과 변호인의 상고이유에 대하여 살피건대,

싸움을 함에 있어서의 격투자의 행위는 서로 상대방에게 대하여 공격을 함과 동시에 방위를 하는 것이므로 그 중 일방 당사자의 행위만을 부당한 침해라 하고, 다른 당사자의 행위만을 정당방위에 해당하는 행위라고는 할 수 없을 것이나, 격투를 하는 자 중의 한사람의 공격이 그 격투에서 당연히 예상을 할 수 있는 정도를 초과하여 살인의 흉기 등을 사용하여 온 경우에는 이는 역시 부당한 침해라고 아니할 수 없으므로 이에 대하여는 정당방위를 허용하여야 한다고 해석하여야 할 것이다.

본건에 있어서 원심이 인정한 사실은 다음과 같다. 즉 피고인은(피고인은 상병이다) 소속대의 경비병으로 복무를 하고 있는 자로서 1967. 7. 28. 오후 10시부터 동일 오후 12시까지 소속 연대장숙소 부근에서 초소근무를 하라는 명령받고 근무 중, 그 이튿날인 1967. 7. 27. 오전 1시 30분경 동소에서 다음번 초소로 근무를 하여야 할 상병 공소외인과 교대시간이 늦었다는 이유로 언쟁을 하다가 피고인이 동인을 구타하자 공소외인(22세)은 소지하고 있던 칼빈 소총을 피고인의 등 뒤에 겨누며 실탄을 장전하는 등 발사할 듯이 위협을 하자 피고인은 당황하여 먼저 동인을 사살

치 않으면 위험하다고 느낀 피고인은 뒤로 돌아서면서 소지하고 있던 칼빈 소총을 동인의 복부를 향하여 발사함으로써 동인을 사망케 하였다는 것이다.

그렇다면 피고인과 공소외인과의 사이에 언쟁을 하고, 피고인이 동인을 구타하는 등의 싸움을 하였다 하여도, 다른 특별한 사정이 없는 한, 구타를 하였음에 불과한 피고인으로서는 공소외인이 실탄이 장전되어 있는(초소근무인만큼 실탄이 장전되어 있다) 칼빈 소총을 피고인의 등 뒤에 겨누며 발사할 것 같이 위협하는 방위행위는 위와 같은 싸움에서 피고인이 당연히 예상하였던 상대방의 방위행위라고는 인정할 수 없으므로 이는 부당한 침해라고 아니할 수 없고, 원심이 인정한 바와 같이 피고인이 동인을 먼저 사살하지 않으면 피고인의 생명이 위험하다고 느낀 나머지 뒤로 돌아서면서 소지중인 칼빈 총을 발사하였다는 행위는 현재의 급박하고도 부당한 침해를 방위하기 위한 행위로서 상당한 이유가 있는 행위라고 아니할 수 없고, 만일 공소외인이 피고인의 등 뒤에서 칼빈 총의 실탄을 발사하였다면, 이미 그 침해행위는 종료되고 따라서 피고인의 정당방위는 있을 수 없을 것임에도 불구하고, 원심이 위와 같은 사실을 인정하면서 피고인이 발사를 할 때까지는 공소외인이 발사를 하지 아니한 점으로 보아, 동인에게 피고인을 살해할 의사가 있다고는 볼 수 없으므로 피고인의 생명에 대한 현재의 위험이 있다고는 볼 수 없다는 취지로 판시함으로써, 위와 같은 피고인의 행위를 정당방위가 아니라는 취지로 판시하였음은 정당방위에 관한 법의를 오해한 위법이 있다고 아니할 수 없을 뿐 아니라, 가사 피해자인 공소외인에게 피고인을 상해할 의사가 없고 객관적으로 급박하고 부당한 침해가 없었다고 가정하더라도 원심이 인정한 사실자체로 보아도 피고인으로서는 현재의 급박하고도 부당한 침해가 있는 것으로 오인하는 데 대한 정당한 사유가 있는 경우(기록에 의하면 공소외인은 술에 취하여 초소를 교대하여야 할 시간보다 한 시간 반 늦게 왔었고, 피고인의 구타로 동인은 코피를 흘렸다는 것이며, 동인은 코피를 닦으며 흥분하여 "월남에서는 사람 하나 죽인 것은 파리를 죽인 것이나 같았다. 너 하나 못 죽일 줄 아느냐."라고 하면서 피고인의 등 뒤에 칼빈 총을 겨누었다고 한다)에 해당된다고 아니할 수 없음에도 불구하고, 원심이 위와 같은 이유로서 피고인의 정당방위의 주장을 배척하였음은 역시 오상방위에 관한 법리를 오해한 위법이 있다.

대법관 이영섭(재판장) 홍순엽 양희경 주재황

(나) 대법원 1986. 10. 28. 선고 86도1406 판결【무단이탈】(공1986, 3152)

【피 고 인】 갑
【상 고 인】 검사
【변 호 인】 변호사 조태연
【원심판결】 육군고등군법회의 1986. 5. 20. 선고 85항403 판결
【주 문】 상고를 기각한다.
【이 유】

검사의 상고이유를 본다.

원심판결 이유에 의하면, 원심은 그 채택증거에 의하여 피고인은 소속 중대장의 당번병으로서 근무시간 중은 물론 근무시간 후에도 밤늦게까지 수시로 영외에 있는 중대장의 관사에 머물면서 집안일을 도와주고 그 자녀들을 보살피며 중대장 또는 그 처의 심부름으로 관사를 떠나서까지 시키는 일을 해오던 중 이 사건 당일 밤에도 중대장의 지시에 따라 관사를 지키고 있던 중 중대장과 함께 외출나간 그 처 A로부터 같은 날 24:00경 비가 오고 밤이 늦어 혼자서는 도저히 여우고개를 넘어 귀가할 수 없으니, 관사로부터 1.5킬로미터 가량 떨어진 여우고개까지 우산을 들고 마중을 나오라는 연락을 받고 당번병으로서 당연히 해야 할 일로 생각하고서 여우고개까지 나가 동인을 마중하여 그 다음날 01:00경 귀가한 사실을 인정하고, 이와 같은 피고인의 관사이탈 행위가 중대장의 직접적인 허가를 받지 아니하였다 하더라도 피고인은 당번병으로서의 그

임무범위 내에 속하는 일로 오인한 행위로서 그 오인에 정당한 이유가 있으므로 위법성이 없다고 하여 피고인에게 무죄를 선고하였는바, 기록에 의하여 살펴보면, 원심의 위와 같은 사실인정과 판단은 정당하게 수긍되고 거기에 소론 사실오인이나 무단이탈죄에 있어서의 위법성에 대한 법리오해의 위법이 있다할 수 없으므로 논지는 이유 없다.

그러므로 상고를 기각하기로 관여 법관의 의견이 일치하여 주문과 같이 판결한다.

대법관 이명희(재판장) 윤일영 최재호 황선당

참고문헌

□ 김경락, "오상방위의 형사책임," 비교형사법연구 제8권 제1호(2006. 7).

오상방위는 구성요건에 해당하는 결과를 발생시켰고, 위법성이 조각되기 위한 객관적 정당화 상황이 존재하지 않기 때문에 결과반가치는 성립한다. 하지만 위법성이 조각되기 위한 주관적 정당화 요소가 존재하기 때문에 행위반가치는 성립하지 않는다. … 여기서 행위반가치가 성립하지 않는다는 것은 고의불법뿐만 아니라 과실불법도 성립하지 않는다는 의미이다. 그렇지만 오상방위는 구성요건적 고의가 그대로 존재하고 위법성이 조각되지 않는 행위이기 때문에 오상방위의 형사책임에 관한 문제는 책임단계에서 다루어져야 한다. 책임과 관련하여 오상방위와 금지착오는 모두 자신의 행위에 대한 법적 평가를 잘못하여 위법성의 인식이 없었다는 점에서 동일하다. 그 발생부분이 법적 평가부분인지 법적 평가를 하기 위한 전제사실인지에 따라 양자를 다르게 볼 필요는 없다. 또한 직접적 금지착오자와는 달리 오상방위는 행위가 일단 금지대상에 포함되어 있다고 인식했기 때문에 그에 대한 허용 여부를 판단하는 것에 그만큼 더 신중함이 요구된다. … 따라서 오상방위는 형법

제16조의 '정당한 이유'의 판단기준을 적용하여 고의범의 성립여부를 결정하면 된다.

쟁점연구

1. 위법성조각사유의 전제사실에 대한 착오는 구성요건적 착오인가, 위법성의 착오인가, 아니면 제3자의 독자적 착오인가? 이 점에 대한 학설간의 차이를 착오자의 처벌, 착오자를 이용한 제3자의 처벌을 중심으로 비교하라.
2. 도입판례 (가)는 피고인의 행위를 '상당한 이유'가 있는 행위로 보았다. 그런데 도입판례 (가)는 피고인의 행위가 위법성이 조각된다고 보았는가, 책임이 조각된다고 보았는가?
3. 도입판례 (나)는 피고인의 행위에 '정당한 이유'가 있어 위법성이 없다고 보았다. 이러한 해석은 무엇을 의미하는가?

주요개념

1. 위법성조각사유의 전제사실에 대한 착오
2. 오상방위
3. 오상피난

V. 기대가능성과 강요된 행위

도입판례

(가) 대법원 1987. 1. 20. 선고 86도874 판결【식품위생법위반】(공1987, 392)

【피 고 인】 갑
【상 고 인】 검사
【원심판결】 춘천지방법원 1986. 2. 13. 선고 85노452 판결
【주 문】 상고를 기각한다.
【이 유】

상고이유를 판단한다.

원심이 그 거시증거에 의하여 적법히 확정한 바에 의하면, 피고인은 수학여행을 온 대학교 3학년생 34명이 지도교수의 인솔 하에 피고인 경영의 나이트클럽에 찾아와 단체입장을 원하므로 위 학생대표자 4명의 학생증을 제시받아 확인하여 본즉 그들이 모두 같은 대학교 같은 학과 소속의 3학년 학생들로서 성년자임이 틀림없었으며 또한 보통 대학교 3학년이라면 현행교육제도상 성년에 이르게 되므로 나머지 학생들의 연령을 증명서로 확인하여 보지 않아도 모두 성년자일 것으로 믿고서 나머지 학생들의 연령을 개별적·기계적으로 일일이 증명서로 확인하지 아니하고 그들의 단체입장을 허용함으로써 그 중에 섞여 있던 미성년자인 공소외인(19세 4개월 남짓된 여학생)이 위 업소에 입장하게 되었다는 것인바, 사실관계가 위와 같다면 피고인이 단체입장하는 위 학생들이 모두 성년자일 것으로 믿은 데에는 정당한 이유가 있었다고 할 것이고, 따라서 위와 같은 상황 아래에서 피고인에게 위 학생들 중에 미성년자가 섞

여 있을지도 모른다는 것을 예상하여 그들의 증명서를 일일이 확인할 것을 요구하는 것은 사회통념상 기대가능성이 없다고 봄이 상당하므로 피고인이 위 학생들에 대하여 모두 성년자일 것으로 믿고 위 학생들의 증명서 모두를 확인하지 아니함으로써 미성년자를 출입시킨 결과가 되었다고 해서 이를 벌할 수는 없다고 할 것이니, 같은 취지에서 피고인에게 무죄를 선고한 원심판결은 정당하고, 거기에 소론과 같은 출입자의 연령을 증명서로 확인하여 미성년자의 출입을 거부할 영업허가조건의 위반에 관한 법리를 오해한 위법이 없다. 논지는 이유 없다.

그러므로 상고를 기각하기로 하여 관여 법관의 일치된 의견으로 주문과 같이 판결한다.

대법관 김형기(재판장) 정기승 김달식 박우동

(나) 대법원 1988. 2. 23. 선고 87도2358 판결【특정범죄가중처벌등에관한법률위반】(집36-1, 374)

【피 고 인】 갑, 을, 병, 정, 무
【상 고 인】 피고인들
【변 호 인】 변호사 이남진(피고인들을 위한)
변호사 김성만(피고인 갑을 위한)
변호사 설동훈(피고인 을을 위한)
변호사 변갑규(피고인 병을 위한)
【원심판결】 서울고등법원 1987. 10. 19 선고 87노2667 판결
【주 문】 상고를 모두 기각한다.
상고 후 구금일수 중 각 65일을 각 본형에 산입한다.
【이 유】

* * *

2. 피고인들의 국선변호인 변호사 이남진의 상고이유 제2점에 대하여,

특정범죄가중처벌등에관한법률 제4조의2 제2항 위반죄는 결과적 가중범으로서 행위자에게 폭행 또는 가혹행위의 범의 외에 사망의 결과에 대한 예견가능성이 있음을 요한다 함은 논지가 지적하는 바와 같으나, 원심이 적법하게 확정한 바와 같이 양손을 뒤로 결박당하고 양발목마저 결박당한 피해자의 양쪽팔, 다리, 머리 등을 그 판시와 같은 방법으로 밀어누름으로써 피해자의 얼굴을 욕조의 물속으로 강제로 찍어 누르는 가혹행위를 반복할 때에 욕조의 구조나 신체구조상 피해자의 목 부분이 욕조의 턱에 눌릴 수 있고, 더구나 물속으로 들어가지 않으려고 반사적으로 반항하는 피해자의 행동을 제압하기 위하여 강하게 피해자의 머리를 잡아 물속으로 누르게 될 경우에는 위 욕조의 턱에 피해자의 목 부분이 눌려 질식현상 등의 치명적인 결과를 가져올 수 있다는 것은 우리의 경험칙상 어렵지 않게 예견할 수 있다 할 것이고, 나아가 피고인들의 위와 같은 가혹행위와 피해자의 사망과의 사이에는 상당인과관계가 있다 할 것이므로 원심이 피고인들을 결과적 가중범인 위 법조 위반으로 의율한 조치는 정당하고 거기에 결과적 가중범에 있어서의 예견가능성 또는 인과관계에 관한 법리를 오해한 위법이 있다 할 수 없으므로 이 점을 다투는 논지 또한 이유 없다.

3. 피고인들의 국선변호인 변호사 이남진, 피고인 정의 사선변호인 변호사 변갑규, 피고인 정, 무의 각 상고이유 중 책임조각사유 주장에 대하여,

피고인 을, 병, 같은 무, 정 등의 원판시 소위는 상사인 상피고인 갑의 명령에 따른 정당한 행위에 해당하거나 절대적 복종관계에 기한 강요된 행위이기 때문에 책임이 조각되어야 한다고 주장하나, 공무원이 그 직무를 수행함에 있어 상관은 하관에 대하여 범죄행위 등 위법한 행위를 하도록 명령할 직권이 없는 것이며, 또한 하관은 소속상관의 적법한 명령에 복종할 의무는 있으나 그 명령이 참고인으로 소환된 사람에게 가혹행위를 가하라는 등과 같이 명백한 위법 내지 불법한 명령인 때에는 이는 벌써 직무상의 지시명령이라 할 수 없으므로 이에 따라야 할 의무는 없다 할 것이고(당원 1980. 5. 20. 선고 80도306 판결 참조), 설령 치

안본부 대공수사단 직원은 상관의 명령에 절대 복종하여야 한다는 것이 그 주장과 같이 불문율로 되어 있다 할지라도, 국민의 기본권인 신체의 자유를 침해하는 고문행위 등이 금지되어 있는 우리의 국법질서에 비추어 볼 때 그와 같은 불문율이 있다는 점만으로는 이 사건 판시 범죄와 같이 중대하고도 명백한 위법명령에 따른 행위가 정당한 행위에 해당하거나 강요된 행위로서 적법행위에 대한 기대가능성이 없는 경우에 해당하게 되는 것이라고는 볼 수 없고 더욱이 일건 기록에 비추어 볼 때 위와 같은 위법한 명령이 피고인들이 저항할 수 없는 폭력이나 방어할 방법이 없는 협박에 상당한 것이라고 인정되지 않을 뿐 아니라 같은 피고인들이 그 당시 그와 같은 위법한 명령을 거부할 수 없는 특별한 상황에 있었기 때문에 적법행위를 기대할 수 없었다고 볼 만한 아무런 자료도 찾아볼 수 없으므로 같은 취지로 위 피고인들의 주장을 배척한 원심의 조처는 정당하고, 논지는 이유 없다(위 낭원 80노306 판결 참소).

* * *

5. 따라서 상고를 기각하고, 상고 후의 구금일수 중 각 일부를 피고인들에 대한 각 본형에 산입하기로 관여 법관의 의견이 일치되어 주문과 같이 판결한다.

대법관 최재호(재판장) 정기승 김달식

참고판례

(가) 대법원 2004. 7. 15. 선고 2004도2965 전원합의체 판결【병역법위반】(공2004, 1396)

2. 적법행위의 기대가능성이 없다는 점에 대하여

피고인에게 그의 양심상의 결정에 반한 행위를 기대할 가능성이 있는지 여부를 판단하기 위해서는, 행위 당시의 구체적 상황 하에 행위자 대신에 사회적 평균인을 두고 이 평균인의 관점에서 그 기대가능성 유무를 판단하여야 할 것인바, 피고인의 양심상의 결정이 적법행위로 나아갈 동기의 형성을 강하게 압박할 것이라고 보이기는 하지만 그렇다고 하여 피고인이 적법행위로 나아가는 것이 실제로 전혀 불가능하다고 할 수는 없다고 할 것이다. 법규범은 개인으로 하여금 자기의 양심의 실현이 헌법에 합치하는 법률에 반하는 매우 드문 경우에는 뒤로 물러나야 한다는 것을 원칙적으로 요구하기 때문이다. 따라서 이 부분 상고이유 또한 받아들이지 아니한다.

3. 결론

그러므로 피고인의 상고를 기각하기로 하여 주문과 같이 판결하는바, 이 판결에 대하여는 대법관 이강국의 반대의견과 대법관 유지담, 윤재식, 배기원, 김용담의 보충의견 및 대법관 조무제의 보충의견이 있는 외에는 관여 대법관의 의견이 일치되었다.

4. 대법관 이강국의 반대의견

* * *

기록에 의하여 인정되는 다음과 같은 사정, 즉 피고인은 '여호와의 증인' 신자인 부모의 영향으로 형과 함께 어려서부터 자연스럽게 같은 종교적 믿음을 갖게 됨에 따라 일체의 집총병역을 받아들이지 말라는 종교적 교리를 절대적인 양심상의 결정으로 형성하기에 이르렀고, 특히 그의 형이 병역법위반으로 징역형을 선고받고 복역까지 한 과정을 목격까지 하였던 점에 비추어 볼 때, 피고인이 현역병 입영을 거부하게 된 것은 오로지, 일반적 법의 명령보다 더 높은 종교적 양심상의 명령에 무조건적으로 따르지 않고서는 자신의 인격적 존재가치가 파멸되고 말 것이라는 절박하고도 강력한 의무감에 따른 것이라고 보지 않을 수 없다. 피고인에게 존재하는 이러한 양심상 결정의 진지하고도 절박한 구속력 내지 내적 강제력은 우리 헌법 제19조에 의하여 보호되어야 하는 양심의 전형적인 특성을 그대로 나타내고 있는 것이고, 이는 절대적 윤리구속성을 갖추지 못한 다른 확신범이나 양심범과도 뚜렷이 구별되는 것이기도 하다. 여기에 더하여, 피고인은 적어도 집총병역의 형식과 내용이 아니라면 그에게 주어진 헌법상의 국방의 의무를 이행하겠다는 분명한 의사를 가지고 자신의 양심상의 결정에 반하는 집총병역의무의 이행을 소극적으로 거부하고 있을 뿐이므로 국가공동체의 다른 사람의 법익을 직접 침해하는 것도 아니고 이 사건 법률조항이 추구하는 근본적인 입법목적을 결정적으로 훼손하였다고 보기도 어려운 면이 있다는 점도 간과되어서는 안 될 것이다.

이러한 사정들을 종합적으로 참작하여 볼 때, 피고인에게 병역법상의 형벌법규의 기속력이 미치지 않는다고 할 수는 없겠지만, 그렇다고 하여 절대적이고도 진지한 종교적 양심의 결정에 따라 병역의무를 거부한 피고인에게 국가의 가장 강력한 제재 수단인 형벌을 가하게 된다면 그것은, 피고인의 인간으로서의 존엄성을 심각하게 침해하는 결과가 될 것이고 형벌 부과의 주요 근거인 행위자의 책임과의 균형적인 비례관계를 과도하게 일탈한 과잉조치가 될 것이며, 또한, 피고인에 대한 형벌은 그 정도에 상관없이 범죄에 대한 응징과 예방, 피고인의 교육 등 그 어떠한 관점에서도 형벌의 본래적 목적을 충족할 수 없음이 명백해 보이고, 특히 보편적 가치관을 반영한 집총병역의무와 종교적 양심의 명령 사이의 갈등으로 인한 심각한 정신적 압박 상황에서 절박하고도 무조건적인 종교적 양심의 명령에 따른 피고인에게는 실정 병역법에 합치하는 적법한 행위를 할 가능성을 기대하기가 매우 어렵다고 보인다(양심적 종교적 병역거부자들 가운데 상당 부분은 스스로 병역의무가 면제되는 징역 1년 6월 이상의 실형을 선고해 줄 것을 요청하는 경우가 많이 있음은 주지하는 바와 같다). 따라서 이 사건의 피고인과 같은 경우에는 국가의 형벌권이 한 발 양보함으로써 개인의 양심의 자유가 보다 더 존중되고 보장되도록 하는 것이 상당하다고 할 것이다. 그 이유는, 국가는 국민의 기본권인 양심의 자유를 최대한 보장하여야 하고 그에 대하여 관용을 베풀어야 하며 비례의 원칙에 반하는 형벌권의 행사를 삼가하여야 할 헌법적 의무를 부담하고 있기 때문이다. 더욱이 이 사건에 있어서 피고인으로서는 자신의 양심상의 결정을 실현하기 위하여는 형벌집행의 수인 이외에 다른 대체 수단을 갖지 못하고 있음에 반하여, 국가는 양심의 자유와 병역의 의무를 합리적으로 조정해야 하는 헌법적 의무와 아울러 그러한 권한과 가능성까지 가지고 있음에도 불구하고 국가가 그러한 의무나 권한행사를 다하지 않은 경우의 불이익은 국가가 스스로 부담하여야 하는 것이지 이를 피고인에게 귀책시켜서는 안 될 것이라는 점에서도 더욱 그렇다.

물론, 이러한 판단은, 피고인이 주장하는 양심상 명령의 내용이 정당하기 때문에 이를 수용한다는 의미는 결코 아니다. 이러한 해석은, 우선 국가의 모든 권력작용은 기본권적인 가치의 실현에 기여하여야 하며, 상호충돌하는 헌법상의 양심의 자유와 국방의 의무는 규범조화적으로 해석되어야 한다는 헌법적 요청을 주목하고, 아울러 앞서 판시한 바와 같이 피고인에게 이 사건 법률조항에 의한 형벌을 가한다고 한다면, 그것은 과잉조치가 될 것이며, 형벌의 본래적 목적에 맞지도 않고, 특히 피고인에게는 적법행위에 대한 기대가능성이 없다고 보여지므로, 이러한 극히 예외적인 경우에는 국가의 형벌권이 한 발 양보함으로써 피고인에게는 범죄의 성립요건인 책임성을 인정할 수 없다고 보아야 하고, 이러한 점에서 피고인에게는 이 사건 법률조항의 적용을 배제할 '정당한 사유'가 존재한다는 의미인 것이다.

* * *

6. 대법관 조무제의 다수의견에 대한 보충의견

가. 피고인이 신앙과 양심의 결정에 따라 병역의무의 하나인 입영의무에 위반한 행위를 병역법 제88조 제1항에 의하여 처벌하는 것은 헌법 제10조, 제11조, 제19조, 제20조, 제37조 제2항 또는 관련 국제규약 등에 위반되지 아니하며 병역법의 그 조항에 규정된 정당한 사유에 해당되지 않을 뿐만 아니라, 나아가 그 경우에 '입영'이라는 병역의무 이행의 구체적 적법행위의 기대가능성이 부정될 수 없다는 요지의 다수의견과 대체복무제도의 해석론에 관한 5.항의 보충의견은 지지되어야 할 것이다.

그런데 반대의견은 이 사건 피고인에게는 당시에 자신의 양심상의 결정에 반하여 병역의무의 이행으로 나아갈 기대가능성을 전혀 찾을 수 없었다고 주장하므로 여기에서 이 의견은 그 주장에 관련하여 다수의견 중 해당 부분을 보충하고자 한다.

반대의견은 피고인의 종교적 양심의 결정은 집총병역의무의 이행을 거부하는 것이라고 밝히면서도 입영하지 아니한 것은 그 의무이행을 거부하라는 종교적 양심상의 그 명령에 무조건적으로 따르지 않고서는 자신의 인격적 존재가치가 파멸되고 말 것이라는 절박하고도 강력한 의무감에 따른 결과이어서 집총병역이 아닌 대체복무제 도입을 바라는 피고인에게는 입영행위의 기대가능성이 없었다는 취지로 설시한다.

나. 기대가능성은 행위자가 특정한 행위를 하여야 할 시기에 적법행위를 이행할 수 있었으리라고 기대할 만한 가능성을 일컫는 것으로서 그 특정행위를 할 당시 행위자가 처하였던 구체적 상황 아래서 사회평균인을 기준으로 그 적법행위를 기대할 가능성의 유무로써 판단되어야 할 것이며, 그 유무 판단은 특별한 사정이 없는 한 구체적 특정행위에 한정되어 이루어져야 할 것이다.

우리 헌법 제39조 규정상의 추상적 병역의무는 그 규정의 위임을 받아 제정된 병역법, 군형법, 향토예비군설치법 등의 규정에 의하여 그 병역의무의 내용을 이루는 각개의 의무행위들로 구체화하는 것인데, 그 각 구체적 행위는 내용과 성격이 다양하여 인명을 살상하거나 행위상대방에게 고통을 주기 위한 집총훈련과 같이 피고인 주장의 양심상 명령에 배치되는 행위들이기만 한 것은 아니다.

이 사건에서 문제된 것은 지정된 시간에 지정된 장소에 집결하여야 하는 입영행위로서 군인신분을 취득하기 전까지 이행해야 할 병역법상 벌칙규정으로 강제되는 의무행위 중의 하나이며, 그 법에 규정된 다른 의무행위 예컨대 거주지 이동시 전입신고의무(제84조), 출국·귀국시신고의무(제94조), 신체손상이나 사위행위를 하지 않을 의무(제86조), 징병·신체검사를 받을 의무(제87조) 등과 크게 다르지 아니한 성질의 행위로서, 피고인이 수인하기로 자청하는 대체복무제도 아래에서 이행되어야 할 구체적 의무행위와도 그의 성질상 유사성을 띨 것으로 이해된다.

그러하니 가령, 병역의무행위 중 집총행위는 피고인의 종교적 양심상의 신조에 어긋나는 것이라고 전제하더라도, 이 사건 피고인이 이행하여야 할 '입영'이라는 구체적 의무행위는 인명을 살상하거나 사람에게 고통을 주기 위한 집총훈련행위(그의 거부행위는 병역법이 아닌 군형법에 의해 규율된다.)의 앞선 단계의 행위이기는 하지만 집총훈련행위 그 자체는 물론 그와 유사한 성질의 행위라 할 수도 없어서 입영행위를 피고인의 종교적 양심상의 신조에 어긋나는 행위라고 하여 기대할 수 없다고 단정할 것은 아니다.

그렇지 않다고 한다면 피고인의 경우 양심상의 그 신조를 내세워 추상적 병역의무에 속하는 행위인 전입신고, 출국신고의무, 신체손상이나 사위행위를 하지 않을 의무, 징병검사 수검의무 또한 거부할 수 있다는 논리가 성립되어 부당한 결론에 이를 수 있기 때문이다.

따라서 인명을 살상하거나 고통을 주어서는 안 된다는 피고인의 양심상의 명령에 충실하여야 한다는 상황을 전제하여 판단하더라도, 특별한 사정이 인정되지 아니하는 이 사건에서, 사회평균인이라면 피고인의 양심상의 그 신조를 들어 입영의무 이행을 기대할 가능성을 부정하기는 어려울 것이다.

다. 결국, 추상적 병역의무를 이루는 구체적 개별행위의 성질을 고려하지 않은 채, 이 사건 피고인에게 구체적 병역의무행위인 입영행위의 이행으로 나아갈 기대가능성을 전혀 찾을 수 없다는 견지에 서서, 피고인 행위의 책임성을 부정하여 대법원의 종전 선례들과 이 사건 원심 판단이 변경되어야 한다는 취지인 반대의견에는 찬동하지 아니하는 것이다.

(나) 대법원 1972. 5. 9. 선고 71도1178 판결【밀항단속법위반등】(집20-2, 형1)

소론은 원 판결에 의하여 유지된 제1심 판결이 피고인에 대한 본 건 공소 사실 중 반공법위반에 관한 각 사실에 대하여 무죄를 선고한 조치를 논란하는 것이나, 그 판결을 기록과 대조하여 보아도 위 판결이 피고인은 일본국으로 밀항한 1968. 12. 31.부터 1969. 2. 17.까지의 사이에 위 공소 사실에 적시된 바와 같이 그 곳 후쿠오카현의 조총련 간부들과 만나 그들로부터 북괴에 대한 선전을 듣는 등으로 공산주의에 관한 교육을 받고 그들의 북송권유에 응낙하여 공산주의자가 될 것을 서약한 후 북송안내원에게 인계되어 북송선을 타러 가던 도중에 일본 경찰관에게 자수하였던 것이었다는 사실은 인정하면서 그가 취신하는 그 거시와 같은 증거들을 종합하여 피고인은 빈곤한 가정에서 성장하여 중학교를 중퇴한 소년으로 면 촌 일가인 공소외인의 일본에 가면 공장에 취직할 수 있다는 감언에 속아 동인을 따라 일본국으로 밀항하였다가 전시 조총련 간부들에게 인계된 이래 그들이 국외공산 계열의 간부들이라는 점은 알았으나 그들의 그 판시와 같은 방법에 의한 감시 내지 감금하에서 전시와 같은 교육 또는 권유를 받았고, 그들의 협박적인 강요에 못이겨 그들의 선전에 동조하고 공산주의자가 되어 북한으로 갈 것을 서약하기에 이르렀던 것이었다는 사실과 그러한 사실들이 불과 18세의 소년에 대하여 지리나 인정 등이 생소한 일본국에서 이루어졌던 점 등에 비추어 피고인의 전인한 바와 같은 각 행위들은 모두 저항할 수는 없는 폭력 또는 그의 생명 신체에 대한 위해를 방어할 방법이 없는 협박에 의하여 강요된 행위였다고 볼 수밖에 없다고 단정한 조치에 채증법칙의 위배나 법리의 오해와 같은 위법들이 있었다고는 인정되지 않는다.

참고문헌

□ 문인구, "기대가능성과 실정법의 한계", 법정 제12권 제7호, 1957. 7, 22면 이하

그것은 적법행위의 결의를 도저히 기대할 수 없을 정도로, 환언하면 의사결정의 자유를 상실할 정도로 긴박한 사정 또는 그와 유사한 형태로 말미암아 위법행위를 하지 않을 수 없을 정도의 강박성(强迫性)을 필요로 한다고 생각한다. … 이것을 우리 형법에 비추어 생각한다고 하면 규범적 책임론자가 책임조각사유라고 해석하는 [형법] 제22조의 긴급피난과 기대불가능성으로 일반적으로 해석되는 [형법] 제12조의 강요된 행위에서 규정된 바와 같이 의사결정의 자유를 박탈당할 정도의 긴박한 사정만이 책임을 조각한다 할 것이다.

* * *

다음에 고려할 점은 책임조각사유가 되는 기대불가능성은 초법규적인 일반적 책임조각사유인가에 대한 문제이다. 이 문제는 실정법의 본질론과도 밀접한 관련이 있지만, 결론부터 말한다고 하면 기대불가능성을 만일 일반적·초법규적 책임조각사유로 해석한다고 하면 이것은 형법의 규율적 기능을 약화할 뿐 아니라 형법질서를 파괴한다 할 것이다. 따라서 기대불가능성은 형

법규정 혹은 그 해석을 통하여서만 구체적[인] 경우에 제한적으로 해석할 성질의 것이다.

□ 윤영철, “병역법 제88조 제1항과 양심적 병역거부”, 비교형사법연구 제6권 2호, 2004, 408~409면

대상판결은 기대가능성에 대한 판단기준에서 평균인표준설에 의거하여 “피고인의 양심상의 결정이 적법행위로 나아갈 동기의 형성을 강하게 압박할 것이라고 보이기는 하지만 그렇다고 하여 피고인이 적법행위로 나아가는 것이 실제로 전혀 불가능하다고 할 수는 없다고 할 것이다”라고 판시하였다. 여기에서 대상판결은 “전혀”라는 단어를 사용함으로써 양심적 병역거부자의 경우에 적법행위의 기대불가능성을 완전히 배제하려고 한다.

그러나 형법이 규정하고 있는 적법행위의 기대불가능사례 역시 실제로 전혀 불가능한 경우는 아니라고 할 수 있다. 뿐만 아니라 일상에서 적법행위로 나아가는 것이 실제로 전혀 불가능한 경우란 사실상 찾아보기 힘들다. 그럼에도 불구하고 적법행위가 실제로 전혀 불가능한 경우에만 행위자의 책임을 조각하게 된다면 적법행위의 기대가능성을 중요한 책임표지로 보는 것이 무슨 의미가 있는 것인가라는 의문이 제기되지 않을 수 없다. 그리고 대상판결이 근거로 하고 있는 평균인표준설에 대해서는 위에서 언급한 이에 대한 비판들이 그대로 유효하다.

책임이 행위자의 비난가능성을 그 본질로 한다면 양심범의 경우 적법행위의 기대가능성에 대한 평가가 일반범죄의 경우와는 달라야 하는 것이 바람직하다. 왜냐하면 양심적 병역거부는 작위의무—즉, 병역법상의 병역의무—와 부작위의무—양심적 의무인 병역거부—가 충돌하는 형법상의 의무충돌의 한 형태이기 때문이다. 본 사안에서 피고인의 현역병 입영거부는 오로지 일반적인 법의 명령보다 더 높은 종교적 양심상의 명령에 무조건 따르지 않고서는 자신의 인격적 존재가치가 파멸되고 말 것이라는 절박하고도 강력한 의무감에 따른 것으로 판단된다. 이러한 상황에 비추어 볼 때 피고인에게 자신의 양심을 포기하면서까지 실정 병역법에 합치하는 적법행위(병역의무의 이행)를 할 가능성을 기대하기란 매우 어렵다고 할 수 있을 것이다. 비록 기대가능성

에 대한 판단기준에 관하여 대상판결에서처럼 평균인표준설에 따른다 하더라도 그 판단의 대상은 어디까지나 개별적인 행위자이므로 본 사안의 피고인의 경우 책임조각사유로서의 기대불가능성의 존재를 인정할 만한 사유가 많다고 판단된다. 따라서 이러한 경우에는 국가의 형벌권이 한 발 양보함으로써 피고인의 양심의 자유가 보다 더 존중되고 보장되도록 해석하는 것이 바람직할 것이다.

쟁점연구

1. '기대불가능성'이 실정법규화된 조문으로는 무엇이 있는가? '기대불가능성'은 초법규적 책임조각사유로 인정되어야 하는가? '기대불가능성'은 초법규적 책임조각사유로 인정하지 않을 경우 도입판례 (가)의 피고인은 어떻게 의율되는가?
2. 기대가능성은 누구를 표준으로 판단해야 하는가?
3. 도입판례 (나)는 '박종철 군 고문치사' 사건의 대법원 판결이다. 피고인은 기대가능성 외에 어떠한 무죄주장을 하였는가? 각 주장은 어떠한 문제점이 있는가?
4. 참고판례 (가)에서 이강국 대법관의 반대의견과 조무제 대법관의 보충의견을 비교·검토하라.
5. 피강요자는 형법 제12조에 따라 책임이 조각되는데, 이 경우 강요자는 어떻게 의율되는가?
6. '면책적 긴급피난'은 초법규적 책임조각사유로 보아야 하는가, 아니면 형법 제22조 제1항의 적용으로 해결해야 하는가?

주요개념

1. 기대가능성

2. 강요된 행위
3. 면책적 긴급피난
4. 양심적 병역거부

제12장 미수

Ⅰ. 미수와 예비음모

1. 미수범의 구조

도입판례

대법원 1995. 9. 15. 선고 94도2561 판결【주거침입…】(집43-2, 812)

【피 고 인】 갑
【상 고 인】 검사
【원심판결】 대전고등법원 1994. 9. 1. 선고 94노66 판결
【주 문】 원심판결 중 무죄부분을 파기하고 이 부분 사건을 대전고등법원에 환송한다.
【이 유】

상고이유를 판단한다.

1. 원심판결 이유에 의하면 원심은, 주거침입미수죄가 성립하기 위하여서는 신체의 전부가 목적물에 들어간다는 인식 아래 그러한 행위의 실행의 착수가 있어야 한다고 전제한 다음, 피고인에게 피해자의 방 안을 들여다본다는 인식이 있었을 뿐 그 안에 들어간다는 인식이나 의사를 가지고 있었다고는 보기 어려워, 피고인이 1993. 9. 22. 00:10경 대전 중구 소재 피해자의 집에서 그녀를 강간하기 위하여 그 집 담벽에 발을 딛고 창문을 열고 안으로 얼굴을 들이미는 등의 행위를 하였다는 공소

장 기재의 행위를 들어 주거침입의 실행에 착수하였다고는 볼 수 없고 달리 이를 인정할 증거가 없다고 하여 폭력행위등처벌에관한법률위반의 점에 대하여 무죄를 선고한 제1심이 주거침입의 범의에 관한 해석 및 증거조사과정이나 그 취사선택과정에 아무런 위법이 없다는 이유로 검사의 항소를 기각하였다.

2. 그러나 주거침입죄는 사실상의 주거의 평온을 보호법익으로 하는 것이므로(대법원 1984. 4. 24. 선고 83도1429 판결; 1987. 5. 12. 선고 87도3 판결; 1987. 11. 10. 선고 87도1760 판결 등 참조), 반드시 행위자의 신체의 전부가 범행의 목적인 타인의 주거 안으로 들어가야만 성립하는 것이 아니라 신체의 일부만 타인의 주거 안으로 들어갔다고 하더라도 거주자가 누리는 사실상의 주거의 평온을 해할 수 있는 정도에 이르렀다면 범죄구성요건을 충족하는 것이라고 보아야 할 것이고, 따라서 주거침입죄의 범의는 반드시 신체의 전부가 타인의 주거 안으로 들어간다는 인식이 있어야만 하는 것이 아니라 신체의 일부라도 타인의 주거 안으로 들어간다는 인식이 있으면 족하다고 할 것이고, 이러한 범의로써 예컨대 주거로 들어가는 문의 시정장치를 부수거나 문을 여는 등 침입을 위한 구체적 행위를 시작하였다면 주거침입죄의 실행의 착수는 있었다고 보아야 하고, 신체의 극히 일부분이 주거 안으로 들어갔지만 사실상 주거의 평온을 해하는 정도에 이르지 아니하였다면 주거침입죄의 미수에 그친다고 할 것이다.

그러므로 공소사실 기재와 같이 야간에 타인의 집의 창문을 열고 집 안으로 얼굴을 들이미는 등의 행위를 하였다면 피고인이 자신의 신체의 일부가 집 안으로 들어간다는 인식 하에 하였더라도 주거침입죄의 범의는 인정되고, 또한 비록 신체의 일부만이 집 안으로 들어갔다고 하더라도 사실상 주거의 평온을 해하였다면 주거침입죄는 기수에 이르렀다고 할 것이다.

따라서, 이와는 달리 주거침입미수죄가 성립하기 위하여서는 신체의 전부가 목적물에 들어간다는 인식을 요한다고 하여 피고인에게 피해자의 방 안에 들어간다는 인식이나 의사가 없었으므로 주거침입죄의 실행의 착수가 없었다고 본 원심의 판단은 주거침입죄에 있어서의 범의 및 실행의 착수에 관한 법리오해의 위법을 저질렀다고 할 것이므로 이를 지적하는 상고이유의 주장은 이유 있다.

3. 그러므로 나머지 상고이유의 주장에 대하여 판단할 것 없이 원심판결 중 무죄부분을 파기하고, 이 부분 사건을 다시 심리·판단하게 하기 위하여 원심법원에 환송하기로 관여 법관들의 의견이 일치되어 주문과 같이 판결한다.

대법관 박만호(재판장) 박준서 김형선(주심) 이용훈

참고판례

(가) 대법원 2006. 9. 14. 선고 2006도2824 판결【야간주거침입절도미수】(공 2006, 1770)

야간에 타인의 재물을 절취할 목적으로 사람의 주거에 침입한 경우에는 주거에 침입한 단계에서 이미 형법 제330조에서 규정한 야간주거침입절도죄라는 범죄행위의 실행에 착수한 것이라고 보아야 한다(대법원 2003. 10. 24. 선고 2003도4417 판결 참조).

원심판결 이유에 의하면 원심은, 피고인은 출입문이 열려 있는 집에 들어가 재물을 절취하기로 마음먹고 피해자들이 주거하는 이 사건 다세대주택에 들어가 그 건물 101호의 출입문을 손으로 당겨보았는데 문이 잠겨 있자 그 옆의 102호, 2층의 201호, 202호, 3층의 301호, 302호, 옆 건물의 주택 1층에 이르러 똑같이 출입문을 당겨보았는데 모두 잠겨 있어 범행에 실패하였고, 그 후 위 주택 2층의 문이 열려 있어 피고인이 제1심 판시 유죄 부분과 같은 절취범행을 한 사실을 인정한 다음, 이 부분에서와 같이 피고인이 잠긴 출입문을 부수거나 도구를 이용하여 강제로 열려는 의사가 전혀 없이, 즉 출입문이 잠겨 있다면 침입할 의사가 전혀 없이 손으로 출입문을 당겨보아 출입문이 잠겨 있는지 여부를 확인한 것이라면 이는 범행의 대상을 물색한 것에 불과하여 피고인의 이 부분 행위는 야간주거침입절도죄의 예비단계에 불과하고 그 실행의 착수에 나아가지 않은 것이라고 판단하였다.

그러나 주거침입죄의 실행의 착수는 주거자, 관리자, 점유자 등의 의사에 반하여 주거나 관리하는 건조물 등에 들어가는 행위, 즉 구성요건의 일부를 실현하는 행위까지 요구하는 것은 아니고 범죄구성요건의 실현에 이르는 현실적 위험성을 포함하는 행위를 개시하는 것으로 족하다고 할 것이므로(대법원 2003. 10. 24. 선고 2003도4417 판결 참조), 원심 판시와 같이 출입문이 열려 있으면 안으로 들어가겠다는 의사 아래 출입문을 당겨보는 행위는 바로 주거의 사실상의 평온을 침해할 객관적인 위험성을 포함하는 행위를 한 것으로 볼 수 있어 그것으로 주거침입의 실행에 착수가 있었고, 단지 그 출입문이 잠겨 있었다는 외부적 장애요소로 인하여 뜻을 이루지 못한 데 불과하다 할 것이다.

이와 달리 판시한 원심판결에는 야간주거침입절도죄에 관한 법리를 오해한 위법이 있다고 할 것이고 이는 판결의 결과에 영향을 미쳤다 할 것이며, 이 점을 지적하는 검사의 상고논지는 이유 있다.

(나) 대법원 2009. 12. 24. 선고 2009도9667 판결【특수절도미수】(공2010, 292)

형법 제331조 제2항의 특수절도에 있어서 주거침입은 그 구성요건이 아니므로, 절도범인이 그 범행수단으로 주거침입을 한 경우에 그 주거침입행위는 절도죄에 흡수되지 아니하고 별개로 주거침입죄를 구성하여 절도죄와는 실체적 경합의 관계에 있게 되고(대법원 2008. 11. 27. 선고 2008도7820 판결 참조), 2인 이상이 합동하여 야간이 아닌 주간에 절도의 목적으로 타인의 주거에 침입하였다 하여도 아직 절취할 물건의 물색행위를 시작하기 전이라면 특수절도죄의 실행에는 착수한 것으로 볼 수 없는 것이어서 그 미수죄가 성립하지 않는다(대법원 1992. 9. 8. 선고 92도1650, 92감도80 판결 참조).

위 법리에 비추어 보면, 원심이 주간에 피해자의 아파트 출입문 시정장치를 손괴하다가 마침 귀가하던 피해자에게 발각되어 도주한 피고인들에 대하여 형법 제331조 제2항에 정한 특수절도죄의 실행의 착수가 없었다는 이유로 무죄를 선고한 조치는 옳고, 주장과 같은 법리오해의 위법이 없다.

참고문헌

□ **강용현, "주거침입죄의 범의와 기수시기", 형사판례연구 제4권, 1996, 236면**

주거침입죄의 보호법익의 보호되는 정도에 관하여 위태범(危殆犯)이라는 설과 침해범(侵害犯)이라는 설로 나뉜다. 침해범설을 취하면 전부침입설을 취하는 것이 용이할 것으로 생각되고, 위태범설을 취하면 일부침입설을 취하는 것이 용이할 것으로 생각되지만 이것도 논리필연적인 것은 아니다.

앞에서 본 "주거평온의 교란"을 곧바로 법익에 대한 침해로 볼 수도 있고(침해범설) 이는 단순히 법익에 대한 침해의 가능성(위험성)에 불과하다(위태범설)고 볼 수도 있기 때문이다. 사견으로는 앞에서 본 바와 같이 현실적으로 거주하지 아니하는 자의 주거에 대한 평온을 해한다는 개념을 인정하여 주거침입죄를 인정하고 있는 점을 고려할 때 "주거에 대한 사실상의 평온"이란 법익에 대한 침해는 반드시 현실적 침해라야 한다고 보기는 어렵고 침해의 위험만 있어도 구성요건을 충족하는 것으로 보아야 할 것으로 생각되므로 위태범으로 보고 싶다.

그리고 법익의 보호 정도에 관하여 위의 어느 견해를 취하든 "주거평온의 교란"이 신체의 전부침입에 의하여만 발생한다고 볼 수는 없다. 아래에서 보는 바와 같이 담장이 없는 노변 주택의 경우 창문으로 신체의 상당부분을 방안으로 들이민 경우나 아파트의 문을 열고 신체의 상당부분이 아파트 안으로 들어간 채 서 있는 경우 주거의 평온이 교란될 것임은 명백하다.

□ **오영근, "주거침입죄의 성립범위", 형사판례연구 제8권, 2000, 245~246면**

일부침입설에 대해서는 다음과 같은 비판을 가할 수 있다.

첫째, 미수범처벌규정이 있다고 해서 논리필연적으로 기수시기를 전부침입시로 보아야 되는 것은 아니라는 지적은 타당하다. 그러나 미수범처벌규정이 있는 우리 형법의 해석에서 일부침입설보다는 전부침입설이 좀더 자연스러운 것은 사실이다. '① 문을 열고(실행의 착수), ② 신체의 일부가 들어간 후, ③ 신체의 전부가 들어가고, ④ 집안에 머문 후, ⑤ 퇴거하는(종료)' 주거침입죄의 전과정에서 기수시기를 ②까지로 너무 앞당기는 것보다는 ③ 혹은 ④ 정도에서 기수시기를 정하는 것이 논리필연적은 아니지만 좀더 자연스러운 해석이라고 할 수 있다.

둘째, 주거침입죄가 사실상 평온을 해할 것을 요하기 때문에 부진정거동범이라는 주장은 결과범과 거동범의 구분과 침해범과 위태범의 구별을 혼동하고 있는 것이라고 해야 한다. 결과범과 거동범의 구분은 보호법익의 침해요부를 기준으로 한 구분이 아니라 구성요건적 행위 외에 일정한 결과의 발생이 외부세계에 나타나야 하는가의 여부를 기준으로 한 구분이고 여기에서의 결과는 반드시 보호법익을 침해하는 성질의 것이 아니어도 무방하다고 할 수 있다. 주거침입죄는 일정한 행위가 있으면 성립하는 거동범이고 보호법익의 침해까지는 없어도 기수가 될 수 있는 추상적 위태범이라고 해석해야 할 것이다. 따라서 기수 여부를 결정하는 데에 중요한 것은 침입행위가 종료했는가 여부이다. 왜냐하면 주거의 사실상 평온을 해하는 방법에는 침입뿐만 아니라 예를 들어 창 밖에서 남의 집을 들여다보거나 멀리서 망원경으로 남의 집을 살피거나 소음이나 진동을 발생시키는 등 여러 가지 방법이 있을 수 있기 때문이다.

쟁점연구

1. 도입판례에서 검사가 피고인을 주거침입죄의 미수범으로 기소한 이유는 무엇인가?
2. 대법원이 피고인에게 주거침입죄의 미수를 넘어서서 오히려 기수를 인정한 이유는 무엇인가?
3. 미수범은 기수범 구성요건의 수정형식이라고 한다. 구성요건의 측면에서

볼 때 미수범이 기수범에 비하여 수정된 부분은 무엇인가?

4. 도입판례에서 대법원은 주거침입죄의 기수범과 미수범의 구별기준을 제시하고 있다. 주거침입죄의 미수범이 기수범에 비하여 수정된 부분은 무엇인가?
5. 도입판례에서 출발하여 야간주거침입절도죄의 미수범 성립 여부를 검토한 것이 참고판례 (가)이다. 도입판례와 참고판례 (가)를 종합하여 고찰할 때 도입판례에서 제시된 대법원의 태도가 타당하다고 보는가? 찬성 또는 반대의 입장을 취하고 그에 대한 논거를 제시해 보라.
6. 참고판례 (가)와 참고판례 (나)를 비교하여 차이점을 추출하고 결론에 차이가 생기는 이유를 설명해 보라.

주요개념

1. 기수
2. 미수
3. 주거
4. 침입
5. 전부침입설
6. 일부침입설

2. 미수범과 실행의 착수

도입판례

대법원 1985. 4. 23. 선고 85도464 판결【절도미수】(공1985, 818)

【피 고 인】 갑
【상 고 인】 검사
【원심판결】 서울형사지방법원 1985. 1. 29. 선고 84노6259 판결
【주　　문】 상고를 기각한다.
【이　　유】

검사의 상고이유를 본다.

피고인이 노상에 세워놓은 자동차 안에 있는 물건을 훔칠 생각으로 자동차의 유리창을 통하여 그 내부를 손전등으로 비추어 본 것에 불과하다면 비록 유리창을 따기 위해 면장갑을 끼고 있었고 칼을 소지하고 있었다 하더라도 절도의 예비행위로 볼 수는 있겠으나 타인의 재물에 대한 지배를 침해하는 데 밀접한 행위를 한 것이라고는 볼 수 없어 절취행위의 착수에 이른 것이었다고 볼 수 없다. 원심이 같은 취지에서 제1심판결을 유지한 조치는 정당하고, 절도죄의 실행착수에 관한 법리오해가 있다 할 수 없으므로 논지 이유 없다.

그러므로 상고를 기각하기로 관여 법관의 의견이 일치되어 주문과 같이 판결한다.

대법관　윤일영(재판장)　강우영　김덕주　오성환

참고판례

▷ 대법원 1986. 12. 23. 선고 86도2256 판결 【강도상해, 특수절도미수】 (공 1987, 278)

절도죄의 실행의 착수시기는 재물에 대한 타인의 사실상의 지배를 침해하는 데 밀접한 행위가 개시된 때라 할 것인바 피고인이 피해자 소유 자동차 안에 들어 있는 밍크코트를 발견하고 이를 절취할 생각으로 공소외인은 위 차 옆에서 망을 보고 피고인은 위 차 오른쪽 앞문을 열려고 앞문 손잡이를 잡아당기다가 피해자에게 발각된 이 사건에 있어서 위 행위는 절도의 실행에 착수하였다고 봄이 상당하므로, 같은 견해에서 피고인을 특수절도미수죄로 처단한 원심판결에 절도죄의 실행의 착수에 관한 법리오해의 위법이 있다고 할 수 없다.

참고문헌

□ 신동운, **형법총론**(제5판), 2010, 467면

한편 실행의 착수와 관련하여 일반적인 기준을 모색하기보다는 개별구성요건별로 실행의 착수 여부를 검토해야 한다고 주장하는 견해가 있다. 생각건대 실행의 착수에 관한 일반적 기준은 언제나 특정한 범죄구성요건과 관련하여 의미를 가진다. 총칙적인 규정은 그 자체로 존립의미가 없기 때문이다. 이 점에서 실행의 착수에 관한 기준을 개별구성요건별로 검토하자는 주장에는 일리가 있다. 그렇지만 무수한 개별구성요건을 해석한다고 할 때 그 전제로 총칙적인 일반기준을 모색하는 작업은 반드시 필요하다. 이 점에서 개별적 객관설은 논의의 출발이 되는 일반적 기준으로 합리성이 있다고 생각된다.

쟁점연구

1. 미수와 예비음모의 차이를 설명해 보라.
2. 미수와 예비음모를 구별하는 기준점은 실행의 착수이다. 실행의 착수가 무슨 의미인지 설명해 보라.
3. 실행의 착수에 대하여 객관설, 주관설, 개별적 객관설 등이 제시되고 있다. 이처럼 학설이 나뉘는 이유는 무엇인가?
4. 실행의 착수에 관한 객관설, 주관설, 개별적 객관설 등의 학설을 설명해 보라.
5. 도입판례와 참고판례에서 대법원이 절도죄의 실행의 착수를 판단하는 기준으로 제시한 것을 가리켜서 밀접행위설이라고 한다. 밀접행위설이란 무엇인가? 그 내용을 설명해 보라.
6. 밀접행위설을 가지고 예컨대 살인죄나 방화죄와 같은 범죄에도 실행의 착수시점을 결정할 수 있겠는가? 만일에 이를 부정한다면 그 이유는 무엇인가?
7. 우리 형법은 제25조 제1항과 제28조에서 '실행의 착수'라는 표현을 사용하고 있으면서도 그 정의는 제시하고 있지 않다. 이에 반해 독일 형법 제22조는 미수범의 개념을 제시하면서 실행의 착수에 대해 구체적으로 내용을 밝히고 있다. 미수범의 정의에 관한 독일 형법 제22조를 적어 보라.
8. 미수범의 정의에 관한 독일 형법 제22조를 우리 형법의 경우에도 그대로 가져올 수 있을 것인가? 찬성, 반대의 입장을 밝히고 그 이유를 제시해 보라.
9. 도입판례와 참고판례에서 사실관계가 매우 비슷함에도 불구하고 도입판례의 경우에는 무죄가, 참고판례의 경우에는 유죄가 인정되고 있다. 이와 같은 결론이 타당하다고 생각하는가? 대법원의 태도에 대해 찬성, 반대의 입장을 밝히고 그 이유를 제시해 보라.

주요개념

1. 실행의 착수
2. 객관설
3. 주관설
4. 개별적 객관설
5. 예비
6. 음모

3. 예비죄와 처벌규정

도입판례

대법원 1977. 6. 28. 선고 77도251 판결 【부정선거관련자처벌법위반】 (집 25-2, 형54)

【피 고 인】 갑
【상 고 인】 피고인 및 검사
【변 호 인】 변호사 김정두(사선)
【원 판 결】 대구고등법원 1976. 11. 6. 선고 74노158 판결
【주 문】 원판결을 파기하고 사건을 대구고등법원에 환송한다.
검사의 상고를 기각한다.
【이 유】

* * *

변호인의 상고이유 제3점을 판단한다.

원판결 이유에 의하면 원심은 피고인은 1960. 3. 15. 제4대 대통령 및 제5대 부통령선거 당시 부산지방검찰청 마산지청장으로 재직하던 사람으로서 당시 자유당의 부정선거를 규탄하는 수천 명의 마산시민들이 동일 19:00경 투석을 하면서 개표장인 마산시청 앞 50미터 지점까지 밀어닥치자 위 마산지청 정문 앞길에서 당시 마산경찰서장인 공소외인이 피고인에게 "영감 야단났습니다. 어떻게 하면 좋겠습니까? 최루탄은 역풍으로 쓸모가 없고…." 하면서 다급하게 묻자 피고인은 "빨갱이 같은 놈들 쏴 버리시오, 쏴버려."라고 말하여 공소외인에게 시위군중들의 살상을 교사하였으나 공소외인이 이를 승락하지 아니한 것이다라는 검사의 피고인에 대한 예비적 공소사실을 그 거시의 증거에 의하여 인정한 다음 위 피고인의 소위에 대하여 부정선거관련자처벌법 제5조 4항, 1항, 형법 제31조

3항을 적용하고 소정형 중 유기징역형을 선택하여 자수감경 및 작량감경을 한 형기범위 내에서 피고인을 징역 2년에 처하고 3년간 위 형의 집행을 유예[한다]라는 판결을 선고하였다.

살피건대 부정선거관련자처벌법 제5조 1항에 의하면 부정선거에 관련하여 사람을 살해하거나 또는 부정선거에 항의하는 국민을 살해한 자는 사형, 무기 또는 7년 이상의 징역이나 금고에 처한다고 규정하고 동법 제5조 4항에 의하면 제1항의 예비음모와 미수는 이를 처벌한다고 규정하고 있다.

그러나 형법 제28조에 의하면 범죄의 음모 또는 예비행위가 실행의 착수에 이르지 아니한 때에는 법률에 특별한 규정이 없는 한 처벌하지 아니한다고 규정하고 있어 범죄의 음모 또는 예비는 원칙으로 벌하지 아니하되 예외적으로 법률에 특별한 규정이 있을 때 다시 말하면 음모 또는 예비를 처벌한다는 취지와 그 형을 함께 규정하고 있을 때에 한하여 이를 처벌할 수 있다고 할 것이므로 위 부정선거관련자처벌법 제5조 4항에 예비, 음모는 이를 처벌한다라고 규정하였다 하더라도 예비, 음모는 미수범의 경우와 달라서 그 형을 따로 정하여 놓지 아니한 이상 처벌할 형을 함께 규정한 것이라고는 볼 수 없고 또 동법 제5조 4항의 입법취지가 동법 제5조 1항의 예비, 음모죄를 처벌[하는] 의도이었다 할지라도 그 예비, 음모의 형에 관하여 특별한 규정이 없는 이상 이를 본범이나 미수범에 준하여 처벌한다고 해석함은 피고인의 불이익으로 돌아가는 것이므로 이는 죄형법정주의의 원칙상 허용할 수 없다 할 것이다.

따라서 위 법 5조 4항에서 규정한 예비음모죄는 그 형에 관하여 특별한 규정이 없는 때에 해당하여 이를 처벌할 수 없다 할 것인즉 원심이 피고인에 대한 본건 예비적 공소사실이 인정된다 하여 이에 관하여 부정선거관련자처벌법 제5조 4항, 1항을 적용하여 처단하였음은 원심이 심리를 다하지 아니하여 위 법 제5조 4항 및 예비음모죄에 관한 법리를 오해함으로써 판결결과에 영향을 미친 위법을 저질렀다 할 것이니 이 점에 관한 논지는 이유 있고 원판결은 파기됨을 면할 수 없다 할 것이다.

그러므로 피고인의 상고이유와 변호인의 나머지 상고이유에 대한 판단을 생략하고 원판결을 파기하여 다시 심리하게 하기 위하여 사건을 원심인 대구고등법원에 환송하기로 하고 검사의 상고는 이유 없으므로 이를 기각하기로 하여 관여 법관의 일치된 의견으로 주문과 같이 판결한다.

대법관 이영섭(재판장) 김윤행 김용철 유태흥

참고문헌

□ 신동운, 신판례백선 형법총론, 2009, 499면

결국 본 판례는 예비음모죄의 원칙적 불벌을 확인한 점과 피고인에게 불리한 유추해석은 금지된다는 점을 구체적으로 보여 준다. 그런데 여기에서 한 가지 제기할 물음은 왜 예비음모죄가 원칙적으로 불벌인가 하는 점이다. 그것은 … 아직 행위의 정형성이 확정되지 아니한 영역에서의 형사처벌은 국민에게 대하여 법적 안정성을 크게 동요시킬 염려가 있기 때문이다. 특히 단순한 범행의사의 외부적 표현은 그것이 다른 사람과 합의의 형태로 구체화되지 않는 한 음모로도 처벌되지 않는다는 점에서 주목할 필요가 있다.

그렇지만 우리 형법은 중대한 법익을 범죄의 초기단계에서부터 보호하기 위하여 예외적으로 각칙에서 각종 선동·선전죄를 규정하고 있다. 내란선동선전죄(형법 제90조 제2항), 외환선동선전죄(형법 제101조 제2항), 폭발물사용선동죄(형법 제120조 제2항) 등은 그 예이다.

생각건대 최소한의 물적 준비단계에도 이르지 아니하는, 단순한 범죄의사의 표시를 형사처벌하는 것은 표현의 자유와 충돌할 여지가 크기 때문에 이와 같은 입법형식의 사용에는 특별히 신중을 기하여야 할 것이다.

쟁점연구

1. 형법 제29조는 "미수범을 처벌할 죄는 각 본조에 정한다."라고 규정하고 있다. 이에 대해 형법 제28조는 예비와 음모에 관하여 "법률에 특별한 규정이 없는 한 벌하지 아니한다."고 규정하고 있다. 양자 모두 법률에 규정을 두어야 한다는 점에서는 동일함에도 불구하고 입법자가 서로 다른 규정형식을 사용하는 이유는 무엇인가?
2. 형법 제28조는 "범죄의 음모 또는 예비행위가 실행의 착수에 이르지 아니한 때에는 법률에 특별한 규정이 없는 한 벌하지 아니한다."고 규정하고 있다. 이때 "법률에 특별한 규정"이 갖추어야 할 요건은 무엇인가?
3. 형법 제28조에서 "법률에 특별한 규정이 없는 한 벌하지 아니한다."는 의미와 이유를 설명해 보라.
4. 형법 제28조의 "법률에 특별한 규정"의 예를 아는 대로 들어 보라.
5. 도입판례에서 대법원은 부정선거관련자처벌법 제5조 제4항을 적용하여 처벌하는 것은 죄형법정주의의 원칙상 허용될 수 없다는 입장을 취하고 있다. 대법원이 구체적으로 죄형법정주의의 어떠한 파생원칙에 입각하여 이러한 결론을 내렸을 것인지 분석해 보라.

주요개념

1. 예비
2. 음모
3. 실행의 착수
4. 죄형법정주의

Ⅱ. 중지미수

1. 중지미수의 법적 성질

도입판례

대법원 1986. 3. 11. 선고 85도2831 판결【특정범죄가중처벌등에관한법률위반(절도)】(집34-1, 414)

【피 고 인】 갑
【상 고 인】 검사
【변 호 인】 변호사 강신옥
【원 판 결】 서울고등법원 1985. 10. 25. 선고 85노2444 판결
【주　　문】 상고를 기각한다.
【이　　유】

상고이유를 본다.

특정범죄가중처벌등에관한법률 제5조의4 제1항은 상습으로 형법 제329조 내지 제331조의 죄 또는 그 미수죄를 범한 자를 무기 또는 3년 이상의 징역에 처하도록 규정하고 있는바, 이는 절도, 야간주거침입절도, 특수절도 및 그 미수죄의 상습범행을 형법각칙이 정하는 형보다 무겁게 가중처벌하고자 함에 그 입법목적이 있을 뿐 달리 형법총칙 규정의 적용을 배제할 이유가 없는 것이므로 중지미수에 관한 형법 제26조의 적용을 배제하는 명문규정이 없는 한 위 특정범죄가중처벌등에관한법률 제5조의4 제1항 위반의 죄에 위 형법규정의 적용이 없다고 할 아무런 이유도 없다.

원심이 유지한 제1심판결이 적법하게 확정한 바에 따르면 피고인은

원심 상피고인과 함께 대전역 부근에 있는 공소외 A가 경영하는 P상회 사무실의 금품을 절취하기로 공모하여 피고인은 그 부근 포장마차에 있고 원심 상피고인은 위 P상회의 열려진 출입문을 통하여 안으로 들어가 물건을 물색하고 있는 동안 피고인은 자신의 범행전력 등을 생각하여 가책을 느낀 나머지 스스로 결의를 바꾸어 위 A에게 원심 상피고인의 침입사실을 알려 그와 함께 원심 상피고인을 체포하여서 그 범행을 중지하여 결과발생을 방지하였다는 것이므로 피고인의 소위는 중지미수의 요건을 갖추었다고 할 것이니 같은 취지에서 형법 제26조를 적용하여 피고인에 대한 형을 면제한 제1심판결을 유지한 원심조치는 정당하여 아무런 위법이 있다 할 수 없고 이에 반대되는 견해로서 위 특정범죄가중처벌등에관한법률 제5조의4 제1항은 형법 제329조 내지 제331조의 죄와 그 미수죄를 범하는 것 자체를 범죄구성요건으로 하여 중지미수를 논할 여지가 없다는 소론 논지는 독자적 견해로서 채용할 수가 없다.

그러므로 상고를 기각하기로 관여 법관의 의견이 일치하여 주문과 같이 판결한다.

대법관 이회창(재판장) 전상석 정기승

참고판례

▷ 대법원 1969. 2. 25. 선고 68도1676 판결 【군용물횡령】 (집17-1, 형50)

피고인이 공소외 A중위와 범행을 공모하여 동 중위는 엔진오일을 매각처분하고, 피고인은 송증정리를 하기로 한 것은 사후에 범행이 용이하게 탄로나지 아니하도록 하는 안전방법의 하나이지, 위 중위가 보관한 위 군용물을 횡령하는 데 있어 송증정리가 없으면, 절대 불가능한 것은 아니며, 피고인은 후에 범의를 철회하고 송증정리를 거절하였다 하여도 공범자인 위 중위의 범죄실행을 중지케 하였다는 것이 아님이 원판결 및 1심 판결에 의하여 확정된 사실이므로 피고인에게 중지미수를 인정할 수 없[다.] (본원 1954. 1. 30. 선고 4286형상103 판결) … 논지는 채택할 것이 못된다.

참고문헌

□ 신동운, **형법총론**(제5판), 2010, 480면

한국 형법 제26조	독일 형법 제24조 제1항
범인이 자의(自意)로 실행에 착수한 행위를 중지하거나 그 행위로 인한 결과의 발생을 방지한 때에는 형을 감경 또는 면제한다.	자의(自意)로 범행의 계속적인 실행을 포기하거나 그 범행의 기수를 방지한 자는 미수로 벌하지 아니한다.

독일에서 제시되었던 학설 가운데 법률설이 우리 학계에서도 유력하게 주장되고 있다. 불법 또는 책임의 감경에서 형의 감경 또는 면제를 이끌어낼 수 있다는 것이다. 그러나 법률설은 행위와 책임의 동시존재의 원칙을 간과하는 흠을 안고 있다. 불법과 책임은 행위의 시점에 결정된다. 행위 이후의 시점에서 발생한 다른 사정이 이미 성립한 불법이나 책임에 소급효를 미칠 수는 없다.

□ 임웅, **형법총론**(개정판 제2보정), 2008, 352면 이하

결론적으로 중지미수에 대한 관대한 취급은 ① '형법적·법률적' 관점에서 보자면 '책임의 소멸·감소'에 그 이유가 있으며, ② '형사정책적' 관점에서 보자면 범행의 중지를 '장려'하고 그 중지에 대한 '보상'을 하고자 하는 취지를 갖는 것으로 이해함이 타당하다. 중지미수에 대한 관대한 취급을 형사정책적 이유로 설명했다고 해서 법률적 이유설명을 전적으로 배제하는 것은 아니며, 반대로 책임소멸·감소라는 법률적 이유로 설명했다고 해서 제26

조의 형사정책적 의의를 도외시할 것도 아니다. 중지미수에 대한 형벌의 감경이든 면제이든 모두 '형사정책적 관점과 법률적 관점의 두 측면에서' 관대히 취급하는 이유를 조명해 보는 것이 올바른 태도라고 생각한다.

쟁점연구

1. 우리 형법은 미수범의 처벌과 관련하여 제25조(미수범), 제26조(중지범), 제27조(불능범)의 세 가지 유형을 규정하고 있다. 미수범의 처벌과 관련하여 형법 제25조는 제2항에서 "미수범의 형은 기수범보다 감경할 수 있다."고 규정하고, 제26조는 "형을 감경 또는 면제한다."고 규정하고 있으며, 제27조 단서는 "단, 형을 감경 또는 면제할 수 있다."고 규정하고 있다. 위의 세 조문을 비교할 때 형법 제26조(중지범)가 다른 조문과 구별되는 점은 무엇인가?
2. 도입판례에서 제1심법원은 피고인에게 "형을 면제한다."는 판결을 선고하고 있으며, 이 제1심판결은 항소심법원 및 대법원에서도 유지되고 있다. 그렇다면 "형을 면제한다"는 의미는 무엇인가?
3. "형을 면제한다"는 것과 "형을 감경한다"는 것의 차이는 무엇인가?
4. 형면제의 판결은 형사재판을 종결하는 판단형식의 하나이다. 형사소송법은 종국재판의 형식에 대해 제319조 이하에서 규정하고 있는데, 형면제의 판결은 형사소송법 제322조에 규정되어 있다. 종국재판의 형식 가운데 형면제의 판결이 차지하는 위치를 설명해 보라.
5. 우리 형법 제26조와 비슷한 입법례로 독일 형법 제24조 제1항을 들 수 있다. 앞에 소개한 조문대비표를 살펴보면 다음과 같은 점을 알 수 있다. 한국 형법에 따르면 중지범이 기소된 경우에 법원은 피고인에게 감경된 형을 선고하거나 "형을 면제한다"는 판결을 선고하게 된다. 이에 반해 독일 형법에 따르면 법원은 중지범이 기소된 경우에 "미수범으로 벌하지 아니한다"는 규정에 따라 미수범 부분에 대해 무죄를 선고하게 된다. 양자의 법적 효과는 같은 것인가 다른 것인가? 만일에 다른 것이라면 그와

같이 달라지는 이유는 무엇인가?

6. 독일 형법에 따르면 “미수로 벌하지 아니한다”는 법적 효과를 설명하기 위하여 여러 가지 견해들이 제시되고 있다. 이러한 견해들은 우리 형법의 중지범에 대한 법적 성질을 설명할 때 자주 원용되고 있다. 독일 형법학에서 유래한 학설로서 은사설, 보상설, 형벌목적설, 법률설, 형사정책설 등이 제시되고 있다. 이들 학설의 내용을 설명하고, 한국 형법의 해석론으로서 수용가능성을 검토해 보라.
7. 중지범의 특례를 설명하는 이론으로 소위 ‘황금의 다리 이론’이 있다. 이 이론이 주장하는 바를 설명하라.
8. 도입판례와 참고판례에서는 범행에 두 사람이 관여하고 있다. 두 사람 이상이 관여하는 미수범 사안에서 중지범의 특례가 적용되기 위한 요건을 검토해 보라.

주요개념

1. 형의 감경
2. 형의 면제
3. 법률설
4. 형사정책설
5. 황금의 다리 이론

2. 중지미수의 객관적 성립요건

도입판례

대법원 1983. 12. 27. 선고 83도2629, 83감도446 판결【대마관리법위반, 보호감호】(집31-6, 형131)

【피고인겸 피감호청구인】 갑
【상 고 인】 피고인 겸 피감호청구인
【변 호 인】 변호사 주진학
【원심판결】 서울고등법원 1983. 9. 13. 선고 83노1731, 83감노346 판결
【주 문】 상고를 기각한다.
상고 이후의 미결구금일수 중 40일을 본형에 산입한다.
【이 유】
상고이유를 본다.

원심이 인용한 제1심 판결 거시의 증거를 모아 보면, 원심판시 피고인의 범죄사실을 인정하기에 넉넉하고 그에 이르는 원심의 사실확정 과정에 채증법칙을 위반하거나 심리를 다하지 아니하여 사실을 오인한 위법을 가려낼 수가 없고 한편 대마관리법 제19조 제1항 제2호, 제4조 제3호 위반의 죄는 대마를 매매함으로써 성립하는 것이므로 설사 피고인의 변소와 같이 피고인이 대마 2상자를 사가지고 돌아오다 이 장사를 다시 하게 되면 내 인생을 망치게 된다는 생각이 들어 이를 불태웠다고 하더라도 이는 양형에 참작되는 사유는 될 수 있을지언정 이미 성립한 죄에는 아무 소장이 없어 이를 가리켜 중지미수에 해당된다고 할 수 없고 따라서 원심이 피고인의 항소이유에 관하여 양형부당에 관하여서만 판단을 한 것도 이와 같은 진술을 형의 양정에 관한 주장으로 본 것이라고 짐작될 뿐더러 이와 같은 주장에 대하여 그 판단을 명시하지 않았다고

하더라도 판결결과에 아무런 영향도 미칠 수 없는 것임이 명백하여 상고논지는 모두 이유가 없다.

그러므로 상고를 기각하고, 상고 후의 당심 미결구금일수의 일부를 원심 선고형에 산입하기로 하여 관여 법관의 일치한 의견으로 주문과 같이 판결한다.

대법관 이일규(재판장) 이성렬 전상석 이회창

참고문헌

☐ 신동운, **형법총론**(제5판), 2010, 488면

생각건대 착수미수와 실행미수의 구별은 주관설에 따라서 판단하는 것이 타당하다고 본다. 객관설은 미수범의 본질이 행위불법에 있다는 점을 간과하고 있다. 중지범도 미수범의 일종이므로 착수미수와 실행미수의 구별도 행위자의 범행계획을 중심으로 파악되어야 한다. 한편 절충설은 행위가 결과발생에 충분한 것인가 아닌가 하는 점에 대하여 객관적 사정과 행위자의 인식이 다른 경우에 적절한 결론을 도출할 수가 없다.

☐ 김성돈, **형법총론**(제2판), 2009, 428면

위의 학설들은 행위자의 구체적인 범행계획을 알 수 없는 경우에는 실제 사건에 적용하기가 불가능하다. 특히 주관설과 수정된 주관설의 경우가 그러하다. 사안의 내용에 따라 다음과 같이 경우의 수를 나누어 각기 다른 해결방안이 타당할 수 있다.

먼저 행위자가 일정한 행위를 하다가 중지하고 실제로 다른 행위로 나아간 경우가 있다. 이 경우에는 행위자의 전후 행위를 전체적으로 관찰하여 한 개의 단일행위로 평가할 수 있는지가 관건이 된다(이른바 전체적 고찰설).

즉 선행행위와 그 이후에 계속된 행위가 한 개의 단일행위를 구성한다면 선행행위 부분을 미종료미수로 인정하고, 계속된 행위가 이전의 행위에 대해 새로운 행위라고 볼 수 있는 경우에는 새로운 행위를 계속하기 전의 시점에서 종료미수로 인정한다. 다음으로 행위자가 일정한 행위를 하다가 중지한 후 그 후 새로운 행위를 개시하지 않은 경우에는 위와 같은 전체적 고찰설의 방법 대신에 중지한 시점에서의 행위자의 범행계획을 고려하여 행위의 종료 또는 미종료 여부를 판단하여야 한다(수정된 주관설).

쟁점연구

1. 중지범의 특례를 인정하려면 객관적으로 범행의 중지가 인정되어야 한다. 형법 제26조는 범행의 중지와 관련하여 두 가지 경우를 예상하고 있다. '착수미수'와 '실행미수'로 지칭되는 두 가지 경우에 대해 형법 제26조가 규정하고 있는 요건을 설명해 보라.
2. 황금의 다리 이론을 설명해 보라
3. 범죄가 기수에 이른 후에 중지범의 특례를 인정하지 않는 이유는 무엇인가?
4. 도입판례에서 피고인에게 중지범의 특례가 인정되지 않은 이유는 무엇인가?
5. 우리 형법은 범행이 기수에 이른 후에도 예외적으로 중지범의 특례를 인정하는 경우가 있다. 예컨대 인질강요죄의 경우에 인질을 안전한 장소로 풀어준 때에는 피고인의 형을 감경할 수 있다(형법 제324조의6). 이러한 경우를 가리켜서 사후중지라고 한다. 우리 형법상 사후중지가 인정되는 경우를 들고, 이러한 특례를 인정하게 되는 이유를 설명해 보라.

주요개념

1. 착수미수
2. 실행미수
3. 객관설
4. 주관설
5. 수정된 주관설
6. 절충설

3. 중지미수의 주관적 성립요건

도입판례

대법원 1993. 10. 12. 선고 93도1851 판결【강간미수】(공1993, 3129)

【피 고 인】 갑
【상 고 인】 피고인
【변 호 인】 변호사 김용대
【원심판결】 부산고등법원 1993. 6. 10. 선고 93노181 판결
【주　　문】 원심판결을 파기하고 사건을 부산고등법원에 환송한다.
【이　　유】

상고이유를 본다.

1. 원심이 유지한 제1심판결의 채용증거들을 종합하여 보면, 피고인이 제1심판결 범죄사실기재와 같이 피해자를 강간할 마음을 먹고 판시와 같이 폭행한 다음 강간하려 하였으나 피해자가 다음번에 만나 친해지면 응해 주겠다는 취지의 간곡한 부탁으로 인해 그 이상 강간의 실행행위에 나아가지 아니한 사실을 충분히 인정할 수 있고 거기에 소론과 같은 채증법칙 위배나 심리미진으로 인한 사실오인의 위법이 있다 할 수 없다. 논지는 이유 없다.

2. 범죄의 실행행위에 착수하고 그 범죄가 완수되기 전에 자기의 자유로운 의사에 따라 범죄의 실행행위를 중지한 경우에 그 자의에 의한 중지가 일반사회통념상 장애에 의한 미수라고 보여지는 경우가 아니면 이는 중지미수에 해당한다고 할 것이다(당원 1985. 11. 12. 선고 85도2002 판결 참조).

원심이 유지한 위 제1심 인정사실에 의하면 피고인은 피해자를 강간하려고 하다가 피해자가 다음번에 만나 친해지면 응해 주겠다는 취지의 간

곡한 부탁으로 인하여 그 목적을 이루지 못했다는 것이며, 기록에 의하면 그 후 피고인은 피해자를 자신의 차에 태워 집에까지 데려다 준 사실이 엿보이는바, 위 사실에 의하면 피고인은 자의로 피해자에 대한 강간행위를 중지한 것이고 피해자가 다음에 만나 친해지면 응해 주겠다는 취지의 간곡한 부탁은 사회통념상 범죄실행에 대한 장애라고 여겨지지는 아니하므로 이 사건 피고인의 행위는 중지미수에 해당한다고 할 것이다.

그럼에도 불구하고 원심이 피고인을 장애미수로 처단한 제1심판결을 정당하다 하여 유지한 것은 중지미수에 관한 법리를 오해하여 판결결과에 영향을 미치게 하였다 할 것이므로 이 점을 지적하는 논지는 이유 있다.

그러므로 원심판결을 파기하고 사건을 원심법원에 환송하기로 하여 관여 법관의 일치된 의견으로 주문과 같이 판결한다.

대법관 김용준(재판장) 김주한(주심) 천경송

참고판례

▷ 대법원 1992. 7. 28. 선고 92도917 판결【…특정범죄가중처벌등에관한법률위반(강도, 특수강도강간)】(공1992, 2696)

원심판시 2의 나. 사실에 의하면 피고인들이 강도행위를 하던 중 피고인 갑과 을은 피해자 A를 강간하려고 작은방으로 끌고 가 팬티를 강제로 벗기고 음부를 만지던 중 피해자가 수술한 지 얼마 안 되어 배가 아프다면서 애원하는 바람에 그 뜻을 이루지 못하였다는 것인바, 강도행위의 계속 중 이미 공포상태에 빠진 피해자를 위와 같이 강간하려고 한 이상 강간의 실행에 착수한 것으로 보아야 할 것이고, 피해자의 진술을 비롯한 관계증거의 내용에 비추어 보면 피고인들이 간음행위를 중단한 것은 피해자를 불쌍히 여겨서가 아니라 피해자의 신체조건상 강간을 하기에 지장이 있다고 본 데에 기인한 것이므로, 이는 일반의 경험상 강간행위를 수행함에 장애가 되는 외부적 사정에 의하여 범행을 중지한 것에 지나지 않는 것으로서 중지범의 요건인 자의성을 결여한 것이라 보아야 할 것이다.

같은 취지에서 중지범 감면규정을 적용하지 않은 원심판단은 정당하고 소론과 같은 이유불비 내지 법리오해의 위법이 없으므로 이 점 논지도 이유 없다.

참고문헌

□ 신동운, 형법총론(제5판), 2010, 483면

행위불법의 중심을 이루는 것은 행위자의 범행결의이다. 범행결의란 행위자가 범죄실현과 관련하여 가지고 있는 내심의 표상이다. 이 내심의 표상은 행위자의 상황인식을 가리키며 바로 행위자의 심리적 측면을 나타낸다. 객관적인 심리상태를 기준으로 자의성을 판단할 때 중립적인 척도를 확보할 수 있다. 이렇게 볼 때 자의성의 판단기준은 심리적 절충설의 입장에서 파악해야 할 것이다.

□ 임웅, 형법총론(개정판 제2보정), 2008, 357면 이하

프랑크(Frank)의 공식(公式)은, 범인이 “하려고 해도 할 수가 없어서” 그만둔 경우에는 자의성이 없어서 장애미수가 되고, “할 수는 있지만 원하지 않아서” 그만둔 경우에는 자의성이 있어서 중지미수가 된다고 하는 것이다. (중략)

프랑크의 공식은 실제문제에 적용해 보면 합당한 결론을 의외로 손쉽게 제공해 주는 유용한 견해로 평가된다. 결론적으로 중지미수의 자의성은 ‘프랑크의 공식’에 따라 판단함이 타당하다고 하겠으며, 중지의 자의성은 ① 윤리적 동기에 국한되는 것은 아니고, ② 범죄의사의 절대적·종국적 포기를 요하는 것은 아니므로 범행을 ‘잠정적 내지 일시적’으로 포기하고 후일 다시

착수하겠다는 의사도 자의성이 긍정된다는 점에 유의할 필요가 있다.

쟁점연구

1. 형법 제26조가 규정한 중지범의 특례가 인정되려면 객관적으로 범행의 중지가 있어야 하고 주관적으로 중지행위에 자의성(自意性)이 있어야 한다. 도입판례와 참고판례의 사실관계를 토대로 중지미수의 성립요건을 항목별로 검토해 보라.
2. 중지행위의 '자의성' 요건과 관련하여 판단기준으로 객관설, 주관설, 심리적 절충설, 규범적 절충설 등이 제시되고 있다. 이들 학설의 내용을 설명해 보라.
3. 도입판례와 참고판례에서 대법원이 판시한 바에 따라 자의성의 개념을 정의해 보라.
4. 도입판례에서 피해자는 "다음번에 만나 친해지면 응해 주겠다."는 취지의 간곡한 부탁을 하여 화를 면하고 있다. 한편 참고판례에서 피해자는 "수술한 지 얼마 안 되어 배가 아프다."고 애원하여 화를 면하고 있다. 외형상 상황이 매우 비슷함에도 불구하고 도입판례의 경우에는 자의성이 인정되었음에 반하여 참고판례의 경우에는 자의성이 부정되고 있다. 이처럼 양자를 달리 취급하는 대법원의 태도가 타당하다고 보는가? 찬성, 반대의 입장을 택하고 그 이유를 제시해 보라.
5. 도입판례의 경우에 피해자가 기지를 발휘하여 거짓으로 "다음번에 만나 친해지면 응해 주겠다."는 말을 함으로써 아슬아슬하게 화를 면하였다고 한다면, 이러한 경우에도 중지미수의 특례를 인정해야 할 것인가? 찬성, 반대의 입장을 택하고 그 이유를 제시해 보라.

주요개념

1. 자의성
2. 자의성 판단과 객관설
3. 자의성 판단과 주관설
4. 심리적 절충설
5. 규범적 절충설
6. 프랑크의 공식

4. 예비죄의 중지미수

도입판례

대법원 1999. 4. 9. 선고 99도424 판결【특정범죄가중처벌등에관한법률위반(관세)】(공1999, 947)

【피 고 인】 갑
【상 고 인】 피고인
【변 호 인】 변호사 조재석
【원심판결】 부산고법 1999. 1. 11. 선고 98노1036 판결
【주　　문】 상고를 기각한다. 상고 후의 구금일수 중 55일을 본형에 산입한다.
【이　　유】

1. 국선변호인의 상고이유 제1점에 대하여

형법 제28조는 범죄의 음모 또는 예비행위가 실행의 착수에 이르지 아니한 때에는 법률에 특별한 규정이 없는 한 벌하지 아니한다고 규정하고, 관세법 제182조 제2항은 제180조 소정의 관세포탈죄 등을 범할 목적으로 그 예비를 한 자를 미수범과 함께 본죄에 준하여 처벌한다고 규정하며, 특정범죄가중처벌등에관한법률 제6조 제7항은 관세법 제182조에 규정된 죄를 범한 자를 일정한 요건 하에 가중처벌하는 규정을 두고 있는바, 이는 관세포탈죄를 비롯한 관세범이 국가경제에 미치는 영향이 크고, 조직성·전문성·지능성·국제성을 갖춘 영리범이라는 특성을 갖고 있으며, 기수와 미수, 미수와 예비가 그 법익침해 가능성이나 위험성에 있어서 크게 차이가 없는 점 등에 비추어 관세법의 입법목적 달성 및 질서유지와 공공복리를 위하여 그 예비행위를 벌하는 규정을 두고 있는 것일 뿐이고, 합리적 근거 없이 어느 특정인을 일반 국민과 차별하거나

조세범처벌법상 조세포탈죄 등 다른 특정범죄와 차별하여 특별히 엄단하려 하는 것은 아니므로, 관세포탈예비죄에 관한 위 규정들은 헌법 제11조의 평등원칙이나 헌법 제10조의 기본적 인권보장의 원리에 위배된다고 할 수 없다.

2. 국선변호인의 상고이유 제2점 및 피고인의 상고이유 제1, 2점에 대하여

원심판결과 원심이 인용한 제1심판결 명시의 증거들을 기록과 대조하여 살펴보면, 원심이 피고인 등은 1998. 2. 17. 중국 하남남강진출구 유한회사와 녹두 1,000t의 수입에 관한 계약서를 작성하고 같은 달 25. 과세가격 사전심사를 신청할 때에도 위 계약서를 그대로 제출하였으나, 실제로는 중국 회사에 수입물량의 10%에 해당하는 대금을 더 지급하고 물량을 그만큼 더 수입하되 그 부분에 대하여는 수입신고를 하지 않는 방법으로 그에 해당하는 관세를 포탈하기로 결의한 후, 같은 해 7. 7.까지 3차에 걸쳐 330t의 녹두를 수입 통관하고 나머지 770t을 수입하려 한 사실을 인정한 조처는 옳고, 거기에 상고이유로 주장하는 바와 같은 채증법칙 위배로 인한 사실오인의 위법이 있다고 할 수 없다.

한편, 관세법 제9조의2 제1항에 의하면 관세의 납부의무자는 수입신고를 하는 때에 대통령령이 정하는 바에 따라 세관장에게 당해 물품의 가격에 대한 신고를 하여야 하지만, 같은 법 제9조의15는 납세신고를 하여야 할 자가 과세가격결정의 기초가 되는 사항에 관하여 의문이 있는 경우에는 가격신고 전에 대통령령이 정하는 서류를 갖추어 관세청장 또는 세관장에게 미리 심사하여 줄 것을 신청할 수 있고, 세관장은 관세의 납세의무자가 위 사전심사서에 의하여 납세신고를 한 경우에 당해 납세의무자와 사전심사신청인이 일치하고 수입신고된 물품 및 과세가격신고가 사전심사서상의 내용과 동일하다고 인정되는 때에는 대통령령이 정하는 특별한 사유가 없는 한 사전심사서의 내용에 따라 과세가격을 결정하도록 규정하고 있으므로, 관세를 포탈할 목적으로 수입할 물품의 수량과 가격이 낮게 기재된 계약서를 첨부하여 수입예정 물량 전부에 대한 과세가격 사전심사를

신청함으로써 과세가격을 허위로 신고하고 이에 따른 과세가격 사전심사서를 미리 받아 두는 행위는 관세포탈죄의 실현을 위한 외부적인 준비행위에 해당한다고 봄이 상당한바, 이러한 취지에서 원심이 피고인 등이 실제로 수입 통관한 녹두 330t을 제외한 나머지 770t에 관하여 관세법 제182조 제2항 소정의 관세포탈예비죄가 적용된다고 판단하여 특정범죄가중처벌등에관한법률 제6조 제7항으로 의율하였음은 옳고, 거기에 관세포탈예비죄에 관한 법리오해의 위법이 있다고 할 수 없다.

또한, 기록을 살펴보면, 위 과세가격 사전심사서의 유효기간이 1998. 8. 25.까지로 기재되어 있다고 하여 피고인 등이 나머지 녹두 770t을 실제로 수입하는 것이 불가능하였다고 볼 수 없고, 나아가 피고인 등이 자의로 그 수입을 포기하였다는 사정이 인정되지도 아니할 뿐만 아니라, 중지범은 범죄의 실행에 착수한 후 자의로 그 행위를 중지한 때를 말하는 것이고 실행의 착수가 있기 전인 예비음모의 행위를 처벌하는 경우에 있어서 중지범의 관념은 이를 인정할 수 없는 것이므로(대법원 1991. 6. 25. 선고 91도436 판결 참조), 이 점에 관한 상고이유의 주장 역시 모두 받아들일 수 없다.

* * *

4. 그러므로 상고를 기각하고 상고 후의 구금일수 중 55일을 본형에 산입하기로 관여 법관들의 의견이 일치되어 주문과 같이 판결한다.

대법관 조무제(재판장) 정귀호 김형선(주심) 이용훈

참고문헌

☐ 신동운, 형법총론(제5판), 2010, 500면

예비·음모죄가 미수범에 비하여 경하다는 이유로 예비·음모죄에 중지범의 특례를 인정해야 한다는 주장은 우리 입법자의 구상을 정확하게 포착하지 못하는 흠을 안고 있다. 예비·음모죄에 일반적으로 중지범의 특례를 인정하게 되면 “목적한 죄의 실행에 이르기 전에 자수한다”는 제한을 굳이 걸 필요도 없이 형법 제26조를 근거로 하여 ‘형의 필요적 감경 또는 면제’라는 법적 효과를 확보할 수 있을 것이다. 그러나 이와 같은 해석은 우리 입법자가 예비·음모죄에 자수의 특례를 별도로 인정한 것[형법 제90조 제1항 단서, 제101조 제1항 단서 등]과 배치된다. 실정법의 명문규정을 무의미한 주의규정으로 격하시킬 수는 없다. 우리 형법에 나타난 예비·음모죄의 구조에 비추어 볼 때 예비·음모죄의 중지범은 판례와 마찬가지로 이를 인정하지 않는 것이 타당하다고 생각된다.

□ **이재상, 형법총론**(제6판), 2008, 391면

생각건대 ① 예비의 미수는 논리상 있을 수 없고, ② 범죄에 대한 준비행위로 인하여 예비죄는 완성되었다고 할 것이므로 예비의 형을 감경 또는 면제할 수는 없으며, ③ 예비의 중지는 실행의 착수를 포기하는 것을 의미한다고 할 것이므로, 예비의 형에 비하여 중지미수의 형이 가벼운 때에 한하여 처벌의 불균형을 시정할 수밖에 없다고 해석하는 다수설[긍정설]이 타당하다고 해야 한다.

쟁점연구

1. 우리 형법상 예비음모 행위를 처벌하는 경우를 제시해 보라.
2. 도입판례에서 대법원은 예비음모 행위를 처벌하는 경우에 중지범의 관념을 인정할 수 없다는 입장을 취하고 있다. 대법원의 태도에 대해 찬성, 반대의 입장을 택하고 그 이유를 제시해 보라.
3. 절충설의 입장에서 문제를 해결할 여지는 없는가? 있다면 그 기준점은 무엇이며 논거는 무엇인가?
4. 도입판례 당시의 관세법은 “[관세포탈죄] 등을 범할 목적으로 그 예비를

한 자는 미수범과 함께 본죄에 준하여 처벌한다."는 입법태도를 취하고 있었다. 이에 대해 2010년 개정 이후 관세법은 다른 태도를 취하고 있다. 개정 전후 입법자의 태도를 비교분석하고 그 타당성을 검토해 보라.

주요개념

1. 예비
2. 음모
3. 실행의 착수
4. 중지범
5. 자의성

Ⅲ. 불능미수

1. 불능범의 법적 효과

도입판례

대법원 2005. 12. 8. 선고 2005도8105 판결【사기미수】(공2006, 141)

【피 고 인】 갑
【상 고 인】 검사
【원심판결】 전주지법 2005. 10. 7. 선고 2005노1035 판결
【주 문】 상고를 기각한다.
【이 유】

상고이유를 본다.

불능범의 판단기준으로서 위험성 판단은 피고인이 행위 당시에 인식한 사정을 놓고 이것이 객관적으로 일반인의 판단으로 보아 결과발생의 가능성이 있느냐를 따져야 하고(대법원 1978. 3. 28. 선고 77도4049 판결 참조), 한편 민사소송법상 소송비용의 청구는 소송비용액 확정절차에 의하도록 규정하고 있으므로, 위 절차에 의하지 아니하고 손해배상금청구의 소 등으로 소송비용의 지급을 구하는 것은 소의 이익이 없는 부적법한 소로서 허용될 수 없다고 할 것이다. 따라서 소송비용을 편취할 의사로 소송비용의 지급을 구하는 손해배상청구의 소를 제기하였다고 하더라도 이는 객관적으로 소송비용의 청구방법에 관한 법률적 지식을 가진 일반인의 판단으로 보아 결과발생의 가능성이 없어 위험성이 인정되지 않는다고 할 것이다.

같은 취지에서 원심이, 채용 증거에 의하여 피고인이 공소외 A로부터

소송비용 명목으로 공소외 B를 통하여 100만 원을 이미 송금받았음에도 불구하고 공소외 A를 피고로 하여 종전에 피고인이 공소외 A를 상대로 제기하였던 여러 소와 관련한 소송비용 상당액의 지급을 구하는 손해배상금청구의 소를 제기하였다가 담당 판사로부터 소송비용의 확정은 소송비용액 확정절차를 통하여 하라는 권유를 받고 위 소를 취하한 사실을 인정한 다음, 피고인이 제기한 이 사건 손해배상금청구의 소는 소의 이익이 흠결된 부적법한 소로서 각하를 면할 수 없어 피고인이 승소할 수 없다는 것이고, 그렇다면 피고인의 이 부분 소송사기 범행은 실행수단의 착오로 인하여 결과발생이 불가능할 뿐만 아니라 위험성도 없다 할 것이어서 소송사기죄의 불능미수에 해당한다고 볼 수 없으므로 결국 범죄로 되지 아니하는 때에 해당한다고 판단하여 피고인에 대하여 이 부분 무죄를 선고한 조치는 옳고, 거기에 상고이유에서 주장하는 바와 같은 불능미수에 있어서의 위험성에 관한 법리오해의 위법이 있다고 할 수 없다.

그러므로 상고를 기각하기로 하여 관여 대법관의 일치된 의견으로 주문과 같이 판결한다.

대법관 강신욱(재판장) 고현철 양승태(주심) 김지형

참고문헌

□ 엄상섭, "형법안 국회 독회석상에서의 발언", 형사법령제정자료집 (1) 형법, 1990, 216면

이 27조는 소위 불능범과 미수범과의 문제에 있어서 형법학계에서 가장 많이 논의되고 있는 문제입니다. 이 보통 미수범을 이러한 방법으로 해서는 도저히 과학상 우리의 경험상 결과가 발생할 수 없는 미수범에는 이것이 대

단히 구별이 어려운 것입니다. 가령 독살을 하려고 할 적에 독약을 먹여도 분량이 적어가지고 안 죽는 것은 우리가 보통 생각하는 것은 미수범입니다. 그런데 독약인 줄 알고 독약의 성분을 가진 것으로 알고 하얀 가루를 먹여가지고 그것은 설탕가루였다 이런 것은 우리가 사후에 생각해 볼 것 같으면 도저히 그 결과는 발생할 수 없[습니]다.

그렇지마는 사전에서 본다며는 여러 가지 문제가 많이 복잡해 가지고 있는 것입니다. 더군다나 도의적 관념으로 볼 때에는 사람을 죽이려고 한 것은 틀림없는 것이 아니냐? 그래서 여러 가지 문제가 많이 있다가 지금에 와서는 사후의 판단을 해 보아서 도저히 그러한 결과가 발생 못하더라도 우리가 사전에 보아서 역시 위험한 행위라고 생각되는 것은 역시 미수범으로 처벌하자는 것입니다.

쟁점연구

1. 형법은 미수범의 처벌과 관련하여 제25조, 제26조, 제27조를 규정하고 있다. '불능범'으로 표제가 붙어 있는 형법 제27조가 형법 제25조 및 제26조와 비교하여 특별히 보유하고 있는 법적 효과를 설명해 보라.
2. 형법 제27조는 법적 효과로서 "형을 감경 또는 면제할 수 있다"라고 규정하고 있다. 그런데 위의 판례에서 대법원은 무죄를 선고하고 있다. 대법원이 과연 형법 제27조를 근거로 무죄라는 판단을 내릴 수 있겠는가? 이를 긍정한다면 그 이유는 무엇인가?
3. 형법 제27조를 적용할 경우에는 형법 제25조나 제26조와 달리 범죄불성립, 즉 무죄의 결론을 이끌어 낼 수가 있다. 형법 제27조를 근거로 '무죄'라는 법적 효과를 얻어내기 위하여 갖추어야 할 두 가지 요건은 무엇인가?
4. 위의 두 가지 요건과 관련하여 대법원이 도입판례의 사실관계에서 주목한 사정들은 무엇인가?

주요개념

1. 불능범
2. 불능미수
3. 결과발생의 가능성
4. 위험성
5. 형의 면제
6. 무죄

2. 불능범의 객관적 요건 - 결과발생의 불가능성

도입판례

대법원 1984. 2. 14. 선고 83도2967 판결【살인미수】(집32-1, 388)

[사안의 개요]

도입판례에 나타난 사실관계의 자연과학적 측면을 이해하기 위하여 몇 가지 참고사항을 추가한다.

① 엘.디(LD)는 Lethal Dose의 약어임.

② LD 50은 실험용 쥐 100마리 가운데 50마리가 죽을 수 있는 정도의 독성을 가리킴.

③ LD 50이 kg당 1.590㎎이라 함은 LD 50이 체중 1kg당 1.590㎎임을 의미함. 만일 체중 50kg인 사람의 경우라면 LD 50은 치사량으로 79.50㎎이 필요하다는 의미임.

④ ㎎은 1천분의 1g을 말함. 판례에서는 1.590㎎으로 표기되어 있으나 1,590㎎으로 생각됨. 즉, LD 50이 1.59g이 됨.

그 밖에 도입판례의 사실관계에서 제시되고 있지 아니한 중요사항은 문제의 농약인 종자 소독약 유제3호의 비중이다. 여기에서 유제3호의 비중을 1로, 남편 A의 체중을 50kg이라고 가정해 본다면 LD 50의 독성을 기준으로 79.5㎖(1㎖는 1천분의 1ℓ, 1cc) 분량의 농약이 있어야 한다. 그런데 본 판례의 사실관계에서 부인 갑은 8㎖ 가량의 농약을 배춧국에 넣고 있다.

【피 고 인】 갑

【상 고 인】 피고인

【변 호 인】 변호사 김두식

【원심판결】 대구고등법원 1983. 10. 21. 선고 83노1275 판결

【주 문】 원심판결을 파기하고, 사건을 대구고등법원에 환송한다.

【이 유】

먼저 피고인의 변호인의 상고이유를 본다.

원심이 인용한 제1심판결 이유에 의하면 제1심은 그 채택한 증거를 종합하여 피고인이 남편인 공소외인을 살해할 것을 결의하고 배춧국 그릇에 농약인 종자소독약 유제3호 8㎖ 가량을 탄 다음 위 공소외인에게 먹게 하여 동인을 살해하고자 하였으나 이를 먹던 위 피해자가 국물을 토함으로써 그 목적을 이루지 못하고 미수에 그친 사실을 인정하고 피고인에 대하여 형법 제254조, 제250조 제1항, 제25조, 제55조 등을 적용하여 처단하고 있다.

그러나 원심이 채택한 사법경찰관 사무취급작성의 A에 대한 진술조서의 기재에 의하면, 위 농약 유제3호는 동물에 대한 경구치사량에 있어서 엘.디(LD) 50이 ㎏당 1.590㎎이라고 되어 있어서 피고인이 사용한 위의 양은 그 치사량에 현저히 미달한 것으로 보이고, 한편 형법은 범죄의 실행에 착수하여 결과가 발생하지 아니한 경우의 미수와 실행수단의 착오로 인하여 결과발생이 불가능하더라도 위험성이 있는 경우의 미수와는 구별하여 처벌하고 있으므로 원심으로서는 이 사건 종자소독약 유제3호의 치사량을 좀더 심리한 다음 피고인의 소위가 위의 어느 경우에 해당하는지를 가렸어야 할 것임에도 불구하고 원심이 이를 심리하지 아니한 채 그 판시와 같은 사유만으로 피고인에게 형법 제254조, 제250조 제1항, 제25조의 살인미수의 죄책을 인정하였음은 장애미수와 불능미수에 관한 법리를 오해하였거나 심리를 다하지 아니함으로써 판결에 영향을 미친 위법을 범하였다 할 것이고 이 점을 탓하는 논지는 이유 있다.

따라서 피고인의 상고이유에 대한 판단을 생략하고, 원심판결을 파기하여 원심인 대구고등법원에 환송하기로 하여 관여 법관의 일치된 의견으로 주문과 같이 판결한다.

대법관 오성환(재판장) 정태균 윤일영 김덕주

참고판례

▷ 대법원 2007. 7. 26. 선고 2007도3687 판결 【살인, 살인미수, 살인음모】 (공2007, 1419)

불능범은 범죄행위의 성질상 결과발생 또는 법익침해의 가능성이 절대로 있을 수 없는 경우를 말하는 것이다(대법원 1998. 10. 23. 선고 98도2313 판결 참조).

기록에 의하면 '초우뿌리'나 '부자'는 만성관절염 등에 효능이 있으나 유독성 물질을 함유하고 있어 과거 사약(死藥)으로 사용된 약초로서 그 독성을 낮추지 않고 다른 약제를 혼합하지 않은 채 달인 물을 복용하면 용량 및 체질에 따라 다르나 부작용으로 사망의 결과가 발생할 가능성을 배제할 수 없는 사실을 알 수 있는바, 원심이 그 실시 증거를 종합하여 피고인이 원심 공동피고인 공소외 을과 공모하여 일정량 이상을 먹으면 사람이 사망에 이를 수도 있는 '초우뿌리' 또는 '부자' 달인 물을 피해자(공소외 을의 남편)에게 마시게 하여 피해자를 살해하려고 하였으나 피해자가 이를 토해 버림으로써 미수에 그친 행위를 불능범이 아닌 살인미수죄로 본 제1심의 판단을 유지한 것은 정당하고 거기에 앞서 본 불능범에 관한 법리오해 또는 채증법칙 위배 등의 위법이 없다.

참고문헌

□ 신동운, 형법총론(제5판), 2010, 513면

결과불법의 영역에서 논해지는 결과발생의 불가능성은 객관적·사후적 판단에 의하여 그 유무가 결정된다. 즉 실행행위가 행해진 이후의 시점에서 발견되는 여러 사항들도 함께 고려하여 이루어지는 객관적·사후적 판단의 소산이 결과발생의 불가능성이다. 이에 대하여 행위불법의 영역에서 논해지는 위험성은 행위시점을 기준으로 삼아 장래적 판단에 의하여 그 유무를 결정한다. 즉 행위자의 실행행위 시점을 기준으로 삼아 이루어지는 장래적 판단의 소산이 위험성이다. 판단의 기준시점이 다르기 때문에 결과발생의 불가능성과 위험성 사이에 모순은 일어나지 않는다.

한국 형법 제27조	독일 형법 제23조 제3항
실행의 수단 또는 대상의 착오로 인하여 결과의 발생이 불가능하더라도 위험성이 있는 때에는 처벌한다. 단, 형을 감경 또는 면제할 수 있다.	범죄가 행하여지는 객체 또는 범행에 사용되는 수단의 성질상 미수가 결코 기수에 이를 수 없음을 행위자가 현저한 무지로 인하여 알지 못한 때에는 법원은 형을 면제하거나 재량에 의하여 감경할 수 있다.

쟁점연구

1. 도입판례와 참고판례는 비슷한 사실관계를 바탕으로 하고 있다. 그런데 도입판례에서 대법원은 형법 제27조의 적용가능성을 인정하고 있음에 대하여 참고판례의 경우에는 형법 제27조의 적용 가능성을 완전히 배제하고 있다. 두 판례의 사실관계에서 찾아볼 수 있는 유사점과 차이점은 무엇인가?
2. 도입판례에서 형법 제27조를 적용할 경우와 적용하지 않을 경우에 나타나는 법적 효과의 차이는 무엇인가?
3. 참고판례에서 대법원은 형법 제27조를 적용하기 위한 첫번째의 요건, 즉 객관적 요건을 제시하고 있다. 대법원이 제시한 요건은 무엇인가?
4. 대법원이 제시한 첫번째의 요건을 판단하는 방법은 무엇인가?
5. 대법원이 제시한 첫번째의 요건을 판단하는 시점은 언제인가?
6. 형법 제27조가 불능범의 첫번째 요건으로 설정한 두 가지 사정은 무엇인가?
7. 불능범의 처벌 여부에 대해서는 각국의 입법례가 상이한 입장을 취하고

있다. 일본 형법의 경우에는 명문의 규정이 없어서 해석론에 맡겨져 있다. 이에 반해 한국 형법과 독일 형법은 불능범에 관한 규정을 두고 있다. 앞에 소개한 조문대비표를 토대로 불능미수를 규정한 우리 형법 제27조와 독일 형법 제23조 제3항을 대비시켜서 양자의 같은 점과 다른 점을 지적해 보라.

주요개념

1. 불능범
2. 불능미수
3. 실행객체의 착오
4. 실행수단의 착오
5. 결과발생
6. 결과발생의 불가능성

3. 불능범의 주관적 요건 - 위험성

도입판례

대법원 1978. 3. 28. 선고 77도4049 판결【습관성의약품관리법위반, 사기미수】(집26-1, 형58)

【피고인, 상고인】 갑
【변 호 인】 변호사 한봉세, 김태형
【원 판 결】 서울고등법원 1977. 12. 9. 선고 77노1291 판결
【주 문】 원판결을 파기한다. 사건을 서울고등법원에 환송한다.
【이 유】

변호인들의 상고이유를 판단한다.

원판결은 1심 판결을 끌어 피고인이 에페트린과 빙초산 등 화공약품을 혼합하고 섭씨 80~90도로 가열하여 메스암페타민(속칭 히로뽕) 1kg을 제조했으나 그의 제조기술과 경험부족으로 히로뽕 완제품 아닌 염산메칠에페트린을 생성시켰을 뿐으로 미수에 그친 사실을 인정하고 그가 예비한 염산메칠에페트린으로 메스암페타민을 생성하기 위하여서는 염산에페트린이 원료로 사용되어야 하고 염산에페트린은 염산메칠에페트린에 의하여 생성시킬 가능성을 인정할 수 있으니 피고인의 소위는 결코 불능범일 수 없다는 취지로 판단하였다.

살피건대 원판결은 피고인이 수사과정에서 한 진술을 토대로 하여 피고인이 히로뽕을 만들려고 뜻을 두고 원설시 방법으로 만들어 놓고 보니 뜻밖에 다른 염산메칠에페트린이었으니 미수다라는 취지이나 검사작성의 증인 A, B의 각 심문조서 기재로서 피고인이 위 A로부터 염산메칠에페트린 1.5kg을 30만 원 주고 매입한 사실이 충분히 인정될 수 있고 기록에 의하면 염산메칠에페트린은 감기약, 해열제인 일반의약품이라는

것인데 그러한 염산메칠에페트린을 사들인 일이 습관성의약품 제조의 실행의 착수라고는 할 수 없다. 원판결은 피고인의 자백을 중시했으나 위와 같이 염산메칠에페트린을 사들인 사실이 인정될 수 있는 사정 밑에서는 수사 도중에서의 엄문으로 자백했다는 피고인의 공판정에서의 변소도 고려에 넣을 때 자백을 믿어 증거로 판단함은 경험에 반한다고 하겠다. 또 사들인 것이 원판결 인정의 생성물질과 다른 것이라는 사정이 인정되지 아니하는 한 동일물질로 아니 볼 수 없는 [것이] 우리 경험이다. 그렇다면 원판결이 본건에서 실행의 착수가 있다고 인정한 데에는 경험법칙을 위배한 채증으로 사실을 오인한 것이 아니면 실행의 착수의 법리를 오해하므로 결과에 영향을 준 위법을 남겼다고 하리니 이 점을 말하는 논지는 이유 있어 다른 점을 따질 나위 없이 이유 있고 원판결은 파기를 못 면한다.

다음 가정판단에 들어가 본다. 원판결은 피고인이 생성시켰나고 인성한 염산메칠에페트린이 화학작용을 일으키면 메칠기를 뺄 수 있고 그렇게 되면 염산에페트린이 될 수 있어 히로뽕의 제조원료가 되니 위험성이 있어 불능범이 아니라는 판단을 하였는데 위험성이 인정되면 불능범이 될 수 없다는 판단은 옳으나 아래와 같은 위법이 있다.

즉 원심이 끌어 쓴 증거에 의하여서는 염산메칠에페트린에서 염산기를 빼낼 수 있음이 인정될 수 없다고 인정될 수 있어 원심인정에는 심리미진 아니면 증거를 잘못 해석한 위법이 있음을 숨길 수 없고, 본건 피고인의 행위의 위험성을 판단하려면 피고인이 행위 당시에 인식한 사정 즉 원심이 인정한 대로라면 에페트린에 빙초산을 혼합하여 80~90도[로] 가열하는 그 사정을 놓고 이것이 객관적으로 제약방법을 아는 일반인(과학적 일반인)의 판단으로 보아 결과발생의 가능성이 있느냐를 따졌어야 할 것이어늘 이 점 심리절차 없이 다시 말해서 어째서 위험성이 있다고 하는지 그 이유를 밝힌바 없어 위험성이 있다고 판단한 조치에는 이유불비의 위법 아니면 불능범 내지는 위험성의 법리를 오해한 잘못이 있다고 하리니 이 점을 들고 있는 논지 부분도 이유 없다고 할 수 없다.

이상 이유로 일치한 의견으로 주문과 같이 판결한다.

대법관 강안희(재판장) 민문기 이일규 정태원

참고판례

▷ 대법원 2005. 12. 8. 선고 2005도8105 판결【사기미수】(공2006, 141)

☞ 위 497면 도입판례.

참고문헌

□ 신동운, 형법총론(제5판), 2010, 516면

구체적 위험설은 추상적 위험설에 비하여 위험성 판단의 요건을 보다 강화하는 견해이다. 이러한 입장을 좀더 강화하면 구체적 위험설에 있어서 위험성 판단의 기준은 일반적 경험법칙이 아니라 과학적 일반인의 경험법칙이 되어야 할 것이다. 이 점에서 강화된 구체적 위험설은 종래의 구체적 위험설과 구별된다.

이처럼 과학적 일반인이라는 기준을 설정함으로써 문외한들의 자의적인 위험성 판단을 견제하고 형법 제27조의 위험성 판단에 보다 객관성을 확보할 수 있다고 생각된다. 우리 대법원[은] 불능범의 사안에서 '과학적 일반인'을 기준으로 위험성을 판단하도록 요구하고 있다[.]

□ 엄상섭, "형법안 국회 독회석상에서의 발언", 형사법령제정자료집 (1) 형법, 1990, 216면

(전략) 예를 들면 피스톨 속에다가 탄환을 집어넣어가지고 사람을 쏘았는

데 사후에 검열해 보니까 불발탄이다. 그것은 도저히 사람을 죽일 수는 없는 것입니다. 그렇지만 사전에 그 사람이 인식한 바에 의하면 탄환을 가지고 사람을 죽이려고 했고 거기다가 겸해서 우리 보통 일반사회상식으로 보아서 피스톨을 우리한테 대해서 쏘면 위험성을 일으킬 것이에요. 이 객관적인 사회적인 위험성이 있을 때에는 일반 미수범과 같이 처벌하자 이러한 것입니다.

그런 의미에서 법전편찬위원회에서는 많이 논의가 되다가 '불가능한 때에는 형을 감경 또는 면제할 수 있다' 이렇게끔 했는데, 아무리 보아도 여기에 사후의 판단으로 해서 [']불가능하더라도 위험성이 있는 때에는 처벌한다['] 이렇게 하는 것이 명확하다. 그러나 여러 가지 점으로 보아서 도저히 그 결과가 발생할 수 없다는 것이 판명되면, 혹은 형을 감해 주기도 하고 혹은 면제해 주기도 하자 이렇게 고친 것입니다.

쟁점연구

1. 형법 제27조는 불능범의 요건과 관련하여 결과발생의 불가능성과 위험성을 규정하고 있다. 형법 제27조를 반대해석하면 결과발생이 불가능하고 위험성이 없으면 형사처벌을 가하지 않는다. 따라서 법원은 기소된 사건이 불능범에 해당하면 무죄를 선고하여야 한다. 그런데 "결과발생이 가능하다"는 말은 보통 "위험성이 있다"는 말과 같은 의미로 이해된다. 이를 뒤집어 말하면 "결과발생의 가능성이 없다"는 말은 "위험성이 없다"는 의미로 이해된다. 그렇다면 형법 제27조가 규정하고 있는바, "결과의 발생이 불가능하더라도 위험성이 있는 때"란 일견 형용모순의 표현이라고 할 수 있다. 여기에서 '결과발생의 불가능성'과 '위험성'이 양립할 수 있도록 합목적적인 해석론을 모색할 필요가 있다. 이와 관련하여 가능한 해석론은 무엇인가?
2. 전술 503면 2007도3687 판례에서 대법원은 결과발생의 불가능성에 대해 "불능범은 범죄행위의 성질상 결과발생 또는 법익침해의 가능성이 절대로 있을 수 없는 경우를 말하는 것"이라고 설시하고 있다. 이와 관련하

여 결과발생이 절대적으로 있을 수 있는가 없는가를 판단하는 기준을 제시해 보라.

3. 앞의 2007도3687 판례에서 대법원이 제시한 바, "결과발생의 가능성이 절대로 없다."는 판단은 절대적이어야 하므로 범행시점뿐만 아니라 재판시점에도 확인되어야 한다. 그렇다면 형법 제27조가 규정하고 있는 '위험성'은 어느 시점을 기준으로 판단되어야 할 것인가?
4. 위험성은 판단은 범인의 범행결의를 대상으로 한다. 그런데 위험성의 판단기준에 대해서는 여러 가지 기준이 제시되고 있다. 주관적인 기준으로부터 객관적인 기준으로 학설을 배치한다면 순주관설, 추상적 위험설, 인상설, 구체적 위험설, 강화된 구체적 위험설 등을 생각할 수 있다. 각 학설의 내용을 설명하고 77도4049 도입판례의 사실관계에 대입하여 각각의 결론을 도출해 보라.
5. 77도4049 도입판례에서 제시된 위험성 판단기준은 전술 497면 2005도8105 판례에서 다시 한 번 확인되고 있다. 두 판례의 판시사항을 비교하여 같은 점과 다른 점을 추출해 보라.
6. 대법원이 제시한 위험성 판단기준은 위의 학설 가운데 어느 것에 속한다고 볼 수 있는가?

주요개념

1. 결과발생의 불가능성
2. 위험성
3. 과학적 일반인
4. 인상설
5. 구체적 위험설

제13장 공범

Ⅰ. 공동정범

1. 공동정범의 객관적 성립요건 - 기능적 행위지배

도입판례

대법원 2010. 7. 15. 선고 2010도3544 판결【뇌물공여 등】[공2010, 1613]

【피 고 인】 피고인
【상 고 인】 피고인 및 검사
【변 호 인】 법무법인 주원 담당변호사 김명수
【원심판결】 서울고법 2010. 3. 5. 선고 2009노3566 판결
【주　　문】 원심판결을 파기하고, 사건을 서울고등법원에 환송한다.
【이　　유】

상고이유를 판단한다.

1. 검사의 상고이유에 대하여

가. 형법 제30조의 공동정범은 공동가공의 의사와 그 공동의사에 의한 기능적 행위지배를 통한 범죄실행이라는 주관적·객관적 요건을 충족함으로써 성립하므로, 공모자 중 구성요건행위를 직접 분담하여 실행하지 아니한 사람도 위 요건의 충족 여부에 따라 이른바 공모공동정범으로서의 죄책을 질 수도 있다. 한편 구성요건행위를 직접 분담하여 실행하지 아니한 공모자가 공모공동정범으로 인정되기 위하여는 전체 범죄에 있어

서 그가 차지하는 지위·역할이나 범죄경과에 대한 지배 내지 장악력 등을 종합하여 그가 단순한 공모자에 그치는 것이 아니라 범죄에 대한 본질적 기여를 통한 기능적 행위지배가 존재하는 것으로 인정되어야 한다(대법원 2007. 4. 26. 선고 2007도235 판결 참조).

나. 원심이 적법하게 채택한 증거를 종합하면, 다음과 같은 사실을 알 수 있다.

피고인은 공소외 P유한회사, 공소외 Q유한회사, 공소외 R유한회사 및 조경공사·토목건축공사·전기공사 등을 하는 S종합건설 등의 업체를 보유하여 경영하고 있다. 피고인은 S종합건설 명의로 2003. 4. 25. 제주지방해양항만청에서 발주한 '제주 추자항 [방파]제 축조공사'(이하 '추자항공사'라고 한다)를 공소외 T주식회사와 공동수급으로 100여억 원에, 2006. 10. 18. 한국토지공사에서 발주한 '김해율하지구택지개발사업 제2공구 조경공사'(이하 '김해율하공사'라고 한다)를 109억 6,000여만 원에, 2007. 9. 20. 대한주택공사에서 발주한 '광명소하택지개발사업 조경공사'(이하 '광명소하공사'라고 한다)를 110억 9,000여만 원에 각 수주받아 시공하였다.

추자항공사의 현장소장인 공소외 A는 제주지방해양항만청 소속 직원들에게 공사 시공과 관련한 편의제공 등을 부탁하는 취지로 원심판결 별지 범죄일람표(이하 '범죄일람표'라고 한다)(1) 기재와 같이 2004. 12. 7.부터 2008. 12. 18.까지 53회에 걸쳐 금품과 향응 등 26,622,500원 상당을 제공하였다[다만 그 중 2006. 9. 1.자 공소외 K에 대한 40만 원 상당의 향응제공은 피고인이 직접 하였다(범죄일람표(1)의 38번 부분)].

김해율하공사의 현장소장인 공소외 B는 한국토지공사 직원들에게 공사감독을 함에 있어 편의제공 등을 부탁하는 취지로 범죄일람표(2-1) 기재와 같이 2006. 12. 21.부터 2008. 6. 27.까지 13회에 걸쳐 금품과 향응 등 17,417,000원 상당을 제공하였다[다만 그 중 2007. 2. 28.자 공소외 L에 대한 300만 원의 현금제공은 피고인이 직접 하였다(범죄일람표(2-1)의 3번 부분)].

광명소하공사의 현장소장 공소외 C는 현장감독관인 대한주택공사 직원 공소외 M에게 공사감독을 함에 있어 편의를 제공해 달라는 취지로 범죄일람표(3) 기재와 같이 2008. 1. 31.부터 2009. 1. 21.까지 3회에 걸쳐 시가불상의 개소주를 제공하고, 4회에 걸쳐 현금 980만 원을 교부하거나 공여의 의사표시를 하였다.

한편 피고인은 현장감독관 등에 대한 식대, 명절 선물비 등으로 지출되는 '대관(對官)업무비'의 예산편성을 주도 또는 후원하였을 뿐만 아니라 위 현장소장들이 각자의 판단에 따라 '대관업무비'를 지출한 후 매월 그 상세내역을 보고하면 사후에 이를 확인한 후 결재를 하여 주었으며 그 금액이 과다하다고 생각되면 그 금액을 삭감하기도 하였고, 한편 현장소장이 피고인에게 보고한 대관업무비 내역서에는 사용내역과 상대방, 그 금액까지 구체적으로 기재되어 있었다. 이상과 같은 지출 및 보고·결재는 앞서 본 바와 같이 4년 이상의 기간 동안 이루어졌다. 또한 피고인은 앞서 본 바와 같이 뇌물을 직접 교부하기도 하였다.

다. 위 사실관계에서 보는 바와 같이 피고인이 위 회사를 유일하게 지배하는 자로서 회사 대표의 지위에서 장기간에 걸쳐 현장소장들의 뇌물공여행위를 보고받고 이를 확인·결재하는 등의 방법으로 현장소장들의 뇌물공여행위에 관여하였다면, 비록 피고인이 사전에 현장소장들에게 구체적인 대상 및 액수를 정하여 뇌물공여를 지시하지 아니하였다고 하더라도 이 사건 뇌물공여의 핵심적 경과를 계획적으로 조종하거나 촉진하는 등으로 현장소장들의 뇌물공여행위에 본질적 기여를 함으로써 기능적 행위지배를 하였다고 봄이 상당하다고 할 것이다.

그럼에도 원심은, 피고인이 직접 향응을 제공하거나 현금을 제공한 부분(범죄일람표(1)의 38번 및 범죄일람표(2-1)의 3번 부분. 이하 '원심유죄부분'이라고 한다)에 관하여만 피고인의 뇌물공여를 인정하고, 현장소장들이 뇌물공여의 실행행위를 담당한 나머지 부분(이하 '원심무죄부분'이라고 한다)에 관하여는 그 판시와 같은 사정을 들어 피고인에게 현장소장들의 뇌물공여행위에 대한 공동가공의 의사 및 기능적 행위지배가 인정되지 아니한다고 판단하였다.

그렇다면 원심무죄부분에 대한 원심의 위 판단에는 공모공동정범에 관한 법리를 오해하여 판결 결과에 영향을 미친 위법이 있다고 할 것이다. 이 점을 지적하는 상고논지는 이유 있다.

* * *

4. 결론

그러므로 원심판결을 파기하고 사건을 다시 심리·판단하게 하기 위하여 원심법원에 환송하기로 하여, 관여 대법관의 일치된 의견으로 주문과 같이 판결한다.

대법관 김지형(재판장) 양승태 전수안 양창수(주심)

참고판례

▷ 대법원 1980. 5. 20. 선고 80도306 판결 【…(마)살인(변경된죄명)】 (전원합의체판결집(형2), 49)

[사안의 개요]

중앙정보부장 갑은 대통령경호실장 A와 여러 가지 관계로 반목상태에 있었다. 1979. 10. 26. 대통령과 함께 하는 만찬이 열리기로 되어 있었는데 갑은 그 식당 앞 정원석에 걸터앉아서 대통령비서실장 을에게 A를 지칭하면서 "그 친구 해치워 버릴까." 하며 을의 표정을 살펴보니 을은 고개를 끄덕끄덕하였다. 이어서 열린 만찬석상에서 갑은 A를 살해하였다(갑은 이 자리에서 대통령도 살해하였다).

이 사건 후에 선포된 비상계엄 하에서 군검찰은 비서실장 을을 내란목적살인죄의 공동정범 등의 죄명으로 기소하였다. 제1심 계엄보통군법회의는 A의 살해 부분에 대하여 내란목적살인죄(형법 제88조)를 적용하여 유죄판결을 선고하였다. 제2심 계엄고등군법회의는 피해자 A가 형법 제91조 제2호에 규정된 "헌법에 의하여 설치된 국가기관"에 해당하지 않음을 인정하고 군검찰의 공소장변경신청을 받아들여 피고인 을을 보통살인죄(형법 제250조 제1항) 등으로 처단하였다. 을은 살인죄의 공동정범을 인정한 계엄고등군법회의의 판결에 불복하여 대법원에 상고하였다.

[판례 본문]

제5. 살인죄의 공동정범에 관한 위법

상고이유 중 원심은 피고인 을이 피고인 갑과 공모하여 A를 살해한 것으로 판시하고 있으나, 공동정범은 2인 이상이 상의, 상조하여 각자의 범의를 공동적으로 실행하는 데에 그 본질이 있는 것으로서 행위를 공동으로 하는 의사로서 죄를 범하는 것, 즉 의사의 연락이 있어야 할 뿐만 아니라 그 공모의 내용, 수단, 방법 등에 대하여는 구체적으로 밝혀져야 하고, 또한 그와 같은 의사연락 외에 객관적 구성요건으로서 공동실행의 사실이 있어야 히며, 그리고 원래 공동정범은 실행공동정범의 형태가 원칙적 형태이고, 공모공동정범은 모의에만 참여하고 구성요건 해당사실은 전혀 행하지 아니한 자이지만 실행자와 동일한 형사책임을 지우는 예외적 형태로서 실질상의 괴수가 배후에서 범죄를 기획하고 그 실행행위를 부하 또는 자기가 지배할 수 있는 사람에게 실행하게 하는 경우에 단순한 교사나 방조로서 처리해 버릴 수 없어서 재판의 실제과정에서 생겨난 공범이론이어서 단순한 범행인식이나 의사의 연락만으로는 부족하고, 모의라는 말이 뜻하는바, 즉 범죄실행을 상담하여 그 실행자의 역할까지 정하는 등 상당히 고도의 것이어야 하며, 실행행위를 담당하지 아니하는 공모자에 관하여서는 그 실행자를 통하여 자기의 범죄를 실현시킨다는 주체적인 의사가 있을 경우라야 한다 할 것인바, … 공동정범과 부작위범에 관한 법리를 오해한 위법이 있다는 주장에 대하여 판단한다.

살피건대 원심은 피고인 을에게 망 A에 대한 살인의 점에 관하여 공모공동정범으로 의율하고 있음이 그 판시에서 명백하다고 인정되므로 실행공동정범임을 전제로 한 소론들은 더 이상 판단할 필요가 없다. 공동정범에 있어서 범죄행위를 공모한 후 그 실행행위에 직접 가담하지 아니하더라도 다른 공모자의 분담 실행한 행위에 대하여 공동정범의 죄책을 면할 수 없다 함은 당원의 판례이고(1955. 6. 24. 선고 4288형145 판결, 1967. 9. 19. 선고 67도1027 판결, 1971. 4. 20. 선고 71도496 판결), 공모공동정범에 있어서 공모는 2인 이상의 자가 협력해서 공동의 범의를 실현시키는 의사에 대한 연락을 말하는 것으로 소론과 같이 실행행위를 담당하지 아니하는 공모자에게 그 실행자를 통하여 자기의 범죄를 실현시키는 주체적인 의사가 있어야 함은 물론이나, 반드시 배후에서 범죄를 기획하고 그 실행행위를 부하 또는 자기가 지배할 수 있는 사람에게 실행하게 하는 실질상의 괴수의 위치에 있어야 할 필요는 없다 할 것이다.

이 사건에 있어서 원심이 적법하게 채택한 증거들을 기록에 비추어 검토하여 보면 원심의 이 점에 관한 사실인정이나 그 판단과정은 정당한 것으로 시인[된다].

* * *

그러나 이 점에 관하여는 대법원판사 민문기, 양병호, 임항준, 김윤행, 서윤홍의 별항(제11)과 같은 소수의견이 있다.

* * *

제11. 소수의견

1. 대법원판사 민문기의 의견

* * *

끝으로 예비적으로 대법원판사, 양병호, 임항준, 김윤행의 각 의견에 찬동하여 원용하는 뜻을 밝힌다.

2. 대법원판사 양병호의 의견

* * *

3. 대법원판사 임항준의 의견

* * *

대저, 범죄행위를 공모 또는 모의에 가담한 자가 그 공모한 범죄행위에 직접 가담하지 아니하더라도 다른 공모자가 실행한 범죄행위에 대하여 공동정범의 죄책을 면할 수 없다 함은 다수의견이 적시한 판례에 의하지 않더라도 이론의 여지가 없으나, 원심과 다수의견은 공모공동정범에 관한 법리를 오해하여 실행공동정범과 공모공동정범의 구성요건을 혼동 또는 동일시하거나 논리칙과 경험칙에 반하는 증거판단을 한 위법사유가 있다고 아니할 수 없다. 즉 실행공동정범의 경우에는 "공동범행의 의식"이라던가 "의사의 연락"과 같은 넓은 의미의 합의만 있으면 공모관계가 있다고 할 수 있으나 공모공동정범이 인정되려면 위와 같은 정도의 넓은 의미의 합의만으로는 공동정범 관계에 있다고 볼 수 없고 간접정범에 가까울 정도의 고도의 합의가 있어야만 공모공동정범이 인정되는 것이다.

그러므로 공모공동정범에 있어서의 공모 또는 모의란 "2인 이상이 특정한 범죄를 행하기 위하여 공동의사로 일체가 되어 서로 타인의 행위를 이용하여 각자의 의사를 실행으로 옮기는 것을 내용으로 하는 고도의 모의"가 있는 경우에 한하여 공모공동정범의 관계가 있다고 엄격하게 해석하여야 할 것이고 또 공모공동정범이 인정되려면 그 외에 다음의 요건이 구비되어야 할 것이다.

(1) 수인 간에 위와 같은 고도의 범죄의 공모 또는 모의가 있을 것

(2) 그 중의 어떤 자가 그 공모한 범행을 하였을 것

(3) 그 범죄의 실행은 위 (1)항의 공모 또는 모의에 기인하여 행하여진 것일 것 등의 3요건이 필요한 것이[다].

* * *

6. 대법원판사 서윤홍의 의견

그러나 이른바 공모공동정범이라는 것은 실행정범에 대한 개념으로서 사회의 실정으로 보아 다수인에 의한 범죄 가운데는 실질상 주범이 배후에서 범죄를 계획하고 그 실행행위는 부하나 또는 주범의 지배력을 받는 사람으로 하여금 실행케 하는 경우에 단순한 교사나 방조만으로써 처리될 수 없는 경우가 있다는 재판상 필요에서 나온 이론일 뿐이고 그러한 경우에도 주범에게는 자기의 범죄를 행한다는 주체적 의사가 있어야 하고 단지 타인의 범의를 유발하거나 타인의 범행을 용인 내지는 이용하는 경우는 이에 해당하지 않는다고 봄이 상당하다 할 것인바(대법원은 이미 1959. 6. 12. 선고 57도380 사건의 판결에서 의사의 주체 또는 동심일체라는 용어로써 이를 표현한 것으로 보이고 일본 최고재판소 소화 33. 5. 28. 선고 소화 29년 제1056호 사건의 판결에서는 주체의사가 있어야 한다고 이 점을 분명히 하고 있다) 이 사건에 있어 피고인 을에 대하여 원심이 설시한 취지와 그것을 뒷받침하는 사실 등은 도저히 이에 해당하는

것으로 여겨지지 아니한다.

참고문헌

□ 신동운, 신판례백선 형법총론, 2009, 546면

[공모공동정범이론에 대한] 부정설에도 불구하고 우리 대법원은 일관된 태도로서 공모공동정범을 긍정해 왔다. (중략) 판례가 이와 같이 공모공동정범에 집착해 왔던 가장 큰 이유는 실무상 운용의 편의성에 있다고 생각된다. 만일 본 판례에 나타난 사안을 교사나 방조범으로 처리한다면 [비교판례의 경우] 법원은 공범종속성의 원칙에 따라서 정범 갑의 범죄성립 여부를 설시하고 이어서 공범 을의 범죄성립 여부를 검토하는 2단계 작업을 수행하여야 한다(따라서 범죄사실을 두 번 적어야 한다). 그러나 갑과 을을 공모공동정범으로 처리한다면 "갑과 을은 공모하여"라는 표현을 통하여 단일한 주체를 표시하고 발생된 범죄사실을 하나로 묶어 표현하면 그것으로 족하다.

거기에 더하여 공모라는 주관적 표지는 피고인의 자백이나 공범자의 자백만으로 입증이 가능하여 공모공동정범으로 사건을 구성하면 재판진행에 매우 편리하다.

이와 같은 편의성 때문에 대법원은 물론 기타 하급법원들도 다수관여자의 범죄행태를 공동정범으로 처리하는 경향이 현저하며, 통계상으로 보더라도 협의의 공범인 교사범이나 방조범으로 의율되는 사건은 극소수에 불과하다. 그러나 이와 같은 실무편의에의 집착은 국민의 기본적 인권을 보장하기 위하여 과감히 청산하지 않으면 안 된다고 본다.

단순히 의사의 연락만 있다는 이유로 정범의 성립을 인정하는 것은 형사사법의 주관화 내지 자백 편중의 형사실무를 초래하게 되며, 외부적이고 객관적인 범죄성립요건의 검토를 포기함으로써 국민의 생명, 자유, 재산에 중대한 제약을 가하게 된다. 따라서 공모공동정범의 형태는 구시대의 잔재로서 하루빨리 청산되지 않으면 안 된다고 할 것이다.

쟁점연구

1. 도입판례에서 대법원은 공모공동정범의 개념을 사용하고 있다. 대법원이 설시한 바에 따라 공모공동정범의 개념을 정의해 보라.
2. 도입판례에서 대법원은 기능적 행위지배라는 점에 주목하고 있다. '기능적 행위지배'의 개념을 정의해 보라.
3. 도입판례에서 대법원이 기능적 행위지배의 유무를 판단하기 위하여 제시한 기준을 설명해 보라.
4. '기능적 행위지배'라는 표현은 대법원이 비교적 최근에 사용하기 시작한 개념이다. 그 전까지는 객관적으로 아무런 행위 기여가 없어도 공모만으로 공동정범이 성립할 수 있다는 소위 공모공동정범의 이론이 주장되고 있었다. 참고판례에서는 공모공동정범을 어느 범위에서 인정할 수 있는가에 대한 대법원의 종전 태도를 엿볼 수 있다. 참고판례에서 공모공동정범의 성립 여부에 대해 제시된 견해들을 추출해 보고, 각 견해에 따른 결론의 차이점을 설명해 보라.
5. 참고판례에서는 공모공동정범을 설명하기 위한 시도로서 '동심일체'라는 말이 나온다. 이와 관련된 학설을 설명하고, 그 이론적 문제점을 지적하라.
6. '기능적 행위지배'로 공동정범의 모든 현상을 설명할 수 있겠는가? 긍정과 부정의 입장을 각각 선택하여 그 이유를 제시해 보라.

주요개념

1. 공동정범
2. 공모
3. 공동의사주체설

4. 간접정범유사설
5. 적극이용설
6. 기능적 행위지배설

2. 공동정범의 주관적 성립요건 1 - 공모의 시점

도입판례

대법원 1987. 10. 13. 선고 87도1240 판결【살인…】(집35-3, 698)

【피 고 인】 갑, 을, 병, 정, 무, 기, 경, 신, 임, 계, 자
【상 고 인】 피고인들 및 검사(피고인 을, 병에 대하여)
【변 호 인】 변호사 양기준(피고인 을에 대하여), 변호사 김태원(피고인 정에 대하여), 법무법인 대종종합법률사무소 담당변호사 최종백(피고인 정에 대하여), 변호사 김성남(피고인 무에 대하여), 변호사 박싱민(피고인 기에 대하여), 변호사 박충순(피고인들에 대하여 국선, 단 피고인 병, 정은 제외)
【원심판결】 서울고등법원 1987. 5. 2. 선고, 87노590 판결
【주 문】 원심판결 및 제1심판결의 피고인 을에 대한 유죄부분 중 판시 1의 다(4)죄 및 판시 2, 3, 6죄에 대한 부분을 각 파기한다.
위 파기부분에 대하여 피고인 을을 무기징역에 처한다.
피고인 을의 판시 1의 가죄에 대한 상고와 피고인 갑, 정, 무, 기, 병, 경, 신, 임, 계, 자의 각 상고 및 검사의 상고를 모두 기각한다.
상고 후의 구금일수 중 100일씩을 피고인 갑, 을, 정, 무, 경, 신, 임, 계, 자의 각 그 본형(단, 피고인 을, 정에 대하여는 판시 유기징역형에, 피고인 무에 대하여는 판시 징역 15년의 형에, 피고인 계에 대하여는 판시 1의 다 (1), (7)죄의 형)에 각 산입한다.
【이 유】

피고인들 및 그 변호인의 각 상고이유를 판단한다.

* * *

2. 살인의 점에 대하여,

가. 피고인 정, 무, 기, 병, 경, 신 및 그 변호인의 상고이유에 관한 판단,

위 피고인들의 상고이유 요지는, 피해자들에 대한 가해부위가 하체에 주로 한정되어 있거나 야구방망이로 한두 차례 구타한 것에 지나지 아니하고, 범행의 동기, 경위 등에 비추어 살해의 범의가 없고, 그 살해를 공모하거나 실행행위를 분담한 것이 아니며, 다른 공동피고인 등의 행위로 인한 피해자들의 사망에 대하여 피고인들은 전혀 예상치 못한 것으로서 그 결과에 대하여 공동정범으로서의 책임을 질 수 없고, 특히 피고인 무는 피해자 A, B에 대한 살해행위에는 전혀 가담하지 아니하였고 나머지 피해자들에 대하여도 피해자 측의 공격을 방어하기 위한 행동으로서 살해의 범의는 없었으며, 피고인 신은 영문도 모른 채 피고인 무의 지시에 따라 위 17호실 문을 잡고 있었던 것뿐이지 이 사건 살해의 공모나 범의 및 실행행위의 분담이 없었다는 것이다.

살피건대, 형법상 공모라고 함은 반드시 사전에 이루어질 필요는 없고, 사전 모의가 없었더라도 우연히 모인 장소에서 수인이 각자 상호간의 행위를 인식하고 암묵적으로 의사의 투합, 연락 하에 범행에 공동가공하면 수인은 각자 공동정범의 책임을 면할 수 없다 할 것인바(당원 1983. 3. 22. 선고 81도2545 판결 등) 기록에 의하면, 피고인들은 판시 2의 가. 나. 범죄사실과 같이 대항세력인 G파와 H파를 가해한 후 그 대항세력들로부터 보복공격을 받을 것을 우려하여 각자 생선회칼, 사제대검 등을 몸에 지니고 다니고, 야구방망이, 칼 등을 차에 싣고 다니면서 이에 대비하는 한편, 여러 차례의 단체훈련을 통하여 흉기사용법 등을 익혀왔음을 알 수 있고, 이 사건 살인의 경우에 있어서도 비록 그 싸움의 경위는 판시와 같이 우발적으로 일어난 것이기는 하나 피고인들이 싸움현장에 나와 각기 판시와 같은 가해행위를 분담하여 실행한 이상 피고인

들은 상호간 암묵적인 의사합치를 보고 이 사건 범행을 공동가공한 것이라고 보아야 할 것이고, 또한 형법상 범의가 있다 함은 자기가 의도한 바 행위에 의하여 범죄사실이 발생할 것을 인식하면서 그 행위를 감행하거나 하려고 하면 족하고 그 결과발생을 희망함을 요하지 아니한다고 할 것인즉(당원 1956. 11. 30. 선고 4289형상217 판결), 기록에 의하면, 피고인들이 평소 가지고 다니던 흉기 등으로 피해자들의 머리, 가슴, 팔, 다리 등을 수십 회씩 난자·난타하여 두개골 골절에 의한 뇌출혈, 가슴과 팔, 다리에 관통상, 절창 등 치명상을 가한 사실을 알 수 있으니 피고인들의 이러한 행위에 비추어 보면 그 결과발생에 대한 인식이 있었다 할 것이고, 가사 피고인들이 피해자들의 사망이라는 결과를 희망하지 아니하였더라도 그 살인의 범의가 인정된다 할 것이다. 결국 위와 같은 취지에서 위 피고인들에 대한 이 사건 살인의 점을 유죄로 인정한 원심의 조치는 정당하고, 거기에 소론과 같은 채증법칙 위배, 심리미진 내지 공동정범에 관한 법리오해 등의 위법이 있다 할 수 없다. 논지는 모두 이유 없다.

나. 피고인 을 및 그 변호인의 상고이유에 관한 판단

원심이 들고 있는 증거들을 기록과 대조하여 보면, 피고인 을은 판시 일시경 판시 술집 S회관 20호실에서 피고인 갑, 정, 무, 경 등과 함께 술을 마시고 있던 중 밖에서 원심판시와 같이 피해자들 일행과 피고인 병, 기 등 사이에 사소한 일로 시비가 벌어져 시끄럽게 싸우는 소리가 들려 처음에는 피고인 정이, 다음에는 피고인 무와 경이 각각 방 밖으로 나간 후 돌아오지 아니하자 피고인 을도 밖으로 나가던 중 피고인 무로부터 별일 아니라는 말을 듣고 다시 자리에 앉아 있다가 잠시 후 콜라병 2개를 손에 들고 20호실의 문을 열고 나갔던 바, 그 당시에는 피고인 경, 신 등이 역기를 들고 17호실 문을 부수고 있었는데, 피고인 을은 위 20호실 문 앞에서 위 회관 전무 E 및 상무 F로부터 싸움을 말려 달라는 부탁을 받았으나 이를 거절하고 도리어 위 17호실 문 앞에 몰려들었던 공동피고인들에게 판시와 같이 "전부 죽여 버려."라고 고함을 질러 범행을 부추기고 공동피고인들이 위 17호실 안에 들어가서 피해자 C, D에 대한 가해행위를 하는 동안 위 17호실 문밖 복도에 계속 버티고 있었음을 인정할 수 있는바, 사실관계가 이와 같다면 공동피고인들이 판시와 같이 흉기를 들고 위 싸움을 하고 있는 도중에 이 사건 폭력단체의 두목급 수괴의 지위에 있는 피고인 을이 그 현장에 모습을 나타내고 더욱이나 부하들이 판시 흉기들을 소지하고 있어 살상의 결과를 초래할 것을 예견하면서도 판시와 같이 전부 죽이라는 고함을 친 것이므로 이는 부하들의 행위에 큰 영향을 미치는 것으로서 피고인 을은 이로써 위 싸움에 가세한 것이라고 보지 아니할 수 없고, 나아가 부하들이 판시와 같이 칼, 야구방망이 등으로 위 피해자들을 난타·난자하여 사망케 한 것이라면, 피고인 을은 이 사건 살인죄의 공동정범으로서의 죄책을 면할 수 없다 할 것이니 같은 취지의 원심판결의 사실인정과 판단은 정당하고, 거기에 소론과 같은 채증법칙 위배, 심리미진 내지 공동정범에 관한 법리오해 등의 위법이 있다고 할 수 없다. 논지는 이유 없다.

* * *

7. 검사의 피고인 을에 대한 상고이유에 대하여,

원심판결은 이 사건 공소사실 중 피고인 을이 공동피고인들과 공동하여 이 사건 피해자 4명 중 피해자 A, B를 살해하였다는 부분에 관하여 그 거시증거들을 종합하면 피고인 을이 판시 술집 20호실에서 피고인 정, 무, 경, 갑 등과 술을 마시고 있던 중 (피고인 정, 경은 각 생선회칼을 다리에 차고 있었음) 목소리가 큰 피고인 기가 피해자들과 욕을 하며 시끄럽게 싸우는 소리를 듣고 피고인 정이 먼저 밖으로 나간 후 돌아오지 않으므로 맞은편에 앉아 있던 피고인 무에게 나가보라는 눈짓을 하였더니 피고인 무, 경이 밖으로 나갔으며 조금 후 피고인 을 자신도 궁금하여 문을 열어 보니 피고인 무가 별일 아니라며 들어가라고 하기에 누구냐고 물어서 원섭이 애들이 먼저 때렸다라는 대답을 듣고 잠시 있다가 콜라병 2개를 왼손에 들고 위 20호실의 문을 열고 나갔더니 피고인 경과 신이 역기를 양쪽에서 들고 판시 술집 17호실의 문을 부수고 있었는데 이때 싸움을 말려달라는 위 회관 전무 E의 부탁을 거절한 후 마침 위 17호실 문 앞으로 몰려들었던 공동피고인들에게 “야, 전부 죽여 버려.”라고 고함을 친 사실 등은 인정되나, 피고인 을이 위 20호실에서 콜라병을 들고 나왔을 당시에는 이미 공동피고인들의 피해자 A, B에 대한 모든 가해행위는 종료되었음이 시간적으로 명백하고 또한 그때까지 피고인 을은 그러한 가해행위가 저질러진 사실을 전혀 모르고 있었으며 위 피해자들은 위 종료된 가해행위로 인하여 즉사하지 않았으나 그 후 아무런 추가 가해행위 없이 그대로 각 사망한 사실 등이 인정되고, 따라서 이 사건 당시 피고인 을과 위 공동피고인들 사이에 위 피해자에 대한 살해의 범의의 연락이 있었다고까지는 볼 수 없다 할 것이고, 가사 검사 주장대로 피고인 을이 이 사건 S회관의 20호실에서 콜라병 2개를 들고 복도로 나와 범행을 말려달라는 위 회관의 전무 E의 제의를 묵살하면서 “전부 죽여 버려.”라고 범행을 부추긴 시간이 피고인 정, 기가 위 장소의 화장실에서 피해자 A, B를 칼로 찌르고 있었고, 피고인 병이 차 속에 비치하고 다니던 야구방망이를 가지러 주차장에 간 바로 그 시점이라 한들, 피고인 을과 위 공동피고인들 사이에 위 피해자들에 대한 살해의 의사연락이 있었다거나 이 점에 대한 공모의 사실을 인정할 만한 자료는 발견할 수 없다는 이유로 이 사건 공소사실 중 피해자 A, B에 대한 살해부분에 관하여 무죄를 선고한 제1심판결을 그대로 유지하고 있는바 기록에 비추어 보면 원심의 위와 같은 사실인정과 판단은 정당하고, 거기에 소론과 같은 채증법칙 위배 등의 위법이 있다고 할 수 없다. 논지 이유 없다.

* * *

9. 그러므로 피고인 을을 제외한 나머지 피고인들의 상고 및 피고인 을의 판시 1의 가. 죄에 관한 상고와 검사의 상고를 모두 기각하고, 상고 후의 구금일수 중 일부씩을 피고인들에 대한 그 본형에 각 산입하고, 원심판결의 피고인 을에 대한 유죄부분 중 각 판시 1의 다.(4) 및 판시 2, 3, 6의 죄 부분에 관하여는 동 피고인의 상고가 이유 있다 하여 이를

파기할 것인바, 이 사건은 소송기록과 원심에 이르기까지 조사된 증거에 의하여 판결하기 충분하다고 인정되므로 형사소송법 제396조에 의하여 당원이 직접 판결하기로 한다.

기록에 의하면, 제1심판결은 피고인 을에 대하여 원심과 같은 이유에서 위 피고인을 사형에 처하고 있으므로 제1심판결도 그대로 유지될 수 없어 이 역시 파기하고 다음과 같이 판결한다.

당원이 인정하는 범죄사실 및 증거는 제1심판결의 해당부분과 같으므로 그대로 인용한다.

법률에 비추건대, 피고인 을의 판시 소위 중 1의 다. (4)의 소위는 총포, 도검, 화약류단속법 제70조 제1항, 제12조 제1항에, 판시 2의 다. 아. 의 각 소위는 포괄하여 폭력행위등처벌에관한법률 제3조 제3항, 제1항, 제2조 제1항, 형법 제283조 제1항에, 판시 3의 소위는 형법 제337조, 제30조에, 판시 6의 피해자 C, D를 살해한 소위는 각 형법 제250조 제1항, 제30조에 각 해당하는바 소정형 중 총포, 도검, 화약류단속법위반죄에 관하여는 징역형을, 살인죄에 관하여는 무기징역형을, 나머지 각 죄에 관하여는 각 유기징역형을 각 선택하고, 이상은 형법 제37조 전단의 경합범이므로 같은 법 제38조 제1항 제1호에 의하여 위 피고인을 무기징역에 처하기로 하여 관여 법관의 일치된 의견으로 주문과 같이 판결한다.

대법관 배석(재판장) 윤일영 최재호

참고문헌

□ 신동운, 신판례백선 형법총론, 2009, 567면

공동정범의 이론은 실무상 운용의 편의함 때문에 그 적용빈도가 매우 높다. 이렇게 되는 요인의 한 가지는 대법원이 공모의 방법에 대하여 매우 관대한 입장을 취하고 있는 점에서도 찾아볼 수 있다. 즉 대법원은 일관하여 "공동정범에 있어서 모의는 사전모의를 필요로 하거나 범인 전원이 일정한 시간과 장소에 집합하여 행할 필요는 없고 그 가운데 한 사람 또는 두 사람 이상을 통하여 릴레이식으로 하거나 또는 암묵리에 서로 의사가 상통해도 된다[.]"는 입장을 취하고 있기 때문이다[☞ 후술 553면 88도1114].

그런데 이와 같은 확장적용을 견제하는 유용한 장치가 바로 [도입]판례에서 볼 수 있는 실행행위와 공모시점과의 관련성이다. 우리 법원이 사용하고 있는 공동정범의 이론적 중추는 의사연락에 있다. 그렇다면 그 공모가 과연 실행행위의 시점에 성립·유지되고 있었는가를 묻는 일은 형사변호인들이 공동정범으로 기소된 피고인을 위하여 수행하여야 할 제일차적 작업이라고 아니할 수 없다.

쟁점연구

1. 형법 제250조 제1항이 규정한 살인죄의 실행행위는 무엇인가?
2. 형법 제30조가 규정한 공동정범의 성립요건은 무엇인가?
3. 형법 제250조 제1항에서 공동정범이 성립하기 위한 두 가지 요건을 설명해 보라.
4. 살인죄에 있어서 실행행위의 분담이란 무엇인가?
5. 도입판례에서 실제로 살인행위에는 가담하지 않고 "야, 전부 죽여버려"라고 고함치는 행위가 "사람을 살해"하는 행위를 분담하는 것이라고 볼 수 있는가? 찬성, 반대의 입장 가운데 하나를 택하고 그 논거를 제시해 보라.
6. 살인죄의 공동정범에 있어서 공모의 개념을 정의해 보라.
7. 대법원이 인정하고 있는 공모의 방법을 열거해 보라.
8. 공동정범에 있어서 의사연락이 요구되는 시점의 시기와 종기를 설명해 보라.
9. 도입판례에서 피해자 A, B에 대한 살인죄의 공동정범이 피고인 을에 대

하여 부정된 이유를 분석해 보라.

주요개념

1. 공모
2. 실행행위분담
3. 실행공동정범
4. 공모공동정범

3. 공동정범의 주관적 성립요건 2 - 공모관계의 이탈

도입판례

대법원 2010. 9. 9. 선고 2010도6924 판결【미성년자유인죄, 청소년의성보호에관한법률위반(청소년이용음란물제작·배포등) 등】[공2010, 1960]

【피 고 인】 피고인
【상 고 인】 피고인
【변 호 인】 변호사 이상열
【원심판결】 광주고법 2010. 5. 13. 선고 2010노78 판결
【주 문】 상고를 기각한다.
【이 유】

상고이유를 본다.

1. 공모공동정범에 있어서 공모자 중의 1인이 다른 공모자가 실행행위에 이르기 전에 그 공모관계에서 이탈한 때에는 그 이후의 다른 공모자의 행위에 관하여는 공동정범으로서의 책임은 지지 않는다 할 것이나, 공모관계에서의 이탈은 공모자가 공모에 의하여 담당한 기능적 행위지배를 해소하는 것이 필요하므로 공모자가 공모에 주도적으로 참여하여 다른 공모자의 실행에 영향을 미친 때에는 범행을 저지하기 위하여 적극적으로 노력하는 등 실행에 미친 영향력을 제거하지 아니하는 한 공모자가 구속되었다는 등의 사유만으로 공모관계에서 이탈하였다고 할 수 없다(대법원 2007. 4. 12. 선고 2006도9298 판결; 대법원 2008. 4. 10. 선고 2008도1274 판결 등 참조).

원심판결 이유를 위 법리와 기록에 비추어 살펴보면, 원심이 그 채택 증거들을 종합하여 피고인이 공소외 A와 공모하여 2009. 5. 12. 피해자 공소외 B(여, 16세)에게 낙태수술비를 벌도록 해 주겠다고 말하여 성매수

행위의 상대방이 되게 하였고, 홍보용 명함을 제작하기 위하여 공소외 A로 하여금 위 피해자의 나체사진을 찍도록 하면서 자세를 가르쳐 주기도 한 사실, 피고인은 위 피해자가 중도에 도망갈 것을 염려하여 위 피해자로 하여금 3개월간 공소외 A의 관리를 받으면서 성매매를 하게 했으며 약속을 지키지 않을 경우에는 민형사상 책임을 진다는 내용의 각서를 작성하도록 한 사실, 피고인이 별건으로 2009. 5. 13. 체포되어 수원구치소에 수감되었다가 2009. 5. 28. 석방되었는데, 그 수감기간 동안 피해자 공소외 B는 공소외 A의 관리 아래 2009. 5. 14.부터 2009. 5. 20.까지 사이에 12회에 걸쳐 불특정 다수 남성의 성매수 행위의 상대방이 되었고 그 대가로 받은 금원은 피해자 공소외 B, 공소외 A, 피고인의 처인 공소외 C 등이 나누어 사용한 사실 등을 인정한 다음, 그 판시와 같은 이유로 피해자 공소외 B가 19세 미만의 청소년인지 알지 못하였다는 피고인의 주장을 배척하고, 비록 위 피해자가 성매매를 하는 기간 동안 피고인이 수감되어 있었다고 하더라도 피고인은 공소외 A과 함께 이 사건 미성년자유인죄, 구 청소년의 성보호에 관한 법률 위반죄의 책임을 진다고 판단한 조치는 정당하고, 거기에 논리와 경험의 법칙에 위배하고 자유심증주의의 한계를 벗어나 사실을 인정하거나 청소년의 성보호에 관한 법률 및 공모공동정범 등에 관한 법리를 오해한 위법이 없다.

* * *

4. 그러므로 상고를 기각하기로 하여 관여 대법관의 일치된 의견으로 주문과 같이 판결한다.

대법관 전수안(재판장) 양승태(주심) 김지형 양창수

참고판례

(가) 대법원 1986. 1. 21. 선고 85도2371, 85감도347 판결【강도살인…】(공1986, 404)

소위 공모공동정범에 있어서는 범죄행위를 공모한 이상 그 후 그 실행행위에 직접 가담하지 아니하더라도 다른 특별한 사정이 없는 한 다른 공모자의 분담실행행위에 대하여 공동정범의 죄책을 면할 수 없다 함은 소론과 같다.

그러나 공모자 중의 어떤 사람이 다른 공모자가 실행행위에 이르기 전에 그 공모관계에서 이탈한 때에는 그 이후의 다른 공모자의 행위에 관하여 공동정범으로서의 책임은 지지 않는다고 할 것이고 그 이탈의 표시는 반드시 명시임을 요하지 않는다고 할 것이다(당원 1972. 4. 20. 선고 71도2277 판결 참조). 원심이 확정한 사실에 의하면 구체적인 살해방법이 확정되어 피고인을 제외한 나머지 공범들이 피해자의 팔, 다리를 묶어 저수지 안으로 던지는 순간에 피해자에 대한 살인행위의 실행의 착수가 있다 할 것이고 따라서 피고인은 살해모의에는 가담하였으나 다른 공모자들이 실행행위에 이르기 전에 그 공모관계에서 이탈하였다 할 것이고 그렇다면 피고인이 위 공모관계에서 이탈한 이후의 다른 공모자의 행위에 관하여는 공동정범으로서의 책임을 지지 않는다고 할 것이므로 위와 같은 취지의 원심판결은 정당하고 거기에 소론과 같은 실행의 착수와 공동정범에 관한 법리오해의 위법이 있다 할 수 없으므로 논지 이유 없다.

(나) 대법원 1984. 1. 31. 선고 83도2941 판결【강도상해, 특수절도】(공1984, 465)

이른바 공동정범은 범죄행위시에 그 의사의 연락이 묵시적이거나 간접적이거나를 불문하고 행위자 상호간에 주관적으로 서로 범죄행위를 공동으로 한다는 공동가공의 의사가 있음으로써 성립하는 것이며 범죄의 실행을 공모하였다면 다른 공모자가 이미 실행행위에 착수한 이후에는 그 공모관계에서 이탈하였다고 하더라도 공동정범의 책임을 면할 수 없는 것이므로 설사 소론 주장과 같이 피고인이 원심 공동피고인 을, 병, 공소외 C, D 등과 합동하여 부산직할시 영도구 대교동 P번지 소재 피해자 A, B 부부의 집 밖에서 금품을 강취할 것을 공모하고 피고인은 집 밖에서 망을 보기로 하였으나 상피고인들이 위 피해자 A의 집에 침입한 후 담배생각이 나서 담배를 사기 위하여 망을 보지 않았다고 하더라도 피고인은 판시 강도상해죄의 죄책을 면할 수가 없다고 할 것이니 소론 논지는 독자적 견해로서 그 이유가 없다.

참고문헌

☐ 이용식, "공동자 중 1인의 실행착수 이전 범행이탈", 형사판례연구 제11권, 2003, 110면 이하

(전략) 일반적인 기준에 비추어 어떠한 경우에 이탈의 요건을 충족하였다고 할 수 있는지에 대한 판단 없이, 판례는 공모관계에서 이탈한 때에는 공동정범으로서의 책임을 지지 않는다고만 말하고 있어 아쉬움이 있다. 이탈의 문제가 기능적 행위지배의 관점에서 다른 공동자의 범죄실행에 대한 이탈자의 공동자로서 기존 기여행위의 인과성이 제거되었는지 여부를 '가담한 정도에 따라 나누어' 살펴보는 방향에서 이탈의 요건이 정립되었으면 한다. (후략)

쟁점연구

1. 공모관계에서의 이탈이란 무엇인가?
2. 공모관계에서의 이탈을 판단하는 시점은 언제인가?
3. 도입판례와 참고판례 (가)는 공모관계의 이탈이 인정될 경우 공동정범이 부정된다는 입장을 취하고 있다. 공모관계의 이탈이 있다고 하여 공동정범이 부정되는 이유는 무엇인가?
4. 참고판례 (가)에서 대법원은 강도살인죄의 공모관계로부터의 이탈을 인정

하고 있다. 이에 반하여 참고판례 (나)에서 대법원은 강도상해죄의 공모관계로부터의 이탈을 부정하고 있다. 그런데 참고판례 (나)의 경우에 피고인은 중지범의 특례를 주장할 가능성이 있다. 공모관계의 이탈을 주장하는 경우와 중지범을 주장하는 경우의 차이점에 대하여 법률요건의 면과 법률효과의 면을 나누어 검토해 보라.

5. 실행행위의 착수 이전과 착수 이후의 시점에서 일어나는 공모관계이탈의 효과를 비교해 보라.
6. 실행의 착수에 관한 학설들을 검토해 보라.
7. 참고판례 (가)에서 살인행위의 실행의 착수에 관하여 대법원이 설시한 기준은 실행의 착수에 관한 학설들 가운데 어느 견해에 따른 것인가?

주요개념

1. 공모관계
2. 공모관계의 이탈
3. 실행의 착수
4. 중지범

4. 공동정범의 주관적 성립요건 3 - 승계적 공동정범

도입판례

대법원 1982. 6. 8. 선고 82도884 판결【향정신성의약품관리법위반, 변호사법위반】(공1982, 664)

【피고인, 상고인】 갑 외 2인
【변 호 인】 변호사 안병수 외 3인
【원심판결】 서울고등법원 1982. 2. 20. 선고 81노3212 판결
【주 문】 원심판결 중 피고인 을에 대한 부분을 파기하고, 이 부분 사건을 서울고등법원에 환송한다.
피고인 갑, 병의 상고를 모두 기각한다.
피고인 갑, 병에 대하여는 상고 후의 구금일수 중 25일씩을 본형에 각 산입한다.
【이 유】

* * *

3. 피고인 을 및 변호인 문영길의 상고이유를 본다.

원심이 인용한 제1심판결에 의하면, 원심이 피고인 을에 대하여 인정한 범죄사실은, 피고인은 향정신성의약품취급자가 아니면서 공소외 A와 공모하여 영리의 목적으로 1981. 1월 초순부터 같은 해 2월 중순경까지 피고인 갑의 집 지하실에서 공기압출기 등의 속칭 히로뽕 제조기구를 설치하여 시가 미상의 히로뽕 약 4킬로그램을 제조하였다는 것이다.

그러나, 원심이 인용한 제1심판결이 채택한 증거를 기록에 의하여 검토하여 보아도 피고인이 공소외 A와 1981. 1월 초순경부터 히로뽕

제조행위를 하였다고 인정할 자료는 없고, 다만 공소외 A가 이미 1981. 1월 초순경부터 그 제조행위를 계속하던 도중인 1981. 2. 9경 피고인이 비로소 공소외 A의 위 제조행위를 알고 그에 가담한 사실이 인정될 뿐인바, 이와 같이 연속된 제조행위 도중에 공동정범으로 범행에 가담한 자는 비록 그가 그 범행에 가담할 때에 이미 이루어진 종전의 범행을 알았다 하더라도 그 가담 이후의 범행에 대하여만 공동정범으로 책임을 지는 것이라고 할 것이니, 비록 이 사건에서 공소외 A의 위 제조행위 전체가 포괄하여 하나의 죄가 된다 할지라도 피고인에게 그 가담 이전의 제조행위에 대하여까지 유죄를 인정할 수는 없다고 할 것이다.

그럼에도 불구하고, 원심은 피고인의 가담 이전의 공소외 A의 범행에 대하여까지 피고인을 유죄로 인정하였으니, 거기에는 필경 증거 없이 사실을 인정하였거나 공동정범에 관한 법리를 오해함으로써 판결에 영향을 미친 위법이 있다고 아니할 수 없어 이 점에 관한 논지는 이유 있고 원심판결은 파기를 면할 수 없다.

그러므로 피고인 을에 대하여는 나머지 상고이유에 대하여 판단할 것 없이 원심판결을 파기하고 다시 심리케 하기 위하여 이 부분 사건을 서울고등법원에 환송하고, 피고인 갑, 병의 상고는 이유 없으므로 이를 모두 기각하고 같은 피고인들에 대하여는 상고 후의 구금일수 중 일부를 각 본형에 산입하기로 하여 관여 법관의 일치된 의견으로 주문과 같이 판결한다.

대법관 오성환(재판장) 정태균 윤일영 김덕주

참고판례

▷ 대법원 1982. 11. 23. 선고 82도2024 판결【특정범죄가중처벌등에관한법률위반…】(집30-4, 형63)

[사안의 개요]

체육교사 갑은 중학생 A를 자기 아파트로 유인, 감금하던 중 부작위로 A를 살해하였다. 갑은 여고생 을을 불러내어 A의 유괴 및 사망사실을 말하고 A의 부모에게 거액의 금품을 요구하는 협박장을 써서 보내고 협박전화도 하도록 부탁하였다. 을은 이를 승낙한 후 시키는 대로 금품을 요구하는 협박전화 및 협박편지 행위를 하였다.

검사는 갑을 특정범죄가중처벌등에 관한 법률 위반죄(유괴살해, 유괴 후 금품요구) 등으로, 을을 특가법 위반죄(제5조의2 제2항 제1호: 유괴 후 금품요구)의 방조범으로 기소하였다. 제1심을 거친 후 항소심법원은 피고인 갑과 을에게 각각 유죄를 인정하였다. 피고인 을은 자신의 행위는 갑의 금품요구범행을 도운 것에 지나지 아니하므로 공갈죄의 방조범은 될지 몰라도 특가법 위반죄의 종범은 되지 않는다고 주장하여 상고하였다.

[판례 본문]

특정범죄가중처벌등에 관한 법률 제5조의2 제2항 제1호 소정의 죄는 형법 제287조의 미성년자 약취유인행위와 약취 또는 유인한 미성년자의 부모 기타 그 미성년자의 안전을 염려하는 자의 우려를 이용하여 재물이나 재산상의 이익을 취득하거나 이를 요구하는 행위가 결합된 단순일죄의 범죄라고 봄이 상당하므로 비록 타인이 미성년자를 약취, 유인한 행위에는 가담한 바 없다 하더라도 사후에 그 사실을 알면서 약취, 유인한 미성년자의 부모 기타 그 미성년자의 안전을 염려하는 자의 우려를 이용하여 재물이나 재산상의 이익을 취득하거나 요구하는 타인의 행위에 가담하여 이를 방조한 때에는 단순히 재물 등 요구행위의 종범이 되는 데 그치는 것이 아니라 결합범인 위 특정범죄가중처벌등에 관한 법률 제5조의2 제2항 제1호 위반죄의 종범으로 의율함이 상당하다 할 것이다.

따라서 피고인 갑이 미성년자 A를 유인한 사실을 알면서 같은 피고인이 위 A의 안전을 염려하는 부모의 우려를 이용하여 금품을 요구한 범행을 원심판시와 같은 방법으로 방조한 피고인 을의 소위를 특정범죄가중처벌등에 관한 법률 제5조의2 제2항 제1호 위반죄의 종범으로 의율한 원심판결은 위에 설시한 법리에 따른 것이므로 정당하고, 거기에 소론과 같은 종범에 관한 법리오해나 법령적용을 그르친 위법이 있다고 할 수 없다.

참고문헌

☐ **신동운, 형법총론**(제5판), 2010, 568면

승계적 공동정범의 이론에 대해서는 우선 의사연락의 시점 이전에 일어난 범행부분에 대하여 사후의 의사연락이 소급하여 인과력(因果力)을 가질 수는 없다는 점을 지적할 수 있다. 다음으로 형사정책적 필요성을 들어 의사연락이 없는 부분까지 소급하여 처벌하는 것은 책임주의에 반한다고 하지 않을 수 없다. 자신의 의사와 무관하게 타인이 실행한 범행부분에 대하여 책임을 묻는 것은 책임개별화의 원칙에 반한다. 책임개별화의 원칙은 각각의 구체적 행위자별로 비난가능성을 따져보아야 한다는 요청을 말한다.

☐ **이용식, "승계적 종범의 성립범위", 형사판례연구 제15권**, 2007, 123면

따라서 방조범에 관해 규정하고 있는 형법 제32조 제1항의 '타인의 범죄'를 방조한 자를 '개입한 이후의 타인의 범죄에 대하여'라고 제한해석을 한다면, 승계적 종범의 성립을 부정하는 소극설이 타당하다고 판단된다. 즉 후행행위자는 자신이 참가하기 이전에 실현된 구성요건 부분에는 기여한 바가 없으므로, 개입 이후 가담행위가 구성요건 부분에 해당하는 가벌적인 행위인 경우에 한하여 개입 후의 방조행위로 처벌될 수 있다고 보는 것이 타당하다고 본다. 따라서 [참고판례]의 경우에 [을]에게는 공갈미수의 방조를 인정하는 것이 바람직하지 않을까 생각한다.

쟁점연구

1. 승계적 공동정범에 있어서 '승계적(承繼的)'이란 무슨 의미인가?
2. 도입판례의 원심판결을 지지하는 입장에서는 전체 범행에 대해 공동정범이 성립한다고 주장한다. 승계적 공동정범을 긍정하는 입장에서 그 논거를 제시해 보라.
3. 도입판례에서 대법원은 "이와 같이 연속된 제조행위 도중에 공동정범으로 범행에 가담한 자는 비록 그가 그 범행에 가담할 때에 이미 이루어진 종전의 범행을 알았다 하더라도 그 가담 이후의 범행에 대하여만 공동정범으로 책임을 지는 것이라고 할 것이[다.]"라고 판시하여 승계적 공동정범의 이론을 부정하고 있다. 그런데 대법원은 결론에 이르기 위한 추론을 제시하고 있지 않다. 대법원의 결론을 지지하기 위한 논거들을 제시해 보라.
4. 참고판례에서 원심법원은 특가법위반죄(무기 또는 10년 이상의 징역)의 종범을 인정하고 있다. 이에 반해 변호인은 피고인이 금품요구행위만을 도왔다는 점을 들어서 공갈죄(10년 이하의 징역 또는 벌금형)의 종범이 될 뿐이라고 주장하고 있다. 종범의 경우 형법 제32조 제2항은 종범의 형을 필요적으로 감경하도록 하고 있으며, 감경의 정도는 형법 제55조에 따라 결정된다. 원심법원의 입장에 따를 경우와 변호인의 주장에 따를 경우에 각각 피고인에게 예상되는 형량을 계산해 보라.
5. 참고판례에서 대법원은 종범으로 범행에 가담한 자는 그가 그 범행에 가담할 때에 이미 이루어진 종전의 범행을 알았다면 그 가담 이전의 범행을 포함하여 전체 범행에 대해 종범으로 처벌된다는 입장을 취하고 있다. 이러한 태도는 가담 이전의 범행에 대해서는 공동정범으로서의 죄책을 지지 않는다고 판단한 도입판례의 대법원 입장과 대비된다. 참고판례에서 변호인의 상고이유는 도입판례와 비슷한 논리에 입각하였다고 생각된다. 그렇다면 도입판례와 참고판례는 모순된 것인가? 찬성, 반대의 입장을 택하고 그 논거를 제시해 보라.

주요개념

1. 승계적 공동정범
2. 승계적 종범
3. 종범감경
4. 법률상 감경

5. 과실범의 공동정범

도입판례

대법원 1997. 11. 28. 선고 97도1740 판결【업무상과실치사, 업무상과실치상, 업무상과실일반교통방해, 업무상과실자동차추락】(집45-3, 792)

【피 고 인】 갑, 을, 병, 정, 무
【상 고 인】 피고인들
【변 호 인】 변호사 이재후 외 3인
【원심판결】 서울지법 1997. 6. 11. 선고 95노2918 판결
【주 문】 상고를 모두 기각한다.
상고 후의 구금일수 중 150일을 피고인 을에 대한 본형에 산입한다.
【이 유】

상고이유를 판단한다.

1. 이 사건 교량(성수대교)의 붕괴원인과 관련한 피고인들의 변호인 및 피고인 병, 정의 상고이유(기간 경과 후에 제출된 피고인 을, 무의 변호인의 상고이유보충서는 이를 보충하는 범위 내에서)에 대하여

가. 업무상과실 및 인과관계 부분에 관하여

원심판결과 원심이 인용한 제1심판결 이유에 의하면, 원심은 이 사건 교량의 붕괴사고는 다음에서 보는 바와 같은 피고인들의 업무상의 과실에 의하여 발생하였고 그 과실과 위 붕괴사고와의 사이에는 상당인과관계가 있다고 판시하였다.

이 사건 교량은 교각 위에 앵커트러스(Anchor Truss)를 설치한 후 앵커트러스에 캔틸레버트러스(Cantilever Truss. 이하 씨트러스라고만 한다)를 가설하고 양 교각의 씨트러스 사이에 서스펜디드트러스(Suspended Truss. 이

하 에스트러스라고만 한다)를 달아매는 방식으로 가설하는 이른바 게르버트러스(Gerber Truss) 공법을 사용한 교량이다. 이러한 게르버트러스 공법에 의한 교량은 이른바 단재하경로구조(single-load-path structure. 수직재나 핀 등 중요 부재 중의 하나라도 파단되는 경우 바로 붕괴로 이어지는 구조)로서, 하중이 용접과 볼트, 핀 등에 의하여 연결되는 철강재로 지탱되는 특성이 있어 트러스를 구성하는 각 부재의 용접이나 부재 상호간의 연결의 적정 여부가 교량의 역학구조에 결정적인 영향을 미칠 뿐만 아니라 특히 교량에 부과되는 하중이 에스트러스의 수직재에 집중되기 때문에 수직재를 설계도면과 특별시방서에 따라 정밀하게 제작하고 시공하는 것이 중요하다. 이 사건 교량은 1977. 4. 9. 착공되어 1979. 10. 15. 완공되었으나 1994. 10. 21. 07:30경 제5번과 제6번 교각 사이의 에스트러스의 수직재가 끊어져 붕괴되어 한강으로 떨어지는 사고가 발생하였는바 여기에는 다음과 같은 여러 원인이 겹쳐 있다. 이 사건 교량의 시공을 맡은 P건설 주식회사 부평공장의 당시 기술담당 상무이사인 피고인 무와 같은 공장의 철구부장인 원심 공동피고인 기는 이 사건 트러스를 설계도대로 정밀하게 제작하도록 지휘·감독할 직접적이고 구체적인 업무상의 주의의무가 있음에도 불구하고, 설계도면상으로는 수직재 하부에만 엑스(X)자형 용접으로 표시되어 있으나 그 상부에 엑스표시를 하지 않았다고 하더라도 상부와 하부는 구조가 동일하고 트러스 제작 당시 적용되었던 특별시방서에 완전 용접을 하도록 요구하고 있고 건설부의 용접강도로교표준시방서에도 응집력이 집중되는 용접 부위는 당연히 각 용접부분을 브이(V)자형으로 개선한 후 이를 맞대어 완전 용접하도록 되어 있으므로 수직재의 용접 부위를 엑스자형 용접으로 개선하여 용접하게 하는 등 트러스의 제작에 참여하는 자들을 제대로 지휘·감독하지 못함으로써, 아이(I)자형 용접을 하면서 용접도 양쪽을 각 1회씩만 하고 이를 충분히 하지 않아 용입부족 등으로 용접불량이 되게 하였고, 더욱이 당시 부평공장에는 용접공이 부족하여 일부를 외부 용접공에 하도급 주어 트러스 제작에 투입하는바 일반적으로 외부 용접공의 기량이 부평공장의 용접공에 비하여 떨어지는 경우가 있음에도 이들에 대해 무리하게 트러스 제작 공기 단축을 독려하고 감독을 소홀히 하여 위와 같은 부실용접을 방치하였으며, 핀플레이트(Pin plate) 강판(상현재와 핀으로 연결하는 부분)을 절삭함에 있어서도 설계도대로 1:10으로 완만하게 절삭하지 아니하고 1:2.5 내지 1:3 정도의 급경사로 제작하여 추가적인 응력집중현상을 초래하게 하였으며, 트러스의 유재나 가로보, 브레이싱(Bracing) 등 각 부재도 설계도대로 정밀하게 제작되지 아니한 채 부재의 볼트구멍의 위치나 크기, 간격을 규격에 맞지 않게 제작하였으며, 제작 후에는 시공상태와 같은 모양으로 가조립을 하지 아니하고 트러스를 출고되게 하였다. 그리고 당시 P건설 주식회사의 현장소장인 피고인 을은, 당시 기술사 자격이 있는 공소외 A가 현장대리인으로 선임되어 있기는 하였으나 그는 성수대교 시공현장에 거의 나타나지 아니하여 행정적인 업무뿐만 아니라 공사에 관한 기술적 지휘·감독을 하여야 하므로, 시공하는 교량의 공법과 구조 등을 숙지하여 공사를 지휘하고 시공에 사용되는 자재의 재질이나 규격이 설계도대로 제작되어 정확한지 여부 등을 최종적으로 확인·점검할 의무가 있고 또한 현장소장에게 요구되는 통상의 주의를 기울였다면 이 사건 트러스의 제작상의 잘못을 발견할 수 있었음에도 불구하고, 핀플레이트 강판을 설계도대로 절삭하지 아니하고 급경사를 이루도록 제작된 것을 발견하지 못하고 이를 교량가설에 사용토록 하였고, 브레이싱과 가로보 등 트러스 일부 부재의 볼트의 구멍의 위치가 일치하지 않아 허용오차를 초과하여 볼트구멍을 다시 천공하거나 확장하거나 일부 연결부에는 설계도보다 적은 2개 내지 4개의 볼트만을 체결하여 시공되게 하였으며 가로보 끝부분에 철근을 덧대어 용접하는 등의 시공상의 잘못을 방치하게 하였다. 한편 당시 이 사건 교량건설에 대한 발주청인 서울특별시의 현장감독공무원이었던 피고인 갑, 병, 정은 이 사건 교량이 국내 최초로 건설하는 게르버트러스 공법에 의하여 건설되는 것이고 위 공법의 핵심은 트러스의 제작 및 가설이고 트러스의 제작에 있어서는 설계도에 따른 강재의 정밀한 절단 및 용접, 가설시에는 각 부재의 정확한 조립 및 연결이 요구되므로, 트러스를 제작함에 있어 특별시방서상 요구되는 자격을 갖춘 용접공이 용접을 실시하는지 여부, 각 트러스가 설계도면 및 특별시방서대로 용접, 제작, 조립되는지 여부 등을 확인하되 특히 에스트러스의 수직재를 제작함에 있어 핀플레이트 강판 접합 부분이 1:10의 완만한 경사로 깎아졌는지, 용접 부분을 엑스형으로 개선하고 용접하였는지 여부 등을 육안 및 방사선검사 등을 통하여 확인하고, 트러스의 제작완료 후에는 가조립을 실시하였는지 여부를 확인하는 등 현장감독을 철저히 할 구체적인 주의의무가 있음에도 불구하고 용접공의 자격확인, 방사선검사 등을 통한 용접공사, 가조립공사, 시공과정에서의 철저한 현장확인 등을 하지 아니하였다. 피고인들의 위에서 본 제작, 시공, 감독상의 여러 가지 과실과 원심 판시의 공소외 B 등 Q건설사업소 및 서울특별시 도로국 공무원들의 중차량 통행방치, 철강재 부식, 부적절한 수직재 고정 및 안전진단조치 불이행 등 유지·관리상의 과실 그리고 제1심 판시와 같은 설계상의 잘못이 겹쳐져서, 트러스 가설 후 교량 제5번과 제6번 교각 사이 에스트러스 북쪽 연결 부분에 있는 3개의 수직재의 용접 부분이 떨어져 나가 위 수직재들의 복부판에 균열이 생겨 끊어지기 시작하여 일시미상경 중앙부 에스트러스의 수직재 균열 부분이 먼저 끊어진 후 1994. 10. 21. 07:30경 한강 상류쪽 수직재, 한강 하류쪽 수직재 순으로 그 균열 부분이 완전히 끊어지고 이어 같은 트러스의 남쪽 연결 부분에 있는 3개의 수직재도 연쇄적으로 끊어져 같은 트러스를 포함한 상판 일체가 한강으로 떨어지면서 때마침 그 곳을 지나던 자동차 6대도 한강으로 떨어졌다.

기록에 비추어 살펴보면, 원심의 위와 같은 사실인정과 판단은 수긍이 가고, 거기에 상고이유로 지적하는 바와 같이 심리미진 또는 채증법칙 위배로 인한 사실오인, 업무상과실치사상죄, 업무상과실일반교통방해죄 및 업무상과실자동차추락죄에 있어서의 업무의 범위나 업무상의 주의의무 또는 인과관계에 대한 법리오해 등의 위법이 있다고 할 수 없고, 또한 원심판결의 설시방법에 있어서 다소 부적절한 표현이 있기는 하나 그것만으로 상고이유로 주장하는 바와 같은 이유모순의 위법이 있다고 보기도 어렵다.

* * *

나. 예견가능성 및 기대가능성 부분에 관하여

기록에 의하면, 이 사건 성수대교는 위 가항에서 인정한 바와 같이 소위 게르버트러스 공법에 의해 시공된 교량으로서 교량에 부과되는 하중이 이 사건 에스트러스에 집중이 되고 수직재나 핀 등 중요 부재 중의 하나가 끊어지는 경우 바로 붕괴로 이어지는 특성이 있다는 것이고, 설사 피고인들이 이러한 특징을 알지 못하였다고 하더라도 기록에 나타난 피고인들의 학력 및 경력 등에 비추어 보면 트러스교는 일반적으로 교량의 하중이 용접과 용접볼트, 핀 등에 의하여 연결되는 각 부재로 지탱되는 특성이 있는 이상 트러스를 구성하는 각 부재의 용접이나 부재 상호간의 연결의 적정 여부가 교량의 구조에 결정적인 영향을 미친다는 것은 충분히 알 수 있는 것으로 보여지고, 여기에 위 가항에서 인정한 바와 같은 피고인들의 제작, 시공, 감독상의 주의의무 위반행위를 보태어 보면, 피고인들의 트러스의 제작, 시공 및 감독상의 과실은 이 사건 성수대교의 유지·관리상의 과실과 합쳐져서 결과적으로 교량의 붕괴원인이 될 수 있다는 것은 충분히 예상할 수 있었고, 당시 이 사건 사고발생의 방지조치에 대한 기대가능성도 있었던 것으로 인정할 수 있다고 할 것이다.

같은 취지의 원심판단은 정당하고, 거기에 상고이유로 지적하는 바와 같이 채증법칙 위배로 인한 사실오인 또는 예견가능성과 기대가능성에 관한 법리를 오해한 위법이 있다고 할 수 없다. 이 점을 지적하는 상고이유도 받아들일 수 없다.

* * *

3. 과실범의 공동정범에 관한 피고인들의 변호인의, 불능미수 및 독립행위경합에 관한 피고인 을, 무의 변호인의 각 법리오해의 상고이유에 대한 판단

가. 공동정범에 관하여

이 사건 성수대교와 같은 교량이 그 수명을 유지하기 위하여는 건설업자의 완벽한 시공, 감독공무원들의 철저한 제작시공상의 감독 및 유지·관리를 담당하고 있는 공무원들의 철저한 유지·관리라는 조건이 합치되어야 하는 것이므로, 위 각 단계에서의 과실 그것만으로 붕괴원인이 되지 못한다고 하더라도, 그것이 합쳐지면 교량이 붕괴될 수 있다는 점은 쉽게 예상할 수 있고, 따라서 위 각 단계에 관여한 자는 전혀 과실이 없다거나 과실이 있다고 하여도 교량붕괴의 원인이 되지 않았다는 등의 특별한 사정이 있는 경우를 제외하고는 붕괴에 대한 공동책임을 면할 수 없다고 봄이 상당하다 할 것이다.

이 사건의 경우, 피고인들에게는 트러스 제작상, 시공 및 감독의 과실이 인정되고, 감독공무원들의 감독상의 과실이 합쳐져서 이 사건 사고의 한 원인이 되었으며, 한편 피고인들은 이 사건 성수대교를 안전하게 건축되도록 한다는 공동의 목표와 의사연락이 있었다고 보아야 할 것이므로, 피고인들 사이에는 이 사건 업무상과실치사상등죄에 대하여 형법 제30조 소정의 공동정범의 관계가 성립된다고 보아야 할 것이다.

같은 취지의 원심의 판단은 정당하고, 거기에 상고이유로 주장하는 바와 같은 공동정범에 관한 법리를 오해한 위법이 있다고 할 수 없다. 이 점에 관한 상고이유는 받아들일 수 없다.

* * *

다. 독립행위의 경합에 관하여

2인 이상이 상호의사의 연락이 없이 동시에 범죄구성요건에 해당하는 행위를 하였을 때에는 원칙적으로 각인에 대하여 그 죄를 논하여야 하나, 그 결과발생의 원인이 된 행위가 분명하지 아니한 때에는 각 행위자를 미수범으로 처벌하고(독립행위의 경합), 이 독립행위가 경합하여 특히 상해의 경우에는 공동정범의 예에 따라 처단(동시범)하는 것이므로, 상호의사의 연락이 있어 공동정범이 성립한다면, 이에는 독립행위경합 등의 문제는 제기될 여지가 없는 것이다(대법원 1985. 12. 10. 선고 85도1892 판결 참조).

이 사건의 경우도, 앞서 본 바와 같이 피고인들에 대하여 업무상과실치사상죄, 업무상과실일반교통방해죄, 업무상과실자동차추락죄의 공동정범으로 인정되는 이상, 여기에는 독립행위의 경합문제가 제기될 여지가 없다고 할 것이다.

뿐만 아니라, 이 사건 붕괴는 앞서 본 바와 같이 피고인들의 제작시공 및 감독상의 과실과 공소외 B 등 서울시의 유지·관리담당 공무원들의 유지·관리의 잘못이 모두 합쳐져서 발생한 것이므로, 결과발생의 원인이 된 행위가 판명되지 아니한 경우에 해당한다고 볼 수도 없다.

이와 같은 결론을 취한 원심판단은 정당하고, 거기에 상고이유로 지적하는 바와 같은 독립행위경합에 관한 법리를 오해한 위법이 있다고 할 수 없다. 이 점을 지적하는 상고이유는 받아들일 수 없다.

* * *

5. 그러므로 피고인들의 상고를 모두 기각하고 피고인 을에 대하여는 상고 이후의 구금일수 중 일부를 본형에 산입하기로 하여 관여 법관의 일치된 의견으로 주문과 같이 판결한다.

대법관 송진훈(재판장) 천경송 지창권(주심) 신성택

참고판례

(가) 대법원 1956. 12. 21. 선고 4289형상276 판결【업무상실화, 업무상과실치상】(집4-2, 형18)

[사안의 개요]

선장 갑과 삼등사주원 선원 을은 부산에서 여수 사이를 운항하는 여객선 태신호에서 근무하고 있었다. 1956년 1월 11일 오후 8시경 을은 태신호에 승선하여 부산을 출발하여 다음 날 새벽 3시경 삼천포항에 입항계를 계출하려고 삼등사주원실로부터 삼등객실 입구까지 나왔으나 그곳에 걸려 있던 하역 램프등이 꺼져 있음을 발견하고 직원이 아니면서 종전부터 태신호에 승선하여 자기 계산 하에 승객들에게 물품판매를 하여 오던 병(당시 20세)에게 위하역등에 기름을 부어 불을 켜놓으라고 시켰다.

당시의 상황을 보면, 태신호는 야간정기취항선으로서 정선(停船)시에는 선내 전등이 일제히 소등(消燈)되게 되어 있었으며, 물품판매원인 병은 선박후미에 위치한 창고가 있었음에도 불구하고 인화물질인 석유를 삼등실 사주원실에 옮겨서 늘 비치해 두고 기름을 넣는 데 사용하여 왔으며, 병은 제대로 된 기름 깔대기를 사용하지 않고 미군용 한 말들이 석유통에서 한 되들이 통조림깡통으로 석유를 떠서 램프등에 기름을 담아 왔기 때문에 다다미 한 장 크기 정도의 좁은 다다미방인 삼등실 사주원실 다다미에는 기름 붓는 통조림깡통으로부터 흘러내린 석유가 배이서 인화성이 매우 높게 되어 있었다.

을이 기름을 넣어 불을 켜라고 지시하면서 하역등을 병에게 건네주자 병은 이를 받은 후 삼등사주원실 책상에서 희미한 불빛에 의하여 그 방안 좌석 아래 있던 미군용 한 말들이 석유통에서 한 되들이 통조림깡통으로 석유를 떠서 하역등 기름통에 기름을 부어 넣었다. 이때 병은 그 방 다다미 위에 석유가 떨어져서 번졌음에도 불구하고 이를 닦지 않고 성냥불로 램프등 심지에 불을 붙이자 램프등 주위에 흘러내린 석유에 인화되므로 병은 수차 입으로 불어 불을 끄려고 하였으나 손까지 화상을 입게 되었고, 병은 이를 참지 못하고 하역등을 그 방 다다미 위에 떨어뜨렸다. 그 결과 화염은 그 방안에 널려있던 종이 등에 옮겨 붙게 되었고 불길은 급속도로 확대 연소(延燒)되어 사주원실 책상, 다다미, 승강구, 삼등객실 천정벽 및 선창 일부 등을 태웠다.

불길이 번지자 삼등실에 있던 승객들이 놀라서 화염이 퍼져 나오는 승강구로부터 탈출하면서 22명이 화상을 입었다. 을은 당황한 나머지 객실에 남아 있는 승객의 구조에 생각이 미치지 못하고 실외에 있는 화물의 구조에만 몰두하였다. 한편 선장 갑은 삼등객실 출입구로부터 불길이 치솟는 것을 보고 선박 전면에 위치한 선창에 적재한 화물에 불이 옮겨 붙으면 필연적으로 기관실까지 인화되어 선체가 폭발할 것을 우려하여 화물연소방지에만 주력하였고 당황한 나머지 남아 있는 승객의 구출에는 생각이 미치지 못한 채 을에게 명령하여 유일한 삼등객실 출입문을 일시 폐쇄하게 하였다. 그 결과 선실 내에 화염으로 인한 탄산가스 등이 빠지지 못한 채 가득차서 승객 65명이 실내에서 질식 사망하였다.

검사는 선장 갑, 삼등사주원 을, 판매원 병을 업무상실화죄, 업무상과실치사상죄 등으로 기소하였다. 원심법원은 피고인 갑 및 을에 대하여 업무상실화죄에 대해서는 행정상의 과실책임과 형법상의 과실책임은 구별된다는 이유로 무죄를, 업무상과실치상죄에 대하여는 인명구조에 진력한 사실이 인정된다는 이유로 무죄를 각각 선고하였다. 검사는 이에 불복, 상고하였다.

[판례 본문]

제1, 피고인 등에 대한 업무상 실화점에 관하여 심안컨대 상법 제78조에 의하면 "선장은 발항 전 선박의 항해에 지장 여부 기타 필요한 준비의 정돈 여부를 검사하여야 한다." 하였고 선원법 제9조에 의하면 "선박에 급박한 위험이 있는 때에는 선장은 인명, 선박 및 적하구조에 필요한 수단을 다하고 또 여객, 선원 기타 선내에 있는 자를 떠나게 한 후가 아니면 선박을 떠날 수 없다" 하였으며 또 동법 제55조 제6호에 의하면 "선장이 상법 제78조의 규정에 위반하여 검사를 하지 아니한 때에는 500원(圓) 이하의 벌금에 처한다." 규정하였음은 소론과 같다 할 것이나 이는 모두 해운행정 특히 선박 단속상 선장에게 과한 의무 내지 제재를 규정한 것으로써 이 제재는 선장의 고의 또는 과실에 기인하여 그 의무를 위배한 경우를 포함한다 할 것인바 선장이 과실에 의하여 그 의무를 위반한 경우라 할지라도 동 과실이 반드시 형사상의 과실에 해당한다고 단언할 수 없다. 혹은 양자의 과실이 경합하는 경우, 즉 [위] 행정상의 과실에 해당하는 동시에 형법상의 과실에도 해당하는 경우가 있을 것이요 혹은 [위] 행정상의 과실에는 해당하나 형법상의 과실에는 해당치 아니하는 경우도 있다 할 것이므로 결국 선장 등의 형법상의 과실문제는 각 구체적 경우에 따라 이를 결정할 수밖에 없다 할 것이다. 그러므로 본건에 있어서 먼저 선장인 (1) 피고인 갑에 대한 업무상 실화점에 관하여 고찰하건대 일건기록을 정사한 바에 의하면 공동피고인 을은 단기 4288년

12월 12일경 태신호의 사주원(3등사무장)에 취임하여 동 선객의 안내, 승선자 명부정리, 입항계출, 선내 등화정비사무를 직접 담당하고 있어 등화단속에 대한 직접책임자가 특정되어 있음이 명백하므로 선장 자신은 부하선원인 피고인 을 등에 대하여 직무상 지휘감독할 행정상의 책임은 있을지언정 등화단속 등에 대한 직접책임자는 아니요 그 책임은 오로지 피고인 을에게 있다 할 것이다. 그러므로 만일 선장인 피고인 갑에게 과실이 있다면 이는 즉 지휘·감독을 태만한 점에 대한 행정상의 과실이 있음에 불과하다 할 것이다. 그리고 과실에 있어서는 의사연결의 관념을 논할 수 없으므로 고의범과 같이 공동정범이 있을 수 없고 과실범에 교사방조도 있을 수 없다 할 것이므로 결국 공동피고인 을의 실화책임을 피고인 갑의 형사책임으로 돌릴 수 없다 할 것이다. 그러므로 결론에 있어서 이와 동일취지에 입각하였다고 볼 수 있는 동 피고인에 대한 원심 무죄의 조치는 타당함에 귀착한다 할 것이므로 이 점에 대한 논지는 이유 없다.

(나) 대법원 1962. 3. 29. 선고 4294형상598 판결【업무상과실치사】(집10-1, 형30)

[사안의 개요]

을은 갑이 운전하는 관용 GMC 화물자동차를 빌려가지고 산판(山坂)에서 구입한 장작을 반출증 없이 적재하여 가지고 오다가 검문소 앞에 이르렀다(이 차에는 조수 병이 동승하고 있었다). 을은 정복순경 A가 도로 중앙에서 전지를 들고 정지 신호를 하므로 갑이 일응 정차하는 것처럼 감속을 하고 순경 앞을 지날 때 그 순경이 자신들의 차에 접근하는 것을 보았다. 그러나 을은 단순히 검문을 피할 목적으로 갑에게 “그대로 가자”고 말하였고 갑은 그대로 속력을 놓아 달렸다. 한편 그 순간 순경 A는 이들이 알지 못하는 사이에 이미 검문을 위하여 화물자동차에 일단 올라와 있는 상태이었는데 자동차가 속도를 내어 달리게 되자 A는 150여 미터 가량 매달려 가다가 떨어져 그 자동차 뒷바퀴에 치었고 5시간 후에 결국 사망하였다. 검사는 화물차 운전자 갑은 물론 “그대로 가자”고 말한 화주 을도 업무상과실치사죄의 공동정범으로 기소하였다.

[판례 본문]

원판결에 의하면 원심은 " … 과실범에 있어 운전수 또는 조수가 아닌 피고인을 공동정범으로 기소한 자체가 부당할 뿐 아니라 … 피고인에게 과실 또는 인식있는 과실조차 인정 … 할 수 없으니 본건 … 은 범죄가 되지 아니하거나 또는 범죄의 증명이 없음에 귀착 …" 된다 하여 피고인에게 무죄를 선고하고 있다

그러나 형법 제30조에 "공동하여 죄를 범한 때"의 "죄"는 고의범이고 과실범이고를 불문한다고 해석하여야 할 것이고 따라서 공동정범의 주관적 요건인 공동의 의사도 고의를 공동으로 가질 의사임을 필요로 하지 않고 고의행위이고 과실행위이고 간에 그 행위를 공동으로 할 의사이면 족하다고 해석하여야 할 것이므로 2인 이상이 어떠한 과실행위를 서로의 의사연락 아래 하여 범죄되는 결과를 발생케 한 것이라면 여기에 과실범의 공동정범이 성립되는 것이다. 기록에 의하면 본건 사고는 경관의 검문에 응하지 않고 트럭을 질주함으로써 야기된 것인바 제1심판결에서 본 각 증거를 종합하면 피고인은 원심공동피고인과 서로 의사를 연락하여 경관의 검문에 응하지 않고 트럭을 질주케 하였던 것임을 충분히 인정할 수 있음이 명백하므로 피고인은 본건 과실치사죄의 공동정범이 된다고 할 것이므로 논지는 이유 있다.

참고문헌

□ **신동운, 형법총론**(제5판), 2010, 584면

형법의 보장적 기능에 비추어 볼 때 구성요건적 고의를 단위로 하여 공동정범의 성립 여부를 결정하는 범죄공동설이 타당하다고 본다. 이러한 관점에서 보게 되면 행위공동설에 기초한 과실범의 공동정범 긍정론은 수긍하기 어렵다고 하지 않을 수 없다. 공동의 범행결의가 없다는 점을 이유로 과실범의 공동정범을 부정하는 견해 또한 동일한 문제의식에 서 있다고 볼 수 있을 것이다.

□ 이재상, 형법총론(제6판), 2008, 407면

공동정범에 있어서 공동의 의사의 내용은 공동의 실현의사를 의미하는 것이 아니라 정범을 공동으로 할 의사라고 해석해야 한다. 따라서 그 내용은 고의범과 과실범에 있어서 동일하다고 볼 수 없다. 고의범에 있어서는 그것이 고의의 공동을 의미하지만 과실범에 있어서는 주의의무위반의 공동을 말한다고 해야 한다. 고의를 전제로 하는 행위지배 또는 기능적 행위지배를 과실범의 정범요소로 요구할 때에는 과실범의 정범이란 있을 수 없기 때문이다. 따라서 과실범의 정범요소는 주의의무위반이라는 점에서 찾지 않을 수 없으므로 과실범의 공동정범도 주의의무를 공동으로 침해할 것을 요구한다고 해야 한다. 그것은 주의의무의 공동과 구성요건 실현행위의 공동을 의미하므로 과실공동·행위공동설에 따라 과실범의 공동정범을 인정하는 것이 타당하다.

쟁점연구

1. 도입판례와 참고판례 (가), (나)는 모두 과실범의 공동정범에 관한 것이다. 시간적 순서로 본다면 이들 판례들은 참고판례 (가), 참고판례 (나), 도입판례의 순서로 연결되고 있다. 참고판례 (가)와 참고판례 (나)에서 각각 제시된 대법원의 입장 가운데 어느 것이 더 타당하다고 생각하는가? 각자의 입장을 결정하고 대법원이 제시한 논거 이외의 다른 논거들을 함께 제시해 보라.
2. 도입판례는 대법원이 과실범의 공동정범을 인정한 근래의 판례이다. 도입판례에서 대법원은 과실범의 공동정범이 성립하기 위한 요건과 관련하여 몇 가지 사항을 검토하고 있다. 대법원이 주목한 사항들은 무엇인가?
3. 도입판례에서 대법원은 과실범의 공동정범 성립이 부정될 수 있는 경우를 완전히 배제하고 있지는 않다. 대법원이 과실범의 공동정범 성립이 부정되기 위하여 갖추어야 할 사항으로 지목한 점은 무엇인가?

4. 도입판례에서 대법원은 트러스 제작책임자, 공사장의 현장소장, 공사장의 현장감독공무원 등 세 분야의 피고인들에게 모두 업무상과실을 인정하고 있다. 또한 다리가 붕괴된 결과와 피고인들의 개별적인 업무상과실 사이에 인과관계를 인정하고 있다. 그렇다면 굳이 과실범의 공동정범 이론을 동원하지 않더라도 피고인들을 각각의 업무상과실범으로 처벌할 수 있다는 주장이 있다. 이 주장에 대하여 찬성, 반대의 입장을 택하고 그 논거를 제시해 보라.
5. 도입판례에서 피고인들은 공장에서의 트러스 제작행위, 현장에서의 교량 시공행위, 공무원의 현장감독행위가 서로 독립행위 경합의 관계에 있다고 주장하고 있다. 이와 관련하여 독립행위의 개념을 설명해 보라.
6. 독립행위의 경합을 규정하고 있는 형법의 규정들을 찾아 그 내용을 설명해 보라.
7. 독립행위의 경합과 공동정범이 구별되는 점은 무엇이며 논의의 실익은 무엇인가?
8. 과실범의 공동정범을 인정한다고 할 때 공동정범의 성립범위가 문제된다. 도입판례에서 문제된 시공사의 대표이사 또는 감독관청인 서울특별시 시장을 업무상과실교통방해죄의 공동정범으로 처벌할 수 있겠는가? 찬성, 반대의 입장을 택하고 그 논거를 제시해 보라.

주요개념

1. 과실범의 공동정범
2. 독립행위
3. 독립행위의 경합
4. 범죄공동설
5. 행위공동설
6. 과실공동・행위공동설

6. 공동정범의 과잉

도입판례

대법원 1988. 9. 13. 선고 88도1114 판결【강도강간…】(집36-2, 형375)

【피 고 인】 갑
【상 고 인】 피고인
【변 호 인】 변호사 정상용
【원심판결】 서울고등법원 1988. 5. 20. 선고 88노802 판결
【주　　문】 원심판결을 파기하여 사건을 서울고등법원에 환송한다.
【이　　유】

변호인의 상고이유에 대하여,

원심이 옳다고 판단한 제1심판결에 보면 피고인이 실체적 경합범으로 유죄판결을 받은 같은 판결 설시 여러 개의 범죄사실 가운데 강도강간죄에 관한 부분은 다음과 같이 되어 있다.

즉 피고인과 원심공동피고인 을, 병은 1987. 8. 1. 04:30경 서울 관악구 … P연립주택 4동 101호 피해자의 집 안방에 들어가 피고인과 원심공동피고인 병이 피해자에게 과도를 들이대고 다시 피고인이 전화선으로 피해자의 손발을 묶고 원심공동피고인 병이 주먹과 발로 피해자를 수회 때려 반항을 억압한 다음 피고인이 장농 등을 뒤져 여자 손목시계 1개 등 3점 및 현금 150,000원 시가 합계 510,000원 상당을 가지고 나와 이를 강취하고 피고인을 포함한 위에서 본 세 사람은 공모하여 피고인은 위와 같이 피해자의 손발을 전화선으로 묶어 반항을 억압하고 원심공동피고인 병은 그녀의 유방을 만지고 원심공동피고인 을은 그 설시와 같은 방법으로 강제로 1회 간음하여 강간한 것이라는 것이다.

그런데 공모공동정범에 있어서의 모의는 사전모의를 필요로 하거나 범인 전원이 일정한 시간과 장소에 집합하여 행할 필요는 없고 그 가운데 한 사람 또는 두 사람 이상을 통하여 릴레이식으로 하거나 또는 암묵리에 서로 의사가 상통해도 된다 하겠으나 그 모의의 내용만은 두 사람 이상이 공동의 의사로 특정한 범죄행위를 하기 위하여 일체가 되어 서로가 다른 사람의 행위를 이용하여 각자 자기의 의사를 실행에 옮기는 것을 내용으로 하는 것이어야 하고 그에 따라 범죄를 실행한 사실이 인정되어야만 공모공동정범이 성립되는 것이고 이와 같은 공모에 참여한 사실이 인정되는 이상 직접 실행행위에 관여하지 않았더라도 다른 사람의 행위를 자기 의사의 수단으로 하여 범죄를 하였다는 점에서 자기가 직접 실행행위를 분담한 경우와 형사책임의 성립에 차이를 둘 이유가 없는 것이다(당원 1988. 4. 12. 선고 87도2368 판결 참조).

한편 위에서 본 바와 같은 공모나 모의는 공모공동정범에 있어서의 "범죄될 사실"이라 할 것이므로 이를 인정하기 위하여서는 엄격한 증명에 의하지 않으면 안 된다 할 것이고 그 증거는 판결에 표시되어야 하는 것이다.

이와 같이 공모나 모의가 공모공동정범에 있어서의 "범죄될 사실"인 이상 모의가 이루어진 일시, 장소 또는 실행방법, 각자 행위의 분담역할 따위의 구체적 내용을 상세하게 판시할 필요는 없다 하겠으나 공모의 판시는 위에서 본 취지대로 성립된 것이 밝혀져야만 하는 것이다.

위와 같은 공모공동정범에 관한 법리를 염두에 두고 이 사건을 보건대, 우선 위에서 본 제1심판결에 나타난 증거에 의하여 문제의 강간이 이루어진 경위와 그때의 세 사람의 역할 동정을 보면 다음과 같다.

즉 제1심판결의 증거의 요지에 나타난 증거들에 의하면 위에서 본 사실 가운데 공모의 점을 제외하고 그 나머지의 사실은 모두 인정되나 공모의 점에 관하여는 피해자의 집에 들어가기 전에 서로 강간하기로 이야기한 일이 없었다는 것은 피고인뿐만 아니라 원심공동피고인들까지도 제1심 법정에서 진술하고 있고 특히 피고인은 당시 복면을 하였었고 물건을 뒤지느라 정신이 팔려 원심공동피고인 을이 피해자를 강간하는 것을 못 보았는데 물건을 챙겨 돌아서면서 보니까 원심공동피고인 을이 강간을 하고 있어 빨리 가자고 재촉하여 그 집을 나왔다고 말하고 있으며(공판기록 85장), 원심공동피고인들은 피해자를 원심공동피고인 을이 강간할 때 피고인은 알고 있었는지 모르겠다고 진술하고 있고(같은 기록 87장), 검사의 피고인에 대한 피의자신문조서에 보면 피고인은 사전에 강간 공모는 없었고 피고인이 장농을 뒤지다 보니 원심공동피고인 을이 그 아주머니 배 위로 올라가 강간하고 있더라고 진술하면서 같은 방에 있었으면서도 처음 원심공동피고인 을이 강간하는 것을 보지 못하였단 말인가요라는 검사의 신문에 처음 유방을 원심공동피고인 병이 만지고 하였는데 나중에 원심공동피고인 을이 아주머니 배 위로 올라가 강간하였고 나중에 저희들이 나오면서 원심공동피고인 을이 그 아수머니 바시들 올려 주더라고 진술하고 있고(검찰기록 292장) 검사의 피해자에 대한 진술조서에 보면 원심공동피고인 병이 당시 먼저 저의 가슴을 만지고 원심공동피고인 을이 저를 강간할 때 저의 얼굴을 잡고 강간하기 쉽도록 하여 주었고 이불을 저의 얼굴에 씌운 사람이며 복면한 사람(피고인을 지칭)은 원심공동피고인 을 등이 저를 강간할 때 다만 장농 등만 뒤지고 있었다고 진술하고 있으며 당시 세 사람은 서로 상의하여 강간한 것이 아니고 다만 복면한 사람이 저의 집 화장대 등을 뒤지고 있을 때 원심공동피고인 을이 저를 강간하고 안경 쓴 원심공동피고인 병이 저의 얼굴을 붙잡고 원심공동피고인 을이 강간하도록 도와주며 이불을 저의 얼굴에 씌워 놓았으며 당시 복면한 사람(피고인을 지칭)은 원심공동피고인 을에게 강간하라고 권한 일도 없었고 다만 뒤돌아서 화장대와 장농을 뒤져 가져갈 물건만 찾고 있었고 반지 등을 찾아낸 다음 뒤돌아서서 강간하고 있는 사람에게 빨리 가자고 독촉한 일이 있었을 뿐이라고 진술하고 있고(이상 검찰기록 299장에서 301장까지) 다음 검사의 원심공동피고인 병에 대한 피의자신문조서(4호)에 보면 피고인이 피해자를 원심공동피고인 을이 강간할 때 머리 위에서 붙잡고 있다가 이불로 얼굴을 가려 준 것은 원심공동피고인 을이 강간하는 것을 도와주기 위한 것이었고 원심공동피고인 을이 강간하기 전에 서로 강간까지 하자고 한 일은 없고 다만 원심공동피고인 을이 혼자 충동적으로 강간하여 친구된 도리로 옆에서 도와주었을 뿐이며 피고인은 당시 돌아서서 물건을 뒤지기만 하였지 처음에 원심공동피고인 을이 강간하는 것을 보지 못하였다고 진술하고 있고(검찰기록 305장) 검사의 원심공동피고인 을에 대한 피의자신문조서(4회)에 보면 저와 원심공동피고인 병이 위 지하실 창문으로 함께 들어가 그 집 안방으로 들어가 미리 준비한 과도를 … 원심공동피고인 병과 피고인이 아주머니에게 들이대고 꼼짝 말라고 조용히 하라고 위협한 다음 피고인이 전화선 등을 짤라 아주머니의 손을 뒤로 하여 묶고 다시 양발을 묶었는데 당시 원심공동피고인 병이 소리지르지 말라고 하며 주먹과 발로 때렸으며 피고인은 장농 등을 뒤지고 하는데 원심공동피고인 병이 그 아주머니 유방을 만졌으며 제가 그 아주머니를 묶어놓은 채로 아주머니 반바지와 팬티를 … 강간하였으며 당시 제가 강간할 때 원심공동피고인 병은 아주머니 머리 위에서 아주머니를 붙잡고 있다 이불로 얼굴을 가렸으며 제가 아주머니에게 강간할 때 신고하면 자기가 창피할테니 신고하라고 하였으며 그곳에서 장농 등을 뒤져 금반지 등을 빼앗아 가지고 나오면서 신고를 하면 죽여 버린다고 위협한 후 빼앗은 물건 등을 가지고 창문을 넘어 도망하여…왔…다(검찰기록 318장)고 되어 있고 같은 피의자신문조서(5회)에 보면 피고인은 당시 뒤돌아서서 장농을 뒤져 물건을 찾고 있었고 원심공동피고인 병은 피해자의 머리 위에서 피해자를 붙잡아 저의 강간을 도와주었고 피해자 집에 들어갈 때 강간에 대하여는 사전에 서로 전혀 이야기는 없었으며 당시 제가 강간할 때 피고인은 몰랐으며 제가 강간하고 나서 위 피고인이 저희들에게 뒤돌아서서 빨리 가자고 하면서 뒤돌아서 제가 강간하는 것을 알았습니다(같은 기록 332의 끝에서 333장 첫머리까지)라고 되어 있고 그 밖에 제1심판결의 증거의 요지란에 나타나 있는 사법경찰관의 위에서 본 사람들의 피의자신문조서들이나 진술조서 등에는 위에 나타난 것 이외의 별다른 사실관계는 없는 것으로 되어 있다.

이로써 본다면 피고인은 원심공동피고인의 강간사실을 알게 된 것은 이미 실행의 착수가 이루어지고 난 다음이었음이 명백하고 강간사실을 알고 나서도 암묵리에 그것을 용인하여 그로 하여금 강간하도록 할 의사로 강간의 실행범인 원심공동피고인 을과 강간 피해자의 머리 등을 잡아준 원심공동피고인 병과 함께 일체가 되어 원심공동피고인들의 행위를 통하여 자기의 의사를 실행하였다고는 볼 수 없다 할 것이고 따라서 결국 강도강간의 공모사실을 인정할 증거가 없다고 하지 않을 수 없다.

더구나 제1심판결이 밝힌 피고인의 범죄사실은 이미 위에서 옮긴 대로인바 그에 의하더라도 공모자들이 무엇을 하기로 공모 또는 모의한 것인지가 밝혀져 있지 아니하여 이유불비의 위법을 남겼다 할 것이다.

그럼에도 불구하고 피고인을 강도강간의 공모공동정범으로 처단한 제1심판결을 옳다고 판단한 원심판결의 이 부분은 판결에 영향을 미친 법률위반이 있다 할 것으로서 이 점을 비난하는 논지는 이유 있고 다른 논점에 대한 판단의 필요 없이 원심의 이 부분 판결은 파기를 면할 수 없다 할 것인바 이미 이 판결 첫머리에서 밝힌 바와 같이 피고인은 이 죄 외에도 여러 죄의 실체적 경합범으로 유죄판결을 받고 있으며 이런 때에는 그 가운데 한 가지 죄에 대하여 파기사유가 있을 때에는 그 판결전부를 파기해야 하는 것이므로(당원 1980. 12. 23. 선고 80도135 판결) 원심판결을 파기하고 사건을 다시 심리판단케 하기 위하여 원심법원에 환송하기로 관여 법관의 의견이 일치되어 주문과 같이 판결하는 것이다.

대법관 김주한(재판장) 이회창 배석

참고판례

▷ 대법원 1990. 11. 27. 선고 90도2262 판결【강도살인(피고인 을, 병에 대하여 인정된 죄명 : 강도치사), …】(공1991, 295)

원심이 인용한 제1심판결 채용증거를 기록에 대조 검토하여 볼 때 피고인 갑, 을, 병 등이 등산용 칼을 이용하여 노상강도를 하기로 공모한 이 사건에서는 그 공모내용으로 보아 범행 당시 차 안에서 망을 보고 있던 피고인 을이나 등산용 칼을 휴대하고 있던 피고인 갑과 함께 차에서 내려 피해자 A로부터 금품을 강취하려 했던 피고인 병 등으로서는 그때 우연히 현장을 목격하게 된 피해자 B를 피고인 갑이 소지 중인 등산용 칼로 제1심 판시와 같이 살해하여 강도살인행위에 이를 것을 전혀 예상하지 못하였다고 보여지지 아니하므로 원심이 같은 취지에서 피해자 B를 살해한 행위에 대해 피고인 을, 병을 강도치사죄로 의율처단한 제1심 판단을 유지한 것은 정당하고 원심의 인정 및 판단에 채증법칙 위반의 위법이나 강도치사죄에 관한 법리오해의 위법이 있다 할 수 없다.

참고문헌

□ 신동운, 신판례백선 형법총론, 2009, 627면

공동정범의 과잉을 이와 같이 질적 초과와 양적 초과로 구별하는 이유는 과잉행위를 한 자 이외의 공범자에 대한 형사처벌에 차이가 있기 때문이다.

원래 공동정범으로 범행에 관여한 자들은 공모의 범위 내에서만 처벌되는 것이 원칙이며 초과부분에 대해서는 처벌받지 않는다. 그러나 우리 대법원은 [참고판례]에서 보여주는 바와 같이 양적 초과의 경우에 초과부분에 대한 처벌을 곧바로 포기하지 않고 관여공모자가 초과부분의 발생을 예견할 수 있었는가를 묻는다.

그리하여 대법원은 잔여공모자가 다른 공모자의 초과적 범죄실행행위를 전혀 예상하지 못하였다고 보여지지 않는 한 잔여공모자를 초과부분에 대한 결과적 가중범으로 처벌하고 있다.

이와 같은 대법원의 입장은 공모와 객관적 범죄사실이 일치하는 범위 내에서만 공동정범으로 처벌한다는 공동정범의 일반원칙에 반하는 흠이 있다. 그렇지만 공모범죄사실과 초과범죄사실의 구성요건적 공통성에 착안하여 법익을 강하게 보호하려는 형사정책적 고려에 입각한 것으로서 충분히 그 타당성을 인정할 수 있다고 생각된다.

쟁점연구

1. 도입판례에서 대법원이 제시한 공모의 개념을 정리해 보라.
2. 도입판례에서 대법원이 제시한 공모의 형태를 설명해 보라.
3. 공모가 있었음을 입증할 수 있는 방법들을 제시해 보라.
4. 형사소송법 제307조 제1항에서 도출되는 엄격한 증명의 개념을 정의해 보라.
5. 형사소송법 제323조 제1항은 유죄판결을 내릴 때 판결문에 반드시 적어야 할 사항들을 규정하고 있다. 이 규정에 따라 유죄판결에 기재해야 할 사항들을 설명해 보라.
6. 공동정범의 과잉이란 말은 무슨 뜻이며 논의의 계기는 어디에 있는가?
7. 공범과잉의 유형을 분류하고 구별실익을 설명해 보라.
8. 공동정범의 질적 초과를 설명하고 예를 들어 보라.
9. 공동정범의 양적 초과를 설명하고 예를 들어 보라.
10. 도입판례에서 피고인은 강도강간죄의 죄책을 면하고 있음에 반하여 참고판례에서 피고인은 강도치사죄로 처벌되고 있다. 초과부분에 대해 공범자가 인식하지 못하였다는 점에서 두 판례는 공통된다. 그럼에도 불구하고 참고판례에서 대법원은 다른 공범자가 강도살인행위에 이를 것을 피고인이 전혀 예상하지 못하였다고 보여지지 아니한다는 이유로 피고인에

게 유죄를 인정하고 있다. 대법원이 이와 같이 일견 상반되는 태도를 취하는 이유는 무엇이라고 생각하는가?

11. 참고판례에서 대법원이 피고인에 대해 강도살인죄가 아닌 강도치사죄의 성립을 인정한 이유는 무엇인가?

주요개념

1. 공모의 방법
2. 엄격한 증명
3. 공동정범의 과잉
4. 공동정범의 질적 초과
5. 공동정범의 양적 초과

Ⅱ. 교사범

1. 교사범의 성립요건

도입판례

대법원 1991. 5. 14. 선고 91도542 판결【…특수절도교사】(집39-2, 703)

【피 고 인】 갑
【상 고 인】 피고인
【변 호 인】 변호사 이세중
【원심판결】 서울고등법원 1991. 2. 1. 선고 90노3952 판결
【주 문】 상고를 기각한다.
상고 후의 구금일수 중 80일을 본형에 산입한다.
【이 유】

피고인과 국선변호인의 상고이유를 함께 본다.

* * *

절도교사에 대한 법리오해를 주장하는 부분에 대하여

교사범이란 타인(정범)으로 하여금 범죄를 결의하게 하여 그 죄를 범하게 한 때에 성립하는 것이고 피교사자는 교사범의 교사에 의하여 범죄실행을 결의하여야 하는 것이므로, 피교사자가 이미 범죄의 결의를 가지고 있을 때에는 교사범이 성립할 여지가 없고, 또 막연히 "범죄를 하라"거나 "절도를 하라"고 하는 등의 행위만으로는 부족하다 하겠으나, 그렇다고 하더라도 타인으로 하여금 일정한 범죄를 실행할 결의를 생기게 하는 행위를 하면 되는 것으로서 교사의 수단방법에 제한이 없다 할

것이며, 교사범의 교사가 정범이 그 죄를 범한 유일한 조건일 필요도 없다.

기록을 살펴보면 이 사건의 경우 피교사자인 공동피고인 을, 병이 피고인의 절도교사행위 이전에 이미 판시2의 바. (1), (2)항의 절도의 결의를 하고 있었다고 인정되지는 아니한다.

그리고 피고인이 공동피고인 을, 병, 정 등이 절취하여 온 장물을 판시와 같이 상습으로 19회에 걸쳐 시가의 3분의 1 내지 4분의 1의 가격으로 매수하여 취득하여 오다가, 공동피고인 을, 병에게 일제 드라이버 1개를 사주면서 "공동피고인 정이 구속되어 도망 다니려면 돈도 필요할 텐데 열심히 일을 하라(도둑질을 하라)"고 말하였다면, 그 취지는 종전에 공동피고인 정과 같이 하던 범위의 절도를 다시 계속하여 하라, 그러면 그 장물은 매수하여 주겠다는 것으로서 절도의 교사가 있었다고 보아야 할 것이고, 구체적으로 언제, 누구의 집에서, 무엇을, 어떠한 방법으로 절도하라고 특정하여 말하지 아니하였다고 하여 이와 같은 피고인의 말이 너무 막연해서 교사행위가 아니라거나 절도교사죄가 성립하지 않는다고 할 수는 없다.

이와 같이 교사범이 성립하기 위하여는 범행의 일시, 장소, 방법 등의 세부적인 사항까지를 특정하여 교사할 필요는 없는 것이고, 정범으로 하여금 일정한 범죄의 실행을 결의할 정도에 이르게 하면 교사범이 성립된다 할 것이다.

또한 교사범의 교사가 정범이 죄를 범한 유일한 조건일 필요는 없으므로, 교사행위에 의하여 정범이 실행을 결의하게 된 이상 비록 정범에게 범죄의 습벽이 있어 그 습벽과 함께 교사행위가 원인이 되어 정범이 범죄를 실행한 경우에도 교사범의 성립에 영향이 없다 할 것이다.

따라서 공동피고인 을, 병이 절도의 습벽이 있었고 피고인의 교사 이전에도 다른 절도행위를 여러 차례 한 바 있었다고 하여도, 피고인이 이들에게 드라이버를 사주면서 절도를 하라고 교사하여 판시 2의 바. (1), (2)항의 절도를 한 것인 이상, 피고인이 단순히 그 절도의 동기를 부여한 것이라고만 할 수 없다.

원심판결에 교사범에 관한 법리를 오해한 위법이 있다고 할 수 없고, 논지도 이유 없다.

그러므로 상고를 기각하고, 상고 후의 구금일수 중 일부를 본형에 산입하기로 하여 관여 법관의 일치된 의견으로 주문과 같이 판결한다.

대법관 이회창(재판장) 이재성 배만운 김석수

참고판례

▷ 대법원 1982. 4. 27. 선고 82도274 판결【증거은닉, 증거은닉교사】(공1982, 548)

원심이 유지한 1심판결 이유거시의 증거에 의하면 피고인이 그 판시와 같이 피고인에 대한 형사사건 또는 징계사건의 증거가 될 석유난로를 은닉케 할 의사로 공소외인에게 교사하여 이를 숲속에 버리게 한 사실이 넉넉히 인정되고 여기에 소론과 같이 채증법칙을 위반하거나 사실을 오인한 위법이 없는바, 위 인정사실에 의하면 피고인을 증거은닉의 교사범으로 의율처단한 원심조치는 정당하고 소론과 같이 교사범 및 증거은닉의 법리를 오해한 위법이 없다.

형법 제155조 제1항의 증거은닉죄에 있어서 "타인의 형사사건 또는 징계사건"이라 함은 이미 수사가 개시되거나 징계절차가 개시된 사건만이 아니라 수사 또는 징계절차 개시 전이라도 장차 형사사건 또는 징계사건이 될 수 있는 사건을 포함한 개념이라고 해석할 것이므로, 피고인이 위와 같이 교사하여 증거를 은닉케 할 당시 아직 그 실화사건에 관한 수사나 징계절차가 개시되기 전이었다고 하여도 증거은닉죄의 교사범이 성립되는 것이니 원심판결에 소론과 같이 증거은닉죄의 구성요건에 관한 법리를 오해한 위법도 없다.

또 공소외인의 위 판시와 같은 증거은닉행위가 상관인 피고인의 명령에 의한 것이었다고 하여도 이 명령에 따라 공소외인이 증거은닉의 범의를 일으켜 이를 실행하였던 것임이 위 1심 사실인정과 같은 이상 공소외인의 은닉행위를 논지가 주장하는 바와 같이 상관의 명령에 따른 정당한 행위로서 피고인 자신의 은닉행위와 동일시 할 수는 없다.

참고문헌

□ **신동운, 형법총론**(제5판), 2010, 620면

교사자의 고의는 특정되어야 한다. 교사자의 고의는 정범이 행하는 일정한 '범죄행위'와 그 범죄를 범하는 자, 즉 '정범'의 두 가지 측면에서 모두 특정되어야 한다. 불특정한 범위의 사람들을 상대로 범죄실행을 권유하는 행위는 아직 정범이 특정되지 아니한 경우이다. 그러므로 교사의 특정성 요건을 충족하지 못한다.

다만 입법자가 개별구성요건에서 이러한 행위를 처벌하는 경우가 있다. 내란선동·선전죄(형법 제90조 제2항), 외환선동·선전죄(형법 제101조 제2항), 폭발물사용선동죄(형법 제120조 제2항) 등은 그 예이다. 이 경우 선동(煽動)은 사람의 감정적 판단에 호소하여 일정한 범죄에 나아가도록 하는 행위이며, 선전(宣傳)은 사람의 이성적 판단작용에 호소하여 일정한 범죄행위로 나아가도록 하는 행위이다. 그러나 아직 정범이 특정되어 있지 않으므로 교사에는 해당하지 않는다.

쟁점연구

1. 형법 제31조 제1항에 따르면 타인을 교사하여 죄를 범하게 한 자가 교사범이다. 그런데 이 조문에 따르면 '교사' 자체의 개념이 제시되어 있지

않다. 도입판례에서 대법원이 제시한 교사의 개념을 정리해 보라.

2. 교사범과 공모공동정범은 구성요건을 직접 실현하지 않는다는 점에서 매우 비슷하다. 그러나 양자는 엄밀히 구별된다. 교사범과 공모공동정범의 차이점을 분석해 보라.
3. 우리나라 형사재판의 실무를 보면 교사범으로 기소하는 예가 많지 않다. 그 이유를 무엇이라고 생각하는가?
4. 도입판례에서 피고인을 특수절도(합동절도)의 공동정범으로 기소할 수도 있을 것으로 생각된다. 검사가 피고인을 공동정범으로 기소하지 않고 굳이 특수절도죄의 교사범으로 기소한 이유는 무엇인가?
5. 참고판례에서 군검찰은 애당초 피고인을 증거인멸죄로 기소하였다가 증거인멸죄의 교사범으로 공소장을 변경하였다 그 이유는 무엇이라고 생각하는가?
6. 도입판례에서 대법원은 정범의 행위와 관련하여 교사행위가 어느 정도 특정성을 갖출 것을 요구하고 있다. 교사행위의 특정성과 관련하여 대법원이 제시한 기준을 분석해 보라.
7. 도입판례에서 교사의 방법에 대해 대법원이 설시한 바를 정리해 보라.
8. 도입판례에서 교사행위와 정범행위 사이의 인과관계에 대해 대법원이 설시한 바를 정리해 보라.
9. 참고판례에서 대법원이 설시한 바에 따라 증거은닉죄에 있어서 "타인의 형사사건 또는 징계사건"의 범위를 검토해 보라.
10. 자기의 형사사건 또는 징계사건에 관한 증거를 은닉하는 행위를 처벌하지 않는 이유는 무엇인가?
11. 참고판례에서 대법원은 불을 낸 상관 갑을 교사범으로, 증거물인 석유난로를 갖다버린 부하 을을 정범으로 각각 파악하여 범죄성립 여부를 판단하고 있다. 정범과 공범의 구별에 관한 학설로 객관설, 의사설, 행위지배설 등이 제시되고 있다. 각 학설의 내용을 설명하고 이를 바탕으로 대법원의 접근방법을 분석해 보라.
12. 참고판례에서 나타나는 것처럼 자기의 사건에 불리한 증거를 타인에게 부탁하여 은닉케 하는 행위를 처벌할 필요가 있는가? 찬성, 반대의 입장

을 택하고 그 논거를 제시해 보라.

주요개념

1. 정범
2. 공범
3. 교사
4. 교사행위의 특정성
5. 정범개념의 우월성
6. 행위지배설

2. 교사의 착오

도입판례

대법원 1992. 2. 25. 선고 91도3192 판결【살인(인정된죄명 : 상해치사), 살인교사(인정된죄명 : 상해치사교사)…】(공1992, 1211)

【피 고 인】 갑, 을
【상 고 인】 피고인들
【변 호 인】 변호사 변무관 외 2인
【원심판결】 서울고등법원 1991. 11. 21. 선고 91노3629 판결
【주 문】 상고를 모두 기각한다.
상고 후의 구금일수 중 90일씩을, 피고인 갑에 대하여는 원심판시 제1의 죄에 대한 본형에, 피고인 을에 대하여는 원심판결의 본형에 각 산입한다.
【이 유】

* * *

4. 피고인 을과 변호인 변호사 하죽봉 및 국선변호인 변호사 이해진의 각 상고이유에 대한 판단.

가. 상해치사교사죄에 관하여,

원심이 인용한 제1심판결이 채용한 증거들을 기록과 대조하여 검토하면, 위 피고인에 대한 이 사건 상해치사교사의 범죄사실을 충분히 인정할 수 있고, 원심판결에 소론이 지적하는 바와 같이 자유심증주의에 위배하여 상식과 경험칙에 어긋나는 증거를 채용한 위법이 있다고 볼 수 없다.

원심은, 위 피고인이 1989. 6. 9.경 공동피고인 갑의 집으로 전화를 하여 그에게 “A라는 애가 행패를 부려서 망신을 당했는데 나이먹고 창피

해 죽겠다. 네가 알아서 혼을 내주어라"고 말함으로써 위 A측한테 상해를 가할 것을 교사하였는데, 피고인들 사이에서는 위 A가 자신이 두목으로 받드는 피해자 B의 사주를 받고 피고인 을 등에게 행패를 부린 것으로 인식되고 있어서, 위 피고인의 위와 같은 교사의 취지는 A가 속해 있고 피해자 B를 정점으로 하는 패거리들에 대하여 효과적인 보복조치를 취하라는 뜻이고, 피고인 갑도 그와 같은 뜻으로 알아듣고 위 A의 선배인 위 B에게 상해를 가하도록 그 휘하 조직원인 공소외 병에게 지시한 것이어서, 피고인 을이 위와 같이 교사할 때에는 위 A가 소속된 집단에 속해 있는 위 B가 공격의 대상이 될 수 있다는 것을 알고 이를 용인한 것이므로, 위 피고인의 교사행위와 위 B의 사망 사이에는 인과관계가 있다고 판단하고 있는바, 위에서 본 증거들을 살펴보면 인과관계에 관한 원심의 위와 같은 인정판단은 정당한 것으로 수긍이 가고, 사실관계가 위와 같다면 소론과 같이 피교사자인 피고인 갑이나 그의 지시를 받은 위 병이 피고인 을의 교사행위와는 상관없이 위 B에 대하여 상해의 범의를 가지고 개입함으로써 인과관계가 중단된 것으로는 보기 어렵다고 할 것이다.

또한 위에서 본 증거들에 의하면, 피고인 을이 피고인 갑에게 위와 같이 보복조치를 취하도록 교사함에 있어서 피해자에게 상해의 결과가 발생할 수 있음을 인식하고도 이를 용인하였음을 인정하기에 충분하고, 이 사건과 같은 조직폭력배들에 의한 보복폭행의 경우 그로 인한 상해의 결과 피해자가 사망에 이르게 될 수 있음은 교사자인 피고인 을로서도 이를 예견할 수 있었다고 보여지므로, 위 피고인에게 소론과 같이 상해치사죄의 범의가 없었다고는 볼 수 없을 뿐만 아니라, 소론이 지적하는 바와 같이 위 피고인의 교사행위 이전에 피교사자인 피고인 갑이나 그의 지시에 따라서 상해치사죄를 실행한 공소외 정 등이 이미 범행의 결의를 하고 있었다고도 보여지지 아니하고, 또 원심은 피고인 갑을 이 사건 상해치사죄의 공동정범으로 처벌하고 있을 뿐 교사범으로 처벌한 것이 아니므로 피고인 을의 교사행위가 소론과 같이 이른바 간접교사나 재교사에 해당한다고도 볼 수 없다.

논지는 결국 원심의 전권에 속하는 증거의 취사선택과 사실의 인정을 비난하거나, 원심이 인정한 사실과 상치되는 사실을 전제로 원심판결에 인과관계나 교사범의 구성요건에 관한 법리를 오해한 위법이 있다고 헐뜯는 것에 지나지 아니하여 모두 받아들일 수 없다.

* * *

5. 그러므로 피고인들의 상고를 모두 기각하고, 상고 후의 구금일수 중 일부씩을, 피고인 갑에 대하여는 원심판시 제1의 죄에 대한 본형에, 피고인 을에 대하여는 원심판결의 본형에, 각 산입하기로 관여 법관의 의견이 일치되어 주문과 같이 판결한다.

대법관 윤관(재판장) 최재호 김주한 김용준

참고판례

▷ 대법원 1993. 10. 8. 선고 93도1873 판결【상해치사교사】(공1993, 3117)

교사자가 피교사자에 대하여 상해 또는 중상해를 교사하였는데 피교사자가 이를 넘어 살인을 실행한 경우에, 일반적으로 교사자는 상해죄 또는 중상해죄의 교사범이 되는 것이지만 이 경우에 교사자에게 피해자의 사망이라는 결과에 대하여 과실 내지 예견가능성이 있는 때에는 상해치사죄의 교사범으로서의 죄책을 지울 수 있는 것이다.

원심이 같은 취지에서, 원심이 인용한 제1심판결 적시의 각 증거에 의하여, 피고인은 자신의 영업에 관하여 사사건건 방해를 하면서 협박을 해오던 피해자를 보복하기 위하여 피해자의 경호원으로 있다가 사이가 나빠진 공소외 을을 소개받아 착수금 명목으로 금 5,000,000원을 제공하면서 동인으로 하여금 피해자에게 중상해를 가해 활동을 못하도록 교사하였는데, 위 을은 피해자의 온몸을 칼로 찔러 살해하였고, 그 당시 상황으로 보아 피고인은 중상해를 가하면 피해자가 죽을 수도 있다는 점을 예견할 가능성이 있었던 사실을 인정한 다음, 피고인을 상해치사죄의 교사범으로 처단한 조치는 정당한 것으로 수긍이 가고, 거기에 소론과 같은 심리미진이나 채증법칙위배로 인한 사실오인 및 상해치사죄의 교사범에 관한 법리오해의 위법이 있다고 할 수 없다. 논지는 모두 이유 없다.

참고문헌

□ 신동운, 신판례백선 형법총론, 2009, 640면

요컨대 도입판례의 검토에 있어서 주목되는 점은 교사의 착오로 분석되어야 할 사안이 인과관계중단의 문제로 구성되어 논의가 진행되었다는 사실이다. 대법원이 이 문제점을 지적하지 못한 점은 도입판례의 사실관계가 강학상 가지고 있는 특이성과 중요성에 비추어 볼 때 매우 아쉬운 대목이라 하겠다.

쟁점연구

1. 간접교사(間接敎唆)의 개념을 정의해 보라.
2. 재교사(再敎唆)의 개념을 정의해 보라.
3. 도입판례에서 피고인 측이 간접교사 또는 재교사의 논점을 지적한 이유는 무엇이라고 생각하는가?
4. 도입판례에서 피고인 을의 변호인은 인과관계중단이론을 원용하여 상해치사의 죄책을 차단하려 하고 있다. 인과관계중단이론을 설명하고 비판해 보라.
5. 도입판례에서 대법원이 인과관계중단이론을 배척한 논거를 분석해 보라.
6. 도입판례에서 피고인 을의 변호인은 인과관계중단이론을 원용하여 피고

인의 죄책을 부인하려 하고 있다. 그런데 도입판례의 사안은 A에게 상해를 가하라고 교사하였는데 피교사자가 B에게 상해를 가한 사안으로도 파악할 수 있다(일단 사망의 결과발생에 대해서는 논의를 유보함). 이와 관련하여 교사자의 착오 문제를 생각해 볼 수 있다. 여기에서 교사자의 착오란 무엇인지 설명해 보라.

7. 도입판례의 사실관계를 교사자의 착오라는 관점에서 분석한다고 할 때 각종 부합설을 가지고 문제해결에 임하여야 한다. 먼저 구체적 부합설의 관점에서 도입판례의 사안을 분석해 보라.
8. 법정적 부합설의 관점에서 도입판례의 사안을 분석해 보라.
9. 도입판례에서 대법원은 A에 대한 상해교사로 B가 사망한 사안에서 피고인 을에게 상해치사죄의 교사범 성립을 인정하고 있다. 또한 참고판례에서 교사자는 상해를 교사하였으나 피교사자는 살인을 범하고 있다. 도입판례와 참고판례의 사안에서 대법원은 공통적으로 상해치사죄의 교사범을 인정하고 있다. 그런데 사망의 결과발생에 대하여 교사범에게 죄책을 인정하려고 할 때 갖추어야 할 요건이 있다. 이 점과 관련하여 도입판례와 참고판례에서 대법원이 주목한 사정은 무엇인가?
10. 사망의 결과발생에 대하여 대법원이 주목한 사정에 타당성이 있다고 보는가? 찬성, 반대의 입장을 택하고 그 논거를 제시해 보라.

주요개념

1. 간접교사
2. 재교사
3. 인과관계의 중단
4. 구체적 부합설
5. 법정적 부합설

3. 실패한 교사

도입판례

대법원 1977. 6. 28. 선고 77도251 판결【부정선거관련자처벌법위반】(집 25-2, 형54)

☞ 전술 474면 제12장 Ⅰ. 3. 도입판례

참고문헌

□ 엄상섭/신동운 · 허일태(편), "우리 형법전과 공범이론"(1955), 효당 엄상섭 형법논집, 2003, 179면 이하

둘째로는, 제31조 제1항이다. 이는 교사범에 관한 원칙적인 규정으로서 이것만으로는 교사범을 독립범으로 볼 수도 있고 종속범이라고도 할 수 있다. 그러나 동조 제2항과 제3항과의 관계에서 볼 때에는 일본 형법전에 규정된 바와는 의미가 달라진다.

공범독립범설에 의한다면 동조 제2항의 경우는 미수범으로서 일률적으로 처벌받게 될 것이다. 따라서 공범독립범설의 원칙에 의할 때에는 피교사자가 범죄의 실행에 착수치 아니할 때에도 교사자는 그 교사행위만으로 미수범의 책임을 지게 되는 것이 이론상 당연하지마는 본조 제3항과의 관계에서 미수범의 책임을 물을 수 없고 부득이 음모 또는 예비에 준하는 책임만에 그치게 되는 것이라고 할 수밖에 없을 것이고, 공범종속범설에 의한다면 동조 제3항의 경우에 있어서 교사자를 미수범으로 처벌할 수 없는 것이지마는 예비나 음모를 처벌하여야 할 정도의 중대한 범죄에 한해서는 사회나 국가의 합목적인 견지에서 교사자나 피교사자나를 예비나 음모에 준하여 처벌한다는 명문이 있으므로 인하여 교사행위 자체로서 가벌성을 대유(帶有)하게 된다고 할

것이다.

한국 형법	독일 형법
제31조 〔교사범〕 ① 타인을 교사하여 죄를 범하게 한 자는 죄를 실행한 자와 동일한 형으로 처벌한다.	제26조 〔교사범〕 고의로 타인으로 하여금 고의의 위법행위를 행하도록 결의시킨 자는 교사범으로서 정범과 동일하게 처벌한다.
(해당 조항 없음)	제11조 〔사람 및 물건의 개념〕 이 법에서 사용하는 용어의 정의는 다음과 같다. 5. 위법행위라 함은 형법상의 구성요건을 실현하는 행위만을 말한다.
(해당 조항 없음)	제29조 〔관여자 처벌의 독립성〕 각 관여자는 타인의 책임과 관계없이 각자의 책임에 따라 처벌한다.
제31조 ② 교사를 받은 자가 범죄의 실행을 승낙하고 실행의 착수에 이르지 아니한 때에는 교사자와 피교사자를 음모 또는 예비에 준하여 처벌한다.	제30조 ② 중죄의 실행을 할 용의 또는 중죄의 교사를 할 용의가 있음을 표명한 자, 타인의 이와 같은 제의를 수락한 자 또는 타인과 이를 합의한 자도 위(제1항; 필자 주)와 같이 처벌한다.
제31조 ③ 교사를 받은 자가 범죄의 실행을 승낙하지 아니한 때에도 교사자에 대하여는 전항과 같다.	제30조 〔공범의 기도〕 ① 타인으로 하여금 중죄의 실행 또는 중죄의 교사를 결의하도록 시도하여 미수에 그친 자는 중죄의 미수에 관한 규정에 따라 처벌한다. 다만, 그 형은 제49조 제1항(기속적 감경규정; 필자 주)에 따라서 감경한다.

한국 형법	일본 형법
제31조 〔교사범〕 ① 타인을 교사하여 죄를 범하게 한 자는 죄를 실행한 자와 동일한 형으로 처벌한다.	제61조 〔교사〕 ① 사람을 교사하여 범죄를 실행하게 한 자에게는 정범의 형을 과한다.

(해당 조항 없음)	제61조 ② 교사자를 교사한 자에 대하여도 전항과 같다.
제31조 ② 교사를 받은 자가 범죄의 실행을 승낙하고 실행의 착수에 이르지 아니한 때에는 교사자와 피교사자를 음모 또는 예비에 준하여 처벌한다.	(해당 조항 없음)
제31조 ③ 교사를 받은 자가 범죄의 실행을 승낙하지 아니한 때에도 교사자에 대하여는 전항과 같다.	(해당 조항 없음)
(해당 조항 없음)	제64조〔교사 및 방조의 처벌제한〕 구류 또는 과료에만 처할 죄의 교사자 및 종범은 특별한 규정이 없으면 벌하지 아니한다.

쟁점연구

1. 공범독립성설을 설명해 보라.
2. 공범종속성설을 설명해 보라.
3. 실패한 교사의 개념을 정의하고 그 유형을 설명해 보라.
4. 독일 형법 제30조 제1항 본문은 "타인으로 하여금 중죄의 실행 또는 중죄의 교사를 결의하도록 시도하여 미수에 그친 자는 중죄의 미수에 관한 규정에 따라 처벌한다."고 규정하고 있다. 정범의 범죄실행 여부와 관계없이 교사행위 자체를 하나의 실행행위로 보고 그에 대한 미수를 관념하고 있는 것이다. 우리말로는 공범의 기도(企圖)라고 번역되고 있는 독일어의 '기도(Versuch)'라는 용어는 '미수(Versuch)'와 정확히 일치한다. 중죄의 경우 정범이 실행행위로 나아가지 아니하였음에도 불구하고 교사자를 미수범으로 처벌하는 독일 입법자의 태도는 우리 형법과 비교하여 어떠한 차이가 있는가?

5. 독일식의 용어례에 따를 때 실패한 교사, 효과 없는 교사, 기도된 교사는 어떠한 경우를 가리키는가? 각각의 개념을 정의하고 사례를 제시해 보라.
6. 도입판례에서 나타난 사안은 위의 유형분류 가운데 어느 것에 해당하는가?
7. 독일 형법은 범죄유형을 중죄(Verbrechen)와 경죄(Vergehen)로 양분하고 있다. 중죄는 법정형이 1년 이상의 자유형으로 규정되어 있는 범죄임에 대하여 경죄는 법정형의 하한이 1년 아래로 내려가는 범죄를 말한다. 중죄의 경우에는 특별한 명문규정이 없더라도 미수범이 처벌된다. 이에 반하여 경죄의 경우에는 특별한 명문규정이 있을 때에만 미수범이 처벌된다. 한편 중죄의 경우에는 교사범의 경우에 피교사자가 범죄실행에 나아가지 않더라도 미수범을 처벌한다. 이에 반해 경죄의 경우에는 피교사자가 범죄실행에 나아가지 않는 한 교사자가 미수범으로 처벌되지 않는다. 위에 소개한 한국 형법과 독일 형법의 조문대비표는 이 점을 보여주고 있다. 우리 입법자가 독일 형법과 동일한 입법적 결단을 하였다고 가정한다면 도입판례의 사안에서 법원은 어떠한 판단을 내리겠는가?
8. 일본 형법은 우리 형법과 달리 실패한 교사에 관하여 규정하고 있지 않다. 우리 입법자가 일본 형법과 동일한 입법적 결단을 하였다고 가정한다면 법원은 어떠한 판단을 내리겠는가?
9. 위의 조문대비표를 보고 실패한 교사를 둘러싼 한국 형법의 규율방식을 설명해 보라.
10. 공범처벌의 근거에 대하여 책임가담설, 불법가담설, 종속적 야기설, 혼합적 야기설 등이 제시되고 있다. 교과서를 이용하여 이들 학설이 주장하는 핵심내용을 명제화하여 보라.

주요개념

1. 공범종속성설
2. 공범독립성설

3. 기도된 교사
4. 책임가담설
5. 불법가담설
6. 종속적 야기설

Ⅲ. 방조범

1. 정범과 방조범의 관계

도입판례

대법원 2007. 12. 14. 선고 2005도872 판결【저작권법위반】(공2008, 91)

【피 고 인】 갑, 을
【상 고 인】 검사
【변 호 인】 법무법인 태평양 외 5인
【원심판결】 서울중앙지법 2005. 1. 12. 선고 2003노4296 판결
【주　　문】 원심판결 중 공소외 A, B, C의 복제권 침해행위에 대한 방조의 점에 관한 부분을 파기하고, 그 부분 사건을 서울중앙지방법원 합의부에 환송한다. 검사의 나머지 상고를 기각한다.
【이　　유】

상고이유를 판단한다.

1. 저작권법상 복제권 등 침해 및 방조행위

가. 저작권법상 복제 및 배포의 의미

저작권법 제2조의 유형물에는 특별한 제한이 없으므로 컴퓨터의 하드디스크가 이에 포함됨은 물론이지만, 하드디스크에 전자적으로 저장하는 MPEG-1 Audio Layer-3(MP3) 파일을 일컬어 유형물이라고는 할 수 없을 것이므로, 음악 CD로부터 변환한 MP3 파일을 Peer-To-Peer(P2P) 방식으로 전송받아 자신의 컴퓨터 하드디스크에 전자적으로 저장하는 행위는 구 저작권법(2000. 1. 12. 법률 제6134호로 개정되기 전의 것, 이하 '구 저작권법'이라고 한다) 제2조 제14호에서 말하는 '유형물로 다시 제작하는 것'에

해당된다고는 할 수 없을 것이지만, 저작권법 제2조 제14호에서 말하는 '유형물에 고정하는 것'에는 해당된다고 할 것이다. 그리고 저작권법 제2조 제15호에서 말하는 배포란 저작물의 원작품 또는 그 복제물을 유형물의 형태로 일반 공중에게 양도 또는 대여하는 것을 말하는 것이므로, 나아가 위와 같이 컴퓨터 하드디스크에 저장된 MP3 파일을 다른 P2P 프로그램 이용자들이 손쉽게 다운로드 받을 수 있도록 자신의 컴퓨터 내의 공유폴더에 담아 두었다고 하더라도, 이러한 행위가 배포에 해당된다고는 할 수 없을 것이다.

나. 복제권 침해의 방조

한편, 저작권법이 보호하는 복제권의 침해를 방조하는 행위란 정범의 복제권 침해를 용이하게 해주는 직접·간접의 모든 행위로서, 정범의 복제권 침해행위 중에 이를 방조하는 경우는 물론, 복제권 침해행위에 착수하기 전에 장래의 복제권 침해행위를 예상하고 이를 용이하게 해주는 경우도 포함하며(대법원 2004. 6. 24. 선고 2002도995 판결 참조), 정범에 의하여 실행되는 복제권 침해행위에 대한 미필적 고의가 있는 것으로 충분하고(대법원 2005. 4. 29. 선고 2003도6056 판결 참조), 정범의 복제권 침해행위가 실행되는 일시, 장소, 객체 등을 구체적으로 인식할 필요가 없으며, 나아가 정범이 누구인지 확정적으로 인식할 필요도 없다(대법원 1977. 9. 28. 선고 76도4133 판결 참조).

2. 그런데 원심이 적법하게 채택한 증거와 기록에 비추어 살펴보면, 피고인들은 P2P 프로그램과 관련된 외국의 분쟁사례 등을 통하여 P2P 프로그램의 이용을 통한 음악파일의 공유행위는 대부분 정당한 허락 없는 음악파일의 복제라는 결과에 이르게 됨을 예견하면서도(원심판결 이유에 의하면 실제로 이 사건 소리바다 이용자들이 교환한 음악파일의 70%가 저작권법이 보호하는 복제권을 침해하는 것이었다) 2000. 5. 중순경 MP3 파일 공유를 위한 P2P 프로그램인 이 사건 소리바다 프로그램을 개발하고 서버를 설치, 운영하면서 인터넷 웹사이트를 통하여 위 소리바다 프로그램을 무료로 널리 제공하였으며, 그 서버에 이용자 아이디, 패스워드, 이메

일주소, 가입회원의 성별과 나이, 이용자의 인터넷 연결속도, 이용자의 최종접속 IP 주소 등의 접속정보를 보관하고, 이용자들이 서버에 접속하면 그 이용자의 컴퓨터 IP 주소를 송신 받는 즉시 서버에서 보관하던 다른 이용자들의 IP 주소 등 접속정보를 5,000명 정도씩 묶어 제공함으로써 이용자가 용이하게 자신이 찾는 음악 MP3 파일을 검색할 수 있고, 나아가 최적의 다운로드 위치를 찾을 수 있게 해주어 소리바다 이용자들이 음악 MP3 파일을 다운로드할 수 있게 해주는 한편, 피고인들도 매일 한두 번 소리바다 서버에 직접 접속함으로써 운영상태를 점검해 왔을 뿐 아니라, 음반제작자인 이 사건 피해자들이 회원으로 가입되어 있는 한국음반산업협회의 법제이사인 L이 2000. 8.경 피고인 갑에게 소리바다 서비스가 저작권법에 위반되는 것임을 경고하면서 서비스의 중단 내지 보완을 요청한 이래 수차례 경고와 요청을 한 바 있음에도 위와 같은 프로그램의 배포와 서버의 운영을 계속하여, 공소외 A는 2000. 7. 경부터, 공소외 B는 2000. 7. 26.경부터, 공소외 C는 2001. 7. 말경부터 각 2001. 8. 4.경까지 사이에 소리바다 이용자들이 소리바다 서버에 접속하여 다른 이용자들의 접속정보를 제공받아 다른 이용자들로부터 음악 MP3 파일을 다운로드 받고 나아가 다시 그 파일들을 자신들의 컴퓨터 공유폴더에 담아둠으로써 다른 이용자들이 다운로드 받을 수 있도록 하였다는 것이다.

위 공소외 A 등의 이러한 행위는 음반을 복제한 음악 MP3 파일을 유형물의 일종인 컴퓨터 하드디스크에 전자적으로 저장하여 고정하는 것일 뿐, 음악 MP3 파일을 유형물로 다시 제작하는 것은 아니어서 구 저작권법이 적용되는 2000. 6. 30.까지는 같은 법 제2조 제14호의 복제에 해당한다고 할 수 없지만(따라서 2000. 7. 1. 이후에 MP3 파일을 다운로드 받았다고 단정하기 어려운 공소외 D, E에 대해서는 피고인들이 복제권 침해행위의 방조범이 될 수 없다), 2000. 1. 12. 법률 제6134호로 개정된 저작권법이 적용되는 2000. 7. 1. 이후에는 같은 법 제2조 제14호의 복제에 해당한다고 할 것이다(나아가 위 공소외 A 등의 이러한 행위가 음반의 복제물을 유형물의 형태로 일반 공중에게 양도하거나 대여하는 것에 해당하는 것은 아니므로 저작권법 제2조 제15호의 배포에 해당한다고는 할 수 없을 것이다).

결국, 위에서 본 여러 사정을 종합해 보면 피고인들은 적어도 미필적인 고의를 가지고 위와 같이 이 사건 소리바다 프로그램을 배포하고 소리바다 서버를 운영하여 위 공소외 A, B, C의 2000. 7. 1. 이후의 복제권 침해행위를 용이하게 해준 것이라고 볼 것이다.

그럼에도 불구하고, 공소외 A, B, C의 복제권 침해행위에 대한 피고인들의 방조의 점에 대해서까지 무죄로 판단한 원심판결은 저작권법이 보호하는 복제권 및 방조범에 관한 법리를 오해하여 판결 결과에 영향을 미친 위법이 있고 이를 지적하는 검사의 상고이유의 주장은 이유가 있다.

3. 따라서 이 사건 공소사실 중 공소외 A, B, C의 복제권 침해행위에 대한 방조의 점에 관한 부분을 파기하여 그 부분 사건을 다시 심리·판단하도록 원심법원에 환송하고, 검사의 나머지 상고는 기각하기로 하여 관여 대법관의 일치된 의견으로 주문과 같이 판결한다.

대법관 김용담(재판장) 박시환 박일환(주심) 김능환

참고판례

▷ 대법원 1981. 11. 24. 선고 81도2422 판결【밀항단속법위반】(공1982, 89)

대저, 정범의 성립은 교사범, 방조범의 구성요건의 일부를 형성하고 교사범, 방조범이 성립함에는 먼저 정범의 범죄행위가 인정되는 것이 그 전제요건이 되는 것은 공범의 종속성에 연유하는 당연한 귀결이며, 따라서 교사범, 방조범의 사실적시에 있어서도 정범의 범죄구성요건이 되는 사실 전부를 적시하여야 하고, 이 기재가 없는 교사범, 방조범의 사실적시는 죄가 되는 사실의 적시라고 할 수 없다 할 것인바, 원심이 유지한 제1심 판결은 “피고인[갑]은 1978.

12. 21. 15:00경 제주시 소재 제주공항대합실에서 공소외 을로부터 밀항자인 위 병을 부산까지 인솔하여 달라는 부탁을 받고 동인이 밀항자인 점을 알면서도 부산항 국내선 여객선 터미널 대합실 입구까지 위 병을 데리고 가서 동소에서 위 정에게 인도하여 주어서 위 병으로 하여금 전항과 같이 밀항 도일케 하여서 동인의 밀항을 용이하게 하여 이를 방조한 것이다"라고 피고인의 범죄사실을 적시하고 있으나, 주범이라고 보여지는 위 병의 범죄사실은 전혀 판시가 없을 뿐만 아니라 도시 판문에 기재된 "병으로 하여금 전항과 같이"라는 전항은 판결문에 그 기재조차 없는 것으로 이는 범죄될 사실의 적시가 없는 것임이 명백하여 결국 원심판결에는 유죄판결에 명시될 이유를 갖추지 아니한 제1심 판결을 유지하여 이유불비의 위법이 있어 이 위법은 판결결과에 영향을 미쳤음이 명백하므로 상고논지는 이 점에서 그 이유 있다고 할 것이다.

참고문헌

□ **이용식, "공범인과관계의 의미내용", 현대형법이론 Ⅱ, 2008, 195면**

심리적 인과관계에서는 정범의 행위와 결과에 객관적인 영향을 끼쳤다는 것을 필요로 하지 아니한다. 즉 공범에 있어서 심리적 인과관계는 공범에 의하여 제공된 행위의 이유가 정범행위의 이유의 하나가 되었을 때 인정된다. 그런데 공범으로서의 귀책을 인정하기 위하여 이러한 심리적 인과관계가 요구되는 근거는 어디에 있는가 하는 것이 문제된다. 물론 정범의 심리에 심리적 인과관계가 인정되는 경우에 비로소 공범행위가 정범의 심리를 통하여 결과와 연결되는 것이라고 말할 수 있다. 그러나 단순히 연결되어 있다는 것 자체만으로는 처벌의 근거가 될 수 없다. 처벌과 귀책의 근거는 그와 같이 연결되어 있다는 데에서 생기는 다른 점에 있는 것으로 생각된다. 결론부터 말하면, 그렇게 연결되어 있어서 공범행위와 결과 사이에 가설적 조건관계가 확실히 있다고는 할 수 없지만 그것이 있을지도 모른다고 말할 수 있다는 점이 심리적 인과관계가 있는 경우에 귀책이 인정되는 근거가 되고 있다고 생각한다.

쟁점연구

1. 공범종속성의 원칙이란 무엇인가?
2. 공범종속성의 원칙이 발휘하는 형사실체법적 효과를 설명해 보라.
3. 참고판례는 공범종속성의 원칙이 발휘하는 형사절차법적 효과를 보여주고 있다. 이 점과 관련하여 참고판례의 사안에서 대법원이 원심판결의 잘못으로 지적한 점을 들어 보라.
4. 형사소송법 제323조 제1항을 토대로 유죄판결을 할 때 판결문에 기재해야 할 사항들을 설명해 보라.
5. 도입판례에서 대법원은 방조행위의 개념정의를 제시하고 있다. 대법원이 제시한 방조행위의 개념정의는 무엇인가?
6. 방조범의 성립에는 정범행위에 대한 고의와 방조행위에 대한 고의라는 이중의 고의가 필요하다고 한다. 도입판례에서 대법원이 정범범행에 대한 고의와 관련하여 판시한 내용을 정리해 보라.
7. 도입판례의 사실관계에서 피고인에게 방조행위의 고의를 인정할 수 있는 부분을 추출해 보라.
8. 도입판례에서 대법원은 방조범의 고의와 관련하여 "정범이 누구인지 확정적으로 인식할 필요도 없다"는 입장을 취하고 있다. 대법원이 이와 같이 방조범의 고의를 넓게 인정하는 이유는 무엇이라고 생각하는가?
9. 도입판례에서 대법원이 방조범의 고의를 넓게 인정하는 태도가 타당하다고 보는가? 찬성, 반대의 입장을 택하고 그 논거를 제시해 보라.

주요개념

1. 공범종속성설
2. 정범
3. 방조
4. 이중의 고의

2. 정범과 방조범의 시간적 관계

도입판례

대법원 1983. 3. 8. 선고 82도2873 판결【…외국환관리법위반…】(집 31-1, 형234)

【피 고 인】 갑, 을, 병, 정, 무, 기, 경, 신, 임, 계, 자, 축, 인, 묘, 진, 사, 오, 미, 유
【변 호 인】 변호사 안병수 외 17인
【원심판결】 서울고등법원 1982. 11. 15. 선고 82노2468 판결
서울고등법원 1982. 11. 15. 선고 82노2468 (분리)판결
【주 문】 피고인 병, 정, 무에 대한 원심판결을 파기하고, 이 부분 사건을 서울고등법원으로 환송한다.
피고인 갑, 을, 기, 경, 신, 임, 계, 자, 축, 인, 묘, 진, 사, 오, 미, 유의 각 상고를 기각한다.
이 판결선고 전의 구금일수 중 110일씩을 피고인 갑, 을, 임, 계에 대한 각 본형에, 30일을 피고인 진에 대한 본형에 각 산입한다.
【이 유】

* * *

3. 피고인 병에 대한 검사의 상고이유를 본다.

원심판결 이유에 의하면 원심은, 피고인이 피고인 을의 지시를 받고 1981. 8. 중순경부터 1982. 4. 14.까지 사이에 8회에 걸쳐 서울 신세계백화점 주차장 등지에서 암달러상인 성명미상 별명 신촌할머니로부터 미화 400,000불을 구입하여 각 그 무렵 위 [상피고인] 을에게 교부하여 줌으로써 상피고인 갑, 을이 위 미화를 같은 달 29까지 그들의 집에 은닉

하여 10일 이내에 정부기관 또는 금융기관에 매각하여야 할 집중의무를 위반한 범행을 방조하였다는 공소사실에 대하여, 외국환관리법 제17조 제1항 소정의 대외지급수단불매각죄는 대외지급수단을 금융기관 등에 매각하여야 할 의무를 이행하지 아니함으로써 성립하는 범죄이고, 따라서 그 대외지급수단의 취득은 위 매각의무발생의 전제요건인 사실에 불과하여 대외지급수단의 매각과는 전혀 별개의 사실이라 할 것인바, 피고인[병]은 상피고인 을이 대외지급수단인 미화를 취득함에 있어 이를 도운 것에 지나지 아니하니 상피고인 갑, 을의 대외지급수단불매각죄를 방조하였다 할 수 없고 달리 피고인[병]이 피고인들의 범죄를 용이하게 한 행위를 하였다고 인정할 만한 증거가 없다고 판단하여 무죄를 선고하였다.

그러나 종범은 정범의 실행행위 중에 이를 방조한 경우뿐만 아니라 실행착수 전에 장래의 실행행위를 예상하고 이를 용이하게 하는 행위를 하여 방조한 경우에도 정범이 그 실행행위에 나아갔으면 성립하는 것이므로 피고인이 피고인 을의 지시를 받고 원판시 미화를 취득하여 줌에 있어 상피고인들이 그 미화를 금융기관 등에 매각집중시키지 아니할 것이라는 정을 알고 있었다면 피고인의 행위는 외국환관리법 제17조 제1항, 같은법시행령 제27조 제1항, 외국환관리규정(1981. 7. 21 재무부고시 제893호) 제6-1조, 제1, 2항 소정의 외국화폐불매각죄의 종범이 된다고 보아야 할 것인바, 상피고인 을에 대한 검사 작성의 피의자신문조서 중 "제가 피고인 병에게 달러를 50만 불 정도 구하여 보라고 말하면서 장차 갑과 미국에서 사업을 하는 데 쓰기 위하여 모아두는 것이라고 말을 하였으니 그렇게 알고 있을 것입니다."(수사기록 2책 1권 204정)라는 진술기재, 검사 작성의 피고인에 대한 피의자신문조서 중 "암달러상으로부터 미화를 구입하는 것이 법에 걸린다는 것은 알았으나 을이 시켜서 안할 수 없었다."(위 수사기록 173정)

"1981. 초순경부터 갑과 을이 여기저기 외국의 사업에 신경을 쓰고 있었고 같은 해 3, 4월경에 을이 저에게 미화를 구하라고 하면서 장차 갑을 국제적인 실업인으로 만들려면 미화가 필요하기 때문에 모아두는 것이라고 하였기 때문에 저는 그렇게만 알고 있었다. …"(위 수사기록 205정)는 진술기재와 이 사건 제1심 제1회 공판[조]서 중 "위 돈은 갑이 국제적인 기업을 키우는데 쓰는 것으로 알았다"(공판기록 1책140정), "이 돈의 사용도를 구체적으로는 몰랐으나 해외에 투자하는 것으로 알았다."(공판기록 1책 241-242정)는 피고인의 각 진술기재를 모두어 보면, 피고인이 상피고인 을의 지시를 받고 원판시 미화를 취득하여 줌에 있어서 상피고인들이 그 미화를 금융기관에 매각집중시키지 아니하리라는 정을 충분히 알고 있었다고 인정된다.

그럼에도 불구하고 원심이 위와 같은 증거들에 대하여 아무런 판단을 하지 아니한 채 그 판시와 같은 이유로 피고인에게 무죄를 선고한 조치에는 채증법칙 위배로 인한 사실오인의 위법이 아니면 종범에 관한 법리를 오해하여 판결결과에 영향을 비친 위법이 있다 할 것이므로 이 점을 탓하는 상고논지는 이유 있어 원심판결은 파기를 면할 수 없다.

* * *

12. 그러므로 피고인 병, 정, 무에 대한 원심판결을 파기하여 그 부분 사건을 다시 심리판단케 하고자 원심인 서울고등법원에 환송하기로 하고, 피고인 갑, 을, 기, 경, 신, 임, 계, 진, 사, 오, 미, 유의 각 상고는 이유 없다 하여 기각하되 이 판결선고 전의 구금일수 중 피고인 갑, 을, 임, 자에 대하여 각 110일씩을, 피고인 오에 대하여 30일을 각 피고인들에 대한 원심 본형에 산입하기로 하여 관여 법관의 일치된 의견으로 주문과 같이 판결한다.

대법관 윤일영(재판장) 정태균 김덕주 오성환

참고판례

▷ 대법원 1991. 10. 11. 선고 91도1656 판결 【특수도주방조, 도주원조】 (집 39-4, 711)

도주죄는 즉시범으로서 범인이 간수자의 실력적 지배를 이탈한 상태에 이르렀을 때에 기수가 되어 도주행위가 종료하는 것이고, 도주원조죄는 도주죄에 있어서의 범인의 도주행위를 야기시키거나 이를 용이하게 하는 등 그와 공범관계에 있는 행위를 독립한 구성요건으로 하는 범죄이므로, 도주죄의 범인이 도주행위를 하여 기수에 이르른 이후에 범인의 도피를 도와주는 행위는 범인도피죄에 해당할 수 있을 뿐 도주원조죄에는 해당하지 아니한다.

원심판결 이유에 의하면, 원심은 피고인의 동생인 공소외 A가 수감되어 있던 서산시 소재 P병원에서 간수자를 폭행하고 병원에서 탈주함으로써 동인의 도주죄는 기수에 달하였다고 보고, 그 후 일단 구금시설로부터의 탈주에 성공한 A가 보다 멀리 서울로 도피할 수 있도록 위 A 소유의 승용차를 인도하게 하여 준 피고인의 이 사건 행위는 A의 도주범행이 종료한 이후의 행위로서 도주원조죄에는 해당하지 아니한다고 판시하였는바, 원심의 이와 같은 판시는 앞에 설시한 법리에 비추어 정당하고, 거기에 소론이 지적하는 바와 같은 법리오해 등의 위법이 있다 할 수 없다. 논지는 이유 없다.

참고문헌

□ 신동운, 신판례백선 형법총론, 2009, 678면

[도입판례]에서는 대법원이 정범의 실행행위 시점과 방조범의 고의를 근거로 원심의 무죄판결을 파기하는 대목만 나타나고 있으나, 본 판례의 사실관계를 계기로 하여 몇 가지 고찰할 사항이 남아 있다. 우선 의문이 제기되는 것은 방조행위가 있은 후 시간이 아무리 경과하였더라도 이후 정범의 실행행위가 있기만 하면 방조범으로 처벌될 것인가 하는 점이다.

이 물음에 대해서는 대법원의 판시사항에 따르를 때 종범의 처벌을 긍정하지 않을 수 없다. 다만 이때 방조행위와 정범의 실행행위 사이에 요구되는 인과관계의 요건을 검토하여 방조범처벌의 확장을 막을 여지는 있을 것이다.

쟁점연구

1. 도입판례는 방조행위가 정범의 실행행위보다 앞선 시점에 일어나는 경우를 보여주고 있다. 원심법원의 태도와 대법원의 태도가 차이를 보이는 점은 무엇인가?
2. 참고판례에서 문제되고 있는 도주원조죄는 도주죄에 대한 방조범을 독립된 구성요건으로 규정해 놓은 것이다. 따라서 정범의 실행행위와 종범의 가담행위 사이의 시간적 관계에 관한 법리가 도주원조죄에도 그대로 적용된다고 할 수 있다. 참고판례에서 대법원은 정범의 실행행위 이후에 종범이 관여하는 경우에 대하여 검토하고 있다. 대법원이 제시한 기준은 무엇인가?
3. 참고판례에서 대법원은 도주죄가 즉시범이라는 이유로 피고인의 행위가 도주원조죄에 해당하지 않는다는 판단을 내리고 있다. 즉시범의 경우에 정범의 실행행위 다음에 방조범이 성립하지 못하는 이유는 무엇이라고 생각하는가?
4. 계속범과 상태범의 경우에 방조범이 성립할 수 있는 시간적 한계는 언제까지이며 그 이유는 무엇이라고 생각하는가?

주요개념

1. 방조
2. 실행행위

3. 즉시범
4. 상태범
5. 계속범

3. 부작위에 의한 방조

도입판례

대법원 1984. 11. 27. 선고 84도1906 판결【…업무상배임방조…】(집 32-4, 590)

【피 고 인】 갑, 을, 병, 정, 무, 기, 경, 신, 임, 계, 자
【상 고 인】 피고인 전원
【변 호 인】 변호사 이종원, 오혁진, 정광진, 김인섭, 동양종합법무법인 담당변호사 최광률, 김철, 황병일, 최석봉, 심훈종, 석진강, 이유영, 오희택, 이완희
【원심판결】 서울고등법원 1984. 7. 16. 선고 84노724 판결
【주　　문】 상고를 모두 기각한다.
상고 후의 미결구금일수 중 70일씩을 피고인 을을 제외한 나머지 피고인들에 대한 그 본형에 각 산입한다.
【이　　유】

* * *

제3. 피고인 을 변호인들의 상고이유를 판단한다.

* * *

2. 원심이 인용한 제1심 판결의 거시증거들을 기록과 대조하여 살펴보면 피고인은 부하직원인 정범들이 어음부정지급보증과 당좌부정결재의 방법으로 P개발진흥(주)에 대하여 자금융통의 편의를 봐주고 있는 사실을 발견하였으면서도 이미 발생한 손해의 보전에 필요한 조치를 취하지 아니하고 이를 방치한 사실을 인정할 수 있는바 형법상 방조는 작위에 의하여 정범의 실행행위를 용이하게 하는 경우는 물론 직무상의 의무가 있는 자가 정범의 범죄행위를 인식하면서도 그것을 방지하여야 할 제반

조치를 취하지 아니하는 부작위로 인하여 정범의 실행행위를 용이하게 하는 경우에도 성립된다 할 것이므로 피고인이 당시 Q은행 중앙지점장으로서 정범인 부하직원들의 범행을 인식하면서도 그들의 동 은행에 대한 배임행위를 방치한 소위에 대하여 원심이 같은 취지로서 배임죄의 방조범으로 의율처단한 조치는 정당하므로 논지 이유 없다.

제4. 피고인 병 변호인들의 상고이유를 판단한다.

1. 원심판결에서 피고인이 방조하였다고 본 업무상 배임행위의 내용을 기록에 의하여 살펴보면 Q은행 중앙지점과 당좌거래를 하던 P개발진흥(주) 및 R주철(주) 발행의 당좌수표나 약속어음이 같은 지점에 지급제시되었으나 그 지급을 구하는 액면금액이 위 회사들의 당좌예금 잔고 또는 당좌대월의 한도액을 초과할 경우 위 지점의 당좌업무에 종사하는 자로서는 그 초과금액 상당의 자금이 당좌예금으로 입금되지 아니하는 한 당좌대월의 한도를 늘려 그 늘어난 한도 내에서 추가 대출할 자금으로 어음금을 지급결제하든지 아니면 예금부족을 이유로 그 지급을 거절하여 부도처리를 하여야 할 업무상 임무가 있음에도 불구하고 피고인이 위 지점의 지점장으로 근무하던 사이에 같은 지점의 당좌담당 차장 또는 대리로 근무하던 원심 상피고인 A, B, C, D 및 공소외 E 등은 위 업무상 임무에 위배하여 제1심 판결 이유 제3의 (사), (아), (자), (카) 기재와 같이 위 회사들로부터 그 익일에 교환에 돌려져 결제되는 위 결제 부족액 상당의 같은 회사 발행 타점 당좌수표를 받아 놓고 관계서류에는 당일 결제되는 자기앞수표가 같은 회사의 당좌예금으로 입금된 것처럼 기장한 후 위 결제부족액을 은행자금으로 지급결제하여 주었다는 것인바, 이와 같은 내용의 결제방법은 당좌대월로서의 형식을 갖추지 아니하였을 뿐 실질적으로는 위 회사들에게 당좌대월을 하여준 것과 같은 편익을 제공한 것이고 그 결과 당좌대월 이자 상당의 은행수입을 상실한 이상 이로써 Q은행에게는 그 결제된 자금에 대한 1일 이자 상당의 손해를 가했다 할 것이며 위와 같이 부정결제된 약속어음 중에 Q은행 중앙지점장 명의의 한도외 지급보증이 되어 있는 어음이 포함되어 있더라도 그 결제는

같은 지점이 부담하는 지급보증채무의 이행으로 이루어진 것이 아니라 그 어음발행인인 위 회사들에게 은행자금을 위와 같은 방법으로 지급결제한 사실이 기록상 인정되는 이상 그 한도의 지급보증에 따른 업무상 배임과는 별도로 그 결제자금에 대한 당좌대월 이자 상당의 은행수입을 상실하였음에는 아무런 차이가 없다 할 것이므로 위와 같은 행위를 방조한 피고인의 소위를 모두 업무상배임방조죄로 의율한 1심판결을 인용한 원심의 조치는 정당하고 따라서 원심이 위에 든 부정결제행위 자체를 업무상배임죄로 의율하는 동시에 이와는 별도로 그 이자 미징수행위를 별개의 배임죄로 의율하였다는 전제에서 원심판결을 비의한 논지는 원심판시 내용을 오해한 것으로서 독자적인 견해에 불과하다 할 것이므로 거기에 소론과 같은 법리오해나 판단유탈의 위법이 있다고 할 수 없다.

논지는 어느 것이나 이유 없다.

* * *

그러므로 피고인들의 각 상고는 모두 이유 없다 하여 기각하고 피고인 을을 제외한 나머지 피고인들에 대한 상고 후의 미결구금일수 중 그 일부를 그 본형에 각 산입하기로 하여 관여 법관의 일치된 의견으로 주문과 같이 판결한다.

대법관 신정철(재판장) 정태균 이정우 김형기

참고문헌

□ 전지연, “부작위범에서 정범과 공범의 구별”, 형사판례연구 제13권, 2005, 130면

부작위범에서 정범과 공범의 구별에 관한 다양한 기준들을 검토하였다. 부작위범의 특성상 작위범의 정범척도는 적용할 수 없다. 또한 의무내용에

따른 구별은 보증인의무의 확실한 구분이 가능하지 않으며, 보증의무를 결과회피의무로 이해하는 한에는 보호보증인과 감독보증인은 차이가 없다. 동가치성설 역시 명확한 기준은 아니므로 이를 구체적 사건에 적용하기는 타당하지 않다. 따라서 보증의무를 결과회피의무로 이해하고, 이를 위반하는 보증인은 원칙적으로 정범이 성립한다고 보아야 한다. 이러한 결과회피의무는 존부만이 문제되고 그 많고 적음은 문제가 되지 않기 때문에, 여기서 보증인의 종류나 보호법익에 대한 위험의 원인, 동가치성은 구별기준이 아니다. 이러한 의미에서 필자는 의무범설이 타당한 것으로 보인다.

쟁점연구

1. 부작위에 의한 방조의 처벌 여부에 대하여 대법원이 취하고 있는 입장을 설명해 보라.
2. 방조범의 경우와 달리 교사범의 경우에는 부작위에 의한 교사범의 성립이 부정된다고 한다. 그 이유는 무엇이라고 생각하는가?
3. 정범과 공범의 구별에 관하여는 크게 보아 객관설, 의사설, 행위지배설 등이 제시되고 있다. 이들 학설의 내용을 설명해 보라.
4. 도입판례의 사실관계에 있어서 검사가 지점장인 피고인을 배임죄의 정범으로 기소하였다고 가정할 때 정범으로 처벌이 가능하다고 생각하는가? 찬성, 반대의 입장을 택하고 그 논거를 제시해 보라.

주요개념

1. 부작위에 의한 방조
2. 객관설
3. 의사설
4. 행위지배설

Ⅳ. 간접정범

1. 간접정범의 본질

도입판례

대법원 1983. 6. 14. 선고 83도515 전원합의체 판결【국가모독】(집 31-3, 형94)

【피 고 인】 갑
【상 고 인】 검사
【원심판결】 서울형사지방법원 1983. 2. 11. 선고 82노6061 판결
【주 문】 원심판결을 파기하여 사건을 서울형사지방법원 합의부에 환송한다.
【이 유】

상고이유를 본다.

1. 원심판결 이유기재에 의하면, 원심은 피고인이 공소장 기재 일시장소에서 그 기재내용의 "콘트롤 데이타 사태에 대한 우리의 입장"이라는 유인물을 등사제작하여 일본 공동통신기자인 외국인 A를 포함한 내·외신기자 10여 명에게 이를 배포한 사실은 인정되나 형법 제104조의2는 제1항에서 내국인이 국외에서 대한민국 또는 헌법에 의하여 설치된 국가기관을 모욕 또는 비방하거나 그에 관한 사실을 왜곡 또는 허위사실을 유포하거나 기타의 방법으로 대한민국의 안전, 이익 또는 위신을 해하거나 해할 우려가 있게 한 때에 처벌한다고 규정하고 제2항에서 내국인이 외국인이나 외국단체 등을 이용하여 국내에서 전항의 행위를 한 때에도 전항과 같이 처벌한다고 규정하고 있어 형법 제104조의2 제2항

의 국가모독죄는 내국인이 국내에서 외국인과 같이 이 죄로 처벌받지 않는 자를 이용하여 국외에서 대한민국 및 그 헌법기관에 대한 비방 등 행위를 하여 대한민국의 안전, 이익, 위신을 위태롭게 하는 것을 막으려는 외환죄의 하나임이 규정상 분명하고 따라서 이 죄가 성립하려면 내국인이 외국인을 이용하는 행위와 이용당한 그 외국인이 국외에서 대한민국 및 그 헌법기관을 비방하는 등의 행위가 있어야 하는바 기록상 피고인이 위 유인물을 외국인에게 배포한 사실만이 특정될 뿐 위 A가 이에 이용되어 국가모독죄가 규정하는 국외에서 대한민국 정부를 비방하여 국가안전, 이익 또는 위신을 해하거나 해할 우려가 있는 행위를 하였다고 볼 아무런 증거가 없고 또 국가모독죄는 미수범에 대한 처벌규정이 없으므로 피고인의 이 사건 행위는 어차피 처벌할 수 없음이 법리상 분명하다고 판시하였다.

2. 형법 제34조 제1항이 정하는 소위 간접정범은 어느 행위로 인하여 처벌되지 아니하는 자 또는 과실범으로 처벌되는 자를 교사 또는 방조하여 범죄행위의 결과를 발생케 하는 것으로 이 어느 행위로 인하여 처벌되지 아니하는 자는 시비를 판별할 능력이 없거나 강제에 의하여 의사의 자유를 억압당하고 있는 자, 구성요건적 범의가 없는 자와 목적범이거나 신분범일 때 그 목적이나 신분이 없는 자, 형법상 정당방위, 정당행위, 긴급피난 또는 자구행위로 인정되어 위법성이 없는 자 등을 말하는 것으로 이와 같은 책임무능력자, 범죄사실의 인식이 없는 자, 의사의 자유를 억압당하고 있는 자, 목적범, 신분범인 경우 그 목적 또는 신분이 없는 자, 위법성이 조각되는 자 등을 마치 도구나 손발과 같이 이용하여 간접으로 죄의 구성요소를 실행한 자를 간접정범으로 처벌하는 것이므로 형법 제104조의2 제2항의 외국인이나 외국단체 등은 도시 이 죄의 주체도 아니어서 범죄의 대상이나 수단 또는 도구나 손발 자체는 될 수 있을지언정 이를 간접정범에서의 도구나 손발처럼 이용하는 것은 원천적으로 불가능하다 하겠으므로 이 외국인이나 외국단체는 위 전단의 그 어떤 경우에도 해당하지 아니함이 명백하여 이 규정을 들어 간접정

범을 정한 취지라고 해석할 학리적 이유가 없다.

또 형법 제34조 제1항의 간접정범의 행위는 교사 또는 방조임이 그 규정의 명문상 분명하고 한편 형법 제104조의2 제2항은 "전항의 행위"라고 하여 그 행위는 "대한민국 또는 헌법에 의하여 설치된 국가기관을 모욕 또는 비방하거나 그에 관한 사실을 왜곡 또는 허위사실을 유포하거나 기타의 방법으로 대한민국의 안전·이익 또는 위신을 해하거나 해할 우려가 있게 한 행위"로서 이는 교사나 방조가 아니라 범죄구성요소적 행위의 완수이며 이 형법 제104조의2의 국가모독죄는 위태범이므로 그 행위가 "교사 또는 방조"가 아닌 범죄구성요소적 행위의 완수라면 그 행위시에 이미 범죄는 기수가 되며 따라서 이 형법 제104조의2의 국가모독죄에 미수범처벌규정을 마련하지 않은 것은 바로 이와 같은 이유에 연유하는 것이라고 풀이된다.

* * *

4. 그렇다면 위 형법 제104조의2의 제2항의 규정 중 "이용하여" 라는 말에 집착한 나머지 간접정범의 그 본래적 성격과 형태를 도외시하여 형법 제104조의2의 제2항의 죄가 성립하려면 내국인이 외국인을 이용하는 행위와 이용당한 그 외국인이 국외에서 대한민국 및 그 헌법기관을 비방하는 등의 행위가 있어야 성립된다는 전제 아래 피고인에게 무죄를 선고한 원심조치에는 판결에 영향을 미침이 분명한 형법 제34조 제1항이 정하는 간접정범에 관한 법리와 형법 제104조의2 제2항의 국가모독죄에 관한 법리를 오해한 위법이 있어 상고논지는 그 이유가 있으므로 원심판결을 파기하여 원심으로 하여금 다시 심리판단케 하기 위해서 사건을 서울형사지방법원 합의부에 환송하기로 하여 주문과 같이 판결한다.

이 판결에는 대법원판사 이일규, 같은 이회창의 다음과 같은 반대의견이 있는 외 관여법관의 의견이 일치하였다.

대법원판사 이일규의 반대의견

1. … 여기서 간접정범에 관하여 한마디 하겠는데 형법 제34조 제1항

에 규정된 어느 행위로 인하여 처벌되지 아니하는 자라고 하는 것은 일반적으로 책임무능력자, 범죄사실의 인식이 없는 자, 의사의 자유를 억압당한 자, 목적이나 신분이 없는 자 및 위법성이 조각되는 자로 설명되고 있으나 간접정범은 이런 사람들을 생명 있는 도구와 같이 이용하여 자신의 범죄를 수행하는 것을 말함이니 범죄의 주체가 될 수 없는 외국인이나 외국단체 등도 위에 말하는 어느 행위로 인하여 처벌되지 아니한 자에 해당된다고 할 것임을 부언하여 둔다.

* * *

대법관 유태흥(재판장) 이일규 김중서 정태균 강우영 이성렬
전상석 이정우 윤일영 김덕주 신정철 이회창 오성환

참고판례

(가) 대법원 1997. 4. 17. 선고 96도3376 전원합의체 판결【…내란중요임무종사…】(집45-1, 1)

계엄군이 난폭하게 광주시민의 시위행위를 진압한 행위가 내란죄의 구성요건인 폭동의 내용으로서의 폭행·협박에 해당함은 명백하고, 기록에 의하면, 피고인들이 국헌문란의 목적을 달성하기 위하여 그러한 목적이 없는 계엄군을 이용하여 위와 같이 난폭하게 시위를 진압하였음을 알 수 있으므로, 이는 피고인들이 간접정범의 방법으로 내란죄 등을 실행한 것으로 보아야 할 것이다.

같은 취지의 원심 판단은 정당하고, 거기에 상고이유로 주장하는 바와 같은 법리오해 등의 위법이 있다고 할 수 없다.

(나) 간접정범에 해당하지 아니한다는 피고인 병의 변호인들의 주장에 대하여

상고이유에서 주장하는 바와 같이, 간접정범이 성립하려면 피이용자에 대한 행위지배가 있어야 한다고 하더라도, 기록에 의하면, 위 피고인이 광주

시위 진압에 투입된 특전사의 사령관으로서, 피고인 갑 등과 공모하여 이 사건 내란을 모의하고 그 실행을 위한 준비까지 마친 후, 광주시위에 대하여 공수부대의 파견에 관여한 점 등을 알 수 있으니, 피고인 병에게 위와 같은 행위지배가 있었다고 보아야 할 것이고, 따라서 위 피고인이 내란죄 및 내란목적살인죄의 간접정범에 해당한다고 본 원심의 판단은 정당하며, 거기에 상고이유로 지적하는 바와 같은 간접정범에 관한 법리오해 등의 위법이 있다고 할 수 없다.

(나) 대법원 2008. 9. 11. 선고 2007도7204 판결【특정범죄가중처벌등에관한 법률위반(알선수재)·정치자금법위반】[공2008, 1402]

다. 한편, 형법 제34조 제1항은 "어느 행위로 인하여 처벌되지 아니하는 자 또는 과실범으로 처벌되는 자를 교사 또는 방조하여 범죄행위의 결과를 발생하게 한 자는 교사 또는 방조의 예에 의하여 처벌한다."고 규정하고 있으므로, 처벌되지 아니하는 타인의 행위를 적극적으로 유발하고 이를 이용하여 자신의 범죄를 실현한 자는 위 법조항이 정하는 간접정범으로서의 죄책을 지게 되고, 그 과정에서 타인의 의사를 부당하게 억압하여야만 간접정범에 해당하게 되는 것은 아니다.

라. 원심 및 제1심의 적법한 증거조사를 거친 증거들에 의하면, P오일주식회사의 대표이사 겸 회장인 피고인 을이 위 회사의 제2공장을 Q시에 신설하는 것과 관련하여 그곳 지역구 국회의원인 피고인 갑의 주선으로 Q시장 등과의 간담회를 가지고 피고인 갑에게 도시계획변경 및 일반지방산업단지지정에 관하여도 Q시장의 협조를 구해 달라고 부탁한 사실, 이와 관련하여 피고인 을은 피고인 갑에게 후원금을 제공하기로 마음먹고, 위 회사의 경영진과 조직을 통하여 전국에 산재한 위 회사 지점 및 영업소 직원들에게 피고인 갑을 소개하면서 그에 대한 후원금 기부를 권고하고 후원한 직원들의 명단까지 파악하는 등 후원금 기부를 적극적으로 유도하여, 이전에는 피고인 갑에 대한 후원금 기부를 생각조차 하지 않던 전국 각지의 위 회사 직원들 중 무려 542명으로 하여금 불과 14일 동안 10만 원씩 모두 5,420만 원의 후원금을 피고인 갑의 후원회에 집중적으로 기부하도록 함으로써 피고인 을 및 위

회사 임원 등의 후원금을 합하여 합계 5,560만 원을 기부한 사실, 피고인 갑의 후원회는 형식적으로는 위 피고인과 별도로 구성되어 있기는 하나, 그 활동이 미미하고, 후원금 관리계좌가 위 피고인 명의로 개설되어 있으며, 그 통장 및 도장을 위 피고인의 변호사사무실 여직원 겸 국회의원 정치자금 회계책임자가 위 피고인의 국회의원 정치자금 통장 및 도장과 함께 보관하면서 위 피고인의 국회의원 보좌관 겸 후원회 회계책임자의 구체적 지시·감독 아래 이를 관리하여 왔고, 위 피고인은 그 보좌관 겸 후원회 회계책임자로부터 위 통장의 입·출금 내역 등 관리 상황을 수시로 보고받아 왔으며, 이 사건 후원금 입금에 관하여도 위와 같은 방법으로 보고받고 그 직후 피고인 을에게 직접 감사하다는 취지의 인사말까지 한 사실을 알 수 있다.

위와 같은 사실을 앞서 본 법리에 비추어 살펴보면, 비록 형식적으로는 위 후원금이 후원회에 기부된 것이라고 하더라도 실질적으로는 후원회의 회계를 사실상 지배·장악하고 있던 피고인 갑 본인이 바로 후원금을 기부받은 것으로 볼 수 있어 정치자금법 제32조 제3호가 금지하는 공무원이 담당·처리하는 사무에 관하여 청탁 또는 알선하는 일과 관련하여 정치자금을 수수한 것이라 할 것이고, 피고인 을은 자세한 내막을 알지 못하여 정치자금법 위반죄를 구성하지 않는 직원들의 기부행위를 유발하고 이를 이용하여 자신의 범죄를 실현한 것이어서 간접정범으로서의 죄책을 면할 수 없다 할 것이다.

참고문헌

□ 신동운, 신판례백선 형법총론, 2009, 699면

지금까지 우리 현행 형법의 조문구성이나 공범론의 조문배열 체계에 비추어서 간접정범의 본질을 공범설에 따라서 파악해야 한다는 점을 설명하였다. 그러면 앞의 도구설(정범설)과 지금 설명한 공범설이 구체적으로 그 결론을 달리 하는 점을 요약하여 정리해 본다. 여기에는 대략 다음의 세 가지를 생각할 수 있다.

첫째로, 법적 효과에 있어서의 차이점을 들 수 있다. 도구설에 의하면 간접정범이 정범의 형으로 처벌됨에 반하여 공범설에 의하면 그 형을 필요적으로 감경해야 할 경우(방조범의 경우)가 생긴다. 한편 교사 또는 방조하는 자가 지휘, 감독자의 위치에 있어서 보다 강하게 형사처벌해야 할 필요성이 인정된다면 그 형을 (필요적으로) 가중한다(제34조 제2항. …).

두 번째로 실행의 착수시기에 차이가 생긴다. 도구설에 의하면 이용자가 피이용자를 이용하는 시점에 실행의 착수가 있다고 보는 것이 원칙이다. 그렇지만 공범설에 의하면 피이용자(피교사자 또는 피방조자)의 실행행위 시점을 실행의 착수시점으로 보게 된다.

세 번째는 다수관여자의 검토 순서에 차이가 있다. 도구설에 따르면 정범우선의 원칙에 따라서 교사·방조보다 간접정범의 성립을 먼저 분석하게 된다. 그렇지만 공범설에 따르면 정범 → 교사범·방조범 → 간접정범의 순서로 검토를 행하게 된다.

한국 형법	독일 형법
제34조 (간접정범, 특수한 교사, 방조에 대한 형의 가중) ① 어느 행위로 인하여 처벌되지 아니하는 자 또는 과실범으로 처벌되는 자를 교사 또는 방조하여 범죄행위의 결과를 발생하게 한 자는 교사 또는 방조의 예에 의하여 처벌한다.	제25조 (정범) ① 범죄행위를 스스로 실행하거나 타인을 통하여 실행한 자는 정범으로 처벌한다.
② 자기의 지휘, 감독을 받는 자를 교사 또는 방조하여 전항의 결과를 발생하게 한 자는 교사인 때에는 그 정범에 정한 형의 장기 또는 다액에 그 2분의 1까지 가중하고 방조인 때에는 정범의 형으로 처벌한다.	(해당조문 없음)

쟁점연구

1. 도입판례에서 문제된 국가모독죄는 1988년 형법 일부개정에 의하여 폐지되었다. 그러나 도입판례에서 함께 문제되었던 형법 제34조는 여전히 효력을 가지고 있다. 따라서 이 부분에 관하여는 도입판례의 판시사항이 아직도 의미를 잃지 않고 있다. 도입판례에서 대법원이 피이용자의 범위와 관련하여 제시한 간접정범의 성립범위를 정리해 보라.
2. 도입판례가 제시한 간접정범의 성립범위로부터 대법원이 파악하고 있는 공범의 종속형식을 추론해 볼 수 있다. 먼저, 공범의 종속형식이란 무엇인가 설명해 보라.
3. 공범의 종속형식에 관하여 제시되고 있는 학설들을 설명해 보라.
4. 도입판례에서 대법원이 취하고 있는 공범의 종속형식은 무엇이라고 생각하는가?
5. 도입판례에서 대법원은 형법 제34조가 규정하고 있는 '교사 또는 방조하여'라는 표현에 주목하고 있다. 한편 참고판례 (가)와 (나)에서 대법원은 이 표현의 내용을 구체화하고 있다. 참고판례 (가)와 (나)를 대비하여 간접정범의 본질을 분석해 보라.
6. 간접정범의 본질과 관련하여 한국 형법과 독일 형법의 같은 점과 다른 점을 비교해 보라.
7. 간접정범의 본질에 관하여 정범설과 공범설이 대립하고 있다. 두 학설이 결론을 달리하는 부분들을 설명해 보라.

주요개념

1. 간접정범
2. 교사
3. 방조

4. 이용행위
5. 도구설
6. 공범설

2. 간접정범의 성립한계와 자수범

도입판례

대법원 1992. 11. 10. 선고 92도1342 판결【부정수표단속법위반】(집 40-3, 617)

[사안의 개요]

A는 S은행 T지점과 가계종합계정을 개설하고 수표거래를 하여 왔다. 피고인 갑은 1989. 7. 4. A에게 70만 원을 대여하면서 담보조로 A가 발행한 백지가계수표 1매를 타처에 할인하지 않는다는 조건으로 교부받았다. 그럼에도 불구하고 위 수표의 금액난에 70만 원정이라고 기재하여 1개월간 은행에 제시하지 않는다는 조건으로 위 가계수표 1매를 할인의뢰하였고 그 할인을 의뢰받은 B는 이를 다시 C에게 할인의뢰하였다. 그런데 이를 교부받은 C는 1989. 7. 7. 위 가계수표를 위 은행에 지급제시하였다. 은행 측으로부터 연락을 받은 A가 갑에게 이 문제를 추궁하자 갑은 1989. 7. 7. 책임을 면하기 위하여 A에게 위 가계수표를 분실하였다고 거짓말하면서 분실신고를 하도록 하라고 말하였다. 이에 A는 같은 날 S은행 T지점에 가계수표 분실신고를 하였다.

검사는 갑을 부정수표단속법 제4조, 형법 제34조 제1항을 적용하여 부정수표단속법위반죄의 간접정범으로 기소하였다. 갑의 피고사건은 제1심을 거쳐 항소심에 계속되었다. 항소심법원은 발행인이 아닌 자는 허위신고의 고의 없는 발행인을 이용하여 간접정범의 형태로 허위신고죄를 범할 수 없다는 이유로 무죄를 선고하였다. 검사는 이에 불복 상고하였다.

[판례 본문]

【피 고 인】 갑

【상 고 인】 검사
【원심판결】 서울형사지방법원 1992. 5. 8. 선고 92노264, 2264(병합) 판결
【주 문】 상고를 기각한다.
【이 유】 검사의 상고이유를 본다.

원심판결 이유에 의하면 원심은, 허위신고로 인한 부정수표단속법위반의 점에 대하여 부정수표단속법의 목적이 부정수표 등의 발행을 단속처벌함에 있고(제1조), 허위신고죄를 규정한 부정수표단속법 제4조가 "수표금액의 지급 또는 거래정지처분을 면하게 할 목적"이 아니라 "수표금액의 지급 또는 거래정지처분을 면할 목적"을 요건으로 하고 있는데 수표금액의 지급책임을 부담하는 자 또는 거래정지처분을 당하는 자는 오로지 발행인에 국한되는 점에 비추어 볼 때 그와 같은 발행인 아닌 자는 부정수표단속법 제4조가 정한 허위신고죄의 주체가 될 수 없고, 발행인이 아닌 자는 허위신고의 고의 없는 발행인을 이용하여 간접정범의 형태로 허위신고죄를 범할 수도 없다는 취지에서 이 사건 수표의 발행인이 아닌 피고인에 대한 허위신고죄는 범죄로 되지 아니한다고 판단하여 이 부분에 관하여 무죄의 선고를 하였는바, 원심의 위와 같은 판단은 정당하고 거기에 지적하는 바와 같은 법리오해의 위법이 없다.

그러므로 상고를 기각하기로 관여 법관의 의견이 일치되어 주문과 같이 판결한다.

대법관 최재호 윤관(주심) 김주한 김용준

참고판례

▷ 대법원 2003. 6. 13. 선고 2003도889 판결【농업협동조합법위반】(공2003, 1566)

농업협동조합법 제50조 제2항은 "임원이 되고자 하는 자는 정관이 정하는 기간 중에는 선거운동을 위하여 조합원을 호별로 방문하거나 특정장소에 모이게 할 수 없다."고 규정하여 그 호별방문죄의 주체를 '임원이 되고자 하는 자'로 제한하고 있는바, 선거의 공정을 기하기 위하여 함께 규정된 같은 조 제1항, 제3항, 제4항의 선거운동 제한규정이 "누구든지 … 할 수 없다."고 하여 그 주체에 관하여 아무런 제한을 두고 있지 않음에 비하여(공직선거및선거부정방지법 제106조 제1항 소정의 호별방문죄도 행위주체의 제한이 없다), 위의 호별방문죄는 그 주체를 '임원이 되고자 하는 자'로 특별히 제한하고 있어서 '임원이 되고자 하는 자'가 아닌 자의 호별방문은 금지되지 아니하고 있는 점, '방문'이라는 행위의 태양은 행위자의 신체를 수단으로 하는 것으로 행위자의 인격적 요소가 중요한 의미를 가지는 점, 형벌법규는 죄형법정주의 원칙상 문언에 따라 엄격하게 해석·적용하여야 하고 피고인에게 불리한 방향으로 확장해석하거나 유추해석하여서는 아니되는 점 등에 비추어 보면, 농업협동조합법상의 호별방문죄는 '임원이 되고자 하는 자'라는 신분자가 스스로 호별방문을 한 경우만을 처벌하는 것으로 보아야 하고, 비록 신분자[가] 비신분자와 통모하였거나 신분자가 비신분자를 시켜 방문케 하였다고 하더라도 비신분자만이 호별방문을 한 경우에는 신분자는 물론 비신분자도 같은 죄로 의율하여 처벌할 수는 없다고 봄이 상당하다.

원심은, 제1심과 원심의 채택 증거에 의하면, 피고인들이 공모하여 선거공고일 이후에 선거운동을 위하여 조합원 A, B, C, D, E를 호별방문한 사실을 인정할 수 있다고 하여 이 부분 각 공소사실을 모두 유죄로 판단하였는데, 기록에 의하여 관련 증거들을 살펴보면, 선거 공고일 이후에 피고인들이 함께 조합원 A와 B를 호별방문한 사실이 인정되어 이에 관한 원심의 사실인정과 판단은 정당한 것으로 수긍되고, 거기에 채증법칙을 어겨 사실을 오인한 위법은 없다고 할 것이나, 조합원 C, D, E에 대하여는 조합장 선거에 출마한 피고인 갑의 동생인 피고인 을이 단독으로 그들을 방문한 사실이 인정될 뿐 피고인 갑이 직접 그들을 방문한 사실을 인정할 증거는 없는바(원심도 호별방문의 기회에 이루어진 각 금품제공의 공소사실에 관한 사실인정에서 금품수수자 중 일부에 대하여는 피고인 을 단독으로 조합원들을 방문한 것으로 인정하였다), 조합원 C, D, E에 대한 호별방문이 피고인 을 단독으로 행하여졌다면 그 부분 공소사실은 위와 같은 법리에 의하여 죄가 되지 아니한다고 할 것이고, 따라서 원심이 그 부분 공소사실까지 유죄로 인정한 것에는 농업협동조합법상의 호별방문죄의 법리를 오해하여 판결의 결과에 영향을 미친 위법이 있다고 할 것이다.

참고문헌

□ 신동운, 신판례백선 형법총론, 2009, 715면

끝으로 자수범의 논의에 대한 학계의 접근방법에 대하여 한 가지 언급하려고 한다. 현재 학계에서 자수범의 사례로 논의되는 범죄유형들은 대부분 독일 형법학에서 자수범으로 거론되는 것이다(예컨대 군무이탈죄). 그런데 문제되는 것은 이러한 범죄유형들이 우리 형법상의 죄명과 비슷하다는 이유만으로 한국 형법의 해석상으로도 자수범으로 분류되고 있다는 사실이다.

그러나 이와 같은 맹목적인 추종은 속히 지양해야 할 폐단이라고 본다. 앞에서도 언급한 바와 같이 자수범은 개개의 특별구성요건이 안고 있는 특수성 때문에 논의가 시작된 것이다.

자수범 이론은 형법총론의 공범론 규정을 가감 없이 그대로 적용할 경우에 야기되는 불합리를 해결하기 위하여 안출된 법적 장치이다. 따라서 자수범의 사례들은 우리나라 형벌법규들이 가지는 특수성을 면밀히 분석하여 이를 찾아내지 않으면 안 된다.

이와 같은 관점에서 볼 때 전술 [593면 도입판례]의 국가모독죄나 [위의 도입판례]에서 문제된 부정수표단속법상의 허위신고죄, 그리고 [참고판례]에서 문제된 농업협동조합법상의 호별방문죄는 대법원이 직접 그 자수범성을 인정한 예로서 주목된다. 이들 판례를 통하여 대법원이 제시한 분석방법은 우리 형법학의 자수범 이론구성에 있어서 그 의미가 실로 크다고 하지 않을 수 없다.

쟁점연구

1. 도입판례와 참고판례는 간접정범이 더 이상 성립할 수 없는 경우를 보여주고 있다. 간접정범이 성립한계를 제시하는 개념으로 자수범(自手犯)이 있다. 자수범의 개념을 정의해 보라.
2. 자수범의 특성을 설명해 보라.
3. 도입판례에서 대법원이 간접정범의 성립을 부정하게 된 요인들을 추출해 보라.
4. 참고판례에서 대법원이 공동정범의 성립을 부정하게 된 요인들을 추출해 보라.
5. 자수범을 설명하는 학설로 문언설(文言說)이 있다. 문언설의 내용과 문제점을 설명해 보라.
6. 형식논리적으로 볼 때 도입판례나 참고판례의 사안에서 형법 제34조를 적용하여 처벌하는 것이 가능하다고 생각된다. 그럼에도 불구하고 형법 제34조를 적용하지 않는 대법원의 태도가 타당하다고 생각하는가? 찬성, 반대의 입장을 택하고 그 논거를 제시해 보라.

주요개념

1. 간접정범
2. 공동정범
3. 자수범
4. 문언설

3. 허위공문서작성죄와 간접정범

도입판례

대법원 1961. 12. 14. 선고 4292형상645 판결【병역법위반, 공문서위조】(집9, 형193)

【피 고 인】 갑
【상 고 인】 검사
【원심판결】 제1심 전주지방 제2심 광주고등
【이 유】

우선 공문서 위조의 점을 살펴본다.

기록에 의하여 공소장에 기재된 피고인에 관한 범죄사실을 찾아보건대 피고인은 4288년 12월 1일경 전주경찰서장을 거쳐서 전라북도지사에게 피고인의 도민증 발급 신청을 함에 있어서 도민증 용지 한 장에 징집 해당자가 아닌 피고인의 동생 공소외 을의 성명과 생년월일 4272년 12월 17일 낳음이라고 쓴 후 그 사진란에 피고인의 사진을 붙여서 도민증 발급 신청을 하여서 그 정을 모르는 전주경찰서장 및 전라북도지사로부터 4288년 12월 31일경 전라북도지사 명의의 위 도민증 한 장을 발급받아 이를 위조하였다고 함에 있는바 이는 결국 형법 제227조(구형법 제156조)의 범죄의 간접정범으로서 기소된 것으로 볼 것이나 형법은 소위 무형위조에 관하여서는 공문서에 관하여서만 이를 처벌하고 일반 사문서의 무형위조를 인정하지 아니할 뿐 아니라(다만 형법 제233조의 경우는 예외) 공문서의 무형위조에 관하여서도 동법 제227조 이외에 특히 공무원에 대하여 허위의 신고를 하고 공정증서원본 면허장 감찰 또는 여권에 사실 아닌 기재를 하게 할 때에 한하여 동법 제228조의 경우의 처벌규정을 만들고 더구나 위 제227조의 경우의 형벌보다 현저히 가볍게 벌하고 있음에 지나지 아니하는 점으로 보면 공무원이 아닌 자가 허위의 공문서 위조의 간접정범이 되는 때에는 동법 제228조의 경우 이외에는 이를 처벌하지 아니하는 취지로 해석함을 상당하다고 할 것이며 이 점에 관하여 위 취지에 저촉되는 본원 4286년 형상 제39호(4288년 2월 25일 선고) 판결이유는 이를 유지할 필요가 없다 하여 폐기하기로 한다.

이리하여 원심이 피고인에 관한 위 허위 공문서 위조의 간접정범의 점에 관하여 이는 형법 제228조에 정한 경우에 해당하지 아니한다 하여 범죄가 구성되지 아니한다 하여 무죄를 선고한 것은 적법하고 이를 비난하는 논지는 채용할 수 없다.

다음에 병역법 위반의 점을 살펴보건대 검사의 이 점에 관한 공소사실을 읽어보면 피고인은 4267년 9월 13일에 출생한 자로서 4288년도 징집해당자인바 징집을 면할 목적으로 아직 일체의 등록을 필하지 아니하고 여러 곳을 떠돌아다니는 데 행사할 목적으로 아무런 권한 없이 4288년 12월 1일경 전주경찰서장을 경유하여 전라북도지사에게 피고인의 도민증을 발급 신청을 함에 있어서 도민증 용지 한 장에 징집해당자가 아닌 피고인의 동생 공소외 을의 성명과 생년월일 4272년 12월 17일 낳음이라고 쓴 후 그 사진란에 피고인의 사진을 붙여서 도민증 발급 신청을 하여 그 정을 모르는 전주경찰서장 및 전라북도지사로부터 4288년 12월 31일경 전라북도지사 명의의 위 도민증 한 장을 받아 이를 가지고 여러 곳으로 돌아다니며 병역을 기피한 것이라 함에 있고 위 사실은 일건 기록에 의하면 그 증거가 충분하다 할 것이요 이는 병역법 제44조에 병역의무를 면탈할 목적으로 사위행위를 한 경우에 해당한다 할 것임에도 불구하고 원심은 피고인이 징병 적령자 신고를 하지 아니한 것만을 내세우고 이는 병역법개정으로 처벌규정이 폐지되었다고 하여 면소의 판결을 하였으니 이는 중대한 사실을 그릇 인정하여 판결을 하였으니 이는 중대한 사실을 그릇 인정하여 판결의 결과에 영향을 미칠 때에 해당한다 할 것이다.

대법관 이영섭(재판장) 사광욱 홍순엽 양회경 민복기 방순원 최윤모 나항윤

참고판례

▷ 대법원 1992. 1. 17. 선고 91도2837 판결【허위공문서작성, 동행사】(공 1992, 948)

원심판결 이유에 의하면, 원심은 피고인[갑]이 1990. 4. 7. 자 향토예비군훈련을 받은 사실이 없음에도 불구하고 소속 예비군동대 방위병인 공소외 을에게 위 날짜에 예비군훈련을 받았다는 내용의 확인서를 발급하여 달라고 부탁하자, 동인은 작성권자인 예비군 동대장 병에게 그 사실을 보고하여 그로부터 피고인이 예비군훈련에 참가한 여부를 확인한 후 확인서를 발급하도록 지시를 받고서는 미리 예비군 동대장의 직인을 찍어 보관하고 있던 예비군훈련확인서용지에 피고인의 성명 등 인적사항과 위 부탁받은 훈련일자 등을 기재하여 피고인에게 교부한 사실을 인정하면서도, 허위공문서작성죄의 주체는 그 문서작성권한이 있는 공무원이나 그 문서의 전결권을 위임받은 자로 제한되는 것이고 예외적으로 그 문서작성권한이 있는 공무원을 보조하는 지위에 있는 공무원이 허위의 신고나 보고를 하여 작성권한이 있는 공무원으로 하여금 허위의 문서를 작성하게 한 경우에는 허위공문서작성죄의 간접정범이 성립될 수 있으나 공무원이 아니면서 이와 공모한 자에 대하여는 허위공문서작성죄의 본질 및 그 구성요건의 정형성에 비추어 그에 대한 공범은 성립되지 아니한다 하여 위 을의 행위가 허위공문서작성죄의 간접정범에 해당하는지 여부에 관계없이 공무원이 아닌 피고인에 대하여는 위 죄의 공범으로서의 죄책을 물을 수 없다고 판시함으로써, 피고인에 대한 공소사실 중 허위공문서작성 및 동행사 부분에 대하여 무죄를 선고한 제1심 판결을 그대로 유지하였다.

그러나 공문서의 작성권한이 있는 공무원의 직무를 보좌하는 자가 그 직위를 이용하여 행사할 목적으로 허위의 내용이 기재된 문서초안을 그 정을 모르는 상사에게 제출하여 결제하도록 하는 등의 방법으로 작성권한이 있는 공무원으로 하여금 허위의 공문서를 작성하게 한 경우에는 간접정범이 성립되고 이와 공모한 자 역시 그 간접정범의 공범으로서의 죄책을 면할 수 없는 것이고(당원 1977. 12. 13. 선고 74도1990 판결, 1986. 8. 19. 선고 85도2728 판결 각 참조), 여기서 말하는 공범은 반드시 공무원의 신분이 있는 자로 한정되는 것은 아니라고 할 것이다.

원심이 인정한 바에 의하면 방위병인 을은 공문서작성권한이 있는 공무원을 보좌하는 자신의 직위를 이용하여 정을 모르는 그 작성권자로 하여금 허위의 공문서를 작성하게 함으로써 허위공문서작성죄의 간접정범인 죄책을 지게 되었다 할 것이니 그와 공모한 피고인으로서도 신분이 공무원인지 여부에 관계없이 그 공범으로서의 죄책을 면할 수 없는 것이다.

필경 원심은 허위공문서작성죄의 간접정범의 공범에 관한 법리를 오해함으로써 판결에 영향을 미친 위법을 저지른 것이라 할 것이므로 이를 지적하는 논지는 이유 있다.

참고문헌

□ 이재상, 형법총론(제6판), 2008, 448면

행위의 주체에 일정한 신분을 요하는 범죄를 신분범(Sonderdelikt)이라고 한다. 진정신분범에 있어서 신분 없는 자는 이론상 그 범죄의 정범이 될 수 없다. 다만 형법은 신분 없는 자가 신분 있는 자와 같이 진정신분범의 공범 또는 공동정범이 될 수 있도록 규정하고 있을 뿐이다(제33조). 그런데 간접정범은 정범이므로 간접정범이 성립하기 위하여는 간접정범자에게 정범적격(Tätereigenschaft)이 있어야 한다. 따라서 신분 없는 자는 신분 있는 자를 이용하여 진정신분범의 간접정범이 될 수 없다고 보는 것이 통설의 태도이다.

□ 김태명, "간접정범 규정의 해석과 허위공문서작성죄의 간접정범", 형사법연구 제22권, 2004. 12, 69면

이 경우 공범설의 입장에서는 진정신분범의 간접정범의 성립은 인정하되 다만 공범의 예에 의하여 처벌함으로써 처벌의 범위를 한정한다. 즉 공범설에 의하면 작성권자를 보조 또는 감독하는 공무원이 작성권자를 이용하거나

비공무원이 작성권자를 보조하는 공무원과 공모하여 작성권자를 이용하여 허위공문서를 작성한 경우에는 허위공문서작성죄의 간접정범이 성립하고, 다만 그 처벌은 공범의 예에 의하도록 함으로써 처벌의 범위를 제한한다. 그리고 이러한 해석방법은 간접정범을 공범의 예에 의하여 처벌하도록 하여 비신분자가 신분자의 행위에 가공한 경우에도 간접정범이 성립하도록 규정한 제34조 제1항과도 잘 부합될 수 있다.

쟁점연구

1. 도입판례와 참고판례는 간접정범의 성립이 자주 문제되고 있는 문서위조죄의 사안을 다루고 있다. 문서위조죄와 관련하여 유형위조와 무형위조의 개념을 각각 설명해 보라.
2. 우리 형법이 무형위조를 처벌하고 있는 경우를 설명해 보라.
3. 허위공문서작성죄의 간접정범이 성립한다고 보면 어떠한 양형상의 난점이 발생하는가?
4. 허위공문서작성죄의 간접정범 성립을 부정한 도입판결을 자수범이 인정된 예로 평가할 수 있겠는가?
5. 도입판례에서 대법원은 허위공문서작성죄의 간접정범을 부정하고 있다. 이에 반해 참고판례에서 대법원은 허위공문서작성죄의 간접정범을 인정하고 있다. 대법원이 참고판례에서 허위공문서작성죄의 간접정범을 인정하는 사례군을 설명해 보라.
6. 도입판례에서 대법원은 일반인이 허위공문서작성죄의 간접정범이 될 수 없다고 판시하고 있다. 그런데 참고판례에서 대법원은 일반인이 허위공문서작성죄의 간접정범의 공동정범이 될 수 있다고 판시하고 있다. 이와 같이 간접정범의 성립범위가 확장되는 실정법상의 근거는 무엇인가?
7. 참고판례를 비판하는 입장으로 소위 정범적격에 주목하는 견해가 있다. 정범적격설에 근거하여 참고판례를 비판해 보라.
8. 참고판례를 옹호하는 입장에서 정범적격설을 비판해 보라.

주요개념

1. 문서위조
2. 유형위조
3. 무형위조
4. 허위공문서작성죄
5. 정범적격

V. 공범과 신분

1. 신분의 개념

도입판례

대법원 1994. 12. 23. 선고 93도1002 판결 【모해위증교사】 (집42-2, 536)

[사안의 개요]

토지 소유주 갑은 건축업자 을 및 그의 형 병과 함께 연립주택을 건축하여 이를 분양하기로 하였다. 갑은 자신 소유의 P토지에 대하여 병에게 매매를 이유로 하는 소유권이전등기를 경료하여 주었다. 한편 병은 위 매매계약의 계약금에 대한 담보조로 병 소유의 Q토지 및 건물에 대하여 갑 명의로 소유권이전등기 청구권보존을 위한 가등기를 경료하였다. 연립주택을 건축하는 과정에서 갑과 병 사이에 돈 문제로 불화가 생기자 갑은 병을 상대로 P토지에 관하여 신탁해지를 원인으로 한 소유권이전등기 청구소송을 제기하였다. 이와 함께 갑은 병을 횡령 및 사기죄로 고소하였고, 그 후 검사는 병을 횡령 및 사기죄로 기소하였다.

갑은 이 형사재판에서 병에게 유죄가 인정되면 민사소송에서도 승소할 것으로 생각하고 1984. 12.경 정에게 위 연립주택 1세대를 증여하겠다면서 위의 횡령 및 사기사건의 증인으로 출석하여 "(병 소유의) Q토지 및 건물에 대한 가등기를 병의 기망에 의하여 갑이 말소하였다"고 증언하도록 부탁하였다. 이에 정은 1984. 12. 21. 병에 대한 횡령 등 피고사건의 증인으로 출석하여 선서한 후 재판장에게 사안을 잘 알지도 못하면서 갑이 시키는 대로 "병이 갑 앞으로 가등기된 병의 집을 풀어주면

돈 2천만 원을 융자받아 그 중 1천5백만 원을 땅값의 일부로 준다고 하여 갑이 그 가등기를 말소해 준 것으로 안다"고 진술하였다. 그런데 실제에 있어서는 문제의 Q대지 및 건물에 대한 가등기는 갑이 P토지를 담보로 한 3천만 원의 융자금 중 계약금 1천5백만 원을 받았기 때문에 임의로 말소해 준 것이었다.

검사는 정을 단순위증죄로 기소하였고 그에 대한 유죄판결이 1989. 12. 13. 자로 확정되었다. 한편 갑과 병 사이에는 민사 및 형사의 여러 가지 사건들이 얽혀서 진행되던 끝에 검사는 갑을 1993. 12. 30. 모해위증죄로 기소하였다. 제1심법원은 피고인 갑에 대하여 유죄판결을 선고하였다. 피고인 갑의 변호인은 "교사범은 죄를 실행한 자와 동일한 형으로 처벌받아야 하는데 위 죄를 실행한 정은 단순위증죄로 처벌받았으므로 피고인도 단순위증교사죄로 처벌할 수밖에 없으며 이 사건은 공소시효 기간인 5년이 지난 후에야 공소제기된 것으로 면소판결이 내려져야 함에도 원심판결은 이를 간과하여 법리를 오해한 위법이 있다"는 이유를 들어 항소하였다. 이에 대하여 항소심법원은 "모해의 목적으로 그 목적이 없는 자를 교사하여 위증죄를 범한 경우 그 목적을 가진 자는 모해위증교사죄로, 그 목적이 없는 자는 단순위증죄로 처벌할 수 있는 것이므로 모해위증교사죄는 공소시효가 10년으로 이 사건 공소시효는 그 기간 도과 전에 적법하게 제기된 것"이라는 이유로 항소를 기각하였다. 이에 피고인 갑은 항소이유와 같은 이유를 들어 대법원에 상고하였다.

[판례 본문]

【피 고 인】 갑

【상 고 인】 피고인 변호인 변호사 윤일영 외 1인

【원심판결】 광주지방법원 1993. 3. 19. 선고 92노1473 판결

【주　　문】 상고를 기각한다.

【이　　유】

변호인들의 각 상고이유를 함께 판단한다(피고인의 상고이유보충서는 위 각 상고이유를 보충하는 범위 안에서 판단한다).

1. 원심판결이 인용한 제1심판결 적시의 각 증거에 의하면, 피고인이 1984. 12.경 피해자 병을 모해할 목적으로 공소외 정에게 위증을 하도록 교사하여 위 정이 그 판시와 같이 자기의 기억에 반하는 내용의 증언을 하였다고 인정한 원심의 조치는 정당한 것으로 수긍이 가고, 거기에 소론과 같은 채증법칙 위배로 인한 사실오인의 위법이 있다고 할 수 없다. 논지는 이유 없다.

2. 형법 제33조 소정의 이른바 신분관계라 함은 남녀의 성별, 내·외국인의 구별, 친족관계, 공무원인 자격과 같은 관계뿐만 아니라 널리 일정한 범죄행위에 관련된 범인의 인적관계인 특수한 지위 또는 상태를 지칭하는 것인바, 형법 제152조 제1항은 "법률에 의하여 선서한 증인이 허위의 공술을 한 때에는 5년 이하의 징역 또는 2만 5천 환 이하의 벌금에 처한다."고 규정하고, 같은 법조 제2항은 "형사사건 또는 징계사건에 관하여 피고인, 피의자 또는 징계혐의자를 모해할 목적으로 전항의 죄를 범한 때에는 10년 이하의 징역에 처한다."고 규정함으로써 위증을 한 범인이 형사사건의 피고인 등을 '모해할 목적'을 가지고 있었는가 아니면 그러한 목적이 없었는가 하는 범인의 특수한 상태의 차이에 따라 범인에게 과할 형의 경중을 구별하고 있으므로, 이는 바로 형법 제33조 단서 소정의 "신분관계로 인하여 형의 경중이 있는 경우"에 해당한다고 봄이 상당하다.

따라서 피고인이 위 병을 모해할 목적으로 위 정에게 위증을 교사한 이상, 가사 정범인 위 정에게 모해의 목적이 없었다고 하더라도, 형법 제33조 단서의 규정에 의하여 피고인을 모해위증교사죄로 처단할 수 있다고 할 것이므로 이와 같은 취지로 보여지는 원심의 판단은 정당하고, 거기에 소론과 같이 교사범 및 공범과 신분에 관한 법리를 오해한 위법이 있다고 할 수 없다.

원심판결 이유 중 법률적용란을 보면 원심은 피고인에 대한 적용법조를 열거함에 있어서 형법 제33조 단서를 누락하고 있음은 소론이 지적하는 바와 같으나, 구체적인 범죄사실에 적용하여야 할 실체법규 이외의 법규에 관하여는 판결문상 그 규정을 적용한 취지가 인정되면 되고 특히 그 법규를 법률적용란에서 표시하지 아니하였다 하여 위법이라고 할 수 없다 할 것인바(당원 1991. 3. 12. 선고 90도2869 판결; 1992. 10. 27. 선고 92도2196 판결 등 참조), 원심판결 이유에 의하면 원심이 모해의 목적으로 그 목적이 없는 자를 교사하여 위증죄를 범한 경우 그 목적을 가진 자는 모해위증교사죄로, 그 목적이 없는 자는 [단순]위증죄로 처벌할 수 있다고 설시한 다음 피고인을 모해위증교사죄로 처단함으로써 사실상 형법 제33조 단서를 적용한 취의로 해석되는 이상, 법률적용에서 위 단서조항을 빠뜨려 명시하지 않았다고 하더라도 이로써 판결에 영향을 미친 위법이 있다고 할 수 없는 것이다.

그리고 "타인을 교사하여 죄를 범하게 한 자는 죄를 실행한 자와 동일한 형으로 처벌한다."고 규정한 형법 제31조 제1항은 협의의 공범의 일종인 교사범이 그 성립과 처벌에 있어서 정범에 종속한다는 일반적인 원칙을 선언한 것에 불과하고, 따라서 이 사건과 같이 신분관계로 인하여 형의 경중이 있는 경우에 신분이 있는 자가 신분이 없는 자를 교사하여 죄를 범하게 한 때에는 형법 제33조 단서가 위 제31조 제1항에 우선하여 적용됨으로써 신분이 있는 교사범이 신분이 없는 정범보다 중하게 처벌된다고 할 것이므로, 이와 달리 정범이 단순위증죄로 처벌된 이상 위 형법 제31조 제1항에 따라 피고인도 단순위증죄[와] 동일한 형으로 처벌할 수밖에 없다는 소론은 위에서 설시한 법리와 상치되는 독자적 견해에 불과하여 받아들일 수 없다. 논지는 모두 이유 없다.

3. 그러므로 상고를 기각하기로 관여 법관들의 의견이 일치되어 주문과 같이 판결한다.

대법관 박만호(재판장) 박준서 김형선(주심) 이용훈

참고판례

▷ 대법원 1986. 7. 8. 선고 86도749 판결 【의료법위반교사, 의료법위반】 (공 1986, 1024)

1. 상고이유 제1점에 대하여

의료행위라고 함은 질병의 예방이나 치료행위를 말하는 것으로서 의학의 전문적 지식을 기초로 하는 경험과 기능으로서 진찰, 검안, 처방, 투약 또는 외과수술 등의 행위를 말하는 것이고, 여기에서 진찰이라 함은 환자의 용태를 듣고 관찰하여 병상 및 병명을 규명판단하는 것으로서 이와 같은 행위는 사람의 생명이나 또는 공중위생에 위해를 발생케 할 수 있는 것이므로 의료법은 이러한 위해를 방지하기 위하여 의사가 아닌 자의 의료행위를 규제하고 있다.

원심이 유지한 제1심판결이 적법하게 확정한 바에 따르면 피고인 을은 국민학교 4년을 중퇴한 학력밖에 없으면서 단지 치과병원에 조수로서 종사해 온 사실로 간호보조원의 자격을 갖고 있는 데 불과한바 피고인은 의사의 면허나 자격이 없음에도 치과의사인 피고인 갑 경영의 병원에서 그의 지시를 받아 1983. 9. 3.경부터 1985. 9. 4.까지 매일 평균 20명, 연인원 1,300명의 치과환자에게 그 환부의 엑스레이를 촬영하여 이를 판독하는 등 초진을 하고 발치, 주사, 투약 등 독자적으로 진료행위를 하였음이 분명하다.

그렇다면 위와 같은 행위는 의료법 제25조 제1항이 규정한 의료행위에 해당한다 할 것이므로 원심이 같은 취지에서 피고인 을의 행위를 의료법 제66조 제3호, 제25조 제1항에 의율한 조치는 정당하고 거기에 채증법칙에 위배하거나 법리를 오해한 위법이 있다고 할 수 없다.

논지는 의료행위에 대한 독자적인 견해에서 원심판결을 탓하는 것으로 받아들일 수 없다.

2. 변호인의 상고이유 제2점은,

원심은 피고인 갑의 의료법위반 교사의 점에 대하여 교사죄의 성립에 관한 법리를 오해한 위법이 있다는 주장이나 교사범이라 함은 타인으로 하여

금 범죄를 결의케 하여 실행케 함을 말하는 것이므로 피고인 갑은 환자의 대량유치를 위해 피고인 을 외에 당시 갑은 치과병원에 치과기공사로 근무하였던 제1심 공동피고인 병, 정 등에게도 내원환자들에게 진료행위를 하도록 지시하였고, 이에 따라 위에 설시한 바와 같이 그들이 각 단독으로 진료행위를 하였음을 인정한 원심의 조치는 수긍이 가고 거기에 소론과 같은 교사범의 법리를 오해한 위법이 없다.

참고문헌

□ 신동운, 신판례백선 형법총론, 2009, 754면

결국 본 평석의 대상이 된 [도입판례는] 우리 형법 제33조의 '신분관계'의 내용을 독일 형법전의 '특별한 인적 [표지]'라는 표현에서 구하여 그 전후 맥락을 살핌이 없이 이를 기계적이고 평면적으로 차용한 것이라고 할 수 있다.

그 결과 대법원은 새로운 '신분관계'의 개념정의를 통하여 종전보다 더 넓은 범위에서 다수관여자에 대한 처벌가능성을 확보하게 되었지만, 이와 같은 처벌영역의 확장은 원래 입법자의 몫이라는 비판을 면하기 어렵게 되었다.

나아가 대법원은 자신이 신분관계를 정의함에 있어서 기초로 삼은 독일 형법의 해석에 따를 때 '특별한 인적 사정'에 속하지 아니하는 목적범에 있어서의 '목적'까지도 이를 우리 형법상의 신분개념 속에 포함시키는 무리를 범하고 있다고 생각한다.

한국 형법	독일 형법
제33조 (공범과 신분) 신분관계로 인하여 성립될 범죄에 가공한 행위는 신분관계가 없는 자에게도 전3조[공동정범, 교사범, 종범]의 규정을 적용한다.	제28조 (특별한 인적 표지) ① 정범의 범죄성립의 기초를 이루는 특별한 인적 표지(제14조 제1항)가 공범(교사범 또는 방조범)에게 존재하지 아니하는 때에는

	그에 대한 형은 제49조 제1항(법률상 감경에 관한 규정임; 필자 주)에 따라서 감경한다.
단, 신분관계로 인하여 형의 경중이 있는 경우에는 중한 형으로 벌하지 아니한다.	② 법률이 특별한 인적 표지를 형의 가중, 감경 또는 조각사유로 정하고 있는 때에는 그 규정은 그 인적 표지가 존재하는 관여자(정범 또는 공범)에 대해서만 적용한다.
(해당조문 없음)	제14조 (타인을 위한 행위) ① 타인을 위하여 (1) 법인의 대표기관이나 그 기관의 구성원이나, (2) 사단의 대표권한 있는 사원이나, (3) 타인의 법정대리인의 자격으로 행위한 자가 있는 경우에 특별한 인적 성질, 관계 또는 상황(특별한 인적 표지)이 범죄성립의 기초를 이루고 있는 법규는 그 요소가 피대표자에게만 존재하고 대표자에게는 해당이 없는 경우에도 대표자에게 그 법규를 적용한다.

쟁점연구

1. 도입판례에서 대법원은 형법 제33조의 핵심개념인 신분관계에 대하여 판단하고 있다. 대법원이 제시한 바에 따라 '신분관계'의 개념을 정의해 보라.
2. 비교법적으로 볼 때 우리 형법 제33조의 신분관계에 상응하는 개념으로 독일 형법 제28조와 제14조 제1항이 규정하고 있는 '특별한 인적 표지'가 있다. 위의 조문대비표를 보고 독일 형법상 '특별한 인적 표지'의 개념을 정의해 보라.
3. 독일 형법상 '특별한 인적 표지'는 특별한 인적 성질, 특별한 인적 관계,

특별한 인적 사정으로 세분화된다고 한다. 독일 형법이 사용하고 있는 세 가지 하위유형의 개념을 설명해 보라.

4. 우리 형법 제33조는 '신분관계'의 개념정의를 제시하고 있지 않다. 이 점에서 도입판례에서 대법원이 제시한 '신분관계'의 개념정의가 주목된다. 도입판례에서 대법원이 제시한 바에 따라 '신분관계'의 개념을 정의해 보라.
5. 도입판례에서 대법원이 제시한 '신분관계'의 개념정의와 독일 형법이 규정한 '특별한 인적 표지'의 개념정의를 비교하여 같은 점과 다른 점을 추출해 보라.
6. 한국 형법 제33조와 독일 형법 제28조 제1항은 모두 비신분자가 신분범에 관여하는 경우에 대해 규율하고 있다. 양국 형법이 공통적으로 신분관계에 관한 규정을 두고 있는 이유는 무엇이라고 생각하는가?
7. 도입판례에서 대법원은 형법 제33조 단서가 형법 제31조 제1항에 근거한 공범종속성의 원칙에 우선한다고 판시하고 있다. 이러한 대법원의 입장에 대해 찬성, 반대의 입장을 택하고 그 논거를 제시해 보라.
8. 신분관계로 인하여 성립될 범죄에 가공한 행위(형법 제33조 본문)에 대하여 한국 형법이 부여하는 법적 효과와 독일 형법이 부여하는 법적 효과를 비교해 보라.
9. 신분관계로 인하여 형의 경중이 있는 범죄에 가공한 행위(형법 제33조 단서)에 대하여 한국 형법이 부여하는 법적 효과와 독일 형법이 부여하는 법적 효과를 비교해 보라.
10. 도입판례에서 '모해할 목적'이 신분관계에 해당하는가에 대하여 논란이 있다. 도입판례에서 대법원은 '모해할 목적'이 신분관계에 해당한다고 보고 있다. 대법원의 태도에 대해 찬성, 반대의 입장을 택하고 그 논거를 제시해 보라.
11. 참고판례는 소위 소극적 신분에 관한 것이다. 소극적 신분의 개념을 정의해 보라.
12. 소극적 신분을 형법 제33조에서 말하는 '신분관계'에 포함시킬 수 있겠는가? 찬성, 반대의 입장을 택하고 그 논거를 제시해 보라.

주요개념

1. 신분관계
2. 특별한 인적 표지
3. 특별한 인적 성질
4. 특별한 인적 관계
5. 특별한 인적 사정
6. 소극적 신분

2. 신분관계의 법적 효과

도입판례

대법원 1989. 10. 10. 선고 87도1901 판결【허위공문서작성, 동행사, 업무상횡령】(집37-3, 690)

【피 고 인】 갑, 을
【상 고 인】 피고인들
【변 호 인】 변호사 양영태 외 1인
【원심판결】 광주지방법원 1987. 7. 23. 선고 85노1039 판결
【주 문】 원심판결을 파기하여 사건을 광주지방법원 합의부에 환송한다.
【이 유】

각 상고이유에 대하여,

1. 허위공문서작성, 동행사 부분

… 그리고 허위공문서작성죄는 허위공문서를 작성함에 있어 그 내용이 허위라는 사실을 인식하면 성립하는 것이므로 원심이 적법하게 채택한 증거들에 의하면 피고인들은 이 사건 예산항목 중 면직원들에게 지급하여야 할 출장비나 일숙직수당 등을 실지 지급하지 않았으면서도 지급한 것처럼 지출결의서에 기재하였고 당시 피고인들은 그 내용이 실지와 맞지 않는 것이라는 점을 알고 있었음이 인정되는 이상 소론과 같이 이 사건 각 지출결의서의 작성경위가 피고인들이 소속한 면 행정상 필요한 예산 외의 경비의 지출을 위하여 상사인 면장이나 관계 면직원들의 사전 종용 내지 양해 아래 이루어진 것이었다 하더라도 그와 같은 사정이나 양해는 위 범죄에 대한 양형에서 참작하여야 할 사유는 될지언정 허위공문서작성과 동행사에 관한 범의를 부정할 사유는 될 수 없어 여기에 법

리오해의 위법이 있다고 할 수 없다. 논지는 모두 이유 없다.

2. 업무상횡령죄 부분

가. 원심판결 제1. 나. 부분에 대하여,

업무상횡령죄는 타인의 재물을 업무상 보관하는 자를 주체로 하는 신분범이므로 이 죄가 성립하기 위하여는 먼저 피고인이 그 재물을 업무상 점유하고 있다는 사실이 확정되어야 한다.

그런데 원심은 설시 제1. 나. 부분과 같이 각 그 채택한 증거에 의하여 "피고인 갑은 지방행정주사로서 1981. 10. 1.부터 전남 고흥군 P면 총무계장으로 근무하면서 전도자금 등의 출납 등 회계사무를 담당하여 온 자, 피고인 을은 지방행정서기보로서 1983. 11. 4.부터 위 총무계 회계사무보조로 근무하여온 자 등인 바, 위 P면장인 공소외 병과 공모하여" 그 설시방법으로 합계금 5,784,397원을 일반회계 전도자금 등에서 인출하여 임의 소비하여 횡령한 사실을 인정한 다음, 여기에 형법 제356조를 적용하여 피고인들을 업무상횡령죄로 처단하고 있다.

그러나 고흥군 재무회계규칙(공판기록 189쪽) 제3조 제3호에 의하면 지방재정법 제68조의 규정에 따라 고흥군 소속 읍, 면에 있어서 분임징수관, 분임경리관 및 물품관리관은 읍면장, 전도자금출납원은 부읍면장, 수입금출납원은 재무계장, 세입세출외 현금출납원 및 물품출납원은 총무계장으로 지정되어 있어서 전도자금에 대하여는 부면장만이, 세입세출외 현금에 대하여는 총무계장이 각기 출납원으로서 법령 또는 조례, 규칙이 정하는 바에 따라 이를 출납, 보관하도록 되어 있고(지방재정법 제65조 참조), 검찰에서의 피고인들 및 병의 각 진술에 의하면 실제로도 예산이 고흥군에서 영달되어 P면 소속 금고인 P단위농협에 예치되면 회계사무보조가 (허위의) 지출결의서를 기안작성하여 소정의 결재를 받아 전도자금의 경우는 부면장이, 세입세출외 현금의 경우는 총무계장이 각 지출원으로서 출금전표를 끊어주어 이를 위 농협에 제시하여 현금을 인출하여 왔음이 인정되므로 이러한 규정과 예산의 인출경위에 비추어 볼 때 회계사무보조에 불과한 피고인 을은 물론, 총무계장인 피고인 갑도 그가

출납 보관하는 세입세출외 현금의 경우는 별론으로 하고 이 사건 전도자금과 같은 금전에 대하여는 이를 업무상 직접 점유보관하는 자라 할 수 없고, 또한 피고인들과 공모에 의한 공동정범관계에 있었다는 공소외 병도 피고인들에 대한 수입지출의 명령과 회계감독을 하는 지위에 있었음에 그치고 이 사건 전도자금을 직접 점유보관하는 자라고 할 수 없고(당원 1966. 5. 17. 선고 66도276 판결 참조) 달리 피고인들이나 병이 이 사건 전도자금을 업무상 점유하고 있었음을 인정할 증거가 없으므로 원심판결에는 우선 이 점에서 업무상횡령죄에 있어서의 업무상 점유 여부에 관한 법리오해 내지 채증법칙 위배로 말미암아 판결에 영향을 미친 위법이 있다고 하지 않을 수 없다.

이 점에 관계된 것으로 보이는 논지는 이유 있다.

그리고 업무상횡령죄에 있어서의 불법영득의 의사라 함은 자기 또는 제3자의 이익을 꾀할 목적으로 업무상의 임무에 위배하여 보관하는 타인의 재물을 자기의 소유인 경우와 같이 사실상 또는 법률상 처분하는 의사를 말하는 것이므로(당원 1986. 10. 14. 선고 85도2698 판결; 1986. 7. 8. 선고 85도2212 판결; 1983. 9. 13. 선고 82도75 판결) 공공단체의 예산을 집행할 직책에 있는 자가 자신의 이익을 위한 것이 아니고 행정상 필요한 경비의 부족을 메우기 위하여 여유 있는 다른 항목의 예산을 유용한 경우 예산의 항목유용 자체가 위법한 목적을 가지고 있었다거나, 용도가 엄격하게 제한되어 있는 경우에는 그 지출이 아무리 본인인 공공단체 등을 위한 지출이라 하더라도 불법영득의 의사를 부정할 수 없겠으나, 그것이 본래 책정되었거나 영달되어 있어야 할 필요경비이기 때문에 일정한 절차를 거치면 그 지출이 허용될 수 있었던 경우에는 그 간격을 메우기 위하여 이에 유용하였더라도 이로써 행정책임을 지는 것은 별론으로 하고 바로 불법영득의 의사가 있었다고 단정할 수는 없는 것이다.

기록에 의하면 피고인들은 군으로부터 영달된 예산을 항목대로 지출하지 아니하고, 관련공무원이나 직원 등에 대한 접대비, 찻값, 식대, 애경사 부조금, 면사무소 비품구입비, 청사도장 내지 수리비, 정원 외로 채용한 급사월급, 면장의 사적 경비 등으로 사용한 사실이 인정되므로 원심으로서는 단지 피고인들이 영달된 예산을 지정용도 이외로 인출하여 임의 소비하였다는 것만으로 바로 피고인들에게 그 잔액에 대한 불법영득의 의사를 인정할 수는 없는 것이고 앞서 본 바와 같은 취지에 따라 당해 금원을 본래 허용될 수 있는 면의 지정외 필요경비에 유용한 것인지 그렇지 아니하고 부정한 영득의 의사로 또는 전혀 허용되지 않는 용도로 사용한 것인지 여부를 가려서 그 횡령액수에 따른 죄책을 인정하였어야 할 것이므로 원심은 이 점에서도 업무상횡령죄에 있어서의 불법영득의 의사에 관한 법리를 오해하여 판결에 영향을 미친 심리미진의 위법이 있음을 면치 못한다. 이에 관계된 논지도 이유 있다.

나. 원심판결 제2부분에 관하여,

원심이 채택한 증거들을 살펴보면, 피고인 갑의 원심설시 범죄사실을 인정하기에 충분하고 여기에 소론과 같은 채증법칙위반이나 업무상횡령죄의 법리를 오해한 위법은 없다. 논지는 이유 없다.

다만 위 피고인이 공소외 병과 공모하여 이 사건 업무상횡령죄를 저질렀다 하여도 이는 업무상 보관책임 있는 신분관계로 인하여 형의 경중이 있는 경우인바, 원심이나 제1심이 채택한 증거들에 의하면 위 체육대회 성금은 P면의 예산과는 별도로 면장인 위 병이 면민들로부터 모금하여 그 개인명의로 위 P면 단위농협에 예금하여 보관하고 있던 것으로서 위 체육대회 성금의 업무상 점유보관자는 위 병뿐이라 할 것이고 달리 위 피고인도 이를 업무상 점유하고 있었던 사실을 인정할 증거가 없으므로 이러한 신분관계가 없는 피고인 갑에 대하여는 형법 제33조 단서에 의하여 형법 제355조 제[1]항에 따라 처단하여야 할 것임에도 불구하고(당원 1986. 10. 28. 선고 86도1517 판결; 1961. 10. 5. 선고 4294형상396 판결 참조), 원심은 위 피고인에 대하여 형법 제356조, 제355조 제1항만을 적용함으로써 위 피고인에 대하여 형법 제356조의 소정형 중 징역형을 선택한 형기범위 내에서 처단하고 있으니 이는 원심이 위 피고인의 업무상 점유보관 여부에 관한 사실오인 내지 채증법칙 위배의 잘못이 아니면 법률적용을 그르침으로써 판결에 영향을 미친 위법을 저질렀다고 아니할 수 없다. 이 점을 지적하는 취지의 논지는 이유 있다.

3. 결론

그렇다면 피고인들의 범죄사실 중 허위공문서작성, 동행사 부분에 관한 상고논지는 이유 없으나 이와 실체적 경합범의 관계에 있으면서 함께 유죄가 선고된 나머지 범죄사실에 대하여 앞서 본 파기사유가 있으므로 피고인들에 대한 원심판결을 모두 파기하고 사건을 다시 심리판단케 하기 위하여 원심법원에 환송하기로 관여법관의 의견이 일치되어 주문과 같이 판결한다.

대법관 김주한(재판장) 이회창 배석

참고판례

▷ 대법원 1961. 8. 2. 선고 4294형상248 판결 (대형등 7집 1면; 판례총람 형사판례집 (1), 형법 제33조 7번)

처가 실자(實子)와 더불어 그 남편을 살해할 것을 공모하고 자로 하여금 남편을 자빠뜨리고 양수(兩手)로 두부(頭部)를 강압하게 한 후 양수로 남편의 생식기 부분을 잡아다녀서 질식사에 이르게 한 경우에 그 처와 실자를 존속살인범행의 공동정범으로 인정한 것은 적법하다.

참고문헌

□ 신동운, 신판례백선 형법총론, 2009, 735면 이하

그런데 [전술 607면 도입판례]의 대법원 판시사항을 정범적격에 근거하

여 비판하는 견해는 한국과 독일의 조문을 비교해 보면 금방 알 수 있는 바와 같이 우리 형법의 실정법체계에 들어맞지 않는다는 흠이 있다.

우리 형법은 간접정범을 '교사 또는 방조의 예에 의하여' 처벌하도록 하고 있으며, 진정신분범에 대한 처벌의 확장도 '전3조'로 규정하여 공동정범까지 포함할 것을 명시하고 있다. 이것은 독일 형법이 간접정범을 '정범'으로, 진정신분범에 대한 처벌의 확장을 '공범(교사범 또는 종범)'으로 한정한 것과 크게 대비되는 부분이다. 따라서 위의 비판설은 우리 형법의 공범규정을 독일 형법의 공범규정과 혼동하는 우를 범하고 있다.

쟁점연구

1. 도입판례에서 문제된 죄명은 업무상 횡령죄이다. 업무상 횡령죄는 타인의 재물을 보관하는 자라는 신분과 업무자라는 신분이 거듭 요구되는 이중의 신분범이다. 여기에서 신분범의 개념을 정의해 보라.
2. 신분범은 다시 진정신분범과 부진정신분범으로 나누어진다. 양자의 개념을 정의해 보라.
3. 도입판례의 업무상횡령죄와 관련하여 진정신분범과 부진정신분범의 요소를 분석해 보라.
4. 형법 제33조의 적용과 관련하여 여러 가지 학설이 제시되고 있다. 대표적인 것으로 진정신분범 · 부진정신분범설, 본문 · 단서설, 위법신분 · 책임신분설 등이 제시되고 있다. 각 학설의 내용을 설명해 보라.
5. 도입판례의 사안에 대해 각 학설을 적용하여 결론을 도출해 보라.
6. 참고판례의 사안에 대해 각 학설을 적용하여 결론을 도출해 보라.
7. 독일 형법은 공동정범에 대하여 신분범의 처벌을 확장하지 않고 있다. 이러한 독일 형법의 태도와 비신분자에 의한 공동정범의 가공을 인정하는 우리 형법 제33조 본문의 태도를 비교하여 그 형사정책적 장 · 단점을 검토해 보라.
8. 독일 형법은 진정신분범의 경우에 비신분자가 교사범 또는 방조범으로

가공하는 행위를 처벌하고 있다. 이 부분은 우리 형법 제33조 본문과 동일하지만 독일 형법은 이 경우에 형을 필요적으로 감경하고 있어서 우리 형법과 차이가 있다. 독일 형법이 형의 필요적 감경을 허용하는 이유를 찾아보고 이러한 방식을 우리 형법에도 도입할 필요가 있는지를 입법론적으로 검토해 보라.

주요개념

1. 진정신분범
2. 부진정신분범
3. 진정신분범 · 부진정신분범설
4. 본문 · 단서설
5. 위법신분 · 책임신분설
6. 횡령죄의 보관자

Ⅵ. 다수관여자의 특수형태

1. 합동범의 공동정범

도입판례

대법원 1998. 5. 21. 선고 98도321 전원합의체 판결【강도상해, 특수절도, 사기】(집46-1, 648)

【피 고 인】 갑
【상 고 인】 피고인
【변 호 인】 변호사 박태운
【원심판결】 서울고법 1998. 1. 16. 선고 97노2329 판결
【주 문】 상고를 기각한다. 상고 이후의 구금일수 중 100일을 본형에 산입한다.
【이 유】

피고인과 국선변호인의 상고이유를 함께 본다.

* * *

2. 합동범의 공동정범의 성립 여부 주장(1997. 4. 18. 04:08경 삼성동 소재 L편의점에서 범하였다는 특수절도죄)에 대하여

가. 형법 제331조 제2항 후단의 '2인 이상이 합동하여 타인의 재물을 절취한 자'(이하 '합동절도'라고 한다)에 관한 규정은 2인 이상의 범인이 범행현장에서 합동하여 절도의 범행을 하는 경우는 범인이 단독으로 절도 범행을 하는 경우에 비하여 그 범행이 조직적이고 집단적이며 대규모적으로 행하여져 그로 인한 피해도 더욱 커지기 쉬운 반면 그 단속이나 검거는 어려워지고, 범인들의 악성도 더욱 강하다고 보아야 할 것이

기 때문에 그와 같은 행위를 통상의 단독 절도범행에 비하여 특히 무겁게 처벌하기 위한 것이다.

합동절도가 성립하기 위하여는 주관적 요건으로 2인 이상의 범인의 공모가 있어야 하고, 객관적 요건으로 2인 이상의 범인이 현장에서 절도의 실행행위를 분담하여야 하며, 그 실행 행위는 시간적, 장소적으로 협동관계가 있음을 요한다.

나. 한편 2인 이상이 공동의 의사로서 특정한 범죄행위를 하기 위하여 일체가 되어 서로가 다른 사람의 행위를 이용하여 각자 자기의 의사를 실행에 옮기는 내용의 공모를 하고, 그에 따라 범죄를 실행한 사실이 인정되면 그 공모에 참여한 사람은 직접 실행행위에 관여하지 아니하였더라도 다른 사람의 행위를 자기 의사의 수단으로 하여 범죄를 하였다는 점에서 자기가 직접 실행행위를 분담한 경우와 형사책임의 성립에 차이를 둘 이유가 없는 것인바(형법 제30조), 이와 같은 공동정범 이론을 형법 제331조 제2항 후단의 합동절도와 관련하여 살펴보면, 2인 이상의 범인이 합동절도의 범행을 공모한 후 1인의 범인만이 단독으로 절도의 실행행위를 한 경우에는 합동절도의 객관적 요건을 갖추지 못하여 합동절도가 성립할 여지가 없는 것이지만, 3인 이상의 범인이 합동절도의 범행을 공모한 후 적어도 2인 이상의 범인이 범행 현장에서 시간적, 장소적으로 협동관계를 이루어 절도의 실행행위를 분담하여 절도 범행을 한 경우에는 위와 같은 공동정범의 일반 이론에 비추어 그 공모에는 참여하였으나 현장에서 절도의 실행행위를 직접 분담하지 아니한 다른 범인에 대하여도 그가 현장에서 절도 범행을 실행한 위 2인 이상의 범인의 행위를 자기 의사의 수단으로 하여 합동절도의 범행을 하였다고 평가할 수 있는 정범성의 표지를 갖추고 있다고 보여지는 한 그 다른 범인에 대하여 합동절도의 공동정범의 성립을 부정할 이유가 없다고 할 것이다(대법원 1956. 5. 1. 선고 4289형상35 판결, 1960. 6. 15. 선고 4293형상60 판결 등 참조).

형법 제331조 제2항 후단의 규정이 위와 같이 3인 이상이 공모하고 적어도 2인 이상이 합동절도의 범행을 실행한 경우에 대하여 공동정범의 성립을 부정하는 취지라고 해석할 이유가 없을 뿐만 아니라, 만일 공동정범의 성립가능성을 제한한다면 직접 실행행위에 참여하지 아니하면서 배후에서 합동절도의 범행을 조종하는 수괴는 그 행위의 기여도가 강력함에도 불구하고 공동정범으로 처벌받지 아니하는 불합리한 현상이 나타날 수 있다. 그러므로 합동절도에서도 공동정범과 교사범·종범의 구별기준은 일반원칙에 따라야 하고, 그 결과 범행현장에 존재하지 아니한 범인도 공동정범이 될 수 있으며, 반대로 상황에 따라서는 장소적으로 협동한 범인도 방조만 한 경우에는 종범으로 처벌될 수도 있다.

이와 다른 견해를 표명하였던 대법원 1976. 7. 27. 선고 75도2720 판결 등은 이를 변경하기로 한다.

다. 원심판결 이유에 의하면, 원심은 제1심이 채택한 증거들을 인용하여 피고인에 대하여 1997. 4. 18. 04:08경 삼성동 소재 L편의점에서 범한 특수절도죄를 유죄로 인정하였다. 그런데 원심이 인용한 제1심판결이 채택한 증거들을 기록과 대조하여 검토하여 보면, 속칭 삐끼주점의 지배인인 피고인이 피해자 A로부터 신용카드를 강취하고 신용카드의 비밀번호를 알아낸 후 현금자동지급기에서 인출한 돈을 삐끼주점의 분배관례에 따라 분배할 것을 전제로 하여 원심 공동피고인 을(삐끼), 병(삐끼주점 업주) 및 공소외 정(삐끼)과 피고인은 삐끼주점 내에서 피해자를 계속 붙잡아 두면서 감시하는 동안 원심 공동피고인 을, 병 및 정은 A의 위 신용카드를 이용하여 현금자동지급기에서 현금을 인출하기로 공모하였고, 그에 따라 을, 병 및 정이 1997. 4. 18. 04:08경 서울 강남구 삼성동 소재 L편의점에서 합동하여 현금자동지급기에서 현금 4,730,000원을 절취한 사실을 인정하기에 넉넉한바, 비록 피고인이 범행 현장에 간 일이 없다 하더라도 위와 같은 사실관계 하에서라면 피고인이 합동절도의 범행을 현장에서 실행한 을, 병 및 정과 공모한 것만으로서도 그들의 행위를 자기 의사의 수단으로 하여 합동절도의 범행을 하였다고 평가될 수 있는 합동절도 범행의 정범성의 표지를 갖추었다고 할 것이고, 따라서 위 합동절도 범행에 대하여 공동정범으로서의 죄책을 면할 수 없다. 같은 취지의 원심의 판단은 정당하고, 여기에 논하는 바와 같은 법리오해의 위법이 있다고 할 수 없다. 이 점에 관한 논지도 이유가 없다.

* * *

4. 그러므로 상고를 기각하고 상고 이후의 구금일수 중 일부를 주문 기재와 같이 본형에 산입하기로 하여 관여 법관의 일치된 의견으로 주문과 같이 판결한다.

대법원장 윤관(재판장) 최종영 천경송 정귀호 박준서 이돈희 김형선 지창권 신성택 이용훈 이임수(주심) 송진훈 서성

참고판례

▷ 대법원 1992. 7. 28. 선고 92도917 판결【…특수강도[인정된죄명:특정범죄가중처벌등에관한법률위반(강도)]…】(공1992, 2696)

합동범은 주관적 요건으로서 공모 외에 객관적 요건으로서 현장에서의 실행행위의 분담을 요하나 이 실행행위의 분담은 반드시 동시에 동일 장소에서 실행행위를 특정하여 분담하는 것만을 뜻하는 것이 아니라 시간적으로나 장소적으로 서로 협동관계에 있다고 볼 수 있으면 충분하다.

원심판시 1의 가 (1)사실에 의하면 피고인들 중 피고인 갑이 피해자의 집 담을 넘어 들어가 대문을 열어 피고인 을, 병으로 하여금 들어오게 한 다음 피고인 병, 갑은 드라이버로 현관문을 열고 들어가 그곳에 있던 식칼 두 개를 각자 들고 피고인들 모두가 안방에 들어가서 피해자들을 칼로 협박하고 손을 묶은 뒤 장농서랍을 뒤져 귀금속과 현금 등을 강취하였다는 것이므로, 피고인 을이 소론과 같이 직접 문을 열거나 식칼을 든 일이 없다고 하여도 위 원심판시와 같이 다른 피고인들과 함께 행동하면서 범행에 협동한 이상 현장에서 실행행위를 분담한 것이라고 볼 것이다.

원심판결에 이유불비와 강도죄의 합동에 관한 법리오해의 위법이 있다는 논지는 이유 없다.

참고문헌

☐ 신동운, 신판례백선 형법총론, 2009, 775면 이하

그러나 [도입판례에] 대해서는 다음과 같은 대응논리를 제시하여 대법원의 결론을 비판할 수 있다. 첫째로 합동범은 그 본질이 필요적 공범이기 때문에 공동정범의 성립을 부정해야 할 이유가 분명하다. 입법자가 특별구성요건을 설정하면서 2인 이상의 주체를 규정하여 정범의 성립범위를 제한하였다면 공동정범이라는 형법총칙상의 정범확장 규정은 "특별법은 일반법에 우선한다"는 원칙에 입각하여 후퇴하지 않으면 안 되기 때문이다.

다음으로 배후에 있는 수괴를 정범으로 처벌해야 한다는 형사정책적 요청에 대해서는 공동정범이 아니라 교사범의 형태에 의하더라도 정범과 동일한 형을 확보할 수 있다는 점을 지적해 두고자 한다(형법 제31조 제1항 참조).

공모공동정범의 이론은 객관적인 실행행위의 분담을 전혀 요구하지 아니하는 상황에서 정범의 성립범위를 확장하는 장치로서 시민에게 형사처벌의 위험성을 지나치게 넓히는 위험성을 안고 있다. 이에 대하여 교사범 형식에 의한 처벌은 공범종속성의 원칙에 따라서 이중의 통제를 거쳐야 하기 때문에 그만큼 형사처벌에 신중을 기할 수 있다.

쟁점연구

1. 합동범의 성립요건을 분석해 보라.
2. 합동범과 공동정범의 차이는 무엇인가?
3. 공모공동정범의 성립요건을 분석해 보라.
4. 대법원이 공모공동정범을 실행공동정범과 동일하게 처벌하는 이유를 설

명해 보라.

5. 합동절도의 성립요건을 분석해 보라.
6. 대법원이 합동절도의 공동정범을 인정하기 위하여 제시한 두 가지 논거를 설명하라.
7. 합동범의 공동정범을 부정하는 입장에서 위의 두 가지 논거를 비판해 보라.
8. 도입판례는 합동범과 관련한 몇 가지 상황을 예정하고 있다. 2인의 범인이 합동절도의 범행을 공모한 후 1인의 범인만이 단독으로 절도의 실행행위를 한 경우에 합동절도의 성립 여부를 검토해 보라.
9. 3인의 범인이 합동절도의 범행을 공모한 후 1인의 범인만이 단독으로 절도의 실행행위를 한 경우에 합동절도의 성립 여부를 검토해 보라.
10. 3인의 범인이 합동절도의 범행을 공모한 후 2인의 범인이 절도의 실행행위를 한 경우에 합동절도의 성립 여부를 검토해 보라.

주요개념

1. 합동범
2. 합동절도
3. 합동범의 공동정범
4. 현장설
5. 현장적 공동정범설

2. 대향범과 공범규정의 적용

도입판례

대법원 1988. 4. 25. 선고 87도2451 판결【관세법위반】(공1988, 928)

【피 고 인】 갑, 을
【상 고 인】 피고인들
【원심판결】 서울형사지방법원 1987. 11. 4. 선고 85노4675 판결
【주　　문】 원심판결을 모두 파기하고, 사건을 서울형사지방법원 합의부에 환송한다.
【이　　유】

* * *

2. 피고인 을의 상고이유에 대하여,

원심판결 이유에 의하면, 원심은 피고인이 상피고인과 공모하여 미리 세관장의 승인을 얻지 아니하고 네덜란드대사관 소속 직원인 A로부터 이 사건 승용차를 매수하여 이를 양수하였다고 인정하여 피고인을 위 법조 소정의 용도외사용죄의 공동정범으로 의율하였다.

그러나 기록에 의하면 피고인이 상피고인과 공모하여 이 사건 승용차를 양수하였다고 볼 증거는 나타나 있지 아니하고, 다만 피고인은 네덜란드대사관 직원인 위 A로부터 이 사건 승용차를 금 1,300만원에 매각하여 달라는 위탁을 받고 상피고인에게 이를 매수하라고 권유하여 상피고인으로 하여금 이를 매수하도록 한 다음 그 매매대금 중 일부를 지급받고 위 A로부터 이 사건 승용차를 받아다가 상피고인에게 인계하여 준 사실만이 인정될 뿐인바, 이 사건 양도, 양수와 같이 2인 이상의 서로 대향된 행위의 존재를 필요로 하는 관계에 있어서는 공범에 관한 형법총칙 규정의 적용이 있을 수 없고 따라서 상대방의 범행에 대하여 공범

관계도 성립되지 아니하는 것이므로(당원 1985. 3. 12. 선고 84도2427 판결 참조) 위 A의 매각위탁에 의하여 양도인인 위 대사관을 대리하는 입장에서 상피고인에게 이 사건 승용차를 매수하도록 권유하여 이를 매수토록 한 것에 지나지 아니하는 피고인에 대하여는 상피고인의 양수행위에 수반된 위의 용도외사용죄에 관한 공범으로서의 죄책을 지울 수는 없다고 하여야 할 것이다(대향적 행위의 존재를 필요로 하는 이 사건과 같은 경우 양도인에게는 처벌규정을 두지 아니하고 있다).

그럼에도 불구하고 원심이 피고인을 상피고인의 위 용도외사용죄에 관한 공동정범으로 의율한 것은 사실을 오인하거나 위 용도외사용죄의 공동정범에 관한 법리를 오해한 위법을 범한 것이라고 할 것이므로 이 점을 지적하는 취지의 상고논지는 이유 있다.

3. 그러므로 피고인들에 대한 원심판결을 모두 파기하고, 사건을 원심법원에 환송하기로 하여 관여 법관의 일치된 의견으로 주문과 같이 판결한다.

대법관 정기승(재판장) 최재호 김달식

참고판례

▷ 대법원 2001. 12. 28. 선고 2001도5158 판결【마약류관리에관한법률위반(향정), 약사법위반방조】(공2002, 440)

공소사실이란 범죄의 특별구성요건을 충족하는 구체적 사실이며 공소장에는 공소사실의 기재에 있어서 공소의 원인된 사실을 다른 사실과 구별할 수 있을 정도로 특정하도록 형사소송법이 요구하고 있으므로, 방조범의 공소사실을 기재함에 있어서는 그 전제가 되는 정범의 범죄구성을 충족하는 구체적 사실을 기재하여야 하고(대법원 1988. 4. 27. 선고 88도251 판결 등 참조),

한편 매도, 매수와 같이 2인 이상의 서로 대향된 행위의 존재를 필요로 하는 관계에 있어서는 공범이나 방조범에 관한 형법총칙 규정의 적용이 있을 수 없고, 따라서 매도인에게 따로 처벌규정이 없는 이상 매도인의 매도행위는 그와 대향적 행위의 존재를 필요로 하는 상대방의 매수범행에 대하여 공범이나 방조범 관계가 성립되지 아니한다(대법원 1988. 4. 25. 선고 87도2451 판결 참조).

그런데 이 사건 공소사실 중 피고인들에 대한 약사법위반방조의 점의 요지는 "피고인들은 공모하여, 공소외 병이 약국개설자도 아니고 의약품도소매허가도 없어 의약품을 판매하거나 판매목적으로 취득할 수 없음에도, 병이 마약대용물로 남용되고 있는 전문의약품인 염산날부핀을 대량구입하여 이를 시중의 일반인들에게 유통시킨다는 정을 알면서도, 2001. 1. 17. 18:00경 병에게 염산날부핀 100,000 앰플을 84,000,000원에 판매하여, 병이 의약품인 염산날부핀을 일반인들을 상대로 판매하거나, 판매목적으로 취득할 수 있도록 공급하여 이를 방조하였다."라고 함에 있다.

우선 위 공소사실 중, "피고인들은 공모하여, 병이 의약품을 판매할 수 없음에도 염산날부핀을 일반인들을 상대로 판매한다는 정을 알면서 병에게 염산날부핀을 판매함으로써, 병이 염산날부핀을 일반인들을 상대로 판매할 수 있도록 공급하여 이를 방조하였다."라는 점에 관하여 보면, 위 공소사실 부분은 정범인 병의 염산날부핀 판매행위라는 범죄사실이 전혀 특정되지 않았으므로 방조범인 피고인들의 위 공소사실 부분 역시 특정되었다고 할 수 없다.

다음 위 공소사실 중, "피고인들은 공모하여, 병이 의약품을 판매의 목적으로 취득할 수 없음에도 염산날부핀을 일반인들을 상대로 판매한다는 정을 알면서 병에게 염산날부핀을 판매함으로써, 병이 염산날부핀을 일반인들을 상대로 한 판매의 목적으로 취득하도록 공급하여 이를 방조하였다."라는 점에 관하여 보면, 위 공소사실 부분은 정범인 병의 판매목적의 염산날부핀 취득행위라는 범죄사실에 대하여 피고인들이 병에게 염산날부핀을 판매, 공급함으로써 병의 범행을 방조하였다는 것인바, 이와 같이 의약품을 판매할 수 없는 병이 판매의 목적으로 의약품을 취득한 범행과 대향범관계에 있는 피고인들의 병에 대한 의약품 판매행위에 대하여는 형법총칙상 공범이나 방조범 규정의 적용이 있을 수 없으므로, 피고인들을 병의 범행에 대한 방조범으로 처벌할 수 없다.

그럼에도 불구하고, 원심은 이 사건 공소사실 중 피고인들에 대한 약사법위반방조의 점에 대하여 유죄를 선고하였는바, 이러한 원심판결에는 약사법 제35조 제1항 위반죄의 방조범에 대한 공소사실의 특정 및 방조범의 성립에 관한 법리를 오해하여 판결 결과에 영향을 미친 위법이 있다 할 것이고(다만, 이 사건과 같이 의약품 제조업자인 피고인들이 염산날부핀을 적법한 판매대상자도 아닌 병에게 판매한 행위는 병이 염산날부핀을 일반인들에게 유통시킨다는 정을 피고인들이 알았는지 여부에 관계없이 약사법 제35조 제1항 위반죄의 정범으로 처벌될 수 있음은 별론으로 한다), 이 점을 지적하는 취지의 상고이유의 주장은 이유 있다.

참고문헌

□ 조국, "대향범 중 불가벌적 대향자에 대한 공범규정 적용", 형사판례연구 제11권, 2003, 126면

불가벌적 대향자 중 대향범이 상정하는 정형적 관여행위를 넘어서는 가담행위를 한 자에 대하여 임의적 공범 규정을 적용할 수 있는가의 문제는 형법해석학의 기본방법론과 관련하여 심각한 고민거리를 던져준다. 이 불가벌적 대향자는 처벌의 형사정책적 필요가 존재함을 인정하면서도, 우리는 동시에 죄형법정주의를 생각하지 않을 수 없기에 자제하지 않을 수 없다. 각칙에 규정된 불처벌을 총칙을 동원하여 처벌로 환치시키는 접근에 우리는 동의할 수 없다.

쟁점연구

1. 필요적 공범의 개념을 정의해 보라.
2. 대향범의 개념을 정의하고 그 예를 들어 보라.

3. 대향범의 처벌유형을 분석해 보라.
4. 도입판례에서 문제된 관세법 제27조 제2항은 관세면제물품의 양수행위(讓受行爲)만을 금지하고 있다. 그 이유를 추론해 보라.
5. 도입판례 및 참고판례에서 대향범의 경우에 공범에 관한 형법총칙의 규정을 적용하지 않는다고 한 대법원의 판단은 어떠한 이유에서 나온 것인가?

주요개념

1. 임의적 공범
2. 필요적 공범
3. 규집범
4. 대향범

3. 독립행위의 경합과 공동정범

도입판례

대법원 1985. 5. 14. 선고 84도2118 판결【상해치사, 상해…】(공1985, 866)

【피 고 인】 갑, 을
【상 고 인】 검사(피고인 을에 대하여) 및 피고인 갑
【변 호 인】 변호사 계만기
【원심판결】 광주고등법원 1984. 5. 3. 선고 84노11 판결
【주 문】 피고인 갑에 대한 원심판결을 파기하고, 사건을 광주고등법원으로 환송한다. 검사의 피고인 을에 대한 상고를 기각한다.
【이 유】

1. 피고인 갑 및 그 국선변호인의 상고이유를 함께 본다.

가. 원심인용의 제1심판결 거시증거에 의하면, 피고인이 그 판시와 같은 경위로 피해자 A의 멱살을 잡아 흔들다 뒤로 밀어 피해자로 하여금 토방 시멘트바닥에 넘어져서 나무기둥에 뒷머리를 부딪치게 한 사실을 인정하기에 넉넉하고, 거기에 채증법칙 위배로 인한 사실오인의 위법이 있다고 할 수 없으므로, 이에 관한 상고논지는 받아들일 수 없다.

나. 원심판결 이유에 의하면, 원심은 피고인의 범죄사실로서, 이 사건 범행당시 피고인은 상피고인 을, 원심 상피고인 병, 공소외 B 등과 뱃놀이를 하면서 술을 마셔 만취된 상태에서 술을 더 마시자고 의논이 되어 사건현장 술집에 가게 되었는데 피고인과 상피고인 을이 앞서 가다가 피고인이 마루에 걸터앉아 있던 피해자 A 앞을 지나면서 그의 발을 걸은 것이 발단이 되어 시비가 일어나자, (1) 화가 난 피고인이 손으로

피해자의 멱살을 잡아 흔들다 뒤로 밀어버려 피해자로 하여금 그곳 토방 시멘트바닥에 넘어져 나무기둥에 뒷머리를 부딪치게 하였고, (2) 이때 뒤따라 들어오던 원심 상피고인 병이 그 장면을 보고 들고 있던 쪽대(고기망태기)를 마당에 집어던지고 욕설을 하면서 피해자에게 달려들어 양손으로 멱살을 잡고 수회 흔들다가 밀어서 피해자를 뒤로 넘어뜨려 피해자로 하여금 뒷머리를 토방 시멘트바닥에 또다시 부딪치게 하였으며, (3) 동 병은 이에 이어서 그곳 부엌 근처에 있던 삽을 손에 들고 피해자의 얼굴 우측부위를 1회 때려 동인으로 하여금 넘어지면서 뒷머리를 장독대 모서리에 부딪치게 하여, 그 결과 피해자로 하여금 뇌저부경화동맥파열상을 입게 하여 사망에 이르게 하였다는 사실을 인정하고, 위 인정 범죄사실에 대하여 피고인과 병을 상해치사죄의 공동정범으로 처단하고 있다.

그러나, 공동정범은 행위자 상호간에 범죄행위를 공동으로 한다는 공동가공의 의사를 가지고 범죄를 공동실행하는 경우에 성립하는 것으로서, 여기에서의 공동가공의 의사는 공동행위자 상호간에 있어야 하며 행위자 일방의 가공의사만으로는 공동정범 관계가 성립할 수 없다할 것인바, 원심이 인정한 싸움의 경위와 내용에 의하면 피고인과 병의 각 범행은 우연한 사실에 기하여 우발적으로 발생한 독립적인 것으로 보일 뿐 양인 간에 범행에 관한 사전모의가 있었던 것으로는 보여지지 않고, 또 병이 피고인의 범행을 목격하고 이에 가세한 것으로는 인정되나 피고인이 병의 가세사실을 미리 인식하였거나 의욕하였던 것으로 보기 어려우며, 범행내용에 있어서도 피고인의 위 (1) 범행에는 병이 가담한 사실이 없고, 병의 위 (2), (3) 범행에는 피고인이 이에 가담한 사실이 없을 뿐만 아니라(기록에 의하면 피고인은 병의 폭행 내지 상해행위를 말린 사실이 인정될 뿐 함께 폭행 내지 상해에 가담한 사실은 인정되지 아니한다) 그 과정에서 피고인과 병 사이에 암묵적으로라도 공동실행의 의사가 형성된 것으로 보기도 어려우니, 그 판시내용과 같은 범죄사실을 인정하여 피고인을 상해치사죄의 공동정범으로 본 원심판단에는 공동정범의 법리를 오해하여 법률적용을 잘못한 위법이 있다고 할 것이다.

이와 같이 피고인과 병의 각 범행을 공동정범으로 보기 어려운 이상 원심으로서는 과연 피고인의 범행과 피해자의 사망 사이에 인과관계가 존재하며 가해자가 범행당시 피해자의 사망을 예견할 수 있었던 것인지의 여부를 심리하여 인과관계의 존재와 결과의 예견가능성이 인정되는 경우에 한하여 피고인에게 치사에 대한 책임을 물을 수 있는 것이며, 다만 동시범의 특례를 규정한 형법 제263조가 상해치사죄에도 적용되는 관계상(당원 1981. 3. 10. 선고 80도3321 판결 참조) 위 피해자의 사망이 피고인의 범행에 인한 것인지, 병의 범행에 인한 것인지가 판명되지 아니하는 때에 예외적으로 공동정범의 예에 의할 수 있을 것임에도 불구하고, 원심은 피고인과 병을 공동정범으로 봄으로써 이러한 점에 대하여는 살펴보지도 아니한 채 피고인에 대하여 치사의 결과에 대한 책임을 물었으니, 앞서 본 바와 같은 법리의 오해는 판결에 영향을 미쳤다 할 것이고 따라서 이 점을 지적하고 있는 상고논지는 이유 있다.

* * *

2. 검사의 피고인 을에 대한 상고이유를 본다.

원심판결 이유에 의하면 원심은, 피고인이 피고인 갑, 원심 상피고인 병과 공동하여 피해자 A에게 상해를 가하여 동인을 사망하게 하였다는 공소사실에 대하여, 증거에 의하면 피고인이 위 피해자의 가슴을 1회 민 사실은 인정할 수 있으나 피고인은 그 후 바로 현장을 떠났고, 갑, 병의 폭행 내지 상해시에는 범행장소에 있지도 아니한 사실이 인정되므로 피고인이 위 상피고인 등과 공동하여 위 피해자를 상해하고 사망에 이르게 하였다고 볼 수 없으며 한편 피고인의 피해자에 대한 위 폭행사실만으로는 피해자의 사망에 대한 원인이 될 수 없다고 하여, 피고인에게 무죄를 선고한 제1심 판결을 유지하였다. 기록에 자세히 살펴보아도 원심의 위 사실인정에 채증법칙 위배로 인한 사실오인의 위법이 있음을 찾아볼 수 없으며, 원심의 위 판단에 공동정범 또는 상해치사죄의 법리를 오해한 잘못이 있다 할 수도 없으니, 논지는 이유 없다.

3. 그렇다면, 위 1의 나에서 본 법리오해는 피고인 갑을 상해치사죄와 상해죄의 경합범으로 처단하여 하나의 형을 선고한 원심판결 전부에 영향이 있으므로 같은 피고인에 대한 원심판결을 파기하여 이 부분 사건을 다시 심리판단케 하고자 원심법원에 환송하기로 하고, 검사의 피고인 을에 대한 상고는 이유 없어 기각하기로 하여 관여 법관의 일치된 의견으로 주문과 같이 판결한다.

대법관 윤일영(재판장) 강우영 김덕주 오성환

참고판례

▷ 대법원 1997. 11. 28. 선고 97도1740 판결【업무상과실치사, 업무상과실치상, 업무상과실일반교통방해, 업무상과실자동차추락】(집45-3, 792)

☞ 전술 540면 제13장 I. 5. 도입판례

참고문헌

□ 신동운, 신판례백선 형법총론, 2009, 789면

상해죄의 독립행위경합을 규정한 형법 제263조는 헌법이 보장하는 무죄추정원칙(헌법 제27조 제4항)을 제한하는 조문이므로 신중하게 해석하지 않으면 안 된다. 그러나 대법원은 신체의 완전성이라는 보호법익의 중요성을 감안하여 형법 제263조를 단순히 상해죄에 한정하지 않고 상해치사죄(형법 제259조)에까지 확장하여 적용하고 있다. 대법원은 이 점을 본 판례에서 다시 한 번 확인하고 있다.

쟁점연구

1. 독립행위란 무엇인가?
2. 독립행위의 경합을 개념정의해 보라.
3. 독립행위의 경합과 공동정범의 차이점을 설명해 보라.
4. 독립행위의 경합에 대하여 형법 제19조가 인정한 법적 효과를 설명해 보라.
5. 상해죄에 있어서 동시범의 특례를 규정한 형법 제263조를 형법 제19조와 대비시켜 그 차이점을 설명해 보라.
6. 형법 제263조의 입법취지를 설명해 보라.

주요개념

1. 독립행위
2. 공동정범
3. 독립행위의 경합
4. 상해죄의 동시범 특례

제14장 죄수

Ⅰ. 죄수의 결정

도입판례

대법원 2000. 7. 7. 선고 2000도1899 판결【특정경제범죄가중처벌등에관한법률위반(사기), 방문판매등에관한법률위반】(공2000, 1911)

【피 고 인】 갑, 을, 병
【상 고 인】 피고인들
【변 호 인】 법무법인 서면 담당변호사 황규정 외 3인
【원심판결】 부산고법 2000. 4. 20. 선고 2000노33 판결, 2000초8, 9, 10, 11, 12, 13 명령
【주 문】 각 상고를 모두 기각한다. 상고 후의 구금일수 중 77일씩을 피고인들의 각 원심판결의 형에 산입한다.
【이 유】

* * *

특정경제범죄가중처벌등에관한법률 제3조에서 말하는 이득액은 단순일죄의 이득액이나 혹은 포괄일죄가 성립하는 경우의 이득액의 합산액을 의미하는 것이고, 경합범으로 처벌될 수죄의 각 이득액을 합한 금액을 의미하는 것은 아니며(대법원 2000. 3. 24. 선고 2000도28 판결, 1993. 6. 22. 선고 93도743 판결 등 참조), 수인의 피해자에 대하여 각별로 기망행위를 하여 각각 재물을 편취한 경우에는 범의가 단일하고 범행방법이 동일하

더라도 각 피해자의 피해법익은 독립한 것이므로 이를 포괄일죄로 파악할 수 없고 피해자별로 독립한 사기죄가 성립되는 점(대법원 1993. 6. 22. 선고 93도743 판결 참조)은 상고이유의 주장과 같다.

그러나 이 사건 피고인들에 대한 특정경제범죄가중처벌등에관한법률위반(상습사기)죄는 상습범으로써 포괄일죄에 해당하므로 피해자별 이득액의 합산액을 기준으로 하여 특정경제범죄가중처벌등에관한법률위반죄를 적용한 원심의 조치는 옳고, 거기에 특정경제범죄가중처벌등에관한법률위반죄에 정한 이득액의 해석에 관한 법리오해의 위법이 없다.

* * *

상상적 경합은 1개의 행위가 실질적으로 수개의 구성요건을 충족하는 경우를 말하고, 법조경합은 1개의 행위가 외관상 수개의 죄의 구성요건에 해당하는 것처럼 보이나 실질적으로 1죄만을 구성하는 경우를 말하며, 실질적으로 1죄인가 또는 수죄인가는 구성요건적 평가와 보호법익의 측면에서 고찰하여 판단하여야 한다(대법원 1998. 3. 24. 선고 97도2956 판결, 1984. 6. 26. 선고 84도782 판결 등 참조).

방문판매등에관한법률 제45조 제2항 제1호는 "누구든지 다단계판매조직 또는 이와 유사하게 순차적·단계적으로 가입한 가입자로 구성된 다단계조직을 이용하여 상품 또는 용역의 거래없이 금전거래만을 하거나 상품 또는 용역의 거래를 가장하여 사실상 금전거래만을 하는 행위를 하여서는 아니된다."고 규정하고 있어서 그 행위 자체를 사기행위라고 볼 수는 없고, 그러한 금전거래를 통한 형법 제347조 제1항의 사기죄와 방문판매등에관한법률 제45조 제2항 제1호의 위반죄는 법률상 1개의 행위로 평가되는 경우에 해당하지 않으며, 또 각 그 구성요건을 달리하는 별개의 범죄로서, 서로 보호법익을 달리하고 있어 양 죄를 상상적 경합관계나 법조경합관계로 볼 것이 아니라 실체적 경합관계로 봄이 상당하다.

* * *

대법관 이용우(재판장) 김형선 조무제(주심)

참고판례

(1) 죄수결정의 기준

(가) 대법원 1982. 12. 14. 선고 82도2448 판결【간통】(공1983, 321)

형법 제241조의 간통죄는 각 성교행위마다 1개의 간통죄가 성립된다 할 것이고(당원 1969. 10. 14. 선고 69도1339 판결 참조) 형사소송법 제254조 제4항에 의하면 "공소사실의 기재는 범죄의 시일, 장소와 방법을 명시하여 사실을 특정하여야 한다"고 규정하고 있으므로 구체적인 범죄사실의 기재가 없는 공소장은 그 효력이 없다 할 것인바 원심이 이 사건 공소장 기재사실 중 피고인이 1980. 10. 초순경 군산시 문화동 번지 미상 공소외 A의 집에서 동인과 1회 성교하였다는 부분에 대하여만 유죄로 인정하고, 이와 경합범으로 기소된 위 일자부터 1981. 6. 25.까지는 농 상소에서, 그리고 그 익일부디 1982. 1. 30.경까지는 전주시 전묵동(상세지번생략), 공소외 A의 집 2층에서 공소외 A와 수회 간음하여 상간하였다는 점에 대하여는 간통횟수가 구체적으로 특정되지 아니하였다 하여 같은 법 제327조 제2호를 적용하여 공소기각의 판결을 선고하고 있는바, 위 사실에 의하면 위 공소장 기재 부분은 추상적 범죄구성요건의 문귀만이 적시되고 개개의 간통행위의 내용을 이루는 구체적 범죄사실의 기재는 없어 그 심판대상이 특정되어 있다고 할 수 없으므로 원심의 그와 같은 조치는 정당하고 여기에 소론과 같은 공소사실의 특정에 관한 법리를 오해한 위법이 있다 할 수 없다.

(나) 대법원 2008. 3. 27. 선고 2007도9328 판결【사기{인정된죄명 : 특정경제범죄가중처벌등에관한법률위반(사기)}, 부정수표단속법위반】(공2008, 639)

원심은, 이 사건 공소사실 중 배임의 점에 관하여, 판시 증거에 의하여 피고인이 피해자에게 금원 편취의 목적으로 부동산에 근저당권을 설정하여 주겠다고 속이고 피해자로부터 7억 원을 교부받고서도 피해자 명의의 근저당권을 설정하여 주지 아니하고, 농협중앙회로부터 2억 3천만 원을 차용하면서

농협중앙회 명의의 근저당권을 설정하여 준 사실을 인정한 다음, 이러한 경우에 피고인이 부동산에 피해자 명의의 근저당권을 설정하여 주기로 한 약정은 금원 편취의 수단에 불과하여 피고인이 피해자로부터 금원을 수수하는 순간 사기 범행은 완성되는 것이고, 그 이후에 피해자 명의의 근저당권이 설정되지 아니하였다는 등의 사정은 처음부터 사기 범행에 예정된 당연히 수반되는 결과로 일종의 불가벌적 사후행위라고 할 것으로서 사기 범행에 대한 가벌적 평가에 포함되어 사기죄와 별도로 별죄를 구성하지 아니한다고 봄이 상당하다고 보아 배임의 점에 대하여 무죄를 선고하였다.

그러나 채무의 담보로 근저당권설정등기를 하여 줄 임무가 있음에도 불구하고 이를 이행하지 않고 임의로 제3자 명의로 근저당권설정등기를 마치는 행위는 배임죄를 구성하는 것인바(대법원 1971. 11. 15. 선고 71도1544 판결, 1993. 9. 28. 선고 93도2206 판결 등 참조), 부동산에 피해자 명의의 근저당권을 설정하여 줄 의사가 없음에도 피해자를 속이고 근저당권 설정을 약정하여 금원을 편취한 경우라 할지라도, 이러한 약정은 사기 등을 이유로 취소되지 않는 한 여전히 유효하여 피해자 명의의 근저당권설정등기를 하여 줄 임무가 발생하는 것이고, 그럼에도 불구하고 임무에 위배하여 그 부동산에 관하여 제3자 명의로 근저당권설정등기를 마친 경우, 이러한 배임행위는 금원을 편취한 사기죄와는 전혀 다른 새로운 보호법익을 침해하는 행위로서 사기 범행의 불가벌적 사후행위가 되는 것이 아니라 별죄를 구성한다고 보아야 한다.

(다) 대법원 1998. 2. 10. 선고 97도2836 판결【특정경제범죄가중처벌등에관한법률위반(수재등·증재등)】(공1998, 817)

여러 개의 뇌물수수행위가 있는 경우에 그것이 단일하고 계속된 범의하에 동종의 범행을 일정 기간 반복하여 행한 것이고, 그 피해법익도 동일한 경우에는 각 범행을 통틀어 포괄일죄로 볼 것이지만, 그러한 범의의 단일성과 계속성을 인정할 수 없을 때에는 각 범행마다 별개의 죄가 성립하는 것으로서 경합범으로 처단하는 것이 마땅하다(당원 1989. 9. 26. 선고 89도1334 판결, 1989. 6. 20. 선고 89도648 판결, 1985. 7. 9. 선고 85도740 판결 등 참조).

원심판결 이유에 의하면, 원심은 피고인 갑이 1995. 4.부터 같은 해 11. 초순까지 7개월간에 걸쳐 피고인 을로부터 어음할인 한도액 증액, 대출심사 승인에서 선처, 지급보증 등의 부탁을 받으면서 제1심 판시 돈을 받은 행위를 경합범으로 처단하고 있는바, 기록과 대조하여 검토하여 보면, 피고인 갑이 단일하고도 계속된 범의 하에 위 각 돈을 받은 것이라고 볼 수는 없고, 그때마다 별개의 범의 하에 뇌물을 받은 것이라고 볼 수 있으므로 위와 같은 원심의 조치는 수긍할 수 있고, 여기에 논하는 바와 같이 죄수에 대한 판단을 그르친 위법이 있다고 할 수 없다.

(라) 대법원 2000. 4. 20. 선고 99도3822 전원합의체 판결【특정범죄가중처벌등에관한법률위반(조세)】(집48-1, 281)

특정범죄가중처벌등에관한법률 제8조 제1항(이하 '본항'이라 한다)은 "조세범처벌법 제9조 제1항에 규정된 죄를 범한 자는 나음의 구분에 따라 가중처벌한다."고 하면서, 제1호에서 "포탈하거나 환급받은 세액 또는 징수하지 아니하거나 납부하지 아니한 세액(이하 '포탈세액 등'이라 한다)이 연간 5억 원 이상인 때에는 무기 또는 5년 이상의 징역에 처한다."라고, 제2호에서 "포탈세액 등이 연간 2억 원 이상 5억 원 미만인 때에는 3년 이상의 유기징역에 처한다."라고 각 규정하고 있으며, 한편 조세범처벌법 제9조 제1항은 "사기 기타 부정한 방법으로 조세를 포탈하거나 조세의 환급·공제를 받은 자는 다음 각 호에 의하여 처벌한다. 다만 주세포탈의 미수범은 처벌한다."고 규정하고, 같은 법 제9조의3은 제9조에서 규정하는 포탈범칙행위의 기수시기를 그 제1, 2호 소정의 신고·납부기한이 경과한 때로 규정하고 있다.

원래 조세포탈범의 죄수는 위반사실의 구성요건 충족 횟수를 기준으로 하여 예컨대, 소득세포탈범은 각 과세년도의 소득세마다, 법인세포탈범은 각 사업년도의 법인세마다, 그리고 부가가치세의 포탈범은 각 과세기간인 6월의 부가가치세마다 1죄가 성립하는 것이 원칙이나, 본항은 연간 포탈세액이 일정액 이상이라는 가중사유를 구성요건화하여 조세범처벌법 제9조 제1항의 행위와 합쳐서 하나의 범죄유형으로 하고 그에 대한 법정형을 규정한 것이므로, 조세의 종류를 불문하고 1년간 포탈한 세액을 모두 합산한 금액이 본항 소정의 금액 이상인 때에는 본항 위반의 1죄만이 성립하고, 또한 본항 위반죄는 1년 단위로 하나의 죄를 구성하며 그 상호간에는 경합범 관계에 있다 할 것이고, 따라서 본항에 있어서 '연간'은 그 적용대상이 되는지 여부를 판단하기 위한 포탈세액을 합산하여야 할 대상기간을 의미할 뿐만 아니라, 그 죄수와 기판력의 객관적 범위를 결정하는 주요한 구성요건의 하나이므로 일반인의 입장에서 보아 어떠한 조세포탈행위가 본항 위반의 죄가 되고 또 어떤 형벌이 과하여지는지 알 수 있도록 그 개념이 명확하여야 하는데, 본항에서와 같이 연간이라는 용어를 사용하면서 그 기산시점을 특정하지 아니한 경우에는 역법상의 한 해인 1월 1일부터 12월 31일까지의 1년간으로 이해하는 것이 일반적이며 이렇게 보는 것이 형벌법규의 명확성의 요청에 보다 부응한다 할 것이고, 그리고 포탈범칙행위는 조세범처벌법 제9조의3 소정의 신고·납부기한이 경과한 때에 비로소 기수에 이르는(주세포탈 이외에는 미수범을 처벌하지 아니한다) 점 등에 비추어 보면, 본항에서 말하는 '연간 포탈세액 등'은 각 세목의 과세기간 등에 관계없이 각 연도별(1월 1일부터 12월 31일까지)로 포탈한 또는 부정 환급받은 모든 세액을 합산한 금액을 의미한다 할 것이다(대법원 1982. 5. 25. 선고 82도715 판결 참조).

이 법원에서 판시한 본항의 해석적용에 관한 의견(대법원 1982. 6. 22. 선고 82도938 판결, 1983. 4. 12. 선고 83도362 판결, 1990. 7. 10. 선고 90도308 판결 등)은 이 견해에 저촉되는 부분에 한하여 이를 변경하기로 한다.…

5. 대법관 지창권, 대법관 이임수, 대법관 서성, 대법관 조무제, 대법관 유지담의 반대의견은 다음과 같다.

다수의견이 특정범죄가중처벌등에관한법률(다음부터는 '특가법'이라고 한다) 제8조 제1항에서 말하는 '연간 포탈세액 등'을 각 세목의 과세기간 등에 관계없이 포탈 등 범칙행위의 성립시기를 기준으로 삼아 '연간' 포탈하거나 환급·공제받은 모든 세액을 합산한 금액이라고 본 것은 타당하나, 나아가 '연간'의 의미를 각 연도별 1월 1일부터 12월 31일까지로 해석하는 데에는 찬성할 수 없다.

특가법 제8조는 조세범처벌법 제9조 제1항에 규정된 죄를 지은 사람의 포탈세액 등이 연간 일정한 금액 이상에 달할 경우 가중하여 처벌하는 규정으로서, 단기간 내에 많은 금액의 조세를 부정한 행위로써 포탈하거나 환급·공제받은 사람을 포탈세액 등의 금액에 따라 엄하게 처벌함으로써 건전한 사회질서를 유지하고 국민경제의 발전에 기여하려는 데에 그 입법목적이 있고, 또 문리상으로도 특가법 제8조 제1항의 '연간'은 법문대로 '1년의 기간'을 의미하는 것으로 해석될 뿐 각 연도별 1월 1일부터 12월 31일까지를 의미한다고 볼 아무런 근거가 없으며, 뿐만 아니라 형법 제83조는 연 또는 월로써 정한 기간은 역수에 따라 계산한다고 규정하고 있는 점 등에 비추어 볼 때 특가법 제8조 제1항의 '연간'은 기소된 최초의 포탈 등 범칙행위의 성립시기인 어느 해의 특정 시점으로부터 1년의 기간을 뜻하는 것이라고 해석하여야 한다.

만일 어느 해의 특정 시점으로부터 1년의 기간 내에 특가법 제8조 제1항에 규정된 금액 이상의 조세를 부정한 행위로써 포탈하거나 환급·공제받은 사람을 특가법위반죄의 1죄로 처벌하지 아니하고 각 포탈 등 범칙행위가 행하여진 연도가 다르다는 이유로 별개의 죄로 나누어 처벌하다면 그것은 위 입법취지는 물론 법감정에도 맞지 않는다.

종래의 주류적인 대법원 판례도, 과세기간 등에 관계없이 포탈 등 범칙행위의 성립시기를 기준으로 '연간 포탈세액 등'을 판단해야 한다는 관점에서 살펴보면, 특가법 제8조 제1항의 '연간'을 기소된 최초의 포탈 등 범칙행위의 성립시기로부터 1년의 기간으로 새겨왔다(대법원 1982. 6. 22. 선고 82도938 판결, 1983. 4. 12. 선고 83도362 판결, 1990. 7. 10. 선고 90도308 판결 등).

따라서 다수의견과 같은 취지로 판시된 대법원 1982. 5. 25. 선고 82도715 판결의 의견이 오히려 이 반대의견과 저촉되는 한도에서 변경되어야 한다.

(2) 범죄별 검토

(마) 대법원 1970. 7. 21. 선고 70도1133 판결【야간주거침입, 절도】(집18-2, 형51)

원심 판결이유를 보면 원심은 피고인은 1969. 12. 27 03:00경 진주시 (상세지번 생략) (이름 생략) 경영의 (상호 생략)에 침입하여 그곳 방안 방바닥에 놓여 있던 A 소유의 전축 1대와 음판 7장을 절취한 후 그 방벽에 걸려 있던 B 소유의 옷 호주머니 속에서 그 사람 소유 팔뚝시계 1개, 현금 350원을 꺼내어 이를 절취한 사실을 인정하고 물건의 소유자가 다르고 절취한 시간, 장소가 다르므로 형법 제37조 전단의 경합죄가 성립된다고 판시하였다. 그러나 원심이 증거로 한 것을 보면 피고인은 단일범의로서 절취한 시간과 장소가 접착되어 있고 같은 관리인의 관리하에 있는 방안에서 A와 B의 물건을 절취한 것으로서 이러한 경우에는 일개의 절도죄가 성립된다고 할 것이므로 필경 원심은 절도죄의 죄수에 관한 법리를 오해한 위법이 있고 논지는 이유 있다.

(바) 대법원 1989. 8. 8. 선고 89도664 판결【절도, 절도미수, 주거침입】(공1989, 1390)

원심이 확정한 바와 같이 피고인이 A의 집에 침입하여 그 집의 방안에서 그 소유의 재물을 절취하고 그 무렵 그 집에 세들어 사는 B의 방에 침입하여 재물을 절취하려다 미수에 그쳤다면 위 두 범죄는 그 범행장소와 물품의 관리자를 달리하고 있어서 별개의 범죄를 구성한다 할 것이므로 원심이 위 두 범죄를 경합범으로 다스린 조치는 정당하고 거기에 지적하는 바와 같은 절도죄의 죄수에 관한 법리오해의 위법이 없다.

(사) 대법원 1996. 7. 30. 선고 96도1285 판결【특수강도, 도로교통법위반】(공1996, 2761)

원심은 피고인이 원심 공동피고인 갑, 을 등과 함께 피해자 A의 집에 침입하여 위 피해자 A 및 그 처인 피해자 B로부터 금품을 강취한 행위가 각 피해자 별로 특수강도죄를 구성함을 전제로 각 특수강도죄 사이에 상상적 경합관계가 있는 것으로 보아 범정이 보다 무거운 피해자 B에 대한 특수강도죄로 의율한 제1심판결을 유지하고 있으나, 강도가 시간적으로 접착된 상황에서 가족을 이루는 수인에게 폭행·협박을 가하여 집안에 있는 재물을 탈취한 경우 그 재물은 가족의 공동점유 아래 있는 것으로서, 이를 탈취하는 행위는 그 소유자가 누구인지에 불구하고 단일한 강도죄의 죄책을 지는 것으로 봄이 상당하다고 할 것이니, 이와 다른 원심판결은 강도죄의 죄수에 관한 법리를 오해한 위법이 있다고 하지 않을 수 없다.

(아) 대법원 1987. 5. 26. 선고 87도527 판결 【강도상해】 (공1987, 1111)

강도가 한 개의 강도범행을 하는 기회에 수명의 피해자에게 각 폭행을 가하여 각 상해를 입힌 경우에는 각 피해자별로 수개의 강도상해죄가 성립하며, 이들은 실체적 경합범의 관계에 있다고 보아야 할 것….

(자) 대법원 2001. 8. 21. 선고 2001도3447 판결 【강도상해, 준강도】 (공2001, 2139)

피고인이 2001. 2. 2. 01:50경 …A 소유의 … 베스타 승합차의 조수석 문을 열고 안으로 들어가 공구함을 뒤지던 중 위 차에 실치된 도난경보장치의 경보음을 듣고 달려 온 A에게 발각되는 바람에 절취의 뜻을 이루지 못한 채 미수에 그친 후 A의 신고를 받고 출동한 대전경찰서 소속 경장 공소외 B, C가 자신을 붙잡으려고 하자 체포를 면탈할 목적으로 팔꿈치로 공소외 A의 얼굴을 1회 쳐 공소외 A를 폭행하고, 발로 공소외 B의 정강이를 1회 걷어차 공소외 B에게 약 2주간의 치료를 요하는 우측하퇴부좌상 등을 가한 사실….

그런데 원심판결이 인용한 제1심은 피고인에 대한 이 사건 공소사실을 유죄로 인정하면서 공소외 A에 대하여는 준강도죄를, 공소외 B에 대하여는 강도상해죄의 죄책을 따로 인정한 후 이를 실체적 경합범으로 보고, 형이 더 무거운 강도상해죄에 경합범 가중을 하여 피고인을 처벌하고 있으며, 원심은 이를 유지하였다. 그러나 절도범이 체포를 면탈할 목적으로 체포하려는 여러 명의 피해자에게 같은 기회에 폭행을 가하여 그 중 1인에게만 상해를 가하였다면 피고인의 이러한 행위는 포괄하여 하나의 강도상해죄만 성립한다고 할 것이므로(대법원 1966. 12. 6. 선고 66도1392 판결 참조), 이 점에서 원심판결은 위법을 면하지 못한다고 할 것이다.

(차) 대법원 2010. 4. 29. 선고 2010도2810 판결【사기(피고인 2에 대하여 인정된 죄명 : 사기방조)】(미간행)

단일한 범의를 가지고 상대방을 기망하여 착오에 빠뜨림으로써 그로부터 동일한 방법에 의하여 여러 차례에 걸쳐 재물을 편취하면 그 전체가 포괄하여 일죄로 되지만, 여러 사람의 피해자에 대하여 따로 기망행위를 하여 각각 재물을 편취한 경우에는 비록 범의가 단일하고 범행방법이 동일하더라도 각 피해자의 피해법익은 독립한 것이므로 그 전체가 포괄일죄로 되지 아니하고 피해자별로 독립한 여러 개의 사기죄가 성립하고(대법원 1989. 6. 13. 선고 89도582 판결, 대법원 2003. 4. 8. 선고 2003도382 판결 등 참조), 그 사기죄 상호간은 실체적 경합범 관계에 있다고 할 것이다.

원심판결 이유에 의하면, 원심은 적법하게 채택한 증거에 의하여 판시와 같은 사실, 즉 공소외 A와 공소외 B는 각 피고인 갑이 조직한 2003. 1. 13.자 계와 2004. 4. 16.자 계를 통하여, 그와 별도로 공소외 A와 공소외 C는 각 피고인 갑이 조직한 2007. 8. 16.자 계를 통하여 피해를 입었지만, 위 피해자들은 각 피고인 갑의 개별적인 기망행위에 기하여 위 각 계에 가입한 점, 위 피해자들의 계불입금 납입과 계금 수령 등도 피고인 갑과 사이에 개별적으로 이루어진 점 등을 인정한 후, 그에 비추어 보면 피해자들의 피해 원인은 피고인 갑의 개별적인 기망행위라 할 것이므로 피해자별로 독립하여 사기죄가 성립하고 그 사기죄 상호간은 실체적 경합범 관계에 있다고 판단하였는바, 위와 같은 원심판단은 앞서 본 법리에 따른 것으로서 정당하고, 거기에 상고이유 주장과 같은 사기죄의 죄수에 관한 법리를 오해한 위법 등이 없다.

(카) 대법원 2010. 5. 27. 선고 2007도10056 판결【특정경제범죄가중처벌등에관한법률위반(사기) …】(공2010, 1305)

사기죄에 있어서 동일한 피해자에 대하여 수회에 걸쳐 기망행위를 하여 금원을 편취한 경우, 그 범의가 단일하고 범행 방법이 동일하다면 사기죄의 포괄일죄만이 성립한다(대법원 2006. 2. 23. 선고 2005도8645 판결 등 참조). …

위와 같은 법리에 비추어 보면, 피고인들이 공소외 주식회사가 석유를 수입하는 것처럼 가장하여 신용장 개설은행의 직원들을 기망하여 신용장 개설은행들로 하여금 신용장을 개설하게 하고 신용장 대금 상당액의 지급을 보증하게 함으로써 동액 상당의 재산상 이익을 취득한 행위는 피해자들인 신용장 개설은행별로 각각 포괄하여 1죄가 성립하고, 분식회계에 의한 재무제표 및 감사보고서 등으로 농업협동조합 P지점의 직원들을 기망하여 위 농협으로 하여금 신용장을 개설하게 하여 신용장 대금 상당액의 지급을 보증하게 함으로써 동액 상당의 재산상 이익을 취득한 행위도 포괄하여 1죄가 성립한다고 할 것이나, 위와 같이 가장거래에 의한 사기죄와 분식회계에 의한 사기죄는 범행 방법이 동일하지 않아 그 피해자가 동일하더라도 포괄일죄가 성립한다고 할 수 없다.

(타) 대법원 1995. 9. 5. 선고 95도1269 판결【특정경제범죄가중처벌등에관한 법률위반, …업무상횡령】(집43-2, 792)

피고인 갑 등이 횡령한 이 사건 세금에는 직할시세인 취득세, 등록세 등과 구세인 재산세, 종합토지세 등 및 국세인 방위세 또는 교육세가 포함되어 있는바, 직할시세, 구세 및 국세는 각기 과세주체를 달리하고 또 피고인 갑 등이 이들 세금을 수납할 수 있는 근거 규정도 서로 다르므로, 비록 이 사건 범행이 세금 횡령이라는 단일한 범의가 계속적으로 발현된 일련의 범행이기는 하지만, 직할시세, 구세 및 국세를 횡령한 각 범행을 통틀어 하나의 포괄일죄로 볼 수는 없고, 그 피해자 내지 피해법익별로(즉 직할시세, 구세 및 국세별로) 구분하여 별개의 죄가 성립한다고 볼 것이다.

그리고 이 경우 같은 직할시세 또는 같은 구세 중에서 구체적인 세목을 달리하거나, 수개의 행위 도중에 공범자에 변동이 있고 때로는 단독범인 경우도 있다 하더라도, 그것이 단일하고 계속된 범의 하에 행하여진 것이라면 별개의 죄가 되는 것이 아니라 포괄일죄가 된다.

(파) 대법원 1993. 6. 22. 선고 93도743 판결【특정경제범죄가중처벌등에관한 법률위반(업무상배임), …】(공1993, 2193)

원심판결이유에 의하면 원심은 위 피고인들의 이 사건 업무상배임 범행은 그 범의나 범행대상, 범행시기 등으로 보아 일련의 행위로서 포괄 1죄로 봄이 상당하다 하여 위 피고인들의 위 범행에 대하여 각 포괄하여 특정경제범죄가중처벌등에관한법률(이하 특경법이라 한다) 제3조 제1항 제2호를 적용하여 처단하였다.

그러나 원심이 적법하게 확정한 바와 같이 공소외 P회사의 대표이사인 피고인 을이 피해자들에 대하여 각 별도로 이 사건 아파트에 관하여 소유권이전등기절차를 이행하여 주어야 할 업무상의 임무가 있었다면 각 피해자의 보호법익은 독립한 것이라고 할 것이므로 위 피고인들의 범의가 단일하고 제3자 앞으로 각 소유권이전등기 및 근저당권설정등기를 한 각 행위시기가 근접하여 있으며 피해자들이 모두 공소외 P회사로부터 소유권이전등기를 받을 동일한 권리를 가진 자라고 하여도 위 피고인들의 위 범행을 포괄 1죄라고 볼 수는 없고 피해자별로 독립한 수개의 업무상배임죄가 성립된다고 보아야 할 것이다(다만 피고인 병이 업무상 위 사무를 처리하는 지위에 있지 아니하다면 형법 제33조 단서에 의하여 형법 제355조 제2항에 따라 처단되어야 할 것이다).

또 특경법 제3조 제1항에서 말하는 이득액은 단순 1죄의 이득액이나 혹은 포괄 1죄가 성립되는 경우의 이득액의 합산액을 의미하는 것이고 경합범으로 처벌될 수죄에 있어서 그 이득액을 합한 금액을 의미하는 것은 아닌바, 원심이 적법하게 확정한 사실에 의하면 위 각 업무상배임죄의 이득액은 각 피해자별로 산정하면 특경법 제3조 제1항 소정의 5억 원 이상이 되지 못하므로 위 각 업무상배임죄에 대하여 위 특경법 조항을 적용할 수도 없다.

(하) 대법원 1995. 3. 24. 선고 95도22 판결【폭력행위등처벌에관한법률위반】(공1995, 1785)

폭행으로 인한 폭력행위등처벌에관한법률 제2조 제2항 위반죄는 피해자별로 1개의 죄가 성립되는 것으로 각 피해자별로 사실을 특정할 수 있도록 공소사실을 기재하여야 할 것인바, 이 사건 공소사실 중 "피고인들이 공동하여, 성명불상 범종추측 승려 100여 명의 전신을 손으로 때리고 떠밀며 발로 차서 위 성명불상 피해자들에게 폭행을 각 가한 것이다."는 부분은 피해자의 숫자조차 특정되어 있지 않아 도대체 몇 개의 폭행으로 인한 폭력행위등처벌에관한법률위반죄를 공소제기한 것인지조차 알 수가 없으므로, 위 각 폭행으로 인한 폭력행위등처벌에관한법률위반의 점은 공소장에 구체적인 범죄사실의 기재가 없어 그 공소제기의 절차가 법률의 규정에 위반하여 무효인 경우에 해당한다고 할 것이다.

(거) 대법원 1983. 4. 26. 선고 83도524 판결【특수절도, 특수절도미수, 폭력행위등처벌에관한법률위반】(집31-2, 형208)

제1심 판시 내용과 같이 피고인이 원심 공동피고인, 공소외 A, B 등과 공동하여 피고인 을의 체포를 면하게 하기위해 그를 검거하려고 쫓아오는 피해자 C의 얼굴을 수도파이프로 때리고 이발용 면도칼을 휘둘러 상해를 입힌 행위와 피해자 D의 등을 이발용 면도칼로 그어 상해를 입힌 행위는 비록 같은 일시, 장소에서 같은 목적으로 저지른 소행이라 하더라도 피해자를 달리하고 있어 피해자별로 각각 별개의 죄(폭력행위등처벌에 관한 법률 위반 제3조 제2항, 형법 제257조 제1항 위반)를 구성한다고 보아야 할 것이고, 소론과 같이 1개의 행위가 수개의 죄에 해당하는 경우라고는 볼 수 없으므로 원심이 유지한 제1심 판결이 피고인의 소위를 수개의 죄에 해당한다고 보아 경합범가중을 하여 처단한 조치에도 위법사유가 있다 할 수 없다.

(너) 대법원 1987. 5. 12. 선고 87도694 판결【강간치상, 강간】(공1987, 1018)

원심판결 이유와 원심이 유지한 제1심판결이 든 증거들을 기록에 비추어 살펴보면, 피고인이 이 사건 피해자(여, 20세)를 강간할 목적으로 도망가는 피해자를 추격하여 머리채를 잡아 끌면서 블럭조각으로 피해자의 머리를 수회 때리고 손으로 목을 조르면서 항거불능케 한 후 그녀를 1회 간음하여 강간하고 이로 인하여 그녀로 하여금 요치 28일간의 전두부 타박상을 입게 한 후 약 1시간 후에 그녀를 피고인 집 작은방으로 끌고 가 앞서 범행으로 상처를 입고 항거불능 상태인 그녀를 다시 1회 간음하여 강간한 사실을 각 인정하기에 넉넉하고, 거기에 소론과 같은 채증법칙에 위배하여 사실인정을 잘못한 허물을 찾아 볼 수 없다. 또한 원심이 위에 설시한바 피고인의 두 번에 걸친 피해자에 대한 강간행위를 그 범행시간과 장소를 각 달리하고 있을 뿐만 아니라 각 별개의 범의에서 이루어진 행위로 보아 형법 제37조 전단의 실체적 경합범으로 처단한 조치는 옳고, 거기에 소론과 같이 법령적용에 잘못이 있다는 주장은 받아들일 수 없다.

(더) 대법원 1982. 12. 14. 선고 82도2442 판결【미성년자의제강간치상, 미성년자의제강간(택일적추가죄명 : 미성년자의제강제추행)】(공1983, 321)

미성년자의제강간죄 또는 미성년자의제강제추행죄는 행위시마다 1개의 범죄가 성립하므로 각 강간 또는 강제추행시마다 일시를 특정하여 공소사실을 기재하여야 한다는 전제하에, 원심이 이 사건 공소사실 중 "피고인이 1980. 12. 일자불상경부터 1981. 9. 5 전일경까지 사이에 피해자를 협박하여 약 20여회 강간 또는 강제추행(택일적 공소사실)하였다."는 부분은 그 범행일시가 명시되지 아니하여 공소사실을 특정할 수 없어 위 공소사실부분에 대한 공소를 기각하는 판결을 선고한 원심의 조치는 정당하고(대법원 1975. 6. 24. 선고 75도346 판결 참조) 거기에 소론과 같은 법리오해의 위법이 없다.

(러) 대법원 2009. 6. 25. 선고 2009도3505 판결【공무집행방해】(공2009, 1265)

동일한 공무를 집행하는 여럿의 공무원에 대하여 폭행·협박 행위가 이루어진 경우에는 공무를 집행하는 공무원의 수에 따라 여럿의 공무집행방해죄가 성립하고, 위와 같은 폭행·협박 행위가 동일한 장소에서 동일한 기회에 이루어진 것으로서 사회관념상 1개의 행위로 평가되는 경우에는 여럿의 공무집행방해죄는 상상적 경합의 관계에 있다고 할 것이다(대법원 1961. 9. 28. 선고 4294형상415 판결 참조).

원심이 적법하게 확정한 사실관계와 기록에 의하면, 경찰관 공소외 A와 과 공소외 B는 피고인에 대하여 접수된 피해 신고를 받고 함께 출동하여 신고 처리 및 수사 업무를 집행 중이었는데, 피고인은 같은 장소에서 위 경찰관들에게 욕설을 하면서 먼저 경찰관 공소외 A를 폭행하고 곧이어 이를 제지하는 경찰관 공소외 B를 폭행한 사실을 알 수 있는바, 위와 같이 동일한 장소에서 동일한 기회에 이루어진 폭행 행위는 사회관념상 1개의 행위로 평가하는 것이 상당하므로 공소외 A와 공소외 B에 대한 공무집행방해죄는 형법 제40조에 정한 상상적 경합의 관계에 있다고 할 것이다.

참고문헌

□ 신동운, 형법총론(제5판), 2010, 714~717면

범죄란 구성요건에 해당하고 위법하며 유책한 행위이다. 구성요건은 법익을 보호하기 위하여 설정된 위법행위의 정형이다. 이와 같이 생각해 보면 범죄의 개수를 결정하는 기본단위로, 행위, 보호법익, 구성요건 등을 생각해 볼 수 있다. 한편 행위란 행위자의 의사가 신체동작을 통하여 외부에 표현된 것이다. 그렇다면 죄수론의 기본적인 결정단위로서 신체동작을 기준으로 하는 행위표준설, 행위자의 의사를 기준으로 하는 의사표준설, 구성요건이 보호하려는 법익을 기준으로 하는 법익표준설, 구성요건이 설정한 위법행위의 정형을 기준으로 하는 구성요건표준설 등을 각각 상정해 볼 수 있다. … 죄수론의 기본척도로 행위, 의사, 법익, 구성요건 등의 여러 요소를 종합적으로 고려해야 한다는 주장이 제기되고 있다.

□ 사법연수원, 형사판결서작성실무, 2010, 231면

동일한 범죄사실이라도 죄수를 어떻게 볼 것이냐에 따라 처단형의 범위, 공소사실과 범죄사실 특정의 정도, 재구속의 가능 여부, 공소의 효력, 기판력의 범위, 기수시기(형법 제37조 후단 경합범 여부, 공소시효의 기산점), 판결문의 주문 표시 여부 등에서 차이가 있게 된다.

쟁점연구

1. 도입판례와 참고판례 (가)~(라)는 죄수를 결정하는 기준으로 참고문헌(신동운)이 제시한 각 학설들의 어느 입장을 취한 것으로 보이는가?
2. 일죄인가 수죄인가에 따라 구체적으로 어떠한 차이가 있는가? 일죄의 일부가 유죄이고 다른 일부가 무죄(또는 면소, 공소기각)일 경우 판결의 주문과 이유는 어떻게 구성하는가?
3. 다음 각 범죄에서 죄수를 결정하는 가장 중요한 기준은 무엇인가?
   가. 절도죄, 강도죄 : 참고판례 (마), (바), (사)
   나. 강도상해죄 : 참고판례 (아), (자)
   다. 사기죄 : 참고판례 (차), (카)
   라. 횡령죄, 배임죄 : 참고판례 (타), (파)
   마. 폭행죄, 상해죄 : 참고판례 (하), (거)
   바. 강간죄 : 참고판례 (너)
   사. 미성년자의제강간, 미성년자의제강제추행 : 참고판례 (더)
   아. 간통 : 참고판례 (가)
   자. 뇌물죄 : 참고판례 (다)
   차. 공무집행방해 : 참고판례 (러)

주요개념

1. 죄수
2. 일죄(1죄)
3. 수죄

Ⅱ. 일죄

도입판례

대법원 2004. 9. 16. 선고 2001도3206 전원합의체 판결【사기】(공2004, 1684)

【피 고 인】 갑
【상 고 인】 검사
【원심판결】 서울지법 2001. 5. 25. 선고 2000노10709, 2001노1003 판결
【주 문】 원심판결을 파기하고 사건을 서울중앙지방법원 합의부에 환송한다.
【이 유】

1. 원심은, 이 사건 공소사실 중, 전에 사기죄로 유죄판결(인천지방법원 부천지원 1998. 3. 6. 선고 97고단1587 판결)이 확정된 사건의 사실심 선고 전에 저질러진 부분, 즉 피고인이 1996. 12. 30.부터 1998. 1. 17.까지 사이에 피해자 A, B, C, D, E, F 등으로부터 그 판시와 같이 신공항구조물공사 동업자금, 공사현장 식당경비와 운영권 명목, 또는 토지분양대금 명목 등으로 합계 1억 원 남짓의 금원을 편취하였다는 각 사기범행 부분에 대하여, 판결이 확정된 범죄사실과 위 공소사실 부분은 그 범행의 동기, 수단 및 방법이 유사하고 2년여 기간 동안에 반복하여 행하여진 점 등에 비추어 각 사기 범행은 모두 피고인의 사기 습벽의 발현에 의하여 저질러진 범행이라고 할 것이어서 다 같이 포괄일죄인 상습사기죄에 해당하므로 위 확정판결의 기판력이 그와 포괄일죄의 관계에 있는 위 공소사실 부분에 대하여도 미친다고 판단하여 위 공소사실 부분에 대한 제1심의 면소판결을 유지하고 검사의 항소를 기각하였다.

2. 그러나 원심의 판단은 다음과 같은 이유로 수긍할 수 없다.

가. 상습범이라 함은 어느 기본적 구성요건에 해당하는 행위를 한 자가 그 범죄행위를 반복하여 저지르는 습벽 즉 상습성이라는 행위자적 속성을 갖추었다고 인정되는 경우에 이를 가중처벌사유로 삼고 있는 범죄유형을 가리킨다. 그리고 이러한 상습성을 갖춘 자가 여러 개의 죄를 반복하여 저지른 경우에는 각 죄를 별죄로 보아 경합범으로 처단할 것이 아니라 그 모두를 포괄하여 상습범이라고 하는 하나의 죄로 처단하는 것이 상습범의 본질 또는 상습범 가중처벌규정의 입법취지에 부합한다는 점은 일찍부터 대법원이 견지하여 온 견해이다(대법원 1978. 2. 14. 선고 77도3564 전원합의체 판결 등 다수).

나. 상습범으로서 포괄적 일죄의 관계에 있는 여러 개의 범죄사실 중 일부에 대하여 유죄판결이 확정된 경우에, 그 확정판결의 사실심판결 선고 전에 저질러진 나머지 범죄에 대하여 새로이 공소가 제기되었다면 그 새로운 공소는 확정판결이 있었던 사건과 동일한 사건에 대하여 다시 제기된 데 해당하므로 이에 대하여는 판결로써 면소의 선고를 하여야 하는 것인바(형사소송법 제326조 제1호), 다만 이러한 법리가 적용되기 위해서는 전의 확정판결에서 당해 피고인이 상습범으로 기소되어 처단되었을 것을 필요로 하는 것이고, 상습범 아닌 기본 구성요건의 범죄로 처단되는 데 그친 경우에는, 가사 뒤에 기소된 사건에서 비로소 드러났거나 새로 저질러진 범죄사실과 전의 판결에서 이미 유죄로 확정된 범죄사실 등을 종합하여 비로소 그 모두가 상습범으로서의 포괄적 일죄에 해당하는 것으로 판단된다 하더라도 뒤늦게 앞서의 확정판결을 상습범의 일부에 대한 확정판결이라고 보아 그 기판력이 그 사실심판결 선고 전의 나머지 범죄에 미친다고 보아서는 아니 된다.

확정판결의 기판력이 미치는 범위를 정함에 있어서는 그 확정된 사건 자체의 범죄사실과 죄명을 기준으로 하는 것이 원칙이고 비상습범으로 기소되어 판결이 확정된 이상, 그 사건의 범죄사실이 상습범 아닌 기본 구성요건의 범죄라는 점에 관하여 이미 기판력이 발생하였다고 보아야 할 것이며, 뒤에 드러난 다른 범죄사실이나 그 밖의 사정을 부가하여 전의 확정판결의 효력을 검사의 기소내용보다 무거운 범죄유형인 상습범에 대한 판결로 바꾸어 적용하는 것은 형사소송의 기본원칙에 비추어 적절하지 않기 때문이다.

다. 그러므로 과거에 이와 다르게, 상습범으로서 포괄일죄 관계에 있는 죄 중 일부에 대하여 유죄의 확정판결이 있고, 그 나머지 부분 즉 확정판결의 사실심 선고 전에 저질러진 범행이 나중에 기소된 경우에, 그 확정판결의 죄명이 상습범이었는지 여부를 고려하지 아니하고, 단지 확정판결이 있었던 죄와 새로 기소된 죄 사이에 상습범인 관계가 인정된다는 이유만으로 확정판결의 기판력이 새로 기소된 죄에 미친다고 판시하였던 대법원의 판결들(대법원 1978. 2. 14. 선고 77도3564 전원합의체 판결, 2002. 10. 25. 선고 2002도1736 판결 등 다수)은 이 판결의 견해와 어긋나는 범위 내에서 이를 모두 변경하기로 한다.

3. 따라서 원심판결 중 제1심판결의 면소부분에 대한 검사의 항소를 기각한 부분은 파기되어야 할 것인바, 이 사건은 면소부분을 포함하여 공소사실 전부가 포괄일죄관계에 있어 하나의 형이 선고되어야 할 것이므로, 원심판결 전부를 파기하고 사건을 원심법원에 환송하기로 하여 주문과 같이 판결한다. 이 판결에는 대법관 윤재식의 반대의견과 대법관 이용우의 별개의견이 있는 외에는 관여 대법관의 의견이 일치되었다.

4. 대법관 윤재식의 반대의견은 다음과 같다.

다수의견은, 상습범이라 함은 어느 기본적 구성요건에 해당하는 행위를 한 자가 그 범죄행위를 반복하여 저지르는 습벽, 즉 상습성이라는 행위자적 속성을 갖추었다고 인정되는 경우에 이를 가중처벌 사유로 삼고 있는 범죄유형을 가리키고, 이러한 상습성을 갖춘 자가 여러 개의 죄를 반복하여 저지른 경우에는 각 죄를 별죄로 보아 경합범으로 처단할 것이 아니라 그 모두를 포괄하여 상습범이라고 하는 하나의 죄로 처단하는 것이 상습범의 본질 또는 상습범 가중처벌규정의 입법취지에 부합한다는 점은 일찍부터 대법원이 견지하여 온 견해라고 하면서도, 포괄일죄인 상습사기죄의 일부에 관하여 유죄의 확정판결이 있더라도 단순사기죄로 처벌된 것인가, 상습사기죄로 처벌된 것인가에 따라 기판력이 미치는 범위가 달라진다고 하고 있으나, 다수의견에는 다음과 같은 이유로 찬성할 수 없다.

가. 우선 다수의견은 공소불가분의 원칙을 규정하고 있는 형사소송법 제247조 제2항과 일사부재리의 원칙을 규정하고 있는 헌법 제13조 제1항 후단 및 형사소송법 제326조 제1호에 반하는 것으로, 다수의견이 위와 같이 확립된 판례를 변경하는 것은 법령의 해석 · 적용에 관하여 선택할 수 있는 여러 견해 중 하나를 선택하는 차원의 범위를 넘어선 것이다.

(1) 먼저 공소불가분의 원칙과의 관계에서 보면, 형사소송법은 제247조 제2항에서 "범죄사실의 일부에 대한 공소는 그 효력이 전부에 미친다."고 규정하여 공소불가분의 원칙을 선언하고 있는바, 실체법상 일죄인 포괄일죄의 일부에 대하여만 공소가 제기되었다고 하더라도, 공소제기의 효력은 포괄일죄 전부에 대하여 미치므로(대법원 1999. 11. 26. 선고 99도3929, 99감도97 판결, 대법원 2001. 7. 24. 선고 2001도2196 판결 등 참조), 단일한 하나의 범죄를 분할하여 각기 달리 심판하는 것은 허용될 수 없다. 따라서 상습사기죄를 포괄일죄로 보는 이상 그 중 일부에 대하여만 공소가 제기된 경우에도 위와 같은 공소불가분의 원칙은 그대로 적용되어야 하고, 상습사기죄의 일부에 대하여 그것이 상습사기죄로 공소가 제기되었는지, 단순사기죄로 공소가 제기되었는지에 따라 그 적용을 달리할 수는 없다 할 것이다.

(2) 다음으로, 헌법 제13조 제1항 후단은 "모든 국민은 동일한 범죄에 대하여 거듭 처벌받지 아니한다."고 규정하여 일사부재리의 원칙을 선언하고 있고, 형사소송법 제326조 제1호는 이를 받아 '확정판결이 있은 때'에는 판결로써 면소의 선고를 하여야 한다고 규정하고 있는바, 위와 같은 확정판결의 기판력은 사건이 단일하고 동일한 경우 그 사건 전체에 미치는 것이므로, 상습사기죄를 포괄일죄로 보는 이상 상습사기죄의

일부에 대하여만 단순사기죄로 공소가 제기되어 판결이 확정되었다 하여도, 그 후에 포괄일죄의 나머지 전부나 일부에 대하여 공소가 제기되는 경우, 위 확정판결의 기판력이 후에 공소제기된 부분에 미치게 되는 것은 당연한 것이고, 이는 전의 단순사기죄의 확정판결을 검사의 기소내용보다 무겁게 상습사기죄의 확정판결로 인정하려는 것이 아니라, 단순사기죄의 확정판결이 있은 후에 그 단순사기죄의 확정판결의 범행과 포괄하여 상습사기죄의 일죄의 관계에 있는 범행에 대하여 다시 공소가 제기된 경우, 단순사기죄의 확정판결의 기판력이 후에 공소제기된 부분에까지 미친다고 보는 데에 불과하므로, 다수의견의 지적과는 달리 형사소송의 기본원칙에 전혀 배치되지 않는다.

나. 후에 공소제기된 사건에 관하여 확정판결이 있었는지 여부는 그 사건의 공소사실의 전부 또는 일부에 대하여 이미 판결이 있었는지 여부의 문제이고, 이는 전의 확정판결의 죄명이나 판단내용에 의하여 좌우되는 것이 아니므로, 이론상으로도 전의 확정판결에서 단순사기죄로 판단한 것의 구속력을 인정할 여지는 없고, 단순사기죄의 확정판결에 그와 같은 내용적 확정력을 인정할 법령상의 근거 역시 찾아볼 수 없다.

포괄일죄의 일부에 관하여 단순범으로 공소제기된 사건을 심판한 법원이 나머지 부분을 고려할 수 없는 제한 때문에 공소제기된 부분만을 단순범으로 판단하였다고 하여, 후에 나머지 부분에 관한 공소제기에 따라 그 부분을 심판하는 법원으로 하여금 전에 확정된 부분이 후에 공소제기된 부분과 포괄일죄의 관계에 있는지 여부에 관하여 판단할 수 없도록 하는 것은, 불완전한 공소제기 및 재판의 결과에 대하여 법령의 근거 없이 피고인에게 불이익을 돌리는 것으로 부당하다.

그리고 다수의견에 의하면, 단순범의 확정판결의 기판력은 언제나 포괄일죄를 구성하는 확정판결 전의 범행에 미치지 아니하는 결과가 되어, 예를 들면, 사기의 습벽을 가진 자에 대하여 상습사기죄, 상습사기죄, 단순사기죄, 상습사기죄의 각 판결이 확정된 다음, 후에 위 단순사기죄의 범행과 포괄일죄의 관계에 있는 범행에 대하여 검사가 별도로 공소를 제기하는 경우, 법원이 공소제기된 부분이 판결이 확정된 부분과 포괄하여 상습사기의 일죄 관계에 있다는 판단을 할 수 없게 되어 다시 처벌할 수 있게 되는바, 이는 피고인의 법적 안정성을 확보하기 위하여 일사부재리의 원칙을 선언하고 있는 헌법정신에도 어긋난다.

특히, 검사가 부주의로 포괄일죄의 관계에 있는 범행 중 일부만을 단순범으로 공소제기하거나 검사가 상습범으로 공소제기 하였음에도 전소에서 법원이 단순범으로 잘못 인정한 경우를 상정해 보면, 법원 및 검사의 부주의로 인한 위험을 피고인에게 전가하는 것이 되어 도저히 찬성하기 어렵다.

다. 다수의견이 기판력이 미치는 범위를 기본적으로 공소장 기재 사실을 한도로 하는 것은 소인개념을 채택하고 있지 아니하는 현행법상으로는 무리한 해석이다.

대법원은, 폭력전과를 과시하여 지나가는 피해자에게 시비하고 행패를 부려 불안감을 주거나 주점에서 손님들에게 시비를 걸고 영업을 방해하였다는 범죄사실로 인한 경범죄처벌법위반의 즉결심판의 기판력이 동일한 일시·장소에서 범한 폭행치사죄 또는 상해치사죄에 미친다고 보고 있고(대법원 1979. 1. 30. 선고 78도3062 판결, 1990. 3. 9. 선고 89도1046 판결 등 참조), 지나가는 피해자를 따라가면서 손목을 잡고 욕설을 하며 진로를 방해하는 등 공포심과 혐오감을 주었다는 범죄사실로 인한 경범죄처벌법위반의 즉결심판의 기판력이 동일한 일시·장소에서 같은 피해자의 멱살을 잡아 부근 비닐하우스 안으로 끌고 들어가 범한 강간죄에 미친다고 보고 있으며(대법원 1984. 10. 10. 선고 83도1790 판결 참조), 경범죄처벌법위반죄로 범칙금 통고처분을 받아 범칙금을 납부한 범칙행위인 소란행위와 상해죄의 공소사실이 범행장소가 동일하고 범행일시도 거의 같으며, 모두 피고인과 피해자의 시비에서 발단한 일련의 행위임을 이유로 경범죄처벌법위반죄에 대한 범칙금납부로 인한 확정재판에 준하는 효력이 상해의 공소사실에 미친다고 보고 있고(대법원 2003. 7. 11. 선고 2002도2642 판결 참조), 감금죄의 판결의 기판력이 그 감금 상태에서 피해자 명의의 인감증명서를 이용하여 회사의 대표이사 명의나 회사 부지의 소유자 명의를 변경하여 회사의 경영권을 빼앗았다는 내용의 폭력행위등처벌에관한법률위반죄의 공소사실에 미친다고 보고 있으므로(대법원 1998. 8. 21. 선고 98도749 판결 참조), 다수의견이 기판력이 미치는 범위를 기본적으로 공소장 기재 사실을 한도로 하는 것은, 위와 같은 대법원판례와도 저촉되어 양립할 수 없는 것이다.

라. 종전 대법원판례의 입장을 보면, 상습성은 행위자의 속성이고 상습범의 유형이 여러 가지임에도 불구하고 이를 모두 포괄일죄로 법률구성을 하고, 포괄일죄의 관계에 있는 범행 중 가벼운 부분만 발각되어 그 부분만 공소가 제기되어 확정판결을 받게 되면, 후에 그 부분과 포괄일죄를 구성하는 더 중한 부분이 발각되더라도 이를 처벌하지 못하는 불합리가 나타나고, 극단적인 경우에는 상습범이 단순 경합범보다 가볍게 처벌되는 경우도 있게 되므로, 그 폐해를 시정할 필요가 있다고 본다. 다수의견이 상습범의 기판력에 관한 판례를 변경하고자 하는 점에는 이러한 뜻이 담겨 있다고 보이므로, 가능하면 이를 지지하고 싶다.

그러나 위와 같은 일부 폐해를 시정할 필요가 있다고 하여, 법리에 어긋나는 해석을 할 수는 없다. 상습범에 관한 깊고 체계적인 연구가 부족한 현 시점에서 명백한 근거도 없이 확립된 대법원판례를 섣부르게 변경하는 것은 시기상조이며 그로 인하여 얻게 되는 이점보다는 법적 안정성을 해하고, 피고인의 인권을 침해하는 우를 범할까 두렵다.

위와 같은 폐해는, 형사재판 실무에 있어서 검사가 상습범을 단순범으로 기소하는 일이 없도록 폭넓고 신중한 수사를 거쳐 공소를 제기하는 한편, 법원으로서도 단순범의 확정판결이 있었던 사건과 후에 공소제기된 부분이 상습범의 포괄일죄의 관계에 있는지 여부에 관하여 보다 엄격하고 신중한 판단을 함으로써 상당 부분 시정될 수 있을 것이다.

다수의견이 이 문제를 꼭 해결하고 싶다면 위와 같이 법리에 어긋나는 해석 대신에, 상습범을 구성하는 범행의 일부에 대하여 단순범으로서의 확정판결이 있는 경우, 다른 부분에 대하여 그 후에 기소된 사건에서 그 부분에 관하여 단순범으로 판결이 확정된 부분과 법률상·사실상 동시심판이 불가능하였고, 기망행위 등 피고인에게 귀책사유가 있었으며, 그 부분이 확정판결의 현실적 심판 대상이었던 범행보다 본질적이고 중요한 핵심 행위에 해당하여 그 부분에 대하여까지 기판력이 미치도록 하는 것은 형사사법에서의 정의와 형평에 현저하게 반하는 때에 한하여, 비록 그 부분이 확정판결의 범죄사실과 단일하고 동일한 범위에 속한다고 하더라도 거기에는 앞의 확정판결의 기판력이 미치지 않는다고 하는 등 새로운 이론을 검토하는 것이 보다 바람직할 것이다.

마. 그러므로 원심이 단순사기죄로 재판이 확정된 판결의 기판력이 판시와 같이 포괄일죄의 관계에 있는 이 부분 범행에 대하여 미친다는 이유로 면소를 선고한 제1심판결을 유지한 것은 정당한 것으로 수긍이 가고, 거기에 상고이유로 주장하는 바와 같이 포괄일죄에 관한 법리를 오해하는 등의 위법이 있다고 할 수 없으므로, 검사의 상고를 기각하여야 할 것이고, 다수의견이 변경하려는 판결들은 그대로 유지되어야 마땅하다 할 것이다.

5. 대법관 이용우의 별개의견은 다음과 같다.

상습사기죄가 포괄일죄라는 다수의견에 대하여는 다음과 같은 이유로 동의할 수 없고 이는 원칙으로 실체법상 수죄로 보아야 함을 여기에 밝히기로 한다.

원래 '상습성'이란 '행위자의 속성'이라는 점에는 학설·판례상 이론이 없고 다수의견도 이를 받아들이고 있는바, 이는 곧 단 한 번 저질러진 범행이라도 그것이 상습성의 발현에 의한 것이라면 상습범이 된다는 것이다. 따라서 상습범이 성립하기 위하여는 반드시 수개의 범행이 반복될 것을 그 구성요건요소로 하거나 예정하고 있는 것은 아니다. 그러므로 상습성이 발현된 수개의 범행이 있는 경우에 각개의 범행 상호간에 보호법익이나 행위의 태양과 방법, 의사의 단일 또는 갱신 여부, 시간적·장소적 근접성 등 일반의 포괄일죄 인정의 기준이 되는 요소들을 전혀 고려함이 없이(그러한 요소들의 고려에 의하여 일정범위 내의 상습범행이 포괄일죄로 될 수 있음은 별문제이다) 오로지 '상습성'이라는 하나의 표지만으로 곧 모든 범행을 하나로 묶어 포괄하여 일죄라고 할 수는 없는 것이다. 이는 상습성이 행위자의 속성에 불과하다는 이치와도 부합하는 것이다.

다수의견은 상습범 규정의 입법취지가 상습적으로 반복된 수개의 범행을 '포괄하여 하나의 죄로' 무겁게 처벌하려는 데에 있음을 포괄일죄론의 근거로 들고 있는바, 이는 입법취지를 오해한 것이라 하지 않을 수 없다. 상습범 가중처벌규정의 입법취지는 상습성 있는 자의 범행은 위험성과 해악성이 더 크므로 이를 더 무겁게 처벌하려는 데에 있을 뿐이지 이에 더하여 '포괄하여 하나의 죄로' 처벌하려고 하는 데에 있는 것이 아니고, 이를 더 무겁게 처벌하기 위하여는 수죄로 보아 경합범가중까지 할 수 있어야 하는 것이다. 그렇지 않고 일죄로 보아 경합범가중을 할 수 없다면 상습성이 없는 사람이 수개의 사기범행을 한 경우나(½경합범가중) 상습성이 있는 사람이 수개의 사기범행을 한 경우나(½상습범가중에 그침) 처단형의 범위가 같게 되기 때문이다. 혹시 특별형법 중에 상습범의 법정형을 아주 높게 설정함으로써 그 경우에는 수개의 상습범행을 포괄하여 한 번만 아주 높은 형으로 처벌하고자 하는 것이 그 특별형법의 입법취지로 볼 수 있는 경우가 있을지 모르나 본건과 같은 형법상의 상습사기죄가 여기에 해당한다고 할 수는 없다.

이상과 같은 이유로 수개의 상습사기 범행은 원칙으로 수개의 죄로 보아야 하고 이에 배치되는 종전의 대법원판결들은 모두 변경되어야 한다고 믿는다. 그렇다면 이 사건에서는 원심이 재판이 확정된 범죄사실과 이 사건 공소된 각 사기범행 상호간에 보호법익, 행위의 태양과 방법, 의사의 단일 혹은 갱신 여부, 시간적·장소적 근접성 등 일반의 포괄일죄 인정의 기준에 따른 판단을 함이 없이 상습성이란 표지 하나만으로 곧 모든 사기범행을 포괄하여 하나의 상습범이 된다는 전제하에 확정재판 전의 범행에 대하여는 그 기판력에 의하여 면소판결을 선고한 제1심을 그대로 유지하고 있으니 이는 상습사기죄의 죄수에 관한 법리를 오해하여 판결에 영향을 미쳤음이 분명하므로 이를 지적한 검사의 상고는 이유 있어 원심판결은 이러한 이유로 파기되어야 하는 것이다.

대법원장 최종영(재판장) 대법관 조무제 변재승 유지담 윤재식 이용우(주심) 배기원 강신욱 이강국 박재윤 고현철 김용담

참고판례

(가) 대법원 2006. 1. 26. 선고 2005도7283 판결【주차장법위반】(미간행)

주차장법 제29조 제1항 제2호에서 규정하는 '부설주차장을 주차장 외의 용도로 사용'한 행위에는 직접 부설주차장을 주차장 외의 용도로 변경하여 사용하는 행위뿐만 아니라 이미 유형적으로 주차장 외의 용도로 변경된 부설주차장의 관리책임을 승계한 자가 그 변경된 용도로 계속 사용하는 경우도 포함된다고 할 것이다. 또 주차장법 제29조 제1항 제2호 위반의 죄는 이른바 계속범으로서, 종전에 용도외 사용행위에 대하여 처벌받은 일이 있다고 하더라도 그 후에도 계속하여 용도외 사용을 하고 있는 이상 종전 재판 후의 사용에 대하여 다시 처벌할 수 있는 것이다.

(나) 대법원 1997. 4. 17. 선고 96도3376 전원합의체 판결【반란수괴, 반란모의참여, 반란중요임무종사, …내란수괴, 내란모의참여, 내란중요임무종사, 내란목적살인…】(집45-1, 1)

원심은 폭동에 의한 국헌문란의 죄는 한 지방의 평온을 해칠 정도에 이르게 된 때에 기수가 되나, 즉시범이 아니라 계속범이고, 우리나라와 같은 민주주의 국가에서는 기존의 권력집단의 굴복만으로 내란이 종료하는 것이 아니라 주권자이며 헌법제정권력인 국민이 이를 용납하지 아니하여 내란집단에 저항하는 때에는 그 저항을 완전히 제압하거나 또는 반대로 내란집단이

국민의 저항에 굴복하기까지는 결코 종료된 것이 아니라고 전제한 다음, 이 사건의 경우 1980. 5. 18. 이후에 일어난 광주시민의 일련의 대규모 시위 같은 것이 바로 이러한 국민의 저항에 해당하고, 이러한 국민의 저항과 이에 대한 피고인들의 폭동적인 진압은 제5공화국정권이 1987. 6. 29. 이른바 6.29 선언으로 국민들의 저항에 굴복하여 대통령직선제요구를 받아들일 때까지 간단없이 반복, 계속되었으며, 따라서 그 기간 중의 모든 폭동적인 시위진압은 이 사건 범죄사실란에서 폭동으로 인정한 것들을 포함하여 포괄하여, 하나의 내란죄를 구성한다고 할 것이어서, 1980. 5. 17. 비상계엄의 전국확대로 시작된 이 사건의 국헌문란의 폭동은 1987. 6. 29.의 이른바 6.29선언시에 비로소 종료되었다고 판단하였다.

내란죄는 국토를 참절하거나 국헌을 문란할 목적으로 폭동한 행위로서, 다수인이 결합하여 위와 같은 목적으로 한 지방의 평온을 해할 정도의 폭행·협박행위를 하면 기수가 되고, 그 목적의 달성 여부는 이와 무관한 것으로 해석되므로, 다수인이 한 지방의 평온을 해할 정도의 폭동을 하였을 때 이미 내란의 구성요건은 완전히 충족된다고 할 것이어서 상태범으로 봄이 상당하며, 따라서 원심이 이 사건 내란죄를 계속범으로 본 조처는 적절하지 아니하다고 할 것이다.

한편 내란죄는 다수인이 결합하여 범하는 집단범죄적 성질을 가지고 있고, 또 국헌문란의 목적이 있어야 성립되는 범죄이므로, 그 구성요건의 요소인 목적에 의하여 다수의 폭동이 결합되는 것이 통상이며, 따라서 내란죄는 그 구성요건의 의미 내용 그 자체가 목적에 의하여 결합된 다수의 폭동을 예상하고 있는 범죄라고 할 것이므로, 내란자들에 의하여 애초에 계획된 국헌문란의 목적을 위하여 행하여진 일련의 폭동행위는 단일한 내란죄의 구성요건을 충족하는 것으로서 이른바 단순일죄로 보아야 할 것이다.

이 사건의 경우, 앞서 본 바와 같이 비상계엄의 전국확대는 일종의 협박행위로서 내란죄의 구성요건인 폭동에 해당하므로, 그 비상계엄 자체가 해제되지 아니하는 한 전국계엄에서 지역계엄으로 변경되었다 하더라도 그 최초의 협박이 계속되고 있는 것이어서 그 비상계엄의 전국확대로 인한 폭동행위는 이를 해제할 때까지 간단없이 계속되었다 할 것이고, 이와 같은 폭동행위가 간단없이 계속되는 가운데 그 비상계엄의 전국확대를 전후하여 그 비상계엄의 해제시까지 사이에 밀접하게 행하여진 이른바 예비검속에서부터 정치활동 규제조치에 이르는 일련의 폭동행위들은 위와 같은 비상계엄의 전국확대로 인한 폭동행위를 유지 또는 강화하기 위하여 취하여진 조치들로서 위 비상계엄의 전국확대로 인한 폭동행위와 함께 단일한 내란행위를 이룬다고 봄이 상당하므로, 위 비상계엄의 전국확대를 포함한 일련의 내란행위는 위 비상계엄이 해제된 1981. 1. 24.에 비로소 종료되었다고 할 것이다.

한편 기록에 의하여 살펴보아도, 피고인들이 이 사건 비상계엄 해제 이후에도 원심 판시와 같이 이에 항거하는 시위를 진압한 피고인들의 행위가 국헌문란의 목적을 가지고 한 것으로서 내란죄의 구성요건을 충족하는 폭동이라는 점을 인정하기에는 부족하므로, 6.29선언시까지 원심 판시와 같은 각종 시위가 있었다고 하여 그때까지 피고인들의 모든 시위진압이, 이 사건 범죄사실란에서 폭동으로 인정한 것들을 포함하여, 포괄하여 하나의 내란죄를 구성한다고 판단한 원심의 조처는 수긍하기 어렵다고 할 것이다.

결국 원심이 위와 같이 내란죄를 계속범이라고 본 점과 내란죄의 종료시기를 1987. 6. 29. 이른바 6.29선언시로 본 점은 상고이유로 지적하는 바와 같이 잘못이라 아니할 수 없으나, 앞서 본 바와 같이 위 피고인들의 내란죄 등에 대한 공소시효가 5.18특별법 제2조에 따라 1993. 2. 25.부터 진행한다고 할 것이어서, 위 피고인들에 대한 내란 등 사건의 공소는 그 공소시효가 완성되기 전에 기소되었음이 명백하므로, 원심의 위와 같은 잘못은 판결에 영향이 없다고 할 것이다.

(다) 대법원 2006. 10. 13. 선고 2006도4034 판결【횡령, 사문서위조, 위조사문서행사, 무고】(미간행)

횡령죄는 상태범이므로 횡령행위의 완료 후에 행하여진 횡령물의 처분행위는 그것이 그 횡령행위에 의하여 평가되어 버린 것으로 볼 수 있는 범위 내의 것이라면 새로운 법익의 침해를 수반하지 않은 이른바 불가벌적 사후행위로서 별개의 범죄를 구성하지 않는다(대법원 1978. 11. 28. 선고 78도2175 판결 참조).

원심은, 그 판시와 같은 사실을 인정한 다음, 피고인이 피해자 종중으로부터 명의신탁받아 보관 중이던 판시 초곡리 토지를 임의로 매각하여 이를 횡령한 이상, 초곡리 토지의 매각대금을 이용하여 판시 용전리 토지를 취득하였다가 이를 제3자에게 담보로 제공하였다고 하더라도 이는 횡령한 물건을 처분한 대가로 취득한 물건을 이용한 것에 불과할 뿐이어서 초곡리 토지에 대한 횡령죄와 별개의 횡령죄를 구성하지 않는다는 이유로, 위 담보제공행위에 관한 판시 횡령의 공소사실에 대하여 무죄를 선고하였다.

앞서 본 법리와 기록에 비추어 살펴보면, 원심의 이러한 판단은 정당하고, 거기에 상고이유에서 주장하는 바와 같은 불가벌적 사후행위에 관한 법리오해, 심리미진 등의 위법이 있다고 할 수 없다.

(라) 대법원 1985. 7. 9. 선고 85도740 판결【특정경제범죄가중처벌등에관한법률위반, 배임수재】(집33-2, 564)

일반적으로 수뢰죄가 좁은 의미의 포괄일죄로 파악되는 것은 동일법익의 침해를 목적으로 하고 있음은 물론 하나의 구성요건에 여러 개의 행위태양이 상정되고 또 이 복수의 행위가 다같이 동일법익을 침해하고 있는 까닭이다.

즉 뇌물죄에 있어서는 하나의 구성요건 중에 뇌물의 수수 요구 약속이라는 수개의 단계적 행위가 일시를 달리하여 여러 차례에 걸쳐 이루어졌을 때 그 포괄적 파악이 가능하기 때문이다.

그러므로 이와 같은 포괄적 평가를 떠나 단순히 수개의 뇌물의 수수행위(즉 수수 요구 약속이라는 각기 다른 행위태양이 아닌)가 있었다는 사실만으로는 이를 포괄적으로 파악할 수는 없고 각개의 행위의 개별적 및 총괄적 성격의 평가에 따라야 할 따름이라 할 것이므로 사실심인 원심으로서는 피고인의 판시소위를 포괄일죄로 파악하려면 먼저 이와 같은 점을 심리 확정하였어야 할 것이다.

(마) 대법원 1986. 7. 22. 선고 86도1012 전원합의체 판결【상습사기, 특정경제범죄가중처벌등에관한법률위반, 유가증권위조】(집34-2, 460)

대법관 윤관의 반대의견은 다음과 같다.

이와 같은 문제를 해결하기 위하여 대체로 포괄적 일죄를, 좁은 의미로는 예컨대, 뇌물의 요구, 약속과 수수, 또는 체포와 감금과 같이 수개의 행위가 규정되어 있으나 그것이 동일법익 침해를 향한 행위의 구체적 형태를 세분한 것에 지나지 않는 것이어서 그 수종의 태양에 해당하는 일련의 행위가 포괄적으로 당해 구성요건을 1회만 충족하는 것이기 때문에 일죄로 된다는 것과 넓은 의미로는 예컨대, 상습범, 영업범, 직업범 등과 같이 수죄에 대비되는 개념으로 수개의 행위가 포괄적으로 한 개의 구성요건에 해당하여 법률상 일죄로 된다는 것으로 나누어 해석하고 있다.

위와 같이 포괄적 일죄를 가분적인 것과 불가분적인 것으로 나눌 때, 상습범은 수많은 동종의 행위가 동일한 의사(상습성)에 의하여 반복되지만 일괄하여 일죄를 구성하는 데 불과한 것이므로 그것이 가분적인 것에 해당하는 결과로 본다.

(바) 대법원 2005. 9. 15. 선고 2005도1952 판결【공직선거및선거부정방지법 위반】(공2005, 1665)

수개의 범죄행위를 포괄하여 하나의 죄로 인정하기 위하여는 범의의 단일성 외에도 각 범죄행위 사이에 시간적·장소적 연관성이 있고 범행의 방법 간에도 동일성이 인정되는 등 수 개의 범죄행위를 하나의 범죄로 평가할 수 있는 경우에 해당하여야 한다(대법원 2004. 6. 25. 선고 2004도1751 판결 등 참조).

원심이 인정한 이 사건 선전행위 등은, 2003. 12. 4.부터 2004. 2. 10.경까지 약 2개월 남짓한 기간에 걸쳐 서로 다른 장소에서 별개의 사람들을 대상으로 이루어졌고, 그 구체적인 행위 역시 어깨띠를 두르고 마이크 등 음향시설을 이용하여 서명운동을 하거나 중앙부처익산유치추진단 발대식에 참가한 시민들에게 유인물을 배부한 행위, 택시기사들로 하여금 깃발을 달거나 스티커를 부착한 채 운행하게 하는 행위, 신문에 피고인 관련 기획특집기사를 싣게 하는 행위, 유치추진단의 활동상황을 설명한다는 명목으로 익산시장을 면담하는 행위 등 서로 동일성이 인정된다고 보기 어려운 다양한 행위들이어서, 시간적·장소적 연관성이 있고 범행의 방법 간에도 동일성이 인정되어 하나의 범죄로 평가할 수 있는 경우에 해당한다고 보기 어려우므로, 이 사건 선전행위 등을 포괄하여 일죄로 본 원심의 판단에는 죄수에 관한 법리를 오해한 위법이 있다고 할 것이다.

(사) 대법원 2003. 4. 8. 선고 2002도6033 판결【공직선거및선거부정방지법위반, 정당법위반】(공2003, 1127)

상상적 경합은 1개의 행위가 실질적으로 수개의 구성요건을 충족하는 경우를 말하고, 법조경합은 1개의 행위가 외관상 수개의 죄의 구성요건에 해당하는 것처럼 보이나 실질적으로 1죄만을 구성하는 경우를 말하며, 실질적으로 1죄인가 또는 수죄인가는 구성요건적 평가와 보호법익의 측면에서 고찰하여 판단하여야 한다(대법원 1998. 3. 24. 선고 97도2956 판결, 2002. 7. 18. 선고 2002도669 전원합의체 판결 등 참조). 그리고 법조경합의 한 형태인 특별관계란 어느 구성요건이 다른 구성요건의 모든 요소를 포함하는 외에 다른 요소를 구비하여야 성립하는 경우로서 특별관계에 있어서는 특별법의 구성요건을 충족하는 행위는 일반법의 구성요건을 충족하지만 반대로 일반법의 구성요건을 충족하는 행위는 특별법의 구성요건을 충족하지 못한다(대법원 1993. 6. 22. 선고 93도498 판결, 1997. 6. 27. 선고 97도1085 판결 등 참조).

(아) 대법원 1997. 4. 17. 선고 96도3376 전원합의체 판결【반란수괴, 반란모의참여, 반란중요임무종사, 불법진퇴, 지휘관계엄지역수소이탈, 상관살해, 상관살해미수, 초병살해, 내란수괴, 내란모의참여, 내란중요임무종사, 내란목적살인, 특정범죄가중처벌등에관한법률위반(뇌물)】(집45-1, 1)

제2장 이른바 12.12군사반란 등 사건 부분 … 2.…가.…(2)…

원심은 위 피고인들이 공모하여, 지휘관 A로 하여금 제9사단 제29연대, 제30연대 병력을, 지휘관 B로 하여금 제30사단 제90연대 병력을 각 인솔하고 각 그 부대의 주둔지에서 이탈하여 서울지역으로 이동하게 한 것은 각 지휘관계엄지역수소이탈죄 및 불법진퇴죄의 구성요건에 해당하고, 지휘관 C로 하여금 제5공수여단 병력을, 지휘관 D로 하여금 제2기갑여단 제16전차대대 병력을 각 그 부대의 주둔지에서 서울지역으로 이동하게 한 것은 각 불법진퇴죄의 구성요건에 해당하나, 위 각 지휘관계엄지역수소이탈 및 불법진퇴는 이 사건 반란의 진행과정에서 그에 수반하여 일어난 것으로서, 반란 자체를 실행하는 전형적인 행위라고 인정되므로, 반란죄에 흡수되어 별죄를 구성하지 아니한다고 판단하였다.

위와 같은 원심의 판단은 정당한 것으로 수긍이 가고, 거기에 상고이유로 지적하는 바와 같은 법리오해 등의 위법이 있다고 할 수 없다. …

제3장 이른바 5.18내란 등 사건 부분 1.…라. 내란목적살인 (2)…

형법 제88조의 내란목적살인죄는 국헌을 문란할 목적을 가지고 직접적인 수단으로 사람을 살해함으로써 성립하는 범죄라 할 것이므로, 국헌문란의 목적을 달성함에 있어 내란죄가 '폭동'을 그 수단으로 함에 비하여 내란목적살인죄는 '살인'을 그 수단으로 하는 점에서 두 죄는 엄격히 구별된다 할 것이다. 그러므로 내란의 실행과정에서 폭동행위에 수반하여 개별적으로 발생한 살인행위는 내란행위의 한 구성요소를 이루는 것이므로 내란행위에 흡수되어 내란목적살인의 별죄를 구성하지 아니하나, 특정인 또는 일정한 범위내의 한정된 집단에 대한 살해가 내란의 와중에 폭동에 수반하여 일어난 것이 아니라 그것 자체가 의도적으로 실행된 경우에는 이러한 살인행위는 내란에 흡수될 수 없고 내란목적살인의 별죄를 구성한다고 할 것이다.

같은 취지에서 이 사건 광주재진입작전 수행으로 인하여 피해자들을 사망하게 한 부분에 대하여 내란죄와는 별도로 내란목적살인죄로 다스린 원심의 조처는 정당하고, 거기에 상고이유로 지적하는 바와 같이 내란목적살인죄와 내란죄의 관계에 관한 법리를 오해한 위법이 있다고 할 수 없다. …

2.…나. 자위권발동과 관련한 내란목적살인의 점에 대하여

원심은 … 가사 피고인 갑, 을, 병, 정, 무가 자위권 보유천명이나 자위권발동 지시에 관여한 것이 사실이라 하더라도, 시위진압의 효과를 조속히 올리기 위하여 "무장시위대가 아닌 사람들에게까지 발포하여도 좋다."고 하는 이른바 '발포명령'이 위 피고인들의 지시에 의하여 육군본부로부터 광주의 계엄군에게 하달되었다고 인정할 증거가 없으므로, 위 피해자들의 사망은 계엄군이 위 피고인들 기타의 상급자로부터 하달된 포괄적인 발포명령을 집행하여 총격행위에 나감으로써 일어난 것이라고 볼 수 없고, 더구나 피고인

갑, 을, 병, 정, 무가 위에 나온 개개의 피해자에 대한 구체적인 살인행위를 용인하면서 이를 국헌문란목적 달성을 위한 직접적인 수단으로 삼았다고 볼 만한 증거가 없을 뿐만 아니라, 위에서 일어난 살인행위들은 그 전후의 경위에 비추어 볼 때, 폭동행위로 인정된 일련의 시위진압행위와 분리된 상황에서 그와 무관하게 실행된 것으로 볼 수도 없으며, 결국 위의 살해행위 등은 이 사건 내란을 실행하는 폭동의 와중에서 폭동행위에 수반하여 발생한 것으로서, 위 피고인들이 국헌문란의 목적이 없는 계엄군을 도구로 이용하여 실행한 내란행위의 하나를 구성하는 것이므로, 위 피고인들에 대한 내란죄에 흡수시켜 내란목적살인죄의 별죄를 구성하지 아니한다고 보아야 한다는 이유로, 위 피고인들에 대한 이 부분 내란목적살인의 점은 무죄라고 판단하였다.

기록에 비추어 살펴보면, 원심의 판단은 정당한 것으로 수긍이 가고, 거기에 상고이유로 지적하는 바와 같이 채증법칙 위반, 판단유탈 또는 법리오해 등의 위법이 있다고 할 수 없다. …

라. 불법진퇴의 점에 대하여

원심은 피고인 기가 피고인 갑과 공모하여, 1980. 5. 17. 저녁 국무회의장에 휘하의 병력을 대통령, 대통령 경호실장 또는 국방부장관이나 육군참모총장의 승인 없이 배치한 행위에 대하여, 이는 군사반란죄를 구성하고 불법한 병력의 진퇴는 그 반란을 실행하기 위하여 한 행위이므로 따로 불법진퇴의 죄를 구성하지 아니하고 반란죄에 흡수된다고 판단하였다.

불법진퇴죄가 군사반란을 실행하는 과정에서 행하여진 경우에 그 불법진퇴죄가 반란죄에 흡수된다고 함은 앞서 판단한 바와 같다.

같은 취지의 원심 판단은 정당하고, 거기에 상고이유로 지적하는 바와 같은 불법진퇴죄와 반란죄의 관계에 대한 법리를 오해한 위법이 있다고 할 수 없다.

이 점에 대하여는 대법관 이용훈의 반대의견이 있다(제7장 4.의 가. 참조). …

제7장… 4. 지휘관수소이탈·불법진퇴의 반란죄 흡수 여부와 5.18 관련 반란죄 중 무죄 부분에 관한 대법관 이용훈의 반대의견

피고인 갑, 기, 을, 경, 신, 임, 계, 병, 정, 무(이하 피고인들이라고 한다)에 대한 다수의견의 판단 일부에 관하여 다음과 같은 이유로 찬성하지 아

니한다.

가. 먼저 피고인 갑, 기에 대한 세칭 12.12군사반란 등 사건 중 지휘관계엄지역수소이탈죄 및 불법진퇴죄의 무죄 부분, 피고인 기에 대한 세칭 5.18내란 등 사건 중 불법진퇴죄의 무죄 부분(이상 검사 상고 부분)과 관련하여, 군사반란에 수반하여 범한 지휘관계엄지역수소이탈이나 불법진퇴가 반란죄에 흡수되는지 여부에 관하여 본다.

다수의견은, 피고인 갑, 기가 지휘관 A로 하여금 제9사단 제29연대, 제30연대 병력을, 지휘관 B로 하여금 제30사단 제90연대 병력을 인솔하고 그 부대의 주둔지에서 이탈하여 서울지역으로 이동하게 한 것은 지휘관계엄지역수소이탈죄 및 불법진퇴죄의 구성요건에 해당하고, 지휘관 C로 하여금 제5공수여단 병력을, 지휘관 D로 하여금 제2기갑여단 제16전차대대의 병력을 그 부대의 주둔지에서 서울지역으로 이동하게 한 행위는 불법진퇴죄의 구성요건에 해당하나, 위 지휘관계엄지역수소이탈 및 불법진퇴는 이 사건 반란의 진행과정에서 그에 수반하여 일어난 것으로서, 반란자체를 실행하는 전형적인 행위라고 인정되므로, 반란죄에 흡수되어 별죄를 구성하지 않고, 또한 피고인 기가 피고인 갑과 공모하여, 1980. 5. 17. 저녁 국무회의장에 휘하의 병력을 대통령, 대통령 경호실장 또는 국방부장관이나 육군참모총장의 승인 없이 배치한 행위는 군사반란죄를 구성하고, 불법한 병력의 진퇴는 그 반란을 실행하기 위하여 한 행위이므로 따로 불법진퇴의 죄를 구성하지 아니하고 반란죄에 흡수된다는 이유로, 피고인 갑, 기의 위 지휘관계엄지역수소이탈 및 불법진퇴에 대하여 무죄로 판단한 원심의 조치를 유지하고 있다.

일반적으로 법조경합 중 흡수관계의 한 형태로 보고 있는 전형적 또는 불가벌적 수반행위라고 함은, 행위자가 특정한 죄를 범하면 비록 논리 필연적인 것은 아니지만 일반적·전형적으로 다른 구성요건을 충족하고 이 때 그 구성요건의 불법이나 책임의 내용이 주된 범죄에 비하여 경미하기 때문에 처벌이 별도로 고려되지 않는 경우를 말하는 것이다. 따라서 전형적 수반행위가 주된 범죄에 흡수된다는 법리를 인정할 수 있다고 하더라도, 일반적·전형적 수반관계에 있다는 이유만으로 원래 가벌적인 행위의 불법 및 책임을 제대로 평가하지 않아도 되는 것은 아니다. 수반행위가 주된 범죄에 흡수된다고 보려면 적어도 수반행위의 불법이나 책임의 내용을 주된 범죄의 그것에 함께 포함시켜 평가하여도 부족함이 없기 때문에 수반행위의 반가치를 별도로 평가하지 않아도 무방한 경우에 한정하여야 할 것이다.

그런데 반란죄에 있어서의 반란이란 다수의 군인이 넓은 의미에서의 폭행·협박을 수단으로 국권에 반항하는 행위를 모두 포함하는 구성요건이므로 반란행위는 상황에 따라 여러 가지 다양한 형태로 나타날 수 있다. 한편 불법진퇴란 전시·사변 또는 계엄지역에 있어서 지휘관이 권한을 남용하여 부득이한 사유 없이 부대를 진퇴시키는 행위를 가리키고, 지휘관계엄지역수소이탈은 계엄지역에서 지휘관이 부대를 인솔하여 정당한 이유 없이 수소를 이탈하는 행위를 가리키는 것이다. 따라서 반란이 전시·사변 또는 계엄지역에서 지휘관이 가담한 가운데 발생하는 것이 일반적이라거나 전형적이라고 보기 어렵다. 반란에는 일반적·전형적으로 지휘관의 불법진퇴행위나 계엄지역수소이탈행위가 수반된다고 할 수도 없다. 만일 이 사건과 같이 계엄지역에서 부대의 지휘관이 가담하여 일어난 반란의 경우에는 지휘관의 불법진퇴행위나 계엄지역수소이탈행위가 통상적으로 수반된다고 하여 불법진퇴나 지휘관계엄지역수소이탈이 반란에 흡수된다고 한다면, 이는 범죄행위의 수반성 여부를 일반적·추상적으로 판단하지 않고 구체적이고 개별적인 범행 상황을 전제하고서 판단하는 것으로서, 수반행위를 너무 넓게 인정하는 경향으로 치우치게 되어 구체적이고 개별적인 행위의 반가치에 따라 죄책 및 형벌을 개별화하고 있는 형사법의 기본원칙에 어긋나는 결과에 이를 것이다.

더욱이 불법진퇴죄는 군의 지휘기강의 질서를, 지휘관수소이탈죄는 군의 수소근무라는 중요한 직무의 기능을 보호법익으로 하는 것으로서 일반적으로 국권에 대한 침해의 방지를 목적으로 하는 반란죄와는 그 보호법익도 서로 다르다. 그리고 불법진퇴죄의 법정형은 반란죄의 모의참여자·지휘자 기타 중요 임무종사자와 마찬가지로 사형·무기 또는 7년 이상의 징역이나 금고이고, 지휘관계엄지역수소이탈죄의 법정형도 사형·무기 또는 5년 이상의 징역이나 금고인 점을 고려하면, 설사 지휘관의 불법진퇴행위나 계엄지역수소이탈행위는 그것이 반란에 수반되어 오로지 반란의 실행을 위하여 행하여진 것이라고 하더라도, 그 불법이나 책임의 내용이 반란죄에 흡수하여 평가되어도 무방할 만큼 경미하다고 생각되지 아니한다. 오히려 반란죄에 흡수하여 평가되어서는 아니 될 중대한 범죄라고 생각된다.

결국 지휘관의 불법진퇴행위나 계엄지역수소이탈행위는 반란죄에 일반적·전형적으로 수반되는 관계에 있다고 보기 어려울 뿐만 아니라 그 불법이나 책임 내용을 반란죄에 흡수하여 평가할 수 없는 고유하고도 중대한 반가치가 있는 범죄라고 하지 않을 수 없다. 따라서 이 사건에서 지휘관의 위 불법진퇴행위와 계엄지역수소이탈행위가 반란에 수반되어 그 실행을 위하여 행하여진 것이라고 하여 반란죄에 흡수된다고 볼 수는 없고, 각각 별도의 죄가 성립한다고 봄이 상당하다.

(자) 대법원 2008. 12. 11. 선고 2008도9182 판결【특정범죄가중처벌등에관한법률위반(위험운전치사상), 교통사고처리특례법위반, 도로교통법위반(음주운전), 도로교통법위반(무면허운전)】(공2009, 74)

원심은, "피고인이 음주의 영향으로 정상적인 운전이 곤란한 상태에서 운전면허도 없이 운전하다 사람을 치상하였다"는 이 사건 공소사실에 대해 판단함에 있어, 업무상과실치상으로 인한 교통사고처리특례법위반죄는 특정범죄가중처벌등에관한법률위반(위험운전치사상)죄에 흡수되어 특정범죄가중처벌등에관한법률위반(위험운전치사상)죄만이 성립하고, 위 교통사고처리특례법위반죄는 성립하지 않는다고 판단하였다. …

음주로 인한 특정범죄가중처벌등에관한법률위반(위험운전치사상)죄는 그 입법 취지와 문언에 비추어 볼 때, 주취상태에서의 자동차 운전으로 인한 교통사고가 빈발하고 그로 인한 피해자의 생명·신체에 대한 피해가 중대할 뿐만 아니라 사고발생 전 상태로의 회복이 불가능하거나 쉽지 않은 점 등의 사정을 고려하여, 형법 제268조에서 규정하고 있는 업무상과실치사상죄의 특례를 규정하여 가중처벌함으로써 피해자의 생명·신체의 안전이라는 개인적 법익을 보호하기 위한 것이므로(대법원 2008. 11. 13. 선고 2008도7143 판결 참조), 그 죄가 성립되는 때에는 차의 운전자가 형법 제268조의 죄를 범한 것을 내용으로 하는 위 교통사고처리특례법 위반죄는 그 죄에 흡수되어 별죄를 구성하지 아니한다고 볼 것이다. 같은 취지의 원심 판단은 정당하고, 검사의 상고논지는 이유 없다.

(차) 대법원 2006. 10. 19. 선고 2005도3909 전원합의체 판결 【증거인멸, 직무유기】 (공2006, 1952)

(명칭 생략)경찰서 방범과장이던 피고인이 부하직원으로부터 (상호 생략)오락실을 음반·비디오물및게임물에관한법률위반 혐의로 단속하여 범죄행위에 제공된 증거물로 오락기의 변조 기판을 압수하여 위 방범과 사무실에 보관중임을 보고받아 알고 있었음에도 그 직무상의 의무에 따라 위 압수물을 같은 경찰서 수사계에 인계하고 검찰에 송치하여 범죄 혐의의 입증에 사용하도록 하는 등의 적절한 조치를 취하지 않고, 오히려 부하직원에게 위와 같이 압수한 변조 기판을 돌려주라고 지시하여 (상호 생략)오락실 업주에게 이를 돌려주었다면, 직무위배의 위법상태가 증거인멸행위 속에 포함되어 있는 것으로 보아야 할 것이므로, 이와 같은 경우에는 작위범인 증거인멸죄만이 성립하고 부작위범인 직무유기(거부)죄는 따로 성립하지 아니한다고 봄이 상당하다고 할 것이다(대법원 1971. 8. 31. 선고 71도1176 판결, 1996. 5. 10. 선고 96도51 판결, 1997. 2. 28. 선고 96도2825 판결 등 참조).

이와 달리, 사법경찰관인 피고인이 피의자 등에게 관련자를 은폐하기 위하여 허위진술을 하도록 교사하였다면 타인을 교사하여 증거인멸죄를 범하게 한 것인 동시에 그것이 또한, 정당한 직무집행을 거부한 것이 된다고 판시한 대법원 1967. 7. 4. 선고 66도840 판결은 이를 변경하기로 한다.

참고문헌

□ **신동운, 형법총론**(제5판), 2010, 720면

단순일죄의 하나로 포괄일죄가 있다. 포괄일죄란 수개의 자연적인 행위가 일정한 기준하에 하나의 죄로 묶이는 범죄유형을 말한다. … 포괄일죄는 수개의 행위를 일죄로 묶는 기준 여하에 따라서 다시 협의의 포괄일죄와 광

의의 포괄일죄로 나뉜다. 협의의 포괄일죄는 당해 구성요건에 내재하는 특성 때문에 수개의 행위가 하나의 죄로 포괄되는 범죄유형이다. 이에 대하여 광의의 포괄일죄는 수개의 행위가 당해 구성요건이 설정한 행위정형 이외의 다른 공통적 특성에 의하여 하나의 구성요건으로 묶이는 범죄유형을 말한다. … 협의의 포괄일죄에 해당하는 예로는 수뢰죄를 들 수 있다. … 뇌물요구, 뇌물약속, 뇌물수수라는 일련의 행위들은 하나의 구성요건에 포괄되어 일죄를 구성하게 된다.

□ **신동운, 형법총론(제5판), 2010, 729~730면**

우리 형법의 해석으로 택일관계를 법조경합의 하나로 볼 필요가 없다는 견해가 있다. 택일관계는 두 개의 구성요건 가운데 어느 하나에만 해당하는 것이기 때문에 같은 행위가 동시에 수개의 법조에 해당하는 것으로 보이는 법조경합과 구별된다는 것이다. 그러나 택일관계는 행위가 택일관계에 있는 어느 구성요건에도 해당할 여지가 있다고 보이는 경우를 가리킨다. 그것은 결국 수개의 법조에 해당하는 것으로 보이는 상황이므로 결국 법조경합의 개념 속에 포함된다고 하지 않을 수 없다. … 택일관계의 예로 살인죄와 사체손괴죄의 관계를 생각할 수 있다. … 택일관계의 또 다른 예로 횡령죄와 배임죄의 관계를 들 수 있다.

쟁점연구

1. 살인죄와 같이 하나의 행위로 하나의 구성요건이 실현되는 경우를 일행위일죄(一行爲一罪), 강도죄와 같이 그 자체로 각 하나의 구성요건을 실현시킬 수 있는 수개의 행위가 합쳐서 하나의 구성요건을 실현시키는 경우를 결합범, 감금죄와 같이 최초에 위법상태를 야기한 행위와 이 위법상태를 일정기간 유지하는 행위들이 모여서 하나의 구성요건을 실현시키는 경우{시간적 계속성이 구성요건적 행위의 요소가 됨(대법원 2006. 9. 22. 선고 2004도4751 판결 참조)}를 계속범, 절도죄와 같이 최초에 위법상태를

야기한 행위가 구성요건을 실현하게 되며 이후 계속되는 위법상태는 독자적 의미를 가지지 아니하는 경우를 상태범이라 한다. 이들은 모두 단순일죄이다.

참고판례 (가)는 계속범의 예이다. 참고판례 (나)는 내란죄를 계속범이라고 본 원심판결과 달리 상태범으로 보았다. 참고판례 (나)는 범죄가 언제 종료되었다고 보았는가? 원심판결은 언제 종료되었다고 보았는가?

참고판례 (나)는 위법상태가 종료된 때와 범죄가 종료된 때를 동일하게 보고 있는가?

2. 상태범이 기수에 이른 다음의 행위는 별도로 범죄를 구성하는가? 참고판례 (다)에서 피해자로부터 연원한 자금으로 산 토지를 담보로 제공하였음에도 별도로 범죄가 되지 않는다고 한 이유는 무엇인가?
3. 포괄일죄는 좁은 의미의 그것과 넓은 의미의 그것이 있다. 참고판례 (라) 및 (마)의 반대의견을 참고하여 그 개념요소가 무엇인지 정리해 보자. 넓은 의미의 포괄일죄에는 어떠한 것들이 제시되고 있는가?
4. 포괄일죄의 인정요건은 무엇인가? 이들 요건은 앞서 '1. 죄수의 결정'에서 본 죄수결정의 기준과 어떠한 관계가 있는가?
5. 상습범은 포괄일죄인가? 도입판례의 다수의견과 반대의견 및 별개의견은 이에 관하여 각 어떠한 입장을 가지고 있는가? 그 논리는 무엇인가?

   다수의견과 반대의견은 어떠한 점에서 서로 견해가 나뉘는가?

   다수의견은 전의 확정판결의 효력을 검사의 기소내용보다 무거운 범죄유형인 상습범에 대한 판결로 바꾸어 적용하는 것은 형사소송의 기본원칙에 맞지 않는다고 한다. 이러한 판단은 피고인에게 유리한가? 피고인에게 실질적으로 유리한 견해는 어느 견해인가?

   다수의견처럼 상습범을 이루는 각 행위가 포괄하여 일죄가 된다고 보면서도 기판력이 미치기 위해서는 이미 상습범으로 처벌받았을 것을 요하는 경우 기판력의 효력범위에 관한 원칙에 어긋나는 점은 없는가?
6. 존속살해죄(형법 제250조 제2항)의 구성요건에 해당하는 행위는 언제나 살인죄(형법 제250조 제1항)의 구성요건도 충족하는가? 양 죄는 어떠한 관계에 있는가? 참고판례 (사)에서 제시한 법리는 존속살해죄와 살인죄 관계

에 적용될 수 있는가?

이에 의할 때 존속을 살해한 경우 일죄인가 수죄인가?

7. 참고판례 (아)는 내란목적살인죄가 내란죄에 흡수되는 경우가 있음을 설시하고 있다. 그것은 어떤 경우인가?
   참고판례 (아)의 다수의견은 지휘관계엄지역수소이탈죄 및 불법진퇴죄가 군사반란죄에 흡수된다고 하고 반대의견은 흡수되지 않는다고 하였다. 각 의견의 논리는 무엇인가? 양 의견의 공통점과 차이점은 무엇인가?
   참고판례 (아)가 이해한 흡수관계가 참고판례 (자)에서 문제된 두 죄 사이에도 성립하는가?
8. 참고판례 (차)는 증거인멸죄가 성립하면 직무유기죄는 성립하지 않는다는 취지이다. 양 죄의 관계는 참고판례 (사) 또는 (아)·(자)와 어떻게 같고 어떻게 다른가?
9. 택일관계를 법조경합의 한 유형으로 보는 견해과 그러하지 않는 견해는 법조가 경합한다는 의미를 각각 어떻게 이해하고 있는가?

주요개념

1. 단순일죄
2. 일행위일죄, 결합범, 계속범, 상태범
3. 불가벌적 사후행위
4. 포괄일죄
5. 상습범, 영업범, 직업범
6. 법조경합
7. 특별관계, 흡수관계, 보충관계, 택일관계

Ⅲ. 수죄

도입판례

대법원 2001. 2. 9. 선고 2000도1216 판결【수뢰후부정처사, 공도화변조, 변조공도화행사, 뇌물수수】(공2001, 678)

【피 고 인】 갑
【상 고 인】 피고인
【변 호 인】 변호사 안용득
【원심판결】 부산고법 2000. 3. 2. 선고 99노128 판결
【주　　문】 원심판결을 파기하고, 사건을 부산고등법원에 환송한다.
【이　　유】

1. 이 사건 공소사실의 요지는, 피고인은 구청 건설도시국 도시과에서 토지분할, 지목 변경, 합병, 지적 고시에 따른 도시계획도 지적선의 정리, 토지이용계획확인원 발급 업무에 종사하는 자인바, 가. 1995년 9월 초순 11:00경 위 구청 민원실에서 건축사 사무실 직원인 제1심 공동피고인으로부터 같은 구 소재 다세대주택의 부지 경계선이 8m 도시계획도로선과 90㎝ 떨어져 평행으로 되어 있어서 위 다세대주택의 건축에 애로가 있으니 위 지번의 토지 경계선과 도시계획도로선을 일치시켜 달라는 부탁을 받고 그로부터 금 300만 원을 교부받아 공무원이 그 직무에 관하여 뇌물을 수수한 다음 같은 달 일자 불상 19:00경 위 민원실에서 행사할 목적으로 권한 없이 지우개로 위 지번의 토지 경계선과 90㎝ 떨어져 평행으로 그어져 있는 위 도시계획도로선을 지우고 붉은 색 먹으로 위 지번의 경계선과 일치되도록 8m 도시계획도로선을 새로 그어 도시계획도를 고쳐 구청의 공도화인 도시계획도를 변조함과 아울러 부정한 행

위를 하고, 나. 같은 일시경 구청 지적서고에서 위와 같이 변조한 도시계획도를 비치함으로써 변조한 공도화를 행사하고, 다. 1996년 9월 초순경 위 위 구청 민원실에서 위 제1심 공동피고인으로부터 위 대지 등의 분할에 따라 도시계획도를 신속하게 작성하여 달라는 부탁을 받고 그로부터 금 30만 원을 교부받아 공무원이 그 직무에 관하여 뇌물을 수수하였다는 것인바, 이에 대하여 원심은, 피고인이 수사기관 이래 제1심 법정에 이르기까지 이 사건 범행을 전부 자백한 바 있고, 검사가 원심 1999. 12. 2. 공판기일에 현출한 이 사건 도시계획도 중 제1심이 판시한 문제의 부분에 변조의 흔적이 보이는 점, 증인 제1심 공동피고인의 원심 법정에서의 진술 및 제1심이 적법한 증거조사를 거쳐 채택한 증거들인 피고인 및 위 제1심 공동피고인의 검찰 및 제1심 법정에서의 각 진술, 도시계획도 원도 등의 사본 등을 종합하면 이 사건 각 공소사실이 넉넉히 인정된다고 판단하여, 유죄를 선고한 제1심판결을 유지하였다.

* * *

3. 법리오해 주장에 대하여

원심이 유지한 제1심판결 이유에 의하면, 피고인의 행위 중 수뢰후부정처사의 점에 대하여는 형법 제131조 제1항, 제129조 제1항을, 공도화변조 및 동행사의 점에 대하여는 형법 제225조 및 제229조를 각 적용한 후 위 각 죄(이와 별개인 1996년 9월 초순경의 뇌물수수죄 포함)는 형법 제37조 전단의 경합범에 해당한다고 하여 그 형이 가장 무거운 수뢰후부정처사죄의 형에 경합범 가중을 하여 피고인에 대한 처단형을 정하고 있다.

그러나 형법 제131조 제1항의 수뢰후부정처사죄에 있어서 공무원이 수뢰 후 행한 부정행위가 공도화변조 및 동행사죄와 같이 보호법익을 달리하는 별개 범죄의 구성요건을 충족하는 경우에는 수뢰후부정처사죄 외에 별도로 공도화변조 및 동행사죄가 성립하고 이들 죄와 수뢰후부정처사죄는 각각 상상적 경합범 관계에 있다고 할 것인바, 이와 같이 공도화변조죄와 동행사죄가 수뢰후부정처사죄와 각각 상상적 경합범 관계에 있을 때에는 공도화변조죄와 동행사죄 상호간은 실체적 경합범 관계에 있다고 할지라도 상상적 경합범 관계에 있는 수뢰후부정처사죄와 대비하여 가장 중한 죄에 정한 형으로 처단하면 족한 것이고 따로이 경합범가중을 할 필요가 없다고 할 것이다(대법원 1983. 7. 26. 선고 83도1378 판결 참조).

그리고 위 각 죄와 별도로 원심에서 인정된 대로 위 뇌물수수죄가 성립한다고 하여도 그 법정형이 5년 이하의 징역 또는 10년 이하의 자격정지인 점, 공도화변조죄 및 동행사죄의 각 법정형(10년 이하의 징역)과 수뢰후부정처사죄의 법정형(1년 이상의 유기징역) 및 경합범가중시의 처벌례(형법 제38조 제1항 제2호 본문) 등에 비추어 보면, 원심과 같이 죄수평가를 한 경우 처단형의 범위에 차이가 생기게 됨이 분명하므로, 위와 같은 죄수에 관한 법리오해는 판결에 영향을 미친다고 볼 것이다.

그렇다면, 수뢰후부정처사죄와 공도화변조죄 및 동행사죄를 모두 실체적 경합범으로 보고 경합범 가중을 한 제1심을 그대로 유지한 원심판결에는, 그 죄수에 관한 법리를 오해함으로써 판결에 영향을 미친 위법이 있다고 할 것이므로, 이 점을 지적하는 상고이유의 주장은 그 이유 있다.

* * *

대법관　손지열(재판장)　송진훈　윤재식(주심)　이규홍

참고판례

(가) 대법원 2007. 2. 23. 선고 2005도10233 판결【폭력행위등처벌에관한법률위반(야간·공동공갈미수), 폭력행위등처벌에관한법률위반(야간·공동감금), 업무방해, 명예훼손】(미간행)

형법 제40조 소정의 상상적 경합 관계의 경우에는 그 중 1죄에 대한 확정판결의 기판력은 다른 죄에 대하여도 미치는 것이고(대법원 1991. 6. 25. 선고 91도643 판결, 1991. 12. 10. 선고 91도2642 판결 등 참조), 여기서 1개의 행위라 함은 법적 평가를 떠나 사회 관념상 행위가 사물자연의 상태로서 1개로 평가되는 것을 의미한다(대법원 1987. 2. 24. 선고 86도2731 판결 참조).

원심은, 이 사건 확정판결의 범죄사실 중 업무방해죄와 이 사건 공소사실 중 명예훼손죄(이하 '이 사건 공소사실 2'라 한다)는 모두 피고인이 같은 일시, 장소에서 피해자의 기념전시회에 참석한 손님들에게 피해자가 공사대금을 주지 않는다는 취지로 소리를 치며 소란을 피웠다는 1개의 행위에 의하여 실현된 경우로서 상상적 경합 관계에 있다고 보아, 이 사건 확정판결의 기판력이 이 사건 공소사실 2에 대해서도 미친다고 할 것이어서, 이 사건 공소사실 2에 대하여 이미 확정판결이 있다는 이유로 면소의 판결을 선고한 제1심판결을 정당하다고 판단하였다.

앞서 본 법리에 비추어 기록을 살펴보면, 원심의 위와 같은 판단은 옳고, 거기에 상고이유로 주장하는 바와 같은 법리를 오해하는 등의 위법이 없다.

(나) 대법원 1987. 7. 21. 선고 87도564 판결【사문서위조】(집35-2, 637)

문서에 2인 이상의 작성명의인이 있을 때에는 각 명의자마다 1개의 문서가 성립되므로(당원 1977. 7. 12. 선고 77도1736 판결, 1956. 3. 2. 선고 4288형상343 판결 참조) 2인 이상의 연명으로 된 문서를 위조한 때에는 작성명의인의 수대로 수개의 문서위조죄가 성립하고 그 연명문서를 위조하는 행위는 자연적 관찰이나 사회통념상 하나의 행위라 할 것이므로 위 수개의 문서위조죄는 형법 제40조가 규정하는 상상적 경합범에 해당한다고 볼 것이다.

(다) 대법원 1983. 4. 26. 선고 83도323 판결【폭력행위등처벌에관한법률위반】(집31-2, 형181)

(1) 원심판결 이유에 의하면, 원심은 피고인은 1980. 7. 10. 10:22경 화물차동차에 조개를 싣고 충남 홍성군 금마면으로 운행도중에 피해자(17세)가 예산읍 신래원리까지 태워달라고 부탁하여 피해자를 운전석 옆에 태우고 가다가 피해자를 강간할 마음이 생겨 목적지로 데려다 주지 아니하고 하차 요구

를 거절한 채 계속 운행하면서 같은 달 11. 00:50경 강제로 추행을 하고, 01:00경에는 강간을 하려다 뜻을 이루지 못한 채 강간할 의사를 버리지 않고 계속하여 피해자를 강제로 그 차에 태워 공주군 산성동 소재 P여관 앞길까지 운행하여 동 여관 방실에서 강간하려 하였으나 피해자가 화장실에 들어가 문을 잠그고 소리질러 그 목적을 이루지 못하고 미수에 그친 사실을 인정한 다음 위 감금의 소위는 강간의 수단에 지나지 아니하므로 강간미수죄에 대한 고소가 취소된 이상, 그 수단에 지나지 않는 감금은 별개의 범죄를 구성하지 아니한다 하여 무죄를 선고하였다.

(2) 원심의 위 인정 판시는 모호한 점이 있으나, 그 판시 취지가 이 사건 감금행위는 강간미수죄에 흡수되어 범죄를 구성하지 않는다는 취지라고 한다면, 강간죄의 성립에 언제나 직접적으로 또 필요한 수단으로서 감금행위를 수반하는 것은 아니므로 이 사건에서 감금행위가 강간미수죄의 수단이 되었다 하여 감금행위는 강간미수죄에 흡수되어 범죄를 구성하지 않는다고 할 수는 없는 것이고, 원심인정의 위 사실관계에서 보면, 피고인이 피해자가 자동차에서 내릴 수 없는 상태를 이용하여 강간하려고 결의하고, 주행중인 자동차에서 탈출불가능하게 하여 외포케 하고 50킬로미터를 운행하여, 여관 앞까지 강제로 연행하여 강간하려다 미수에 그친 경우 위 협박은 감금죄의 실행의 착수임과 동시에 강간미수죄의 실행의 착수라고 할 것이고, 감금과 강간미수의 두 행위가 시간적·장소적으로 중복될 뿐 아니라 감금행위 그 자체가 강간의 수단인 협박행위를 이루고 있는 경우로서 이 사건 감금과 강간미수죄는 일개의 행위에 의하여 실현된 경우로서 형법 제40조의 상상적 경합이라고 해석함이 상당할 것이므로 위 감금행위가 강간미수죄에 흡수되어 범죄를 구성하지 않는다는 원심판단에는 의율착오의 위법이 있다 할 것이고, 또 달리 원심의 위 판시 취지가 강간미수죄와 감금죄를 상상적 경합관계로 인정한 것으로 보아도 형법 제40조의 소위 상상적 경합은 1개의 행위가 수개의 죄에 해당하는 경우에는 과형상 1죄로서 처벌한다는 것이고, 또 가장 중한 죄에 정한 형으로 처벌한다는 것은 가벼운 죄는 중한 죄에 정한 형으로 처단된다는 것이지, 가벼운 죄는 그 처벌을 면한다는 것은 아니므로 이 사건에서 중한 강간미수죄가 친고죄로서 고소가 취소되었다 하더라

도 가벼운 감금죄(폭력행위등처벌에관한법률위반)에 대하여는 아무런 영향을 미치지 않으므로 원심은 당연히 공소제기된 감금죄에 관하여 심리판단하여야 할 것인데도 위 강간미수죄에 관한 고소의 취소가 있었다는 이유로 감금죄에 대하여 무죄를 선고한 원심판결에는 형법 제40조의 해석을 잘못한 위법이 있고 이는 판결의 결과에 영향을 미쳤음이 뚜렷하므로 원심판결은 파기를 면할 수 없다.

(라) 대법원 2008. 12. 24. 선고 2008도9169 판결【특정경제범죄가중처벌등에관한법률위반(배임)(인정된죄명 : 업무상배임), 부정경쟁방지및영업비밀보호에관한법률위반】(공2009, 140)

형법 제40조가 규정하는 1개의 행위가 수개의 죄에 해당하는 경우에 "가장 중한 죄에 정한 형으로 처벌한다."라고 함은, 수개의 죄명 중 가장 중한 형을 규정한 법조에 의하여 처단한다는 취지와 함께 다른 법조의 최하한의 형보다 가볍게 처단할 수 없다는 취지 즉, 각 법조의 상한과 하한을 모두 중한 형의 범위 내에서 처단한다는 것을 포함하는 것으로 새겨야 한다(대법원 1984. 2. 28. 선고 83도3160 판결, 대법원 2006. 1. 27. 선고 2005도8704 판결 등 참조).

위 법리 및 기록에 의하여 살펴보면, 원심이 상상적 경합관계에 있는 업무상배임죄와 '영업비밀국외누설로인한부정경쟁방지및영업비밀보호에관한법률위반죄'에 대하여, 형이 더 무거운 업무상배임죄에 정한 형으로 처벌하기로 하면서도, '영업비밀국외누설로인한부정경쟁방지및영업비밀보호에관한법률 위반죄'에 대하여 징역형과 벌금형을 병과할 수 있도록 규정한 구 부정경쟁방지 및 영업비밀보호에 관한 법률(2007. 12. 21. 법률 제8767호로 개정되기 전의 것) 제18조 제4항에 의하여 벌금형을 병과한 조치는 정당하고, 상고이유의 주장과 같이 상상적 경합범의 처단형의 범위에 관한 법리를 오해한 위법 등이 없다.

(마) 대법원 1985. 4. 23. 선고 84도2890 판결【폭력행위등처벌에관한법률위반, 존속상해】(공1985, 812)

경합범의 처벌례에 관한 형법 제38조 제1항 2호 본문은 각 죄에 정한 형이 사형 또는 무기징역이나 무기금고 이외의 동종의 형인 때에는 가장 중한 죄에 정한 장기 또는 다액에 그 2분의 1까지 가중하되 각 죄에 정한 형의 장기 또는 다액을 합산한 형기 또는 액수를 초과할 수 없다고 규정하고 그 단기에 대하여는 명문을 두지 아니하고 있으나 가장 중한 죄 아닌 죄에 정한 형의 단기가 가장 중한 죄에 정한 형의 단기보다 중한 때에는 위 본문의 규정취지에 비추어 그 중한 단기를 하한으로 한다고 새겨야 할 것 이다.

원심이 같은 취지에서 처단형의 상한을 폭력행위등처벌에관한위반죄(같은 법 제2조 제2항, 1항, 형법 제257조 제1항)에 정한 형(징역형 선택)에 경합가중한 형기로 하고 처단형의 하한을 존속상해죄에 정한 단기형으로 하여 피고인을 처단한 제1심판결을 유지한 조처는 정당하고, 거기에 처단형의 범위산정을 잘못한 위법이 있다고 할 수 없다. 논지는 받아들일 수 없다.

(바) 대법원 1991. 9. 10. 선고 91도1722 판결【특정범죄가중처벌등에관한법률위반(강도, 피고인 갑에 대하여 인정된 죄명 : 특수강도), 강도상해, 사문서위조, 사문서위조행사, 사기, 강도, 특수강도, 강도강간 등】(공1991, 2567)

피고인이 예금통장을 강취하고 예금자 명의의 예금청구서를 위조한 다음 이를 은행원에게 제출행사하여 예금인출금 명목의 금원을 교부받았다면 강도, 사문서위조, 동행사, 사기의 각 범죄가 성립하고 이들은 실체적 경합관계에 있다

(사) 대법원 2009. 4. 9. 선고 2008도5634 판결【특정경제범죄가중처벌등에관한법률위반(배임)·사기(변경된 죄명: 업무상배임 및 사기)】(공2009, 682)

형법 제40조의 상상적 경합관계의 경우에는 그 중 1죄에 대한 확정판결

의 기판력은 다른 죄에 대하여도 미치는 것이고(대법원 1991. 6. 25. 선고 91도643 판결, 대법원 1991. 12. 10. 선고 91도2642 판결 등 참조), 여기서 1개의 행위라 함은 법적 평가를 떠나 사회관념상 행위가 사물자연의 상태로서 1개로 평가되는 것을 의미한다(대법원 1987. 2. 24. 선고 86도2731 판결 참조).

원심판결 이유와 기록에 의하면, 이 사건 공소사실 중 특정경제범죄 가중처벌 등에 관한 법률 위반(배임)의 점의 요지는, "피고인은 피해자 공소외 P 건설의 개발기획팀 부장으로 근무하는 사람인데, 2005. 4. 22.자 공소외 P 건설과 공소외 Q 건설 사이에 작성된 양해각서 내용을 공소외 P 건설이 이행을 하지 못하게 되어 공소외 Q 건설로부터 약정금 및 위약금의 반환을 요구받던 중, 2005. 6. 28. 공소외 P 건설 사무실에서, 공소외 Q 건설의 공소외인이 작성해 온 '공소외 P 건설이 공소외 Q 건설에게 계약금 5억 원의 배액을 배상하되, 1차로 2005. 6. 29.까지 5억 원을, 2차로 2005. 7. 6.까지 5억 원을 지급한다.'는 내용의 합의서에 공소외 P 건설의 인감을 날인해 주도록 요구받자 대표이사의 승낙을 받는 등 정상적인 결재절차를 밟아 합의서를 작성해야 하는 임무에 위배하여 위 합의서에 공소외 P 건설의 인감을 날인한 뒤 위 공소외인에게 건네주어 공소외 Q 건설로 하여금 당초 지급받을 약정금보다 5억 원을 초과한 재산상 이익을 취득하게 하고, 공소외 P 건설에게 당초 반환할 약정금을 초과하여 5억 원의 재산상 채무를 추가로 부담하게 하여 동액 상당의 재산상 손해를 가하였다."는 것이고, 한편 피고인은 위 공소사실 기재 2005. 6. 28.자 합의서를 작성·행사한 행위에 관하여 2006. 10. 13. 수원지방법원에서 사문서위조와 그 행사죄로 벌금 500,000원의 약식명령을 고지 받아 위 약식명령이 그 무렵 확정된 사실을 알 수 있다.

그렇다면 약식명령이 확정된 위 사문서위조 및 그 행사죄의 범죄사실과 피고인이 동일한 합의서를 임의로 작성·교부하여 회사에 재산상 손해를 가하였다는 위 공소사실은 그 객관적 사실관계가 하나의 행위라고 할 것이어서 1개의 행위가 수개의 죄에 해당하는 경우로서 형법 제40조에 정해진 상상적 경합관계에 있다고 할 것이다.

같은 취지에서 위 확정된 약식명령의 기판력이 위 공소사실에도 미친다고 한 원심의 판단은 정당하고, 거기에 상고이유로 주장하는 바와 같은 법리를 오해하는 등의 위법이 없다.

(아) 대법원 1983. 7. 12. 선고 83도1200 판결【특정범죄가중처벌등에관한법률위반(관세포탈), 향정신성의약품관리법위반, 밀항단속법위반, 방위세법위반】(공1983, 1299)

형법 제37조 후단의 경합범 즉 "판결이 확정된 죄와 그 판결확정 전에 범한 죄"에 있어서 "판결확정 전"의 의미는 판결이 상소 등 통상의 불복방법에 의하여 다툴 수 없게 된 상태를 말한다(당원 1967. 8. 22 선고 67도797, 1977. 5. 10 선고 77도932, 1981. 5. 26 선고 81도736 각 판결 참조).

원심이 이와 같은 견해에서 피고인에 대한 이 사건 공소사실 중 피고인이 1981. 11. 28.에 저지른 밀항단속법위반죄는 피고인이 부산지방법원 항소부에서 1981. 11. 27.에 징역 2년에 3년간 집행유예의 형을 선고받아 1981. 12. 5. 확정된 향정신성의약품관리법위반죄와의 사이에 형법 제37조 후단의 경합범 관계에 있다고 판시하였음은 정당하고 거기에 소론과 같은 위법은 없다. 논지가 들고 있는 당원 82도2829 판결은 형사판결의 기판력의 시적범위에 관한 판례로서 이 사건에 적절하지 못하다. 논지는 이유 없다.

(자) 대법원 2003. 8. 22. 선고 2002도5341 판결【외국환거래법위반】(공2003, 1975)

사정이 이러하다면, 위 피고인의 일본에서 국내로 송금한 행위와 국내 입금액을 국내에서 처리하고 일본으로부터의 송금액에서 공제함으로써 결국 국내에서 일본으로 송금한 것과 마찬가지의 결과를 초래한 행위는 동일 죄명에 해당하는 수개의 영업적 행위를 단일하고 계속된 범의 하에 일정 기간 계속하여 행한 것으로서 그 피해법익도 동일하다고 보아야 할 것이므로, 이들 각 행위는 포괄하여 1개의 외국환거래법 제27조 제1항 제5호, 제8조 제1항 위반죄를 구성한다 할 것이다.

그리고 포괄일죄로 되는 개개의 범죄행위가 다른 종류의 죄의 확정판결의 전후에 걸쳐서 행하여진 경우에는 그 죄는 2죄로 분리되지 않고 확정판결 후인 최종의 범죄행위시에 완성되는 것이므로(대법원 2001. 8. 21. 선고 2001

도3312 판결), 위 피고인의 이 사건 범죄는 2001. 10.경 확정된 원심 판시 첫 머리의 횡령죄와의 관계에서 그 후에 이루어진 범행임이 명백하다.

참고문헌

□ 사법연수원, 형사판결서작성실무, 2010, 162~163면

죄의 경중은 먼저 법정형을 기준으로 정한다. 형 상호간에는 제41조에 따라 그 경중을 비교하고, 징역형 또는 금고형 상호간에는 형법 제50조에 따라 장기를 먼저 비교하고 장기가 같으면 단기를 비교하며, 벌금형 상호간에도 마찬가지로 다액, 소액 순으로 비교한다. 법정형 중 병과형 또는 선택형이 있을 때에는 그 중 가장 중한 형을 기준으로 하여 다른 형과 경중을 정하는 것이 원칙이다(대법원 1983. 11. 8. 선고 83도2499 판결, 대법원 1992. 11. 13. 선고 92도2194 판결). 징역형의 장기 및 단기가 같은 경우에는 벌금형의 병과형이 있는 죄가 무겁고, 다음으로 징역형만 있는 죄가 무거우며, 벌금형의 선택형이 있는 죄가 그 다음이 된다(대법원 1996. 7. 26. 선고 96도1158 판결).

이상의 비교에서도 법정형이 모두 동일한 경우 그 다음에는 죄질 및 범정의 순서로 가린다. 즉 법정형이 같더라도 범죄의 질이 다르면 그 죄질에 따라 가리고(죄명이 다르면 죄질이 다른 것으로 본다…), 죄질이 같으면 범정에 따라 형의 경중을 가리는바, 범정의 경중은 피해액이나 피해정도 등을 기준으로 하여 판단한다.

쟁점연구

1. 형법 제40조는 '상상적 경합'이라는 표제하에 "1개의 행위가 수개의 죄에 해당하는 경우에는 가장 중한 죄에 정한 형으로 처벌한다."고 규정하고 있다. 상상적 경합은 법조경합과 어떻게 구별되는가{위 II. 참고판례 (사) 참조}?

2. 형법 제40조의 “1개의 행위”란 무엇을 의미하는가{참고판례 (가) 참조}?
3. 참고판례 (나)에서 경합하는 수개의 죄는 모두 문서위조죄로서 동종의 죄이다. 상상적 경합에서 경합하는 수개의 죄는 반드시 동종의 죄이어야 하는가?
4. 참고판례 (다)는 위 Ⅱ. 참고판례 (아)의 다수의견과 반대의견 중 어느 쪽과 논리적으로 자연스럽게 연결되는가? 그 연결점으로 작용하는 설시를 위 참고판례 (아)에서 찾아보자.
5. 형법 제40조에서 “가장 중한 죄에 정한 형”이란 무엇을 의미하는가?
6. 강도가 재물을 강취하려 하였으나 미수에 그치고 그 자리에서 항거불능 상태에 빠진 피해자를 간음하려 하였으나 역시 미수에 그쳤으나 그 과정에서 피해자에게 상해를 가한 경우 유기징역형을 선택하고 미수감경을 한다면 처단형의 범위는 어떻게 되는가? 참고판례 (라) 및 거기에 인용된 판례(특히 대법원 1984. 2. 28. 선고 83도3160 판결), 그리고 대법원 1988. 6. 28. 선고 88도820 판결을 참조해 보자.
7. 형법 제37조는 ‘경합범’의 표제하에 “판결이 확정되지 아니한 수개의 죄 또는 금고 이상의 형에 처한 판결이 확정된 죄와 그 판결확정 전에 범한 죄를 경합범으로 한다.”고 규정하고 있다. 전자를 ‘형법 제37조 전단의 경합범’ 또는 ‘동시적 경합범’이라 하고 후자를 ‘형법 제37조 후단의 경합범’ 또는 ‘사후적 경합범’이라 한다. 상상적 경합에 대비하여 실체적 경합이라고도 한다. 피고인이 A, B, C, D, E의 5개 범죄를 저질렀는데 1차로 C 범죄만이 발각되어 징역형의 확정판결을 받은 후 A, B, D, E의 범죄가 발각되어 이들 죄로 기소된 경우 경합범 관계는 어떻게 되는가?
8. 도입판례는 실체적 경합관계에 있는 두 죄와 각 상상적 경합관계에 있는 하나의 죄가 경합하는 경우에 관한 것이다. 원심은 위 3개의 죄를 실체적 경합으로 본 반면, 대법원은 이를 상상적 경합으로 보았다. 대법원은 이른바 ‘연결효과에 의한 상상적 경합’을 인정한 것이라고 할 수 있다. 이러한 대법원의 태도에는 어떠한 문제점이 있는가? 이러한 문제점 때문에 원심판결과 같은 입장을 취한다면 어떠한 문제점이 있는가? 제3의 해결책으로는 어떠한 것이 있을 수 있는가? 이에 관하여 오영근, 형법총론(제

2판), 2009, 726면; 윤동호, "연결효과에 의한 상상적 경합의 재고찰", 비교형사법연구 제9권 제1호(2007. 7.), 121~138면; 김광진, "이른바 '연결효과'에 의한 상상적 경합", 재판과 판례 15집(2007. 1.), 551~590면 참조.

9. 형법 제37조 전단의 경합범은 형법 제38조에 따라 처벌한다. 이 경우 경합범에 대하여 몇 개의 형이 선고되는가? 경합범에 대한 처벌은 어떻게 하는가? 경합범에 관한 참고판례 (마)와 상상적 경합에 관한 참고판례 (라)를 비교해 보자.
10. 참고판례 (바)는 사문서위조 및 동행사죄가 사기죄와 실체적 경합관계에 있다고 하는 반면, 참고판례 (사)는 사문서위조 및 동행사죄가 배임죄와 상상적 경합관계에 있다고 하고 있다. 위 두 판례는 서로 모순되는 것인가? 사기의 수단으로 발행한 수표가 지급거절된 경우 부정수표단속법위반죄와 사기죄가 실체적 경합관계에 있다고 한 대법원 2004. 6. 25. 선고 2004도1751 판결은 위 어느 판결과 유사한가? 참고판례 (사)는 도입판례와 다른가?
11. 현행 형법 제37조 후단의 경합범은 구 형법(2004. 1. 20. 법률 제7077호로 개정되기 전의 것)의 그것과 요건이 다르다. 어떤 면에서 다른가? 그와 같이 개정된 이유는 무엇인가? 또 '판결확정 전'의 의미는 무엇인가? 참고판례 (아)를 참조하자.
12. 형법 제37조 후단의 경합범은 형법 제39조 제1항에 따라 판단한다. 위 조항은 2005. 7. 29. 법률 제7623호로 개정된 것이다. 개정되기 전후의 내용은 어떻게 다른가? 그와 같이 개정된 이유는 무엇인가? 형법 제37조 후단의 경합범에 대하여는 몇 개의 형이 선고되는가?
13. 판결확정 전에 범한 죄인지를 결정하는 죄를 범한 시기는 무엇을 기준으로 하는가? 참고판례 (자)를 참조하자.
14. 참고판례 (자)는 포괄일죄가 확정판결에 의하여 분리되지 않는다는 취지이다(대법원 2009. 9. 10. 선고 2009도5075 판결도 같은 취지). 그런데 위 Ⅱ.의 도입판례는 "상습범으로서 포괄적 일죄의 관계에 있는 여러 개의 범죄사실 중 일부에 대하여 유죄판결이 확정된 경우에, 그 확정판결의 사실심판결 선고 전에 저질러진 나머지 범죄에 대하여 새로이 공소가 제기

되었다면 그 새로운 공소는 확정판결이 있었던 사건과 동일한 사건에 대하여 다시 제기된 데 해당하므로 이에 대하여는 판결로써 면소의 선고를 하여야 하는 것"이라고 하고 있고, 이에 따르면 확정판결 전후에 걸쳐 상습범이 계속된 경우 확정판결로 처벌 여부가 분리된다. 양자를 어떻게 이해하여야 하는가?

15. 경합범으로 판결을 받은 후 그 일부 죄에 대하여 사면이 된 경우는 어떻게 되는가?

주요개념

1. 상상적 경합
2. 연결효과에 의한 상상적 경합
3. 경합범, 실체적 경합
4. 형법 제37조 전단의 경합범, 동시적 경합범, 상상적 경합범
5. 형법 제37조 후단의 경합범, 사후적 경합범, 실체적 경합범

제15장 형벌론

Ⅰ. 사형의 선고 및 사형존폐론

도입판례

대법원 2003. 6. 13. 선고 2003도924 판결【성폭력범죄의처벌및피해자보호등에관한법률위반(강간등살인) 등 (공2003, 1566)

【피 고 인】 갑
【상 고 인】 피고인
【변 호 인】 변호사 송호신
【원심판결】 부산고법 2003. 1. 29. 선고 2002노830 판결
【주 문】 원심판결을 파기하고, 사건을 부산고등법원으로 환송한다.
【이 유】

상고이유를 본다.

1. 원심판결의 요지

원심판결 이유에 의하면, 원심은 피고인의 연령, 불우한 성장배경과 생활환경, 반성태도 등 피고인에 대한 형을 정함에 참작할 사유가 없다고 할 수는 없다고 판단하면서도, 한편 피고인이 특수강도죄 및 특정범죄가중처벌등에관한법률위반(절도)죄 등으로 인한 형의 집행을 마치고 출소한 후 누범기간 내에 이 사건 각 범행을 저지른 점, 피고인은 유흥비 등을 마련할 목적으로 타인의 재물을 절취하거나 연약한 부녀자들을 상대로 흉기 등을 이용하여 손쉽게 금품을 강취하였고 나아가 자신의 가

학적이고도 변태적인 성욕을 만족시키기 위하여 피해자들을 강간하였으며 또한 강간과정에서 일부 피해자들이 자신의 얼굴을 보았다는 이유로 신고를 두려워한 나머지 살인에 이르게 되었던 것으로서 그 범행동기에 있어서 비난 가능성이 높은 점, 이 사건 각 범행은 피고인이 약 7개월여의 단기간 동안에 강간등살인(미수) 3회, 특수강도강간 3회, 강도상해 5회, 강도 2회 등을 저지른 사건으로서, 피고인의 범행수법을 살펴보면, 피고인은 주로 야간에 술에 만취하여 피고인에게 물리적으로 거의 저항할 수 없는 상태에 있는 부녀자들을 상대로 강도범행 등을 자행하기로 마음먹고 범행에 사용할 도구인 망치를 오토바이 안장 속에 넣어 둔 채, 오토바이를 타고 다니면서 범행대상을 물색하는 등 그 범행이 대담하고 용의주도하며, 피해자를 주먹과 발로 무자비하게 때리고 짓밟은 후 실신한 채 신음소리를 내면서 죽어 가는 피해자를 강간하거나 피해자의 머리를 망치로 내려친 후 불이 환하게 켜져 있는 방안에서 피를 흘리면서 실신한 채 신음소리를 내면서 죽어 가는 피해자를 강간하였을 뿐만 아니라, 피해자들이 피고인의 얼굴을 보았다고 여겨지는 경우에는 그 피해자들이 경찰에 신고할 것을 두려워한 나머지 조금이라도 신음소리를 내 아직 완전히 사망하지 않았다고 생각되면 실신한 피해자들의 얼굴을 축구공을 차듯이 힘껏 걷어차고 복부와 가슴 등을 마구 짓밟아 무참히 살해하는 등 이는 너무나도 잔인하여 인간의 탈을 쓰고서는 도저히 할 수 없는 범행들이라는 점, 피고인의 이 사건 각 범행으로, 피해자 A는 복부 등의 가격으로 인한 복부동맥손상에 의한 실혈로 사망하였으며, 피해자 B는 피고인의 망치로 인한 가격 등으로 좌측측두골함몰골절로 사망하였고, 피고인이 사망한 것으로 오인하고 현장을 떠나는 바람에 생명을 건지긴 하였으나 피해자 C는 중상을 입었으며, 피고인으로부터 특수강도강간 범행을 당한 충격으로 피해자 D는 심한 기억상실증에 걸리는 등 그 범행들의 결과가 너무나도 중대하고 참혹하다는 점, 이로 인하여 피해자들 본인은 물론이고 피해자들의 가족이나 유족들이 평생 씻을 수 없는 정신적, 육체적 고통을 받았을 것으로 보이는 점, 그럼에도 불구하고 아무런 피해변상조치도 이루어지지 아니한 점, 특히 피고인은 경찰에 검거되지 않았다면 위와 같은 범행을 계속하여 저질렀을 것이라고 그 스스로 진술하고 있어 재범의 위험성도 상당히 높은 점 등을 종합적으로 고찰하여 보면, 피고인의 죄책이 심히 중대하고 죄형의 균형이나 범죄의 일반예방적 견지에서도 피고인에 대하여 극형이 불가피하다고 인정하여 피고인에 대하여 사형을 선고한 제1심의 판단을 그대로 유지하였다.

2. 이 법원의 판단

사형은 인간의 생명 자체를 영원히 박탈하는 냉엄한 궁극의 형벌로서 문명국가의 이성적인 사법제도가 상정할 수 있는 극히 예외적인 형벌이라는 점을 감안할 때, 사형의 선고는 범행에 대한 책임의 정도와 형벌의 목적에 비추어 그것이 정당화될 수 있는 특별한 사정이 있다고 누구라도 인정할 만한 객관적인 사정이 분명히 있는 경우에만 허용되어야 하고, 따라서 사형을 선고함에 있어서는 범인의 연령, 직업과 경력, 성행, 지능, 교육 정도, 성장과정, 가족관계, 전과의 유무, 피해자와의 관계, 범행의 동기, 사전계획의 유무, 준비의 정도, 수단과 방법, 잔인하고 포악한 정도, 결과의 중대성, 피해자의 수와 피해감정, 범행 후의 심정과 태도, 반성과 가책의 유무, 피해회복의 정도, 재범의 우려 등 양형의 조건이 되는 모든 사항을 철저히 심리하여 위와 같은 특별한 사정이 있음을 명확하게 밝힌 후 비로소 사형의 선택 여부를 결정하여야 할 것이고(대법원 2002. 2. 8. 선고 2001도6425 판결 참조), 이를 위하여는 법원으로서는 마땅히 기록에 나타난 양형조건들을 평면적으로만 참작하는 것에서 더 나아가, 피고인의 주관적인 양형요소인 성행과 환경, 지능, 재범의 위험성, 개선교화 가능성 등을 심사할 수 있는 객관적인 자료를 확보하여 이를 통하여 사형선택 여부를 심사하여야 할 것은 물론이고, 피고인이 범행을 결의하고 준비하며 실행할 당시를 전후한 피고인의 정신상태나 심리상태의 변화 등에 대하여서도 정신의학이나 심리학 등 관련 분야의 전문적인 의견을 들어 보는 등 깊이 있는 심리를 하여 본 다음에 그 결과를 종합하여 양형에 나아가야 할 것이다(대법원 1999. 6. 11. 선고 99도

763 판결 참조).

그런데 돌이켜 이 사건에 관하여 살피건대, 피고인은 제1심 및 원심법원에 제출한 반성문이나 항소이유서 등에서 자신의 환경에 대한 극심한 고통 속에서 번민하다가 일종의 범죄에 대한 환영과 망상에 사로잡혀 충동을 억제하지 못하고 이 사건 일련의 범죄를 저질렀다는 취지로 주장하면서 자신의 성장과정과 현재 상태에 대한 심리가 필요함을 호소하고 있는 데다가, 피고인이 저지른 이 사건 범행내용에 비추어 피고인이 어떤 성적 충동과 환상에 빠진 상태에서 충동조절능력에 장애가 있었던 것은 아닌가 하는 의심을 가질 수도 있을 것이고, 또한 기록에 의하면, 피고인은 특정범죄가중처벌등에관한법률위반(절도) 등의 죄에 대한 형의 집행을 마치고 교도소를 출소한 1999. 12. 21.부터 1년간은 포항에서 부친과 같이 생활하였고 2001. 1.경부터는 울산에서 자신의 자형과 같이 생활하면서 자형의 일을 도와 생업에 종사하던 끝에 2001. 11.경 최초로 특수절도 등 범행을 저지르기까지 근 2년간에는 종교에 귀의한 상태에서 다른 범죄를 저지르거나 하는 등의 별다른 문제없이 정상적인 생활을 해왔는데, 피고인이 2001. 12. 14. 교통사고를 당하여 2002. 3. 4.까지 뇌좌상 등으로 (상호생략)병원, (상호생략)병원 등지에서 입원치료를 받고 퇴원한 바로 그 직후인 같은 달 중순 이 사건 (상호생략)다방 여종업원 강도강간 범행을 비로소 저지르기 시작하여 검거되기까지 불과 석달 정도의 기간 사이에 일련의 연속적인 이 사건 범죄들을 저지르게 되었으며 시간이 흐를수록 점차 더 그 범행의 수법이 대담·흉포하게 되어 왔음을 알 수 있는바, 사정이 그러하다면 정상적인 생활을 해왔던 피고인이 갑자기 어떤 연유로 이처럼 끔직한 범행들을 단기간에 걸쳐 연속적으로 저질렀고 또한 시간이 갈수록 더욱 대담·흉포한 범행을 하게 되었던 것인지에 관하여 피고인의 이 사건 일련의 범행 전후에 걸친 정신상태나 심리적 상태의 변화를 전문가의 의견을 들어보는 등 객관적 조사를 해볼 필요도 있다고 판단되며, 피고인의 교통사고로 인한 병력이 이 사건 범행을 저지르기에 이른 피고인의 심리상태나 정신상태에 어떤 영향을 끼친 것은 아닐까 하는 의심을 할 여지도 없지 않다고 할 것이다.

여기에 피고인이 20대의 젊은 나이이고 수사기관 이래 그 범행을 순순히 자백하면서 잘못을 뉘우치고 있는 태도를 보이고 있는 점과 피고인의 성장환경 등을 더하여 보면, 원심으로서는 피고인의 주관적인 양형요소인 성행과 환경, 지능, 재범의 위험성, 개선교화 가능성 등을 심사할 수 있는 객관적인 자료를 확보하여 이를 통하여 사형선택 여부를 심사하였어야 할 것임은 물론, 앞서 지적한 바와 같이 이 사건 범행 전후에 걸친 정신상태나 심리적 상태에 관하여 전문가의 의견을 들어보는 등으로 피고인에게 사형을 선고하는 것이 정당화될 수 있는 특별한 사정이 있는지 여부를 깊이 있고 철저하게 심리하여 명확하게 밝혀 보았어야 한다고 할 것이다.

그럼에도 불구하고, 피고인의 어머니의 증언을 듣는 외에는 달리 피고인의 양형조건에 대한 조사나 심리를 별도로 해봄이 없이 수사기록에 나타난 양형자료만을 토대로 하여 간이한 심리만을 끝으로 피고인에게 사형을 선고해버린 제1심을 유지한 원심판결에는 사형의 양정에 관한 법리를 오해하여 형의 양정에 관한 필요한 심리를 다하지 아니한 위법이 있다고 할 것이고 나아가 그러한 심리미진상태에서 이루어진 원심의 형의 양정에는 심히 부당하다고 인정할 현저한 사유가 있는 때에 해당한다고 할 것이므로 이를 지적하는 상고이유의 주장은 이유 있다.

3. 결 론

그러므로 원심판결을 파기하고, 사건을 다시 심리·판단하게 하기 위하여 원심법원에 환송하기로 하여 관여 법관의 일치된 의견으로 주문과 같이 판결한다.

대법관 조무제(재판장) 유지담 이규홍(주심) 손지열

참고문헌

□ 우리는 사형집행의 재개를 강력하게 반대합니다

— 전국의 형사법교수 132명 일동 —[13)]

최근 몇몇 연쇄살인사건을 계기로 사형집행을 재개하려는 주장들이 나오고 있습니다. 특히 정치인들의 잇따른 사형재개 발언과 법무부에서 사형의 재집행 여부를 검토하겠다는 보도를 대하면서, 작금의 사태전개에 심각한 우려를 표합니다. 사형의 문제는 우리사회의 인권과 정의실현 정도의 척도이기 때문입니다.

현재 59명의 사형수를 두고 있는 우리나라에서 지난 11년간 사형을 미집행함으로써, 한국은 이미 '사실상의 사형폐지'(abolitionist in practice) 국가가 되었습니다. 그럼에도 이러한 소중한 성과를 한순간에 뒤집을 수 있는 사형집행움직임은 전세계적인 사형폐지 추세에 역행하는 것이고, 인권후진국으로의 전락을 의미합니다.

이에 전국의 형사법학자들은, 지속적이고 깊이 있는 연구를 바탕으로, 사형의 재집행은 결코 허용될 수 없다는 확신에서 이를 강력히 반대합니다. 우리의 조국에서는 어떠한 사형도 없어져야 할 것입니다.

1. 사형은 야만적이고 비정상적인 형벌로, 헌법상 보장된 인간의 존엄과 가치를 근본적으로 부인하는 형벌입니다.

2. 사형폐지는 오늘날 범세계적 추세입니다. 해마다 2~3개의 국가에서 사형제를 폐지하고 있으며, 사형을 폐지하거나 10년 이상 처형하지 않는 국가도 전세계 197개국 중 138개국이나 됩니다. 이에 반해 최근(2007년) 한 해 동안 사형을 집행한 국가는 24개국에 불과합니다.

3. 사형이 살인범을 억제하는 효과적인 방법이라는 주장은 과학적인 근거가 없습니다. 사형제도의 존치 여부가 살인율의 변화에 실질적 영향을 미

13) 2009. 3. 13. 발표.

치지 못함은 세계적으로 증명되고 있기 때문입니다. 사형의 위협이 두려워 살인을 억제하려는 연쇄살인범은 없습니다.

4. 생명의 존엄성을 보호해야 할 국가가 사형이라는 제도적 살인의 주체가 되어선 안 됩니다.

5. 모든 판결에는 오판가능성이 없지 않습니다. 살인범죄의 경우에도 오판의 사례가 적지 않습니다. 살인죄에 대한 유죄확정자 중에서도 사법부의 재심을 통해 무죄판결이 확정된 사례도 이미 수십 건 이상이 쌓여 있습니다. 불완전한 인간의 재판으로 돌이킬 수 없는 생명박탈은 용납될 수 없습니다.

6. 세계의 역사는 사형의 정치적 남용의 사례로 가득차 있습니다. 종교적 동기에 의한 사형, 정치권력의 유지를 위한 사형, 정치적 효과를 겨냥한 처형, 특정 집단에 대한 편견의 산물인 사형이 이어졌습니다. 민주화된 국가라 할지라도 사형집행의 대상 중에는 소수자, 약자의 집단 중에 선택되는 경우가 적지 않습니다.

7. 사형수는 "인간이기를 포기한 죄"를 저질렀다고 하나, 아무리 흉악범이라고 해도 개선 가능성을 부인할 수 없습니다. 그들도 인간입니다. 사형은 인간의 개선가능성을 원천적으로 부인하는 것입니다.

8. 장기자유형은 실제로 사형에 대한 대체효과를 가져옴이 모든 나라의 역사입니다. 오늘날 국가는 사형을 이용하지 않고서도 교도소에서의 장기간 격리를 통해 흉악범의 재범위험성을 제어할 수 있는 능력을 갖고 있습니다.

9. 피해자의 법감정에 비추어 사형이 필요하다는 주장을 합니다. 그러나 피해자보호를 위해서는 피해자와 그 가족을 위한 정신적·물질적 지원과 그들에 대한 공동체의 따뜻한 위로와 관심이 더욱 중요합니다. 사형제가 인간의 응보욕구를 일부 채워주는 점은 없지 않겠지만, 사형을 통해 피해자가 얻을 수 있는 실제 이익은 없습니다.

10. 사형은 직무상 사형집행에 관여할 수밖에 없는 교도관들의 인권을 침해합니다.

11. 사형의 실행 여부는 북한과 대한민국을 가르는 의심할 나위 없는 인권지표입니다. 북한의 공개처형과 같은 인권문제를 확실히 비판할 수 있기 위해서는 대한민국은 적어도 사형미집행을 통해 선도적 우위성을 계속 유지

해야 합니다.

12. 사형폐지를 시기상조로 보는 여론이 더 우세하다고 합니다. 그렇지만 사형의 대안으로서 가석방 없는 절대적 종신형을 도입하면 또 여론조사 결과가 달라질 수 있습니다. 국회 및 행정부는 단순 여론조사를 통해 나타나는 의견에 추종하거나 편승해서는 안 됩니다. 다행히 우리나라에서도 16대, 17대, 18대 국회에서 <사형폐지를 위한 특별법안>이 계속 발의되었습니다. 행정부에서는 1997년말 이래 사형집행을 유예하고 있습니다. 이러한 11년 이상 지속되어온 흐름을 토대로, 이제 사형의 폐지를 위한 실질적 논의를 해가야 할 때입니다.

13. 사형집행의 재개를 말할 때, 그것이 일시적 사건이나 감정에 의해 좌우되어서는 안 됩니다. 대신 우리는 사형과 그 대체형에 대한 진지한 논의를 할 준비가 되어 있습니다. 사형을 폐지하지 않더라도, 사형에 대한 제도적 유예조치(moratorium)를 최소전제로 하고, 그 바탕 위에서 우리 국가와 사회가 진일보한 대안을 만들어낼 수 있는 준비를 해가야 할 것입니다.

14. 하나의 인간의 생명은 전지구보다 무겁습니다. 살인범이 인간의 생명을 경시했다고, 그에 대처하는 국가가 생명을 경시하는 것은 잘못입니다. 국가는 제도의 운용을 통해 인간의 생명가치를 고양시켜가는 방향으로 행동해야 합니다.

쟁점연구

1. 현행법상 사형제도를 존치하고 있는 상황에서, 도입판례는 사형이 '극히 예외적인 형벌'이라는 전제 하에, 사형선고를 하기 위해서는 여러 차원의 객관적 사정과 주관적 양형요소가 분명히 있어야 함을 강조하고 있다. 판례가 요구하고 있는 사형의 양형을 위한 조건들을 정리해 보라. 하급심의 양형판단을 파기한 기본적 이유가 무엇인지 정리해보라.
2. 사형제도를 두고 있는 상황에서도, 장기적으로 보면 사형판결의 건수가 점감하고 있음을 본다. 사형이 아닌 다른 형벌로의 대체효과가 나타나고

있는 셈이다. 사형에의 의존도가 감소하는 사회적 조건, 정치적 조건, 그리고 형벌제도상의 조건 등을 음미해 보자.

3. 한국은 1997년 12월 사형을 집행한 이래, 2010년 12월 현재까지 만 13년 동안 사형을 집행하지 않고 있다. 이러한 사형의 집행정지상태(moratorium)가 10년 이상 지속되면 '사실상의 사형폐지국'으로 분류되며, 이러한 상태는 '법률상의 사형폐지국'으로 나아가는 전 단계가 된다고들 한다. 사형의 존폐 논쟁에 대하여 다음과 같은 점을 토론해 보자.
   (1) 사형존치론에서는 응보의 논리, 피해자감정 등을 논거로 주로 내세운다. 그에 대해 사형폐지론에서는 어떻게 답할 수 있는가.
   (2) 사형의 흉악범죄 억제효과에 대하여 존치론과 폐지론은 다른 견해를 갖고 있는 것 같다. 사형의 범죄억제효과에 대한 과학적 분석의 결과는 무엇인가(가령 홍기원, "사형제도의 범죄억지력에 관한 최근 미국 법경제학의 연구성과에 대한 검토," 고려법학, 제57호(2010년 6월), 1~24 등 참조).
   (3) 최근 과거의 잘못된 재판을 바로잡기 위한 재심판결이 나오고 있다. 그 가운데 "사법살인"으로 비판받아온 사건들, 가령 진보당 조봉암(1958), 민족일보 조용수(1961), 소위 인혁당사건(1975)에서 대법원이 사형판결을 확정하고 곧이어 처형된 사건에 대한 재심, 무죄판결이 내려지고 있다. 이 판결들이 사형폐지론에 미치는 영향은 무엇인가.
   (4) 사형존치론과 폐지론에 대해 국민여론조사를 해보면 대체로 존치론이 더 우세하게 나타난다고 한다. 그런데 폐지론을 입법론적으로 추진할 근거는 어디서 구해질 수 있을 것인가.
   (5) 사형이 폐지되면, 그 대안은 무엇인가. 가석방가능성 없는 종신형의 도입의 장점과 폐단은 무엇일까.

4. 사형에 대한 합헌성 여부에 대하여는 헌법재판소에도 계속 다투어지고 있다. 다음 두 결정을 비교하면서, 합헌론과 위헌론에 대해 토론해보자.
   (1) 헌재 1996. 11. 28. 95헌바1.
   (2) 헌재 2010. 2. 25, 2008헌가23.

주요개념

1. 사형
2. 사형존폐론
3. 법률상 폐지와 사실상 폐지의 차이
4. 사형에 대한 제도적 유예조치(moratorium)

Ⅱ. 형벌과 보안처분

도입판례

헌재 1989. 7. 14. 88헌가5,8,89헌가44(병합) 【사회보호법 제5조 위헌심판】 (헌집1)

다. 법 제5조 제1항의 위헌여부

(1) 법 제5조 제1항의 의의

보안처분은 재범의 위험성이 있는 자를 치료·보호·개선·격리하여 피감호자의 "재범의 위험성"을 방지하거나 예방하고, 이로써 공공의 안전과 이익을 보호하고자 하는 특별예방적 목적처분이다. 즉, 보안처분은 죄를 범한 자 중 "재범의 위험성"이 있는 사람에 한하여 그의 위험성에 대하여 부과하는 제재조치이다.

그런데 법 제5조 제1항은 "보호대상자가 다음 각호의 1에 해당하는 때에는 10년의 보호감호에 처한다. 다만, 보호대상자가 50세 이상인 때에는 7년의 보호감호에 처한다."라고 규정하고 있고, 법 제20조 제1항 다만 이하 부분에서는 "다만, 피감호청구인이 제5조 제1항 또는 제8조 제1항 제1호에 규정한 요건에 해당하는 때에는 감호의 선고를 하여야 한다."라고 규정하고 있다.

따라서 법원은 법 제5조 제1항 각호의 1에 해당하는 소정의 법정요건이 충족될 경우에는 반드시 보호감호를 선고하여야만 된다는 것이 입법자의 의지임을 알 수 있다.

(2) 법 제5조 제1항의 위헌성

(가) 행위자에 재범의 위험성은 보안처분의 핵심이며, 헌법 제12조 제1항이 규정한 "누구든지 … 법률과 적법한 절차에 의하지 아니하고는

처벌·보안처분 또는 강제노역을 받지 아니한다."라는 조항에서 구현된 죄형법정주의의 보안처분적 요청은 "재범의 위험성이 없으면 보안처분은 없다."는 뜻을 내포한다고 하겠다.

보안처분은 대상자의 "재범의 위험성"을 교육·개선을 통해 완화하여 사회방위를 도모하고자 하는 공공의 필요에서 그 대상자의 기본권을 제한하는 국가공권력의 행사이고, 한편, 국민의 기본권의 제한은 공공의 필요와 기본권제한 사이의 비례, 균형이 이루어져야 한다는 것이 헌법 제37조 제2항에 규정된 헌법상의 요청이다. 특히, 그 대상자에 대한 수용처분을 내용으로 하는 보호감호의 경우에는 보안처분은 바로 대상자의 입장에서 보면 신체의 자유를 박탈당하는 고통이요 해악이기 때문에 보안처분의 본질인 재범의 위험성은 보안처분으로 인한 신체의 자유박탈이라는 인권제한과의 비례(균형)원칙상 단순한 재범의 가능성만으로는 부족하고 상당한 개연성을 요구하며, 그 판단은 전과 이외에도 범행의 의의와 행위자의 연령·성격·가족관계·교육정도·직업·환경·당해 범행 이전의 행적·범행의 동기·수단·범행 후의 정황과 개전의 정 등을 총체적으로 평가하여 인정되어야 하는 것이다.

보호감호처분이 가진 신체의 자유를 박탈한다는 내용에 따라 재범의 위험성을 위에서 본 바와 같이 엄격히 해석하여야 할 헌법상의 요청에 비추어 볼 때 법 제5조 제1항 각호의 1의 요건에 해당된다는 것만으로 바로 재범의 위험성이 증명된다고 볼 수 없다 할 것이다.

(나) 따라서 법 제5조 제1항은 법 제20조 제1항 다만 이하 부분과 종합하여 해석할 때, 법 제5조 제1항에 정한 전과나 감호처분을 선고받은 사실 등 법정의 요건에 해당되면 재범의 위험성 유무에도 불구하고 반드시 그에 정한 보호감호를 선고하여야 할 의무를 법관에게 부과하여 법관의 판단재량을 박탈하고 있는 것으로 볼 수밖에 없다.

(다) 결국 법 제5조 제1항은 헌법 제12조 제1항 후문에 정한 적법절차에 위반됨은 물론 헌법 제37조 제2항에 정한 과잉금지원칙에 위반된다고 할 것이며, 나아가 법원의 판단재량의 기능을 형해화(形骸化)시켜 헌법 제27조 제1항에 정한 국민의 법관에 의한 정당한 재판을 받을 권

리를 침해하였다 할 것이다.

따라서, 법 제5조 제1항은 헌법 제12조 제1항, 제27조 제1항, 제37조 제2항에 각 위반된다.

(3) 법 제5조 제1항의 합헌적 해석의 가능성 여부

법무부장관은 법 제5조 제1항의 규정취지는 재범의 위험성 없이도 동조항의 요건에 해당하면 반드시 보호감호를 선고하도록 한 것으로는 볼 수 없고, 동조항의 요건에 해당되면 일응 재범의 위험성이 의제된다는 것에 불과하므로 법원은 동조항의 요건에 해당된다고 하더라도 재범의 위험성이 인정되지 아니한 때에는 감호청구를 기각할 수 있다고 하는 합헌적 해석이 가능한 것이라고 주장한다.

법률의 합헌적 해석은 헌법의 최고규범성에서 나오는 법질서의 통일성에 바탕을 두고, 법률이 헌법에 조화하여 해석될 수 있는 경우에는 위헌으로 판단하여서는 아니된다는 것을 뜻하는 것으로서 권력분립과 입법권을 존중하는 정신에 그 뿌리를 두고 있다.

따라서, 법률 또는 법률의 위 조항은 원칙적으로 가능한 범위 안에서 합헌적으로 해석함이 마땅하나 그 해석은 법의 문구와 목적에 따른 한계가 있다. 즉, 법률의 조항의 문구가 간직하고 있는 말의 뜻을 넘어서 말의 뜻이 완전히 다른 의미로 변질되지 아니하는 범위 내이어야 한다는 문의적 한계와 입법권자가 그 법률의 제정으로써 추구하고자 하는 입법자의 명백한 의지와 입법의 목적을 헛되게 하는 내용으로 해석할 수 없다는 법목적에 따른 한계가 바로 그것이다.

왜냐하면, 그러한 범위를 벗어난 합헌적 해석은 그것이 바로 실질적 의미에서의 입법작용을 뜻하게 되어 결과적으로 입법권자의 입법권을 침해하는 것이 되기 때문이다.

그런데 법 제5조 제1항은 재범의 위험성을 보호감호의 명문의 요건으로 하지 않는 보호감호를 규정하고 있고, 법 제20조 제1항 다만 이하 부분은 법원에게 법 제5조 제1항 각호의 요건에 해당하는 한 보호감호를 선고하도록 규정하고 있다.

이에 반하여, 법 제5조 제2항은 재범의 위험성을 보호감호의 법정요건으로 명문화하고 있고, 법 제20조 제1항 본문에서는 이유 없다고 인정할 때에는 판결로써 청구기각을 선고하여야 한다고 규정하고 있을 뿐이다.

따라서 법 제5조 제1항의 요건에 해당되는 경우에는 법원으로 하여금 감호청구의 이유 유무, 즉 재범의 위험성의 유무를 불문하고 반드시 감호의 선고를 하도록 강제한 것임이 위 법률의 조항의 문의임은 물론 입법권자의 의지임을 알 수 있으므로 위 조항에 대한 합헌적 해석은 문의의 한계를 벗어난 것이라 할 것이다.

(4) 소급효 제한 결정의 타당 여부

법 제5조 제1항에 대한 위헌판결이 있게 되어 동 규정이 소급적으로 효력을 상실하게 되면 극심한 혼란이 초래될 우려가 있으므로 소급무효의 효력을 제한하는 형태의 결정을 하는 것이 바람직하다는 취지로 법무부장관은 주장하고 있다.

그러나 법 제5조 제1항이 당초 위헌이었다면, 이로 인해 보호감호처분을 받은 자에게는 재범의 위험성 유무에 대한 심사의 기회를 보장해 주는 것이 정의에 합치되는 것이며 이와 같은 기회조차 박탈하는 것은 현저히 부당하다 아니할 수 없는 것이다.

법 제5조 제1항이 위헌이라 하더라도 법 제5조 제1항 해당자 중 재범의 위험성이 인정되는 자는 합헌규정인 법 제5조 제2항과 신법의 해당규정에 따라 다시 보호감호처분을 과할 수 있으므로, 법무부장관이 주장하는 바와 같은 혼란이 초래된다고 단정할 수 없고, 오히려 법관에 의하여 재범의 위험성을 다시 심사하는 것이어서 적법절차의 원칙을 규정한 헌법정신에도 부응하는 것이 된다 하겠다.

라. 법 제5조 제2항의 위헌 여부

(1) 법 제5조 제2항의 의의

법 제5조 제2항은 “보호대상자가 다음 각호의 1에 해당하는 때에는 7년의 보호감호에 처한다.”라고 규정하고, 나아가 각항에는 “… 죄를 범하고 재범의 위험성이 있다고 인정되는 때”라고 규정하고 있다.

즉, 법 제5조 제2항의 규정내용은 법 제5조 제1항의 경우와는 달리 재범의 위험성이 있다고 인정되는 때에만 보호감호에 처하도록 하는 한편, 법 제20조 제1항 다만 이하 부분과 같이 그 요건에 해당되는 때에는 반드시 보호감호를 선고하여야 하는 강제적 규정도 두고 있지 않다.

이 점에서 법 제5조 제2항은 비록 법 제5조 제1항과 처분의 목적과 처분의 기능은 같다고 하더라도 위 두 조항 사이에는 규범으로서의 체계에 질적 차이가 있음을 알 수 있다.

(2) 보안처분의 기간

제청법원인 대법원은 법 제5조 제2항은 보호대상자를 "7년의 보호감호에 처한다."라고 규정하여 7년의 정기감호만을 선고하도록 강제함으로써 재범의 위험성에 비례한 감호기간을 선고할 수 있는 범위의 재량을 배제하여, 결국 법관에 의한 재판을 받을 권리를 침해한 위헌의 의심이 있는 규정이라고 밝히고 있다.

보안처분의 본질적 요소인 행위자의 재범의 위험성은 그가 장래에 다시 범죄를 범할 개연성을 의미하는 것으로서 장래의 예측에 따른 불확실성을 가지고 있음을 부정할 수 없으므로, 보안처분을 선고하는 때에 미리 재범의 위험성의 소멸시기를 예측한다는 것은 거의 불가능한 것이어서 보안처분은 그 본질상 집행단계에서 기간이 확정되는 부정기임을 면할 수 없다.

다만, 각국의 입법례는 보안처분이 그 대상자에게는 기본권의 제한을 의미하는 것이므로 기본적 인권을 보장한다는 뜻에서 집행기간의 상한을 규정하고 있음을 원칙으로 하고 있다.

이렇게 볼 때, 법 제5조에 정한 보호감호는 보안처분으로서의 본질상 재범의 위험성이 소멸되면 더 이상 계속될 수 없는 성질의 것임이 명백하고, 법 제25조 제1항에서 매 2년마다의 가출소심사를 통하여 보호감호의 부정기성을 구현하고자 하는 입법자의 의지가 명백히 나타나 있으므로 위 법률의 조항에 정한 7년의 기간은 규범의 규정형식상 비록 7년의 정기보호감호의 형식으로 되어 있다 하더라도 이는 단지 보호감호 집행상의 상한을 정한 것으로 해석할 수밖에 없다 할 것이다.

(3) 법 제5조 제2항의 합헌성

법 제5조 제2항에 규정된 보호감호처분은 보호감호의 요건을 재범의 위험성이 인정되는 때로 규정하고 있고, 감호의 기간에 관하여 위에서 본 바와 같이 7년의 기한을 단순히 집행상의 상한으로 볼 때에는 헌법 제12조 제1항 후문에 정한 적법절차에 위반된다고 할 수 없고, 달리 헌법의 다른 조항에도 위반된다고 볼 수 없다.

4. 결론

이 결정은 재판관 이시윤의 5와 같은 다수의견에 대한 보충의견이, 재판관 한병채, 재판관 김양균, 재판관 최광률의 법 제5조에 대한 위헌법률심판의 전제요건 등에 관하여 6의 1, 2, 3과 같은 반대의견이, 재판관 변정수, 재판관 김진우의 7과 같은 법 제5조 제1항에 관한 다수의견에 대한 보충의견과 법 제5조 제2항에 대한 반대의견이 있는 외에는 관여 재판관의 의견이 일치되었으므로 주문과 같이 결정한다.

참고문헌

☐ 사회보호법폐지법률안 심사보고서, 2005. 6. 법제사법위원회[14)]

14) 사회보호법은 1980. 12. 18 법률 제3286호로 제정되어 25년간 시행되었다. 사회보호법은 "죄를 범한 자로서 재범의 위험성이 있고 특수한 교육·개선 및 치료가 필요하다고 인정되는 자에 대하여 보호처분을 함으로써 사회복귀를 촉진하고 사회를 보호함을 목적으로 한다."고 하고 있다. 그 보호처분의 종류로는 보호감호, 치료감호, 보호관찰이 포함되어 있었다. 그 중에서 보호감호라는 자유박탈적 보안처분의 운영이 특히 헌법과 인권적 차원에서 많은 비판의 대상이 되었다. 마침내 2005. 8. 4 법률 제7656호로 폐지되었다. 사회보호법 속에 포함된 또 하나의 자유박탈적 보안처분인 치료감호의 경우, 심신장애 또는 약물중독 상태에서 범죄한 자 중에서 재범의 위험성이 있고 특수한 교육·개선 및 치료가 인정되는 자에 대하여 적절한 보호와 치료를 하는 일종의 의료적 처우로서 그 효용을 인정받았다. 그리하여 사회보호법이 폐지됨과 동시에, 치료감호법(제정 2005. 8. 4 법률 제7655호)이 독자적으로 제정되어 시행되고 있는 중이다. 다음의 자료는 사회보호법의 폐지에 관한 국회의 논의과정에서 나온 법제사법위원회의 심사보고서의 한 부분이다.(편자 주)

1. 심사경과(생략)

2. 제안설명의 요지(제안설명자: 최용규의원)

현행 사회보호법상의 보호감호처분 등은 피감호자의 입장에서는 이중처벌적인 기능을 하고 있을 뿐만 아니라 그 집행실태도 구금위주의 형벌과 다름없이 시행되고 있어 국민의 기본권을 침해하고 있고, 사회보호법 자체도 지난 권위주의시대에 사회방위라는 목적으로 제정한 것으로 위험한 전과자를 사회로부터 격리하는 것을 위주로 하는 보안처분에 치중하고 있어 위헌적인 소지가 있기 때문에 이를 폐지하여 국민의 기본권을 보장하려는 것임.

3. 전문위원 검토보고의 요지(수석전문위원: 김종두)

가. 사회보호법의 보안처분에 관한 개요

사회보호법은 우리나라에 본격적으로 보안처분을 도입하게 된 근거법률로서 1980년 12월 18일, 당시 입법기관을 대신하고 있던 국가보위입법회의에서 제정되어 공포·시행되었음.[15)]

보안처분은 형벌로는 행위자의 사회복귀와 범죄의 예방이 불가능하거나 행위자의 특수한 위험성으로 인하여 형벌의 목적을 달성할 수 없는 경우에 형벌을 대체하거나 보완하기 위한 형벌 이외의 형사제재임.

형벌이 행위책임에 의존하는 것에 비하여 보안처분은 행위책임과 관계없이 행위자의 장래위험성에 의존하며 비례성의 원칙이 적용된다는 점에 특징이 있음.

사회보호법은 보호감호, 치료감호와 보호관찰이라는 세 종류의 보안처분을 규율하고 있는데, 대략적인 내용은 다음과 같음.

(1) 보호감호

보호감호는 동종 또는 유사한 죄로 수개의 형을 받거나 수개의 죄를 범하여 상습성이 인정되는 자에게 재범의 위험성이 있을 때 적용되는 보안처분임.

피보호감호자를 보호감호시설에 수용하여 감호·교화하고 사회복귀에 필요한 직업훈련이나 근로를 과할 수 있도록 함으로써, '사회보호'라는 보안적

15) 1989년에 대폭 개정되어 필요적 감호규정을 삭제하고, 재범의 위험성을 법정요건으로 추가함.

성격이 강하다고 할 수 있음.

판결주문에는 감호기간의 선고가 없는 부정기적인 성격을 가지나 7년을 초과하여 수용할 수 없고(제7조 제3항), 사회보호위원회가 보호감호의 집행개시 후 매 1년 가출소 여부를, 가출소한 피보호감호자에 대하여는 매 6월 집행면제여부를 심사·결정하도록 규정하고 있음(제25조 제1항).

보호감호와 형벌이 병과된 경우에는 형벌을 먼저 집행하도록 하여(제23조 제1항), 형벌과 보안처분을 엄격히 구분하고 중복적으로 집행하는 이원주의(二元主義) 입장을 취하고 있음.

(2) 치료감호

치료감호는 심신장애자와 마약·알코올 중독자 등에게 재범의 위험성이 있을 때 적용되는 보안처분으로서 피치료감호자를 치료감호시설에 수용하여 치료를 위한 조치를 하도록 규정하고 있음.

치료감호 기간을 형기로 대체하고 치료적 조지 등을 행한다는 점에서 보호감호와 달리 사회보호의 보안적 측면과 피치료감호자의 재사회화를 동시에 고려하고 있다고 평가되고 있음.

치료감호 기간은 절대적 부정기로 규정하여 피치료감호자가 감호의 필요가 없을 정도로 치유되어 사회보호위원회의 종료·가종료 결정을 받을 때(제9조 제2항)까지로 규정하고 있고, 사회보호위원회는 치료감호 집행개시 후 매 6월 종료·가종료 여부를 심사·결정하도록 규정하고 있으며(제25조 제2항), 집행개시 후 2년이 지난 때에는 상당한 기간을 정하여 친족에게 치료를 위탁할 수 있도록 규정하고 있음(제28조).

치료감호와 형벌이 병과된 경우에는 치료감호를 먼저 집행하고 그 집행기간은 형기에 산입하도록 하여(제23조 제2항) 형벌은 보안처분으로 대체할 수 있다는 대체주의(代替主義) 입장을 취하고 있음.

(3) 보호관찰

보호관찰은 가출소한 피보호감호자와 가종료·치료위탁된 피치료감호자를 감호시설외에서 지도·감독하는 것을 내용으로 하는 자유제한적 보안처분으로서 재사회화를 주목적으로 하고 있음.

보호관찰의 기간은 3년이나 1차에 한하여 연장할 수 있으며 보호감호의 집행면제, 치료감호의 종료결정이 있거나 감호시설에의 재수용, 금고 이상의 형의 집행이 있게 되면 보호관찰은 종료됨(제10조).

나. 보호감호제도의 실제 운영현황

이 법안은 사회보호법중 보호감호제도의 폐지에 중점을 두고 있는 점과 관련하여 보호감호제도의 운영현황을 살펴보겠음.

(1) 보호감호시설 및 처우기준

우리나라는 보호감호를 선고받은 피보호감호자만을 수용하기 위하여 청송 제1보호감호소, 제2보호감호소를 두고 있으며, 검사의 지휘를 받아 교정공무원이 보호감호의 집행을 담당하고 있음.[16)]

피보호감호자는 수형자분류처우규칙을 모델로 하여 제정한 '피보호감호자 분류처우규칙' 및 행형관계법령에 의하여 분류·수용되고, 5등급으로 구분된 감호행장 등급에 따라 접견, 서신, 급여 등의 처우를 받고 있음.

(2) 보호감호 수용인원 변화

보호감호 수용인원은 1일 평균 4,500명 내지 4,600명[17)]의 수준을 유지하다가, 1989년 사회보호법의 대폭적인 개정으로 '필요적 감호제도'가 폐지되고 '재범의 위험성'을 필요적 요건으로 규정함에 따라 수용인원이 감소하는 현상을 보였음.

1992년 이후 2002년까지 감호청구사건이 연평균 4.2%씩 감소하고 2002년은 전년 대비 24.3% 감소하였는데, 이는 같은 기간 범죄인원이 연평균 4.3%씩 증가한 현상과 대비된다고 하겠음.[18)]

특히, 2003년 후반 보호감호제도의 존폐문제가 논의되면서 법무부는 가출소를 확대하고 강력범 위주로 보호감호제도를 운영하기로 정책을 변경하면서 2003. 12. 31. 기준으로 898명, 2004. 10. 31. 기준으로 206명이 수용되어 있는 상황임.[19)]

---

16) 형과 보호감호가 병과된 경우에는 청송교도소에서 형기를 종료하고 보호감호소로 이송됨.

17) 「피보호감호자의 교정처우 실태」, 한국형사정책연구원, 1998. 4.

18) 「법무연감」, 법무부, 2004.

19) 사회보호법이 시행된 이후 2004년도 10월 말까지 보호감호를 출소한 인원은 14,250여 명에 이르고 있음.

현재 수용되어 있는 피보호감호자의 본범 죄명은 강도죄가 52%로 가장 높은 비율을 차지하고 있는데, 이전에 절도죄의 비율이 가장 높고 폭력범이나 사기죄의 경우도 상당한 비율을 차지하고 있었다는 측면을 고려한다면 보호감호가 강력범 위주로 운영되고 있음을 보여준다고 하겠음.

* * *

피보호감호자의 죄명별 수용현황

(2004. 10. 15. 기준)

계	절도	강도	폭력	강간	사기
214 (100%)	36 (17%)	111 (52%)	38 (17%)	29 (12%)	2 (1%)

(3) 보호감호의 가출소자의 재범률

2003년 후반기에 가출소를 확대한 이후 가출소자의 재범자현황을 살펴보면, 재범률이 33.7%[20]에 이르고 있음.

일반 형사사범(25%)보다 높은 비율로 재범이 발생하고 있으며 생계형 범죄인 절도죄가 가장 많은 비율을 차지함으로써 출소 후 사회복귀가 어렵다는 것을 보여주고 있음.

다. 보호감호제도에 대한 비판의견

(1) 사회보호법 제정절차의 정당성 결여

사회보호법은 제5공화국 최초헌법(1980. 10. 27.공포)의 부칙 제6조 제2항[21]에 의하여 구성된 국가보위입법회의에 의하여 제정되었음.

---

20) 일반 형사범의 재범률 25%.

21) 제6조 ①국가보위입법회의는 이 헌법에 의한 국회의 최초의 집회일 전일까지 존속하며, 이 헌법시행일로부터 이 헌법에 의한 국회의 최초의 집회일 전일까지 국회의 권한을 대행한다.

②국가보위입법회의는 각계의 대표자로 구성하되, 그 조직과 운영 기타 필요한 사항은 법률로 정한다.

③국가보위입법회의가 제정한 법률과 이에 따라 행하여진 재판 및 예산 기타 처분 등은 그 효력을 지속하며, 이 헌법 기타의 이유로 제소하거나 이의를 할 수 없다.

국가보위입법회의는 1980년 5·17 비상계엄전국확대조치 직후 계엄업무 수행을 위하여 설치된 국가보위비상대책위원회에서 제정한 국가보위입법회의법[22]에 의하여 조직되어 운영되었고, 동 위원회는 대통령령에 근거하여 설치되었으며, 대통령자문기구로서의 성격을 가지고 있었음.

사회보호법의 제정절차에 대하여 문제점을 제기하는 입장에서는, 앞서 말씀드린 절차를 거쳐 제정된 국가보위입법회의법은 국민에 의하여 선출된 국회의원으로 구성된 국회에 입법권이 있다는 민주주의 헌법원리에 반하는 위헌적인 법률이기 때문에 이 법에 근거한 국가보위입법회의도 절차적 정당성을 가질 수 없고, 이러한 국가보위입법회의에서 제정된 사회보호법도 당연히 위헌이라고 주장함.

참고적으로, 헌법재판소는 1980. 10. 27. 공포된 구헌법 부칙 제6조 제1항은 국가보위입법회의에 국회의 권한을 대행하도록 입법권을 부여하였고, 동조 제3항은 국가보위입법회의가 제정한 법률은 그 효력을 지속하도록 규정하고 있으며, 1987. 10. 29. 개정된 현행헌법 부칙 제5조는 이 헌법 시행 당시의 법령과 조약은 이 헌법에 위배되지 아니하는 한 그 효력을 지속한다고 규정하고 있으므로, 국가보위입법회의에서 제정된 법률의 내용이 현행 헌법에 저촉된다고 하여 다투는 것은 별론으로 하고 그 제정절차에 위헌적인 하자가 있음을 다툴 수는 없다고 보았음(1996. 11. 28. 95헌바20).

(2) 이중처벌금지원칙의 위반

이중처벌금지의 원칙은 신체의 자유를 보장하기 위하여 동일한 범죄에 대하여 거듭 처벌을 받지 않는다는 원칙으로서 헌법 제13조 제1항 후단에 일사부재리원칙으로 명문화되어 있음.

보호감호제도를 비판하는 입장에서는, 보호감호제도와 형벌은 실질적으로 이중처벌의 결과를 가져오게 되어 이중처벌금지원칙에 반한다고 주장함.

즉, 형벌과 보안처분은 개념적으로는 구분되나, 사회보호법 제1조와 행

---

④국가보위입법회의는 정치풍토의 쇄신과 도의정치의 구현을 위하여 이 헌법시행일 이전의 정치적 또는 사회적 부패나 혼란에 현저한 책임이 있는 자에 대한 정치활동을 규제하는 률을 제정할 수 있다

22) 1980. 10. 28. 공포·시행됨.

형법 제1조의 목적내용이 비슷하고, 사회보호법 제42조는 형사소송법과 행형법을 준용하도록 규정하고 있으며, 실제집행에 있어서도 피보호감호자에 대한 처우를 행형법에 따르도록 하고 있어 피보호감호자는 수형자와 별다른 차이가 없다고 할 것이므로, 보호감호은 동일한 범죄에 대한 이중처벌에 불과하다고 함.

참고적으로, 헌법재판소는 보호감호제도에 대하여 합헌결정[23]을 하면서 보호감호처분과 형벌은 신체의 자유를 박탈하는 수용처분이라는 점에서 유사하나, 보호감호처분은 재범의 위험성이 있고 특수한 교육개선이 필요하다고 인정되는 자에 대하여 사회복귀를 촉진하고 사회를 보호하기 위한 보안처분으로서 헌법 제12조 제1항에 근거를 두고 있으며, 그 본질과 목적 및 기능에 있어서 형벌과는 다른 독자적 의의를 가진 사회보호적인 처분이므로 형과 보호감호를 병과하여 선고한다고 해서 헌법 제13조 제1항 후단의 일사부재리의 원칙에 위배된다고 할 수 없다고 하였음.

(3) 과잉처벌금지원칙의 위반

과잉처벌금지의 원칙은 헌법 제37조 제2항의 기본권제한원리 중 과잉금지의 원리에서 파생된 것으로서 범죄행위로 인한 법익침해 정도 등에 비례하여 형사제재가 가해져야 한다는 것임.

보호감호제도를 비판하는 입장에서는, 형법의 누범가중은 행위책임, 상습범의 가중처벌은 생활영위책임에 각각 근거를 두고 있지만 모두 형사정책적인 개별예방의 필요성에서 비롯된 것이고, 특히 상습범 처벌은 보호감호와 같은 보안적 성격을 가지고 있으며, 상습범과 누범의 이중가중처벌이 가능하므로 현행 형벌체계만으로도 충분히 무거운 형사제재가 가능하다고 주장함.

즉, 현행 형법 및 형사특별법이 이미 보안형을 인정하고 있고 이에 근거하여 무거운 형사처벌을 과할 수 있으므로 보호감호라는 추가적 형사제재장치를 두는 것은 과잉처벌금지의 원칙에 반한다는 것임.

참고적으로, 독일의 경우 보안감호제를 두고 있으나 상습범가중처벌규정과 누범가중규정은 두지 않고 있고, 영국의 경우는 상습범에 대한 예방구금

23) 1996. 11. 28. 95헌바20, 2001. 3. 21. 99헌바7.

을 폐지하고 자유형가중으로 대체한 예가 있음.

(4) 재범의 위험성에 대한 판단의 곤란성

보호감호제도를 비판하는 입장에서는, 사회보호위원회가 집행개시 후 1년간의 수용성적을 바탕으로 가출소 여부를 심사하는 경우에 재범의 위험성을 판단기준으로 삼고 있지만, 재범의 위험성은 미래의 상황에 대한 예측을 필요로 하는 부분으로서 정확한 예측이 곤란하고, 실무상 판단자의 직관적인 사후예측에 의존할 수밖에 없는 상황이라고 주장함.

즉, '재범의 위험성'이라는 객관적 판단이 곤란한 기준을 전제로 하는 보호감호제도는 이미 그 남용이나 자의적 운용의 가능성을 내포하고 있다고 할 수 있으므로 보호감호제도를 주요 내용으로 하는 사회보호법은 처음부터 무리한 입법이었다는 것임.

(5) 보호감호제도의 운영상 문제점

보호감호제도를 비판하는 입장에서는, 보호감호제도의 본래 입법취지는 피보호감호자의 사회로부터 추방이 아니라 피보호감호자를 교육·개선하여 사회복귀를 돕는 것에 있으나, 실제 운영은 교도소와 다름없다고 주장함.

청송 제1·2 보호감호소는 시설면에서 교도소와 차이가 없고, 오히려 교정시설의 경비등급 중 최고 경비등급에 해당하는 초중구금시설이며, 지리적으로도 외부로부터 고립되어 있어서 가족과 친지와의 접촉, 통근작업 등이 어려운 상태이고, 교육과정도 수형자와 별다른 차이가 없어서 피보호감호자의 근로의욕 고취나 사회적 자립에 도움이 되지 못함으로써 현재의 보호감호제도 운영은 본래의 입법취지를 몰각시키고 있다고 함.

라. 보호감호제도에 대한 입법논의

사회보호법 자체가 지난 권위주의시대의 산물이라는 주장과 함께 앞서 살펴본 바와 같은 보호감호제도에 대한 비판론이 제기되면서, 이와 관련한 입법논의가 대두되었음.

(1) 폐지론(대체입법론)

헌법재판소의 합헌결정에도 불구하고 보호감호제도는 위헌적 요소를 내포하고 있고 제정절차 및 운영상의 문제점 등이 제기되고 상황에서 보호감호제도 및 그에 따른 보호관찰부분은 폐지하되, 나머지 치료감호제도 및 그에 따른 보호관찰부분은 다른 대체입법을 통하여 존속시키자는 입장임.

최용규의원이 발의한 치료보호법안과 노회찬의원이 대표발의한 치료보호에관한법률안이 견지하고 있는 입장임.

(2) 개선론

사회보호법을 그대로 유지하되 그 내용을 대폭 개정하여 보호감호제도의 본래 취지에 맞게 강력범을 중심으로 재사회화 기능을 강조하여 운용하자는 입장임.[24)]

보호감호제도에 대한 비판적인 시각은 보호감호제도 자체가 갖고 있는 해악성보다는 실무관행이나 운용방식의 전근대성에서 비롯된 것이라고 보기 때문임.

즉, 형벌은 과거의 범죄행위에 대한 제재수단으로 책임주의의 원칙이 적용되지만 보안처분은 범죄행위에서 나타난 행위자의 장래의 위험성에 의하여 과해지는 점에서 본질적인 차이가 있고, 사회구조의 급격한 변화나 식업적인 누범·상습범이 격증하는 현실을 감안하여 볼 때, 형벌만으로는 효과적인 대처가 될 수 없으므로 보호감호제도의 존치는 여전히 필요하다고 함.

마. 제시의견

사회보호법은 보호감호제도와 치료감호제도를 규율하여 우리나라에 본격적으로 보안처분을 도입하는 계기가 되었고, 보안처분은 본질, 목적 및 기능면에서 형벌과 구별된다는 점에서 독자적 성격을 가지고 있는 제도임.

그러나 실제 운영에서 치료감호제도는 사회보호적 기능과 치료를 통한 피치료감호자의 재사회화 기능도 함께 수행하고 있다고 평가되는 반면, 보호감호제도는 수형생활의 연장선으로서 사회방위기능에 치중하여 운용됨으로써 제도의 본래취지를 충분히 살리지 못하였다고 평가되고 있음.

보호감호제도에 대한 이러한 평가는 보호감호가 형벌과 같은 대인적·자유박탈적 처분이라는 점에서 비롯된 것으로 보임.

---

24) 법무부는 보호감호제도가 범죄에 대한 위하효과 및 사회보호 역할을 충실히 수행하여 왔다고 평가하고 보호감호제도의 존치필요성을 주장함. 한편, 사회보호법을 폐지하더라도 법원의 온정적인 양형관 아래에서는 상습법·누범가중 규정이 제 역할을 수행할 수 없으므로 미국식 삼진아웃제와 같은 양형강화방안을 마련해야 한다고 주장함.

즉, 보호감호가 사회보호의 목적을 위하여 피보호감호자를 사회와 단절되어 수용하여야 하고 사회와의 교류를 제한하여야 한다는 것을 전제로 하는 이상, 치료감호와 같이 치료목적 달성이라는 결과물을 제시한다거나 형벌보다 차별화된 재사회화 효과를 가시적으로 보여준다는 것은 처음부터 실현가능성이 낮았다고 볼 수도 있음.

따라서 개선안을 마련하다고 하더라도, 기존제도의 골격을 유지하면서 강력범을 위주로 감호시설을 도시근린지역으로 옮기어 효과적으로 운영하겠다는 방안만으로는 기존의 잘못을 답습할 염려가 크다고 보며, 사회보호 및 재사회화의 목적을 달성할 수 있는 사회내처우 내지 중간처우로 근본적인 변화를 시도하여야 할 것임.

* * *

쟁점연구

1. 구 사회보호법상의 보호감호처분은 필요적 보호감호와 임의적 보호감호로 나뉜다. 전자는 일정한 요건이 충족되면 반드시 보호감호에 처해야 하는 것이고, 후자는 '재범의 위험성'을 법관이 인정할 경우에 보호감호에 처할 수 있다는 것이다. 도입판례에서 헌법재판소는 필요적 보호감호는 위헌, 임의적 보호감호는 위헌이 아니라는 쪽으로 정리하고 있다.
   (1) 헌법재판소가 필요적 보호감호를 위헌이라고 본 논거는 무엇인가?
   (2) 헌법재판소가 '재범의 위험성'이라는 불확정한 미래예측에 의거하여 자유박탈적 보안처분을 과할 수 있다고 했을 때, 그 근거는 무엇인가? 그 한계는 어떻게 설정되는가?
2. 참고자료는 20여 년 간의 보호감호의 집행경험을 바탕으로, 보호감호의 폐지법안이 제기된 이유를 해설하고 있다. 헌법재판소가 '재범의 위험성'의 요건을 포함시킨다면 합헌이라고 선언했는데도, 계속 보호감호의 위헌론과 인권침해의 가능성이 끊임없이 제기된 이유는 무엇인가? 헌법재판소와 국회의 심의과정에서의 관점의 기본적 차이는 무엇인가?

3. 사회보호법의 제정(1980년), 헌법재판소의 일부위헌결정(1989년), 그리고 보호감호의 폐지(2005년) 및 치료감호법의 제정(2005년) 사이에 자유박탈적 보안처분에 대한 태도, 나아가 우리 국민과 국가의 인권의 잣대 사이에 커다란 변모가 생겨났다고 할 수 있다. 이러한 변화 속에서 현재 우리가 보안처분제도에 대해 얻을 수 있는 교훈은 무엇일까.
4. 사회보호법은 폐지되었지만, 그 속에 포함되어 있던 치료감호는 독자적 입법으로 오히려 발전적으로 승계되고 있다.
   (1) 치료감호와 보호감호를 대비해 볼 때, 각자의 효용성 및 남용가능성 여부에 대해 검토해 보자.
   (2) 정신장애가 아닌 상습적인 중범죄자에 대해 격리·보안을 할 필요성은 어떻게 충족될 수 있는가? 새롭게 논의되고 있는 대안, 새롭게 도입된 대안은 어떤 것이 있는지 간략히 검토해 보고, 그러한 대안들은 어떤 문제점에 유의해야 하는지 생각해 보자.
5. 최근 법무부는 형법개정안을 발의하면서, "보호감호" 대신 "보호수용"의 보안처분을 도입안을 포함시키고 있다. 그에 대한 견해를 정리해보자(한인섭 외, 형법개정안과 인권, 경인문화사, 2011 참조).

주요개념

1. 형벌
2. 보안처분
3. 재범의 위험성
4. 보호감호
5. 사회보호법
6. 치료감호
7. 보호수용

Ⅲ. 집행유예와 사회봉사명령

도입판례

대법원 2008. 4. 11. 선고 2007도8373 판결【특정경제범죄가중처벌등에관한법률위반(횡령), 특정경제범죄가중처벌등에관한법률위반(배임), 업무상배임, 뇌물공여{인정된죄명 : 특정경제범죄가중처벌등에관한법률위반(증재)}】(공2008, 710)

【피 고 인】 갑, 을
【상 고 인】 검사
【변 호 인】 변호사 손지열 외 3인
【원심판결】 서울고법 2007. 9. 6. 선고 2007노586 판결
【주　　문】 원심판결을 파기하고, 사건을 서울고등법원에 환송한다.
【이　　유】

상고이유(상고이유서 제출기간이 경과한 후에 제출된 의견서 등의 기재는 상고이유를 보충하는 범위 내에서)를 판단한다.

1. 피고인들에 대한 사회봉사명령 부분

우리 헌법은 "모든 국민은 신체의 자유를 가진다. 누구든지 … 법률과 적법한 절차에 의하지 아니하고는 처벌·보안처분 또는 강제노역을 받지 아니한다."(헌법 제12조 제1항)라고 정하여 처벌·보안처분·강제노역에 관한 법률주의 및 적법절차 원리를 선언하고 있다. 이를 이어받아 이른바 범죄인에 대한 사회내 처우의 한 유형으로 도입된 사회봉사명령 등에 관하여 구체적인 사항을 정하고 있는 형법 제62조의2와 보호관찰 등에 관한 법률 제59조 내지 제64조, 특히 제59조 제1항 "법원은 형법 제62조의2의 규정에 의한 사회봉사를 명할 때에는 500시간 … 의 범위 내

에서 그 기간을 정하여야 한다." 등의 내용을 종합적으로 검토하여 보면, 현행 형법의 사회봉사는 형의 집행을 유예하면서 부가적으로 명하는 것이고 집행유예 되는 형은 자유형에 한정되고 있는 점 등에 비추어, 현행 형법에 의하여 법원이 형의 집행을 유예하는 경우 명할 수 있는 사회봉사는 자유형의 집행을 대체하기 위한 것으로서 500시간 내에서 시간 단위로 부과될 수 있는 일 또는 근로활동을 의미하는 것으로 해석된다. 따라서 법원이 형법 제62조의2의 규정에 의한 사회봉사명령으로 피고인에게 일정한 금원을 출연하거나 이와 동일시 할 수 있는 행위를 명하는 것은 허용될 수 없다고 본다.

한편, 법원이 피고인에게 유죄로 인정된 범죄행위를 뉘우치거나 그 범죄행위를 공개하는 취지의 말이나 글을 발표하도록 하는 내용의 사회봉사를 명하고 이를 위반할 경우 형법 제64조 제2항에 의하여 집행유예의 선고를 취소할 수 있도록 함으로써 그 이행을 강제하는 것은, 헌법이 보호하는 피고인의 양심의 자유, 명예 및 인격에 대한 심각하고 중대한 침해에 해당하므로, 이는 허용될 수 없다(헌법재판소 1991. 4. 1. 선고 89헌마160 결정, 헌법재판소 2002. 1. 31. 선고 2001헌바43 결정 등 참조).

또, 법원이 명하는 사회봉사의 의미나 내용은 피고인이나 집행 담당기관이 쉽게 이해할 수 있어 집행 과정에서 그 의미나 내용에 관한 다툼이 발생하지 않을 정도로 특정되어야 한다. 특히, 피고인으로 하여금 자신의 범죄행위와 관련하여 어떤 말이나 글을 공개적으로 발표하도록 하는 것은 경우에 따라 피고인의 명예나 인격에 대한 심각하고 중대한 침해를 초래할 수 있는바, 법원이 피고인에게 유죄로 인정된 범죄행위와 관련하여 어떤 말이나 글을 공개적으로 발표하라는 사회봉사를 명한 경우, 그 말이나 글이 어떤 의미나 내용이어야 하는 것인지 쉽게 이해할 수 없어 집행 과정에서 그 의미나 내용에 관한 다툼이 발생할 가능성이 적지 않고, 유죄로 인정된 범죄행위를 뉘우치거나 그 범죄행위를 공개하는 취지의 말이나 글을 발표하도록 하는 취지의 것으로도 해석될 가능성이 적지 않다면 이러한 사회봉사명령은 위법하다고 볼 수밖에 없다.

오늘날 범죄인의 사회내 처우에 대한 관심과 지원의 필요성이 증대하고 있고, 형사정책적·특별예방적 견지에서 볼 때 다양하고 효과적인 내용의 사회봉사명령 및 특별준수사항이 개발 시행되는 것은 바람직하다 할 것이다. 그러나 헌법 제12조 제1항이 선언한 죄형법정주의의 정신에 비추어 볼 때 그 요건과 절차 등에 관한 사항은 가능한 한 구체적으로 법률에서 정해져야 하고, 적법 절차의 원리에 따른 것이어야 하며, 함부로 확장·유추 해석하여 운용되어서는 아니 된다.

원심은, 피고인들이 경영하던 주식회사 소유 자금을 횡령하였다는 등의 범죄사실이 유죄로 인정된다는 이유로 각 징역형을 선고하고 그 집행을 유예하면서, 형법 제62조의2에 규정된 사회봉사명령으로서 사회공헌기금으로 일정액의 금전을 출연하는 것을 주된 내용으로 하는 사회공헌약속 및 준법 경영을 주제로 한 강연과 국내 일간지 등 기고를 이행하도록 명하였다.

그러나 앞서 본 법리에 비추어 살펴보면, 원심의 위와 같은 사회봉사명령은 위법하여 허용될 수 없는 것으로 보인다.

* * *

대법관 차한성(재판장) 고현철 김지형(주심) 전수안

참고문헌

□ 신동운, "형법총칙/2008년 분야별 중요판례 분석", 법률신문, 2009년 3월 5일, 13면

1995년 형법개정에 의하여 우리 법원은 집행유예를 선고할 때 피고인에게 보호관찰을 받을 것을 명하거나 사회봉사 또는 수강을 명할 수 있게 되었다(형법 제62조의2). 이 세가지 부수조치 가운데 보호관찰은 보호관찰법이 규율하고 있어서 그 의미내용과 범위가 분명하다. 이에 반해 사회봉사명령이

나 수강명령은 총 제한시간이 설정되어 있을 뿐 그 내용이 명시적으로 규정되어 있지 않다. 이와 같이 내용을 구체화하지 않은 이유는 피고인의 구체적인 처지에 알맞은 다양한 형태의 사회봉사와 수강을 부과할 수 있도록 하기 위함이라고 생각된다.

보호관찰, 사회봉사명령, 수강명령 등의 부수조치에는 긍정, 부정의 두가지 측면이 있다. 긍정적 측면으로는 효과적인 형사정책의 구현과 피고인의 이익이라는 면이 주목된다. 그러나 부과처분의 긍정적 측면에만 주목할 경우 자칫하면 죄형법정주의의 기본원칙을 벗어날 수 있다. …

성인에 대한 보호관찰, 사회봉사명령, 수강명령은 … 출발이 늦은 만큼 국민적 이해도도 약하다. 법관 또한 보호관찰 등의 부수조치를 활용할 수 있는 준비가 충분하지 못하다. 이 때문에 해석론으로는 신중한 자세를 취하는 것이 바람직하다고 본다.

그러나 선고유예와 집행유예가 보호관찰, 사회봉사명령, 수강명령 등의 부수조치와 결합될 때 보다 실질적이고 적극적인 형사정책이 구사될 수 있다는 점, 범죄인을 수형시설로 보내지 않고 사회속에서 선량한 시민으로 변화시키게 하는 것이 피고인 본인에게 이익이 된다는 점, 범죄인의 사회내 처우가 성공을 거둘 때 그 혜택은 사회전체로 돌아간다는 점 등을 생각할 때 사회봉사와 같은 각종 부수조치들은 보다 확대실시되어야 한다. 새로운 제도도입이 형사정책적으로 성공을 거두려면 필요한 인적 물적 조직을 대폭 확충해야 한다. 개별조문의 해석론을 넘어서서 입법정책적·사회정책적 차원에서 이들 제도에 대한 본격적인 논의가 개시되어야 할 시점이 도래했다고 본다.

쟁점연구

1. 도입판례에서 원심은 피고인에 대하여 어떠한 종류의 사회봉사명령을 선고했는가. 원심이 선고한 사회봉사명령의 내용을 대법원이 '부당'을 넘어서, '위법'하다고 본 근거는 무엇인가. 여기서 사회봉사명령의 핵심은 무엇으로 이해되고 있는가.

2. 중대한 범죄에 대해 막대한 금전으로 배상케 하는 방법(예컨대 벌금형, 거액의 사회적 기부)에 의하지 않고, 자유의 박탈이나 자유의 제한이라는 방법을 형벌로 택해야 하는 이유는 무엇일까. 자유형과 재산형의 기본적 차이점은 무엇인가.
3. 자유를 박탈하고 수용시설 내에서 수형자를 다루는 것을 시설내처우(institutional treatment)라 하고, 지역사회 내에서 보호관찰, 사회봉사 등을 하는 것을 사회내처우(community treatment)라 한다. 사회내처우는 시설내처우에 비해 어떠한 장점을 갖고 있다고 주장되는가. 사회내처우는 시설내처우의 보완재인가, 부분적 대체재인가. 보완재일 경우와 대체재일 경우에, 전체 형벌제도의 운용에 있어 어떠한 문제가 생겨날 수 있는가를 토의해 보자.

주요개념

1. 집행유예
2. 사회봉사명령
3. 수강명령
4. 보호관찰
5. 선고유예
6. 시설내처우
7. 사회내처우

Ⅳ. 양형의 조건과 양형기준

도입판례

대구지방법원 2010. 5. 7. 선고 2010고합34, 2010전고3(병합) 판결【청소년의성보호에관한법률위반(청소년강간등)·미성년자의제강제추행·부착명령】[미간행]

【주　　문】 피고인을 징역 5년에 처한다.

피고인에 대한 열람정보를 5년간 열람에 제공한다.

피부착명령청구자에 대하여 7년간 위치추적 전자장치의 부착을 명한다.

피부착명령청구자에 대하여 별지 기재와 같은 준수사항을 부과한다.

이 사건 공소사실 중 각 미성년자의제강제추행의 점, 2006. 4. 청소년의성보호에관한법률위반(청소년강간등)의 점에 관한 공소를 각 기각한다.

【이　　유】

* * *

【법령의 적용】

1. 범죄사실에 대한 해당법조

각 구 청소년의 성보호에 관한 법률(2009. 6. 9. 법률 제9765호 아동·청소년의 성보호에 관한 법률로 개정되고 2010. 1. 1. 시행되기 전의 것, 이하 같음) 제7조 제1항, 형법 제297조(강간의 점), 구 청소년의 성보호에 관한 법률 제7조 제5항, 제1항, 형법 제297조(강간미수의 점)

1. 경합범가중

형법 제37조 전단, 제38조 제1항 제2호, 제50조[죄질 및 범정이 가장 무거운 2009. 2. 15. 청소년의성보호에관한법률위반(청소년강간등)죄에 정한 형에 경합범 가중]

1. 열람명령

구 청소년의 성보호에 관한 법률 제37조 제1항 제4호, 제4항

1. 전자장치 부착명령

특정 범죄자에 대한 위치추적 전자장치 부착 등에 관한 법률 제9조 제1항 제2호, 구 특정 범죄자에 대한 위치추적 전자장치 부착 등에 관한 법률(2010. 4. 15. 법률 제10257호로 개정되기 전의 것) 제5조 제1항 제3호

1. 준수사항 부과

구 특정 범죄자에 대한 위치추적 전자장치 부착 등에 관한 법률(2010. 4. 15. 법률 제10257호로 개정되기 전의 것) 제9조의2 제1항

【피고인 및 변호인의 주장에 관한 판단】

* * *

【양형의 이유】

[처단형의 범위] 징역 5년~22년 6월

[기본범죄의 결정] 2009. 2. 15. 청소년의성보호에관한법률위반(청소년강간등)죄

· 범죄유형 : 성범죄군, 일반적 기준, 13세 이상 대상, 제1유형(일반강간)

· 특별가중인자 : 범행에 취약한 피해자, 임신

· 일반가중인자 : 구 청소년의 성보호에 관한 법률 제7조가 규정하는 형태의 범행, 인적 신뢰관계 이용

· 일반감경인자 : 피해보상을 위하여 상당한 금액을 지급한 점, 진지한 반성

· 특별 조정 권고형의 범위 : 가중영역, 징역 3년~9년

[경합범죄] 2009. 1. 청소년의성보호에관한법률위반(청소년강간등)죄

· 범죄유형 : 성범죄군, 일반적 기준, 13세 이상 대상, 제1유형(일반강간)

· 특별가중인자 : 범행에 취약한 피해자, 임신

· 일반가중인자 : 구 청소년의 성보호에 관한 법률 제7조가 규정하는 형태의 범행, 인적 신뢰관계 이용

· 일반감경인자 : 피해보상을 위하여 상당한 금액을 지급한 점, 진지한 반성

· 특별 조정 권고형의 범위 : 가중영역, 징역 3년~9년

[수정된 권고형의 범위] 징역 5년 이상(처단형의 하한 고려, 양형기준 없는 경합범)

[선고형의 결정] 위와 같은 양형조건 및 나이 어린 피해자를 오랜 기간에 걸쳐 지속적, 반복적으로 강간하였고, 피해자를 임신시킨 뒤 보호자인 척 가장하여 중절수술을 시키고도 수술 후 12일 만에 또 다시 강간하는 등 죄질이 매우 불량한 점, 피해자는 이 사건으로 인하여 크나큰 정신적, 육체적 고통을 겪고 있는 점, 범행 기간, 횟수, 수법 및 경위 등에 비추어 재범의 위험성이 높다고 판단되는 점 등을 고려하면 피고인은 실형을 면할 수 없다.

다만 피고인은 동종 전과가 없고 집행유예 이상의 처벌 전력이 없는 점, 피해자의 부모에게 피해보상을 위하여 ***원을 지급한 점, 잘못을 반성하고 깊이 뉘우치고 있는 점, 그 밖에 피고인의 성행, 연령, 환경, 범행 후의 정황 등 이 사건 변론에 나타난 모든 양형조건을 종합적으로 참작하여 주문과 같이 선고한다.

판사 임상기(재판장) 박강민 전경원

참고문헌

□ **양형기준의 기본 구조와 적용방법** —살인죄 양형기준을 중심으로—[25)]

25) 이하의 부분은 법원조직법에 따른 양형위원회가 제안하는 <양형기준(안)>을 설명한 것으로, 양형위원회의 전문위원을 맡고 있는 김현석 판사가 정리한 것이다. 양형기준은 2009년

Ⅰ. 서론

1. 양형기준의 의의와 효력

양형은 형벌의 최종적 적용단계이다. 양형은 일관성, 비례성, 형평성을 유지하여야 하며, 국민의 상식에 부합해야 한다. 양형에 대한 국민적 불신을 극복하고, 공정하고 객관적인 양형을 실현하기 위해서는 현재의 법정형과 처단형을 그대로 유지하는 것으로 부족하다는 판단하에, 보다 구체적이고 객관적인 양형을 위한 지침으로서 양형기준(sentencing guideline)을 제정해야 한다는 것이 사법개혁의 주요한 과제로 자리잡았다.

2004년 사법개혁위원회는 양형기준을 제정해야 한다고 건의하였고, 마침내 2007년 법원조직법의 개정을 통해 "형을 정함에 있어 국민의 건전한 상식을 반영하고 국민이 신뢰할 수 있는 공정하고 객관적인 양형을 실현하기 위하여 대법원에 양형위원회를 둔다."(제81조의2)고 명시되었다. 위원회의 임무는 "법관이 합리적인 양형을 도출하는 데 참고할 수 있는 구체적이고 객관적인 양형기준을 설정하거나 변경하는 것"이다.

양형기준을 설정함에 있어서는 다음 각호의 사항을 고려하여야 한다(법원조직법 제81조의6).

1. 범죄의 유형 및 법정형
2. 범죄의 중대성을 가중하거나 감경할 수 있는 사정
3. 피고인의 연령, 성행, 지능과 환경
4. 피해자에 대한 관계
5. 범행의 동기·수단 및 결과
6. 범행 후의 정황
7. 범죄전력
8. 그 밖에 합리적인 양형을 도출하는 데 필요한 사항

양형기준은 법관에게 '참조'할 수 있는 기준이지만, 법관은 형량을 정함에 있어 양형기준을 '존중'하여야 한다. 다만 양형기준은 법적 구속력을 갖지는 아니한다(법 제81조의7). '존중'을 위한 한 장치로는 "법관이 양형기준을

7월부터 시행된 양형기준을 말한다(그 뒤 일부 기준에 변경이 있었음).

벗어난 판결을 하는 경우에는 판결서에 양형의 이유를 기재하여야 한다." 법관이 양형기준을 이탈한 경우 판결서에 그 이유기재가 있으므로, 상소심에서 원래의 양형기준과 이탈하여 내린 판결 사이의 비교를 통해 양형부당 여부를 판단하기 훨씬 용이해질 것이다. 이 둘의 비교를 통해 진일보한 양형기준을 만들어나가는 데 도움이 될 수 있을 것이다.

2. 형법총칙에 따른 양형과정

기소된 범죄에 대하여 유죄라고 인정되면 그 해당법조가 정한 법정형에서 출발하여 당해 피고인에게 부과할 형벌을 양정하는 과정을 거친다. 형법총칙은 그와 같은 양형을 하는 방법과 순서를 정하고 있다. 즉, 법정형을 기준으로 형법 제40조, 제56조에 따라 처단형의 범위를 정하고 그 범위 내에서 형을 정하게 된다.

<형법총칙에 따른 처단형 산출과정>

법정형 → 상상적 경합의 처리 → 형종 선택 → 법률상 가중(각칙 본조에 의한 가중, 형법 제34조 제2항의 가중, 누범가중) → 법률상 감경 → 경합범 가중 → 작량감경 → 처단형의 범위 결정 → 선고형 결정

3. 형법총칙과 양형기준

처단형 도출에 관한 형법총칙의 규정은 법관이 재량으로 형종 선택, 법률상 임의적 감경 및 작량감경 여부를 판단하도록 함을 전제로 그에 따라 법률상 허용되는 최대한의 처단형의 범위를 정하는 목적으로 한다. 그러나 양형기준은 구체적 사안별로 법률상 가중·감경사유와 작량감경사유를 포함한 양형인자를 고려하여 적정하다고 판단되는 세부적인 형량범위를 제시하는 것을 목적으로 한다.

이와 같은 목적의 차이와 형법총칙이 양형기준을 전제로 입법된 것이 아니라는 사유로 말미암아 양형기준은 양형의 형평성과 적정성을 도모하기 위해서는 불가피하게 형법총칙과는 다른 방식으로 권고형량범위를 정하고 있다.

따라서 양형기준을 이해·적용하려면 그에 대한 기본구조를 파악하고 있어야 하므로 아래에서는 살인죄를 중심으로 양형기준에 관하여 설명한다. 이해의 편의를 위하여 양형위원회가 설정한 양형기준 자체는 박스 속에 별도로 표시하여 두었다.

Ⅱ. 양형기준의 적용범위와 적용방법의 개요

1. 양형기준의 적용범위 : 대상 범죄군과 구성요건

양형기준은 모든 범죄에 공통적으로 적용되는 단일한 형태로 존재하지 않고 범죄군별로 설정되어 있다.

범죄군에 속하는 모든 구성요건 전부가 양형기준의 적용대상이 되는 것이 아니라 그 중에서 중한 범죄를 중심으로 한 일정한 범위의 범죄에 대하여 양형기준이 적용된다. 예를 들면, 살인범죄군은 형법에만 아래와 같은 다양한 구성요건이 규정되어 있지만, 아래 표시된 범죄에 대하여만 적용된다.

구성요건	적용법조	법정형
사람을 살해	형법 250조 제1항	5년↑, 무기, 사형
존속을 살해	형법 250조 제2항	7년↑, 무기, 사형
살인 미수	형법 254조	

<적용범위>

살인범죄의 양형기준은 살인(형법 제250조 제1항), 존속살해(형법 제250조 제2항), 위 각 범죄의 미수죄를 저지른 성인 피고인에 대하여 적용한다.

2. 양형기준 적용방법 개요

㉠ 1단계(범죄유형의 결정): 양형기준에 따른 권고 형량범위를 알아내려면, 먼저 해당 범죄가 적용되는 양형기준을 찾아야 한다. 적용할 양형기준이 정해지면, 그 범죄가 어느 유형에 속하는지를 결정하여야 한다. 양형기준은 유

형분류에 관하여 정의하고 있으므로 그에 따라 유형을 결정하면 된다.

㉡ 2단계(형량범위의 결정): 양형기준은 범죄유형별로 3단계 형량범위를 제시하고 있으므로 권고될 형량범위를 최종적으로 결정하려면 특별양형인자의 존부를 확인한 다음 비교 평가하여야 한다.

㉢ 3단계(선고형의 결정): 위와 같은 과정을 거쳐 권고영역이 정해지면 그 범위 내에서 법관이 적정한 양형을 결정하면 된다. 이때 일반양형인자는 물론 특별양형인자도 함께 고려하여야 하고, 양형기준에 기재되지 아니한 다양한 양형인자도 양형에 반영함이 합리적이라고 판단되면 이를 종합적으로 고려하여야 한다.

㉣ 4단계(집행유예 여부의 결정): 선고형량이 정해지면 그 형의 집행 여부를 결정한다. 양형기준은 집행유예 기준도 함께 제시하고 있는데, 주요참작사유를 비교하여 실형이 권고되거나 집행유예가 권고될 수 있다.

아래에서는 살인범죄군을 중심으로 양형기준의 기본구조와 적용방법에 관하여 개관한다.

Ⅲ. 형량기준

양형기준은 권고형량범위를 권고하는 형량기준과 집행유예 여부를 권고하는 집행유예 기준으로 대별할 수 있다.

1. 범죄유형

살인죄는 다양한 범행동기와 수법 등이 포함된 모든 살해범죄에 공통적으로 적용되므로 같은 살인죄에 해당한다고 하더라도 죄책의 경중은 상대적으로 매우 낮은 것에서부터 극형에 처하여야 할 사안까지 다양하게 분포한다. 양형기준이 이러한 죄질의 차이에 따라 적정한 권고형량범위를 제시하려면 살인죄라는 동일한 구성요건에 속한 범죄에 대하여도 일정한 기준에 따라 몇 가지 유형으로 구분하는 것이 필요하다. 살인죄에 있어서 범행동기가 가장 양형에 큰 영향을 미친다고 평가하여 양형기준은 범행의 동기에 따라 제1유형(동기참작 살인), 제2유형(보통살인), 제3유형(동기비난 살인) 등으로 살인죄의 유형을 구분하고 있다. 제1, 3유형에 속하는 살인죄에 대한 정의를 아래와 같고 그에 속하지 아니한 살인죄는 제2유형으로 분류된다.

1. 제1유형 : 동기에 있어서 특히 참작할 사유가 있는 살인

제1유형은 동기에 있어서 특히 참작할 사유가 있는 살인범행을 의미한다. 동기에 있어서 특히 참작할 사유가 있는 경우는, 다음 요소 중 하나 이상에 해당하는 경우를 의미한다.

- ○ 극심한 생활고로 인한 살인
- ○ 피해자로부터 장기간 가정폭력, 성폭력, 스토킹 등 지속적인 육체적·정신적 피해를 당한 경우
- ○ 수차례 실질적인 살해의 위협을 받은 경우(과잉방위 제외)
- ○ 그밖에 이에 준하는 경우

2. 제2유형 : 보통 동기에 의한 살인

제2유형은 제1 또는 제3유형에 속하지 않는 살인범행을 의미한다.

3. 제3유형 : 동기에 있어서 특히 비난할 사유가 있는 살인

제3유형은 동기에 있어서 특히 비난할 사유가 있는 살인범행을 의미한다.

동기에 있어서 특히 비난할 사유가 있는 경우는, 다음 요소 중 하나 이상에 해당하는 경우를 의미한다.

- ○ 살해욕의 발로(살인에 대한 희열을 느끼는 경우 등)
- ○ 재산적 탐욕(상속재산 및 보험금을 노린 살인 등)
- ○ 다른 범죄를 실행하기 위한 살인(교도소 탈주를 위한 교도관 살해, 특정인의 납치를 위한 경호원 살해 등)
- ○ 다른 범행을 은폐할 목적으로 살인을 한 경우(유일한 증인에 대한 살해 및 고소를 막기 위한 살인 등)
- ○ 돈을 받을 목적으로 청부살인을 한 경우
- ○ 조직폭력 집단의 세력 다툼에 기인한 살인의 경우
- ○ 별다른 이유 없이 무작위로 다른 사람을 살인한 경우
- ○ 그 밖에 이에 준하는 경우(아주 사소한 것에 대한 복수심의 발로, 보복살인 등)

2. 권고영역과 형량범위

양형기준은 범죄유형별로 전체 형량범위를 제시하고 있다. 예를 들면, 살인범죄군의 제1유형은 3년~7년이라는 전체 형량범위가 제시되고 있다. 그러나 범죄유형별 전체 형량범위는 유형분류의 기준이 된 양형인자만을 사용하여 형량범위를 정한 것일 뿐, 다른 양형인자는 전혀 고려되지 않은 상태이다. 따라서 양형기준은 범죄유형마다 감경영역, 기본영역, 가중영역이라는 3단계 형량범위를 세분하여 제시하고 구체적 사안마다 인정될 수 있는 개별적 양형인자를 상호 비교하는 방법으로 3단계 형량범위 중 적정하다고 판단되는 하나의 형량범위를 권고하게 된다.

권고영역별 형량범위는 종래 법원의 양형실무에서 나타난 경험적 통계자료를 기초로 하여 양형위원회가 합당하다고 판단하는 규범적 조정을 거쳐 산정된 것이다.

살인죄의 범죄유형에 따른 형량범위

구분	감경	기본	가중
제1유형	3 ~ 5년	4 ~ 6년	5 ~ 7년
제2유형	6 ~ 9년	8 ~ 11년	10 ~ 13년
제3유형	8 ~ 11년	10 ~ 13년	12 ~ 15년, 무기 이상

살인죄의 경우 감경, 기본, 가중의 형량범위가 1년씩 중첩되어 있다. 이는 뒤에서 보는 바와 같이 특별양형인자만으로 권고영역을 결정하는 방법으로 생겨날 수 있는 구체적 타당성의 결여를 보완하기 위한 것이다.

3. 양형인자의 종류와 질적 구분

양형기준은 양형인자를 외국의 예에서 보는 바와 같이 수치화, 계량화하여 기계적으로 양형을 하는 방식이 아니라 양형인자를 질적으로 구분하여 이를 종합적으로 평가하는 방식을 채택하고 있다. 범죄별로 존재할 수 있는 대부분의 양형인자마다 단위가중치를 부여하는 작업은 매우 지난할 뿐만 아니라 실증적으로 그 타당성을 검증하기도 곤란하고, 규범적으로 일반국민이나 법관이 받아들일 수 있을 만큼 합리적인 결론을 도출하기도 어렵다는 판단에 따른 것이다.

양형기준이 채택한 양형인자의 질적 구분은 아래와 같다. 양형기준은 양형인자를 먼저 감경인자와 가중인자로 구분한 다음 양형에 미치는 영향력을 고려하여 2개의 그룹(특별양형인자와 일반양형인자)로 대별하고 다시 이를 2개(행위인자와 행위자/기타인자)로 세분하는 방법론을 채택하였다. 첫번째 구별(특별인자와 일반인자)은 과거 양형사례를 분석하여 양형인자별로 그 영향력의 정도를 파악하고 규범적 관점에서 양형인자가 양형에 미쳐야 하는 영향력의 크기를 평가하여 양형에 보다 큰 영향력을 미치는 인자와 그보다 영향력이 떨어지는 인자로 나누는 것이다. 두 번째 구별은 행위책임의 원칙에 따라 행위인자와 행위자/기타인자로 나누어 전자에 보다 더 큰 평가를 할 수 있도록 하는 것이다.

4. 살인죄의 양형인자

살인죄의 양형기준은 아래와 같은 양형인자를 질적으로 구분하여 제시하고 있다.

구분			감경요소	가중요소
특별양형인자	행위	공통	과잉방위, 미필적 고의, 피해자유발(강함)	존속, 계획적, 피지휘자에 대한 교사, 범행에 취약한 피해자, 잔혹한 범행수법
		미수	경상	중상, 후유장애
	행위자/기타		농아자, 자수, 심신미약(본인 책임 없음), 유족처벌불원(피해회복을 위한 진지한 노력)	동종 및 특강 누범, 반성 없음(범행의 단순 부인은 제외)
일반	행위		소극가담, 피해자유발(보통)	

양형 인자	행위자 /기타	심신미약(본인 책임 있음), 상당 금액 공탁, 진지한 반성(자백), 범행 후 구호 호송	이종 누범, 누범에 해당되지 않는 동종 및 폭력 실형전과(복역 후 10년 미만)

5. 살인죄의 양형인자의 정의

살인죄의 양형기준은 위와 같은 양형인자에 대하여 아래와 같이 정의하고 있다.

1. 계획적 범행

다음 요소 중 하나 이상에 해당하는 경우를 의미한다.

○ 범행도구의 사전 준비 및 소지
○ 사전 공모
○ 피해자 유인
○ 증거인멸의 준비
○ 도주계획의 사전 수립
○ 그 밖에 이에 준하는 경우

2. 범행에 취약한 피해자

범행 당시 피해자가 신체 또는 정신 장애, 연령 등으로 인하여 범행에 취약하였던 경우를 의미한다.

3. 잔혹한 범행 수법

잔인성은 고통의 강도와 시간적 계속성의 면에서 볼 때 사람의 생명을 끊음에 있어 통상 요구되는 정도를 넘어서는 극심한 육체적 또는 정신적 고통을 피해자에게 가하여 사람을 살해하는 것을 의미하며, 다음 요소 중 하나 이상에 해당하는 경우를 말한다.

○ 방화로 사람을 살해하는 경우
○ 폭발물을 이용하여 사람을 살해하는 경우
○ 살해 전 피해자의 신체 일부분을 고의로 손상하는 행위

○ 칼이나 둔기 등 흉기를 사용하여 신체의 급소 등을 수십 차례 찌르거나 가격한 행위

○ 그 밖에 이에 준하는 수법

4. 반성 없음(범죄의 적극적 옹호)

자신의 범행을 인정하면서도 범행에 대하여 아무런 후회나 죄책감을 표시하지 않고, 오히려 자신의 범행을 정당화하는 경우를 의미하며, 범행을 단순 부인하는 것은 포함되지 않는다.

5. 피해자 유발

범행이 저질렀을 당시 피해자에게도 일정한 귀책사유가 존재하는 경우를 의미한다(다만, 과잉방위에 해당되지 않을 경우에 한함).

○ 피해자에 의하여 범인 또는 친족에게 가해진 폭력이나 성적 학대 등을 모면하기 위하여 피해자를 살해한 경우

○ 피해자가 먼저 폭력을 행사하는 등 범인의 격분을 유발함으로써 흥분 상태에서 피해자를 살해한 경우 등

피고인이 먼저 피해자에게 폭행을 가함으로써 싸움이 야기된 경우에는 적용되지 아니한다.

장기간에 걸친 피해자의 가정폭력과 같이 범행 이전부터 상당기간 동안 존재한 귀책사유를 유형 분류단계에서 이미 고려한 경우에는 중복하여 고려할 수 없다.

6. 유족처벌불원(피해회복을 위한 진지한 노력)

피고인이 자신의 범행에 대하여 참회하고, 유족이 이를 받아들여 피고인의 처벌을 원하지 않는 경우를 의미한다.

피해회복을 위한 진지한 노력 끝에 유족과의 합의에 준할 정도의 상당한 금액을 공탁한 경우도 포함한다.

6. 양형인자의 평가원칙

범죄유형을 결정한 이후에도 유형구분의 기준이 된 양형인자 이외에 개별 사안에서 확인되는 여러 양형인자를 양형에 반영하여야 한다. 양형기

준은 구체적 사안에서 존재하는 복수의 양형인자를 평가하는 방식을 제시하고 있다.

범죄유형별 3단계의 권고영역 중에서 어디에 해당하는가를 결정할 때에는 오로지 특별양형인자만을 고려한다. 일반양형인자가 아무리 많아도 이를 권고영역을 정할 때에는 고려하지 않고, 해당 권고영역 내에서 구체적인 양형을 정할 때에 고려하게 된다. 이와 같이 특별양형인자만으로 권고영역을 정하는 방식을 채택하게 된 것은 양형인자의 계량화가 지극히 곤란하므로 차선책으로 양형인자를 질적으로 구분할 수밖에 없었던 점, 그 중에서 보다 양형에 중요한 영향을 미치는 특별양형인자를 제한적으로 설정함으로써 양형인자의 평가를 용이하게 할 수 있는 점, 특별양형인자 사이의 질적 비교를 할 수 있는 일정한 원칙을 수립하게 되면 양형기준의 객관성을 도모할 수 있다는 점을 고려한 것이다.

권고영역은 특별양형인자 사이의 질적 구분과 개수의 비교를 통하여 결정하는데 양형기준은 아래와 같이 평가원칙을 규정하고 있다.

○ 복수의 특별양형인자가 있는 경우에는 아래와 같은 원칙에 따라 평가한 후 그 평가 결과에 따라 형량범위의 변동 여부를 결정한다.
  ① 같은 숫자의 행위적 인자는 같은 숫자의 행위자적/기타 인자보다 중하게 고려되어야 한다. 다만 처벌을 원하지 않는 유족의 의사는 행위인자와 동등하게 평가할 수 있다.
  ② 같은 숫자의 행위적 인자 상호간 또는 행위자적/기타 인자 상호간은 동등한 것으로 본다.
  ③ 위 ①, ② 원칙에 의하여도 형량범위가 확정되지 않는 사건에 대하여는 법관이 위 ①, ② 원칙에 기초하여 특별양형인자를 종합적으로 비교·평가함으로써 형량범위의 변동 여부를 결정한다.
○ 양형인자에 대한 평가 결과 가중 요소가 큰 경우에는 가중적 형량범위에서, 감경 요소가 큰 경우에는 감경적 형량범위에서, 그 밖의 경우에는 기본적 형량범위에서 선고형을 정할 것을 권고한다.

특별양형인자는 가중인자와 감경인자로 양분한 다음 각각 행위인자와 행위자/기타인자로 구분되는데, 행위인자를 행위자/기타인자보다 중하게 고려한다. 이는 양형의 대원칙인 '행위책임원칙'에 따른 것이다. 다만, 피해자 보호라는 형사정책적 목적을 중시하여 피해회복과 관련된 양형인자는 행위인자와 동등하게 평가한다. 같은 행위인자 상호간, 같은 행위자/기타인자 상호간에는 대등하게 고려한다. 양형기준이 질적 구분을 넘어서 개별 양형인자 상호간의 가중치를 부여할 수 없기 때문이다.

7. 구체적인 권고영역 결정방식

특별양형인자 상호간의 구체적인 평가방식을 예시하면 아래와 같다. 감경사유인 1개의 행위인자(예 : 미필적 고의)는 가중사유인 1개의 행위자/기타인자(예 : 동종누범)보다 중하게 취급하므로 위와 같은 2개의 특별양형인자가 있으면 감경영역이 권고된다. 반대로 존속살인죄를 범한 이후에 자수한 사례에서는 가중사유인 1개의 행위인자(존속)가 감경사유인 1개의 행위자/기타인자(자수)보다 중하게 고려하여야 하므로 가중영역이 권고된다. 만일 위와 같은 양형인자가 모두 존재한다면(미필적 고의, 자수, 존속, 동종누범) 감경인자인 행위인자와 가중인자인 행위인자가 상호 상쇄되고, 감경인자인 행위자/기타인자와 가중인자인 행위자/기타인자가 상호 상쇄되어 기본영역을 권고하게 된다.

한편, 행위인자와 행위자/기타인자가 동수로 상호 존재할 때에는 행위인자가 우월하게 평가될 수 있으나, 행위자/기타인자가 행위인자보다 많은 경우에는 특별양형인자의 질적 차이만으로는 그 우월을 평가할 수 없으므로 결국 법관이 양형인자를 종합적으로 고려하여 권고영역을 결정하게 된다.

[형량범위 결정 사례]

① 특별인자의 개수가 동일한 경우

(1) 제1사례

구분	감경	가중
행위		존속
행위자/기타	자수	

○ 위 사례의 경우 특별 가중인자와 특별 감경인자가 각각 1개 존재하나, 행위책임 원칙에 의하여 행위적 인자를 행위자적 인자보다 중하게 평가하여야 하므로 행위적 인자인 '존속'을 보다 중하게 고려하여 가중영역을 선택

○ 만약 위 사례에서 특별 감경인자로 '자수'가 아닌 '유족처벌불원'이 존재한다고 가정하는 경우, 피해자의 피해 회복이라는 형사정책적 측면을 고려하여 피해 회복 관련 요소는 행위적 인자와 동일하게 평가할 수 있도록 하였으므로 가중영역이 아닌 기본영역을 선택할 수 있음

(2) 제2사례

구분	감경	가중
행위	과잉방위, 미필적 고의	계획적 범행
행위자/기타		동종 누범

○ 위 사례의 경우 특별 가중인자와 특별 감경인자가 각각 2개 존재하나, 행위적 인자인 '과잉방위'와 '존속'은 상쇄되고, 남은 특별인자인 '미필적 고의'와 '동종 누범'의 경우 행위책임 원칙에 의하여 행위적 인자인 '미필적 고의'가 중하게 고려되므로 감경영역을 선택

② 특별인자의 개수가 다른 경우

(1) 제1사례

구분	감경	가중
행위	피해자 유발(강함)	
행위자/기타	농아자	반성 없음

○ 위 사례의 경우 행위자적 인자인 '농아자'와 '반성 없음'은 상쇄되나, '피해자 유발(강함)'이 특별감경인자로 남아 있으므로 감경영역을 선택

☞ 행위책임 원칙에 의하여 행위적 인자인 '피해자 유발(강함)'을 행위자적 인자인 '반성 없음'보다 중하게 고려하고, 여기에 '농아자'라는 특별감경인자가 추가로 존재하여 감경영역을 선택하였다는 설명도 가능

(2) 제2사례

구분	감경	가중
행위		계획적 범행
행위자/기타	농아자, 자수	

○ 위 사례의 경우 행위적 인자인 '계획적 범행'은 행위자적 인자인 '농아자' 또는 '자수'와 비교하여 개별적으로는 중하게 고려되나, 행위자적 인자가 행위적 인자보다 많아 평가원칙만으로는 바로 3단계 형량범위 중 특정영역이 결정되지 않음

○ 이 경우 법관은 특별 양형인자의 영향력을 종합적으로 평가하여 3단계 형량범위 중 특정 영역을 결정

8. 형량범위의 특별조정과 서술식 양형기준

특별가중인자 또는 특별감경인자 일방만 복수로 존재하거나 특별가중인자가 특별감경인자보다 복수로 많은 경우(반대의 경우도 동일)에는 특별가중인자와 특별감경인자가 대등하거나 1개 차이가 있는 경우와 비교하여 보다 중하거나 경한 양형이 필요하다. 양형기준은 특별가중인자가 2개 이상 많을 경우에는 가중영역의 상한의 1/2을 가중하여 형량범위를 정할 수 있도록 하고 있다. 또한 특별감경인자가 2개 이상 많을 때에는 감경영역의 하한의 1/2을 감경하여 형량범위를 정할 수 있도록 하였다. 위와 같은 가중결과 15년 이상이 되는 경우에는 무기징역형을 선택할 수 있게 된다.

살인미수범죄에 대하여는 별도의 형량범위표를 제시하지 않고 기수범의 형량범위를 기준으로 일정 비율로 형량범위를 정하고 있다. 즉 제1유형 살인

미수범은 기수범의 1/2로, 제2, 3유형의 미수범은 기수범의 1/3로 형량범위를 정한다. 이를 서술식 양형기준이라고 부른다.

<양형기준상 권고형 범위의 특별 조정>

① 특별양형인자에 대한 평가 결과 가중영역에 해당하는 사건이 특별가중인자만 2개 이상 존재하거나 특별가중인자가 특별감경인자보다 2개 이상 많을 경우에는 양형기준에서 권고하는 처단형 상한을 1/2까지 가중한다. 상한을 1/2까지 가중한 결과 처단형 범위가 15년을 상회하는 경우에는 무기징역을 선택할 수도 있다.

② 특별양형인자에 대한 평가 결과 감경영역에 해당하는 사건이 특별감경인자만 2개 이상 존재하거나 특별감경인자가 특별감경인자보다 2개 이상 많을 경우에는 양형기준에서 권고하는 처단형 하한을 1/2까지 감경한다.

<살인미수범죄의 권고형 범위>

'미수'를 제외한 다른 양형인자에 의하여 정해진 권고형이 살인 제1유형에 해당하는 경우에는 그 형량범위의 1/2로, 살인 제2, 3유형에 해당하는 경우에는 그 형량범위의 1/3로 감경한다.

9. 처단형과 권고형량범위

양형기준은 개별 사안의 법률상 가중·감경사유를 모두 고려할 수 없기 때문에 법률상 가중·사유가 있는 사안과 없는 사안 모두에 공통적으로 적용할 수 있도록 설정된다.

<양형기준상 권고형 범위와 법률상 처단형 범위와의 관계>

양형기준에서 권고하는 형량범위가 법률에 의한 가중/감경에 의한 처단형 범위와 불일치하는 경우에는 법률에 의한 처단형 상한 또는 하한에 따른다.

<법률상 임의적 감경사유의 처리 방법>

양형기준의 양형인자표에 포함된 법률상 임의적 감경사유에 대하여 법관이 법률적 감경을 하지 않기로 하는 경우에는 작량감경 사유로 고려한다.

10. 다수범죄 처리기준의 의미

앞에서 본 바와 같이 형법총칙의 처단형 범위의 산정과정과 양형기준의 적용과정은 동일하지 않다. 먼저 형법총칙은 경합범 가중을 한 이후에 작량감경을 하도록 하고 있으나, 양형기준은 개별범죄별로 형량범위를 정하고 있으므로 이 단계에서 작량감경 사유가 이미 반영된 상태에서 경합범의 형량범위를 다시 정해야 하는 점에서 차이가 있다. 또한 형법총칙에 따른 경합범 가중은 당해 범죄의 최대한의 상한을 정하는 방식을 취하고 있음에 반하여 양형기준은 구체적인 사안별로 적정하다고 여겨지는 세부적인 형량범위를 정하는 방식을 취하고 있는 것도 본질적으로 다르다. 따라서 양형기준은 형법총칙의 경합범 가중방식과 다른 방법으로 형법 제37조 전단 경합범의 권고형량범위를 정하도록 하고 있다. 따라서 양형기준은 “경합범 가중”이라는 용어 대신 “다수범죄 처리기준”이라는 별도의 용어를 사용하고 있다.

11. 다수범죄 처리기준의 내용

양형기준이 정하는 방식은 경합범을 구성하는 개별범죄별로 각각 형량기준을 적용하여 권고영역을 정하고 이를 일정한 방식으로 합산(가중)하는 방식을 취한다. 이를 위하여 먼저 합산의 대상이 되는 기본범죄를 정해야 하고, 이에 합산한 형량을 산출하여야 한다.

기본범죄는 권고형량을 참조하여 결정하게 되고, 합산방식은 기본범죄의 상한에 경합되는 범죄의 형량범위의 상한의 1/2을 가산하도록 한다. 만일 3개 이상의 경합범인 경우에는 그 다음으로 권고형량이 높은 범죄의 형량범위 상한의 1/3을 추가 가산하도록 한다.

다수범죄 처리기준에 의하면, 기본범죄의 하한은 그대로 유지하고 상한만을 합산하도록 하고 있으나, 기본범죄의 형량범위 하한보다 경합범죄의 하한이 높을 경우에는 경합범죄의 하한에 따르도록 한다.

<다수범죄 처리기준>

○ 적용대상

양형기준이 설정된 범죄 상호간의 형법 제37조 전단의 경합범에 대하여 적용한다. 다만, 양형기준이 설정된 범죄와 양형기준이 설정되지 아니한 범죄의 형법 제37조 전단 경합범에 관하여는 그 하한은 양형기준이 설정된 범죄의 양형기준의 권고형량의 하한에 따른다.

○ 기본범죄의 결정

▶ 제1원칙 : 형이 가장 높은 범죄

— 형종 선택 및 법률상 가중/감경을 거친 후 형이 가장 중한 범죄

▶ 제2-1원칙 : 양형기준상 형량이 높은 범죄

— 제1원칙에 의하여 기본범죄가 결정되지 않은 경우(예를 들어 강간죄와 강간죄의 경합)에는 양형기준상 권고형량의 상한이 가장 높은 범죄

▶ 제2-2원칙 : 죄질 및 범정이 중한 범죄

— 제2-1원칙에 의하여 기본범죄가 결정되지 않는 경우(강간죄의 제1유형 기본이 권고되는 범죄와 강간죄의 제1유형 기분이 권고되는 범죄)에는 죄질 및 범정이 가장 중한 범죄

▶ 제1원칙의 예외

— 형종 선택 및 법률상 가중/감경을 거친 후 형이 가장 중한 범죄의 양형기준상 형량범위 상한이 이와 경합하는 범죄의 양형기준상 형량범위 상한보다 낮은 경우에는 후자의 범죄

○ 가중방법

▶ 2개의 경합범

기본범죄의 형량범위 상한에 경합범죄의 형량범위 상한의 1/2을 가중

▶ 3개 이상의 경합범

기본범죄의 형량범위 상한에 경합범 중 형량범위 상한이 가장 높은 범죄의 형량범위 상한의 1/2, 2번째로 높은 범죄의 형량범위 상한의 1/3을 합산

▶ 하한의 특별 조정

기본범죄의 형량범위 하한보다 경합범죄의 형량범위 하한이 높은 경우에는 경합범 가중 결과로 인한 형량범위 하한을 경합범죄의 형량범위 하한으로 함

예를 들면, 甲죄(제1유형 감경영역의 살인죄, 3~5년), 乙죄(제1유형의 기본영역의 살인죄, 4~6년), 丙죄(제2유형 감경영역의 살인죄, 6~9년)를 저지른 경우에 기본범죄는 丙죄가 되므로 하한은 6년이 되고, 상한은 병죄의 상한 9년에 을죄 상한의 1/2인 3년과 갑죄 상한의 1/2인 2년 6월을 합산하여 14년 6월이다. 따라서 다수범죄 처리기준에 따른 최종적인 형량범위는 6~14년 6월이 된다.

12. 선고형의 결정

단일범의 경우에는 특별조정을 포함한 권고형량범위 내에서, 경합범의 경우에는 단일범의 권고형량을 기초로 다수범죄 처리기준을 적용하여 산정한 형량범위 내에서 선고형을 정하게 된다. 이 때에 특별양형인자는 물론, 일반양형인자를 종합적으로 고려하게 된다. 양형기준의 일반양형인자는 한정적 열거가 아니라 예시적 나열에 불과하므로 권고형량범위 내에서 선고형을 정할 때에 개별 사안에서 존재하는 양형인자 중에서 양형에 반영함이 적절하다고 판단되는 양형인자도 고려하게 된다.

Ⅳ. 집행유예 기준

1. 집행유예의 기준의 구조

양형기준은 앞에서 본 형량기준과 집행유예기준으로 대별할 수 있다. 집유기준도 형량기준과 유사하게 그 참작사유를 긍정적 참작사유와 부정적 참

작사유로 구분한 다음 다시 주요참작사유와 일반참작사유로 세분하고 있다. 개념상 다소 차이가 있으나 주요참작사유는 특별양형인자로, 일반참작사유는 일반양형인자에 대응하는 개념으로 이해하면 무방하다.

형량은 연속되는 개념이지만, 집유는 가부의 택일적 관념이라는 점에서 큰 차이가 있다. 만일 개별 사안에서 양형기준이 실형인 경우와 집유인 경우를 이분법적으로 권고하는 것은 구체적 타당성을 결하기 쉬울 뿐만 아니라 때로는 유사한 사안을 합리적 근거 없이 차별하는 결과를 초래할 가능성마저 있다. 이러한 점을 고려하여 집유기준은 실형을 권고하는 사례와 집행유예를 권고하는 사례 및 실형과 집행유예 모두를 권고하는 사례를 판단할 수 있게 한다.

원칙적으로 주요참작사유를 사용하여 주요긍정사유가 주요부정사유보다 2개 이상 많은 경우에는 집행유예를 권고하고, 주요부정사유가 주요긍정사유보다 2개 이상 많은 경우에는 실형을 권고한다. 이와 같이 실형이나 집행유예가 권고되지 않는 경우에는 집유기준이 실형과 집행유예 모두를 권고한다고 설정함으로써 법관이 참작사유를 종합적으로 고려하여 실형 여부를 판단하도록 한다.

한편, 위와 같이 원칙적으로 실형이나 집행유예가 권고되는 경우에도 일반참작사유를 고려하면 권고사항을 수정할 필요가 있는 경우가 있을 수 있다. 따라서 양형기준은 실형이 권고되는 경우에도 일반긍정사유가 다수 존재하거나 그 반대의 경우에는 예외적으로 참작사유를 종합적으로 고려하여 실형 여부를 결정할 수 있게 한다.

2. 살인미수죄의 집행유예 기준

살인범죄군에서는 살인미수죄에 대하여만 집행유예 기준이 마련되어 있다. 구체적인 참작사유는 아래와 같다.

구분		부정적	긍정적
주	재범의 위험성	○ 1회 이상의 동종 전과	○ 형사처벌 전력 없음

요참작사유	및 범죄의 중대성	○ 계획적 범행 ○ 동기에 있어서 특히 비난할 사유가 있는 경우	○ 동기에 있어서 특히 참작할 사유가 있는 경우 ○ 피해자 유발(강함) ○ 중지미수
	기타	○ 중상 또는 후유장애 ○ 피해회복 없음	○ 경상 ○ 피해자와 합의(합의에 준하는 피해회복을 위한 진지한 노력 포함)
일반참작사유	재범의 위험성 및 범죄의 중대성	○ 진지한 반성 없음 ○ 약물중독, 알코올 중독 ○ 2회 이상 집행유예 이상 형 선고 ○ 사회적 유대관계 결여 ○ 피해자와 전혀 알지 못함 ○ 위험한 물건 휴대 ○ 범행수법이 잔혹	○ 진지한 반성 ○ 피고인이 고령 ○ 집행유예 이상의 형을 선고받은 전과가 없음 ○ 사회적 유대관계 분명 ○ 자수 ○ 피해자 유발(보통)
	기타	○ 공범으로서 주도적 역할 ○ 범행 후 증거은폐 또는 은폐 시도	○ 공범으로서 소극 가담 ○ 범행 후 구호호송 ○ 피고인의 건강상태가 매우 좋지 않음 ○ 피고인의 구금이 부양가족에게 과도한 곤경을 수반

살인죄의 집유기준은 참작사유를 "재범의 위험성 및 범죄의 중대성"에 관한 사유와 "기타" 사유로 구분하고 있으나, 이는 다수의 참작사유를 용이하게 분류·파악하기 위한 목적에 따른 것일 뿐 참작사유의 효력에는 아무런 차이가 없다.

3. 집행유예 기준 적용례

① 실형이 권고되는 경우 : 살인미수

구분	부정적	긍정적
주요 참작사유	계획적 범행, 중상, 피해회복 없음	형사처벌 전력 없음
일반 참작사유		진지한 반성

○ 위 사례의 경우 주요 부정사유가 주요 긍정사유보다 2개 이상 많고, 일반 긍정사유도 1개에 불과하므로 실형을 권고

② 집행유예가 권고되는 경우 : 살인미수

구분	부정적	긍정적
주요 참작사유	계획적 범행	동기에 있어 특히 참작할 사유가 있음, 경상, 피해자와 합의
일반 참작사유	사회적 유대관계 결여	범행 후 구호호송,

○ 위 사례의 경우 일반긍정사유와 일반부정사유의 개수는 동일하나, 주요 긍정사유가 주요 부정사유보다 2개 이상 많으므로 집행유예를 권고

③ 실형과 집행유예 모두 권고되는 경우 : 살인미수

구분	부정적	긍정적
주요 참작사유	중상	
일반 참작사유		진지한 반성

○ 위 사례의 경우 주요 부정사유가 1개에 불과하여 실형이 반드시 적합하다고 단정하기 어려우므로 실형과 집행유예 모두 권고

쟁점연구

1. 다음의 판결들을 볼 때, 양형과 관련하여 어떤 문제점을 지적할 수 있는가. 도입판례의 양형방식과 비교하면서 검토해 보라.
   "양형의 조건이 되는 여러 가지 사항을 참작할 때, 원심의 위 피고인들에 대한 형의 양정은 상당하다고 인정된다."(대법원 1993.5.14. 선고 93도486 판결)
   "피고인에 대한 이 사건 범행동기와 수단방법, 범행의 결과등 기록에 나타난 모든 양형의 조건을 살펴볼 때 내세우는 정상을 참작하더라도 피고인에 대한 원심의 형은 적절하고 그 형이 너무 무거워 형의 양정이 심히 부당하다고 인정할 만한 현저한 사유가 없다."(대법원 1991.10.22. 선고 91도2174 판결)
2. 현행 법률에 따라 양형에 이를 때와 양형기준에 따른 접근은 매우 상이하다. 형법의 규정에 의할 때, 법정형에서 출발하여 선고형에 이르는 과정을 단계적으로 설명하라. 양형기준에 따라 선고형에 이르는 과정을 설명하라. 양형기준에 의한 접근방법을 새로이 도입한 이유는 무엇일까.
3. 한국의 양형기준에서 살인죄의 경우, 기본유형을 어떻게 정하고 있으며, 기본유형을 그런 방식으로 정한 이유는 무엇일까.
4. 양형인자에서 "특별양형인자"와 "일반양형인자"는 어떻게 구분되어 있는가, 특별양형인자와 일반양형인자는 각각 양형에 있어 어떠한 영향을 미치고 있는가.
5. 실형이냐 집행유예냐는 당사자에게 엄청난 차이가 있다. 그런데 집행유예를 내리는 기준이 모호하여 종래에 많은 비판이 집중되었다. 집행유예를 내리는 데 영향을 미치는 주요 양형인자는 무엇인가? 양형기준에는 집행유예에 대해 보다 명확한 기준을 제시하고 있는가?
6. 양형인자가 여러 개 있을 경우, 그 적용은 어떻게 되는가.
7. 경합범의 경우 처단형은 법률상 어떤 범위에서 결정되는가. 양형기준에 따르면 경합범은 어떻게 처리되고 있는가.

8. 살인범죄와 다른 범죄(가령 강도범죄, 횡령범죄)의 양형인자를 비교해 본다고 할 때, 살인범죄에 특유한 양형인자로는 어떤 것이 있을까.
9. 도입판례에서 [주문]과 같은 판결이 나오게 되는 과정을, 참고자료를 참조하면서, 스스로 한번 따라가보자.
10. 형은 법관에게 영원한 고민이자 숙제이다. 검사와 변호사 등 법조인들에게도 마찬가지다. 양형기준을 기계적으로 따를 경우에 생기는 문제점이 있을 수 있고, 양형기준을 무시하고 개별 법관들이 스스로 양형을 할 때 생기는 문제점이 있을 수 있다. 이 둘을 서로 비교하면서 토론해 보라. 합리적 양형이 무엇일까에 대하여, 법조인 간에도 의견과 강조점이 다르고, 일반 시민들과 범죄피해자, 피고인 사이에도 큰 격차가 날 수 있다. 이 때 법관은 어떤 기준에 의하여 양형을 해야 할 것인가.

주요개념

1. 양형기준
2. 법률상 가중 · 감경사유
3. 작량감경사유
4. 양형기준
5. 양형인자(특별양형인자, 일반양형인자)
6. 권고적 효력

판례색인

사항색인

[ㅇ]

공저자약력

신동운(申東雲)
독일 프라이부르그대학교 법학박사
법무부 형사법개정특별심의위원회 위원
서울대학교 교수

한인섭(韓寅燮)
서울대학교 법학박사
서울대 공익인권법센터장
서울대학교 교수

이용식(李用植)
독일 프라이부르그대학교 법학박사
법무부 형사법개정특별심의위원회 위원
서울대학교 교수

조 국(曺 國)
미국 캘리포니아 버클리대학교 법학박사
국가인권위원회 위원(전)
서울대학교 교수

이상원(李祥源)
서울대학교 법학박사
대법원 재판연구관(전)
서울대학교 부교수

제 2 판
로스쿨 형법총론

2009년 4월 10일 초판발행
2011년 2월 20일 제2판인쇄
2011년 2월 28일 제2판발행

공저자 신동운 · 한인섭 · 이용식 · 조 국 · 이상원
발행인 안 종 만
발행처 (株) 博 英 社
서울특별시 종로구 평동 13-31번지
전화 (733) 6771 FAX (736) 4818
등록 1959. 3. 11. 제300-1959-1호(倫)

공저자와 협의하에 인지첩부를 생략함

www.pakyoungsa.co.kr e-mail: pys@pakyoungsa.co.kr

정 가 45,000원 ISBN 978-89-6454-695-6